reçu 76828

FLEURY VINDRY
ANCIEN ÉLÈVE DES FACULTÉS CATHOLIQUES DE LYON

DICTIONNAIRE
DE
L'ÉTAT-MAJOR FRANÇAIS
AU XVIe SIÈCLE

PREMIÈRE PARTIE
GENDARMERIE

PARIS
CABINET DE L'HISTORIOGRAPHE
(RECUEIL DE NOTICES HISTORIQUES SUR LES FAMILLES)
95, rue Nollet, 95

1901

DICTIONNAIRE

DE L'ÉTAT-MAJOR FRANÇAIS

AU XVIᵉ SIÈCLE

FLEURY VINDRY
ANCIEN ÉLÈVE DES FACULTÉS CATHOLIQUES DE LYON

DICTIONNAIRE
DE
L'ÉTAT-MAJOR FRANÇAIS
AU XVIe SIÈCLE

PREMIÈRE PARTIE
GENDARMERIE

PARIS
CABINET DE L'*HISTORIOGRAPHE*
(RECUEIL DE NOTICES HISTORIQUES SUR LES FAMILLES)
93, rue Nollet, 93

1901

AVANT-PROPOS

Il existe, à la Bibliothèque Nationale, quatre grands recueils manuscrits de « montres » d'armes ou revues militaires. L'un fait partie de la Collection Clairambault (entre les n⁰ˢ 200 et 300) ; deux autres sont aujourd'hui annexés au fonds français, le premier dans la série des numéros 21495 à 21538, le second, dans la série des numéros 25764 à 25901. Le quatrième recueil figure aux nouvelles acquisitions françaises, n⁰ˢ 8603-8645. Il y a encore un certain nombre de montres éparses dans les n⁰ˢ du Clairambault, qui vont de 1 à 230. Bien d'autres montres se trouvent, çà et là, dans les immenses collections manuscrites de la Bibliothèque. Toutefois, nous venons d'en indiquer les plus importantes. C'est *l'état-major des montres de ces quatre grandes séries, entre les années 1500 à 1600,* que nous offrons aujourd'hui au public, en tableaux où se trouve, rapprochée d'une collection à l'autre, la nomenclature des officiers de chaque compagnie en chacune des montres, classées chronologiquement. Ces tableaux forment le premier volume du présent ouvrage. Le second volume renferme une série de notices biographiques afférentes aux officiers catalogués.

Pour établir ces notices biographiques, nous avons :

1° Dépouillé environ *douze mille dossiers manuscrits* faisant partie des six grandes collections généalogiques de la Bibliothèque : *Pièces originales, Dossiers bleus, Carrés d'Hozier, Cabinet d'Hozier, Nouveau d'Hozier, Chérin.*

2° Sources imprimées. On comprendra qu'il nous est impossible d'en donner la liste bibliographique complète, car cette simple liste aurait au moins cinquante pages. Nous nous bornerons à en indiquer, sommairement, les principales, en les distinguant par catégories :

a) Nobiliaires généraux : Anselme, d'Hozier, Lachesnaye-Desbois, Saint-Allais, le *Dictionnaire des Pairs* de Courcelles, les suppléments d'Anselme (Courcy), de Lachesnaye (Badier), les ouvrages d'Imhoff, Ammirato, Litta, Robert Douglas, Sanseverino, le dictionnaire de Moréri, etc.

b) La *Chronologie militaire* de Pinard, l'*Art de vérifier les dates.*

c) Nobiliaires de province. Impossible de les citer tous. Bornons-nous à indiquer Nadaud *(Limousin)*, Beauchet-Filleau *(Poitou)*, Pithon-Curt *(Comtat)*, Guy Allard *(Dauphiné)*, Augustin du Paz *(Bretagne)*, Belleval *(Ponthieu)*, Artefeuil *(Provence)*, Caumartin *(Champagne)*, Rivoire-la-Bâtie, O'Gilvy, les *Mazures* de Le Laboureur, et cinquante autres, d'importance et de mérite divers.

d) Ouvrages, qui, sans être des nobiliaires proprement dits, renferment cependant, force généalogies. Citons, au hasard, la Thaumassière (*Histoire de Berry*), Dom Calmet (*Histoire de Lorraine*), Dom Plancher (*Histoire de Bourgogne*), Guichenon (*Histoire de Bresse et Bugey*), etc., etc.

e) Grandes histoires généalogiques de telle ou telle famille, mais traitées avec une ampleur particulière. Types de ce genre : *Histoire de la maison des Chasteigners*, par du Chesne ; *Histoire de la maison de Gondi*, par Corbinelli ; *Histoire de la maison d'Harcourt*, par La Roque ; *Histoire de la maison de Savoie*, par Guichenon ; *Histoire de la maison de Chabannes*, par le comte de Chabannes, etc.

f) Généalogies particulières. — Les seize à dix-huit cents volumes compris à la Bibliothèque Nationale (Imprimés) dans la section Lm³, *Catalogue de l'Histoire de France* et *Supplément* à ce catalogue, ont été explorés par nous pour les besoins de ce travail. — Quelques généalogies particulières manuscrites (famille *du Peloux*, par exemple) nous ont été obligeamment communiquées.

g) Enfin, tous les ouvrages relatifs au xvi° siècle, français, que nous avons pu trouver, chroniques, mémoires, recueils de documents inédits, etc., etc., sans oublier les monographies. En donner la nomenclature serait aussi par trop considérable.

Des milliers et des milliers de fiches, un travail acharné de trois années nous permettent d'offrir aujourd'hui au public cet ouvrage, dans lequel, n'étant guidé par aucun autre souci que celui de la vérité stricte, nous avons cherché à être aussi exact et aussi précis que possible. Nous avons impitoyablement proscrit toutes les fables et toutes les sottises que la vanité accumula parfois dans plus d'un recueil généalogique général et dans plus d'un travail particulier. Les énormités qu'on trouve à chaque pas dans un Saint-Allais ou un Lachesnaye-Desbois ont été rectifiées par nous, à l'occasion, en toute rigueur. Sans avoir sans cesse à la bouche, comme tant d'érudits de notre temps, les mots de « critique moderne », qui nous semblent parfaitement impertinents, parce qu'ils paraissent impliquer que nos prédécesseurs manquèrent *toujours* de critique — ce qui n'est pas — nous avons tenté d'être aussi net et aussi véridique que nous l'avons pu. Toutefois, nous savons parfaitement que, dans un ouvrage aussi étendu et aussi minutieux que celui-ci, il est radicalement impossible de ne point commettre d'erreurs de détail. Nous accueillerons donc, avec plaisir et reconnaissance, toutes les rectifications, basées sur preuves solides, qu'on voudra bien nous adresser.

En terminant, répondons brièvement à un reproche que ne manqueront pas de nous faire nombre de gens : « Pourquoi n'avoir pas indiqué vos sources, manuscrites ou imprimées, au fur et à mesure des notices ? » La réponse est simple : si nous avions fait cela, notre livre, déjà obèse, aurait pris l'ampleur monstrueuse d'un termite femelle au moment de la gestation. Qu'on veuille bien relire cet avant-propos. S'il nous est possible d'indiquer, *en bloc*, nos sources, il ne nous l'est pas, on le comprendra, d'ajouter à ces notices trente mille lignes de renvois ou de parenthèses. Parmi les impossibilités, il en est de typographiques. Il nous est, je le répète, loisible, de donner des indications globales. Pour le détail, il faut — c'est triste, mais c'est ainsi — s'en rapporter à notre parole. D'ailleurs, la Bibliothèque Nationale n'étant point, comme celle d'Alexandrie, réduite en cendres, la vérification de nos dires sera toujours facile et rapide pour qui voudra se donner la peine de les contrôler sur un point spécial. Inutile de dire que nous sommes à la disposition de quiconque désirerait se livrer à ce petit travail et que nous lui fournirons, de grand cœur, tous les renseignements nécessaires (1).

Lyon, 7 mars 1902.

F. VINDRY.

---

(1) Pour donner un exemple entre mille : La notice sur Albert de Gondi, maréchal de Retz, est le résultat de recherches faites dans 1° les 6 collections généalogiques de la Bibliothèque, 2° Anselme, 3° Pinard, 4° Corbinelli. On comprend que, s'il fallait indiquer dans le détail toutes les paginations et toutes les cotes, cette notice, qui a déjà quarante lignes, en aurait largement quatre-vingts. Et ainsi des autres.

PRÉFACE

En 1444, Charles VII avait reconquis la plus grande partie de son royaume, grâce à Jeanne d'Arc et aux vaillants capitaines Dunois, Saintrailles, La Hire, La Trémouille, le connétable de Richemont et autres, grâce aussi aux frères Bureau, organisateurs de l'artillerie, et aux avances considérables de Jacques Cœur. Il ne restait plus aux Anglais que la Normandie et la Guyenne. Une trêve de dix-huit mois avait été conclue avec eux (28 mai). Charles VII profita de ce répit pour réorganiser son armée. A la suite de cette longue et ruineuse guerre de Cent Ans s'étaient formées de nombreuses compagnies appelées *houspilleurs, écorcheurs, retondeurs*, qui ne recevaient aucune solde de l'Etat et pouvaient se permettre d'autant plus de rançonner le paysan et le bourgeois que les capitaines qui les commandaient avaient aidé le roi à vaincre les Anglais. Avec la collaboration de ses conseillers, Charles VII conçut le projet de réduire sa cavalerie à quinze compagnies ayant à leur tête autant de capitaines et entretenues en temps de paix comme en temps de guerre, et de congédier tout le reste. Les inconvénients qu'il y avait à craindre de cette réforme, dit le Père Daniel (1) auquel nous empruntons une partie des éléments de cette préface, se réduisaient à deux principaux : le premier était que les soldats et capitaines que l'on congédierait pourraient s'attrouper et former des *routes* et *compagnies* pareilles à celles dont Charles V avait eu tant de peine à se défaire, et qu'en cette même année 1444 Charles VII et son fils avaient conduites en Lorraine (siège de Metz) et en Suisse (journée de Saint-Jacques, 26 août 1444). L'autre difficulté était qu'on ne pourrait établir une discipline sérieuse parmi les troupes que l'on retiendrait qu'à la condition de les payer exactement, parce que, si elles n'avaient pas de quoi subvenir à leur entretien, elles vivraient aux dépens du peuple, comme elles l'avaient fait jusqu'alors.

Aussitôt après l'accord passé avec les habitants de Metz (28 février 1445), Charles VII réunit son grand Conseil où furent présents, avec le Roi, le Dauphin, le roi René, l'illustre connétable de Richemont, le comte du Maine, le maréchal de la Fayette et autres. Pour obvier à la première difficulté, il fut résolu qu'avant de publier la réforme des troupes on ordonnerait aux prévôts des maréchaux, dans toutes les provinces, de se mettre en campagne avec leurs archers, de se fortifier de tous les secours que les gouverneurs et la noblesse pourraient leur prêter, de parcourir les grands chemins et d'empêcher, non seulement les soldats qu'on allait licencier de se livrer à aucun désordre, mais encore de faire main basse sur tous ceux qui opposeraient la moindre résistance aux ordres du roi. Pour l'autre difficulté, les finances du roi ne pouvant alors suffire à

---

(1) *Histoire de la Milice françoise*, Paris, 1721, 2 vol. in-4º.

l'entretien des nouvelles troupes, on prit le parti d'engager les villes et les gens de la campagne à se charger de cet entretien en leur représentant les avantages qu'ils en tireraient pour leur repos, le commerce, la sûreté de leurs bestiaux, la culture de leurs terres ; tous ces avantages leur furent si bien exposés par les commissaires du roi qu'ils consentirent sans peine à pourvoir à l'entretien des nouvelles troupes. Après avoir pris ces précautions, Charles VII choisit quinze capitaines, tous nobles et gens d'expérience, de probité et de valeur ; les ayant fait venir auprès de lui, il leur fit part du choix qu'il avait fait de leur personne pour commander ces nouvelles compagnies et, après avoir obtenu leur consentement, il leur ordonna de passer leurs troupes en revue devant le connétable, de choisir parmi elles les hommes les plus braves et les plus disciplinés et d'en composer chacun leur compagnie.

Cet enrôlement fait et les rôles établis, le roi fit publier, à son de trompe, par toute l'armée, que tous ceux qui n'étaient pas compris dans les quinze nouvelles compagnies eussent à retourner incessamment dans leurs foyers, sans faire aucun désordre sur la route et sans s'attrouper, sous peine de mort. Quinze jours suffirent aux prévôts des maréchaux et autres officiers pour exécuter ces ordres du roi.

Chacune des nouvelles compagnies se composait de cent lances garnies (1) ; chaque lance garnie com-

(1) Les lettres instituant les nouvelles compagnies ont été perdues ; peut-être n'étaient-elles que les commissions données aux capitaines.
Pour l'institution de ces nouvelles troupes, Charles VII et ses conseillers s'étaient inspirés de l'ordonnance de Charles V du 13 janvier 1373 (1374), dont l'article 13 est ainsi conçu : « Les gens
« d'armes que nous tiendrons de cy en avant à nos gaiges seront
« divisez par routes, chacune de cent hommes d'armes, et en cha-
« cune route aura ung capitaine, et au dessoubz dudit nombre de

prenait six personnes : un homme d'armes avec trois chevaux, un page et un coutiller, deux archers avec trois chevaux et un varlet, soit 600 hommes par compagnie et un total de 9000 hommes pour les quinze compagnies réunies, non compris quantité de volontaires qui regardèrent comme une grâce d'être agrégés à cette gendarmerie et y servirent à leurs dépens, au xvi⁰ siècle notamment, dans l'espoir d'y avoir avec le temps une place d'archer ou d'homme d'armes. Le nombre de ces volontaires fut si grand dans la suite qu'une compagnie de cent lances garnies comprenait quelquefois jusqu'à 1200 cavaliers, tant gendarmes que chevau-légers. Outre le capitaine, il y avait sous ses ordres, dans chaque compagnie, un lieutenant, qui commandait la compagnie en l'absence du capitaine, un guidon, un enseigne et un maréchal des logis.

Comme nous le disons plus loin, la création d'un impôt nouveau, et non la taille perpétuelle, accrue des aides et de la gabelle, comme on l'a répété à satiété et par erreur, permit à Charles VII et à ses successeurs de maintenir cette armée permanente et de s'en servir à l'occasion contre leurs grands vassaux rebelles.

Comme l'a fait justement remarquer le Père Daniel, l'institution de ces compagnies d'ordonnance doit être regardée comme le commencement de la décadence de la chevalerie, de cette troupe d'élite sous les bannières de laquelle se rangeaient toute la noblesse du royaume et la plupart des troupes. L'usage des bannières et des pennons cessa, et, en même temps, les grandes distinctions des bannerets et autres cheva-

« cent hommes d'armes n'aura capitaines aucuns, sinçoys feront
« chambres, selon ce qu'ils voudront recevoir leur paiement
« (c'est-à-dire qu'ils se joindront à une autre compagnie pour
« recevoir leur solde). »

liers et écuyers auxquels les gentilshommes ne s'attachèrent plus comme auparavant, parce que les qualités de banneret et de chevalier ne donnaient plus de commandement. La noblesse s'enrôla dans les compagnies d'ordonnance et on se fit plus d'honneur du titre de capitaine de ces nouvelles troupes que de celui de chevalier. La qualité de chevalier ne sera bientôt plus qu'un titre honorifique, sans aucune des prérogatives d'autrefois ; on continuera néanmoins à se faire armer chevalier avant ou après quelque bataille ou à l'assaut de quelque ville.

Philippe Ier de Croy, grand maître de France, dont il fit les fonctions au sacre de Louis XI en 1461, fut armé chevalier à ce sacre. François Ier fut armé chevalier, sur le champ de bataille de Marignan, par Bayard, selon tous les rites de l'ancien cérémonial.

L'habillement des gens de guerre des compagnies d'ordonnance, dit M. du Fresne de Beaucourt (1), était très simple : ils étaient vêtus d'un hoqueton ou camisole rembourrée de cuir de cerf ou de mouton et d'une robe courte de drap de couleur à vingt sous l'aune. Les hommes d'armes portaient cuirasse, harnais de jambes, salade (2), bavière (3), dague (4) et une forte et longue lance ; les archers portaient salade, brigandine (5), harnais ; le coutiller était armé de la coutille ou long couteau, le valet de la hache et de la guisarme (6).

(1) *Histoire de Charles VII.*
(2) Espèce de casque ou pot de fer, aussi appelé morion ou bourguignote.
(3) Pièce battue, mobile, qui couvrait le casque et était destinée à défendre le cou, le menton et la bouche jusqu'au nez.
(4) Poignard à lame large, courte et pointue.
(5) Cuirasse de corps, faite de lames de fer, de la longueur et de la largeur d'un doigt, clouées les unes sur les autres.
(6) Espèce de dague à deux crochets sur le dos.

L'usage et le perfectionnement des armes à feu modifiera plus tard cet armement, comme on le voit par l'ordonnance d'Henri II du 12 novembre 1549, qui, entre autre choses, stipule que « l'homme d'ar« mes sera tenu de porter armet, petit et grand garde« bras, cuirasse, cuissots, devant de grèves (harnais « de jambes), avec une grosse et forte lance, et entre« tiendra quatre chevaux, les deux de service pour « la guerre, dont l'un aura le devant de barde (1), « avec le champfrein (2) et les flançois (3), et, sy bon « luy semble, aura un pistolet à l'arçon de la selle. « L'archer portera, pour habillement de teste bour« guignonne (4), cuirasse, avant-bras, cuissotes et la « lance (5), et entretiendra deux chevaux, l'un de « service pour la guerre, portant le pistolet à l'arçon « de la selle. » La même ordonnance stipule que les compagnies d'ordonnance seront logées gratuitement, avec leurs chevaux, dans les villes closes du royaume, suivant les anciennes ordonnances ; qu'il leur sera baillé ustensiles de ménage, savoir linge de table, de lit, vaisselle, etc., et qu'il sera fait de ces ustensiles un inventaire de justice afin que, si ces ustensiles se trouvent perdus, celui qui les aura reçus les paye selon ledit inventaire. Les hommes d'armes et archers ne pourront déloger l'hôte ou l'hôtesse de la chambre où ceux-ci ont accoutumé de coucher. Les chefs des compagnies d'ordonnance (capitaine, lieutenant, enseigne, guidon), résideront en leur gar-

---

(1) Caparaçon d'acier qui couvrait le cheval.

(2) Champfrain ou chanfrein : partie de l'armure du cheval qui couvrait la face, de la nuque aux naseaux.

(3) Partie de la barde du cheval qui protégeait les flancs.

(4) Lisez bourguinote.

(5) Les archers, comme le nom l'indique, étaient primitivement armés de l'arc.

nison, à tour de rôle, chacun trois mois de l'année. Quand les hommes d'armes, archers ou autres des compagnies demeureront en garnison ou retourneront en leurs maisons, ils seront tenus de porter les sayes et hoquetons de livrée aux couleurs de leur capitaine. Ils ne pourront loger en aucune maison des lieux où ils passeront, sans premièrement bailler par écrit à leur hôte le nom de leur capitaine et le lieu propre de leur seigneurie ou maison, afin que, s'ils commettent quelque excès ou malversation, on puisse savoir à quelle compagnie ils appartiennent. Les hoquetons seront à l'avenir de drap simple, sans aucun ornement, si ce n'est une bande de velours ou de soie en bordure. Si, après les montres, les hommes d'armes ou archers, qui sont de congé, veulent se retirer en leurs maisons, il seront tenus de laisser en leurs garnisons leurs harnois et grands chevaux et mèneront seulement avec eux leurs courtauts ou bidets, logeant dans les hôtelleries en payant raisonnablement comme les autres passants, et ne pourront s'assembler en plus grand nombre que dix chevaux, tant maîtres que valets. Les valets et domestiques desdites compagnies ne pourront être choisis que parmi les gentilshommes en état de faire service au Roi. Pour être enrôlé, comme homme d'armes, il faut avoir 19 ans et au-dessus, comme archer, 17 ou 18 ans au moins.

L'ordonnance d'Henri III de mai 1579 dit que les compagnies des gendarmes du Roi ne seront données qu'aux gentilshommes signalés, âgés de 25 ans au moins et qui auront auparavant été capitaines de chevau-légers, gendarmes, enseignes de gendarmes ou encore guidons, chevau-légers ou capitaines de gens de pied, pendant six ans. Exception est faite pour les princes qui pourront être capitaines de ces compagnies à 18 ans. « Ne pourra aucun estre gendarme qu'il n'ait esté archer ou chevau-léger, un an continuel, ni estre archer qu'il ne soit extrait de noble race. » Ceux qui auront abandonné leur enseigne pendant le combat seront dégradés, déclarés ignobles et, comme roturiers, assis et imposés à la taille. Tout chef et membre de compagnies, tant gens de cheval que de pied, qui aura pris et extorqué denier pour ne loger dans les maisons et villages, sera puni de mort, sans espérance de grâce, pardon et rémission. Les filles de joie, s'il s'en trouve à la suite de ces compagnies, seront chassées après avoir subi la peine du fouet. Il n'y aura qu'un goujat (valet d'armée) par trois soldats. Les goujats qui induement se seront glissés dans l'armée seront, pour la première fois, chassés à coups de fouet; s'ils reviennent, il seront pendus et étranglés, « sans autre forme ne figure de procès ».

L'ordonnance de Louis XI du 13 mai 1470 avait déjà défendu aux gens de guerre, sous peine d'être cassés et punis, de tenir chiens, oiseaux, furets, filets et autres engins de chasse, de prendre chevaux, juments et charrettes des pauvres gens pour porter leurs affaires, paniers et autres bagages.

Les quinze nouvelles compagnies créées par Charles VII furent distribuées, dans les villes tant des frontières que de l'intérieur du royaume, par troupes de 20, 25, 30, afin qu'elles fussent moins à charge à ces villes. On créa des commissaires pour en faire la revue, examiner leurs armes et harnais, les surveiller dans leur marche, régler leurs étapes et logements, pourvoir à leur approvisionnement, s'enquérir des fautes commises, casser les délinquants et punir les coupables. La solde de ces compagnies au début fut payée en nature, *tanta esset exiguitas, pau-*

peries atque inopia populorum, dit Thomas Basin (1). Chaque homme, dit M. de Beaucourt (2), avait par an une charge et demie de blé et deux pipes de vin; les six hommes formant une lance avaient par mois deux moutons, un demi bœuf ou vache ou autre viande équivalente, et par an quatre lards (bacons de porc); pour le sel et l'huile, la chandelle, les œufs et le fromage, servant à la nourriture les jours d'abstinence, l'on devait fournir, pour les six hommes, vingt sous tournois par an. La nourriture des chevaux était aussi réglée.

Dans la suite, la solde des compagnies d'ordonnance fut payée en espèces. Cette solde fut toujours prélevée à part et en dehors de tout autre impôt. C'était une aide perçue dans les mêmes formes que la taille et par des fonctionnaires spéciaux. Sous Henri II, elle s'appellait taillon; les receveurs du taillon furent supprimés en 1663 et, à partir de 1669, les receveurs des tailles leur succèdent et sont chargés de remettre les fonds provenant du taillon au trésorier de l'ordinaire des guerres.

Avant 1549, les hommes d'armes étaient appointés par an 120 livres tournois, les archers 90 livres. L'ordonnance du 12 novembre 1549 porte que dorénavant les hommes d'armes auront 400 livres par an, les archers 200 livres; que, en augmentation de solde, le capitaine aura par an 800 livres, le lieutenant 400 livres, l'enseigne et le guidon, chacun 200 livres, et le maréchal des logis 100 livres, non compris leurs états accoutumés et places d'hommes d'armes à ladite raison de 400 livres tournois par an. Par contre, les fournitures antérieures en nature sont supprimées et remplacées par cette crue de gages.

---

(1) *Histoire des règnes de Charles VII et Louis XI*, t. I, p. 168.
(2) *Histoire de Charles VII*, t. IV, p. 396.

Aux montres ou revues d'armes, les capitaines des compagnies d'ordonnance étaient tenus de prêter le serment suivant devant les commissaires des guerres : « Je promets et jure à Dieu et à Nostre Dame, « ou qu'elle me puist nuyre en tous mes affaires et « besoings, que je garderay justice et feray garder « par ceulx dont j'ay la charge et ne souffriray faire « aucune pillerie et pugniray tous ceulx de madicte « charge que je trouveray avoir failly, sans y espar- « gner personne et sans aucune affection, et feray « faire reparation des plaintes qui viendront à ma « congnoissance, à mon pouvoir, avec la pugnicion « dessusdite, et promets faire faire à mon lieutenant « semblable serment que dessus. » (1).

Le capitaine faisait répéter ce serment à son lieutenant et il est à présumer que les autres membres de la compagnie prêtaient aussi un serment en rapport avec leur grade, soit aux montres, soit à leur réception.

Dans les marches et les garnisons, le capitaine ou, en l'absence de celui-ci, le lieutenant était responsable de la discipline. L'*Ordonnance générale, rendue en janvier 1560, sur les plaintes, doléances et remontrances des Etats assemblés à Orléans*, porte : « Tous capi- « taines et chefs de bandes de gens de pied et de nos « ordonnances seront responsables, pardevant nos « juges ordinaires des lieux, des fautes, abus et « extorsions qui seront faites par leurs compagnies... « ... Enjoignons à nos treschers et feaux les connes- « table et mareschaux de France faire proceder par « leurs prevosts à la punition prompte et exemplaire « des fautes et excès qui se trouveront avoir eté com-

---

(1) La pureté du texte de ce serment laisse beaucoup à désirer. Nous le publions d'après le *Recueil des anciennes lois françaises*, cité plus loin ; t. x, p. 547.

« mis par gens de cheval et de pied. Et parce que
« plusieurs habitans de nos villes, fermiers et labou-
« reurs se plaignent souvent des torts et griefs des
« gens et serviteurs des princes, seigneurs et autres
« qui sont à nostre suite, lesquels exigent d'eux des
« sommes de deniers pour les exempter de logis et
« ne veulent payer qu'à discretion, enjoignons aux
« prevosts de nostre hostel et juges ordinaires des
« lieux proceder sommairement par prevention et
« concurrence à la punition desdites exactions et
« fautes, à peine de s'en prendre à eux. »

La même ordonnance rappelle que nul ne sera reçu aux compagnies d'hommes d'armes et aux offices de commissaire des guerres qu'il ne soit de qualité requise par les précédentes ordonnances, c'est-à-dire noble.

La levée, le nombre, l'équipement, l'entretien, la police, le logement, la marche, la discipline des compagnies d'ordonnance ont été minutieusement réglés par une série d'ordonnances des rois de France, rendues depuis 1467. On en trouvera le texte en consultant, aux mots *compagnies d'ordonnances, armée et gens de guerre*, la table du *Recueil général des anciennes lois françaises depuis 1420 jusqu'en 1789*, par Jourdan, Decrusy et Isambert, Paris, 1822-1827, 29 vol. in-8°.

Nous nous sommes borné à reproduire ci-dessus quelques extraits de ces ordonnances, qui donneront une idée de l'organisation de ces compagnies et de leur façon de vivre. La reproduction textuelle de ces actes, leur analyse même nous aurait fait dépasser les bornes qui nous ont été assignées pour cette préface.

Après avoir réorganisé sa cavalerie, Charles VII transforma aussi son artillerie, en instituant, par ordonnance du 28 avril 1448, le corps des francs-archers, vulgairement appelés francs-taupins. Chacune des paroisses du royaume, et elles étaient au nombre de 16,000, devait fournir un archer « en « habillement souffisant de salade, dague, espée, arc, « trousse, jacque ou huque de brigandine. » On les appela francs-archers parce qu'ils furent exemptés « de toutes tailles et autres charges quelconques, « excepté du faict des aydes ordonnez pour la guerre « et gabelle du sel. » Ils étaient tenus d'entretenir leur habillement et de s'exercer à l'arc « à toutes les « festes et jours non ouvrables. » Au premier appel du roi, ils venaient servir dans la compagnie qui leur était assignée, moyennant quatre francs par mois. Leurs capitaines étaient nommés par le roi (1).

Charles VII donna aussi une grande extension à l'artillerie ; sous son règne, elle fut perfectionnnée, comme nous l'avons dit, par les frères Jean et Gaspard Bureau (2) qui, en donnant à cette arme la justesse du tir et la mobilité des affûts, contribuèrent à l'expulsion des Anglais.

Les compagnies d'ordonnance étaient passées en montre ou revue, en présence d'un contrôleur des

---

(1) Une excellente étude a été consacrée aux francs-archers par le vicomte Oscar de Poli dans l'*Annuaire du Conseil héraldique de France* de 1896, Paris, in-18, p. 26-99.

(2) Dans le courant de nos recherches, nous avons trouvé le document suivant relatif à Gaspard Bureau.

En la presence de moy Pierre Boitel, clerc, notaire et secretaire du Roy nostre sire, Millot Willot, canonnier ordinaire dudit seigneur, a congnu et confessé avoir eu et receu de Jaspar Bureau, seigneur de Villemomble, maistre de l'artillerie du Roy nostre dit seigneur, la somme de soixante quatre livres tournois pour les gaiges de Jehan Willot, son frere, de huit mois entiers commencés le premier jour de janvier derrain passé mil IIII^c LVII et finis le derrain jour d'aoust ensuivant IIII^c LVIII, auquel mois d'aoust ledit Jehan Willot est alé de vie à trespas, qui est au pris de

guerres, par un commissaire des guerres ou par un commissaire spécialement à ce commis par le roi ou les maréchaux de France, comme nous l'avons dit plus haut. Le commissaire des guerres était chargé de l'inspection des troupes, de leur approvisionnement, de leur équipement et de leur paiement ; le contrôleur des guerres tenait registre des recettes et des dépenses ; il y avait des contrôleurs ordinaires, extraordinaires et provinciaux. Ces revues étaient dites *en armes* ou *en robe*, selon que les membres de ces compagnies y comparaissaient avec leur armure complète ou en simple hoqueton, orné de la livrée de leur capitaine. Il était dressé de ces revues des rôles sur parchemin, à l'acquit d'un trésorier provincial ou du trésorier général de l'extraordinaire des guerres, et que ces officiers produisaient devant la Chambre des Comptes, chargée de surveiller la gestion de toutes les finances du royaume. Les rôles ne contenaient au début, à la suite d'un préambule indiquant la compagnie, son capitaine et le nombre des hommes d'armes et archers, que les noms et surnoms des membres de la compagnie ; plus tard, au XVIe siècle, on y consigna le chiffre de leurs gages, leurs possessions et leur demeure. Un certain nombre de ces montres a dû périr dans l'incendie de la Chambre des Comptes en 1637, mais il en reste encore plusieurs milliers qui se trouvent à la Bibliothèque Nationale, dans les

VIII livres tournois pour chacun mois. De laquelle somme de LXIIII l. t. ledit Millot s'est tenu et tient pour content et bien payé et en a quitté et quitte ledit maistre de l'artillerie et tous autres aqus quittance peut et doit appartenir. En tesmoing de ce et à la requeste dudit Millot, j'ay signé ceste presente quittance de mon seing manuel cy mis, le XIe jour de novembre l'an mil CCCC cinquante huit. (*Signé*) P. Boitel.
(Original sur parchemin. Bibl. Nat. *Pièces Originales* 3051, cote 67943.)

séries énumérées par M. Fleury Vindry dans son avant-propos.

Il nous reste à dire quelques mots du présent ouvrage pour lequel l'auteur a bien voulu nous demander une préface. Il nous paraît destiné à rendre les plus grands services aux amateurs de documents sur le xvie siècle ; les annotateurs de mémoires sur cette intéressante époque de transition y trouveront une biographie de tous les officiers des compagnies d'ordonnance dans la période que comprend ce laborieux travail, c'est-à-dire de 1500 à 1600. M. Fleury Vindry ayant eu soin, à l'article de chaque capitaine, d'indiquer les montres qui le concernent, étant donné le nom du capitaine sous lequel a servi un homme d'armes ou un archer, les familles intéressées pourront ainsi retrouver les diverses montres dans lesquelles figure leur ascendant, justifier sa noblesse et reconstituer ses états de service. Nous souhaitons en terminant qu'un travail analogue à celui-ci soit fait sur les montres et les compagnies des xive et xve siècles.

Théodore COURTAUX.

DICTIONNAIRE
DE
L'ÉTAT-MAJOR FRANÇAIS
AU XVIᵉ SIÈCLE

Compagnie GRATIEN D'AGUERRE

(1) Gratien d'Aguerre, sieur de Vienne et Aubenton, baron de Romigny, conseiller d'Etat, chambellan (1ᵉʳ janv.-29 août 1491), gouv. de Mouzon (11 sept. 1493-15 juin 1510), capitaine de gendarmes (14 févr. 1499-28 mai 1515), ép. Madeleine de Castres.

Compagnie JEAN D'AGUERRE

(1) Jean d'Aguerre, baron de Vienne, sieur d'Eslise, Montbaudet, Bénardville, Lançon, Marro, Ville-sur-Tourbe, la Grande-Besogne, Sampigny (26 juill. 1543), bailli de Clermont, gouv. de Chastel-sur-Meuse et Hatton-Châtel, gouv. de Clermont (20 août 1541), grand chambellan de Lorraine, cap. de gendarmes (25 mai 1546-8 oct. 1548), mort avant le 21 oct. 1549, fils de Gratien d'Aguerre et de Madeleine de Castres, épousa, avant le 16 mars 1511, Jacqueline de Lenoncourt.

(2) Charles de Contes, gendre du capitaine, fils de Gaucher de Contes et de Jeanne de Villiers, vicomte de Pavant et

Dict. Et.-Maj.

Mentigny, sieur de Noyelles, Mareuil, Baillon, Annenoux, Pouilly, Amifontaine, la Neufville, Prolay, Bussy, Baloigny, Rouvroy, Sénéchaude, Condé-sur-Aisne, gent. de la Ch. (16 févr. 1555-30 avril 1558), écuy. d'éc. du roi (21 oct. 1549-31 déc. 1554), guid. (janv.-30 sept. 1544) à la comp. du duc de Lorraine, lieutenant (1ᵉʳ déc. 1550-7 oct. 1557) à celle du maréchal de Brissac; chevalier de l'Ordre (20 déc. 1562), maréchal de camp (28 sept. 1567), assista aux batailles de Jazeneuil, Jarnac, Moncontour, lieut. à la comp. du duc de Lorraine (avril 1562-4 févr. 1570). Il ép., avant le 21 oct. 1549, Madeleine d'Aguerre (vivante le 26 févr. 1561), puis Isabeau d'Anglure, veuve de François de Baudoche.

(3) Joachim de Sarrebruche, dit de *Roucy*, 6ᵉ fils de Louis de Sarrebruche-Roucy-Sissonne et de Jeanne de Blécourt, sieur de Sainte-Preuve, Origny, Granchamps, enseigne à la comp. d'Aguerre (juill. 1545-8 oct. 1548), chev. de l'Ordre (12 janv. 1573), gent. de la Ch., gouv. de Soissons (1ᵉʳ oct. 1575), panetier (17 mai 1563-8 janv. 1564), écuy. tranchant (22 juill. 1568-12 janv. 1573), mort le 10 nov. 1575. Il ép., le 14 déc. 1539, Michelle Le Roy de Grand-champs.

(4) Roland d'Avannes, 3ᵉ fils d'Etienne d'Avannes et de Philippes de Chastenay-Villars, mariés après le 11 août 1491, sieur de Betignicourt, Villers-le-Brûlé, Villenocque, la Loge-Gogot (25 févr. 1543), mineur au 27 mai 1524, fut tué, en 1552, après le 19 janv., au combat de Saint-Vincent en Lorraine. Guidon à la comp. d'Aguerre, dès le mois d'août 1545, il fut lieut. à la comp. Brienne, et ép. Anne de Marcenville-Brandonvilliers, puis Anne de Châteauneuf (vivante le 3 août 1553).

(5) François de Saint-Vincent, fils de Jean de Saint-Vincent et de Marie d'Aguerre, sieur de Monthasin, Lestanne, Clavy, Whatesalles, Baulgny, mar.-des-log. à la comp. d'Aguerre (3 janv. 1549), ép. avant le 19 mai 1540, Jacquette de Vaillant (vivante le 14 oct. 1546). Il était mort au 8 nov. 1577.

Compagnie BEAUVAIS-PICQUIGNY-PRUNAY

(1) Nicolas de Brichanteau, sieur de Beauvais-Nangis, Gurcy, Pagny, le Buisson, le Closeau, Aigny, le Corbier, Enery, Bailly, la Chapelle d'Arrablay, Encœur, Chalaustre, Fontaines, Amilly, Ville-sur-Tourbe, Charmoy, la Croix-en-Brie, 2ᵉ fils de Louis de Brichanteau et de Marie de Vercs, né le 30 janv: 1511, à 5 h. du matin, h. d'a. (1531), guid. (7 oct. 1544), sous-lieut. (1545), lieut. (23 juill. 1545-27 juillet 1557) à la comp. Bourbon-Vendôme, se distingua à Thérouanne (1537), Landrecies (1542-1543), aux prises de Glaion, Trelon, Couvins, pendant le siège de Boulogne (1541), fit les campagnes de Boulonnais (1549), le voyage d'Austrasie (1552), fut aux prises de Damvilliers, Ivoy, Montmédy, à celles de Contes (1552), Mariembourg (1554), battit l'ennemi à Abbeville, fut gouv. de Doullens (1557), Montreuil, fut aux sièges de Calais et Thionville (1558), à la prise de Blois (1562), gouv. de Tours, puis de Melun (1562), écuy. d'éc. du roi (1548-3 juin 1554), gent. de la Ch. (1553), chev. de l'Ordre (22 août 1550), gouv. de Guise (3 mars 1557-3 mars 1559), de Tours (9 juill. 1562), blessé et pris à Dreux (1562), cap. de gendarmerie (24 avril 1553-18 mai 1564). Il ép. (15 mai 1539) Jeanne d'Aguerre (vivante le 3 janv. 1585) et mourut le 11 août 1564, à Nangis.

(2) Claude de Billy, sieur de Prunay-le-Gilon, fils aîné de Louis de Billy et de Marie de Brichanteau, ens. (2 juin 1558) à la comp. la Marck-Braine, lieut. à la comp. de Beauvais (27 août 1564), chev. de l'Ordre, gent. de la Ch., cap. de gendarmes (16 nov. 1567-28 mai 1569), fait prisonnier, puis assassiné à la bataille de Jarnac (1569). Il ép. (21 août 1563), Louise de Ligny.

(3) Josse Mollet, sieur du Fay, commiss. des guerres (12 nov. 1553), mar.-des-log. (janv. 31 juill. 1560), ens. (juill. 1561-7 juin 1565) à la comp. de Beauvais, lieut. à la comp. Prunay (janv.-23 sept. 1568).

(4) Louis de Lenoncourt, sieur de Colombey, Chassenay, bailli de Vermandois (5 mai 1568), 2ᵉ fils d'Henri de Lenon-

court et de Marguerite de Broyes, chev. de l'Ordre, fut guid. à la comp. de Guise (janv. 1566-3 juin 1567). Il ép. Jeanne de Dinteville-Eschenetz et mourut avant 1575.

(5) Gilles de Donville, mar.-des-log. (22 mars 1561), comp. Beauvais, enseigne (15 nov. 1567-17 juin 1569) comp. Billy, puis à la comp. Lansac (14 mars 1570), puis lieut. à la comp. François du Breil (28 mai 1570).

(6) Charles d'Ailly, 3e fils d'Antoine d'Ailly et de Marguerite de Melun, mariés le 29 oct. 1518, baron de Picquigny, sieur de Seigneville, Friville, Raineval, la Broië, Dours, Flixécourt, Ailly, Wignacourt, gouv. de Moncalvo, chev. de l'Ordre ; guid. comp. Montpensier (oct. 1547-10 oct. 1548), gent. du duc d'Orléans (30 avril 1558), gent. de la Ch. (19 avril 1560-17 juill. 1564), nommé (18 sept. 1564) cap. de gendarmes à la place de M. de Beauvais. Il ép. (29 juin 1560) Françoise de Warty, vivante 25 oct. 1576, et fut tué à la bataille de Saint-Denis (1567).

(7) François du Bois, sieur de Villers, mar.-des-log. comp. Picquigny (janv. 1565), puis comp. Prunay (oct. 1567), guid. comp. Lansac (juill. 1569-23 mars 1571), fils d'Antoine du Bois et de Louise d'Eu, naquit, en 1544, à Châlons en Champagne et mourut, le 3 sept. 1615 à Sainte-Utgarde en Allemagne, après avoir été (16 nov. 1601) gent. de la Ch. du margrave de Bâde.

(8) Charles de Blottefière, sieur d'Héliemont, mar. des log. (oct. 1567) à la comp. Billy. C'était probablement Charles de Blottefière, sieur de Willencourt, Himblecourt, Brucamp, Mersignière, Mollien-le-Vidame, fils de Pierre de Blottefière et de Catherine de la Houssaye-Bierval, mariés en 1515, qui ép. (21 déc. 1548) Antoinette de Béthisy-Campiermont (qui testa le 5 avril 1607). Il mourut avant le 2 janv. 1571.

Compagnie MONDRAGON

(1) Paul d'Albert, sieur de Montdragon, Darboux, Barbentane, fils aîné de Thibaut d'Albert et de Gabrielle de Montdragon, mariés en 1501, né avant le 29 juill. 1526, fut à Cérisoles (1544), aux bat. de l'Ouvèze, Valréas, Saint-Gilles (1562), gent. de la Ch. (21 déc. 1564), chev. de l'Ordre (1568), cap. de gendarmes (1573-1576-1er déc. 1579). Il testa le 9 nov. 1592, ép. Jeanne de Lascaris et mourut sans postérité. Il avait été guid. (oct. 1546-21 mai 1547), puis (6 mai 1553-5 juin 1572), lieut. à la comp. de Tende, puis (31 oct. 1565-17 avril 1572) à celle de Sommariva. Il fut aussi cap. de chevau-légers aux sièges de Tulette, Mornas et Pont-Saint-Esprit, en 1568.

(2) Aimar de Vassadel, sieur de Vacqueyras, fils de Jean de Vassadel et de Madeleine de Thezan-Venasque, cap. arq. à cheval, chev. de l'Ordre (26 mars 1575), guid. (26 mars 1575), puis (10 janv. 1580), lieut. à la comp. Montdragon, gent. de la Ch., battit trois fois (mars-6 juill.-6 août 1563) Mouvans près de Carpentras, fut aux sièges de Tulette, Mornas, Pont-Saint-Esprit (févr.-mars 1568), secourut Mornas (fév. 1572), Courthéron (1572), fut gouv. d'Orange.

(3) Paul de Mistral, baron de Croze, sieur de Dons, fils de François de Mistral et de Louise d'Albert-Montdragon, mariés le 6 janv. 1556, cap. gens de pied (1592), premier consul d'Aix (1593), prit Barbentane sur d'Epernon (11 janv. 1596), testa en 1611, ép. (23 janv. 1596) Silvie de Brancas.

Compagnie JEAN D'ALBON

(1) Jean d'Albon, sieur de Saint-André, fils de Guichard d'Albon et d'Anne de Senecterre, mariés le 28 avril 1466, né en 1472, chan. de Lyon (1482), il combattit à Saint-Aubin du Cormier (1488), Salces (1496), fit campagne en Italie,

en 1498, 1500, 1503, 1509. Chambellan d'Anne de Beaujeu (1506), châtelain de Saint-Maurice en Forez (27 mars 1511). lieut. à la comp. du duc de Bourbon (22 déc. 1512-20 déc. 1514), il protège la retraite de l'armée après la bataille de Novare (1513), est nommé lieut. gén. en Bourgogne (10 oct. 1514), chambellan (1515), prend le Pignon et Maya en Biscaye (2 oct. 1521), chev. de l'Ordre (28 sept. 1530), bailli et gouv. de Beaujolais et Dombes (11 juill. 1525), gouv. des Enfants de France (1532), lieut. gén. en Guyenne (16 juin 1536), sieur de Serezat, Tournoel, Saint-Germain-les-Fossés, Ouches, Sallezart, vicomte de Miremont, lieut. gén. en Lyonnais (11 oct. 1539), gent. de la Chambre, sieur de Saint-Maurice-sur-Loire, Villerest, le Verdier, le Vernay, Renaison, la Chambre, Saint-Haon, Crozet, Cervières, Sarce, il mourut, à Fontainebleau, le 27 déc. 1549. Il ép. (22 janv. 1510) Charlotte de la Roche Tournoel (morte entre le 6 juin 1517 et le 10 juin 1519).

(2) Arthaut de Saint-Germain d'Apchon, sieur de Poncins, Barrois, Boisset, Veauche, les Fermanches, Montrond, Rochetaillée, Chambaud, fils d'Arthaud de Saint-Germain et de Marguerite de Lavieu, mariés le 24 nov. 1479, né entre 1496 et 1505, mort entre le 19 oct. 1556 et le 17 sept. 1558, chev. de l'Ordre, gent. de la Ch., lieut. général en Forez, Bourbonnais, ép. (10 juin 1519) Marguerite d'Albon-Saint-André, fille de son cap. (Elle mourut entre le 16 mars 1577 et le 4 juin 1580). Il fut (16 juin 1524-18 mai 1543) lieut. à la comp. de son beau-père.

(3) Nectaire de Senecterre, fils d'Antoine de Senecterre ou Saint-Nectaire et de Marie d'Alègre, mariés le 21 avril 1472, écuy. d'éc. du roi (1538), gent. de la Chambre du Dauphin, bailli des monts d'Auvergne et d'Aurillac, sieur de Saint-Nectaire, la Grolière, le Valbeleix, lieut. général en Auvergne, Marche, Saint-Pierre-le-Moûtier (11 janv. 1545, 1ᵉʳ juill. 1546), mort entre le 8 avril 1548 et le 27 févr. 1551. Il ép. (3 août 1518) Antoinette de la Tour d'Auvergne, puis (2 juill. 1524) Marie d'Etampes-Valençay.

(4) Gabriel de Rabeau-Beauregard, fils de Guillaume de Rabeau et de Jeanne d'Ars, testa le 27 févr. 1541.

(5) Antoine de la Tour, baron de Saint-Vidal, Beaufort, Goudet, Eynar, Villac, Ferreyroles, Montusclat, Bruges, Ceillas, fils d'Héracle de la Tour-Saint-Vidal et de Guillemette d'Albon, mariés le 1ᵉʳ mai 1497, ép. (7 nov. 1533) Françoise d'Albon-Saint-Forgeux (vivante 15 févr. 1591), et mourut le 19 août 1564. Il était homme d'armes à la comp. de Jean d'Albon, dès le 5 janv. 1536.

(6) Probablement : Claude de Mars, sieur de Sainte-Agathe (3 nov. 1536-11 mai 1537) et Veauchette, fils de Pierre de Mars et de Marguerite de Saint-Symphorien, ép. avant 3 nov. 1536, Jeanne de Thorigny (vivante 11 mai 1537).

(7) Claude d'Albon, sieur de Chazeul, 2ᵉ fils de Guillaume d'Albon et de Gabrielle de Saint-Priest-Saint-Chamond, mariés le 31 août 1505, guid. à la comp. de Jean d'Albon (11 sept. 1546), éch. du Dauphin (21 juin 1540), cap. de chevau-légers en Ecosse (1548), ép. (14 mars 1549), Françoise de Sugny (testa 10 sept. 1591) et fut tué au combat de la Croix au Moustier (6 nov. 1552).

(8) Jacques de Blansat, homme d'armes depuis le 10 sept. 1543.

(9) Ponthus de Pignon, archer (7 sept. 1529), homme d'armes (5 janv. 1536), mar. des log. (juill. 1541) à la comp. homme d'armes (27 janv. 1551-25 avril 1554) à la comp. du maréchal de Saint-André.

Compagnie ALAIN D'ALBRET

(1) Alain d'Albret, dit le *Grand*, comte de Gavres, Périgord (20 juin 1471), Castres et Penthièvre, vicomte de Limoges et Tartas, sieur de Boren, Marensin, Marennes, Gorse, Seignan, Orihat, Verteuil, Sainte-Bazeille, captal de Buch,

sieur d'Avesnes, fils aîné de Jean d'Albret et de Catherine de Rohan, né avant 1453, cap. de gend. (18 févr. 1493-8 mai 1500), testa le 1er oct. 1522. Il ép., en 1470, Françoise de Bois-Bretagne. Il mourut à Casteljaloux. Il débloqua Nantes (1486) assiégé par les Français, puis le leur livra (1489).

(2) Jean de Durfort, sieur de Duras, Blanquefort, Villandrault, fils aîné de Gaillard de Durfort et d'Anne de Suffolk, maire de Bordeaux (1487), fut à l'expédition de Naples (1494) à la bataille de Ravenne (1512), cap. de gendarmes (30 août 1509-16 mars 1518), gouv. de Crema, qu'il défendit (1512). Il mourut, le 12 avril 1520, à Ornesan. Il ép. (13 déc. 1478) Jeanne Angevin, puis (9 mai 1513) Catherine de Foix.

Compagnie JEAN D'ALBRET

(1) Jean d'Albret, sire d'Orval, comte de Rethel et Dreux, baron de Lesparre, Douzy, Rozay, sieur de Chateaumeillant, Montrond, Bruyères-sur-Cher, Epineuil, chev. de l'Ordre, comm. des g. (6 août 1506), fils aîné d'Arnaud-Amanieu d'Albret et de Isabelle de la Tour, mariés le 25 nov. 1456, gouv. de Champagne et Brie (7 août 1492-6 janv. 1524), cap. de gendarmes (17 août 1492-6 janv. 1524), mort le 10 mai 1524. Il ép. le 15 avril 1486 Charlotte de Bourgogne-Nevers († 23 août 1500).

Compagnie des rois JEAN et HENRI D'ALBRET

(1) Jean d'Albret, fils aîné d'Alain d'Albret et de Françoise de Foix, mariés en 1470, comte de Foix, Gavre, Périgord, Bigorre, Etampes, Narbonne, vicomte de Limoges et Tartas, prince de Boisbelle, roi de Navarre (10 janv. 1494-22 juill. 1512) prince de Béarn, duc de Nemours, Peñafiel, Riba-

gorça, cap. gendarmes (15 oct. 1492). Il fut à la bataille d'Agnadel, et mourut, le 17 juin 1516, à Moncins. Il ép. (13 juin 1494) Catherine de Foix (née en 1471, morte le 15 févr. 1518, à Mont-de-Marsan).

(2) Henri d'Albret, comte de Foix, prince de Béarn, duc d'Albret, Peñafiel, Gandia, l'Infantado, Montblanc, comte de Bigorre, Armagnac, Dreux, Gavre, Tartas, Limoges, Ribagorça, sieur de Lara, Balaguier, Castroxéris, roi de Navarre, 4ᵉ fils de Jean d'Albret et de Catherine de Foix, né le 18 févr. 1503, à Sanguest, mort le 25 mai 1555, à Hagetmau, ép. (24 févr. 1527) Marguerite de Valois-Angoulême (morte le 21 déc. 1549, à Andoce), sœur de François Iᵉʳ, veuve de Charles de Valois-Alençon. Il fut grand-père de Henri IV.

(3) Jean d'Estouteville, sieur d'Estouteville, Vallemont, comte de Créance, vicomte de Rouceville, Cleuville, Hottot, Berneval, les Loges, le Bec, Mortagne, Hambye, Cappilly, Chantelou, Neuville-sur-Port, Risle, Formigny, fils de Jacques d'Estouville et de Louise d'Albret, né en 1483, mort entre le 20 juill. 1514 et le 30 avril 1521, conseiller d'Etat, chambellan, ép. (1509) Jacqueline d'Estouville-Moyon (vivante 19 mai 1543).

(4) Jean-Carbon de Montpezat, fils de Jacques de Montpezat et de N... de Benque, gouv. de la Réole (30 nov. 1523-28 oct. 1532), gent. de la Ch. (30 sept. 1542), cons. d'Etat, chambellan, sénéchal de Bazadais (2 mars 1519-30 sept. 1542), sieur de Tayan, et lieut. comp. roi de Navarre, mort le 20 juill. 1544, ép. (20 août 1525) Françoise de Lomagne (vivante 31 août 1569).

(5) Antoine de Pardaillan, baron de Gondrin et Montespan, sieur de Bluts et Goutz, fils d'Arnaud de Pardaillan et de Jacquette d'Antin, mariés le 13 déc. 1498, chev. de l'Ordre (29 sept. 1560), gent. de la Ch. du roi de Navarre, cap. de gend. (6 févr.-17 sept. 1569), combattit à Pavie, fut ens. (1520-11 juill. 1544), puis (30 avril 1546-23 juill. 1551) à la comp. du roi de Navarre, fut au siège de Naples (1528), fit la campagne d'Urbino, sous Lescun, se distingua pendant les guerres de religion et mourut en 1572. Il ép. (7 nov. 1521)

Anne-Paule d'Espagne, veuve de Pierre de Coaraze-Bérat. Il fut (26 déc. 1555) lieut. à la comp. du duc de Nemours. Il fut blessé au siège de Rabasteins.

(6) Arnault de Pardaillan, baron de Gondrin, sieur de Bruch, Justian, Roques, Gouts, chev. de l'Ordre, 2° fils de Jean de Pardaillan et de Marie de Rivière, ép. (13 déc. 1498) Jacquette d'Antin. Il commanda 5,000 hommes dans l'armée de Jean d'Albret, en 1513, puis, en 1517, 3,000 hommes en Danemarck.

(7) Charles d'Arzac, baron d'Encausse, Pipardin, Lombers, sénéchal d'Armagnac (23 févr. 1564), guid., puis (oct. 1544-23 juill. 1554) ens. à la comp. du roi de Navarre, ép. Françoise de Montaut. Il fut (3 nov. 1555), ens. à la comp. du prince de Salerne.

(8) Gaston de Bourbon, baron de Basian, 4° fils de Charles de Bourbon-Basian et de Louise du Lion, mariés avant 1462, sieur de Lavedan, gouv. de Château-Trompette (1547), sénéchal de Navarre (27 août 1550), guid. à la comp. du roi de Navarre (juill. 1545-3 mai 1550), ens. (28 juill. 1551-23 avril 1555), ép. (25 févr. 1534) Suzanne du Puy.

(9) Jacques de la Frette, mar. des log. (avril 1543-1ᵉʳ mai 1546) à la comp. du roi de Navarre.

Compagnie GABRIEL D'ALLÈGRE

(1) Gabriel d'Alègre, comte du Tremblay, baron d'Alègre, sieur d'Oisery, Saint-Just, Millau, Saint-Dier, Pussel, Marissy, Messy, Blainville, Tourzel, maître des requêtes (1500), prévôt de Paris (1ᵉʳ mars 1512-12 mars 1526), chambellan (26 avril 1516-6 mars 1534), cap. de gendarmes (12 mars 1527-6 mars 1534), bailli de Caen (26 févr. 1526-13 juill. 1528), 2° fils d'Yves d'Alègre et de Jeanne de Chabannes, mariés le 7 sept. 1474, ép. (26 avril 1513) Marie d'Estouteville (vivante

le 27 janv. 1540) et mourut entre le 27 mai 1537 et le 27 janv. 1540.

(2) François d'Alègre, baron d'Alègre, sieur d'Oisery, Blainville, Millau, Saint-André (18 fév. 1543, n. s.), fils ainé de Gabriel d'Allègre et de Marie d'Estouteville, mariés 26 avril 1513, né en 1515, homme d'armes à la comp. de son père (3 juin 1529), tué en 1543, ép. (7 mars 1542) Madeleine de Miolans-Montmajour.

Compagnie YVES D'ALÈGRE

(1) Yves d'Alègre, 3e fils de Gabriel d'Alègre et de Marie d'Estouteville, mariés le 26 avril 1513, né en 1523, sieur de Messy, Marsilly, Blainville, chev. de l'Ordre (18 nov. 1565), baron, puis (1576), marquis d'Alègre, cap. gendarmes (7 juin 1575), blessé au siège d'Issoire, blessé en juin, puis assassiné (juill. 1577) dans son château d'Alègre. Il ép. (26 sept. 1551) Jacqueline d'Aumont, sœur du maréchal.

(2) Jean de Besse-la Richardie, fils de Jean de Besse-la Richardie et de Philippe de Chany-Parentignac, sieur du Genetoux, chev. de l'Ordre (28 déc. 1575), mar. des log. à la comp. Curton (juill. 1er nov. 1557), lieut. à la comp. d'Alègre (avril-14 nov. 1565), lieut. à la comp. Mortemart (27 janv. 1569-28 déc. 1570), ép. (15 mai 1547), Jeanne de Saint-Julien-Saint-Marc. Il fut guid. (4 mars 1562) à la comp. Francesco d'Este.

(3) Jean du Fay, fils ainé de Christophe du Fay et de Marguerite Malet de la Tour-Maubourg, mariés le 5 mai 1527, sieur de la Tour-Maubourg, Cahrespine, Lerm, Saint-Quentin, Verchières, Thérin, g. de la Ch. (16 janv. 1570), sénéchal et gouv. de Velay (8 mai 1573), ens. à la comp. d'Alègre (18 nov. 1565), mort entre 22 avril 1595 et 6 juill. 16.3, défendit le Puy (1563), ép. (24 avril 1558) Marguerite de Peloux (vivante 22 avril 1595).

(4) Jacques d'Oradour, sieur de Saint-Gervasy, Martinenches, Unzac, Segonzac, Montcelles, Betteil, Boisse, Buron, Saint-Saudour, Anthezat, fils de Jacques d'Oradour et de Françoise Comtour de Martinenches, mar. le 4 févr. 1533, gent. de la reine (12 juin 1558), chev. de l'Ordre (2¹ févr. 1562), mort entre le 30 avril 1574 et le 16 avril 1583, panetier (1ᵉʳ janv. 1572), et écuy. tranchant de la reine (3 août 1569), maître d'hôtel du roi (3 août 1569), sénéchal de Clermont (13 avril 1569), guid. à la comp. d'Alègre (oct. 1561-10 juin 1566), lieut. à la comp. du grand-prieur d'Auvergne (oct. 1567-13 avril 1569), ép. (28 oct. 1557) Claude de Sarlant.

(5) Maréchal des logis à la comp. (24 oct. 1564).

Compagnie CHARLES ALLEMAN DE LAVAL

(1) Charles Alleman, sieur de Laval, Séchilienne, Bully, Montroman, Lombin, la Terrasse, Bellechambre, Ozille, Albigny, chev. de l'Ordre, lieut. gén. en Dauphiné (1522-7 mars 1525), cap. de gend. (avril 1527-23 mai 1528), fils de Charles Alleman de Laval et de Catherine de Laudun, oncle de Bayart, mort en 1528, à Naples, ép. Marguerite de Saint-Priest, puis Anne de Taulignan.

Compagnie D'AMBOISE-AUBIJOUX

(1) Louis d'Amboise, comte d'Aubijoux, baron de Castelnau, Bonnefons, Graulhet, Casaubon, Marquistand, la Bastide, Mauléon, Sauveterre, fils posthume de Jacques d'Amboise et d'Hippolyte de Chambes, né en 1536, enfant d'honneur du roi, lieut. à la comp. Ventadour (janv. 1563-3 juin 1567), colonel des légionnaires de Languedoc (16 oct. 1562), cons.

d'Etat, cap. de gendarmes (janv. 1568-8 nov. 1574). Il fut au combat de Thionville (1552), aux sièges de Rodemachern, Montmédy, Damvillers, Ivoy (1552), Dinant, Bouvines, aux combats de Doullens (1553) Renty (1554), gent. de la Ch. (1560), aux sièges de Volpiano et Moncalvo, fut guid. à la comp. du prince de Condé, prit Figeac (1562), fut chev. de l'Ordre (1565), fut au siège de Mazères (1567), aux batailles de Jarnac et Moncontour, fut chambellan du duc d'Anjou (18 juill. 1570), fut au siège de la Rochelle, gouv. d'Albi, Castres, Lavaur, Pezenas, sénéchal d'Albi. Il ép. (12 juin 1556) Blanche de Lévis-Ventadour, sœur du capitaine, puis Marie de Chabannes, veuve du sieur de Langeac. Il fut chev. du Saint-Esprit (31 déc. 1583).

(2) François de Voisins, vicomte de Lautrec, baron d'Ambres, chev. de l'Ordre, sénéchal de Lauraguais, gouv. de Castres et Lavaur, lieut. dès janv. 1568, à la comp. d'Aubijoux, capit. de gendarmes, fils aîné de Maître de Voisins et de Anne de Crussol, mariés le 6 mai 1518. Il vivait encore, le 25 févr. 1574. Il ép. (10 mars 1516), Anne d'Amboise-Aubijoux.

(3) Guillaume-Arnault de la Planche, sieur de Saint-Ferriol et Saint-Paul, mar. des log. à la comp. d'Aubijoux, dès janv. 1568.

(4) Jean de Loupiac, mar. des log., comp. Ventadour (janv. 1583-2 juin 1567), puis guid. comp. d'Aubijoux, dès janv. 1568.

(5) Mar. log. comp. d'Aubijoux, dès janv. 1568.

Compagnie D'AMBOISE BUSSY

(1) Jacques d'Amboise, sieur de Bussy, Reynel, Vavray, Vignory, Saxefontaine, Feroncles, Anneville, Bussières, Cerisières, Noncourt, Colombey la Fosse, Colombey les Deux-Eglises, Lignol, la Mancine, Rouvres, Maurup, Pargny, fils aîné de Jean d'Amboise et de Catherine de Saint-Belin, mariés

le 30 juin 1474, cap. de gendarmes (10 mars 1510-9 mars 1515), tué à Marignan, ép. Antoinette d'Amboise-Ravel.

Compagnie D'AMBOISE-CHAUMONT

(1) Charles d'Amboise, sieur de Chaumont, Sagonne, Meillan, Vendeuvre, Saint-Verain, le Blanc, baron de Charenton, Revel, Montmartin, Montcresson, 2ᵉ fils de Charles d'Amboise et de Catherine de Chauvigny, né en 1473, cap. de gendarmes (4 oct. 1494-7 mars 1511), gouv. de Paris et Ile de France (3 févr. 1495-2 juin 1496), chev. de l'Ordre (25 janv. 1500), conseiller d'Etat, gouv. de Milanais (10 avril 1500-7 mars 1511), et de Gênes (26 août 1502), empêche, en les affamant, les Suisses d'entrer en Piémont. Grand-maître (25 janv. 1500-7 mars 1511), maréchal de France (1ᵉʳ mars 1506), il prit Gênes (27 avril 1507). Arona (fin 1507). Amiral (31 janv. 1508-10 nov. 1510), il commanda l'avant-garde à Agnadel (1509) et conquit les places vénitiennes du Milanais (14-31 mai 1509), prit (1510) Montagnano, Este, Vicence, Legnago, empêcha les Suisses d'envahir le Milanais, marcha contre le Pape, prit Spilimberto, Castelfranco, essaya, en vain, de négocier avec Jules II, lui laissa prendre la Mirandole, qu'il ne put délivrer. Il mourut, le 11 févr. 1511, à Correggio. Il avait ép. Jeanne de Malet-Graville, fille de l'amiral (vivante 27 janvier 1513).

Compagnie
ANGENNES-MONTLOUET-MAINTENON

(1) Louis d'Angennes, sieur de Montlouet, baron de Meslay, marquis de Maintenon, sieur de la Moutonnière, Ango-

ville, le Moutier, la Villeneuve, sixième fils de Jacques d'Angennes et d'Isabeau Cotereau. On l'appela successivement M. de *Rambouillet*, M. de *Montlouet*, M. de *Maintenon*. Né en 1536, mort entre le 1er juill. 1604 et le 11 sept. 1609, il ép. (1er févr. 1579) Françoise d'O (vivante le 11 sept. 1609). Il fut grand-maréchal des logis du roi (19 juill. 1568-25 déc. 1579), chev. de l'Ordre (19 juill. 1568), gent. de la Ch. (18 sept. 1568), cons. d'Etat (14 sept. 1579-23 nov. 1585), cap. de gendarmes (21 août 1570-1er juill. 1585), ambassadeur en Espagne, ch. du Saint-Esprit (31 déc. 1581).

(2) Jean de Pilliers, sieur de Menou, guid. comp. prince de Mantoue (juill. 1560-15 juin 1562), lieut. comp. Rambouillet (janv. 1566-25 déc. 1569), puis comp. Maintenon (25 déc. 1569-11 janv. 1572), chev. de l'Ordre (19 juin 1568).

(3) François de Rabodanges, 4e fils de Louis de Rabodanges et de Jeanne de Silly-Longray, mariés le 26 déc. 1533, né en 1543, guid. (1er avril 1559), comp. Matignon, sieur de Cherville, les Rouges-Terres, Neuvi, Ferrey, la Rue, le Buisson, le Plessis, gent. de la Ch. (5 oct. 1570), chev. de l'Ordre (5 oct. 1570), gouv. et bailli d'Alençon (5 oct. 1570-7 avril 1575), chambellan, cons. d'Etat, cap. de gendarmes, mort entre le 12 août 1582 et le 13 juill. 1584, ép. (4 août 1568) Anne d'Oilliamson.

(4) Charles de Rossard, sieur de la Gastine, ens. (avril 1563-20 mai 1569), à la comp. Illiers-Chantemesle.

(5) Jacques de Hermant, sieur de Corbeille, h. d'a. comp. Brissac (15 avril 1550), mar. log. comp. Rambouillet (avril 1563-21 mai 1569), mort au 14 févr. 1602, ép. (15 avril 1556), Louise de Quintheux-Souville (vivante 14 févr. 1602).

(6) René de Montireau, guid. (janv.-26 mai 1577), ens. (26 oct. 1578-26 avril 1580), comp. Maintenon.

(7) Loup de la Forest, sieur de Saugeville, Villangy, Vaviolly, Maisonneuve, fils de Jacques de la Forest et de Suzanne de Gaston, ép. Bénigne d'Orval.

(8) René d'Angennes, 2e fils de Denis d'Angennes et de

Jacqueline de Silly, mariés le 8 mai 1530, sieur de la Loupe, Vitry, la Forte-Maison, Sainte-Colombe, Marville, chev. de l'Ordre, guid. comp. Rambouillet (14 févr. 1564-26 nov. 1566), lieut. des gent. de la maison du roi, mineur au 11 juill. 1557, guid. (juill.-27 nov. 1569), comp. Maintenon-Montlouet, ép. (1ᵉʳ sept. 1567), Louise de Raillart, morte à la Loupe, le 20 déc. 1584). Il mourut le 24 sept. 1604.

(9) Probablement fils de François de Villiers-Motelle et de Jeanne l'Auney.

(10) Jacques de la Fontaine, sieur de Saint-Laurent et Launay (1ᵉʳ avril 1572), mar. des log. à la comp. Montlouet (oct. 1568-11 janv. 1572), fils de Nicolas de la Fontaine et de Madeleine Morand, mariés le 23 févr. 1528, ép. (7 déc. 1588), Charlotte d'Amerval, veuve de Guillaume de Saint-Quentin. Il était mort au 24 juin 1628.

(11) Mar. des log. dès oct. 1574.

(12) Pierre de la Haye-Ambilly, mort s. p., fils puîné de Pierre de la Haye d'Ambilly et d'Adrienne de Baudier la Chapelle, mariés 20 mai 1523.

(13) H. d'a. comp. Clermont-Tallart (16 juill. 1571-25 avril 1572).

Compagnie D'ANGENNES-RAMBOUILLET

(1) Jacques d'Angennes, sieur de Rambouillet, fils de Jacques d'Angennes et d'Isabeau Cotereau, né entre le 30 nov. 1527 et le 30 janv. 1530, écuy. tranchant du roi (31 oct. 1554), gent. de la Ch. (dern. févr. 1560), chev. de l'Ordre (4 févr. 1561), guid. comp. connét. Montmorency (22 avril 1553-20 mai 1560), amb. en Espagne (18 avril 1562), cap. de gendarmes (avril 1563-24 mai 1569), mort avant le 26 nov. 1569, sans alliance et sans postérité.

(2) Nicolas d'Angennes, sieur de Rambouillet, la Ville-

neuve, la Moutonnière, 4° fils de Jacques d'Angennes et d'Isabeau Cotereau, né en 1532, vidame du Mans, sénéchal du Maine, cap. de gens de pied, fait pris. à Saint-Quentin (1557), écuy. tranchant du roi (1558), lieut. à la comp. de son frère Jacques (avril 1563-16 mai 1566), chev. de l'Ordre (13 nov. 1567), gent. de la Ch. (8 sept. 1573), cap. de gend. (2 mars 1580-4 mai 1582), cap. des gardes du corps (17 juin 1575-27 déc. 1610), grand-maréchal des log. du roi (20 janv. 1567), gouv. de Metz et Messin (21 févr.-4 mai 1582), amb. en Angleterre (1566-23 juill. 1578), et à Rome, chev. de Saint-Georges d'Angleterre, lieut. gén. en Maine, cons. d'Etat (31 déc. 1579-27 déc. 1610). Il mourut à Rambouillet, en 1612. Il avait ép. Julienne d'Arquenay et vivait encore, le 5 févr. 1611, où il porte le titre de baron de Château du Loir. Il fut (31 déc. 1581), chev. du Saint-Esprit.

(3) Joachim de Bellenave, sieur de Bellebrune, fils aîné de Louis Jean de Bellenave et de Madeleine de Brouillard-Montjay, mariés le 4 août 1539, gent. de la Ch. (29 sept. 1561), guid. (juill. 1569-22 mars 1571), mort sans postérité.

(4) Cf. notice comp. Montlouet-Maintenon.

(5) Jacques de Morais, sieur de Jodrais, Lory, Fortisse, Brezolles, fils aîné de Charles de Morais et d'Anne de Harcourt, mariés le 25 oct. 1530, chev. de l'Ordre (24 juin 1572), ens. comp. d'Aumale (8 juin 1574), lieut. à la comp. Rambouillet (avril 1581-16 sept. 1585), puis comp. Poigny, gent. de la Ch., mort au 18 janv. 1588. Il ép. (10 avril 1567) Marguerite d'Aché.

(6) Eustache de Ravenel, sieur de Rentigny, 2° fils de Claude de Ravenel et de Françoise d'Angennes, mariés le 15 janv. 1552, guid. à la comp. Rambouillet dès avril 1581, ép. Marie de Renty, veuve de Georges de Ligny, et mourut avant le 28 mai 1599.

(7) Cf. notice comp. Montlouet-Maintenon.

Compagnie ANGLURE ESTOGES

(1) François d'Anglure, fils de René d'Anglure et de Catherine de Bouzey, mariés le 6 mai 1485, vicomte d'Estauges, baron de Boursault, Givry, sieur de la Motte-Nangis, Vienne, Valjouan, Fontaines, Bailly, Encœur, Nesle, Arcis, Serqueulx, Beauvoir, Courdenyn, Admillys, cons. d'Etat, chambellan, gouv. de Sainte-Menehould, (22 avril 1535-1539), Mouzon, Pierrefonds, Stenay, Montmédy, Sedan, Luxembourg (14 août 1543), cap. de la porte du roi (22 avril 1535), colonel de 2,000 légionnaires, cap. de gend. (janv. 1542), mort le 21 sept. 1544, ép. (24 avril 1518) Anne du Bec, puis (25 mai 1523) Marie de Veres, (morte 20 avril 1554), veuve de Louis de Brichanteau.

(2) Louis de Barlier, ens. comp. d'Estoges (oct. 1539-18 juin 1541), sieur de la Roche, ép. Claudine de Foissy.

(3) Cf. notice à la comp. Claude d'Aguerre.

Compagnie JACQUES D'ANGLURE

(1) Jacques d'Anglure, fils de François d'Anglure et de Marie de Veres, mar. le 26 mai 1523, vicomte d'Estauges, baron de Boursault, Givry, Beauvoir, Loisy, Escury, Ferebriange, Pierre-Morin, Nesle-la-Gilberte (3 oct. 1550), gouv. d'Auxerre, Dunkerque (1554), gent. de la Ch. du duc d'Anjou (1572), cap. de gend. (mai 1568-21 sept. 1572), député aux Etats de Blois (1588), ép. (6 oct. 1551) Antoinette de Conflans, puis, après 1552, Vendeline de Nicey (vivante le 27 août 1574), veuve d'Edme de Courtenay-Bléneau, puis Louise de Piedefer. Il mourut entre le 11 févr. 1598 et le 10 mai 1614.

(2) Gilles de Fresnoy, sieur du Plessis-Gourdin, Plessis-Saint-Avoye, Plessis-Passy, Barbe (19 nov. 1586-11 déc. 1595), fils de Jean de Fresnoy et de Catherine Clutin, guid. comp. d'Oisel (juill. 1564-22 mai 1566), lieut. comp. d'Estauges (9

déc. 1567-5 janv. 1570), chev. de l'Ordre (15 juin 1572), lieut. comp. grand-prieur de Champagne (30 avril 1572-12 juill. 1574), lieut. comp. Lenoncourt (janv. 1578-27 août 1581), mort au 14 mai 1625, ép. (2 janv. 1575) Renée Luillier, (morte au 21 juill. 1594), puis Catherine de Montmirel (morte au 14 mai 1625).

(3) François d'Anglure, fils de Jean d'Anglure et de Catherine d'Autry, mariés avant le 2 juin 1547, marquis de Coublanc, baron de Saint-Loup, Charmes, Passavant, Villemenant, Salles, Grandchamp, guid. comp. d'Estauges (nov. 1567-6 janv. 1569), gent. de la Ch., lieut. de gend. (9 nov. 1591), ép. avant le 10 nov. 1591, Marguerite du Châtelet (vivante le 10 déc. 1591).

(4) Mar. log. comp. Estoges (oct. 1567-6 janv. 1569).

Compagnie NICOLAS D'ANJOU-MÉZIÈRES

(1) Nicolas d'Anjou, marquis de Mézières, comte de Saint-Fargeau, sieur de Mareuil, Villebois, Thin, Tucé, Sénéché, Saint-Maurice-Laveron, né à Saint-Fargeau, le 29 sept. 1518, fils de René d'Anjou et d'Antoinette de Chabannes, chev. de l'Ordre (29 sept. 1560), gent. de la Ch. (28 déc. 1560), cap. de gend., gouv. d'Angoulême et Angoumois (9 déc. 1566-18 févr. 1568), ép. (29 sept. 1541) Gabrielle de Mareuil-Villebois (qui testa le 28 oct. 1592 et mourut en 1593).

(2) Cybard du Tison, sieur d'Argence, Fissac, 2e fils de Charles du Tison, et de Louise de Volvire-Aunac, mariés le 16 mai 1514, ens. (juill. 1558-2 sept. 1562) puis (4 mars 1564), lieut. comp. Randan, lieut. comp. Mézières (15 nov. 1565-21 févr. 1572), chambellan (9 déc. 1570), chev. de l'Ordre (20 févr. 1580), fut au siège de Metz (1552), fait pris. à Jarnac (1569), gent. de la Ch. (16 janv. 1566), cons. d'Etat (20 févr. 1580), gouv. d'Angoumois, mort le 2 mars 1594, ép. avant le 19 août 1565, Sidoine de Villebresme (morte entre le 19 août 1565 et le 23 nov. 1577).

(3) Artus d'Assigny, dit le *capitaine Fort*, sieur du Fort, Rigny le Féron, Pont-Marquis, la Grange, Moulins, Sermoises, ens. comp. Anjou-Mézières, fils de Jean d'Assigny et de Perrette le Chautier, né en 1520, cap. de gens de pied en Piémont (18 mars 1554-5 mai 1555), gouv. de Chiéri, gouv. d'Auxerrois, Auxerre, Saint-Fargeau, Puisaye, gouv. de Turin, ambassadeur de Savoie, se distingua à la bataille de Renty, fut blessé à mort à celle de Saint-Denis et mourut entre le 12 mars 1568 et le 29 janv. 1572. Il ép. Paule de Chaumont-Rigny (vivante 29 janv. 1572).

(4) Antoine d'Aloigny, sieur de la Chèze, Cingé, l'Islerette, fils de Louis d'Aloigny et de Jeanne Savary de Pont de Ruau, mariés le 15 nov. 1540, gouv. de Mézières, ens. à la comp. d'Anjou-Mézières (23 oct. 1568-21 févr. 1572), ép. 19 août 1565), Louise de Vouvant.

(5) René de Coagne, sieur de Marteau, la Roche Coagne, la Roche-Alardin, guid. à la comp. d'Anjou-Mézières, fils de René de Coagne et de Marguerite de Sully, mariés le 15 sept. 1536, ép. (7 mars 1563), Renée de Bridiers (vivante 16 janv. 1574), veuve de Fiacre Besson de Villeneuf et de Georges de Savignac-Beauregard. Il mourut avant le 16 janv. 1574.

(6) Jean de Devezeau, sieur de Chillac, 2e fils de Guillaume de Devezeau et de Jacquette Paultre, mariés avant 14 juill. 1500, mar. log. comp. Mézières (26 mai 1566), mort au 23 mars 1569, ép. (10 sept. 1548) Jeanne Maindron (vivante 23 mars 1569).

Compagnie RENÉ D'ANJOU-MÉZIÈRES

(1) René d'Anjou, sieur de Mézières, Saint-Fargeau, Puisaye, Tucé, Sénéché, Saint-Civran (3 févr. 1523), 2e fils de Louis d'Anjou, bâtard du Maine, et d'Anne de la Trémouille, né le 5 oct. 1483, à Mézières, fut à la prise de

Gênes (1507), à l'expédition de Métélin (1510), à la délivrance de Marseille (1524), sénéchal du Maine (3 avril 1510), gent. de la Ch. (24 juill. 1518-12 août 1524), mort à Avignon en 1527. Il ép. Antoinette de Chabannes (née en 1498, morte le 13 juin 1519).

Compagnie JEAN D'ANNEBAULT

(1) Jean, baron d'Annebault, Retz, la Hunaudaye, le Hommet, Saffré, Syon, Saint-Pierre, fils de l'amiral Claude d'Annebault et de Françoise de Tournemine, gent. de la Ch., chev. de l'Ordre (7 déc. 1561), bailli et cap. d'Evreux, cap. de gendarmerie (24 mai 1553), fut fait pris. à la bataille de Gravelines (1558) et blessé à mort à la bataille de Dreux (19 déc. 1562). Vicomte de Pléhérel, les Huguetières, Machecoul, la Benaste, Planconnet, Montaflant, comte de Châteauvillain, il s'était distingué à la bataille de Cérisoles (1544) et au siège de Fossano (1557). Il ép. Antoinette de la Baume-Montrevel, puis (23 avril 1558), quoiqu'il fut bègue et boiteux, une des femmes les plus belles et les plus spirituelles de son temps, Claude-Catherine de Clermont, remariée plus tard au maréchal de Retz.

(2 Jean de Bailleul, sieur de Renouart, baron de Messei, gouv. de Caen (1562), panetier du roi (5 juill. 1549-4 mai 1560), chev. de l'Ordre, lieut. à la comp. de la Hunaudaye (26 avril 1547-18 juin 1558), fils de Fouques de Bailleul et de Marguerite de Carrouges. Il ép. (17 juill. 1550), Jeanne d'Achey.

(4) Raymond d'Arces, sieur de Burlet, 3e fils de Louis d'Arces et de Guigonne de Gottefrey, gent. de la Ch. (18 juin 1545), ens. à la comp. Bouttières (8 oct. 1538-7 mars 1546), ens. (juill. 1546), comp. la Hunaudaye, testa le 1er févr. 1566. Il ép. Blanche de Moreton-Chabrillan.

(4) Pierre de Chissé, sieur de la Marcousse, fils de Ray-

mond de Chissé et de Louise de Guiffrey, mariés le 28 avril 1507, gent. de la Ch. (20 oct. 1565), commissaire extraordinaire des guerres (31 déc. 1533-18 juill. 1553), ens. comp. la Hunaudaye (26 avril 1547-2 août 1550), chev. de l'Ordre (26 mai 1565), gouv. de Romans (29 avril 1568), gouv. de Grenoble, lieut. gén. en Anjou, ens. (25 juill. 1551-8 août 1557), puis lieut. comp. Daillon du Lude (17 nov. 1558-1ᵉʳ mars 1570), mourut à Angers. Il ép. (11 janv. 1549) Louise de Baronnat.

(5) André Alleman, sieur de Pasquiers, vicomte de Trièvres, chev. de l'Ordre, gentilh. de la Chambre (13 sept. 1563), ens., comp. la Hunaudaye (janv. 1551-30 juill. 1554), comm. des guerres (31 août 1555-13 sept. 1563), mestre de camp des Suisses (1562-1569), se dist. à Dreux (1562), et à Meaux (1167) et mourut en 1569. Il était fils de Girard Alleman et de Catherine de Morges, et ép. Gasparde de Bomblyn.

(7) Jean de Pilliers, sieur de Menou, h. d'armes comp. d'Annebault, puis (26 oct. 1554), ens. à cette comp. Il était, vraisemblablement, fils de Guillaume de Pilliers et de Simone d'Allonville.

(7) Balthazar de Saluces, sieur de Castelatz, guid. (oct. 1546-30 juill. 1554), comp. la Hunaudaye, écuy. d'éc. du roi (5 mai 1552), fils d'Augustin de Saluces du Châtelard et de Bonne de Saluces-la Mante.

(8) Auffroy le Voyer, baron de la Haye-Pesnel, Trégomar, le Lou, (28 mars 1554), guid. comp. la Hunaudaye (25 avril 1554-23 avril 1556), lieut. comp. la Hunaudaye (janv.-24 mai 1562), gouv. de Granville, mort sans postérité, avant le 18 avril 1580. Il était fils aîné de Bertrand le Voyer et de Suzanne de Boistravers, mariés le 5 mai 1513, et il ép. (9 nov. 1540) Marguerite de Vieuxpont (vivante le 16 nov. 1587).

(9) Louis d'Alauzon, mar. log. comp. la Hunaudaye (1ᵉʳ avril 1551.

(10) Jean de Bourg, mar. log. comp. d'Annebault, sieur de Malozat, Duras, g. d'Issoire, mar. log. comp. d'Annebault (24

mai 1562), fils d'Etienne du Bourg et de Jeanne Thominas, ép. Gabrielle du Cros, puis Peronnelle de Saillans. Il mourut avant 1583.

Compagnie AMIRAL D'ANNEBAUT

(1) Claude d'Annebault, baron de Retz, la Hunaudaye, sieur de Bristol, fils aîné de Jean d'Annebault et de Marie Blosset de Carrouges, débuta à la défense de Mézières, en 1521, se dist. à la retraite de Rebecco (1524), fut fait pris. à Pavie (1525). Après la bataille de Landriano (13 juin 1529), il rallia les débris de l'armée française, et essaya, vainement, de délivrer le comte de Saint-Pol, pris. Lieut. au bailliage de Caen (15 nov. 1531), cons. d'Etat, chambellan, bailli et gouv. d'Evreux, chev. de l'Ordre (1535), il conquit le Piémont (1535), prit Turin (3 avril 1535), Chivasso. Lieut. gén. en Normandie (7 mars 1536-10 févr. 1538), il défendit heureusement Turin contre Charles-Quint (1536), prit Carignano, Moncalieri, Chieri, Cherasco, Saluzzo, ravitailla Thérouanne (1537), mais fut fait prisonnier, au retour de son expédition. Maréchal de de France (10 févr. 1538-1544), gouv. de Piémont (28 sept. 1539-12 avril 1534), amb. à Venise (1539), il assiégea Perpignan (1542) et échoua. En 1543, il fit la camp. de Luxembourg, prit Arlon, Virton, Luxembourg. Lieut. gén. en Normandie (12 avril 1544), amiral de France (5 fév. 1544), il fit une campagne navale (juill.-16 août 1545) contre l'Angleterre, ravagea l'Ile de Wight. François Ier lui donna Compiègne (3 fév. 1546). A demi-disgracié en 1547, il revint en France en faveur en 1552, fut nommé membre du conseil de régence, défendit la Fère (1552) contre les Impériaux et y mourut, le 2 nov. 1552. Il avait ép. Françoise de Tournemine, veuve de Jacques de Montejan et de Pierre de Laval. Il avait été (31 juill. 1526-21 mars 1530) lieut. à la comp. de Louis de Brézé, auquel il succéda comme cap. de gendarmes.

(2) Jean de Chambray, sieur de Poussay, Hauteville, Dur-

bois, Lenreville, 4ᵉ fils de Jean de Chambray et de Françoise de Tillay, panetier du roi (29 mai 1544-9 mai 1559), mort avant le 7 mai 1560, mar. des log. (30 oct. 1528), guid. (1ᵉʳ juin-23 oct. 1529) comp. Louis de Brézé, guid. (19 déc. 1532), puis (13 mai 1538-4 oct. 1544), comp. d'Annebault, gent. maison du roi (23 juin 1547). Il ép. (1538) Eléonore des Feugerais (vivante 7 févr. 1577).

(3) Pierre de Harcourt, baron d'Asnebec, Rames, Briouxe, Fontaines le Henry, Beny, Moulineaux, Potigny, Putot, Bobanville, la Heuze, Béziers, Brouille, les Essarts, le Valduret, lieut. comp. d'Annebault (30 mai 1544-3 mai 1552), fils de Jean de Harcourt et de Jeanne de Saint-Germain, gent. de la Ch., chev. de l'Ordre, lieut. de l'amirauté, lieut. gén. en Normandie, écuy. tranchant (1541), ép. (28 juin 1544) Madeleine de Lenoncourt, fut gouv. d'Ivoy (1552) et mourut en 1575.

(4) Guillaume de Pilliers, sieur de Menou, guid. (31 juill. 1526-21 mars 1530), comp. L. de Brézé, ens. comp. d'Annebault (19 déc. 1532-5 juin 1544), mort avant le 4 oct. 1544, ép. Simone d'Allonville.

(5) Louis de Courseulles, sieur de Saint-Remy, fils de Philippe de Courseulles et d'Edmonde d'Allonville, comm. extraordinaire des guerres (30 sept. 1542), vivant le 5 sept. 1552, fut ens. à la comp. d'Annebault (juill. 1544-30 janv. 1552). Il ép. Jacqueline du Val-Saint-Illier.

(6) François de Vieuxpont, sieur de Magny, 2ᵉ fils de Jean de Vieuxpont et de Anne d'Annebault, sœur de l'amiral, mariés le 23 avril 1504, guid. comp d'Annebault (13 mai 1538-26 mai 1542), cap. de gens de pied, ép. Marie de Monceaux et mourut entre le 4 mai 1554 et le 15 nov. 1557.

(7) Louis de Harcourt, baron de Macy, Croisy, Chaumont, Montchenu, Vilettes, Neveil, Betteville, Sages, Houraillès, Mesnil-Fromenteau, la Doipe, Fains, Chaumusson, Pontmere, Cloies, Boullay, Marcelles, Bucy, Grignon, Chateauneuf-Galaure, Limours, Valpillières, Estamblières, Sierray, Saccouney, Vasche, Pierre, Guercheville, la Bastle, Miltiers,

le Chastel, Bagouet, fils aîné de François de Harcourt et de Françoise de Gaillon, mariés le 10 mars 1510, ép. (1538), Marie de Montchenu, veuve de Claude de Châteauvieux et mourut en 1553.

(8) François de Plainville, sieur d'Orsonville, guid comp. d'Annebault (avril 1546-31 janv. 1552), puis (25 avril 1553), comp. prince de Ferrare.

(9) Gabriel de Longuemare, mar. des log. comp. d'Annebault (janv. 1544-30 janv. 1553), puis comp. prince de Ferrare (25 avril 1553) vivant le 27 avril 1560.

Compagnie MONTROND

(1) Jean d'Apchon, sieur de Montrond (20 avril 1552), gent. de la Ch., cap. de gens de pied (28 mai 1558), cap. de gend. (8 janv. 1589), lieut. gén. en Forez (18 fév. 1560), tué, près de Lupé, par les huguenots, 2e fils de Arthaut d'Apchon et de Marguerite d'Albon-Saint-André, mariés le 10 juin 1519, il ép. Marguerite de Gaste-Lupé (vivante le 23 mars 1592).

(2) Charles d'Apchon, sieur de Grezieu et Chenereilhes, chev. de Malte (27 juin 1554), 4e fils d'Arthaut d'Apchon et de Marguerite d'Albon, mariés le 10 juin 1519, chev. de l'Ordre, gent. de la Ch. (15 juill. 1563), cap. de 50 h. d'armes, panetier (15 sept. 1560), lieut. comp. Montrond (oct. 1568-8 juill. 1590), mort entre 15 mai 1598 et 27 juin 1608.

(3) Jacques d'Apchon, sieur de Saint-Germain (20 avril 1552), chev. de l'Ordre (18 janv. 1587), gent. de la Ch., ens. comp. Montrond (oct. 1568-8 janv. 1569), 5e fils d'Arthaut d'Apchon et de Marguerite d'Albon, mariés le 10 juin 1519, mort entre le 7 sept. 1611 et le 4 juin 1619,

ép, Claude de la Fin la Nocle, puis (17 sept. 1572) Catherine Séguier de la Verrière (morte entre 16 mars 1588 et 9 juill. 1600), puis Jeanne de Saint-Priest-Epinac, veuve de Gilbert de Veyny d'Arbouse, puis (19 août 1600), Isabelle de la Brosse du Verdier (vivante 1623).

(4) Jacques d'Eltouf-Pradines, 2ᵉ fils de Guillaume d'Eltouf-Pradines et de Jeanne de Saint-Romain, mariés le 4 mai 1516, sieur de Poinssons, Menibles, le Bois d'Oingt, le Buis, le Bost, Recey, Sirot, le Cros, Villars, Relly, chev. de l'Ordre, gent. de la Ch. (1572), mort entre 14 avril et 13 déc. 1590, guid. comp. Montrond (oct. 1568-8 janv. 1569), ép. (28 avril 1558) Marguerite de Galles-Saint-Marcel (vivante 13 déc. 1590).

(5) Antoine de Gironde, sieur de Gironde, Bégoule, Chalinargues, la Bastide, fils aîné de François de Gironde et de Jeanne de Saint-Paul, mariés le 4 juin 1531, chev. de l'Ordre, mar. des log. à la comp. Montrond (oct. 1568-10 mai 1569), guid. de cette comp. (29 déc. 1570), guid. comp. duc d'Anjou, gouv. de Fronsac (19 juill. 1569), cons. et premier maître d'hôtel de Catherine de Médicis (1ᵉʳ févr. 1586), ép. (19 mai 1571), Louise du Lac de Monteil (née en 1555, vivante 28 janv. 1621), et vivait encore, le 13 déc. 1601. Il était mort au 21 mai 1609.

Compagnie D'ATRYA

(1) Jean-François d'Aquaviva, duc d'Atrya, chev. de l'Ordre (20 juill. 1560), cap. gend. (avril 1563-28 janv. 1564), mort au 2 juill. 1569, sieur de Bric-Comte-Robert, fils de Jules-Antoine d'Aquaviva et d'Anna Ganbacorta, ép. (1549) Camilla Carraciolo.

(2) Nicolo de Alamanni, lieut. (avril 1563-28 janv. 1564) à la comp. du duc d'Atrya, écuy. d'éc. de la duch. de Savoie (4 févr. 1560), chev. de l'Ordre (17 avril 1570), premier maît.

d'hôt. du duc d'Anjou (17 avril 1570), maît. d'hôt. du roi (13 juin 1580-18 mai 1586).

(3) Vespasien de Macédoine, ens. à la comp. d'Atrya (avril 1563-28 janv. 1564), chev. de l'Ordre (31 déc. 1571).

Compagnie CAUSSADE

(1) Pierre, bâtard d'Armagnac, comte d'Isle en Jourdain, vicomte de Gimois, baron de Caussade, sieur de Montrosier, Aixe, Agen et la Bouteillerie, baron de Mortagne, Passavant, Sablé, fils naturel de Charles d'Armagnac, et de Marguerite de Claux, né avant le 24 nov. 1468, reconnu le 21 mai 1486, cap. de gend. (6 mars 1515), légitimé en 1502, vend (1515) sa baronnie de Caussade au duc d'Alençon, ép. (1500) Yolande de la Haye-Passavant, veuve de Pierre de Brézé-Maulevrier et de Jean d'Armagnac-Nemours. Il fut père du cardinal Georges d'Armagnac. Il testa le 26 déc. 1517.

Compagnie LOUIS D'ARS

(1) Louis d'Ars, sieur d'Ars, Vouves, Plaisance, Monlevy, lieut. (25 févr. 1503), à la comp. Luxembourg-Ligny, prit Canosa (16 juill. 1502), Biseglia, se défendit pendant un an à Venosa (1503), fut au siège de Legnano, à la bataille de Ravenne, gouv. de Pavie (1512), illustre cap. berrichon, gouv. de Falaise (31 mars 1505), cap. de 50 h. d'arm. (avril 1507-17 août 1520), duc de Termes, marquis d'Ars, comte de Vauguière et la Grolle.

(2) Mathurin de la Béraudière, sieur de la Roche de Bors, Ursay, fils de Gilles de la Béraudière et de Marguerite de Pérusse, ép. (7 mars 1502), Marguerite de Confolens, nièce du cap. Louis d'Ars.

(3) Gabriel de Chamborant, sieur de Lavau-Meanc, fils de

Jean de Chamborant, né vers 1493, h. d'a. (10 juill. 1525) à la comp. Louis d'Ars, ép. avant 1539 Louise de Saint-Mort (morte 17 déc. 1553), et mourut avant le 20 juill. 1546.

Compagnie D'AVAUGOUR-VERTUS

(1) Odet d'Avaugour, 2e fils de François d'Avaugour et de Madeleine d'Astarac, mariés avant 1517, comte de Vertus et Goello, vicomte de Saint-Nazaire, baron d'Avaugour et d'Ingrande, sieur de Clisson, Champtocé, Montfaucon, Plessis, évêque de Saintes (1544), démissionna avant 1548, fut comte de Vertus (14 nov. 1548), abbé de N.-D. de Vertus (1552), cons. d'Etat, cap. de gendarmes, ép. Renée de Coesme et vivait encore en 1584, mort au 29 avril 1611.

(2) Jean de Savonnières, sieur de la Bretêsche, Maulne, Machecoul, Entre-Deux-Bois, fils de Jean de Savonnières et d'Olive de Mathefelon, né le 27 mai 1516, chev. de l'Ordre, gent. de la Ch. cap. de gend. (5 avril 1571), guid. comp. du Lude (25 juill. 1551-1er nov. 1556), lieut. comp. Guémédie (avril 1563-14 févr. 1564), lieut. comp. Vertus-Avaugour (7 nov. 1567-5 janv. 1572), ép. (2 août 1549) Guyonne de Beauvau et fut assassiné, entre le 25 sept. 1572 et le 9 juill. 1573.

(3) François Goulard, sieur de Touverat, Barges, Reignac, Chambrettes, Posse, Brilly, la Chapelle, Magenau, la Martinière, fils de Jean de Goulard et de Louise de Montbrun, g. de la Ch. du duc d'Anjou (17 oct. 1568), chev. de l'Ordre (12 avril 1561), gent. de la Ch. (30 mai 1578), vivant 18 juin 1587, ens. comp. Avaugour-Vertus (oct. 1567-10 août 1570), ép. (6 août 1569) Renée Goulard de Chambrettes (vivante 11 juin 1576).

(4) Mathurin Aubineau, sieur de la Vayrie, h. d'a. comp. Montpensier, devient mar. log. comp. Avaugour (8 nov. 1567), puis guid. (18 août 1569-10 août 1570).

Compagnie D'AUMONT

(1) **Jean d'Aumont**, fils de Pierre d'Aumont le jeune et de Françoise de Sully, né en 1522, comte de Châteauroux, baron de Couches, Montagu, Molinot, Estrabonne, sieur de la Châtre, Cors, Dun-le-Palleteau, cap. de chevau-légers sous Brissac, fut à l'expédition de Guise en Italie (1556), fait pris. à Saint-Quentin (1557), fut aux sièges de Calais et de Guines (1558). Lieut. de la comp. du duc de Montpensier (22 janv. 1561-31 oct. 1573), il fut blessé à Dreux (1562), combattit à Saint-Denis, Jarnac, Moncontour, fut au siège de la Rochelle (1573), aux prises de Fontenay-le-Comte, Melle, Lusignan. Chev. de l'Ordre (7 déc. 1561), maréchal de France (23 déc. 1579), il fit la campagne de 1587 contre les reitres, se distingua en 1588 et 1589 (Barricades-Angers-Tours), se rallia à Henri IV, fut au siège de Paris (1589), se couvrit d'honneur à Ivry (1590), échoua sur Autun (1591). Gouv. de Dauphiné (19 juin 1592), il prit Mayenne, assiégea Rochefort (1592), prit Laval, Redon, Morlaix, Quimper, Crozon (1594), Moncontour (1595). Blessé au siège de Comper, il mourut à Rennes, le 19 août 1595. Il ép. (19 févr. 1550) Antoinette Chabot, fille de l'amiral, puis Françoise Robertet, veuve de Jean Babou de la Bourdaisière. Il fut chevalier du Saint-Esprit (31 déc. 1578).

(2) **Claude de Barbançois**, sieur de Charon, fils de Jean de Barbançois et de Bertrande de Cluis, gent. de la Ch. (14 août 1589), chev. de l'Ordre, ép. (11 mai 1569) Marguerite de Bridiers (vivante le 17 févr. 1620). Il fut (oct. 1575-7 avril 1576), guid., puis (janv. 1578-27 août 1581), lieut. à la comp. d'Aumont, et mourut avant le 17 févr. 1620.

(3) **Jean de Beauvoisin**, guid. (oct. 1568-17 mars 1576), comp. Guillaume de Tavannes, puis ens. à la comp. d'Aumont.

(4) **Hardouin Martel**, sieur de la Garde-Giron (10 avril 1567), fils aîné de Gabriel Martel et de Marie Giron.

(5) **René de Bressoles**, sieur des Bastides, Bussignoux, le

Vergier, 4e fils de Louis de Bressoles et de Marceline des Couts-Bussignoux, lieut. à la comp. Vatresse (avril-22 déc. 1577), vivant le 19 juin 1584, ép. Jeanne Giffard. Il fut aussi lieut. à la comp. de M. de Dinteville.

Compagnie GRAMMONT

(1) Antoine d'Aure-Gramont, vicomte d'Aster, sieur de Toulongeon, chev. de l'Ordre et gent. de la Ch. (12 fév. 1559), fils de Manaud d'Aure et de Claire de Grammont, mariés le 23 nov. 1525, mineur (6 oct. 1539), cap. de gend. (26 nov. 1564-27 oct. 1575), gouv. de Navarre et Béarn (16 oct. 1572), g. de Bayonne (1563), ép. (29 sep. 1549) Hélène de Clermont (vivante 13 sept. 1584). Il mourut en 1576. Il avait été protestant, puis il se convertit. Il assista au siège de Calais, en 1558, et avait été guid. à la comp. du vidame de Chartres (14 janv. 1549).

(2) Savary d'Aure, sieur de Peyre, baron de l'Arboust, 3e fils de Jean d'Aure et de Marie de Savignac, né avant 1542, lieut. (janv. 1566-11 févr. 1570), à la comp. Grammont, ép. après 23 sept. 1558, Andrée d'Antin, veuve de Claude de Castelnau la Loubère. Il vivait 14 janv. 1579.

(3) Nicolas de Commenge, sieur de Mancieux, 2e fils de Mathieu de Commenge et de Marie d'Aure, mariés le 18 juill. 1519, ép. (7 févr. 1562), Françoise de Montpezat.

Compagnie ANTOINE DE BAISSEY

(1) Antoine de Baissey, fils de Jean de Baissey et de Jeanne de Saulx, sieur de Longecourt, Bourberan, baron de Thil-Châtel, bailli de Dijon (18 mai 1483-24 févr. 1502), cons. d'Etat, chambellan, cap. de gend. (18 mai 1483-20 mars 1499),

col. des Suisses et lansquenets, ancien écuy. d'éc. de Charles le Téméraire, lieut. gén. en Milanais, ép. Jeanne de Lenoncourt-Gondrecourt (morte le 31 janv. 1523).

Compagnie JEAN DE BAISSEY

(1) Jean de Baissey, baron de Beaumont, sieur de Charmes, grand écuyer de Bourgogne (20 août 1502-7 mars 1510), fils de Jean de Baissey et de Jeanne de Saulx, cap. de gendarmes (janv. 1509-7 mars 1510), ép. Antoinette du Saix.

Compagnie MONTSALLÈS

(1) Jacques de Balaguier, baron de Montsallès, fils de Jean de Balaguier et de Jeanne de Rabastens, né avant 20 juill. 1540, guid. à la comp. du maréchal de Saint-André (29 mai 1554-8 nov. 1561), chev. de l'Ordre, blessé à Dreux, cap. de gend. (mai 1564-18 sept. 1565), mort le 13 mars 1569, à la bataille de Jarnac. Il ép. (2 déc. 1565) Suzanne de Madaillan-Estissac.

(2) Claude de la Châtre, baron de la Maisonfort, Sandré, Nouan le Fuzelier, la Ferté-sous-Revilly, fils ainé de Claude la Châtre et d'Anne Robertet, né en 1536, page du connétable de Montmorency, archer comp. connétable, guid. comp. connétable (1560), guid. comp. mar. de Saint-André (1562), fut à la bataille de Dreux, fut lieut. de la comp. de Montsallès (27 mars 1568). Il épousa, en 1564, Jeanne Chabot de Jarnac, veuve de René d'Anglure-Givry. Gent. de la Ch. (1565), chev. de l'Ordre (1566), col. gén. de l'infant. de Piémont (1567) lieut. gén. en Touraine, Amboise, Blésois, Loudunois (14 avril 1568), gouv. de Bourges (6 juin 1568-25 janv. 1609), Tours (20 avril 1568), cap. de gend. (4 juill. 1568-25 sept. 1613), bailli de Berry (20 mai 1579), gouv. de Berry (28 juill. 1568-25

sept. 1613), gouv. d'Orléans (14 avril 1568-25 sept. 1513).
Il écrivit : *La prise de Thionville en 1558*. 1559, in-8°,
*Discours contenant les plus mémorables faits advenus
en 1587*. Il échoua sur Sancerre (1569), prit Mennetou, Châteauneuf, Baugy, échoua sur Lignières, sauva Bourges, fut à
la bataille d'Arnay le Duc (1570), cap. garde écossaise (13
mai 1572), assiégea et prit Sancerre (9 janv. 25 août 1573),
fut ambassadeur en Angleterre (3 mars 1577), prit la Charité (1577), accompagna, comme chef de sa cavalerie légère
(8 sept. 1578), le duc d'Anjou aux Pays-Bas (1578 et 1581).
Cons. d'État (25 avril 1578-25 sept. 1613), mar. de camp, il
fut aux batailles de Pont-Saint-Vincent et de Vimory (4
juin 1583-10 sept. 1587), aux prises de Mauléon, Montagu, la
Garnache (1588). Maréchal de camp général (14 août, 6
nov. 1588), il assiégea Aubigny-sur-Nère (1591), prit Sancoins, échoua sur Châtelet, battit à demi un parti royaliste
près de Rouen (1592). Maréchal de la Ligue (21 juin 1593),
il prit (1593) Selles-en-Berry. Maréchal de France (29
févr. 1594), gouv. d'Orléanais, Berry, Blésois, Touraine,
Marche (11 janv. 1596), il prit Juliers (1610), assista au sacre
de Louis XIII (17 oct. 1610), où il fit fonction de connétable,
et mourut à la Maisonfort, le 18 déc. 1614. Il était chev.
du Saint-Esprit depuis le 31 déc. 1585.

(3) Pons de Morlhon, chev. de l'Ordre (19 févr. 1571), sieur
de Camburat, fait pris. à Saint-Quentin (1557), h. d'ar. (15
août 1557-27 juin 1558), à la comp. du mar. de Saint-André,
ens. (1564-1566), puis (oct. 1568), à la comp. Montsallès. Il
vivait encore le 19 févr. 1573. Il était, probablement, fils
de Pons de Morlhon-Albin et de Catherine de Morlhon-Vensa, mariés en 1508, et beau-frère du suivant.

(4) Olivier de Rampont, sieur de Pech-Imbert, h. d'a. à la
comp. du mar. de Saint-André (1557-1558), se dist. au combat d'Abbeville (1557) et fut mar. des log. (janv. 1563-8
juin 1566), à la comp. Montsallès. Il paraît avoir ép. Catherine
de Morlhon-Vensa.

(5) Blaise Le Loup, sieur de Preuchonnet, Sault, Momphan, guid. (11 juin 1557-5 nov. 1560), comp. d'Annebault,

guid. (oct. 1564-8 juin 1566), à la comp. Montsallès, lieut. (6 juill. 1569-14 févr. 1572), 3ᵉ fils de Jacques Le Loup, et de Jacqueline de Montmorin-Saint-Hérem, mariés en 1507, ép. Perronnelle de Blansat.

Compagnie BALBIANI

(1) Louis de Balbiani, comte de Belgiojoso, Soncino, Castelnovo, San Columbano, Villanova, Candia, fils aîné de Louis de Balbiani et de Catarina Visconti, né le 14 mars 1489 (J. Cardan), servit d'abord le roi de France, jusqu'à la bataille de Pavie (1525), puis passa au parti impérialiste, fut cons. d'État, chambellan de l'Empereur, gouv. de Milan, Novare, Milanais (1529). Il prit Castel San-Angelo. Nommé vice-roi de Sicile (1531), il mourut à Milan en 1531, empoisonné, pense-t-on.

(2) Cf. notice comp. J. Jérôme de Castillon.

Compagnie BALSAC-ENTRAGUES

(1) François de Balsac, sieur d'Entragues, Marcoussis, Bois-Malherbes, chev. de l'Ordre (30 nov. 1569), guid. comp. Longueville (2 juill. 1563-25 févr. 1565), cons. d'État (15 nov. 1582-16 oct. 1600), cap. de gend. (9 nov. 1567-20 juin 1605), gouv. d'Orléans et lieut. général en Orléanais (30 nov. 1571-20 juin 1605), 2ᵉ fils de Guillaume de Balsac et de Louise d'Humières, né entre le 30 nov. 1540 et le 30 juin 1543. Il ép. Jacqueline de Rohan, puis Marie Touchet (vivante 7 mai 1638), l'ex-maîtresse de Charles IX. Il fut chev. du Saint-Esprit (31 déc. 1578).

(2) Abel Lucas, sieur de Courcelles et du Quesnoy, mar. log. à la comp. Méru (24 mai 1566-2 juin 1567), ens. (janv. 1569-9 mars 1570), puis lieut. (5 janv. 1574-21

Dict. Et.-Maj.

juin 1577), à la comp. Balsac-Entragues, était, vraisemblablement, fils de Jacques Lucas de Courcelles et de Madeleine de l'Hôpital-Vitry, mariés le 6 déc. 1544.

(3) François de Beauffort, sieur de Méricourt, 2e fils de Jean de Beauffort et d'Adrienne d'Ollehain, ép. Marie de Mandrelois. Il fut guid. et mar. log. comp. Mailly (janv. 1567-10 mai 1569), ens. comp. Entragues.

(4) Charles de Milly, sieur du Plessier, Rosinvilliers (1er juill. 1570), fils de Florimond de Milly et d'Antoinette de Warluzel, guid. comp. Armentières (oct. 1567-9 mai 1569), guid. comp. Balzac (juill.-14 oct. 1573), ens. (janv. 21 juin 1577), ép. avant 1er juill. 1570, Cécile de Saveuse (vivante 1er juill. 1570).

(5) Jean de Balsac, sieur de Montaigu, Chastes, Viviers, la Roue, chev. de l'Ordre (19 juin 1578), chambellan du duc d'Alençon, gouv. de Saint-Jean-d'Angély et de Brouage, fils de Thomas de Balsac et d'Anne Gaillard de Longjumeau, né en 1545, mort le 8 déc. 1581, ép. Madeleine Olivier (vivante 13 avril 1587), veuve de Louis de Saint-Maure. Il fut (10 janv. 1574-12 janv. 1575), ens. à la comp. du prince Henri de Condé.

(6) Georges du Fresnoy, sieur de Nully en Thelles, Bas des Canches, les Plessiers, Cavillon, Chauvicourt, Launay, Amblainvilliers, Marefontaine, cap. de chevau-légers (15 mai 1557), guid. comp. d'Entragues (21 juin 1577), lieut. de vénerie et fauconnerie du roi (31 déc. 1581), mort au 25 mai 1584, gent. de la Ch., chev. de l'Ordre (20 déc. 1578), ép. (1er déc. 1569) Marie de Montmirel (vivante le 19 déc. 1600). Il était le second fils de Robert de Fresnoy et de Françoise de Boves, mariés le 22 nov. 1540.

(7) Claude d'Aussy, 2e fils de Jean d'Aussy et de Louise de Moillar, mariés le 1er juill. 1512, sieur de Congerville, les Coutures, le Pré, Marigny, gouv. de la citadelle d'Orléans, ép. (4 févr. 1556), Marie Lejau, puis Jeanne de Chartres, veuve de Charles de Blaire, puis Anne de Vausalmon. Il mourut entre le 4 avril 1588 et le 2 oct. 1592.

Compagnie BALSAC-DUNES

(1) Charles de Balsac, sieur de Dunes, comte de Graville, dit le *Bel Antraguet*, 6e fils de Guillaume de Balsac et de Louise d'Humières, mariés le 18 oct. 1538, gent. de la Ch. (2 oct. 1579), chev. de l'Ordre (30 déc. 1586), né entre le 30 août 1545 et le 18 nov. 1548, lieut. gén. à Orléans (10 avril 1591-27 janv. 1599), gouv. de Saint-Dizier (30 déc. 1586), cap. de gendarmes (10 avril 1591-27 janv. 1599), prit part au célèbre *Duel des Mignons* (1578) et mourut à Toulouse le 20 févr. 1599, sans postérité. Il avait ép. Catherine Hennequin d'Assy. Il assista aux batailles de Jarnac, Moncontour, Jazeneuil, Pamprou, la Roche-Abeille, Ivry, aux sièges de Mussidan, la Rochelle, Issoire. Il fut cons. d'Etat (23 avril 1594-27 janv. 1599).

(2) Paul de Cugnac, baron d'Imonville, sieur de Richerville, Jouy, Rouvres, Domarville, fils aîné de Louis Cugnac et de Mathie de Prunelé, guid. comp. Dampierre (29 juin 1585) et comp. Dunes (28 avril 1594), né en 1561, gent. de la Ch. du roi (12 juin 1603), député aux Etats-Généraux (1614), mort à Paris, le 31 déc. 1614. Il ép. Antoinette de Prie (après 1584), veuve de Jacques Perreau de Castillon, puis (après 9 août 1596) Louise de Berbi, puis Anne Hurault de Boistaillé (morte 18 sept. 1633).

(3) Isaac Lamy, fils de Méry Lamy et d'Anne Baraton, mariés le 30 oct. 1563, baron de Loury, Achères-le-Marche, Oyson, Bray, né 1567, mort janv. 1647 à Loury, page du roi, cornette, puis cap. de chevau-légers, gent. de la Ch., testa 27 nov. 1646, ép. (1 avril 1607) Marguerite Coutel d'Ardanne.

Compagnie ROBERT DE BALSAC

(1) Robert de Balsac, 3e fils de Jean de Balsac et d'Agnès de Chabannes, sieur d'Entragues et Saint-Amand, Dunes, Clermont, Juys, Romorantin, gouv. de Pise (1494), sénéchal de

Gascogne et d'Agen (27 févr. 1471-5 juill. 1503), gouv. de Tournon, Penne, Castelcuillé, cons. d'Etat) chambellan (23 sept. 1471-10 mai 1501), cap. de gend. (1471-1472), ép. (3 oct. 1474) Antoinette de Castelnau, testa le 3 mai, mourut le 9 août 1503.

(2) Mondon Balsac, fils naturel de Mondon de Balsac, légitimé (sept. 1503), ép. Catherine de Rillac.

Compagnie BARBEZIÈRES

(1) François de Barbezières, sieur de Chemerault, Marigné, fils aîné de Geoffroy de Barbezières et de Catherine de Vivonne, mariés le 14 févr. 1534, guidon, puis (1571-5 juin 1574), sous-lieut. à la comp. du duc d'Anjou, chev. de l'Ordre (31 déc. 1582), cap. de gend. (janv.-29 mai 1577), chamb. du duc d'Anjou (22 avril 1571), gouv. de Lusignan (30 nov. 1603), mort avant le 13 févr. 1608, ép. (5 déc. 1583), Françoise de Coutances-Baillon (morte le 15 juill. 1629), veuve de Paul de la Tour-Landry.

(2) Charles de Marconnay, sieur du Tillon, fils de Philippe de Marconnay et de Catherine d'Aubigné, mariés le 28 mai 1526, gent. de la maison du roi (3 juill. 1576), lieut. à la comp. Villiers-la-Rivière (oct. 1567-10 juin 1569). Il ép. (28 juill. 1556), Françoise de Choisy.

(3) Charles de Chaulx, guid. comp. Chemerault (1er juin 1577).

(4) Jean de Rechignevoisin-la Maisonneuve, 2e fils de François de Rechignevoisin et de Charlotte de Parthenay, mariés le 17 nov. 1521, sieur de la Roussière et la Cueille, ép. (31 oct. 1577) Renée del Bene-Quinçay. Il vivait le 24 févr. 1537 et le 22 janv. 1598.

Compagnie LA BARGE

(1) François de la Barge, sieur de la Barge, Malmont, la Pérouse, la Froidière, Puymellier, fils aîné d'Antoine de la Barge et de Charlotte de Rivoire-la Bastie, mariés le 25 nov. 1525, gouv. de Vivarais (1ᵉʳ août 1575-23 déc. 1580), ens. à la comp. de Tournon-Roussillon (avril 1563-24 févr. 1564), lieut. à cette comp. (10 déc. 1564-8 janv. 1568), chev. de l'Ordre (22 avril 1564), éc. d'éc. du roi (15 oct. 1565-1ᵉʳ févr. 1572), lieut. à la comp. du prince de Saint-Pol (avril-2 nov. 1571), cap. de gend. (janv. 1572-30 sept. 1586), maréch. de camp (1ᵉʳ nov. 1574), bailli de Montferrand, lieut. gén. en Brie, ép. (13 juill. 1572) Gabrielle des Essarts et testa le 26 nov. 1590.

(2) Claude de Beaune, sieur de Beaune en Gévaudan, guid. à la comp. de Senecterre (juill. 1569-6 juin 1570), lieut. dès janv. 1573, à la comp. la Barge. Il était probablement fils de Claude de Beaune-Pradelles et de Madeleine de Senecterre, mariés le 27 sept. 1514.

(3) François de la Roche-Lambert, sieur de Saint-Paulien, Marsillac, Croisset, ens. (janv. 1574) à La Barge, fils de Charles de la Roche-Lambert et de Catherine de Pronsac, mariés le 15 sept. 1533, vivant le 23 avril 1541, chev. de l'Ordre, gent. de la Ch., cap. de gens de pied et d'arqueb. à cheval, mourut entre le 24 févr. 1583 et le 5 févr. 1592. Il ép. (1572) Amable de Grasdepain, puis (27 déc. 1574) Hélène de Lestrange (qui testa 9 avril 1614).

(4) Antoine de la Roche-Morgon, sieur de la Mothe, guid. comp. de la Barge (janv.-22 juin 1574), probablement fils de Jean de la Roche-Morgon et d'Antoinette de la Barge.

(5) Balthazar de Rivoire, sieur du Palais, le Chevalard, le Mazoyer, le Sauvage, Varennes (28 mars 1556), cap. de gend. (16 janv. 1588), chev. de l'Ordre, gent. de la Ch. (12 juill. 1586), fut au siège de Montélimar (1575) et à la bat. d'Issoire (1590). Fils de Philibert de la Barge et d'Antoinette de la Fayette, mariés le 26 sept. 1533, gendre de M. de la Barge, en la comp. duquel il était guid. dès janv. 1577, il

ép. (15 janv. 1590) Gabrielle de la Barge (qui testa le 20 mai 1628). Il mourut entre le 31 oct. 1610 et le 21 juin 1611.

Compagnie DE TERMES

(1) Paul de la Barthe, sieur de Termes, fils aîné de Jean de la Barthe et de Jeanne de Péguilhem, né en 1482, à Conserans, servit, sous Lesparre, en Biscaye et en Navarre (1522). Obligé de quitter la France, à la suite d'un duel, il servit à Naples, sous Lautrec (1528). Pris par des corsaires (1527-1530), cap. de chevau-légers (1530), il servit en Piémont (1535), aux sièges de Thérouanne (1537), Perpignan (1542), en Piémont, sous d'Annebaut (1543), fut gouv. de Savigliano, puis de Lanzo (1543), combattit à Cerisoles (1544), fut lieut. gén. en Piémont (1er janv. 1547), prit Revello (1547), fut généralissime en Ecosse (1547), prit Haddington. Ambassadeur à Rome (1551), il défendit la Mirandole (1551). Gouv. de Corse (5 août 1552-1555), il guerroya pendant trois ans. Comte de Comminges (10 fév. 1555), lieut. gén. en Piémont (1555-1556), il prit Valfenera et Cherasco (1557), fut au siège de Calais (1558), gouv. de Calais et Calaisis (15 janv. 1558), mar. de France (24 juin 1558), il prit Dunkerque (2 juill. 1558), Bergues, mais fut battu et fait prisonnier à Gravelines (13 juill. 1558). Lieut. gén. en Guyenne (3 nov. 1560), il mourut à Paris, le 6 mai 1562. Il ép. Marguerite de Saluces.

(2) Pierre de Saint-Lary, baron de Bellegarde, sieur de Montblanc, Montastruc, chev. de l'Ordre, fils de Raymond de Saint-Lary et de Miramonde de Lagorsan, mariés le 7 sept. 1498, lieut. (oct. 1550-16 mai 1554) à la comp. de Termes, cap. de gend. (28 déc. 1568-30 sept. 1569), gouv. de Toulouse et d'Albigeois (18 févr. 1563), blessé au siège de Mazères (juill. 1569), mort en 1570, ép. (11 mars 1523) Marguerite d'Orbessan. Il testa le 23 oct. 1567, fut gouv. de Puycelsi, Thurie, Buzet, Montosse (18 juill. 1567-1er oct. 1569), Cinte-

gabelle (10 oct. 1565), sén. de Toulouse et d'Albi (1ᵉʳ mars 1567).

(3) Sébastien de Sera, ens. comp. Termes (janv. 1547-27 août 1557).

(4) Roger de Saint-Lary, sieur de Bellegarde, fils de Pierre de Saint-Lary et de Marguerite d'Orbessan, mariés le 11 mars 1524, d'abord destiné à l'état ecclésiastique et prévôt d'Oulx. Il étudia à Avignon. A la suite d'une querelle, qui amena la mort d'un de ses camarades, il embrassa la carrière militaire. Guid. à la comp. du maréchal de Termes, son grand-oncle, dont il épousa (20 août 1565), la veuve Marguerite de Saluces, il fut aux sièges de Valfenera, Cherasco, Fossano (1557), Calais (1558), à la bat. de Gravelines (1558). Lieut. à la comp. de Termes (1558), puis à celle de M. de Retz (12 oct. 1565-3 juin 1567), il fut au siège de Rouen (1562). Colonel en Italie (27 oc. 1567), maréchal de camp (8 févr. 1569), il sert en Italie jusqu'en 1570. Blessé au siège de la Rochelle (1573), il accompagne Henri III en Pologne (1574). Maréchal de France (6 sept. 1574), généralissime de l'armée de Dauphiné (6 sept. 1574), il prend Grasse, Loriol, Roynac, échoue (28 sept. 1574) sur Livron. Ambassadeur en Pologne (1575), il refusa d'y aller et resta en Piémont. Il fit avec Damville, campagne en Languedoc (1577), occupa Montfrin, prit Bezouce, ravagea les environs de Nîmes, assiégea Menerbe en Comtat. Il se retira encore en Savoie, fut nommé gouverneur du marquisat de Saluces (13 sept. 1579) et mourut le 20 déc. 1579.

(5) Probablement Jacques de Guiscard-la-Coste, 3ᵉ fils d'Antoine de Guiscard et d'Isabelle de Lomagne, mar. le 10 oct. 1472, né avant le 19 juin 1512, vivant le 4 mars 1528.

(6) Jacques de Carondelet, m. log. comp. Termes (7 mars 1550-27 août 1557), puis comp. pr. de Piémont (oct. 1568-13 nov. 1572).

Compagnie IMBERT DE BATARNAY

(1) Imbert de Batarnay, 2e fils d'Antoine de Batarnay et de Catherine Gastonne, sieur du Bouchage, comte de Fézensac, sieur d'Ornacieux, Charmes, Morestel, Branges, Colombiers. Saint-Lanne, Vaugris, Auberine-sur-Rhône, Peyrins, Beaumont, Monterie, Montrésor, le Bridoré, Moulins en Berry, favori de Louis XI, visiteur des habelles du Lyonnais (1461), éc. d'éc. du roi (29 déc. 1466), gouv. du Mont Saint-Michel (21 mars 1471-22 juill. 1483), baron d'Anthon (29 août 1488), chev. de l'Ordre (22 nov. 1512), ambassadeur en Allemagne (22 août 1493), obtint du roi, en 1463, les biens confisqués de Gabriel de Rossillon du Bouchage et ép. (1461) Georgette de Montchenu. Il mourut, le 12 mai 1523, à Montrésor.

(3) Gabriel de Murinais, 2e fils de Jean de Murinais et de Béatrix de Montainard, gouverneur du Mont-Saint-Michel sous M. de Batarnay, testa 7 oct. 1524, décédé au 7 févr. 1558. Il ép. Jeanne de Morvilliers (décédée entre 7 févr. 1558 et 7 avril 1573).

Compagnie FRANÇOIS DE BATARNAY

(1) François de Batarnay, baron d'Anthon et du Bouchage, gouv. du Mont-Saint-Michel et Pontorson, chambellan, fils d'Imbert de Batarnay et de Georgette de Montcheny, mariés en 1431, ép. (19 mai 1502) Françoise de Maillé et mourut, le 9 nov. 1513, à Corbie.

Compagnie RENÉ DE BATARNAY

(1) René de Batarnay, comte du Bouchage, baron d'Anthon, sieur de Montrésor, le Bois-Doré, Moulins en Berry, fils de

François de Batarnay et de Françoise de Maillé, mariés le 19 mai 1502, ép. (1527) Isabeau de Savoie-Tende. Né le 2 oct. 1513, gent. de la Ch. (3 mars 1536), chev. de l'Ordre (27 nov. 1566), gouv. du Mont-Saint-Michel (31 déc. 1569-3 juill. 1578), il mourut en nov. 1580. Il avait été (19 nov. 1527) enfant d'honneur du roi.

(2) Germain d'Urre-Molans, sieur de Cléon d'Andran 2ᵉ fils de Jean d'Urre et de Madeleine de Tholon Sainte-Jalle, mariés le 13 mars 1482, lieut. à la comp. de Tende (janv. 1538-22 mai 1544), gouv. du Mont-Saint-Michel (28 nov. 1528-21 mars 1534), lieut. gén. en Provence (14 juill. 1536-23 oct. 1537), gouv. de Grasse (1537) et d'Auxonne (9 juill. 1545), prit part à l'affaire de Cabrières (1541) et mourut sans postérité.

Compagnie BAUFFREMONT-LISTENOIS
(CF. AU SUPPLÉMENT)

(1) Antoine de Vienne-Bauffremont, marquis de Listenois et d'Arc en Barrois, baron de Scey, Sombernon, Malain, Reuilly, le Tremblay, Mottey, Chancey, 2ᵉ fils de Claude de Bauffremont et de Jeanne de Vienne, né en 1531, chev. d'honneur du Parlement de Dijon (13 déc. 1560-17 mars 1571), grand gruyer de Bourgogne (12 oct. 1565), gent. de la Ch. (9 sept. 1560-15 juill. 1568), cons. d'Etat, lieut. à la comp. du prince Dauphin d'Auvergne (janv. 1563-7 juin 1567), cap. de gend. (5 mars 1578), chev. de l'Ordre (9 nov. 1564), fut au siège de Metz (1552), aux bat. de Saint-Quentin, Dreux, Jarnac, Moncontour, Arques, Ivry, Fontaine-Française, aux sièges d'Orléans (1563), la Rochelle (1573), Dieppe, Paris, Rouen. Il testa le 3 et mourut le 20 déc. 1605. Il ép. (24 mars 1553) Anne de Clermont d'Amboise. Il fut chev. du Saint-Esprit (31 déc. 1585).

(2) Cf. Notice à la comp. de Bourdillon.

(3) Hughes de Rouvray, sieur de Chaudenay, Saint-Germain du Bois, g. d'Auxonne, chev. de l'Ordre (11 janv. 1570), vivait 15 mars 1575, ens. comp. Listenois (oct. 1567-11 janv. 1570), 4ᵉ fils de Claude de Rouvray et de Marguerite de Chissey, mariés le 30 août 1514, né en 1519, ép. Philiberte Pitoys.

(4) Jean de Pot, sieur de Blaisy, Pons, Chassingrimont, Bournay, la Roche-Rabasté, Mauldouins, Châteaufort, Quincampoix, guid. à la comp. de Listenois (11 janv. 1570), fils de François de Pot-Chassingrimont et de Gabrielle de Rochechouart-Chandenier, mariés le 2 oct. 1535. Il mourut sans postérité avant le 7 févr. 1573.

Compagnie BAUGÉ

(1) Frédéric de Gonzague, marquis de Baugé, cap. de gend. (janv. 1523-17 déc. 1527), chev. de l'Ordre (6 mai 1523). Probablement Frédéric de Gonzague-Sabionetta, fils de Jean-François de Gonzague et d'Antoinette de Balzo, mariés le 17 juill. 1479, servit successivement Maximilien et François Iᵉʳ, fut fait prisonnier à Pavie dans les rangs français, fut à la bat. de Ravenne, aida le duc d'Urbin à récupérer son duché. Il mourut, en 1561, sans postérité, de Jeanne Orsini. Il fut sieur de Rozzolo et Gozzolo.

** Peut-être est-ce Frédéric de Gonzague-Vescovato, né en 1495, mort le 22 sept. 1545, 2ᵉ fils de Jean de Gonzague et de Laura Bentivoglio.

(2) Probablement Jean-François de Gonzague, fils de Pyrrhus de Gonzague et de Camilla Bentivoglio, neveu du précédent, ép. Louise Pallavicini.

Compagnie LA BAUME-SUZE

(1) François de la Baume, comte de Suze, baron de Lers, Plaisian, Villefranche, Rochefort, Montfrin, Rochegude, Montredon, Vinay, Montdragon, Monthier, Heyrieu, cap. de gend. (29 sept. 1563-10 juill. 1578), cons. d'Etat, gouv. de Provence (1578-1579) et de Comtat, amiral des mers du Levant (3 juin 1578), fut battu, en 1562, à Valréas, vainqueur à Lagrand, et il assista à la bat. de Saint-Gilles. Fils de Guillaume de la Baume et de Catherine d'Albaron, mariés le 19 sept. 1524, né le 7 nov. 1528, il ép. (14 juin 1551) Françoise de Lévis-Ventadour (qui testa le 21 août 1591). Il fut tué, en 1587, à Montélimar. Il avait été guid. (avril-17 août 1548) à la comp. Saint-Vallier, cap. de chevau-légers (4 mai 1553), lieut. à la comp. du prince de Salerne (juill. 1559-13 mars 1562), chev. de l'Ordre (29 sept. 1553).

(2) Aimar d'Ancezune, sieur de Vinay, fils de Géraud d'Ancezune et de Jeanne des Serpents, né avant 1517, lieut. à la comp. de la Baume-Suze (juill. 1567-11 mai 1569), chev. de l'Ordre (11 mai 1569), ép. Marguerite de la Baume-Suze.

(3) François de Montainard, sieur de Montainard, Largentière, Chalençon, Chanousse, fils aîné de Louis de Montainard et de Madeleine Albaron de Montfrin-Alleman, mariés le 19 juill. 1519, chev. de l'Ordre (23 mai 1568), vivant encore, le 29 juill. 1582 fut (janv.-29 sept. 1563), guid., puis ens. (juill. 1567) à la comp. la Baume-Suze. Il ép. Louise Alleman de Taulignan.

(4) Louis de Claret, fils de Gaspard de Claret et de Marguerite d'Urre, sieur de Truchenux et Esparron, chev. de l'Ordre (27 déc. 1574), cap. de gend., vivant encore le 11 juill. 1593, ép. (1565) Jeanne de Tholon-Vinsobre, puis Marguerite de Reinaud d'Alein.

(5) Louis de Montainard, sieur de la Pierre, Chalençon, Chanousse, Largentière et Theys, 2ᵉ fils de Louis de Montainard et de Madeleine d'Albaron-Monfrin-Alleman, mariés le 19 juill. 1519, chev. de l'Ordre (23 juin 1572), ens. comp.

la Baume-Suze (janv. 1572-26 sept. 1577), encore vivant, le 17 janv. 1581, ép. (4 janv. 1564) Charlotte de Brottin.

(6) **Jean de Renaud**, sieur d'Alein, Auron, Lamanon, fils de Jacques de Renaud et de Blanche du Puy-Saint-Martin, mariés le 27 mai 1527, vivant le 6 déc. 1549, chev. de l'Ordre (15 avril 1570), guid. comp. la Suze (19 août 1570), 1er consul d'Arles (17 déc. 1574), ens. comp. la Suze (16 mars 1577), cap. chevau-légers (20 mars 1577), gouv. de Pertuis (oct. 1590), mourut entre le 11 nov. 1591 et le 20 févr. 1603. Il ép. (29 sept. 1575) Madeleine de Castillon-Beine (décédée au 11 nov. 1591).

(7) Probablement **Jacques de Bovier-Montmeyran** (7 sept. 1515-7 sept. 1579), fils aîné de Hughes de Bovier et de Marthe de la Baume, mariés le 27 sept. 1519.

(8) **Jean de Clermont-Chaste-Gessans**, 4e fils de Jacques de Clermont-Chaste et de Jeanne de Formerie, mariés le 19 sept. 1527, vivait encore en 1602, fut mar. log. comp. Suze (janv. 1572).

Compagnie LA BAUME-MONTREVEL

(1) **Marc de la Baume**, comte de Montrevel, baron de Châteauvillain, Grancey, vicomte de Ligny le Chastel, Pesmes, Montriblod, Antigny, Valusin, Broye, le Thil, Saint-Martin le Chastel, Bonrepos, Saint-Etienne du Bois, Vaiay, Presilly, Nully, Esté, Bussy, la Cour d'Arrenay, la Roche du Vaunel, Marigny, fils aîné de Guy de la Baume et de Jeanne de Longwy, fut à la bat. de Novare (1513), chev. de l'Ordre (29 oct. 1525), chamb. 29 oct. (1525-23 août 1527), cons. d'Etat (29 oct. 1525-23 août 1527), cap. de gend. (9 juin 1515-12 déc. 1527), lieut. gén. en Champagne et Brie (1512), ép. (10 juill. 1488) Bonne de la Baume, puis (1508) Anne de Châteauvillain.

(2) **Jean de la Baume**, comte de Montrevel, vicomte de

Ligny le Châtel, Pesmes, Valusin, Marboz, Foissia, Bussy, Montgeffon, Bonrepos, l'Abergement, Saint-Martin le Châtel, Esnes, Asnières, Saint-Etienne du Bois, Charnoi, Précy, Cudot, Saint-Etienne-sur-Reyssouze, la Pesle, le Fail, Antilly, Chasu, Lochière, 2ᵉ fils de Marc de la Baume et de Bonne de la Baume, sa cousine, mariés le 10 juill. 1488, chev. de l'Ordre, cap. de gend. (28 juill. 1536-17 avril 1547), chamb. de l'archiduc Philippe d'Autriche (26 sept. 1503), gouv. de Bressel, Bugey, Valromey (28 juill. 1536) et Savoie (1ᵉʳ déc. 1540), testa le 20 avril 1552. Il ép. (4 août 1527) Françoise de Vienne, veuve de Jacques de Bussy d'Amboise, puis (8 août 1531) Avoye d'Alègre, puis (28 juill. 1536) Hélène de Tournon.

(3) Esme de Prie, sieur de Montpoupon, Toucy, Thesmillon, la Grange-Fossegollet, L'exillé, fils aîné d'Aimar du Prie et de Claudine de la Baume guid. (17 mars 1544), puis lieut. à la comp. la Baume-Montrevel, prisonnier à Hesdin (1553), se distingua au ravitaillement de Thérouanne, éc. d'éc. du roi (1557-1559), lieut. à la comp. Villars (25 avril 1552-24 janv. 1569), gent. de la Ch. (25 déc. 1562), chev. de l'Ordre (3 mars 1565), gouv. d'Auxerre et Auxerrois (17 mai 1568), lieut. gén. en Touraine, Blaisois, Vendômois (19 juin 1570), cap. de gend. (1ᵉʳ mars 1569-17 oct. 1572), ép. (12 sept. 1538), Charlotte de Rochefort, et mourut en 1576.

(4) Africain de Mailly, fils aîné de Jacques-Simon de Mailly et d'Henriette de Saint-Seine, sieur d'Arc-sur-Thil, Clinchamp, Seigne, Villers les Pots, baron d'Escots, gouv. de Nogent-le-Roi (1538), Saint-Seine (1543), cons. et chamb. du duc Charles d'Orléans, chev. d'honneur du Parlement de Bourgogne (4 sept. 1532-11 juin 1545), panetier du roi, bailli de Dijon (27 févr. 1537-8 mars 1546), gouv. et sénéchal de Châtellerault (13 déc. 1544), Langres (6 déc. 1543), Yenville en Beauce (1545), mourut entre le 19 janv. et le 15 mars 1557. Il ép. (18 févr. 1513) Anne de Méligny-Dampierre, puis (13 juin 1548) Béatrix de Pontailler (vivante 2 avril 1557).

(5) Etienne de la Baume, sieur de Saint-Etienne du Bois, Esté, Petignicourt, fils naturel de Jean de la Baume, guid.

(juill.1543-22 juill. 1544), puis ens. (avril 1546-17 avril 1547) à la comp. de son frère Jean de la Baume, fut gruyer de Bresse, vivait encore le 3 août 1553, ép. Catherine Guyot, puis avant le 18 févr. 1548, Jeanne d'Avannes (vivante 1er mars 1573).

(6) Guillaume de Chastenay, sieur de Lanty, fils aîné d'Antoine de Chastenay et d'Isabeau de Foissy, mar. le 29 mai 1468, h. d'a. à la comp. d'Orval-Albret (5 janv. 1519-17 août 1523), comm. des guerres (23 juin 1513), cap. gend. de pied (19 janv. 1522), mort entre le 17 nov. 1527 et le 21 avril 1529, il ép. (1503) Marguerite de Nancé (vivante le 1er mai 1546).

(7) Pierre du Vernet, mar. log. (avril 1546-17 avril 1547), comp. la B. Montrevel.

(8) Jacques de Corsant, sieur de Bereins, Broces, la Grivaudière, fils aîné de Claude de Corsant et d'Antoinette de Verrières, mariés le 17 janv. 1479, fut mar. des log. à la comp. la Baume-Montrevel, dès oct. 1543. Il ép. (14 févr. 1519) Jeanne de Bâgé, veuve de Guy de Carion, puis (2 avril 1529) Hughette de Montdor, veuve d'Angelin de la Fontaine.

Compagnie BOUCHAVANES

(1) Antoine de Bayencourt, sieur de Bouchavanes, Quincy, Ecquencourt, le Fau, Courson, fils d'Antoine de Bayencourt et de Jeanne de Calonne, mariés le 27 mai 1518, chev. de l'Ordre (8 juin 1565), gouv. et bailli de Coucy (20 oct. 1550-14 nov. 1572), gouv. et bailli de Doullens, maître des eaux et forêts de Coucy (21 août 1557-7 janv. 1564), lieut. à la comp. de Condé (juill. 1561-6 nov. 1566), cap. de gend. (avril 1572), mort sans postérité, entre le 20 août 1576 et le 4 juin 1579, ép. (3 nov. 1548) Jacqueline d'Applaincourt.

(2) Jean de Calonne, sieur d'Allembon, fils de Philippe de Calonne et de Marie de Boubers, né en 1534, vivant le 25

juin 1580, ép. (2 avril 1554) Catherine de Saint-Remy, veuve de Robert d'Ailly-Douqueur.

(3) Charles de Lamet, vicomte de Laon, sieur de Pinon et Bussy, fils aîné de Christophe de Lamet et d'Isabeau de Bouchavanes, mariés le 12 avril 1545, guid. (juill.-8 oct. 1573) à la comp. Bouchavanes, chev. de l'Ordre, gouv. de Coucy (4 juin 1579-17 juill. 1610), ép. Louise de Lannoy-Morvilliers.

(4) François de Bayencourt, sieur de Laiglantier, h. d'a. à la comp. Fr. de Montmorency (25 août 1572), fils de Jean de Bayencourt et de Jeanne de Bocqueaux, mort avant le 13 juill. 1574, ép. Jeanne l'Empereur. Il était cousin issu de germain du capitaine.

(5) Florent de Calonne, sieur de Courtebonne, Bucourt, Havelinghen, Bouringault, né en 1542, mort le 1er mai 1596, premier baron du comté de Guines, guid. à la comp. Bouchavanes, 2e fils d'Antoine de Calonne et d'Agnès d'Averhoult, mariés le 4 oct. 1523, ép. (14 sept. 1577) Antoinette le Bouteiller (née 1555, morte en 1639).

Compagnie BÉARN-LA BASTIDE

(1) Roger de Béarn, baron de la Bastide, lieut. à la comp. Gaston de Foix (12 mars 1504-1er mars 1510), cons. d'Etat, chamb., cap. de gend. (janv.-25 août 1517) 2e fils de Pierre de Béarn et de Christine de Coudun, sénéchal de Tursan, Marsan, Gabardan, Caprins (dern. févr. 1510), ép. avant le 19 janv. 1500, Gratienne de Saint-Martin (vivante le 19 janv. 1500). Il fut (25 nov. 1512-6 oct. 1517), gouv. de Mauléon de Soule.

(2) Bertrand de Béarn, sieur de Gerderest, sénéchal de Béarn, fils de Jean de Béarn et de Marguerite de Grammont, ép. (1492) Madeleine d'Andouins.

(3) François de Béarn, baron de Miossens (19 janv. 1500),

fils aîné de Pierre de Béarn et de Christine de Coudun, sénéchal de Marsan, se distingua au siège de Libourne, fut battu, la veille de la bat. de Ravenne (1512), dans une escarmouche. Il ép. Catherine de Béarn-Gerderest.

Compagnie BEAUFORT-ROLLE

(1) Jean-Aymé de Beaufort-Salagine, baron de Rolle, Salagine, Varax, Mont le Vieux, Coppet, fils aîné de Nicolas de Beaufort et de Marguerite de Châteauvieux-Verjon, enfant d'honneur de François Ier, cousin du comte Michel de Gruyères, gent. de la Cuiller (1526-1530), ép. Catherine de Rye, puis Marie de la Palu-Varax, qu'il avait, en 1516, enlevée, ce qui causa une sorte d'incident diplomatique. Il mourut sans postérité. Il fut chamb. (4 mai 1554), cap. gend. (janv. 1554-14 mai 1555).

(2) Antoine de Rougemont, sieur de Bussie, Bussières Pierreclos, fils de Gaspard de Rougemont-Lentenay et de Hughette de Rougemont-Corbier, mariés le 28 se. t. 1508, né en 1513, mort la veille des nones de mai 1578, lieut. gén. en Dombes (2 sept. 1562), lieut. à la comp. de Rolle (janv. 1554-21 mai 1555), chev. de l'Ordre, lieut. à la comp. d'Ossun (avril-2 sept. 1556), ép. Claudine de Clugny-Conforgien (née en 1522, morte la veille des ides de mars 1577). Il fut (14 mars 1556) lieut. à la comp. d'Ossun.

(3) Charles de Benant (Bonnant, Bruant), ens. (9 août-18 oct. 1554) à la comp. Rolle, puis (12 mars 1556) à la comp. d'Ossun.

(4) François de Montwagnard, guid. à la comp. Rolle (avril 1553-4 janv. 1556), puis à la comp. d'Ossun (12 mars 1556-13 août 1558).

(5) Antoine de Montrosat, mar. des log. à la comp. Rolle (avril-12 oct. 1554), puis à la comp. d'Ossun (12 mars 1556-13 oct. 1557).

Compagnie LANGEY

(1) Martin du Bellay-Langey, 3ᵉ fils de Louis du Bellay et de Marguerite de la Tour-Landry, prince d'Yvetot, sieur de Glatigny, cap. de chevau-légers (20 nov. 1543), chev. de l'Ordre (30 avril 1555), sieur de la Herbaudière, mar. de camp (1552), gent. de la Ch. (1546), cap. de gend. (10 juin 1558), lieut. gén. en Champagne et Brie (1ᵉʳ janv. 1547), Artois (22 déc. 1549), Normandie (1ᵉʳ janv. 1558). Il suivit, en 1513, alors mineur, Genlis en Allemagne, fut à la bat. de Marignan (1515), au combat de Berneville (mars 1527), à la bat. de Cérisoles (1544) et mourut, le 9 mars 1560, à Glatigny. Il ép. (26 juin 1533) Isabeau Chenu d'Yvetot. Ce fut un historien illustre. (*Mémoires*, 7 vol. in-12° 1753.) Il fut guid. (31 juill. 1526-24 mars 1528), puis lieut. (18 sept. 1530-7 juill. 1537) à la comp. de la Rochedumayne.

(2) Catherin de Raillard, sieur de Marville (11 sept. 1548), gouv. d'Essonne (22 mars 1563), gent. de la Ch., chev. de l'Ordre (26 juin 1567), ép. Jeanne de Châtillon vivante 26 juin 1567).

(3) Jacques de la Ferrière, sieur de Ballou, Vautorte, Chalenay, Launay, fils de Bertrand de la Ferrière et d'Anne de Chabot, chev. de l'Ordre (17 janv. 1577), guid. à la comp. Brissac (juill. 1543-13 sept. 1544), lieut. à la comp. Langey (27 oct. 1554), ép. Renée de Launay.

(4) Nicolas de Champagne, comte de la Suze, sieur de la Chapelle-Rainsouain, la Chassignière, les Coulans, Chauffour, Bazeilles, Bazoges, Brouassain, Vaucelles, Villaines, Loupelande, la Motte-Achard, cons. d'État, chamb., chev. de l'Ordre, cap. de gend., fils de Baudouin de Champagne et de Jeanne de la Chapelle-Rainsouain, né en 1526, fut au siège de Metz (1552), aux combats de Germigny et Givet (1555), à la bat. de Saint-Quentin (1557) et fut tué à celle de Saint-Denis (1567). Il ép. (26 mai 1547) Françoise de Laval-Lezay.

(5) Léonard de Gironde, sieur de Castelsagrat, chev. de l'Ordre, 4ᵉ fils de Jean de Gironde et de Françoise de Champagne, mariés le 6 déc. 1505, ens. à la comp. de Langey

(28 juill. 1535-25 janv. 1554), puis à celle de Champagne-la Suze, son oncle (avril-27 déc. 1564). Il ép. (15 avril 1563) Fleurette de Beauville, testa le 15 août 1570 et mourut sans postérité. Il était cousin-germain de Nicolas de Champagne. Il fut ens. (janv.-5 août 1560) comp. la Mothe-Gondrin.

(6) Oudart d'Illiers, sieur de Chantemesle, Beaumont, Villemort, Vaupillon, fils aîné de Charles d'Illiers et de Perrette d'Avaugour, chev. de l'Ordre (oct. 1567), cap. de gend. (avril 1563-10 mars 1574), gouv. du Perche, mar. de camp. (1ᵉʳ avril 1562), échanson (1551), gent. de la Ch. (1558), maître des eaux et forêts de Châteauneuf en Thimerais (4 nov. 1562). Il fut aux sièges de Bourges et Rouen (1562), le Havre (1563), au combat de Jazeneuil (1568), à la prise de Châteauneuf, aux batailles de Jarnac, la Roche-Abeille, Moncontour, au siège de Saint-Jean-d'Angély. Il ép. Madeleine Bertrandi.

(7) Louis Le Roy, sieur de la Touche, en Anjou, mar. des log. à la comp. Langey (22 avril 1552).

Compagnie THOUARCÉ

(1) Martin du Bellay, marquis de Thouarcé, prince d'Yvetot, baron de Commequiers, la Forest-sur-Seurre, la Haye-Jouslin, 2ᵉ fils de René du Bellay-Thouarcé et de Marie du Bellay-Langey, mariés le 17 déc. 1558, né le 19 juin 1571, mort entre le 16 août 1635 et le 18 févr. 1637, cap. de gend. maréch. de camp (1615), député aux Etats-Généraux (1614), baron du Plessis-Macé, lieut. à la comp. de Marie de Médicis, d'abord page du roi, il fut au siège de Paris, à ceux du Mans, Alençon, Laon, fut blessé à la bat. d'Ivry, fut au second siège de Paris, à celui de Rouen, à la bat. de Fontaine-Française, à l'expédition de Savoie, fut lieut. gén. en Anjou. Il ép. (30 mars 1599), Louise de Savonnières, veuve de René de Villequier, puis, après 1625, Louise de la Châtre-Nançay, veuve de Louis de Voisins d'Ambres.

(2) Marin Hamelin, sieur de Nazé, décédé au 6 mai 1615, fils de René Hamelin et de Jeanne de la Rouvraye, mariés le 2 mai 1512, ép. (13 nov. 1574) Claire de Gauzerand (décédée au 6 mai 1615).

(3) François de Fesques, sieur de Chartrigny, les Souillarts et la Folie-Herbault, fils de François de Fesques et d'Anne de Monthiers, mariés le 20 juin 1560, gent. de la Ch. (17 juin 1604), g. m. du roi (8 août 1605), décédé entre 1 sept. 1607 et 17 oct. 1620, ens. comp. de Bellay (16 juin 1594-17 juin 1604), ép. (17 oct. 1593) Anne de Boursault (décédée entre 17 oct. 1620 et 15 juin 1632).

(4) François de Caulx, sieur de Langeais, porte-manteau du roi, fils de René de Caulx et de N..., mariés le 8 nov. 1542, ép. (25 févr. 1582), Renée Gourdault.

Compagnie MASSÈS

(1) Aimery de Béon, sieur du Massès, fils de Bernard de Béon et d'Antonie de Devèze, mariés le 13 juill. 1513, ens. à la comp. Termes (19 janv. 1550), lieut. à la comp. d'Escars (30 mai 1566-25 déc. 1567), chev. de l'Ordre (oct. 1568), cap. de gend., gouv. de Limoges (1er juin 1569) et Pignerol, ép. (16 nov. 1540) Marguerite de Castelbajac.

(2) Jean de Benque, lieut. à la comp. Massès (janv. 1569-26 janv. 1570), fils d'Odet de Benque et de Marguerite de Montaut, mariés le 11 sept. 1519, chev. de l'Ordre, mort entre le 22 janv. 1577 et le 18 mars 1583, ép. (18 févr. 1562) Martine de Saint-Lary (vivante 18 mars 1583).

(3) Carbon de la Barthe, sieur de Lassegan et la Maguère, 2e fils de Philippe de la Barthe et de Catherine de Marquefave, mariés avant le 13 nov. 1520, chev. de l'Ordre (1566), ens. à la comp. du Massès (1568-20 janv. 1570), lieut. comp. Merville (juill. 1569-3 sept. 1570), maréch. de camp 1er mars 1574-8 mai 1576), fut à Jarnac, Moncontour, Saint-

Jean-d'Angély, cap. de gend. (1572), gouv. d'Astarac, Comminges, Bigorre, il ép. (24 nov. 1562) Suprême de Roquelaure, puis (2 déc. 1577) Marguerite de Grossoles, veuve de Jean-François d'Aulin, et mourut, à Paris, entre le 20 et le 28 sept. 1579.

(4) François de Béon, fils aîné de Jean de Béon et de Marguerite Isalguier, guid. (oct. 1568) comp. Mansèn.

Compagnie BIDONNET

(1) Jean de Bidonnet, lieut. à la comp. Terride (24 janv. 1558-7 juin 1567), puis cap. de gend.

(2) Baptiste de Lamesan, lieut. à la comp. de feu Bidonnet (janv. 1568-10 janv. 1571), puis lieut. à la comp. Francesco d'Este (16 nov. 1572-3 mars 1574), chev. de l'Ordre, cap. de gend. (1586-1ᵉʳ févr. 1587), est probablement le Baptiste de Lamesan qui assista au contrat de mariage d'un autre Baptiste de Lamesan (celui-ci, 2ᵉ fils d'Arnaud-Guilhem de Lamesan et de Catherine de Signe, mariés le 27 juin 1520), qui ép. (15 janv. 1581), Antoinette de Touges-Noalhan, à moins que ce ne soit ce Baptiste lui-même.

(3) Bertrand Isalguier, sieur de Montfaucon, ens. à la comp. feu Bidonnet (avril 1568-10 janv. 1570).

(4) Manaud de Gestas, 3ᵉ fils de Gaillard de Gestas-Floran et de Jeanne de Mauléon.

Compagnie DU BIEZ

(1) Oudard du Biez, fils d'Antoine du Biez et d'Isabeau de Berghes-Saint-Winox, sieur du Biez, Escouelles, Araines, Sonnes, Argueil, Vendôme, Saint-Waast, défendit brillamment Hesdin contre les Impériaux (sept.-oct. 1523), chev. de

'Ordre (1536), il prit Everny en Picardie sur les Espagnols (1536), fut (1537), au ravitaillement de Thérouanne. Lieut. gén. en Picardie (1542), gouv. de Saint-Quentin (1543), mar. de France (15 juill. 1542), il défendit longtemps Montreuil contre les Anglais (1544), fut à l'attaque de Boulogne par le Dauphin, enleva, en 1545, un fort voisin de Boulogne, et battit deux fois les Anglais. En 1546, il ravitailla, par l'entremise de Senarpont, le fort d'Outreau, et à son retour, battit avec lui les Anglais. En 1549, il les battit encore à Estau. Arrêté, et condamné (3 août 1551) à être décapité, il fut gracié, enfermé à Loches, élargi et mourut à Paris, en juin 1553. Il avait ép. Jeanne de Senlis. Il fut réhabilité (1ᵉʳ oct. 1575) par les soins de son petit-fils. Cons. d'Etat, chamb. (3 juill. 1528), gouv. de Boulogne (20 janv. 1526), gouv. et sénéchal de Boulonnais (1523-9 avril 1533), cap. de gend. (15 août 1522-11 avril 1547), gouv. de Picardie (25 oct. 1543-18 oct. 1544). Il fut (28 oct. 1522), lieut. à la comp. de Créquy-Pontdormy.

(2) Nicolas de Senlis, lieut. à la comp. Créquy (juill. 1533-25 mai 1541), ép. Françoise de la Forge.

(3) Jacques de Coucy-Vervins, fils de Raoul de Coucy et d'Hélène de la Chapelle, mariés le 1ᵉʳ janv. 1489, sieur de Chémery, Vervins, Burelles, Saint-Pierremont, Fontaines, Landouzy, Connage, Sapongne, Charbogne, Fresnoy, Bois la Marfée, Fief d'Aisnel, Cheveuges, Boutancourt, Villiers au Mont, Balleure, Vreigne aux Bois, Tendrecourt, la Besace, Voulpaix, Lerzy, baron de Stonne, gouv. de Marle, né en 1490, fut à Marignan et à Pavie. Chamb. du duc de Vendôme, cap. de chevau-légers, grand panetier, archer (28 août 1515), h. d'a. (11 juin 1518-1ᵉʳ juin 1523) à la comp. de Vendôme, il fut aux sièges de Béthune, Bourgchâteau, Lillers, Bapaume, Tournehem, gouv. de Landrecies, ép. (7 sept. 1537) Isabelle du Biez, fille du maréch. Il capitula, en 1544, à Boulogne. Condamné à mort et exécuté (5 juin 1549), il fut réhabilité en 1575, par les soins de son fils et de la duchesse douairière de Guise, Antoinette de Bourbon.

(4) Thibault Rouault, sieur de Riou, 2ᵉ fils d'Aloph Rouault et de Gabrielle de Montroignon, h. d'a., puis (7 sept. 1535-

1542), ens. à la comp. du connétable de Montmorency, lieut. à la comp. Pisseleu-Heilly (3 oct. 1544), chev. de l'Ordre (7 déc. 1561), il défendit le fort d'Outreau et fut gouv. de Hesdin, où il fut fait prisonnier, en 1553. Il mourut en 1566. Il ép. Jeanne de Savouse, veuve d'Antoine de Créquy-Pontdormy.

(6) Nicolas de Saint-Blimont, sieur de Ponthoile et Sailly, 2e fils d'Alcaume de Saint-Blimont et de Jaqueline Hubert, châtelain de la forêt de Crécy, lieut. des eaux et forêts de Ponthieu, mort en prison en 1548. Il épousa Marie le Vasseur, puis Claude de Licques, fut (12 juill. 1537) guid. à la comp. du Biez.

(7) Jean du Biez, baron de Nielles, le Caurroy, Cottebrune, 3e fils de Jean du Biez et d'Anne de Beauval, né en 1501, ens. à la comp. du Biez, lieut. à la comp. de Senarpont (21 avril 1554-28 juin 1558), gent. de la m. du roi, chev. de l'Ordre (22 nov. 1570), vivant le 5 oct. 1571, gouv. d'Ardres et de Guines, ép. (21 sept. 1538), Isabeau-Philippote de Calonne.

(8) Jacques de Fouquesolles, sieur d'Andrehem, sénéchal de Boulonnais, fils de Jacques de Fouquesolles et d'Isabeau de Monchy-Senarpont, mariés le 22 juill. 1501, guid. à la comp. du Biez, ép. (25 nov. 1527) Madeleine du Biez, fille du maréchal.

(9) Jean de Blaisel, sieur de Wrachin, guid. comp. du Biez (4 août 1543), fils de Robert de Blaisel, ép. N... de Blottefière.

(10) Jean de Senlis, guid. à la comp. du Biez, mourut entre le 5 juill. 1545 et le 11 avril 1547. Il était fils de Nicolas de Senlis et de Françoise de la Forge.

(13) Antoine Viart, h. d'a., comp. du Biez (26 avril 1522-28 avril 1536).

Compagnie BIRAGUE

(1) Charles de Birague, gent. de la Ch., gouv. de Savigliano (4 sept. 1567-26 sept. 1569), Santhia (22 avril 1568), né après 1509, naturalisé (12 août 1564), lieut., comp. Saint-Pol (30 nov. 1571), lieut. gén. en Piémont (5 avril 1567), maréch. de camp (28 sept. 1567-12 août 1587), cap. de gend. 22 avril 1568-30-sept. 1588), chev. de l'Ordre (4 sept. 1587), gouv. de Saluces (19 oct. 1574) et Piémont (6 nov. 1577), cons. d'Etat (6 nov. 1577-30 sept. 1588), encore vivant en 1590, 4e fils de César de Birague et de Francesca Turriana, il ép. (1558) Maddalena Laura (vivante 10 juill. 1581) et fut chev. (31 déc. 1580) du Saint-Esprit.

(5) Giacomo del Pozzo, guid. comp. Birague (30 déc. 1569).

(6) Ludovic de Birague, 5e fils de Jérôme de Birague et de Marguerite de la Tour-Tersagne, ens. à la comp. de Charles de Birague (6 nov. 1577-30 juin 1578), naturalisé (1578), abbé de Flavigny (1584), prévôt d'Oulx (9 janv. 1584).

(7 et 8) Marquis de Malaspina, marquis de Scaldasol, guid. à la comp. Birague, vivait encore le 27 oct. 1575.

(9) Bias de Birague, guid. comp. Ludovic de Birague (avril 1572-30 juin 1578).

(10) Giacomo Vismara, m. l. comp. Ch. de Birague (juill.-31 déc. 1563).

(12) Ludovic de Birague, 2e fils de César de Birague et de Francesca Turriana, cap. d'une bande, puis de quatre bandes italiennes, col. gén. de l'infanterie italienne (1er nov. 1554-8 sept. 1558), gouv. de Santhia (1555), qu'il défendit contre le duc d'Albe, prit Gattinara et y battit les Impériaux 1556), prit Vignale, fut gouv. de Chivasso, chev. de l'Ordre (18 janv. 1565), maréch. de camp gén. en Piémont (8 sept. 1558-3 avril 1559), lieut. gén. en Piémont (20 août 1559-3 sept. 1572) et Saluces (18 janv. 1565), cap. de gend. (5 juin 1565-3 sept. 1572). Il prit part aux sièges de Verrua et de Volpiano. Né à Milan en 1509, il mourut à Saluces en 1572.

(13) André de Birague, chev. de l'Ordre (23 nov. 1569),

gent. de la Ch. (18 juill. 1567-26 avril 1568), h. d'a., à la comp. de Ludovic de Birague, lieut. à celle de Charles de Birague (janv. 1565-17 nov. 1573), col. gén. des Italiens 1er janv. 1575-1er janv. 1579), 2e fils de Jérôme de Birague et de Marguerite de la Tour-Tersagne.

(14) Jean Robertet, sieur de Villeneuve, 2e fils de Claude Robertet et d'Anne Briçonnet, mar. le 15 juin 1531 (?), ép. Claude Le Viste. Guid. comp. Birague (janv. 1565).

(15) Melchior de Gattico, guid. (juill. 1568-8 févr. 1571), comp. L. de Birague.

Compagnie BLOSSET-TORCY

(1) Jean de Blosset, fils de Jean de Blosset et d'Anne de Cugnac, mariés avant 1519, sieur et baron de Torcy le Grand et le Petit, le Plessis-Pasté, Beaumont le Chastif, Miarmagne, Blandé, Saint-Aignan du Pin, lieut. à la comp. Crèvecœur (6 janv.-6 oct. 1563), chev. de l'Ordre (juill. 1564), cap. de 50 h. d'a. (avril 1563-29 août 1581), gouv. de Paris et d'Ile de France (27 mai 1573-23 juill. 1585), mort le 27 nov. 1587. Mineur en 1519, enfant d'honneur du roi (1536-1540), il ép. avant 1540 Anne de Saint-Berthevin, puis, après 1585, Marie de Riants, veuve de N... du Plessis-Marolles et de N... de Verres-Bure. Il fut chev. du Saint-Esprit (31 déc. 1578).

(2) Balthazar de la Châtre, sieur de Besigny, 2e fils de Joachim de la Châtre et de Françoise Foucher, mariés le 18 janv. 1533, né après 1539, lieut. à la comp. Blosset-Torcy (21 nov. 1566), cap. de gend., mort sans alliance. Il avait été enfant d'honneur du roi, chev. de l'Ordre (1er févr. 1571).

(3) Adam de Karnazet, sieur de Saint-Vrain, Brasseux, Rozay, Lignières, la Folie-Herbault, chev. de l'Ordre (21 juill. 1571), gent. de la Ch., chamb. du duc d'Alençon, 2e fils d'Antoine de Karnazet et de Marguerite de Brillac, mariés le 16 déc. 1521, guid. (oct. 1564), puis (21 oct. 1567), lieut. à

la comp. de Torcy, ép. avant mai 1575 Françoise de Moustiers, puis Suzanne Gouffier et mourut le 21 déc. 1584.

(4) Antoine de Mascarel, sieur d'Hermanville, Serviat, Boisgeoffroy, le Coudray, Neuville-sur-Eaulne, Bailleul, Neux en Artois, Semermesnil, la Neuville, Mesnil-Bethas, la Motte-sur-Eaulne, fils aîné d'Antoine de Mascarel et de Diane de Serviat, mariés le 25 juin 1547, chev. de l'Ordre, gent. de la Ch., gouv. de Neufchâtel, vivant 1608, lieut. comp. Torcy (15 juin 1577-29 août 1581), ép. (11 nov. 1571) Marguerite de Chabannes la Palisse (vivante 21 août 1585).

(5) Louis de Blosset, fils aîné de Louis de Blosset et de Madeleine de Rodon, mariés avant le 8 avril 1537, sieur de Fleury, Villiers, Brécy, la Chesnaye, Bouteron, la Motte-Basson, chamb. du duc d'Alençon, chev. de l'Ordre, gent. de la Ch. (31 déc. 1588), cons. d'Etat, chamb. (1580), ens. (13 avril 1584) à la comp. Blosset-Torcy, gouv. d'Antrain (1562), ép. (3 mai 1553) Antoinette de Mayen, puis, entre le 7 févr. 1582 et le 16 mai 1587, Catherine-Antoinette d'Ardenay, veuve de Guillaume de Tullière. Il mourut entre le 5 déc. 1598 et le 4 août 1605.

(6) Clf. Notice comp. roi de Navarre.

(7) Philippe de Blosset, sieur de Roussay, Fontviel, Villiers, 5e fils de Louis de Blosset et de Madeleine de Rodon, mariés avant le 8 avril 1537, guid. (avril 1572-27 mai 1573), ens. (24 avril 1579) à la comp. Blosset-Torcy, gent. du duc d'Alençon (23 nov. 1570), vivant le 21 août 1606, demeurant à Corvol l'Orgueilleux, ép. (6 avril 1571) Antoinette d'Imonville.

(8) Louis Defflez, sieur de la Ronce, chev. de l'Ordre (6 févr. 1592).

(9) Louis d'Orivitte, sieur de Saint-Simon, guid. (janv.-29 août 1580) à la comp. Blosset-Torcy.

(12) Claude du Buisson, sieur de Mondonville, mort entre le 9 mai 1566 et le 31 juill. 1578, fils de Claude du Buisson, ép. (6 déc. 1552) Charlotte de Habert (vivante le 31 juill. 1578).

Compagnie BONNEVAL

(1) Jean de Bonneval, sieur du Teil, Chastain, baron de Coaraze, Aspect, sieur de Bonneval, Blanchefort, Coussac, cons. d'Etat, chamb., chev. de l'Ordre, gent. de la Ch., cap. de gend. (janv. 1518-19 juill. 1546) et de 300 h. de pied, défendit (1536) Marseille contre Charles-Quint. Fait pris. à Pavie (1525), lieut. gén. en Provence (1536), 4° fils d'Antoine de Bonneval et de Marguerite de Foix, mariés le 20 déc. 1471. Né en 1491, il ép. (20 oct. 1526) Françoise de Varye, veuve de François Brachet de Salignac-Pierres, mourut entre le 15 mars et le 23 avril 1548. Il fut (8 juin 1515), lieut. à la comp. du maréch. de Gié.

(2) *Antoine Sorel, sieur de Saint-Géran, Vaux, Thory, fils de Charles Sorel et d'Anne de Brie, mariés le 17 mars 1478, petit neveu d'Agnès Sorel, décédé le 10 août 1530, ép. (25 août 1525) Péronne de Saligniac (testa 15 juin 1530).

(3) Foucault du Saillant, fils de Guillaume du Saillant et de Philippes de Saint-Astier, mariés le 17 juin 1485, h. d'a. à la comp. Bonneval (1519), ép. (2 sept. 1527) Anne-Antoinette de Saint-Exupéry-Miramont.

(5) Maurice Chauvet, sieur des Brosses, fils de Jean Chauvet et de Françoise de Bonneval, neveu du capitaine, lieut. à la comp. de Bonneval, vivant le 10 mars 1552, ép. (25 févr. 1544) Madeleine de Saint-Chamans.

(7) Jean de Millars, fils de Julien de Millars et d'Antoinette de la Cassaigne, mariés le 1er mai 1492, ens. à la comp. de Bonneval, sieur de Cursac, testa le 22 mars 1552, ép. (19 juill. 1536) Marguerite du Saillant, puis Jeanne de Lambertie (vivante le 22 févr. 1588).

(8) Joachim Vergnaud de Boislinards, fils de François Vergnaud de Boislinards et d'Anne de Boisbertrand, mariés le 30 avril 1497, sieur de Larive et Terrières (14 oct. 1563), gouv. du Château du Dorat (9 juill. 1541-10 mars 1545), ens. à la comp. Bonneval, ép. (3 juin 1522) Gabrielle du Murault (vivante 14 oct. 1563).

(10) Guillaume Doullin, guid. comp. Bonneval (8 oct. 1537).

(11) René de Montégu (20 nov. 1548) guid. (6 mars 1511), comp. Bonneval.

(12) Antoine de Lesguille, guid. comp. Bonneval (13 août 1536).

Compagnie BORGIA-VALENTINOIS

(1) César Borgia, 2º fils du Pape Alexandre VI et de Rosa Vanozza de Catanei, né à Rome, en avril 1474 (le 17 sept. 1475, selon Giuntini), cap. de gend. (25 oct. 1499-15 juill. 1502), étudia le droit à Pise, fut (1492), évêque de Pampelune, cardinal (20 sept. 1493), quitta l'état ecclésiastique, s'attacha à Louis XII, qui le nomma duc de Valentinois (août 1498), comte de Diois, sieur d'Issoudun et lui fit ép. (10 mai 1499). Charlotte d'Albret. Gonfalonier de l'Eglise (1499), duc de Romagne et prince de Piombino (1501), ce célèbre aventurier soumit la Romagne, prit Imola, Forli, Cesena, Faenza, Pesaro, Rimini, Urbino, Camerino, Sinigaglia, puis quitta le parti français. Jules II le fit emprisonner. Il passa au parti espagnol, mais Gonzalve de Cordoue l'envoya prisonnier en Espagne. Il resta, pendant deux ans, enfermé à Medina del Campo puis s'échappa, se réfugia chez son beau-frère d'Albret et fut tué, le 12 mars 1507, au siège de Viana.

Compagnie DAMMARTIN

(1) Philippe de Boulainvilliers, sieur de Dammartin, Verneuil, Saint-Martin de Laveron, baron de Préaux, Rouvroy, fils de Charles de Boulainvilliers et de Catherine de Havart, vicomte de Dreux, né en 1495, ép. (6 octobre 1510) Françoise d'Anjou-Mézières, fut (10 janv. 1522) comte de

Dammartin, cap. de gend. (31 janv. 1530), comte de Fauquemberghe, sieur de Courtenay (12 août 1532), lieut. à la comp. du duc d'Orléans, tué (1536) au siège de Thérouanne.

(2) Jean de la Queulhe, sieur de Fleurat, Jozeraud, Chateaugay, Pessac, Beaune, Marguerite, Jayet, Martigny, fils de Guillaume de la Queulhe et de Marie de Damas-Marcilly, mariés avant le 13 juin 1482, majeur au 15 juill. 1508, mort entre le 24 déc. 1541 et le 21 oct. 1545, ép. 3 juin 1534 Isabeau de Bourbon-Busset (vivante le 17 févr. 1573). En 1523, étant lieut. à la comp. Boulainvilliers, il fut en garnison à Mondidier.

(3) Philippe de Boulainvilliers, sieur de Frouville (15 mai 1505), 2ᵉ fils de Pierre de Boulainvilliers et de Perrette de Boisset-Frouville, mariés le 8 sept. 1470, ép. (5 oct. 1514) Françoise de l'Isle-Marivaux, fut ens. (19 sept. 1523), lieut. (7 févr. 1527-5 juill. 1529) à la comp. Dammartin, mourut avant le 7 sept. 1555.

(5) Adrien de Boulainvilliers, vicomte de Dreux, 4ᵉ fils de Charles de Boulainvilliers et de Catherine de Havart, né en mars 1501, h. d'a. (19 sept. 1523), guid. (7 févr. 1527-5 juill. 1529) à la comp. Dammartin, mort avant le 6 juin 1546, ép. (10 nov. 1527) Marie de Croy-Longpré.

Compagnie BOURBON-MONTPENSIER

(1) Louis de Bourbon, comte, puis duc de Montpensier, chev. de l'Ordre (5 févr. 1549), prince de Dombes, la Roche-sur-Yon, Luc, dauphin d'Auvergne, comte de Mortain, vicomte d'Auge, baron de Beaujolais, Thiern, Roche en Régnier, sieur de Champigny, Cluys, Agurande, Montagu, Argenton, le Châtelet, Ecole, Combraille, fils aîné de Louis de Bourbon-Vendôme et de Louise de Bourbon-Montpensier, né à Moulins, le 10 juin 1513, fut à la comp. de Provence (1536), au siège d'Hesdin (1537). Duc de Montpen-

sier (1539), il fut au siège de Perpignan (1542), servit en Champagne (1544), Boulonnais (1549), se battit bravement et fut pris (1557) à Saint-Quentin. Gouv. de Touraine, Anjou, Maine, Laval, Perche, Vendômois, Blésois, Amboise, Loudunois (20 août 1560-1565), il fut au siège de Bourges (1562), prit Saintes, Oléron, Marennes (fin 1562), fut au siège du Havre (1563), gouv. de Dauphiné (13 oct. 1565-10 déc. 1569), battit Mouvans et Pierregourde à Messillac (25 oct. 1568) et se couvrit de gloire à Jarnac et à Moncontour. Gouv. de Bretagne (10 déc. 1569-28 nov. 1577), il fut au siège de la Rochelle (1573), prit Fontenay-le-Comte, Talmont, Saint-Maixent, la Forêt-sur-Seurre, Cherveux, Aulnay, Melle, Marans (1574). Gouv. de Dauphiné (28 mai 1580), il mourut à Champigny en Touraine, le 23 sept. 1582. Il ép. (1538) Jacqueline de Longwy, puis (4 févr. 1571) Catherine de Lorraine.

(2) André de Montalembert, sieur d'Essé, Espanvilliers, la Rivière, fils de Charles de Montalembert et de Charlotte Jay de Boisseguin, panetier du roi (1531-1535), né en 1483, page d'André de Vivonne, fut à l'exp. de Naples et à la bat. de Fornoue (1495). Jouteur à l'entrevue d'Ardres, il commanda 1,000 chevau-légers en Piémont, défendit Turin (1535-1536), prit Ciria (1536). Lieut. à la comp. du duc de Montpensier (27 janv. 1541-10 avril 1545), il défendit brillamment Landrecies, où il fut blessé (1543). Gent. de la Ch. (1543), gouv. d'Outreau (1546), cap. de gend., il commanda (1548-1549), l'expédition d'Ecosse, Chev. de l'Ordre et gouv. d'Ambleteuse (1549), il défendit Thérouanne en 1553, et y fut tué sur la brèche, le 20 juin. Il ép. (7 oct. 1540) Catherine d'Illiers-les-Radrets. Il fut gent. de la Ch. (2 juin 1551).

(3) Jean de Bueil, fils aîné de Georges de Bueil et de Marguerite de Bruc, mariés le 12 août 1504, sieur de Fontaines, gent. de la Ch. (14 févr. 1549), lieut. à la comp. de Montpensier (avril 1546-15 sept. 1560), lieut. gén. en Touraine (15 sept. 1560), mort avant le 26 janv. 1567, ép. (3 mars 1530) Françoise de Montalais.

(4) Charles de la Rochefoucauld. Probablement Charles de

la Rochefoucauld-Barbezieux (Cf. notice comp. la R. B.) Ou Charles de la Rochefoucauld, sieur de Randan, le Luguet, Cigogne, Cellefrouin, né 1525, fut au siège de Metz (1552), blessé au siège de Bourges (1562), blessé à mort au siège de Rouen, décédé 4 nov. 1562, cap. chevau-légers, chev. de l'Ordre, col. gén. de l'infant., ambassadeur en Angleterre, cap. de gend., 2e fils de François de la Rochefoucauld et de Anne de Polignac, mariés 5 févr. 1519, ép. Fulvia de la Mirandole (décédée 1607).

(5) Cf. notice à la comp. du maréch. d'Aumont.

(6) François du Bouchet, sieur de Sourches et Saint-Léonard, chev. de l'Ordre (6 juin 1574), gent. de la Ch. (21 févr. 1566), cap. de gend. (29 janv. 1583), lieut. gén. en Bretagne, fils aîné de Baudouin du Bouchet et de Marguerite de Bellanger, mariés le 16 févr. 1518, ép. (6 avril 1557) Sidoine du Plessis-Liancourt. Il fut guid. (avril 1550), ens. lieut. 20 mars 1582, à la comp. Montpensier et mourut entre le 15 févr. 1589 et 28 janv. 1600.

(7) François du Gué, sieur de Servon, vicomte de Méjusseaume, sieur de la Gaudinaye, fils puîné de Tristan du Gué et de Gilette Hingant, né en 1523, mort le 5 sept. 1582, à Rennes, ép., avant 20 août 1560, Françoise de Coetlogon-Méjusseaume, Chev. de l'Ordre, gouv. de Rennes (30 juin 1580), guid. à la comp. d'Etampes, ens. (avril-12 déc. 1564) à cette comp., puis guid. (3 juin 1567-21 janv. 1570), à la comp. Martigues, puis guid. (18 oct. 1571-24 avril 1581) à la comp. de Montpensier.

(8) Jean de Barbançois, sieur de Charon, né en 1502, vivant le 12 févr. 1559, fils d'Antoine de Barbançois et de Marie de Bridiers, mar. le 29 janv. 1499, ens. à la comp. de Montpensier (janv. 1540-14 sept. 1544), ép. Bertrande de Cluys.

(9) François des Hayes, sieur de Fontenailles, fils de Marin des Hayes et de Jeanne d'Illiers, né avant 21 sept. 1524, ens. comp. Montpensier (avril 1545-12 avril 1546), décédé au 10 févr. 1552, ép. Marguerite de Clinchamp-la Bussardière (vivante 10 févr. 1552).

(10) Claude de Rochechouart, 2° fils de Christophe de Rochechouart et de Suzanne de Blésy, mariés le 8 oct. 1508, sieur de Javarzay, Chandenier, la Motte-Bauçay, h. d'a. à la comp. de l'amiral Chabot, ens. à la comp. Montpensier, sieur de Blésy, Bellevesvre, né entre 1511 et le 25 août 1522, tué à la bat. de Saint-Quentin (10 août 1557), ép. (11 déc. 1535) Jacqueline de Bauldot (décédée 13 nov. 1564).

(11) Louis de Bueil, sieur de Racan, 3° fils de Jean de Bueil et de Françoise de Montalais, mariés le 3 mars 1530, baptisé le 22 nov. 1544, cons. d'Etat, cap. de gend., gouv. du Croisic, maréch. de camp, (1ᵉʳ mars 1590), fut à la bat. d'Ivry, aux sièges d'Avranches, Rouen, Paris, Noyon, la Fère, Amiens, a la bat. de Fontaine-Française, Grand-maître intérimaire de l'artillerie (1597), il fut à Jarnac, blessé à Moncontour, fut au siège de Saint-Jean-d'Angély, blessé et pris à la bat. de Craon (1592), Chev. de l'Ordre (2 oct. 1572), gent. de la Ch. (10 déc. 1569), guid. (juill.-10 déc. 1569), puis ens. 20 oct. 1562-23 déc. 1577) à la comp. de Montpensier, il ép. (15 févr. 1588) Marguerite de Vendômois, veuve de son parent Mathurin de Vendômois et fut père du poète Racan. Il mourut entre le 8 sept. et le 1ᵉʳ oct. 1597. Il fut chev. du Saint-Esprit (5 janv. 1597).

(12) Hughes d'Assy, fils de François d'Assy, sieur de Rochefolle, le Bourdet, les Ormeaux, Jouhé, Boisrond, Boiscrot, la Hodinière, Neuvy-Pailloux, Barroux, né avant 1530, h. d'a. (9 nov. 1555), mar.-des-log. (juill. 1559-30 janv. 1572), guid. (juill. 1573-28 août 1575), ens. (26 avril 1581-17 nov. 1583) à la comp. Montpensier, pens. du roi en Bretagne, mort entre le 17 janv. 1583 et le 11 déc. 1584, ép. (22 sept. 1540) Marguerite de Buxière, puis (27 juin 1574) Marguerite de Chassy, veuve de Claude de Buchedot-Cornançay.

(13) Jean de Marconnay, sieur de Montaré, éc. tranch. du duc d'Orléans (1542), guid. à la comp. de Montpensier (avril 1540-2 juill. 1543), lieut. à la comp. la Guiche (31 janv. 1549-18 sept. 1557), cap. de gend. (28 août 1569-16 oct. 1572), chev. de l'Ordre (28 août 1569), fils ainé de Charles de Mar-

connay et de Jeanne d'Entragues. Il avait été h. d'a. à la comp. Montpensier (5 juill. 1524). Il ép. Anne d'Albon, veuve d'Hector l'Hermite, puis de Jean Maréchal de Fourchaut.

(14) Bertrand de Boussonval, guid. (janv. 1544), à la comp. de Montpensier.

(15) Paul Turpin, sieur de Montoiron, fils de Jacques Turpin de Crissé et d'Isabeau Chabot de Clervaux, mariés le 6 juill. 1532, mineur (26 janv. 1537), sieur de la Turballière, Troques, Boissay, chev. de l'Ordre, guid. à la comp. Montpensier, ép. Catherine Phélypeaux de la Turballière et fut tué à la bat. de Saint-Denis (10 nov. 1567).

(16) François du Mosnard, sieur de Villesavart, mar. log. comp. Montpensier (avril 1540-3 mai 1553), fils puîné de François du Mosnard et de Marguerite de Roffignac, mariés le 3 févr. 1500.

(17) Jacques de Laugères, mar. log. comp. Montpensier (avril 1553-5 juill. 1558).

(18) Charles de Lamboul, sieur de la Fresnaye, mar.-des-log. à la comp. de Montpensier (avril-25 juin 1581), fils de Jean de Lamboul et d'Anne de Loré, mort avant le 31 sept. 1618, ép. Julienne de Couterne.

Compagnie HENRI IV

(1) Henri de Navarre, 2e fils d'Antoine de Bourbon et de Jeanne d'Albret, né à Pau, le 13 déc. 1553, prince de Viane, duc de Beaumont, prince de Navarre, roi de Navarre (18 nov. 1562), chev. de l'Ordre (20 janv. 1566). Gouv. de Guyenne et Poitou (26 déc. 1562-3 juin 1567), amiral de Guyenne (3 août 1563-25 sept. 1596), combattit à la Roche-Abeille et à Moncontour, fut arrêté et emprisonné à la Saint-Barthélemy, livra deux combats, sous Marmande et Nérac, prit Fleurance et Saint-Emilion (1570) prit Cahors (5 mai 1580),

défendit Nérac, prit Monségur (20 nov. 1580), Talmont (1586), Chizé, Sanzay, Saint-Maixent, Fontenay, Maillezais, Mauléon, la Garnache, échoua sur Niort et Parthenay. En 1587, il battit l'armée de Joyeuse, assiégea la Haye-Descartes, y battit Mercœur. Il fut à Coutras, reprit Marans (1588), la Garnache, Niort. En 1589, il prit Loudun, l'Ile-Bouchard, Mirebeau, Châtellerault, Vienne, Argenton. Il se réconcilia avec Henri III, l'aida à assiéger Paris et lui succéda, sous le nom de Henri IV.

(2) François de Pérusse, comte d'Escars, fils aîné de Jacques d'Escars et d'Anne Jourdain de l'Isle, mariés le 12 mai 1527, chev. de l'Ordre (7 déc. 1561), cons. d'Etat (11 févr. 1570-20 avril 1578), cap. de gend. (15 sept. 1565-20 avril 1578), lieut. gén. en Guyenne, gouv. de Bordeaux (20 avril 1585), mort entre le 10 sept. 1595 et le 3 juill. 1608. Il fut gouv. de Périgord (1567). Il ép. (1540) Claude de Bauffremont (vivante 7 oct. 1570), puis Isabeau de Beauville, veuve du maréchal Blaise de Montluc. Il fut chev. du Saint-Esprit (31 déc. 1578).

(3) Jean de Losse, sieur de Banes et Pierretaillade, fils de Pierre de Losse et d'Anne de Saint-Astier, mariés le 15 janv. 1508, gouv. de Thérouanne (1543), Maubert-Fontaine (25 juill. 1548), lieut. à la comp. du prince de Navarre, cap. de la garde écossaise (22 nov. 1563-30 juill. 1578), chev. de l'Ordre (1565) gouv. de Lyon et Lyonnais (mars-août 1565), cons. d'Etat, gent. de la Ch. (1571), gouv. de Verdun (1567-20 juill. 1577), lieut. gén. en Guyenne (5 mars-20 mai 1574). Pris, en 1553, à Thérouanne, maréch. de camp (1er avril 1562), il se dist. à la bat. de Dreux (1562), au siège du Havre (1563), fut (1568), cons. du duc d'Anjou, gouv. du Louvre, surintendant de la maison du roi de Navarre. Il ép. (5 févr. 1542) Anne de Saint-Cler, et vivait encore, le 20 déc. 1584. Il mourut en janv. 1586. Il fut chev. du Saint-Esprit.

(4) Jacques de Saint-Astier, sieur des Bories, Autonnes, Sarliac, Savignac, fils aîné de Jean de Saint-Astier et de Catherine de Martel, né en 1524, gent. de la Ch. (3 févr. 1561-28 juin 1566), cap. de gend. (10 janv. 1569-19 janv. 1573),

chev. de l'Ordre (13 mai 1569), lieut. gén. en Périgord 1er sept. 1572), h. d'a., puis ens. (8 janv. 1558-18 nov. 1562) et lieut. (24 mars 1563-8 sept. 1567), il ne l'était plus, le 16 déc. 1571, à la comp. du roi de Navarre, gouv. de Périgueux (18 mai 1569), mort le 12 févr. 1573, à Périgueux, ép. (24 juill. 1544) Marguerite de Cauna (vivante 9 mars 1576).

(5) Pierre de Rochefort, sieur de Beauvoir, lieut. dès le 2 nov. 1571, à la comp. du prince de Navarre.

(6) Henri d'Albret, sieur de Miossens, Coaraze, Gerderest, l'île d'Oléron, comte de Marennes, prince de Bedeilles, fils de Jean d'Albret et de Suzanne de Bourbon-Busset, mar. le 1er sept. 1535, ens. (8 mai 1573), puis (20 déc. 1577), lieut. à la comp. du roi de Navarre, sénéchal et gouv. de Béarn et Navarre (1574-18 avril 1579), maît. de la g. robe du roi de Navarre (18 avril 1579), sén. et gouv. de Foix, fut blessé à Moncontour, fit la campagne de 1569 avec le roi, fut à la bat. d'Ivry, ép. (8 févr. 1563) Catherine d'Estuer-Saint-Mégrin (décédée 1577), puis (7 mars 1579) Antoinette de Pons (décédée 1615). Il testa le 12 oct. 1597 et mourut en 1599. Il fut chev. du Saint-Esprit (7 janv. 1595).

(7) François de Daillon, sieur de Briançon, 3e fils de Jean de Daillon et d'Anne de Batarnay, mariés le 30 avril 1528, tué, le 16 août 1569, au siège de Poitiers, guid. (31 janv. 1560-8 mai 1563) à la comp. du prince de Navarre, gent. de la Ch. (31 janv. 1560-8 mai 1563), s.-lieut. (23 mai 1567), comp. prince de Navarre.

(8) Jean de Beaumanoir, sieur de Lavardin, comte de Negrepelisse, sieur de Malicorne, Maugé, les Mésangères, la Cour des Bois, baron de Milesse, l'Isle, Antogni, né et baptisé à Tucé, le 17 janv. 1552, fils aîné de Charles de Lavardin et de Marguerite de Chourses-Malicorne, calviniste au siège de Poitiers (1569), abjura en 1572, fut aux sièges de Domfront, Saint-Lô, Carentan (1574), Mont-Saint-Michel (1575), revint au roi de Navarre, qui le fit colonel de son infanterie française. Il prit Villefranche (1576), fut au siège de Marmande (1577), à la prise de Cahors (1580), sauva Henri IV à Eause (1580). Suspect aux protestants, il se retira chez son

oncle Malicorne, gouv. du Poitou. Maréch. de camp (20 juin 1586), il est aux sièges et prises de Compeyre, Malzieu, Marvejols, Peyre, Eyssenne, Salvagnac (août-nov. 1586), Saint-Maixent, Tonnay-Charente, Maillezais (1587). Bloqué par Henri IV à la Haye-Descartes, il s'y défend. Se distingua à Coutras, prit Marans (1588), fit sous Nevers, la campagne de Bas-Poitou (8 déc. 1588-mars 1589), celle de Bretagne (17 juin 1589), sous le comte de Soissons, fut au combat de Châteaugiron, au siège de Paris (1590). Gent. de la Ch. du roi de Navarre et lieut. de sa comp. (18 nov. 1572), cons. d'Etat (12 mai 1587-20 oct. 1594), cap. de gend. (10 juin 1585-10 janv. 1610), maréch. de camp (26 oct. 1594), maréch. gén. de camp (15 sept. 1594), chev. de l'Ordre, gent. de la Ch. (10 juin 1585), gouv. de Saint-Denis (1590), lieut. gén. en Maine (14 nov. 1590-30 août 1798) et Perche (31 mars 1596-21 janv. 1597), il amène (1591) des renforts à l'armée royaliste de Bretagne, fut au siège de Rouen (1592) au combat d'Aumale, où il fut blessé. Gouv. du Maine (20 nov. 1592-12 juin 1602), maréch. de France (19 oct. 1595), gouv. de Bourgogne et Bresse (1602), où il soumit les partisans de Biron, amb. en Angleterre (1611). Il ép. (27 déc. 1578) Catherine de Carmain-Negrepelisse (morte avant le 1er août 1615). Il mourut, à Paris, le 13 nov. 1614. Il fut (7 janv. 1595), chev. du Saint-Esprit.

(9) Joseph de Cochefilet, sieur de Saint-Martin et Villanglose (5 mai 1560), gent. de la Ch. de Henri IV, fils de Pierre de Cochefilet, gent. de la Ch. (4 juin 1570-24 juill. 1586), chev. de l'Ordre (4 juin 1570), cap. de gend. juill. 1569-21 août 1570), ép. Anne d'Albret-Miossens.

(10) Bernard de Gontaut-Saint-Geniès, fils de Jean de Gontaut et de Françoise d'Andaux, mariés après sept. 1528, sieur de Campagnac et Ruffen, guid. à la comp. du roi de Navarre (28 fév. 1564-31 oct. 1572), ens. (oct. 1573) à cette comp., chev. de l'Ordre (8 août 1581), et sous-lieut. comp. roi de Navarre, ép. (24 juin 1577) Louise-Charlotte de Saint-Ours (testa 25 juin 1580), puis Suzanne Daniel, et mourut, en 1594, à Evreux.

(11) Henri de Bourbon, fils de Jean de Bourbon et de Françoise de Silly, baron de Malause, Chaudesaigues, Miramont, Favars, Saint-Germain, chamb. du roi de Navarre, (23 oct. 1573), ens. (30 sept. 1584), lieut. à sa comp., cons. d'Etat de Navarre, fut à la bat. d'Issoire (1590). Né en 1514, mort en 1611, à Miramont, il ép. (19 mai 1571) Françoise de Saint-Exupéry-Miramont (décédée 1613).

(12) François de Saint-Laurent, mar.-logis comp. de Navarre (avril 1550-26 févr. 1565). — Jean de Campignac, sieur de Beaumont, mar.-log. comp. prince de Navarre (4 juin 1567).

Compagnie HENRI DE CONDÉ

(1) Henri de Bourbon, prince de Condé, duc d'Enghien, comte d'Anisy et Vallery, sieur de la Ferté-sous-Jouarre, marquis de Conti, chev. de l'Ordre (6 nov. 1566), gouv. de Picardie, fils aîné de Louis de Condé et d'Eléonore de Roye, né à la Ferté-sous-Jouarre, le 29 déc. 1552, fut au siège de la Rochelle (1573), prit Brouage (1577). Blessé à Coutras, il mourut le 5 mars 1588. Il ép. (juill. 1572) Marie de Clèves, puis (16 mars 1586) Marguerite de la Trémouille.

(2) N... de Clermont-Lodève, baron de Lombez, lieut. comp. marquis de Conti (23 nov. 1564).

(3) François de la Personne, ens. à la comp. du marquis de Conti (janv. 1565-27 mai 1566), sieur de Duisy, probablement 4ᵉ fils de Gilbert de la Personne, ép. avant 30 juin 1563, Marguerite de Condé (vivante 30 juin 1563).

(4) Jean de Poix, sieur de Fretin, Séchelles, le Mary, Cavilly, Grivillier, Audainville, Blancfossé, Espayelles, Mazières, Cormeilles, Montigny, guid. à la comp. Créquy (janv. 1548-27 oct. 1551), lieut. à la comp. du marquis de Conti (janv.-24 nov. 1566), lieut. à la comp. d'Enghien (1567), 2ᵉ fils de Jean de Poix et de Marie de Lannoy, ép. (1ᵉʳ août 1551) Jacqueline de Proisy, puis (19 avril 1574) Catherine

de Dompierre (morte en 1592). Sa première femme mourut le 17 mars 1571. Il était protestant, chev. de l'Ordre et vivait encore le 8 mai 1587.

(5) Charles de Quellenec, baron du Pont, Rostrenen, fils de Jean de Quellenec et de Jeanne de Maure, mariés en 1538, guid. comp. marquis Conti (oct. 1564), ép. Catherine de Parthenay. Il fut tué le 24 août 1572, à la Saint-Barthélemy.

(6) Oudart de Fouquesolles, fils aîné de Jean de Fouquesolles et de Madeleine du Biez, mariés le 25 nov. 1527, guid. à la comp. du marquis de Conti (26 mai-6 nov. 1566), mort sans postérité à la bat. de Saint-Denis (1567, ép. Anne Prévost.

(7) René de Rieux, baron d'Assérac, sieur de la Feillée, l'Ile-Dieu, Belle-Ile, chev. de l'Ordre, chamb. du roi et du roi de Navarre, 2e fils de François de Rieux et de Renée de la Feillée, né en 1540, mort le 25 août 1575, lieut. à la comp. de Condé, dès oct. 1573, ép. Jeanne-Hélène de la Motte-Vaucher, puis, avant 10 mars 1587, Marguerite de Conan (vivante le 27 août 1601).

(8) Cf. notice à la comp. Balsac-Entragues.

(9) Nicolas d'Aumale, sieur de Haucourt, Rieu, Chignolles, Marcel la Cave, Courtemanche, Terrigni, fils de Philippe d'Aumale et d'Antoinette de Hangest, mariés le 13 mai 1545, gent. de la Ch., gouv. et premier chamb. du prince de Condé, guid. dès oct. 1573, à sa comp., vivant encore, le 16 févr. 1602, mort avant 1619. Il ép. (14 mars 1571) Charlotte Gaillard de Longjumeau.

(10) Robert de Villiers-l'Isle-Adam, sieur de Graffinière, la Brissonnière, 2e fils de Christophe de Villiers et d'Antoinette Brisson de la Graffinière, mariés en 1519, m.-log. comp. Condé (oct. 1573-12 janv. 1574), ép. Marie Stuart de Vezins.

Compagnie
ANTOINE DE BOURBON-VENDOME-NAVARRE

(1) Antoine de Bourbon, fils aîné de Charles de Bourbon et de Françoise d'Alençon, né à la Fère, le 22 avril 1518, comte, puis (25 mars 1537), duc de Vendôme, duc de Beaumont, duc d'Albret, comte de Foix, Béarn, Armagnac, Rodez, Bigorre, Périgord, vicomte de Limoges et Tartas, gouv. de Picardie (25 mars 1537), prit Bapaume et aida au ravitaillement de Landrecies (1543), ép. (20 oct. 1548) Jeanne d'Albret. Il fit deux campagnes en Picardie (1551 et 1554). Roi de Navarre (15 mai 1555), amiral de Guyenne (5 juin 1555), gouv. de Guyenne (29 avril 1557), lieut. gén. du royaume (6 déc. 1560), il prit, en 1562, Blois, Tours, Bourges. Blessé au siège de Rouen, il mourut le 17 nov. 1562. Ce fut le père de Henri IV.

(2) Jean de Torcy, sieur des Deffends, Launay, baron de Vendy, lieut. (7 août 1524) à la comp. Vendôme, sieur de la Tour-Menessier, la Couture, lieut. gén. en Picardie sous le duc de Vendôme, ép. Antoinette de Lespinasse, veuve de Julien de Langeac-Casset et d'Antoine de Montagu-la Tour.

(3) Cf. notice comp. Beauvais.

(4) Jean, marquis d'Estrées, baron de Dodenville, Orbec, vicomte de Soissons, premier baron et sénéchal de Boulonnais, sieur de Valieu et Cœuvres, fils d'Antoine d'Estrées et de Jeanne de la Cauchie, né en 1486, mort peu après le 23 oct. 1571, page d'Anne de Bretagne, h. d'a. à la comp. du duc de Vendôme, fut à Marignan et à Pavie. Cap. de 150 Albanais (8 juin 1526), gent. de l'hôtel du roi (28 mars 1533), lieut. à la comp. d'Etampes dès le 22 mars 1536, il fut à Cérisoles, cap. des gardes du Dauphin Henri (24 oct. 1545), cap. aux gardes du corps (1547-9 juill. 1550), il fortifia Monthulin (1547), fut gouv. du Châtelet (1er juill. 1550), col. géns de p. (13 août 1557), grand-maître de l'artillerie (9 juill. 1550-9 janv. 1575), cons. d'Etat (1er juill. 1569-9 janv. 1575), commissaire pour la fixation des limites du Boulonnais (3 nov. 1550), chev. de l'Ordre (1556), gent. de la

Ch. (17 juin 1552), gouv. de Folembray (1556-20 mai 1565), cap. de gend. (15 août 1557-6 oct. 1571), il se distingua au siège de Calais, fut gouv. de Monthulin (30 mars 1560), lieut. g'n. à Orléans (4 avril 1562). Il se fit calviniste, mais resta royaliste. Il fut au siège de Rouen (1562), répara Folembray (1566), fut lieut. (6 août-13 oct. 1545) à la comp. du duc de Vendôme. Il ép. Catherine de Bourbon-Bonneval. Il avait été (20 juill. 1526-11 juill. 1527) guid. à la comp. du duc de Vendôme.

(5) Jacques de Renty, sieur de Citery, la Ferté-sur-Perron, Marry, fils de Baudouin de Renty et d'Antoinette de Chépoy, mariés en 1514, panetier du roi (10 janv. 1560), chev. de l'Ordre (5 oct. 1567), gent. de la Ch. (juill. 1567), gouv. de la Fère (25 juin 1572), cap. de gend. (24 nov. 1567), guid. (1er mai 1544-6 août 1545), ens. (20 janv. 1550-27 oct. 1557), lieut. (15 nov. 1558-8 nov. 1562) à la comp. de Vendôme-Navarre, mort le 3 janv. 1573, à la Fère. Il ép. Françoise de la Haye (morte le 1er sept. 1558), puis Adrienne le Gris (morte le 2 avril 1580), veuve de N... de Vignaucourt.

(6) Guillaume de Launoy, sieur de Brunay, la Boissière, fils aîné de Pierre de Launoy et de Françoise de Rouy, mariés le 12 juin 1514, panetier du roi (1555), ens. comp. Vendôme (juill. 1551-27 juill. 1553), ép. (1550), Anne Jouvenel des Ursins.

(7) Guid. dès le 28 avril 1552. Pierre de la Vieuville, sieur de Chaillevet, Farbus, Royaucourt, Villemontry, Givaudeau, chev. de l'Ordre (25 déc. 1567), gent. de la Ch. (8 mai 1569), cap. de gend. (25 déc. 1567-8 mai 1569) fils de Sébastien de la Vieuville et de Perrine de Saint-Vaast, mariés le 23 nov. 1510, guid. (23 avril 1552-13 janv. 1560), lieut. (22 mai 1560-5 août 1561) à la comp. Vendôme-Navarre, guid. (15 oct. 1545) à la comp. du maréch. de la Marck, gouv. de Reims, Mézières (25 déc. 1567-19 févr. 1570) et Rethelois, il ép. (3 août 1539) Catherine de la Taste-Montferrand. Gouv. de Linchamp, comm. extr. des g. (18 sept. 1547).

(8) Claude de Crevant, sieur de la Mothe, Beauvais en Touraine, Saint-Remy, fils de Claude de Crevant et de Renée

Fresneau de la Fresnaye, chev. de l'Ordre, ép. Marguerite de Hallwin-Piennes. Il fut ens. comp. Navarre (12 nov. 1562).

(9) Hector de Moreul, fils naturel de Jean de Moreul, légitimé (juin 1520), guid. à la comp. Ch. de Bourbon-Vendôme (29 juill. 1526-11 juin 1527).

(10) Pierre de Sepoy, sieur de Villette, ens. à la comp. Vendôme (juill. 1543-31 sept. 1548), 2ᵉ fils de Charles de Sepoy et d'Hélène de Saveuse, vicomte de Cluny, sieur d'Heulles, gouv. de Ham, mort avant le 2 oct. 1562, ép. (16 août 1528) Jeanne de Rubempré (qui testa le 18 avril 1552), veuve de François de Crevecœur et de Jacques de Vendôme-Bonneval, puis (18 janv. 1555) Jeanne de Canisy (vivante le 2 oct. 1562).

(11) François d'Estavayé, sieur de Forel, Guitemont (30 août 1524), Hérissart, fils de Philippe d'Estavayé et de Charlotte de Luxembourg, mariés en 1484, comm. des guerres (1528), guid. à la comp. Vendôme (17 déc. 1534), éc. d'éc. du roi (1540-1553), lieut. à la comp. Jean d'Enghien (1543-23 janv. 1552), servit en Piémont (juill.-6 oct. 1544), vivant le 8 oct. 1554, mort avant le 18 mars 1568, ép. Guillemette de Ricamez (morte avant le 22 déc. 1580).

(12) Jacques de Hallwin, sieur de Piennes, 2ᵉ fils d'Antoine de Hallwin et de Louise de Crevecœur, né après 1525, guid. à la comp. Vendôme-Navarre (30 avril 1552).

(13) Charles de Merelessart, fils d'Antoine de Merelessart et de Madeleine de Vaux-Saint-Inès, né avant 1524, sieur de Missy près Liesse, mar. des log. à la comp. Vendôme (janv.-26 avril 1553), cap. des arq. attachés à cette comp. (oct. 1555-26 janv. 1556), lieut. à la comp. d'Enghien, blessé à Saint-Quentin (1557), devenu boiteux depuis lors, chamb. du cardinal de Bourbon (1574), gouv. de Corbie, chev. de l'Ordre, guid. (janv.-25 juin 1558), puis (oct. 1559-3 juill. 1563), ens. à la comp. Morvillier, gouv. de Laon, servit en Piémont, ép. Marguerite de Brisebarre.

(16) Jérôme de Roquemorel, 3ᵉ fils de Jean de Roquemorel et de Catherine d'Uston, mar. log. comp. du roi de

Navarre (juill. 1559-13 janv. 1560), ens. comp. Torcy (oct. 1568-6 mai 1569).

Compagnie CHARLES DE BOURBON

(1) Charles de Bourbon, fils aîné de François de Bourbon et de Marie de Luxembourg, duc de Vendôme, comte de Soissons, Marle, Conversan, vicomte de Meaux, Beaumont, Fezensaguet, la Guerche en Bretagne, sieur d'Epernon, Mondoubleau, Condé, Ham, Gravelines, Dunkerque, la Roche, Bohain, Beaurevoir, Hesdin, gouv. de Lille, Paris, Ile de France, né à Vendôme, le 2 juin 1489, fut à l'exp. de Gênes (1507), à la bat. d'Agnadel, blessé à celle de Marignan (1515), gouv. de Picardie (1518), cap. de gend. (1518). Il délivra Mézières, démantela Landrecies, prit Hesdin, délivra Péronne (1536) et mourut, le 25 mars 1536, à Amiens. Il ép. (18 mai 1513) Françoise d'Alençon.

(2-3) Nicolas de Moy, sieur de Chin, Vacueil, Torote, Beuzimonchel, Richemont, Bellencombre, Charlemesnil, Ris, Buisigny, Alincourt, Hamel, Sarcus, Saint-Denis le Thibout (1529), lieut. à la comp. Vendôme (1521), fils aîné de Jacques de Moy et de Jacqueline d'Estouteville, mariés le 13 janv. 1480, fut au combat d'Ardres (1513), gouv. de Saint-Quentin, ép. (28 janv. 1506), Françoise de Tardes et mourut en nov. 1548.

(4) Cf. notice comp. A. de Bourbon-Vendôme-Navarre.
(5) *Item.*
(6) *Item.*

Compagnie CONNÉTABLE DE BOURBON

(1) Charles III, duc de Bourbon, Auvergne, Châtellerault, comte de Montpensier, Clermont en Beauvais, Forez, la Mar-

che, Gien, Clermont-Ferrand, dauphin d'Auvergne, vicomte de Carlat et Murat, sieur de Beaujeu, Combrailles, Mercœur, Annonay, la Roche en Régnier, Bourbon-Lancy, 2ᵉ fils de Gilbert de Bourbon-Montpensier et de Claire de Gonzague, né le 17 févr. 1489, cap. de gend. (1507), se signala à Agnadel (1509), alla au secours du roi de Navarre (1512), fut à l'expéd. de Gênes (1507), fut gouv. de Languedoc (sept. 1512), combattit contre les Suisses (1513), fut connétable (12 janv. 1515), fut à Marignan (1515) après avoir brillamment évité le Pas de Suze. Disgracié à demi (1517), il assista à l'entrevue d'Ardres (1520), fut dépouillé par arrêt (août 1522) de la succession de Bourbon, se révolta contre François Iᵉʳ, se réfugia auprès de Charles-Quint. Vainqueur à Rebecco (1523), il échoua sur Marseille (1524), fut vainqueur à Pavie (1525), assiégea Rome et y fut tué, le 6 mai 1527. Il ép. (10 mai 1505) Suzanne de Bourbon.

(2) Cf. notice à la comp. Jean d'Albon.

(4) Aimar-Marc de Chantemerle-la Clayette, fils naturel d'Hughes de Chantemerle, sieur de Nay, Marsangy, le Fraigne (21 janv. 1507), gouv. et bailli d'Auxerre (12 août 1518-3 mai 1522), cap. de gend. (oct. 1525-dern. févr. 1527), mort avant le 22 août 1527, fut au siège de Padoue (1509), et secourut la Mirandole.

(5) Pierre Mareschal de Saint-Priest, sieur d'Epinac, Jalavoux, Gravenas, Gresoles, Saint-Marcellin, Jullien, Montaignée, Barges, le Colombier, 2ᵉ fils de Jean Mareschal de Saint-Priest et d'Antoinette de la Tour Saint-Vidal, mariés le 26 févr. 1430, lieut. gén. en Bourgogne (21 juill. 1551-27 juill. 1555), chev. de l'Ordre (29 avril 1554), cap. de gend. (juill. 1541-27 janv. 1555), ép. Françoise de Boussé, puis (15 déc. 1527) Guicharde d'Albon-Saint-Forgeux. Il mourut avant 1560.

(6) Louis du Peschin, 3ᵉ fils de Blain du Peschin et de Catherine de Vendat. h. d'a. (27 juill. 1503), comp. du duc de Bourbon, favori du connétable de Bourbon, l'accompagna dans sa fuite.

Compagnie BOURBON-RUBEMPRÉ

(1) André de Bourbon, sieur de Rubempré, Bellehart, Rieux, Saint-Remy en Regnier, Dencourt, Nullemant, Cumonville, Preudeville, 2e fils de Jacques de Bourbon-Vendôme et de Jeanne de Rubempré, mariés le 7 déc. 1505, fut à la bat. de Cérisoles (1544), guid. (avril 1546-13 juill. 1549), puis lieut. dès le 25 avril 1554, à la comp. de Jean d'Enghien, fut à la bat. de Saint-Quentin (1557), lieut. à la comp. d'Estrées (23 mai 1558-27 nov. 1561), fut à la bat. de Dreux (1562), gent. de la Ch. (13 févr. 1563), cap. de gend. (11 janv. 1563-28 juin 1578), chev. de l'Ordre (26 janv. 1563), gouv. d'Abbeville (20 juin 1574-25 juin 1578), cons. d'Etat, décédé au 20 août 1586. Il ép. Anne de Busserade, puis (18 sept. 1560) Anne de Roncherolles (vivante 20 août 1586).

(2) Jean, baron de Vieuxpont, sieur de Saint-Inès, Auzonville, le Roseur, le Hasart, Saint-Martin des Arbres, Grommeil, Noël, Saint-Vaast, Saint-Martin, chev. de l'Ordre, ens. à la comp. d'Elbeuf (31 août 1587), h. d'a. à la comp. Crevecœur (14 déc. 1575-16 janv. 1576), lieut. à la comp. Rubempré, mort en 1617, fils aîné de Jean de Vieuxpont et de Françoise de Vaux-Saint-Inès, mariés le 25 oct. 1555, gouv. de Dreux, Houdan, Montfort l'Amaury, Hurepoix (24 mai 1592), ép. (1er juin 1579) Marie de Billy-Prunay, puis Catherine de Bauffremont-Sennecey, puis Madeleine de Monchy.

(3) Lancelot de Chardon, guid. (avril 1564-15 juin 1565), lieut. (oct. 1573-20 janv. 1574) comp. Rubempré, chev. de l'Ordre (20 janv. 1574), sieur de Perray, la Thézardière, Mareau, Bréau, 1er chamb. du cardinal de Bourbon, lieut. comp. marquis de Conti, ép. Louise de la Lande, puis (1587) Marie Sanguin, veuve de Jean de la Lande.

(4) Antoine de Monchy, 3e fils de François de Monchy et de Jeanne de Vaux-Hocquincourt, mariés le 18 nov. 1535, sieur de Montcavrel, Broutelles, Bourseville, Avennes, Sempy, Alettes, Hocquincourt, décédé entre 29 oct. 1585 et 28 juill. 1587, ép. (7 mai 1570) Anne de Balsac-Montaigu (décédée au 19 juin 1585).

(5) Andrieu de Chazay ou Chesay, sieur de Neufmarché, ens. comp. Rubempré (22 févr. 1564-25 sept. 1568), guid. comp. Crevecœur (oct. 1568-6 août 1569), chev. de l'Ordre (6 mai 1569).

(6) François de Houdenc, ens. comp. Rubempré (juin 1563-26 janv. 1564).

(7) François de Belleval, sieur de Rouvroy (27 déc. 1554, fils ainé de Jacques de Belleval et de Louise de Raimesnil, mar. des log. dès avril 1563, à la comp. Rubempré, pris à la bat. de Gravelines (1558), mort en mars 1572, ép. Françoise d'Outrempuis.

(9) Godefroy d'Amerval, fils d'Adrien d'Amerval et de Philippote Cappelier, h. d'a. à la comp. de Beauvais (8 mars 1561), sieur de Wraignerville, Fresne, la Grande, gouv. de Saint-Valery, mar. des log. à la comp. Bonnivet (28 avril 1568-2 janv. 1571), ens. à la comp. de Rubempré (29 déc. 1572-25 mars 1582), lieut. à la comp. de Heugueville (1er sept.-10 déc. 1585), vivant le 15 juin 1593, ép. (11 mai 1561) Françoise Greffier.

(10) François de Saint-Blimont, sieur de Bethe, la Quesne, Audainville le Bois, Gouy, Cahon, Longavesne, fils de Nicolas de Saint-Blimont et de Catherine de Hesdin, né en 1543, chev. de l'Ordre (1569), ép. (8 nov. 1562) Claude de Sempy. Il mourut le 17 oct. 1603. Il se distingua à Moncontour. Guid. à la comp. de Montfort (janv. 1568-12 oct. 1569), puis à celle de Rubempré.

(11) François de Créquy, sieur de Langles et des Alleux, 2e fils de Charles de Créquy et de Jeanne de Vrolant, mar. le 4 sept. 1550, guid. à la comp. de Rubempré, ép. (4 déc. 1573) Geneviève de Bus (morte entre 28 janv. et 29 oct. 1621), vivait encore le 9 juill. 1627.

Compagnie COMTE DE SAINT-POL

(1) François de Bourbon, comte de Saint-Pol et Chaumont, duc d'Estouteville, 3e fils de François de Bourbon et de Marie

de Luxembourg, né à Ham le 6 oct. 1491, fut à **Marignan (1515)** et s'y distingua, ainsi qu'au siège de Milan (1516). Gouv. de Paris et Ile de France (16 déc. 1519-1523), il délivra Mézières, reprit Mouzon, battit les Anglais à Paz en Artois (1522), servit avec distinction sous Bonnivet en Italie (1523), et commanda, non sans mérite, l'armée d'Italie (1524). Blessé et pris à Pavie (1525), gouv. de Dauphiné (7 mai 1526-5 juin 1529), il prit Pavie (1529), fut battu et pris, à Landriano (22 juin 1529), prit Chambéry et soumit la Savoie en 1536, fut, en 1543, au ravitaillement de Landrecies et mourut à Cotignan près de Reims, le 1er sept. 1545. Il avait ép. (9 févr. 1534) Adrienne d'Estouteville. — François de Bourbon, comte de Saint-Pol, duc d'Estouteville, fils de François de Bourbon-Saint-Pol et d'Adrienne d'Estouteville, né le 14 janv. 1536, mourut le 4 oct. 1546.

(2) Guy de Maugiron, sieur d'Ampuis, Montléans, Beauvoir, Mérieu, la Roche, Laouvre, Leisseins, chev. de l'Ordre (2 juin 1544), cap. aux gardes (20 oct. 1515), lieut. gén. en Dauphiné (1er nov. 1528), gouv. de Dauphiné (15 avril 1544-20 janv. 1553), lieut. gén en Savoie (1536), lieut. à la comp. de Saint-Pol, il fut aux batailles de Marignan et de Pavie, où il fut fait prisonnier, aux sièges de Perpignan (1542) et Landrecies (1545), fut cap. de gend. (15 sept. 1542-24 avril 1554), sénéchal de Valentinois. Il mourut le 31 déc. 1554. Il était le 3e fils d'Hughes de Maugiron et de Clauda Lambert, mariés en 1486, et ép. avant le 2 oct. 1527, Ozanne l'Hermite.

(3) Jean de Taix, fils d'Aimery de Taix et de Françoise de la Ferté, panetier (1529), chev. de l'Ordre, cap. de gend. (23 mars 1546-20 mars 1547), gouv. de Loches, pris à la bat. de Casale, fut au ravitaillement de Thérouanne (1537), amb. à Rome (1538) fut à la prise de Hesdin (1539), à la bat. de Cérisoles (1544), lieut. à la comp. de Saint-Pol, grand-maître de l'artillerie (4 mars 1546), il conquit tout le Montferrat, fut col. gén. de l'infanterie française en Piémont (1er mai 1543), assista au siège de Nice (1543), prit Moncalieri, Vigone, Ponte di Stura, San Damiano, fit une tentative sur Boulogne,

en 1545, fut col. gén. de l'infanterie française (1ᵉʳ oct. 1545), fit sous d'Annebaut, la campagne de Wight, fut gouv. de Loches (7 janv. 1546), lieut. gén. en Picardie (5 mars 1546). Disgracié (1547), il fut blessé à mort, le 19 déc. 1553, au siège de Hesdin. Il ép. Charlotte de Mailly.

(4) Nicolas de Wault, dit Vergallant, guid. (20 oct. 1538-19 mai 1542), puis lieut. à la comp. Saint-Pol, sieur de Montceaux, Centpuis, Lhéraulle, Usus, Haucourt, g. d'Auxonne (15 avril 1554).

(5) Louis Brossin, fils d'Olivier Brossin et de Madeleine Cleret, mar. peu avant 1500, sieur de Méré, Monchau, Rouziers, la Savarie, Mauzé, Plessis-Savary, Sepmes, Fresnay, Petit-Pin, la Renardière, les Places, Fontaines, la Lutière, Champagné, Epinoy, Féras, Billy, Ardilleux, la Tour Saint-Gelin, chev. de l'Ordre (24 févr. 1560), gent. de la Ch., cap. de gend., col. gén. de l'infanterie (1553), gouv. de Loches et Beaulieu (2 févr. 1569), il mourut avant sept. 1570. Il fut guid. à la comp. de la Rochedumayne (12 juill. 1531-7 juill. 1537), lieut. à la comp. de Saint-Pol, puis (20 mars 1547) à celle de Jean de Taix. Il ép. (24 août 1529) Jeanne de Taix (vivante 26 sept. 1577). Il fit campagne en Picardie, fut au siège de Thionville (1558).

(6) Jean de Senicourt, fils de Pons de Senicourt et de Jeanne de Craon, sieur de Sesseval, gouv. d'Ardres et de Guines (1545), mort avant le 4 déc. 1546, cap. de légionn. picards, ens. à la comp. de Saint-Pol, fut à la défense de Péronne, ép. (1510) Jeanne de Poix-Lignereulles (vivante le 12 juin 1559). Il fut (22 août 1520), lieut. à la comp. Moreul-Fresnoy.

(7) Jean de la Menue, sieur de Périgny, Treigny, Ratilly, fils de Jean de la Menue et d'Anne de Chandieu, mariés en août 1505, ens. à la comp. de Saint-Pol, mort avant le 27 avril 1544, ép. (30 sept. 1533) Suzanne de Damas (vivante le 27 avril 1544).

(8) Jacques de Champeaux, ens. comp. Saint-Pol (déc. 1543-28 juin 1545).

(9) François Le Breton, sieur de Chanseaux (1er déc. 1547), g. de Loches (16 avril 1562), décédé au 15 févr. 1567, guid. comp. Saint-Pol, fils de Charles le Breton et de Jeanne de Bérard, ép. Antoinette de Maillé, puis Catherine de Fau (décédée entre 13 mai 1592 et 10 janv. 1605).

(10) Grantjean Lobligeois, mar. des log. à la comp. de Saint-Pol (31 mars 1545).

Compagnie PRINCE DAUPHIN

(1) François de Bourbon, fils de Louis de Bourbon et de Jacqueline de Longwy, prince Dauphin, (23 juill. 1564), duc de Montpensier (23 déc. 1582), Châtellerault (26 nov. 1583), Saint-Fargeau, Puisaye, prince de Dombes et la Roche-sur-Yon, dauphin d'Auvergne, marquis de Mézières, comte de Mortain, vicomte d'Auge et de Brosse, baron de Beaujolais, sieur de Champigny et Argenton, né en 1542, chev. de l'Ordre (7 déc. 1561), fut aux sièges de Rouen (1562), le Havre (1563), gouv. gén. de Touraine, Anjou, Maine, Laval, Perche, Vendômois, Blésois, Amboise, Loudunois (30 sept. 1565). Le 8 févr. 1566, il échange l'Anjou contre l'Orléanais et le bailliage d'Etampes. Il combattit à Messignac, Jarnac, Moncontour. Gouv. de Dauphiné (10 déc. 1569-1er mai 1582), il fut au siège de la Rochelle (1573), prit le Pouzin (1574), échoua sur Privas. Ambassadeur en Angleterre (1579), lieut. gén. avec le maréch. de Biron, de l'armée du duc d'Anjou, il fut à l'attaque d'Anvers (1583). Gouv. de Normandie (14 juill. 1588-20 sept. 1590,) il assiégea Falaise (avril 1589), battit les *Gautiers* du comte de Brissac à Pierrefitte et Villers, prit les Andelys, se distingua à Arques et à Ivry, prit Avranches, servit au siège de Rouen, et mourut, le 4 juin 1592, à Lisieux. Il avait ép., en 1566, Renée d'Anjou-Mézières. Il fut chev. du Saint-Esprit (31 déc. 1579).

(2) Cf. notice à la comp. Bauffremont-Listenois.

(3) Bernard de la Rochejoubert, baron de Miramont, sieur

d'Allemans, Campagnes, mar. de camp (8 févr. 1569), assista au siège de Saint-Jean-d'Angély. Il fut gent. de la Ch. (28 mars 1574), chev. de l'Ordre (28 mars 1569), cap. à la suite de M. de Damville (25 mars 1557), ens. (janv. 1563), puis (oct. 1568), lieut. à la comp. prince Dauphin.

(4) Louis de Montastruc, guid. (janv.-24 mai 1566), ens. (oct. 1568-avril 1574), comp. prince Dauphin. Vu son blason, écartelé de Saint-Lary et Orbessan, et brochant de Lagorsan, c'est évidemment Louis de Saint-Lary, sieur de Montastruc (18 mars 1583), fils de Pierre de Saint-Lary et de Marguerite d'Orbessan, mariés le 11 mars 1523 et frère du maréch. de Bellegarde.

(5) Louis du Plessis-Richelieu, fils aîné de Louis du Plessis-Richelieu et de Catherine de Rochechouart-Faudoas, mariés le 16 janvier 1544, échanson de Henri II (1548-1555), fut tué par M. de Brichetières et mourut sans postérité.

(6) François du Plessis, sieur de Richelieu, Bessay, Chillou, la Vervollière, cons. d'Etat (4 mars 1580-8 oct. 1588), chev. de l'Ordre (22 févr. 1575), lieut. à la comp. du prince de Dombes (17 nov. 1574), aux chevau-légers de Dombes (22 févr. 1575), grand-prévôt de France (7 nov. 1579-7 févr. 1589), 2e fils de Louis du Plessis-Richelieu et de Françoise de Rochechouart, né en 1548, mort à Gonesse, le 10 juill. 1590, combattit à Moncontour, alla en Pologne (1573), fut aux bat. d'Arques et Ivry, aux sièges de Vendôme, le Mans, Alençon, Falaise. Il ép. Suzanne de la Porte. Il fut chev. du Saint-Esprit (31 déc. 1585).

(7) Rostaing de la Baume-Suze, sieur d'Eyrieu, Montfrin, Mondragon, Luppé, Saint-Julien, Rochetaillée, Rochegonde, Gisieux, comte de Suze, fils de François de la Baume et de Françoise de Lévis-Ventadour, mariés le 14 juin 1551, comte de Rochefort, bailli de Dauphiné, maréch. de camp, pris au siège de Montélimar (1589), fut à ceux de Gap et de Tallart. Il ép. (25 oct. 1583) Madeleine de Lettes des Prez-Montpezat, puis (19 déc. 1598) Catherine de Grolée-Bressieux (qui testa le 25 janv. 1617). Il mourut le 24 nov. 1622, à 6 h. du soir.

(8) Philippe de Jaulnay, mar. log. comp. prince Dauphin (avril 1563-24 mai 1566).

Compagnie LA ROCHE-SUR-YON

(1) Charles de Bourbon, prince de la Roche-sur-Yon, de Beaupréau, comte de Chemillé, gouv. de Dauphiné, baron de Châteaubriant, Mortagne, sieur de Luc, la Jumellière, la Hourdinière, 2e fils de Louis de Bourbon-Vendôme et de Louise de Bourbon-Montpensier, mariés le 21 mars 1504, né en 1515, pris. pendant la guerre de Champagne (1544), cap. de gend. (26 janv. 1545), fit le voyage d'Austrasie et le siège de Metz (1552), puis la campagne de Renty (1554). Lieut. gén. à Paris (14 août 1557), chev. de l'Ordre (21 sept. 1560), gouv. d'Orléans et Berry (13 avril 1562), gouv. de Paris (14 oct. 1561) et du Dauphiné (16 janv.-4 sept. 1563), duc de Beaupréau (1562), il mourut, le 10 oct. 1565, à Beaupréau. Il ép. vers 1544, Philippe de Montespedon, veuve du maréchal René de Montejan.

(2) François de la Ferté, fils de Louis de la Ferté et de Françoise de Coligny, mar. le 23 janv. 1503, né avant le 13 nov. 1519, guid. (7 juin 1524-14 août 1526), lieut. (31 juill. 1529-14 déc. 1534) à la comp. Lancelot du Lac, lieut. à la comp. de la Roche-sur-Yon, dès juill. 1545, sieur d'Huisseau, Messas, Falières, la Ferté le Vicomte, cap. aux gardes (16 août 1549-10 mars 1573), gent. de la Ch. (1er janv. 1555), chev. de l'Ordre (20 nov. 1567), ép. Marie de Lhospital et mourut sans postérité.

(13) Jean de Gontaut, fils de Pons de Gontaut et de Marguerite de Montferrand-Faubournet, mariés le 15 mai 1499, sieur de Montaut, Montferrand, Puybeton, Clarens, Carbonnières, Conros, Bruzac, Chefboutonne, Lavaur, Bonneval, Blanchefort, la Chauvière, Chaudesaigues, Bois de Sanzay, baron de Biron, né en 1502. Il combattit au siège de Parme, à la Bicoque et à Pavie, où il fut blessé et pris., fut chargé par

le roi de s'emparer du connétable de Bourbon. Gent. de la Ch. (1547), amb. en Allemagne, puis (oct. 1548) en Portugal, fut au siège de Metz (1552), lieut. à la comp. de la Roche-sur-Yon, lieut. à celle du maréch. de Saint-André (24 mai 1554-13 août 1557). Blessé à mort et fait pris. à la bat. de Saint-Quentin (1557), il mourut à Tournay, le 13 août 1557. Il ép. le 19 mai 1519, Renée de Bonneval.

(4) **Philippe de Bourbon**, sieur de Busset, Puisagut, Couroye, Saint-Priest, fils de Pierre de Bourbon et de Marguerite d'Allègre, gouv. de Carlat et Murat (4 mars 1530-3 juin 1531), lieut. à la comp. d'Etampes (13 sept. 1544-30 oct. 1552), puis à celle de la Roche-sur-Yon (1er août 1553-1er nov. 1556), fut tué à la bat. de Saint-Quentin (1557). Il ép. (3 fév. 1530) Louise Borgia, fille de César Borgia, veuve de Louis de la Trémouille.

(5) **Innocent Tripied**, sieur de Monterud, cap. d'une vieille bande picarde, servit sous Montmorency et Saint-André, fut lieut. gén. à Orléans, Orléanais, Berry, Chartres, Gien, Montargis, Etampes (21 janv. 1562-15 avril 1566), guid., puis lieut. (dès janv. 1558) à la comp. la Roche-sur-Yon, chev. de l'Ordre (10 juill. 1563), lieut. gén. en Touraine, Maine, Orléans, Etampes (15 avril 1566-janv. 1568), maréch. de camp (30 avril 1568), défendit Blois (1568), fut aux bat. de Messignac, Jazeneuil, Jarnac, Moncontour, à la prise de Châteauneuf, au siège de Saint-Jean-d'Angély.

(6) **René de Naillac**, sieur des Roches, fils de Nicolas de Naillac et d'Anne de Rillac, mariés après 2 août 1501, né avant 4 sept. 1528, guid. (avril-22 juill. 1550) à la comp. de la Roche-sur-Yon, 1er éc. de Charles IX (avril 1568-10 fév. 1571), gent. de la Ch. (1566-31 janv. 1572), chev. de l'Ordre (22 juill. 1568), cons. d'Etat (10 févr. 1571), mourut avant le 8 avril 1580. Il ép. Jeanne Pot.

(7) **François de la Ferté-Meung-Alouze**, 2e fils de Jean de la Ferté-Alouze et d'Anne de la Rivière-Champlemy, mariés le 30 août 1480, ens. (juill. 1545-21 avril 1550), à la comp. de la Roche-sur-Yon, lieut. aux gardes (1556-9 mars 1565), mort avant le 30 mai 1586, ép. (13 juin 1531) Claude du Verne.

(8) Jean de Rechignevoisin, sieur de l'Espine, 3e fils d'Yvon de Rechignevoisin et d'Antoinette Rorteau, mariés le 24 avril 1506, ép. Charlotte Favereau (vivante le 12 juin 1581), vivait le 26 févr. 1546 et mourut avant le 12 juin 1581.

(9) Hervé d'Esperon, sieur de Héron, comm. des guerres (15 juin 1567), ens. à la comp. de la Roche-sur-Yon (dès juill. 1559).

(10) François de Barbanson, sieur de Cany, Varennes, fils de Michel de Barbanson et de Péronne de Pisseleu-Heilly, mariés en 1515, guid. (15 oct. 1548) à la comp. de la Roche-sur-Yon, bailli de Senlis (26 déc. 1566), tué à la bat. de Saint-Denis (10 nov. 1567). Il ép. Antoinette de Wavrin-Waziers (morte le 24 mai 1587).

(11) Claude de Racaspé, sieur de la Goderie, Teigné, Loues, Brassant, Magnac, fils de Pierre de Rascapé et de Renée Esperon, mariés le 11 sept. 1523, né vers 1526, mineur, le 17 juill. 1539, ép. avant le 10 avril 1554, Renée de Panantais, veuve de René Fleurie de la Houssaye, puis (9 déc. 1596), Charlotte Sanson. Gent. de la Ch. (19 oct. 1565), chev. de l'Ordre (1571), guid. à la comp. de la Roche-sur-Yon (juill. 1561), il remplaça Louis de Rechac comme lieut. aux archers de la garde (31 août 1570-30 oct. 1596), fut (30 oct. 1596), cons. d'Etat, fut pris. au siège d'Epernay (1544), blessé à celui de Metz (1552), où il commandait une comp. d'arquebusiers, fut aux bat. de Renty (1554), Saint-Quentin (1557), au siège de Calais (1558), fit les guerres de religion, fut exécuteur testamentaire du prince et de la princesse de la Roche-sur-Yon et vivait encore, le 5 mai 1600.

(12) Louis Fretard, sieur d'Auvillier, fils de Pierre Fretard et de Françoise de Beauvollier, vivant le 11 août 1531 et le 7 mars 1555, maréch. des log. dès oct. 1544 à la comp. la Roche-sur-Yon, mort avant le 21 août 1566. Il ép. Françoise de Vauselle (vivante au 22 août 1566).

(13) Berthelot de Rochedragon, maréch. des log. (26 avril 1558) à la comp. la Roche-sur-Yon.

(14) Jean de la Marche, sieur de Montereau, maréch. des

log. à la comp. de la Roche-sur-Yon (mai-juill.-1565), comm. des guerres (8 juin 1567).

Compagnie PRINCE DAUPHIN

(1 et 5) Henri de Bourbon, fils de François de Bourbon et de Renée d'Anjou, né à Mézières en Touraine le 12 mai 1573, duc de Montpensier (4 juin 1592), Châtellerault, Saint-Fargeau, prince de Dombes, la Roche-sur-Yon, dauphin d'Auvergne, marquis de Mézières, comte de Mortain et Bar-sur-Seine, vicomte d'Auge, Domfront, Brosse, baron de Beaujolais, Montagu en Combraille, Mirebeau, sieur de Champigny, Argenton, Saint-Sever, gouv. de Dauphiné (14 juill. 1588), lieut. gén. en Bretagne (8 juill. 1589), occupa Rennes, battit un parti ligueur, délivra Vitré, prit Hennebont, fut vainqueur près de Josselin, prit Montcontour, Châtillon, Ploemeur, l'île Bréhat, Guingamp, Lamballe, battit les Ligueurs à Jugon, Londéac, Saint-Jean, Chatelaudren (1590-1591). Battu par eux à Craon, malgré des prodiges de valeur (25 mai 1592), il fut nommé gouv. de Normandie (28 sept. 1592-20 mars 1601), de Bretagne (9 mars 1593-avril 1598). Blessé au siège de Dreux (1593), il prit Honfleur, secourut Cambrai (août 1595), assista aux sièges de la Fère et d'Amiens (1596-1597), où il se distingua fort, prit part à l'expédition de Savoie (1600). Protecteur éclairé de la religion et des lettres, il fonda les Minimes de Champigny et ceux de Montmerle, protégea Guillaume du Vair, J.-A. de Thou, Joseph Scaliger, Bertaut, Scévole de Sainte-Marthe et mourut, le 27 février 1608, à Paris. Il ép. (15 mai 1597) Henriette-Catherine de Joyeuse. Il fut chev. du Saint-Esprit (7 janv. 1595).

(2) Cf. notice à la comp. Bourbon-Prince Dauphin.

(3) Antoine Thiboutot sieur de Ligny-Godard et Saint-Maurice sur Laveron, fils de Pierre de Thiboutot et de Marie de Brucamp, né en 1546, encore vivant le 4 déc. 1617, h. d'a. à la comp. du prince Dauphin (30 juin 1572), ens. à la

comp. du prince de Dombes (janv. 1577-28 janv. 1579), cap. de gend. (8 août 1594), gent. de la Ch. (3 sept. 1594), gouv. de Saint-Fargeau, ép. Catherine de Florette.

(4) Claude de la Jaille, sieur des Blonnières, 3ᵉ fils de François de la Jaille et de Charlotte de Saint-Jouin, né en 1535, mar.-des-log. à la comp. du pr. de Dombes (oct. 1575-21 juill. 1576), gent. d'honn. de la reine-mère (3 oct. 1586-19 août 1587), encore vivant le 17 oct. 1595, mort s. p. avant le 2 juill. 1613, ép. Claudine d'Averton.

(5) Alexandre de Vieuxpont, 3ᵉ fils de Louis de Vieuxpont et de Catherine de la Provenchère, mariés le 13 mai 1559, baron du Neufbourg, l'Aigle, Combourg, Saint-Vaubourg, vicomte de Hazenez, cons. d'Etat, vice-amiral de Bretagne (17 mai 1613), gent. de la Ch., cap. de gend., ép., (dern. févr. 1593), Renée de Tournemine, veuve de Jean de l'Isle-Marivaux. Il fut chev. du Saint-Esprit (13 janv. 1619).

(7) Philippe de Jousserant, sieur de Londigné, fils de René de Jousserant et de Renée Robin de la Tremblaye, ens. à la comp. Montpensier, ép. Anne d'Escoubleau, et mourut avant le 27 nov. 1638.

Compagnie PRINCE DE CONTI

(1) François de Bourbon, prince de Conti, sieur de Châteaurenaud, Bonnétable, Lucé, 3ᵉ fils de Louis de Condé et d'Eléonore de Roye, né le 19 août 1558 à la Ferté-sous-Jouarre. Gouv. d'Auvergne, de Paris (17 mai 1593), il combattit (1587) pour le roi de Navarre, chercha, sans succès, à contenir les reitres et à gagner les Suisses au parti de Henri IV (1588), assista à la bataille d'Ivry (1590), gouv. Anjou, Touraine, Maine, Poitou, Berry, Blésois, Vendômois, Aunis, Limousin, Perche (30 oct. 1590-31 déc. 1592), cap. gend. (4 avril 1596), prit la Ferté-Bernard, fut battu, par les Ligueurs, à Craon (1592). Gouv. de Dauphiné (17 déc. 1595-mars 1602) d'Auvergne (9 déc. 1612), il mourut à Paris, le 3 août 1614. (Il y a une quitt. signée de lui, le 31 déc. 1614). Il

ép. (janv. 1582) Jeanne de Coesme, puis (24 juill. 1605) Louise-Marguerite de Lorraine. Il fut (31 déc. 1579), chev. du Saint-Esprit.

(2) **Louis de Vaudetar**, sieur de Pouilly, baron de Persan, sieur de Boissise, Chauvry, Betmont, Montoglan, chev. de l'Ordre (31 déc. 1571), vidame de Meaux (31 déc. 1571-6 avril 1595, lieut. à la comp. Conti (31 déc. 1571-6 avril 1595), cons. d'Etat (13 nov. 1575), cap. de gend. (21 juin 1582), premier chamb. du duc d'Alençon (1ᵉʳ mai 1579), il fut à la bat. de Senlis. Fils ainé de Roger de Vaudetar et de Jeanne Boilesve, mariés le 7 janv. 1544, il ép. (16 sept. 1578) Anne de Nicolai-Bournonville (vivante le 31 août 1616), et mourut entre le 20 sept. 1604 et le 13 juin 1606.

(3) **Honorat Prévost**, sieur de Chastellier-Portaut, fils d'Antoine Prévost et de Marguerite Fumée, ép. Anne du Prat-Nautouillet et mourut s. post.

(4) **Claude de Rilhac**, sieur des Hautes-Maisons, Montery, 2ᵉ fils de Claude de Rilhac et de Marguerite de Villiers-Saint-Paul, mariés le 3 févr. 1544, h. d'a. à la comp. Conti (22 déc. 1590), ép. (29 janv. 1559) Madeleine Boilesve.

Compagnie BOURBON-SOISSONS

(1) **Charles de Bourbon**, comte de Soissons et Dreux, sieur de Château-Chinon, Noyers, Baugy, Blandy, fils puiné de Louis de Bourbon et de Françoise d'Orléans, né à Nogent-le-Rotrou, le 3 nov. 1566, combattit à Coutras (1587) au siège de Marans (1588), battit (mars 1589), les Ligueurs à la Croix du Perche, fut à la défense de Tours (1589), fut fait prisonnier par Mercœur, après une belle résistance, à Château-Giron (17 juin 1589), enfermé à Nantes, s'en échappa. Grand-maître de France (fin nov. 1589-25 oct. 1612), il fut aux sièges de Paris, Dreux, Chartres (1591), Rouen (1592), Laon (1594), se brouilla avec le roi (1595), fit la camp. de Savoie (1600), battit le duc de Savoie à Aime (12 nov. 1600), fut gouv. de

Dauphiné (22 mars 1602-1610), gouv. de Normandie (25 oct. 1612), vice-roi de Canada (8 oct. 1612) et mourut, le 16 nov. 1612, à Blandy. Il ép. (27 déc. 1601) Anne de Montaflé (vivante 17 mars 1615). Il fut (31 déc. 1585) chev. du Saint-Esprit.

(2) François de Roncherolles, 2ᵉ fils de Philippe de Roncherolles et de Suzanne de Guisencourt, mariés le 29 mai 1527, sieur de Maineville et Longchamp, Mesnil-sous-Vienne, Hebecourt, chev. de l'Ordre, gent. de la Ch., gouv. de Soissons, lieut. à la comp. de Soissons (14 avril 1579), lieut. gén. à Paris et en Ile de France pour la Ligue, né en 1551, fut tué à la bat. de Senlis (17 mai 1589). Il ép. (19 janv. 1582) Hélène d'O (vivante 5 oct. 1593).

(3) Robert de Monchy, sieur de Caveron, 5ᵉ fils de Jacques de Monchy et de Madeleine de Bossut, mariés le 15 août 1530, cap. de gend., col. de gens de pied, chev. de l'Ordre, vivant le 24 mai 1622, ép. (20 déc. 1574) Marguerite de Fiennes (testa 1587), veuve de Nicolas de Hallwin, puis avant 11 janv. 1599, Anne de Pellevé (morte entre 11 janv. 1599 et 18 oct. 1613), veuve de François Auber d'Aubœuf, puis Isabeau Le Moine (vivante 21 oct. 1613).

(4) Louis Le Clerc de Fleurigny, baron de la Forest-le-Roy, la Vœure, comte de Vignory, Vallières, la Chapelle-sur-Oreuse, Passy, Dampmar, Fleurigny, Sergines, Saint-Léger, chev. de l'Ordre, gent. de la Ch., guid. à la comp. Soissons (14 avril 1579), fils de Charles le Clerc de Fleurigny et de Philippe du Moulin, mariés le 23 janv. 1549, ép. le 20 juin 1577, Guillemette de Lenoncourt et mourut en 1588.

(5) Antoine de Clédie, sieur de Gasches, h. d'a. (10 nov. 1578), mar. des log. (juill. 1578-14 avril 1579) à la comp. de Soissons.

Compagnie LOUIS DE CONDÉ

(1) Louis de Bourbon, prince de Condé, marquis de Conti, comte de Soissons, Anisy, Vallery, Roussy, vicomte de Meaux et Breteuil, 7e fils de Charles de Bourbon et de Françoise d'Alençon, né à Vendôme, le 7 mai 1530, gent. de la Ch. (1549), fit les campagnes de Boulonnais (1549), Hainaut (1552), fut aux sièges de Lanzo (1551) et Metz (1552), au combat de Doullens (1553), aux prises d'Orcimont, Villarzy, Hiergues (1554), à la bat. de Renty (1554). Chev. de l'Ordre, cap. de gend. (1554), il fut au siège de Volpiano (1555), à la bat. de Saint-Quentin, aux sièges de Calais et Thionville. Colonel gén. de l'infanterie française en Piémont (17 août 1558), emprisonné (31 oct.-18 déc. 1560), réhabilité (13 juin 1561), il se fit calviniste, prit Orléans (2 avril 1562), Beaugency (juill.), Pithiviers (11 nov.), échoua devant Corbeil (23 nov.), Paris, Chartres, prit Etampes, fut battu, blessé, pris à Dreux. Il fut au siège du Havre (1563), prit Rozay en Brie (1567), essaya d'enlever le roi, entre Meaux et Paris, prit Montereau, Saint-Denis, assiégea Paris, fut battu à Saint-Denis (10 nov. 1567), gouv. de Picardie (3 juin 1567), Boulonnais, Artois, Calais, Guines (20 oct. 1567-1er avril 1568), délivra Orléans (1568), échoua sur Chartres, conquit l'Aunis, la Saintonge, l'Angoumois, le Poitou, prit Pons, repoussa Montpensier, prit Chauvigny, fit camp. contre le duc d'Anjou (août-fin 1568), fut battu, blessé deux fois, fait pris. et assassiné à Jarnac par Montesquiou. Il ép. Eléonore de Roye (23 juin 1551), puis (8 nov. 1565) Françoise d'Orléans.

(2) Charles Chabot, sieur de Sainte-Foy, fils de Charles Chabot et de Madeleine de Puyguyon, marié après 1506, guid. à la comp. de Jarnac (12 sept. 1544-19 avril 1547), lieut. à cette comp. (28 mai 1547-24 juill. 1551), lieut. à la comp. de Condé (15 août 1557-7 juill. 1561). Il ép. Françoise Joubert et mourut avant 1573.

(3) Cf. notice à la comp. Bouchavanes.

(4) Antoine de Loupiat, ens. à la comp. Laval (1546-27 avril 1547), Rohan (18 avril 1548), Turenne (avril 1553-6 janv. 1556), Condé (avril 1558-22 janv. 1563).

(5) Louis-Antoine de Crevant, sieur de Bauché, fils de François de Crevant et de Claude de la Marthonye, guid. (24 mars 1560) à la comp. de Condé, ép. (15 juill. 1599) Marguerite Olivier de Leuville. Il mourut entre 18 nov. 1609 et 10 avril 1613.

(6) Esme de Ferrières, sieur de Maligny et Champlaye, 2ᵉ fils de Jean-François de Ferrières-Maligny et de Louise de Vendôme, mariés en 1525, fit, en 1560, avec son frère, le futur vidame de Chartres, Jean de Ferrières, une tentative pour s'emparer de Lyon. Ils échouèrent.

(7) Adrien des Fossez, guid. à la comp. Condé (juill. 1558-20 mars 1561). * Peut-être est-ce Adrien des Fossez, sieur de Richemont (6 avril 1560-7 nov. 1580), cap. de chev.-légers, fils de Pierre des Fossez et de Françoise de Sons-Pomery, mariés en juin 1524, qui ép. avant 6 avril 1560, Marie Dey (vivante 7 nov. 1580).

(8) Claude de Lyons, fils d'Adolphe de Lyons et de Guillemette de la Taste de Sy, guid. à la comp. de Condé (oct. 1564-22 mai 1566), mort s. p., empoisonné, croit-on.

(9) Louis-Jean de Monchy, sieur d'Elcourt, 3ᵉ fils de Jean de Monchy et de Claude de Longueval, mariés le 18 mars 1532, ép. Charlotte de Fleurigny.

(10) Marc de Loupiat, mar. des log. à la comp. Rohan (oct. 1550-26 janv. 1551), puis à la comp. de Condé (avril 1558-dern. févr. 1559). Il fut (6 nov. 1556) mar. des log. à la comp. Turenne.

Compagnie JEAN DE BOURBON-ENGHIEN

(1) Jean de Bourbon, 6ᵉ fils de Charles de Bourbon et de Françoise d'Alençon, comte de Soissons et d'Enghien, duc d'Estouteville, baron de Nogent et Baugé, sieur de Montigny, né le 6 juill. 1528, à la Fère, fit la camp. de 1552 avec le roi,

chev. de l'Ordre (17 avril 1550), fut aux sièges de Metz (1552), Volpiano (1555), tué à la bat. de Saint-Quentin (10 août 1557). Il ép. (14 juin 1557) Marie de Bourbon-Saint-Pol, sa cousine-germaine.

(2) François d'Estavayé, sieur de Forel, Guitemont (30 août 1524), Hérissart, 2ᵉ fils de Philippe d'Estavayé et de Charlotte de Luxembourg, mariés en 1484, comm. des guerres (1528), guid. à la comp. Vendôme (31 août-17 déc. 1534), éc. d'éc. du roi (1540-1553), lieut. à la comp. d'Enghien (Jean), dès 1543, vivant le 8 oct. 1554, mort avant le 18 mars 1568, servit en Piémont (juill.-6 oct. 1544) et ép. Guillemette de Ricamez (morte avant le 22 déc. 1580).

(3) Cf. notice comp. Bourbon-Rubemhré.

(4) François de Paigné, sieur de Meneynville, cap. des gardes du duc François d'Enghien (2 mai 1544), puis ens. à la comp. J. d'Enghien.

(5) Guillaume de la Vernade, 5ᵉ fils de Jean-Louis de la Vernade et de Claude de la Tour-Lamesan, gent. m. du roi, vivant 1ᵉʳ mars 1575, fait pris. à la bat. de Saint-Quentin (10 août 1557), ens. comp. d'Enghien (juill.-20 oct. 1550), puis comp. d'Estrées (juill. 1561-20 juin 1562).

(6) Antoine de Pignan, bâtard, chev. de l'Ordre (12 nov. 1568), ens. à la comp. du maréch. de Joyeuse (janv. 1563-12 nov. 1568).

(7) Antoine de la Bretonnière, mar. log. comp. d'Enghien (avril 1546), puis comp. d'Estrées (15 mars-1ᵉʳ mai 1563).

Compagnie MATHIEU DE BOURBON

(1) Mathieu de Bourbon, sieur de Bouthéon (2 juill. 1486), baron de la Roche en Régnier (oct. 1486), chamb., amiral de Guyenne, gouv. de Guyenne et de Picardie, prit part à l'expédition contre le duc de Clèves (1487), fut blessé à For-

noue (1495), fut cap. de gend. (12 mai 1499), maréch. et sénéch. de Bourbonnais (29 nov. 1503) et mourut avant 4 sept. 1505. Il était fils naturel de Jean II de Bourbon. Il fut cons. d'Etat, chamb. (12 mars 1500).

Compagnie BOURBON-LAVEDAN

(1) Hector de Bourbon, vicomte de Lavedan, fils ainé de Charles de Bourbon et de Louise du Lion, mariés avant 1462, cap. de gend. (1522-juin 1523), gouv. de Bray et Corbie (1523), fait pris. à Pavie (1525), ép. Renée-Aymée d'Anjou-Mézières et mourut avant le 26 juin 1525. Il fut comte d'Auze, Barosse, Nestes, baron de Barbazan, Xaintrailles, Chaudesaigues, Malause, Basian, Casteljaloux, Castelnau (15 mai 1524).

Compagnie FRANÇOIS D'ENGHIEN

(1) François de Bourbon, comte d'Enghien, gouv. de Piémont, Hainaut, Languedoc, 2° fils de Charles de Bourbon et de Françoise d'Alençon, né le 23 sept. 1519, à la Fère, mort le 23 fév. 1546 à la Roche-Guyon, fit en 1542 la camp. de Luxembourg, échoua (1543) sur Nice, puis le prit. Gouv. de Piémont (6 déc. 1543-15 déc. 1544), il prit, en 1544, Pollazuolo, Crescentino, Dezena, Carmagnola, battit del Vasto à Cérisoles (11 avril 1544), prit Carignan, Moncalieri, San Damiano, Pontestura, Vigone, San Salvatore, Frassineto. Il fut gouv. de Languedoc (15 déc. 1544).

(2) Esme de Régnier, baron de Guerchy, la Rivière, Champloiseau, Cordeilles, Branches, Gastines, la Ferté-Imbault, fils de Pierre de Régnier et de Perrette du Chesnay,

mineur (5 févr. 1506-1er déc. 1514), ens. à la comp. d'Enghien (7 août 1544), ép. (16 oct. 1535) Françoise d'Estampes-la-Ferté et était mort au 3 sept. 1565. Il fut d'abord, h. d'a. à la comp. d'Annebault et se distingua au siège de Landrecies.

(3) Urbain de Prunelé, sieur de Guillerval, Saint-Aignan, Jodainville, fils ainé de Lionnet de Prunelé et de Béatrix de Miolans, guid. à la comp. d'Enghien, (26 juill. 1544), mort entre le 4 mars et le 15 oct. 1549, tué dans un combat, près de Boulogne-sur-Mer. Il ép. (31 juill. 1525) Jeanne de Ligneris (vivante 15 avril 1568).

Compagnie BOURDEILLE

(1) André de Bourdeille, fils ainé de François de Bourdeille et d'Anne de Vivonne, mariés le 9 mars 1519, frère ainé du célèbre Brantôme, né vers 1520, page du roi de Navarre ; fut aux sièges de Landrecies (1543) et Boulogne (1544), à l'expédition d'Ecosse (1548), au siège de Metz (1552), pris au siège d'Hesdin (1553), fut aux bat. de Jarnac et Moncontour, panetier du roi (8 févr. 1557-30 mai 1558), comm. des guerres (15 nov. 1566), gent. de la Ch. (15 nov. 1556), chev. de l'Ordre (10 janv. 1569), cap. de gend. (13 nov. 1567-16 févr. 1579), sieur de la Tour-Blanche, la Caumarche, Potonville, cons. d'Etat (16 avril 1572-16 févr. 1579), gouv. de Périgueux (mars 1575), et Périgord (16 févr. 1579), sén. d'Angoulème (8 févr. 1557), Périgord (17 nov. 1572), baron d'Archiac et Mastas, pacifia, en 1574, Périgueux et prit la Chapelle-Faucher. Il testa le 25 déc. 1581 et mourut en janv. 1582. Il ép. (27 juin 1558) Jacquette de Montberon (née 1544, morte entre 12 avril 1597 et 16 nov. 1598).

(2) Vespasien de Castelnau, 3e fils de Jean de Castelnau et de Jeanne du Mesnil, mariés le 21 oct. 1544, gent. de la Ch., lieut. (28 juin 1569) à la comp. de Bourdeille, fut tué (1569) au siège de Saint-Jean-d'Angély.

(3) Jean de Montardit, sieur de Lascoulx, Montagrier Feuillade, la Beylie, chev. de l'Ordre (déc. 1569), ens. comp. Bourdeille (juill. 1568).

(4) Jean, baron de Lastours, guid. comp. Bourdeille (janv. 1568-9 août 1569), ch. de l'Ordre, ép. Madeleine de Pierrebufflère-Châteauneuf.

(6) Mar. log. comp. Bourdeille (janv. 1568).

Compagnie BRÉAUTÉ

(1) Adrien de Bréauté, baron de Néville, sieur de Hottet Bréauté, Héribert, Dherodeville, Vauldry, Viessoix, Vauville, la Muldraguille, Condeville, Saint-Martin la Gazellière, Vauxin, Damephilippe, Cailleville, Rouvray, Nouville, bailli et gouv. de Gisors (18 janv. 1561-20 oct. 1567), né en 1528, page du connétable de Montmorency, fit l'exp. de 1548, en Ecosse, comme lieut. de vaisseau, fut h. d'a. à la comp. du connét. de Montmorency (1551), fut aux sièges d'Ivoy, Damvilliers, Metz, chev.-léger à la comp. de Damville, blessé à la main et au bras et fait pris. à Thérouanne (1553), gent. de la mais. du roi (1553), cap. de gens de pied (20 juill. 1557), guid. à la comp. la Meilleraye (juill.-26 oct. 1561), gouv. de Honfleur, il assiégea Tancarville, fut lieut. à la comp. du baron de Clères (1561), lieut. gén. des troupes du Rhingrave, col. gén. de l'arrière-ban de Normandie à la bat. de Dreux (1562), fut aux sièges de Rouen (1562), le Havre (1563), cap. d'arq. à cheval (9 août 1562), col. de l'arrière-ban de Normandie (5 nov. 1567-1587), chev. de l'Ordre (29 déc. 1568), gouv. de Rouen (2 sept. 1567), Pontoise, Louviers, Evreux, lieut. gén. à Rouen (11 sept. 1568), Mantes (févr. 1569), Vernon, les Andelys, cons. d'Etat (5 avril 1580), cap. de 3,000 lég. (27 févr. 1574). Il fut à la bat. de Saint-Denis (1567), fit camp., sous d'Aumale, contre le duc de Deux-Ponts, fut à Moncontour (1569), cons. d'Etat. A la fin de sa vie, « gros comme un tonneau et le poil blanc comme neige », il fut, en 1597, au siège d'Amiens. Fils d'Adrien de

Bréauté et de Jeanne de la Haye-Hottot, il mourut à Néville, le 11 mai 1605. Il ép. (21 mars 1553) Marie de Becdelièvre, puis (27 avril 1573) Suzanne de Monchy-Sernapont, veuve de Thomas Sureau de Farceaux. Il assista à la bat. d'Auneau (1587).

(2) Georges de Grimouville, baron de la Lande-Larchant, la Lande-Patry, fils aîné de François de Grimouville et d'Anne d'Estanson, mariés en 1529, chev. de l'Ordre, gent. de la Ch. (29 déc. 1568), vivant le 8 juin 1581, col. de l'arrière-ban de Normandie, lieut. (janv.-29 déc. 1568) à la comp. Bréauté, ép. (1558) Charlotte de Villemor.

(3) Jacques de Godefroy, sieur d'Aunon, chev. de l'Ordre (22 févr. 1570), ens. (29 déc. 1568-22 févr. 1570) à la comp. Bréauté.

(4) Jacques Maillard, sieur de la Bigne, guid. comp. Bréauté (janv. 1568-22 févr. 1570), chev. de l'Ordre (22 févr. 1570).

(5) Antoine de Banastre, 2e fils de Raoul de Banastre et de Marie Le Clerc, mar. le 10 avril 1518, sieur du Mesnil, Arcanville, mar. log. comp. Bréauté (oct. 1569), se distingua à la bat. de Moncontour, vivant 25 août 1574, décédé au 17 déc. 1596, ép. (18 févr. 1559) Barbe Roque d'Arcanville.

Compagnie FRANÇOIS DU BREIL

(1) François du Breil, sieur du Breil, les Hommeaux, Hédé, Lerzay, la Marre, fils aîné de Guillaume du Breil et de Philippine de Muée, chev. de l'Ordre (14 juin 1568), gent. de la Ch. (12 févr. 1573), cons. d'Etat, cap. de gens de pied (23 janv. 1562), cap. de chevau-légers (20 janv. 1562), cap. de gend. (14 juin 1568-20 juin 1573), pens. du roi en Bretagne (9 mai 1576), mestre de camp, gouv. de Sercq, qu'il ravitailla en 1549, de Mariembourg (3 juill. 1554-30 août 1555), Saint-Quentin (1557), Abbeville (12 mai 1556-10 janv. 1557), Sarzeau (15 mars 1562), Gran-

ville (30 août 1562-29 juill. 1568), Iles Chausey (12 févr. 1566-2 févr. 1574), Moncontour (19 avril 1570), fut, en 1557, fait pris. au siège de Saint-Quentin. Il fut à la bat. de Dreux. Il mourut entre le 13 sept. 1575 et le 1er sept. 1576. Il ép. Marie de Tréal, puis Louise le Sénéchal de Rechereau, (testa 1er nov. 1566), puis (28 janv. 1567) Isabeau de Porcon.

(2) Jean de Trémignon, sieur de la Haye, la Brosse, Iré, 3e fils de Tristan de Trémignon et de Catherine du Chalonge, mariés avant le 4 oct. 1533, vivant le 12 janv. 1559, et le 24 août 1576, lieut. à la comp. du Breil (dès janv. 1569), chev. de l'Ordre, cap. de gens de pied (31 déc. 1562-25 janv. 1567), mourut sans alliance, avant le 23 juill. 1599.

(3) Cf. notice à la comp. d'Ailly-Picquigny.

(4) Roland du Breil, sieur de Chalonge, Gouillon, Treveroh, la Bardolière, fils aîné de Jean du Breil et de Jeanne de la Mothe, chev. de l'Ordre (7 avril 1578), lieut. de g., gent. de la Ch. du duc d'Alençon (5 mai 1576-7 avril 1578), et de celle du roi de Navarre (14 mai 1576), ép. Jeanne de Gausson, puis Françoise de Bois le Houx (19 juin 1580), et mourut avant 29 janv. 1590. Guid. (15 févr. 1573) des nobles de l'év. de Saint-Malo, ens. comp. du Breil (janv. 1568).

(5) François de la Piguelaye, guid. à la comp. du Breil (oct. 1568-28 mai 1570), vicomte du Chesnay, chev. de l'Ordre, amb. en Angleterre (1593), fils de Jean de la Piguelaye et de Gabrielle de Bruslon, né en 1548, chev. de l'Ordre (22 juin 1612), ép. (1570) Jeanne Langlois de la Berthaudière.

(6) François de Torres.

Compagnie DU BREIL-LA MAUVOISINIÈRE

(1) Christophe du Breil, sieur de la Mauvoisinière, chev. de l'Ordre (déc. 1576), comm. des g. (18 mai 1558), gent. de la Ch. (23 mai 1577), cap. de gend. (20 nov. 1567-12 août 1576),

comm. extr. des g., ens. comp. Gonnort (avril 1565-8 juill.
1567), chev. de l'Ordre (1571), sieur de Bois du Breil, Mesnil,
le Teil, fils de Pierre du Breil et d'Anne de Vassy-la Forest,
ép. Catherine du Bellay-Gonnort.

(2) René du Breil, sieur de Liré, la Turmelière, neveu du
poète Joachim du Bellay, fils de Christophe du Breil et de
Catherine du Bellay-Gonnort, lieut. comp. de son père
(21 janv. 1570), ép. Claude d'Argy-Azé. Né en 1547, il se
dist. à la bat. de Saint-Denis (1567).

(3) Jean-Philippe de Salm, comte Sauvage (Wildgraff), comte
du Rhin (Rheingraff), comte de Salm, fils de Philippe-Fran-
çois de Salm et de Marie-Egyptienne d'OEttingen, né en 1545,
tué, en 1569, à la bat. de Moncontour, ép. Diane de Domp-
martin-Fontenay (vivante le 13 oct. 1614).

Compagnie LOUIS DE BRÉZÉ

(1) Louis de Brézé, 2 fils de Jacques de Brézé et de Charlotte de France, mariés en 1462, comte de Maulévrier, baron
du Bec-Crespin, sieur de Nogent-le-Roy, Brissac, Anet, Mont-
chauvet, Bréval, Avrecher, cap. des gardes de la mais. du
roi (17 sept. 1510-31 oct. 1526), cons. d'Etat, chamb.
(8 juill. 1495-10 sept. 1527), chev. de l'Ordre (14 avril 1509),
grand sén. et gouv. de Normandie (30 août 1490-18 juin 1529),
grand-veneur (1er janv. 1496-31 déc. 1497), mar.ch. de Normandie (9 nov. 1490-12 mai 1511), grand maître des eaux et
forêts de Normandie et Picardie (31 oct. 1519), cap. de gend.
(18 nov. 1527-18 juin 1529), gouv. de Rouen (18 mars 1507),
Harfleur (16 juill. 1519-4 nov. 1527), fut au siège de Padoue
(1509), à la prise de Brescia (1512), à la bat. de Ravenne (1512).
Il mourut, le 23 juill. 1531 à Anet. Il ép. Catherine
de Dreux (née en 1482, morte le 20 nov. 1512), puis (29 mars
1514) Diane de Poitiers (née en 1499, morte en 1566).

(2) Guillaume, bâtard de Brézé, sieur du Breuil, fils natu-

rcl de Jacques de Brézé, gent. de la mais. du roi (18 mai 1502), comm. des g. (26 janv.-1516-13 juin 1517), lieut. à Harfleur (16 juill. 1519-4 nov. 1527), gouv. de Montivilliers et Vieux-Palais de Rouen (1518-27 oct. 1525), ép. (3 juill. 1525) Jacqueline Toustain.

(3) Cf. notice à la comp. de l'amiral d'Annebault.

(4) *Item.*

(5) *Item.*

(6) Jacques d'Angennes, fils aîné de Charles d'Angennes et de Marguerite de Coesmes, mariés le 10 juill. 1491, sieur de Rambouillet, la Villeneuve, Maintenon, Meslay, la Moutonnière, Angeville, Poigny, les Essars, le Moutier, Montlouet, le Pouzin, Dampierre, la Boissière, le Fargis, chev. de l'Ordre, échanson, gent. de la Ch. (31 oct. 1554), cap. des gardes, gouv. de Metz, vivant le 2 sept. 1561, mort en 1562, ép. (13 févr. 1526) Isabeau Cotereau (morte entre le 14 fév. 1540 et le 3 oct. 1554).

Compagnie BRIMEU-HYMBERCOURT

(1) Adrien de Brimeu, sieur d'Ymbercourt, comte de Mesghen, 2e fls de Guy de Brimeu et d'Antoinette de Rambures, né avant 1435, aida César Borgia à soumettre Imola, fut blessé et pris. en Calabre, lieut. à la comp. du Plessis-Assé (1513), se dist. au combat d'Ardres (1513), fut cons. d'Etat, chamb., lieut. à la comp. Mantoue, cap. de gend. (oct. 1509-10 sept. 1515), se dist. à la bat. de Novare (1513), à la surprise de Villafranca (1514), fut gouv. d'Arques (16 janv. 1515), tué à la bat. de Marignan (1515).

Compagnie BRIZAY-BEAUMONT

(1) Jacques de Brizay, page du roi (16 nov. 1498), h. d'a. comp. Prie, sieur de Beaumont, Villegongis, Brin, Chazelles, Vineuil, chev. de l'Ordre, cap. de gend. (26 nov. 1529-27 févr. 1549), lieut. gén. en Bourgogne (18 août 1531-14 nov. 1543), cons. d'Etat, sén. de la Marche (28 juill. 1542-2 mai 1543), fils aîné d'Abel de Brizay et de Marquise de Menou, mariés en 1472, ép. avant 1530, Avoye de Chabannes (vivante 8 mai 1543), veuve d'Edmond de Prie et de Jacques de la Trémouille, puis Françoise de la Barde, testa juin 1549.

(2) Geoffroy de Nuchèze, sieur de Baudiment, Beaumont, Villegongis, Nuitré, Colombières, les Touches, la Mesnardière, fils aîné de Pierre de Nuchèze et de Charlotte de Brizay, chev. de l'Ordre, cap. de gend., gouv. de Soissons (1557), fut aux prises de Moncalieri, Chieri, Villanova, Asti, Fossano ; il prit part à l'expéd. d'Ecosse (1548), fut gent. ordin. du roi (1560-1563), gent. de la Ch. du duc d'Alençon (1576-1583). Pris. au siège de Thérouanne (1553), lieut. (22 avril 1551) à la comp. Brizay-Beaumont. Il ép. Madeleine de Launay.

(3) Antoine de Traves, fils de Jean de Traves et de Louise de Bernaut, sieur de Dracy-le-Fort et Sainte-Huruge, ens. à la comp. de Brizay-Beaumont, ép. Renée Girard de Basoges.

(4) Urbain de Tresbuquet, sieur de Burry, guid. à la comp. Brizay-Beaumont. Guid. à la comp. Longueville (9 sept.-20 déc. 1534).

(5) Gilles des Grez, mar. des log. à la comp. Beaumont-Brizay (9 oct. 1548), guid. à la comp. Longueville (9 sept.-20 déc. 1534).

Compagnie LA BROSSE-GRAND PRIEUR

(1) Jacques de la Brosse, sieur de la Brossé-Morlet, servit sous le duc de Guise, en Piémont et en Flandre, fut gouv. du

— 99 —

duc de Longueville, lieut. à la comp. du duc de Longueville (20 juill. 1551), puis à celle du duc de Guise (25 janv. 1556-1er juin 1558), cap. de gend. (13 janv. 1559-19 déc. 1562), se dist. au siège de Metz (1552), à l'expéd. de Naples (1556), au siège de Calais (1558). Gouv. de François II (1558), il défendit brillamment Leith contre les Anglais (déc. 1559-1560), assista à l'affaire de Vassy, fut nommé mar. de camp (1er avril 1562), assista aux sièges de Bourges et de Rouen et fut tué à la bat. de Dreux (19 déc. 1562). Il était fils de Pierre de la Brosse-Morlet et de Madeleine Lambert, mariés le 21 janv. 1493, gent. de la Ch. (8 juill. 1552), chev. de l'Ordre (17 août 1560), lieut. comp. Dauphin (9 juill. 1559), panetier, lieut. gén. et amb. en Ecosse. Il ép. (16 sept. 1529) Françoise de Moussy.

(2) François de Lorraine, 7e fils de Claude de Lorraine-Guise et d'Antoinette de Bourbon, grand prieur de France (mars 1548), naquit le 15 avril 1534, fit une exp. en Corse (1558), fut à la bat. de Dreux, où il prit un refroidissement, des suites duquel il mourut, le 6 mars 1564. Il avait débuté au siège de Metz (1552), fut à la bat. de Renty (1554), gén. des galères de Malte, il remporta un succès devant Rhodes, où il fut blessé.

(3) Eustache de Conflans, vicomte d'Ouchy, fils d'Antoine de Conflans et de Barbe de Rouy, mariés le 10 déc. 1525, fut au siège de Metz (1552), au combat de Doullens (1553), à la prise de Perne (fin 1553), au siège de Mariembourg, à la retraite du Quesnoy et à la bat. de Renty (1554), à la prise du Catelet et au ravitaillement de Mariembourg (1555), lieut. à la comp. Jacques de la Brosse (1556-4 juin 1562), après avoir été (1550-31 juill. 1554), guid. à la comp. de Guise, il fut à l'exp. d'Italie (1557), aux sièges de Calais, Guines, Gravelines (1558), aux sièges de Bourges et de Rouen (1562), à la bat. de Dreux (1562), au siège du Havre (1563), lieut. à la comp. du grand-prieur de France (27 juin 1563). Chev. de l'Ordre (1559), mar. de camp (28 sept. 1567), il fut à la retraite de Meaux, à la bat. de Saint-Denis (1567), à la prise de Montereau, aux combats de Châlons et Jazeneuil, à la prise de Châteauneuf, aux bat. de Jarnac, Moncontour, au siège de

Saint-Jean-d'Angély, cap. des gardes du corps (27 déc. 1570-1571), garda (1574) le roi de Navarre pris. à Vincennes. Lieut. de vénerie du roi (juill. 1559-27 mars 1561), cap. de gend., homme de guerre des plus distingués. Il allait être fait mar. de France, quand il mourut. Il ép. Marie de Cépoy.

(4) Pierre de Cluys, sieur de Briante, fut guid. à la comp. la Brosse (6 juill. 1559-16 sept. 1562), puis lieut. à la comp. d'Auchy (janv.-3 nov. 1568).

(5) Guyot Le Bel, mar. des log. à la comp. Conflans-Auchy (20 nov. 1564-3 juill. 1567).

Compagnie DUC D'ETAMPES

(1) Jean de Brosse de Bretagne, 2° fils de René de Brosse et de Jeanne de Comines, mariés le 13 août 1504, comte de Penthièvre, duc d'Etampes (janv. 1537), chev. de l'Ordre (8 mars 1541), gouv. de Bourbonnais, Marche, Combraillle, Saint-Pierre le Moutier, Auvergne (8 mars 1541), gouv. et amiral de Bretagne (25 févr. 1543-31 déc. 1562), col. gén. des Suisses (1er juill. 1544), fit, à leur tête, la campagne de Champagne (1544), duc de Chevreuse (janv. 1546), cap. gend. (8 mars 1541-18 févr. 1564), mort, le 27 janv. 1565, à Lamballe, s. p. Petit-fils de l'historien Philippe de Comines, il ép. Anne de Pisseleu (vivante 21 juill. 1571), maîtresse de François Ier. Il fut (1552) à la reprise d'Hesdin.

(2) Cf. notice à la comp. Antoine de Bourbon-Vendôme-Navarre.

(3) Cf. notice à la comp. la Roche-sur-Yon.

(4) Sébastien de Luxembourg, vicomte de Martigues, duc de Penthièvre, marquis de Baugé, 2° fils de François de Luxembourg et de Charlotte de Brosse, neveu du duc d'Etampes. Chev. de l'Ordre (29 sept. 1560), cap. de gend. (1565-29 mai 1569), il fut aux sièges de Metz (1552), Thérouanne

(1553) où il fut fait pris., Calais (1558), Guines (1558), Leith (1560), où il fut blessé, Rouen (1562), Orléans (1563), aux bat. de Dreux (1562), Messignac (1568), Jarnac (1569), Moncontour (1569), fut col. gén. de l'infanterie française (1560), gouv. de Bretagne (1564). Il s'était dist. au siège de Guines et avait été blessé à celui de Leith. Il battit (15 sept. 1568), à huit lieues de Saumur, un parti protestant, puis, à Roziers, le même jour, 200 arquebusiers de la Noue, puis, à deux lieues de Saumur, un troisième parti protestant. Duc de Penthièvre (15 sept. 1569), il ép. (15 août 1560) Marie de Beaucaire-Peguillon, et fut tué, le 19 nov. 1569, au siège de Saint-Jean-d'Angély. On l'avait surnommé le *Chevalier sans peur* ; son maitre d'hôtel se nommait Hughes de Gassion.

(5) François de Menthon, baron de Covettes, la Gelière, 2e fils de François de Menthon et de Claudine de la Gelière, ens. à la comp. d'Etampes (6 juin 1562), ép. **Marie de Châteauvieux.**

(6) Charles de Culant, 2e fils de Gabriel de Culant et de Marguerite d'Espinay, baron de Mirebeau et Saint-Désiré, sieur de Brécy, guid. (14 sept. 1544), sous-lieut. (22 nov. 1548), puis lieut. (27 févr. 1553-17 févr. 1565) à la comp. d'Etampes, fut fait pris. à Hesdin (1553), à demi ruiné par la rançon qu'il dut payer. Il ép. (9 févr. 1529), Gabrielle d'Apchier, puis (1559) Isabeau de Mornay, veuve de Ferry de Boulainvilliers-Dampval.

(9) André de Ragouze, sieur de Com, Saint-Jean-d'Aiguise, lieut. au gouvernement de la Capelle en Thiérache, ens. à la comp. d'Etampes, ép. (3 nov. 1542) Louise d'Albert, veuve de Jean de Montfaucon.

(10) François de Clinchamp, ens. à la comp. d'Etampes, dès avril 1537.

(11) Gilbert de Jarrie, sieur d'Aubierres, Claravaux, Saint-Avit, guid. comp. Etampes (avril-7 juill. 1537), gent. de la maison du roi (28 mai 1560), ép. (17 juin 1538) Claude de Montmorin-Aubierres. Il était fils d'Antoine de Jarrie et de Françoise de la Roche-Aymon, mar. avant 23 janv. 1520.

(12) Guid. à la comp. d'Etampes (mai 1546).

(13) Cf. notice à la comp. Bourbon-Montpensier.

(14) Mar. des log. (7 févr. 1549) à la comp. du duc d'Aumale.

(15) Mar. log. comp. Etampes (févr. 1548-6 juin 1562).

Compagnie DE BRUGES-LA GRUTHUSE

(1) Jean de Bruges, sieur de la Gruthuse, Famechon, Avelghen, les Pierres, prince de Stienhus, comte de Winchester, (14 mars 1486-1ᵉʳ mai 1489), conseiller d'Etat, chamb. chev. de l'Ordre (31 déc. 1503), gouv. d'Abbeville et du Louvre, lieut. gén. en Picardie (13 juin 1504-3 juin 1510), grand maître des arbalétriers (1498), cap. de gend., fils ainé de Jean de Bruges et de Marguerite de Borselle, né avant le 9 janv. 1436, mourut à Abbeville, le 8 août 1512. Il ép. Marie d'Auxy, puis (30 nov. 1510) Marie de Melun (morte le 10 oct. 1553).

(2) C'est peut-être Antoine d'Auxy, sieur de la Tour, fils naturel de Jean, ber d'Auxy, et de Félice de Marchant, fut cap. des archers de l'Empereur Maximilien, ép. Marguerite de Hallwin, puis Antoinette de Saveuse.

Compagnie SANCERRE

(1) Louis de Bueil, comte de Sancerre, baron de Chateaux Vailly, sieur de la Marchère, Barlieu, Charpignon, péage et commandise de Tours, chev. de l'Ordre, cap. des gent. de la maison du roi, grand échanson, gouv. d'Anjou, Touraine, Maine, fils de Jacques de Bueil et de Anne de Sains, mariés le 3 nov. 1497, né avant 1513, fût à Marignan (1515), grand

échanson (1533), il défendit Saint-Dizier (1544), ép. (23 janv. 1534) Jacqueline de la Trémouille, et mourut en 1563.

(2) Charles de Rochechouart-Barbazan, baron de Faudoas, Saint-Amand, Montégut, col. de gens de pied (22 déc. 1536), fils d'Antoine de Rochechouart et de Catherine de Faudoas, mar. le 25 oct. 1517, né en 1519, ép. (8 mai 1550), Françoise de Castelnau-Clermont (testa 24 juin 1551), puis (21 avril 1556) Clauda d'Humières, puis Françoise de Maricourt. Il fut (15 nov. 1558), lieut. à la comp. de la Rochefoucauld et était mort au 16 août 1560.

(3) Guyon d'Escorailles, fils de Jean d'Escorailles, sieur de Gruères, Borran, Brossette, Bonrepos, ens. (15 nov. 1558-28 févr. 1562) à la comp. de la Rochefoucauld, ép. (2 févr. 1546) Marguerite de Capdenac, puis (29 mai 1560) Marie de Gausserand, veuve d'Armand d'Escayrac, puis Césaire de Saint-Hilaire (vivante le 2 oct. 1572). Il mourut entre le 2 oct. 1572 et le 20 janv. 1575.

(4) Jacques de Silly, comte de Rochefort, damoiseau de Commercy, sieur d'Auneau, Montmirail, Tresnay, 3ᵉ fils de Charles de Silly et de Philippe de Sarrebruche, mariés en 1504, né le 22 avril 1513, à Auneau, gent. de la Ch. (1552), guid. comp. Sancerre (avril 1546-7 janv. 1547), député aux Etats de Blois (1560), testa 10 juill. 1571, cap. de gend. (7 févr. 1564-7 juill. 1570), ép. Madeleine d'Annebault (décédée 3 juin 1568), fille de l'amiral et veuve de Gabriel de Saluces, après 1548.

(5) Louis de Coesmes, baron de Lucé, Bonnétable, Guy, Orte, Loubon, Bernaut, Avaux, Saint-Germain d'Ablonville, vicomte de Saint-Nazaire, fils de Charles de Coesmes et de Jeanne d'Harcourt, né avant 1526, baron de Maulévrier, Guitteur, guid. à la comp. de Sancerre (dès janv. 1554), chev. de l'Ordre, lieut. à la comp. de Genlis (avril 1559-14 janv. 1560), cap. de gend., mort avant le 20 juin 1566, ép. Anne de Pisseleu.

(6) Jacques du Val, sieur de Chantereine, mar. des log. dès 12 oct. 1548, à la comp. Sancerre.

(8) Gilles de Salles (ou Selles) Courbattières, mar. des log. (9 juill. 1546) à la comp. Charles de Crussol-Uzès, à la comp. de la Rochefoucauld (15 nov. 1558-27 juin 1569) où il fit parfois (15 nov. 1560) fonction d'enseigne.

Compagnie CHARLES DE BUEIL

(1) Charles de Bueil, comte de Sancerre, baron de Vailly, sieur de Barlieu et Charpignon, fils de Jacques de Bueil et de Jeanne de Boisjourdan, cap. de gend. (10 juin 1515), cons. d'Etat, chamb., né avant le 3 nov. 1497, ép. Anne de Polignac et fut tué à Marignan (14 sep. 1515).

(3) Humbert de Rivoire, sieur de Romagneu, la Bastie-Montgascon, le Palais, Curtin, Polémieu, Chevalard, 4e fils de Jacques de Rivoire et de Claudine de Bletterans, mariés le 28 juill. 1458, né en 1480, fut aux bat. de Fornoue (1495), Agnadel (1509), cap. de gens de pied, amb. à Ferrare, col. gén. de l'infanterie française (1503), gouv. de Savone, testa le 17 sept. 1534, ép. (23 déc. 1496) Jeanne du Chevalard.

Compagnie BUEIL-BOUILLÉ

(1) Georges de Bueil, sieur de Bouillé et Vauvray, 2e fils de Georges de Bueil et de Marguerite de Broc, mariés le 12 août 1504, échanson du roi et commissaire des blés de Bretagne (11 févr. 1550), chev. de l'Ordre (15 mars 1565), lieut. gén. et vice-amiral de Bretagne (15 mars 1565-27 janv. 1576), gouv. de Saint-Malo (1536-1578), gent. de la Ch. (4 janv. 1568), cons. d'Etat (28 oct. 1572), cap. de gend. (6 juill. 1569-27 janv. 1576), ép. (7 févr. 1575) Louise de Launay. Il mourut, s. p., en 1578, (il vivait encore, le dern. fév. 1577). Excellent gouverneur, très aimé en Bretagne.

(2) René Clérembault, vicomte du Grand-Montrevau, sieur de la Plesse, fils aîné de Jacques Clérembault et de Claude d'Avaugour, mariés le 16 mars 1540. Il fut page du mar. de Vieilleville (1562-1563), ép. Françoise de Bueil-Fontaines et mourut s. p. avant le 5 oct. 1592.

(3) René de Montallais, sieur de Fromentières et Chambellay (30 mars 1555), fils de Mathurin de Montallais et de Renée de Goullaine, mariés le 7 nov. 1517, chev. de l'Ordre, lieut. à la comp. de Bouillé, mort avant le 13 oct. 1579, ép. (1563) Louise de Malestroit, veuve de Nicolas de Gennes-la Mothe.

(4) André de Malherbe, fils de Charles de Malherbe et de Marguerite des Vaux, sieur de Gathemo (4 oct. 1556), chev. de l'Ordre, gouv. de Vire (17 févr. 1574), assassiné entre 25 févr. 1577 et 2 avril 1582, mar. des log. (janv. 1568-24 janv. 1570), guid. (oct. 1570-7 févr. 1572), lieut. (oct. 1575-27 janv. 1576).

(6) Claude de Goullaine, sieur de Pommerieux, le Palais, la Guerche, Blaison, la Russelière, Guéret, Goulaine, 4ᵉ fils de Christophe de Goullaine et de Claude de Montejan, chev. de l'Ordre (18 févr. 1569), neveu du mar. de Montejan, ép. (1ᵉʳ févr. 1560), Jeanne de Bouteville (décédée 13 juill. 1572), puis (1574) Jeanne Pinard, veuve de Roland de Botloy, et mourut, le 24 avril 1579. Il fut ens. comp. Bouillé (oct. 1567-7 févr. 1572).

(7) Renaut Giffart de la Marzellière, sieur de la Marzellière, le Fretay, Plessis-Giffart, Bonnefontaine, Bernéen, fils de Pierre Giffart de la Marzellière et de Françoise de Porcon, ép. (29 oct. 1567) Marie du Gué de Brielles, servit sous le duc de Montpensier, fut baron de Bonnefontaine et vicomte du Fretay (30 oct. 1572) et mourut en nov. 1588.

(8) François du Cambout, sieur de Coislin, Mérionec, Chefdebois, Beçay, baron de Pontchâteau, fils aîné de René du Cambout et de Françoise Baye de Coislin, né en 1542, mort le 12 oct. 1625, chev. de l'Ordre (9 sept. 1568), cons. d'Etat, grand veneur et grand maître des eaux et forêts de

Bretagne, gouv. de Nantes, gent. de Ch. (15 sept. 1572), chamb. du duc d'Alençon, ép. (24 avril 1565) Louise du Plessis-Richelieu.

(9) Guid. (oct. 1575), comp. Bouillé-Jean de Plœuc, sieur de Breignon, Porspoder, 2° fils de Charles de Plœuc et de Marie de Saint-Gouesnou, ép. Anne de Tivarlan.

(11) Jean-Louis Loz, sieur de Kergauton, Tuonlong, Kermonster, Kermarec (28 janv. 1563), mar. des log. à la comp. Bueil-Bouillé (oct. 1575-27 janv. 1576) fils aîné de Guillaume Loz et de Jeanne de Kermelec.

Compagnie BUEIL-FONTAINES

(1) Honorat de Bueil, sieur de Fontaines, fils aîné de Jean de Bueil et de Françoise de Montallais, mariés le 3 mars 1536, cons. d'Etat, vice-amiral et lieut. gén. en Bretagne, cap. de gend., gouv. de Saint-Malo, tué, le 11 mars 1590, à Saint-Malo, par les Ligueurs, ép. Anne de Bueil-Sancerre. Il fut chev. du Saint-Esprit (31 déc. 1583).

(2) Jacques de Maillé, sieur de Bénéhart, Champagné, Ruillé, la Bertelotière, Rougeau, Villié, Bourdeau, la Novaraye, fils de Jacques de Maillé et de Marie de Villebresme, né et baptisé à Ruillé en 1549, gent. de la Ch. (13 sept. 1573), chev. de l'Ordre, lieut. gén. en Vendômois (5 janv. 1582), lieut. comp. Fontaines (22 sept. 1577), décapité, par ordre de Henri IV, pour avoir mal défendu Vendôme, ép. (5 févr. 1573) Renée de Poncé.

(3) François de Montallais, sieur de Chambellay, fils de Robert de Montallais et de Françoise de Puydufou, mariés le 17 juin 1548, chev. de l'Ordre (6 mars 1583), ép. (18 sept. 1579) Jacqueline de Bueil et mourut le 16 oct. 1585.

(4) Gilles de Ronsart, sieur de Glatigny, neveu du célèbre poète, 2° fils de Claude de Ronsart et de Catherine Tiercelin,

mariés le 1er oct. 1537, né entre 1538 et 1543, éc. d'écur. du roi, guid. (28 nov. 1580) à la comp. de Bueil-Fontaines, aide de mar. de camp (1er déc. 1592), mar. de camp (16 mai 1594), vivant le 8 mars 1602, ép. (16 mai 1576) Françoise de Taillevis, veuve d'Edmond de la Châtaigneraye.

(5) Jean de Bueil, comte de Sancerre et Marans, baron de Chasteaux, Valjoyeux, Saint-Christophe, Vailly, la Marchère, Espigneu, Faye, péage et commanderie de Tours, grand échanson (1563-31 déc. 1633), guid. (avril-23 sept. 1577) à la comp. Bueil-Fontaines, cap. de gend. (25 nov. 1587), battit les Ligueurs à Jargeau, fils aîné de Louis de Bueil et de Jacqueline de la Trémouille, mar. le 23 janv. 1535, ép. (6 mars 1583) Anne de Daillon du Lude. Il fut au siège de Paris et mourut le 23 mai 1638. Il fut chev. du Saint-Esprit (5 janv. 1597).

(6) Jean Le Gautier, sieur de la Vallée, fils de Jean Le Gautier et de Jeanne d'Aron, mar. des log. à la comp. Fontaines (30 août 1581), ép. (9 mai 1561) Jeanne d'Alexandre.

Compagnie MELFI

(1) Jean Caracciolo, prince de Melfi, duc de Venouse et d'Ascoli, duc de Soria, grand sén. du royaume de Naples, fils de Thomas Caracciolo et d'Ippolita-Paula de Sanseverino, né en 1480, passa au parti français, combattit à Ravenne (1512), revint au parti italien, défendit Melfi contre Lautrec (1528) et y fut pris. Charles-Quint l'abandonna et ne paya pas sa rançon. Il passa à François Ier, qui le fit chev. de l'Ordre, servit en Provence (1536), au siège de Hesdin (1537), au secours de Luxembourg (1543), lieut. gén. de l'armée de Luxembourg (14 déc. 1543), sieur de Romorantin, Brie-Comte-Robert, Vitry aux Loges, Châteauneuf-sur-Loire, les Iles de Martigues, lieut. gén. à Troyes (10 juin 1544), mar. de France (4 déc. 1544), gouv. de Piémont (4 oct. 1545-

9 juill. 1550). Il mourut, le 29 juill. 1550, à Suze. Il ép. Jeanne d'Acquaviva, puis Eléonore de Sanseverino.

(2) Julio Caracciolo, marquis d'Atella, 2º fils du prince de Melfi, fut lieut. de la comp. de son père (5 avril 1546) et vivait encore le 14 avril 1547. Guillaume de Braida, baron de Cazelet, ens. à la comp. Melfi (24 sept. 1543-4 avril 1547), comm. extr. des guerres (31 mars 1549-19 sept. 1549).

(3) Bartolomeo Greco, mar. log. comp. Boutières (29 mars 1542), puis comp. Melfi (10 févr. 1549).

Compagnie CORBEIRAN DE CARDILLAC

(1) Corbeiran de Cardillac, baron de Sarlaboz, gent. de la Ch. (1ᵉʳ août 1563), chev. de l'Ordre (1568), mestre de camp, gouv. du Havre (1ᵉʳ août 1563-23 juill. 1581), cons. d'Etat (30 sept. 1581), fils aîné d'Odet de Cardillac et de Jeanne de Binos, mariés le 26 avril 1513, ép. Marguerite le Valois et mourut avant le 19 janvier 1601. Il fut gouv. et cap. de gens de pied à Dunbar (8 déc. 1553), échanson du roi (16 juin 1558), cap. de gens de pied (12 oct. 1572).

Compagnie RAYMOND DE SARLABOZ

(1) Raymond de Cardillac, baron de Luc-Sarlabous, 2º fils d'Odet de Cardillac et de Jeanne de Binos, mariés le 26 avril 1513, chev. de l'Ordre (14 déc. 1569), cap. de gend. (oct. 1568), gouv. d'Aigues-Mortes, sén. et gouv. de Bigorre (22 mai 1592), cap. d'arq. à cheval (2 déc. 1567), mestre de camp (1ᵉʳ avril 1569), ép. (5 nov. 1563) Marguerite de Jussan.

(2) Barthélemy de Mun, fils d'Odet de Mun et de Gabrielle de la Barthe, mariés le 28 janv. 1526, sieur de Mun, Bel-

mont, Clarac, Luby, la Marque, h. d'a. à la comp. de la Valette (1568), lieut. (20 mai 1569-22 avril 1575) à la comp. Cardillac-Sarlaboz, mourut entre le 19 juin 1588 et le 11 avril 1593. Il ép. (2 janv. 1560) Paule de la Penne (qui testa le 12 avril 1608 et était morte au 27 janv. 1609).

(3) Jean de Portepain, sieur de la Salle, mar. des log. à la comp. de Candale (janv.-1ᵉʳ sept. 1572), puis ens. à la comp. Sarlaboz (avril 1573).

(5) Guy d'Aigueperse, guid. comp. Sarlaboz (avril 1573).

(6) Balthasar d'Antin, sieur de Bartères, mar. des log. à la comp. Sarlaboz (3 déc. 1571). Ne serait-ce pas le même que Bertrand d'Antin, mar. des log. à cette même comp. (oct. 1568-21 mai 1569), qui paraît être le même que Bertrand d'Antin, sieur de la Barte (7 avril 1571), 3ᵉ fils de François d'Antin-Saint-Pierre. Le frère de ce dernier Bertrand d'Antin, Dominique d'Antin, avait ép. (1ᵉʳ juin 1582) Marguerite de Cardillac-Sarlaboz, nièce du capitaine.

Compagnie LOUIS DE CARMAIN

(1) Louis de Vèze-Carmain, comte de Negrepelisse et Morieoux, baron de Lougnac, vicomte de Carcassac, fils d'Antoine de Vèze-Carmain et de Françoise d'Aure-Aster, mar. le 2 févr. 1519, ép. (5 août 1540), Marguerite de Foix-Candale. Gent. de la Ch. (31 oct. 1559), chev. de l'Ordre (28 févr. 1563), cap. de gend. (janv. 1568-13 oct. 1569).

(2) François de Saint-Félix, sieur de Saint-Félix, Assas, Royan, chev. de l'Ordre (1568), 2ᵉ fils d'Etienne de Saint-Félix et de Catherine de Lettes, mariés le 21 nov. 1513, lieut. à la comp. de Negrepelisse (27 nov. 1568-30 déc. 1569), ép. (12 août 1566) Anne de Sadirac et mourut avant 1586.

(3) René de Pins, sieur de Montbrun, Forgues, la Motte, chev. de l'Ordre (20 mai 1574), gent. de la Ch., fils de Jean

de Pins et de Louise de Guers-Castelnau, gent. de la Ch. du duc d'Anjou (22 août 1573), vivant le 11 sept. 1585, ens. à la comp. de Negrepelisse (27 nov. 1560-15 mars 1570), puis à celle de Saint-Sulpice (5 nov. 1572-29 sept. 1575). Il ép. (24 juin 1561) Jeanne d'Ebrard-Saint-Sulpice.

(4) Jean de la Sarrète, sieur de Boussas, mar. log. (30 oct. 1569) comp. Carmain-Negrepelisse.

Compagnie CARMAIN-NEGREPELISSE

(1) Antoine de Vèze-Carmain, sieur de Negrepelisse, baron de Laugnac, Montricoux, fils de Pierre de Carmain et de Catherine d'Arpajon, tut au siège d'Aversa (1529), cap. de gend. (juill. 1525-4 mai 1528), ép. (2 févr. 1519) Françoise d'Aure-Aster.

Compagnie PIERRE DE CLERMONT-LODÈVE

(1) Pierre-Guilhem de Caylus-Castelnau-Calmont-Clermont-Lodève, 3e fils de Tristan-Guilhem de Caylus-Castelnau-Calmont-Clermont-Lodève et de Catherine d'Amboise, mariés en 1474, cap. de gend. (juill. 1525-30 nov. 1530), gouv. de Montpellier, Lattes, Thomelas (1er juill. 1505-12 janv. 1506), sén. de Carcassonne et Béziers (6 sept. 1533-10 janv. 1535), mineur en 1501, vicomte de Nébouzan, gouv. d'Aigues-Mortes (6 sept. 1533-23 oct. 1535), cons. d'Etat, chamb. (6 sept. 1533-16 mai 1534), chev. de l'Ordre (6 sept. 1533), mort avant le 20 déc. 1537, lieut. gén. en Languedoc (28 nov. 1529-28 mars 1533), ép. (26 mai 1514) Marguerite de la Tour.

(2) Guyon de Caylus-Castelnau-Calmont-Clermont-Lodève, baron de Saint-Lanne, lieut. a la comp. Clermont-Lodève (6 mars 1537), probablement frère du capitaine.

(3) Antoine de Foix, baron de Rabat, Saubiac, Pouy, Touges (11 janv. 1541), ex-ens. à la comp. Clermont-Lodève (6 mars 1537), vivant le 16 janv. 1497, 4e fils de Corbeiran de Foix et de Jeanne de la Roque.

(4) Clément Alleman de Laudun des Baux d'Albaron, baron de Lers (4 août 1508), fils de Jacques Alleman de Laudun d'Albaron et de Marguerite de Caylus-Castelnau-Clermont-Lodève, baron de Montfrin, ép. (après 1528) Françoise de Polignac, veuve de Jean de Graminont, et mourut s. p. en 1530.

Compagnie GUY DE CLERMONT-LODÈVE

(1) Guy de Caylus-Castelnau-Calmont-Clermont-Lodève, fils de Guy de Caylus-Castelnau-Calmont-Clermont-Lodève et de Louise d'Avaugour, mariés le 10 mai 1542, né entre le 17 sept. 1544 et le 17 juin 1545, vicomte de Nébouzan, sieur de Saint-Gervais, le Fayet, Brusque, sén. d'Alby (8 août 1570-17 févr. 1571), Toulouse (oct. 1567-8 août 1570), cap. de gend. (oct. 1567-12 avril 1570), chev. de l'Ordre (4 juin 1568), guid. comp. d'Escars (21 avril 1563), gouv. de Quercy, ép. (28 mars 1565) Aldonce de Bernui. Il testa le 19 mars 1574.

(2) François d'Orbessan, sieur de la Bastide, 2e fils de Gaillard d'Orbessan et de Raymonde d'Aure, lieut. comp. Clermont-Lodève (15 août 1569), éc. d'éc. du roi (17 janv. 1556), sieur de la Guastie.

(3) Jean-Pierre de Béon, sieur du Massés, fils aîné d'Aimery de Béon et de Marguerite de Castelbajac, mariés le 16 nov. 1540, chev. de l'Ordre (3 févr. 1576), lieut. à la comp. Biron (avril 1575-24 févr. 1576), mourut le 29 oct. 1580. Il ép. (11 sept. 1571) Marguerite de Faudoas, veuve de Gilles de Gaudons.

(4) François de Montceaux, sieur de Brosses, ens. comp. Clermont-Lodève (avril-29 juin 1568).

(5) Carbon de la Mazère, sieur de Grammont, fils de Pierre de la Mazère et de Catherine de Marrast, mar. des log. à la comp. de Clermont (avril 1568-1er déc. 1570), gouv. d'Astarac (1er mai 1581), vivant le 30 avril 1582, ép. (11 sept. 1569) Catherine de Sadirac.

Compagnie JEAN-JÉROME DE CASTILLON

(1) Jean-Jérôme de Castillon, comte de Garlasco, cap. gend. (15 oct. 1523-4 avril 1530).

Compagnie CAUMONT-LAUZUN

(1) François de Caumont, comte de Lauzun, vicomte de Montbahus, baron de Verteuil, Puyguilhem, Puydauphin, Puymielan, Puyvauclar, Beauvoir, la Chaume, le Chaslard, Saint-Berthomieu, sieur de Tombebœuf, Montvieil, Virazeil, fils d'Arnaud de Caumont et de Catherine de Castelnau, mariés le 21 févr. 1487, gent. de la Ch. (1532), colonel (1549), gouv. de Blaye (1557), chev. de l'Ordre (1563), cap. de gend. (1566-11 juill. 1570), mourut le 5 janv. 1575, vers midi, à Caumont. Il ép. (9 juill. 1534) Charlotte de la Roche-Andry, (décédée entre 5 févr. 1586 et 12 mai 1606).

(2) Gabriel de Caumont, comte de Lauzun, vicomte de Montbahus, marquis de Puyguilhem, sieur de Tombebœuf, Thémines, Saint-Constant, Brie, Malatrait, le Chaslard, Puymielan, Verteuil, Saint-Barthélemy, la Sauvetat, la Perche, Saussignac, Virazeil, Monteton, Pauillac, Miramont, Benetz, Chauniac, fils de François de Caumont et de Charlotte de la Roche-Andry, né le 30 avril 1535, éc. d'écu. gent. de la Ch. (20 déc. 1568), lieut. (mars 1569-8 févr. 1572), cap. de gend. (9 févr. 1577-5 févr. 1586), cons. d'Etat, chev. de l'Ordre (20 déc. 1568), vivant encore, le 12 mai. 16 06, ép. (30 mars 1561) Charlotte d'Estissac. Il fut chev. du Saint-Esprit (31 déc. 1585).

(3) * François de Montferrand, vicomte de Foucaude et Cancon, chev. de l'Ordre, fils aîné de Charles de Montferrand et de Marie de Verdun, ép. (22 avril 1577) Claire de Pellegrue. * François de Faubournet, fils aîné de Guillaume de Faubournet-Montferrand et d'Odette de la Baume-la Seille, mariés le 3 mai 1529, mort entre le 25 mai 1566 et le 14 nov. 1570, ép. (2 mai 1562) Marguerite de Campnhac (vivante 14 nov. 1570).

(4) Charles d'Albert-Laval, sieur de Cusorn, Madaillan, Saint-Chinian, Saint-Romain, vicomte de Lauzun, ens. comp. Lauzun (2 févr. 1569), lieut. comp. Montluc (22 avril 1569-8 déc. 1571), 3° fils de François d'Albert-Laval et de Françoise de Monteil, mariés le 14 févr. 1512, testa 15 avril 1572, vivant 11 nov. 1572. Il ép. avant 20 févr. 1552 Catherine de Pellegrue (testa 6 août 1567) puis (5 mars 1572) Philippine d'Aydie-Ribérac.

(5) Jean de Gourdièges, sieur de Mazières et Bonnaguet (9 juin 1585), ens. à la comp. Lauzun (juill. 1571-6 févr. 1572), fils de Jean de Gourdièges et d'Isabeau de Gourdon-Genouillac, ép. (24 avril 1558) Antoinette de la Tour-Reyviers. Il vivait 26 mars 1589, et naquit avant 9 juin 1541.

(6) Ogier de Caumont, sieur de Berbiguières, chev. de l'Ordre, 2° fils de François de Caumont et de Jeanne de Saint-Etienne-Montbeton, mariés le 19 janv. 1529, guid. à la comp. de Lauzun, mourut le 28 août 1570, à Berbiguières. Il fut chev. de Malte (29 mars 1567).

(7) François de Lestrange, sieur de Pailhe, est probablement François de Lestrange, fils de Louis de Lestrange et de Rose Rochette des Hoteix, mariés le 21 déc. 1545, sieur de Magnac, les Hoteix, la Bussière (dern. févr. 1564-22 fév. 1611), gouv. de Felletin (6 juin 1570), cap. de gens de pied, qui ép. (15 janv. 1575) Louise Brachet de Pérusse.

(8) Jean de Lur, vicomte d'Uza, sieur de Fargues, Belin, Aureilhan, les Jaubertes, Malengin, Castel-en-Dorthe, fils aîné de Louis de Lur et de Marguerite de Montferrand-Cancon, né en 1560, gent. de la Ch. (1595), gouv. de Bayonne

(5 juill. 1602), cons. d'Etat (26 avril 1611), ép. (mai 1587) Catherine-Charlotte de Saluces et mourut en 1615.

(9) **Gaston de Gastebois**, h. d'a. à la comp. Caumont-Lauzun (29 août 1570-5 févr. 1572).

(10) **François de Bois-Fresne**, sieur de la Grèze et Graspiron (10 juill. 1543-4 avril 1573), fils ainé de Henri de Bois-Fresne et de Finoi de la Vignerie-la Grèze, mar. le 9 déc. 1537, gouv. d'Astarac, ép. (15 janv. 1568) Anne de Grimoard-Frasteaux (vivante 16 août 1607). Il fut guid. comp. Lauzun (7 févr. 1586), et mourut avant le 9 févr. 1603.

Compagnie CHABANNES-CURTON

(1) **Joachim de Chabannes**, baron de Curton, comte de Rochefort, vicomte de la Roche, sieur d'Aurière, Madic, Nébouzat, Tinières, sénéchal de Toulouse, chev. d'honneur de Catherine de Médicis, cap. de gend. (2 août 1529-24 juill. 1553), gent. de la Ch. du Dauphin, fils de Jean de Chabannes et de Françoise de Blanchefort, mariés le 6 févr. 1498, prit (1er sept. 1536) Lourmarin et mourut en août 1559. Il ép. (17 janv. 1523) Perronelle de Lévis-Ventadour, puis (23 janv. 1527) Louise de Pompadour, puis (31 déc. 1533) Catherine-Claude de la Rochefoucauld, puis (12 févr. 1548) Charlotte de Vienne. Il fut pris à la bat. de Pavie (1525).

(2) **Jean de Hautefort**, fils de Jean de Hautefort et de Marie de la Tour-Turenne, mariés le 1er août 1499, sieur de Hautefort, Naillac, Escoires, Thénon, la Mothe, gent. de la Ch. du roi de Navarre, h. d'a. à la comp. d'Albany (1522), lieut. gén. en Périgord et Limousin (1525), gouv. de Génys (2 févr. 1530), gouv. de Périgord et Limousin (1536), gouv. d'Excideuil (1536), lieut. gén. en Guyenne, guid. à la comp. Curton (4 oct. 1543), lieut. (15 mars 1546-30 juill. 1551) à cette même comp., maître d'hôtel de la reine (7 janv. 1556), vivait encore le 3 sept. 1557, ép. (15 mars 1519), Françoise du Fou, puis (19 déc. 1519) Catherine de Chabannes-Curton (veuve en 1566), chev. de l'Ordre.

— 115 —

(3) Gilbert de Hautefort, fils aîné de Jean de Hautefort et de Catherine de Chabannes, mariés le 19 déc. 1519, chev. de l'Ordre (8 févr. 1565), gent. de la Ch. (8 août 1562), cap. de gend., défendit Chartres, fut (24 avril 1563), lieut. à la comp. d'Escars, ép. (31 janv. 1548) Louise de Bonneval, puis Brunette de Cornil et mourut après le 28 mai 1569.

(4) Charles de Lévis, vicomte de Raymond, baron de Charlus, les Granges, Mauregard, vicomte de Lugny et Hanceaux, sieur de Poligny, Bruy, les Barres, Beauregard, cons. d'Etat, chamb. panetier (1547), gent. de la Ch. (1553), grand-maître des eaux et forêts de France (11 févr. 1555-1563), 2e fils de Jean de Lévis et de Françoise de Poitiers-Saint-Vallier, mar. le 1er oct. 1501, cap. de la grosse Tour de Bourges (1549), naquit avant 1518, ép. (6 févr. 1535) Marguerite Brachet de Montagu, puis Marguerite de Ricamez, veuve de François d'Estavayé. Il mourut avant le 17 déc. 1569 et fut lieut. (2 mai 1555-15 juin 1558) comp. Curton.

(5) François de Chabannes-Curton, marquis de Curton, vicomte de la Roche-Marcelin, baron de la Dailhe, Nébouzat, Saint-Christophe, la Ganne, Riom-les-Montagnes, Maregon, Paulagnac, Aurières, Madic, comte de Rochefort, sieur de la Rodde et Tinières, fils de Joachim de Chabannes et de Claude-Catherine de la Rochefoucauld, mariés le 31 déc. 1533, lieut. gén. en Auvergne, cap. de gend. (21 nov. 1567-17 août 1574), cons. d'Etat, ens. à la comp. de son père (9 sept. 1553-6 août 1559), puis à celle de Francesco d'Este (26 janv. 1560-22 nov. 1563), fut vainqueur des Ligueurs à la bat. d'Issoire (1590). Il ép. (24 avril 1561), Renée du Prat. Il fut chev. du Saint-Esprit (31 déc. 1583).

(6) Gaston de l'Isle, guid. à la comp. Curton (12 sept. 1546), * Gaston de Lisle, fils de N..., de l'Isle et de N..., de Lisle ép. Bonaventure de Lur-Uza.

(7) Jean de Chabannes, sieur de Curton, fils de Joachim de Chabannes et de Perronnelle de Lévis, mariés le 17 janv. 1523, h. d'a. (3 oct. 1543-15 mars 1546), puis guid. (29 oct. 1548-26 avril 1553) à la comp. de son père, cap. de gend. ép.

(5 déc. 1547) Françoise de Montboissier-Canillac et fut tué à la bat. de Renty (1554).

(8) François de Beaufort-Montboissier, baron de Montboissier, sieur de Boissonnelle, Aubusson, Hauterive (7 sept. 1571), Veaux-Meaude, le Monteil, fils ainé de Jacques de Beaufort-Montboissier et de Charlotte de Vienne, mariés le 17 nov. 1526, né entre le 17 juill. 1527 et 17 avril 1535, ép. (9 janv. 1554) Florie d'Apchier (décédée entre 1572 et 1575), et mourut en 1588. Il était beau-frère de Jean de Chabannes-Curton, guid. comp. Curton (31 oct. 1553).

(9) Cf. notice à la comp. d'Allègre.

Compagnie CHABANNES-LA PALISSE

(1) Jacques de Chabannes, sieur de la Palisse, fils ainé de Geoffroy de Chabannes et de Charlotte de Prie, mariés en 1462, enfant d'honneur de Charles VIII, débuta, en 1486, fut à Saint-Aubin du Cormier (1488), à l'exp. de Naples (1494), à Fornoue (1495), en Milanais (1499), à la conquête de la Pouille et de la Calabre (1502). Vice-roi d'Abruzze, il défendit Tripalda contre Gonzague, fut à la prise de Canosa, blessé et pris. dans Rovero, fut à Cérignoles (1503), au siège de Bologne (1506), blessé à l'attaque du fort de Castellacio (1507). Il fut à Agnadel (1509), au siège de Padoue (sept. 1509), prit Monsalice (21 juin 1510), cap. de gend. (mars 1511), grand-maitre de la maison du roi (mars 1511-1515), blessé à la tête devant Brescia (18 févr. 1512), il prit Ravenne, pillé malgré son ordre, après la bat. de Ravenne, à laquelle il assista. Il alla (1512) au secours du roi de Navarre, fut pris. à Guinegate, mais s'échappa (1513). Maréchal de France (7 janv. 1515), il fut au combat de Villafranca (août 1515). Gouv. de Navarre, il fut à Marignan (1515). Le roi lui donna Compiègne à vie (9 oct. 1516). Plénipotentiaire du traité de Calais, il fut à la bat. de la Bicoque (1522), ravitailla Fontarabie (1523), prit Avignon (1524), poursuivit, après la levée du

siège de Marseille, l'arrière-garde de l'armée de Bourbon et fut tué à Pavie, le 24 févr. 1525. Il ép. (1493) Jeanne de Montberon, puis (20 févr. 1514) Marie de Melun.

Compagnie VANDENESSE

(1) Jean de Chabannes, sieur de Vandenesse, 2e fils de Geoffroy de Chabannes et de Charlotte de Prie, mariés en 1462, sénéchal de Valentinois et Diois (1517-1523), chamb., cons. d'État, cap. de gend. (26 juill. 1518-10 août 1519), dit le *Petit-Lion*, frère du mar. de la Palisse, gouv. de Tortone et Alexandrie, sieur de Chezelle, Dompierre, Arcy, Montmorillon, Bagnols, Châtillon d'Azergues, enfant d'honneur (1484-1497), fit la camp. de 1500 en Lombardie, fut, en 1503, au combat du Garigliano, fut à l'exp. de Gênes (1507), à Agnadel (1509), où il prit Bartolomeo d'Alviano, à Marignan (1515), capitula glorieusement à Como (1521), fut à la Bicoque (1522), blessé à mort à la retraite de Rebecco (24 févr. 1524), il mourut le 27 févr. 1524. Il ép. (1516) Claude le Viste, veuve de Geoffroy de Balsac.

(2) Geoffroy de Chabannes, fils du maréchal de la Palisse et de Jeanne de Montberon, mariés en 1493, gouv. de Novare (16 juin 1518), mourut sans alliance, le 15 janv. 1519. Il fut (1499-1512), enfant d'honneur, gent. de la mais. du duc d'Angoulême (1er juill. 1514), h. d'a. à la comp. Vandenesse (oct. 1515), échanson du roi (1518-1519).

(3) Christophe d'Alègre, sieur de Viverols, 3e fils d'Yves d'Alègre et de Jeanne de Chabannes-la Palisse, mariés en 1474, ép. (31 janv. 1531), Madeleine Loup et vivait encore le 10 fév. 1548. Il était neveu de M. de Vandenesse. Il fut (19 sept. 1514-16 août 1517), h. d'a. à la comp. de son autre oncle, le maréchal de la Palisse.

Compagnie JARNAC

(1) Guy Chabot, baron de Jarnac, sieur de Saint-Gelais, Longchamp, Montlieu, Saint-Aulaye, 2° fils de Charles Chabot et de Jeanne de Saint-Gelais, mariés le 10 juin 1506, cap. de gend. (17 janv. 1539-6 août 1584), se battit en duel (10 juill. 1547) contre François de Vivonne-la Chataigneraye, fut premier gent. de la Ch. (24 févr. 1555-1569), gouv. d'Aunis et la Rochelle (31 janv. 1560-6 août 1584), maire de Bordeaux (23 avril 1561-6 août 1584), chev. de l'Ordre (29 sept. 1560), guid. à la comp. de l'amiral de Brion (oct. 1536-4 janv. 1541, ép. (29 fév. 1541) Louise de Pisseleu. Il fut gouv. de Coucy et sén. de Périgord (4 janv. 1548).

(2) René de la Chapelle, fils de Pierre de la Chapelle-Rainsouain et de Renée-Catherine du Bellay-la Flotte, sieur de la Tretonnière, le Boulay, Chesne-Arnoul, ens. à la comp. de Chabot (avril 1539-22 juin 1540), lieut. à la comp. de Chabot-Jarnac-Montlieu (janv. 1543-12 sept. 1544), ép. (18 nov. 1528) Verine du Charnier, veuve de Jean de Jaucourt.

(3) Notice à la comp. du prince de Condé.

(4) François Jourdain, sieur d'Ambleville et Lezay, fils aîné de Verdun Jourdain et de Rose de Lezay-Salles, mariés le 4 nov. 1491, cap. de gens de pied, lieut. à la comp. Jarnac, gouv. de Cognac, encore vivant le 1ᵉʳ juin 1561, guid. (oct. 1546-29 mai 1547) à la comp. de Jarnac, ens., lieut. (janv.-7 mai 1554) à la comp. Jarnac, ép. Anne Audour de la Ferrière.

(5) Jean-Georges de Rochechouart, sieur de Plieux, 2° fils d'Antoine de Rochechouart-Saint-Amand et de Catherine de Faudoas-Barbazan, mariés le 25 oct. 1517, guid. à la comp. de Laval, puis à celle de Rohan (24 avril 1547-26 avril 1552), lieut. à la comp. Jarnac (1558-10 mars 1560), ép. Louise de Montpezat-Loignac.

(6) Léonor Chabot, baron de Jarnac, gent. de la Ch. (12 févr. 1564), sieur de Saint-Gelais, Conac, Montlieu, Sainte-Aulaye, lieut. à la comp. de son père Guy de Jarnac

(30 juin 1550-26 avril 1572), mort avant le 7 juin 1583, fils de Guy Chabot et de Louise de Pisseleu, mariés le 29 fév. 1511, ép. Marguerite de Durfort, veuve de Philippe de Harpedanne Belleville, puis 11 mars (1572) Marie-Claude de Rochechouart-Saint-Amand.

(7) Charles Horry, sieur de la Courade, guid. comp. Jarnac (20 sept. 1553).

(8) François d'Estuer de Caussade, vicomte de Calvignac, baron de Tonneins, Saint-Mégrin, Grateloup, Villeton, Montbrun, Puycornet, chev. de l'Ordre (5 juill. 1565) testa le 13 janv. 1568, fils de Pons d'Estuer et d'Isabeau de Montbrun, mariés le 20 oct. 1516, ép. (25 août 1538) Gabrielle de Maillé-la Tour.

(1) * Très probablement François de Saint-Gelais, sieur de Saint-Severin, Goy, Panancelles, Luc¹, Chassaignes (oncle à la mode de Bretagne du capit.), fils de Merlin de Saint-Gelais et de Madeleine de Beaumont, mariés le 25 mai 1509, décédé au 23 janv. 1584, ép. (3 août 1549) Charlotte de Champagne (vivante 23 janv. 1584).

(10) Janot de Lanes, sieur de la Rochechallais, Pissotz, Bellehade, fils de Clinet de Lanes et de Jeanne-Marie de Mortemer, guid. comp. Montlieu (oct. 1546-26 oct. 1551), sieur de la Roche-Malade, décédé au 15 avril 1594, ép. (21 févr. 1547) Anne Bouchard d'Aubeterre (décédée entre 15 avril 1594 et 15 mars 1617).

(11) Jacques de Savignat, sieur de Beauregard, fils de Vincent de Savignat, fut guid. à la comp. Jarnac (avril 1557-5 déc. 1564), testa, à la Souterraine, qu'il habitait, le 17 juin 1574 et mourut en sept. 1574.

(12) Charles Martel, sieur de Lamarin (1er juin 1551) et les Aubiers, 2e fils de René Martel et de Jeanne Dexmier, mariés le 10 fév. 1504, mar. des log. comp. Jarnac, chev. de l'Ordre (11 oct. 1568), mar. de camp, gouv. de Châtellerault (28 déc. 1575), ép. Jeanne Savary, veuve de Louis d'Aloigny, puis (5 juin 1570) Antoinette de Brusac.

Compagnie AMIRAL BRION

(1) Philippe Chabot, comte de Buzançais (nov. 1533) et Charny (1534), sieur de Brion, Aspremont, Sully, Saint-Gilles-sur-Vie, Beaumont, Mirebeau, Charmes, Givry, Pagny, prince de Châtelaillon (28 mars 1541), second fils de Jacques Chabot et de Madeleine de Luxembourg, mariés le 15 sept. 1485, cap. de gend. (31 déc. 1516-3 nov. 1540), gent. de la Ch. (7 avril 1517-1ᵉʳ févr. 1542), défendit Marseille (1524) contre le connétable de Bourbon, fut gouv. de Valois (28 oct. 1524), fut fait pris. à Pavie (1525), amiral (23 mars 1526), gouv. de Bourgogne et chev. de l'Ordre (21 juin 1523), lieut. gén. en Normandie (8 août 1536), chev. de la Jarretière (1532), lieut. gén. en Piémont (21 mars 1535), conquit la Bresse, le Bugey, Chambéry, Montmélian, Turin. Disgracié (1536), innocenté (24 mars 1541), lieut. gén. en Bourgogne (19 juin 1541), rétabli (12 mars 1543) dans ses dignités, il mourut le 1ᵉʳ juin 1543. Il ép. (10 janv. 1527) Françoise de Longwy (vivante 13 janv. 1560). Il fut gouv. et bailli de Coucy (26 nov. 1521-30 janv. 1527), cons. d'Etat et chamb. (8 juill. 1520).

(2) Il se distingua à la bat. de la Bicocca. C'était un dauphinois.

(3) Philippe de Sassenage-la Tour, sieur de Vatillieu et Armieu, fils aîné d'Hector de Sassenage-la Tour, lieut. à la comp. de l'amiral Chabot se distingua à Marignan, fut lieut. gén. en Bourgogne et ép. (1528) Louise de Sassenage.

(4) Cf. notice comp. Jarnac.

(5) Cf. notice comp. Jarnac.

Compagnie MIREBEAU

(1) François Chabot, marquis de Mirebeau, prince de Charmes, sieur de Montpout, Beaumont-sur-Vingeanne, Fontaine-Française (26 sept. 1607), comte de Charny, baron de Chau-

mont et Charroux, sieur de Brion, 2e fils de l'amiral de Brion et de Françoise de Longwy, mariés le 10 janv. 1527, guid. à la comp. du duc d'Aumale (1er juin 1558-27 janv. 1564), lieut. (5 juin 1562-22 févr. 1570) à cette comp., gent. de la Ch., chev. de l'Ordre (24 févr. 1570), mar. de camp (1er avril-15 juill. 1577), fut aux sièges de la Charité et Issoire. Il ép. (1562) Françoise de Lugny (née en 1537, décédée 24 mai 1564), puis (25 déc. 1565) Catherine de Silly (vivante le 7 févr. 1573). Il fut (31 déc. 1585), chev. du Saint-Esprit.

(2) Edme de Malain, baron de Lux (21 juin 1584), sieur de Montigny, Misery, Montbard, fils de Joachim de Malain et de Marguerite de Saint-Priest-Epinac, mariés le 1er mai 1556, cap. de gend. (23 juin 1588), gouv. de Châlon (23 juin-20 oct. 1588), gouv. de Dijon (1589), ligueur jusqu'en 1594, fut à Fontaine-Française (1595), au siège de la Fère (1596), lieut. gén. en Bourgogne (1er nov. 1596) et Basse-Bresse (22 nov. 1596), lieut. gén. en Bresse (16 avril 1597-31 déc. 1601), Bugey, Valromey, Gex (31 déc. 1606), Dijonnais (27 avril 1597), Châlonnais, Mâconnais (5 mars 1607). Il servit en Artois contre le marquis de Varambon (1598), fut mar. de camp (6 juin 1600), lieut. gén. en Haute-Bresse (1612), gent. de la Ch. (1582), fut à la prise de Bourg (1600), compromis dans la conjuration de Biron. Il ép. (13 mai 1582) Angélique de Malain-Misery, sa cousine au 8e degré et fut tué en duel, ou mieux, assassiné, le 5 janv. 1613, à midi, rue Saint-Honoré, à Paris, par le chev. de Guise. Il fut (5 janv. 1597) chev. du Saint-Esprit.

Compagnie CHARNY

(1) Léonor Chabot, comte de Charny, Buzançais, Pagny, Neublanc, Arnay-le-Duc, Châteauneuf, Châtelaillon, grand écuyer de France (dern. févr. 1577-5 août 1583), sén. de Bourgogne (dern. févr. 1577-12 nov. 1578), cons. d'Etat (12 nov. 1578-5 août 1583), gouv. de Bourgogne (dern.

févr. 1577-5 août 1583), chev. de l'Ordre (17 mars 1562), fils aîné de l'amiral de Brion et de Françoise de Longwy, marié le 10 janv. 1527, cap. de gend. (2 nov. 1557-5 août 1583), mort le 14 mars 1597, ép. (15 févr. 1550) Claude Gouffier, puis, après le 9 févr. 1569 Françoise de Rye (née en 1545, vivante 13 févr. 1573), veuve de Claude-François de Rye-Montagu.

(2) Claude de Savary, sieur de Lancosme, Moulins-Robert, Badecon, Nozières en Marche, la Barre, l'Herbé, fils d'Honoré de Savary-Lancosme et de Catherine de Savary-Nozières, marié le 20 févr. 1548, gent. de la maison du roi (28 févr. 1542), ens. à la comp. de Longueville (20 juill.-15 nov. 1551), lieut. à la comp. de Charny (1er juill. 1558), mourut entre le 3 juin 1561 et le 10 févr. 1563. Il ép. (28 févr. 1542) Jacqueline de Villequier (vivante le 21 mai 1570).

(3) Jean de Chourses, sieur de Brémian, Boisfrélon, Monthulé, Neauphle, Ablis, Frainville, la Herbaudière, baron de Lombetz, gouv. de Vendôme (1563-13 févr. 1577), gent. du duc de Vendôme (27 déc. 1551-17 déc. 1557), gent. de la Ch. du duc d'Alençon (26 oct. 1571), cap. de gend., chev. de l'Ordre (20 déc. 1568), gent. de la Ch. (23 mars 1571-17 nov. 1575), lieut. à la comp. de Chabot-Charny (1563-23 mars 1571), vivant le 2 août 1588, mort avant 1597, ép. (11 nov. 1557) Antoinette de Castelnau-Clermont. Il était fils de Gauvain de Chourses et de Anne de Gouzolles, mariés le 4 juin 1522.

(4) Charles de Stainville, sieur de Pouilly, baron de Givry, guid. (avril 1563-9 juin 1567), ens. (25 avril 1568-7 janv. 1570) à la comp. de Barbezieux, lieut. à la comp. Chabot-Charny (30 oct. 1571-12 nov. 1574), chev. de l'Ordre (30 oct. 1571), chamb. du duc d'Alençon (31 juill. 1576), mort à Sedan en 1604, fils de Jean de Stainville et de Jeanne du Reffuge, mariés le 11 sept. 1526.

(5) Cf. notice comp. Sipierre.

(6) Encore ens. le 1er févr. 1563.

(7) Jean de Maillé, sieur de Bénéhars, lieut. comp. Charny (oct. 1564-18 févr. 1565).

(8) François de la Morissière, sieur de Vicques (1er nov.

1588), ens. à la comp. Charny (31 nov. 1578), lieut. (4 sept. 1584-22 juin 1593), éc. d'éc. du roi, sieur de Boisjosses, Eran, les Estuières, fils aîné d'Etienne de la Morissière et de Jeanne du Mesle, chev. de l'Ordre (22 juin 1593), éc. d'éc. du roi, vivant le 17 déc. 1595, ép. (1575) Marguerite le Maire, veuve de Jean d'Aché.

(9) Philippe de Fay, sieur de la Mothe-Messient, guid. comp. Charny (janv. 1558-15 août 1562).

(10) Zacharie de Guérin, sieur de la Beausse, guid. comp. Charny (avril 1563-3 juin 1567), chev. de l'Ordre (16 juill. 1569), lieut. comp. Clermont d'Amboise-Bussy (oct. 1568-16 juill. 1569), * fils d'Olivier de Guérin et de Louise de Sully mar. en 1532.

(11) Pierre d'Aloigny, sieur de Rochefort-sur-Creuse, la Millandière, Vaux, Oinze, Rochefroide, gouv. du Blanc (30 juill. 1579), h. d'a., puis (30 oct. 1571-28 févr. 1581), ens. (4 sept. 1584), à la comp. Charny, fils aîné de René d'Aloigny et de Gabrielle de la Trémouille, mariés le 7 juill. 1523, ép. (27 janv. 1549) Marguerite de Salignac (morte entre le 19 mai 1587 et le 13 janv. 1588), se distingua à Cérisoles (1544) et mourut avant le 19 mai 1587.

Compagnie CHABOT-CLERVAUX

(1) Paul Chabot, sieur de Clervaux, Fresnes, Plessis-Godchoux, Baussay, Galardon, Auffains, Maisoncelles, Longe, Boulouère, chev. de l'Ordre (16 nov. 1567), gent. de la Ch. (27 janv. 1558), cap. de gend. (16 nov. 1567), fils de Robert Chabot et d'Antoinette d'Illiers, mariés avant 1505, né avant le 2 oct. 1518, mort entre le 15 avril 1569 et le 12 août 1572, ép. (12 oct. 1537) Jacqueline de Montigny (morte le 18 févr. 1599).

(2) Jacques d'Illiers, sieur de Beaumont et Piédebœuf, 2e fils de Charles d'Illiers et de Perrette d'Avaugour, lieut. à

la comp. de Clervaux (oct. 1567), gent. de la Ch., chev. de
l'Ordre (20 août 1568), vivait le 22 févr. 1576.

(3) Pierre Aliday, sieur de Cherves, fils de François Aliday et d'Anne de Brisay, mariés le 13 sept. 1505, chev. de l'Ordre, guid. à la comp. de Clervaux (oct. 1567), gent. de la maison du roi (7 déc. 1561-20 juin 1564), ép. (8 juill. 1561) Renée de Hodon.

(4) Antoine de la Chataigneraye, sieur du Fournil et Rochecotte, ens. dès oct. 1567, à la comp. de Clervaux, ép. Anne de Couhé-Fontenailles (vivante le 28 avril 1593).

(5) Léonard Martel, sieur de Tricon (2 sept. 1571), mestre de camp, chev. de l'Ordre, lieut. de l'art. de Gascogne, 2ᵉ fils de Gabriel Martel et d'Eléonore Zapata, mariés le 13 juin 1535, ép. (5 déc. 1566) Claude d'Aloigny-la Groye (vivante 2 juin 1570).

Compagnie ROCHEBARON

(1) Claude de Chalençon, sieur de Rochebaron et Montauroux, fils aîné de Guillaume de Chalençon et de Catherine-Madeleine de Brion-Chailard, mariés en 1474, s.igneur du pays Livradais, cap. de gend. (janv. 1523-1ᵉʳ juill. 1525), ép. (1509) Suzanne de la Tour-Montgascon. Il était mort au 7 oct. 1532.

(3) Jean de Chalençon, fils puîné de Guillaume de Chalençon et de Catherine-Madeleine de Brion-Chailard, mariés en 1474, surnommé *Jean de Bryon* (26 févr. 1519), enfant d'honneur du roi, sieur de Rochegude, le Cheylard, mort sans post. avant le 12 févr. 1534, ép. Anne de Pougier-Chateaucloux.

Compagnie CHALLANT

(1) René de Challant, fils de Philibert de Challant et de Louise d'Arberg, comte de Challant et de Valengin, baron de Baulfremont, sieur d'Aynoville, Virieu le Grand, Greyne, Châtillon, Audeur, l'ssel, Saint-Marcel, Montaut, Arbère, Verres, Issogne, chev. de l'Ordre, mar. de Savoie (26 mars 1530), gouv. de Savoie (7 janv. 1529), chev. de l'Annonciade (1519), amb. de Savoie en France, ép. Blanche-Marie de Safardon, veuve d'Hermès Visconti, puis (2 janv. 1529) Mencie de Portugal, puis Marie de la Palu, puis Péronne de la Chambre-Sermoyé, fut lieut. gén. en Savoie (12 août 1559) et vivait encore le 24 mars 1564.

Compagnie D'ORANGE

(1) Jean de Chalon, sire d'Argueil et d'Arlay, prince d'Orange, fils de Guillaume de Chalon et de Catherine de Bretagne, mariés le 19 août 1438, cons. d'Etat, chamb. banni du royaume (1477), lieut. gén. en Bretagne (1490), chev. de l'Ordre, battit les Français au pont de Magny (1477), fut battu à Montguyon (1478), se réconcilia avec Charles VII, se brouilla de nouveau avec lui, fut fait prisonnier à Saint-Aubin-du-Cormier (1488), puis rentra en grâce. Il mourut le 25 avril 1502. Il ép. Jeanne de Bourbon (morte le 10 juillet 1493), puis Philiberte de Luxembourg-Brienne. M. de la Pise a écrit sa vie.

Compagnie CHAMPAGNE-LA SUZE

(1) Louis de Champagne, comte de la Suze, baron de Brouassain et la Chapelle-Rainscuain, cons. d'Etat (3 avril 1587), cap. de gend. (1577), fils de Nicolas de Champagne et de Françoise de Laval, né en janv. 1555, tué à la bat. de Cou-

tras (1587). Il ép. (11 mars 1572) Madeleine de Melun. Il était sieur de Loupelande, les Coulans, la Butonnière, Chambreil, la Motte-Achard, fut blessé à Jarnac et à Moncontour, assista aux sièges de la Rochelle et de Brouage, où il se distingua, et à celui d'Angers (1585). Il fut (31 déc. 1585) chev. du Saint-Esprit.

(2) René de Baillet, sieur des Hayes, Outarville, lieut. comp. la Suze (janv. 1577), gent. vén. du roi (5 oct. 1571), ép. Jeanne des Essars (vivante le 12 oct. 1592), mourut entre le 1ᵉʳ sept. 1587 et le 12 oct. 1592.

(3) Marin de Clinchamps, sieur de la Bussardière, la Quentinière, la Rousselière, le Val-Faian, la Thieraye, gent. de la Ch., chev. de l'Ordre (12 mai 1588), vivant le 1ᵉʳ févr. 1610, ens. à la comp. la Suze (janv.-1ᵉʳ août 1577), fils ainé de Pierre de Clinchamps et de Marguerite de Saint-Quentin, mariés avant le 27 oct. 1555, ép. Françoise de Cibel des Rues (vivante le 1ᵉʳ févr. 1610).

(4) Nicolas d'Espagne, sieur de la Brosse, Beaumarais, Champdurand, 2ᵉ fils de Geoffroy de Champagne et de Catherine de Coussac, mariés le 17 avril 1554, guid. de gend., ép. (15 mars 1588) Léa Boutault, et mourut entre le 22 mars 1589 et le 30 janv. 1604.

Compagnie CHANDÉE

(1) Philibert de Chandée, 2ᵉ fils d'Hugonin de Chandée et de Jeanne du Saix, mariés le 13 févr. 1452, sieur de Chandée et du Plantey, baron de Bathony, comte de Bethfort, fut à l'expéd. d'Italie (1494), à la bat. de Fornoue (1495), fut cap. de gend. (28 janv. 1495-16 mai 1505), cons. d'Etat, chamb. (28 janv. 1495-16 mai 1501), gouv. de Mâcon (4 oct. 1495), Milan et Parme (3-28 nov. 1499) et mourut sans post. à la bat. de Cérignoles.

(2) Cf. notice à la comp. Jacques de Lay.

Compagnie LA CLAYETTE

(1) Cf. notice à la comp. du connét. de Bourbon.

(2) Philippe de Chantemerle, sieur de Vougy, Vivant, Dasnières, Maulvernay, Bosbert (12 août 1518), 3e fils d'Hughes de Chantemerle et de Marie de Saint-Priest, ens. aux gent. de la maison du roi (30 juin 1546).

(3) Blaise de Marsilly, sieur du Breuil, fils d'Aimar de Marsilly et de Philiberte de Nagu, mariés 3 juin 1474, gent. de la maison du roi, mort entre sept. 1542 et le 25 févr. 1546, ép. (15 mars 1516) Alix de Saint-Amour.

(4) Philibert de Busseul, sieur de Saint-Sernin, la Bastie, Ecolle, Corcelles, Germolle, Gratay, Tour de Maelly, gent. de la maison du roi, mort entre le 14 juill. 1558 et le 4 avril 1562, fils de Charles de Busseul et de Jeanne de Veyré, mariés le 1er oct. 1469, ép. (12 mai 1513) Madeleine de Sercy (testa le 18 mai 1548).

Compagnie FRANÇOIS CHASTEIGNER

(1) François Chasteigner, 6e fils de Jean Chasteigner et de Claude de Monléon, né à Touffou le 21 avril 1532, chev. de l'Ordre, chamb. du duc d'Anjou, qu'il suivit en Pologne, ép. (27 sept. 1570) Louise de Laval, et mourut, le 9 sept. 1579, à Nanteuil en Vallée. D'abord abbé de la Grenetière, fort lettré, en relations avec Jean Daurat, il fut sieur de la Rochepozay, Talmont, Touffou, baron de Preuilly, cap. de gend. (28 janv. 1576). Il fut aux sièges de la Rochelle et de Brouage.

(2) Bompart de Mélignan, sieur de Treignan, fils aîné de François de Mélignan et d'Anne de Marsan-Treignan, mariés le 1er juill. 1527, ch. de l'Ordre (20 févr. 1577), gent. de la Ch., gouv. de Bayonne (7 avril 1576-20 févr. 1577), gouv. de Sisteron (4 juill. 1588-24 mai 1592), mort avant le 25 juin

1592, guid. (20 juin 1564-8 juin 1568), lieut. (8 juin 1568-13 sept. 1575) à la comp. Jean de Nogaret-la Valette, il ép. (18 mars 1566) Jéronime de Montaut (vivante 20 juill. 1595).

(3) Arnault-Guilhem de Montaut, sieur de Castelnau, Pauillac, Saint-Cric, fils de Jacques de Montault et de Madeleine de Comminges, mariés le 21 janv. 1529, décéd' entre 4 déc. 1609 et 13 mai 1610, ép. (5 sept. 1568) Marguerite de Gout (décédée entre 2 déc. 1604 et 4 déc. 1609). Il fut ens. comp. Fr. Chasteigner (30 oct. 1577).

(4) Jacques du Cos, sieur de la Fitte-Sarraut, fils de Jacques du Cos et d'Agnès de Montlezun-Bazenne, mariés le 27 sept. 1530, gent. de la Ch. (18 janv. 1582), lieut. gén. à Saluces (14 mai 1584-30 sept. 1586), chev. de l'Ordre, cap. gend. vivant le 3 juill. 1600, ép. (11 mars 1567) Françoise de La Lanne (vivante 7 janv. 1606). Il mourut entre 15 août 1602 et 7 janv. 1606, et fut guid. comp. la Valette (25 août 1571-13 sept. 1575).

Compagnie CHATEAUBRIANT

(1) Philippe de Chateaubriant, comte de Grassay, sieur des Roches-Baritaut, chev. de l'Ordre (6 juill. 1569), gouv. de Fontenay-le-Comte (12 sept. 1577), fils aîné de Louis de Chateaubriant et de Marguerite de Vernon, mariés le 14 oct. 1497 (1), ép. (9 oct. 1559) Hardouine de Champagné, puis (18 déc. 1581) Gilberte du Puydufou. Il vivait le 3 mai 1597 et était mineur au 3 mai 1552.

(2) Claude Chenu, sieur de Bois-Plessis (24 févr. 1572-22 avril 1592), lieut. (oct. 1568-6 juill. 1569) à la comp. Chateaubriant, mar. de camp (4 mai-12 sept. 1574), gent. d'honneur de la Reine (31 déc. 1586), fils de Jean Chenu et de Jacqueline de Couhé, lieut. à la comp. des Roches-

---

(1) Cette date, quoique donnée par tous les généalogistes, nous paraît absolument invraisemblable.

Baritault (oct. 1568-6 juill. 1569), ép. Marguerite de l'Esperonnière.

(3) Olivier de Tillon-Sacé, ens. comp. Chateaubriant les Roches (janv. 1569).

(4) Antoine de Lespronnière, sieur du Pineau et la Roche-l'ardoul, fils de François de Lespronnière et de Renée du Pineau, mariés le 30 nov. 1553, ép. (8 août 1566) Jeanne Rouxelle de la Treille, vivait encore le 18 avril 1619 et fut guid. à la comp. Chateaubriant (janv. 1568).

(5) Antoine de Bertin, sieur de Petit-Puys, en Anjou, mar. des log. à la comp. Chateaubriant-les-Roches (oct. 1568), vivant (18 oct. 1574) et demeurant à Saint-Pierre de Chesnebutte.

Compagnie CHATEAUNEUF-ROCHEBONNE

(1) Pierre de Châteauneuf, sieur de Rochebonne, fils de Claude de Châteauneuf et de Catherine de Talaru, mariés le 1er févr. 1522, sén. du Puy, bailli de Velay, cap. de gend. (28 janv. 1575), chev. de l'Ordre (29 nov. 1572), ép. Hughette de Fougères-Oingt (décédée entre 20 avril 1557 et 25 avril 1586), puis, en 1582, Anne le Long (testa 26 avril 1586), veuve de François de Talaru et enfin, Antoinette d'Auxy. Il fut (9 nov. 1565-28 mai 1566), lieut. à la comp. Bene et testa le 3 sept. 1598.

(2) Jean des Serpens, sieur de Magny, 3e fils de Claude des Serpens et de Catherine de Rolland, mariés le 7 mars 1531. Il testa le 3 avril 1584.

(3) Jean de Talaru-Chalmazel, 3e fils de Louis de Talaru et de Claudine Mitte de Chevrières, mariés le 1er mai 1524, chev. de l'Ordre, gent. de la Ch. (17 juill. 1585), mestre de camp (20 juin 1590), cap. de gend. (25 janv. 1594-août 1599), sieur de la Pye, Saint-Eloi, Saint-Marcel-sur-Loire (13 août 1582), ép. (18 juill. 1569) Jeanne de Mars, veuve de Jean de Seneret,

puis (23 déc. 1602) Claudine de Champier. Il fut guid. à la comp. Rochebonne.

Compagnie LA CHATRE-BESIGNY

(1) Cf. notice à la comp. Blosset-Torcy.

(2) Jean de Rance, sieur de la Chapelle-Bariou, le Châtellier, Bazelac, l'Isle-Chapelle, Saint-Marceau, chev. de l'Ordre, gouv. de Crozant, fils d'Hélion de Rance et de Marie de Magnac, lieut. à la comp. de Besigny (sept. 1569-2 févr. 1571). Il ép. (1569) Anne Foucault de Saint-Germain-Beaupré.

(3) Claude Augustin, sieur de Courbat, Caulon, la Hardonnière, Problasme, fils de Charles Augustin et de Geneviève de Sorbiers, mariés le 30 oct. 1527, gent. de la Ch. (31 mars 1586), chev. de l'Ordre, ép. (1574) Marguerite de Maillé-l'Islette, veuve de René le Mastin de la Fautrière, et mourut en 1597.

(4) Hubert Le Chat, sieur de Ruyes, fils de François le Chat et de Françoise de Barbançon, guid. dès juill. 1573, à la comp. la Châtre-Besigny vivant le 6 mars 1577, décédé au 26 sept. 1594, ép. Anne de Berville (décédée au 26 sept. 1594).

(5) Claude d'Argy, sieur de Pons, le Grand et le Petit Couasnay, la Tour Saint-Bonnet, fils de René d'Argy et de Quincampoix, mariés 27 juill. 1539, né en 1547, enfant d'honneur du roi, gent. de la Ch. (13 sept. 1576-7 août 1592), chev. de l'Ordre (7 août 1592), guid. à la comp. Villars (5 sept. 1572-7 mai 1579), encore vivant, le 22 nov. 1607, décédé sans post., ép. Hilaire Gastineau de Saint-Bonnet, veuve de N... de Montecler-Charmé.

(6) Claude de Savary, sieur de Lancosme, l'Herbé, la Barre, Moulin-Robert, fils de Claude de Savary et de Jacqueline de Villequier, mariés le 28 févr. 1542, gent. de la Ch. du duc d'Anjou, chev. de l'Ordre (2 oct. 1575), gent. de la Ch. (8 juill. 1578), guid. (25 oct. 1573-15 sept. 1574) à la comp. la

Châtre-Besigny, lieut. (janv. 1575-sept. 1586) à la comp. Villequier, gouv. du Blanc (18 mars 1589), mestre de camp (29 sept. 1581), il ép. (27 sept. 1567) Cécile Pot, puis (3 févr. 1573) Madeleine de Brouilly-Mesvillier (vivante le 10 févr. 1614), et il mourut le 15 janv. 1590.

Compagnie LA CHATRE

(1) Cf. notice à la comp. Montsallès.

(2) Jean de Menou, sieur de Boussay, Charnisai, Mantelan, Châtres, Marai, la Forge, 2ᵉ fils de René de Menou et de Claude du Fau, mariés le 24 février 1510, né en 1513, chev. de l'Ordre (12 mars 1568), gouv. de Loches (22 sept. 1568), cap. de gens de pied (23 mai 1569), ép. (30 déc. 1551) Claude des Personnes, puis (10 déc. 1559) Michelle de la Châtre, sœur du capitaine. Enfant d'honneur du Dauphin (1524), page de François Iᵉʳ (1547), guid. à la comp. de Tende (12 mai 1550-janv. 1551), lieut. à la comp. La Châtre (14 déc. 1568-5 janv. 1574), commiss. des guerres (18 mars 1567), blessé à Saint-Denis, fut au siège de Sancerre (19 août 1573), mourut en 1588.

(3) Pierre d'Orléans, sieur de la Tour du Breuil, Bastardes, Vic sur Nahon, Pimoreau, 3ᵉ fils de Jacques d'Orléans et de Jeanne Asse, mariés le 23 février 1524, mineur le 3 mars 1546, chambellan du duc d'Alençon (1578), chev. de l'Ordre, vivait encore le 26 juill. 1607, mourut sans post. avant 1610.

(4) Guillaume de Bonnault, sieur de Méry, né en 1522, fils de Jean de Bonnault et de Catherine de Reuilly, gent. de la maison du roi, mar. des log. (5 janv. 1570), puis ens. à la comp. la Châtre.

(5) Lionnet de Fourneaux, guid. comp. La Châtre (5 janv. 1570).

(6) Odart de Fretel, sieur de Bouy, fils de Louis de Fretel et de Marie de Casenove, mariés le 5 octobre 1529, éc. d'éc.

du roi (10 nov. 1573), gent. de la Ch. (2 nov. 1580), guid. à la comp. de la Châtre, mort sans postérité.

(7) C'est probablement Louis de Lhospital, sieur de Vitry et Coubert, fils de François de Lhospital et d'Anne de La Châtre, gent. du duc d'Alençon (12 juin 1571), lieut. de venerie du roi (20 juin 1587), ligueur, gouv. de Paris, puis gouv. de Meaux (15 déc. 1594), fut au siège de Paris (1590), essaya de secourir Chartres, fut au combat d'Aumale (1592), défend Meaux, qu'il rend à Henri IV (déc. 1593), cap. aux Gardes (10 avril 1605), gouv. de Fontainebleau, cap. des chasses de Brie, Chartrettes, Jouy (31 janv. 1606) et des meutes du roi (31 déc. 1607-31 déc. 1609), lieut. gén. en Brie (21 juill. 1610). Il fut à la bataille de Fontaine-Française (1595), cons. d'État (10 avril 1605), maître de camp de la cavalerie légère. Il mourut à Londres en 1611. Deux de ses fils furent maréchaux de France (Vitry et du Hallier). Il avait ép. (14 déc. 1579) Françoise de Brichanteau. Il fut (5 janv. 1597) chevalier des

(8) Gilles Herpin, sieur de Quindray (8 nov. 1579), ép. Catherine Charles (vivante 8 nov. 1579), probablement fils de Jean Herpin de Quindray et de Renée Voyer de Paulmy, mariés le 15 avril 1522.

(9) Bertrand de Mathefelon, fils de François de Mathefelon et d'Anne d'Orléans-Bastardes, mariés le 31 janv. 1542, sieur de la Cour, Couelly, le Plessis, h. d'a. à la comp. duc d'Anjou (31 mars 1573), gouv. d'Issoudun (14 juill. 1589), fut au siège de Sancerre (1573), mar. des log. comp. la Châtre (janv.-23 sept. 1575) † entre 16 mars 1609 et 13 oct. 1616, ép. (8 nov. 1579) Catherine Herpin de Quindray (vivante 13 oct. 1616).

Compagnie CAILLAC

(1) François de Chaumeil, sieur de Caillac, Belfort, Montamat, Folholle, chev. de l'Ordre (oct. 1567), lieut. gén. de l'ar-

tillerie (23 août 1555-22 janv. 1568), cap. de gend. (oct. 1567-31 déc. 1573), gouv. de Boulogne (11 sept. 1572-11 déc. 1577), panetier du roi (1er-31 oct. 1553), commiss. de l'artillerie en Piémont (1er-31 mai 1544), cap. gend. (oct. 1567-31 déc. 1573), fut à la bat. de Dreux (1562), ép. Hélène de Montamat.

(2) François de la Valette, sieur de Parisot, baron de Cornusson, fils de Guillot de la Valette et d'Antoinette de Nogaret, né à Paris le 28 mai 1536, fut au siège de Malte, lieut. à la comp. de Senecterre (1568, fut à la bataille de Moncontour (1569), Cap. de gend., gouv. et s'n. de Toulouse, mar. de camp (10 nov. 1572), il fut aux prises de Terride, Flaugnac, Malause, Belleperche, Saint-Geniez (1573), Fignan, Mausac et 27 autres villes (1575), aux sièges de Francarville, Escouppon, las Graisses, Ourban, Tersac, Caraman, Villeneuve, Mas Saintes Puelles, Peyrens, défendit (juin 1580) Sorèze contre Turenne, Cons. d'Etat, chev. de l'Ordre (1582), gouv. de Rouergue pour la Ligue (1586), il échoua sur Lombez et Salvagnac (1586), prit Tanus, Maillac, la Guimarié, Saint-Sernin, Trébas, Alban, Montesquieu (15 avril-3 juillet), échoua sur Mas Saintes Puelles, Salvagnac (10 juill.-4 sept.) et mourut, le 16 déc. 1586, à Toulouse. Il ép. (21 juin 1563) Gabrielle de Murat. Il fut chevalier du Saint-Esprit (31 déc. 1583).

(3) Flotard de la Roquebouillac, chev. de l'Ordre (6 juin 1569), ens. (24 oct.-25 nov. 1567), lieut. (oct. 1568-14 oct. 1571), comp. Cornusson (oct. 1577-13 août 1580), gent. maison du roi (27 déc. 1566), commiss. de l'artillerie (13 sept. 1561), fils ainé de Nicolas de la Roquebouillac et de Jeanne de Clugny, marié le 1er sept. 1534, sieur de la Roquebouillac, Viniès, Mi°e, Saint-Constant, Ferrières, testa le 17 sept. 1607. Il ép. (17 juillet 1555) Claire de Mi°e (vivante 19 août 1561), puis (14 oct. 1571) Isabeau de la Valette-la Poujade, veuve d'Antoine de Raulac-Clermont, puis Françoise de Durfort-Boissières (vivante 17 sept. 1607).

(4) Giles de Montal, baron de la Roquebrou, sieur de Carbonnières, Vallemont, Viescamp, Brives, Romegoux, Saint-Victor, Saint-Julien, Lespinasse, cap. de gend., lieut. gén. en Haute-Auvergne, gent. de la Ch. (11 août 1571), fils ainé de Dordet-Dieudonné de Montal et de Catherine de

Castelnau-Clermont-Lodève, mariés le 6 févr. 1532, ép. (24 févr. 1572) Catherine d'Ornesan-Auradé (qui testa le 27 oct. 1601) et mourut d'une blessure reçue dans un combat le jour de la Sainte-Madeleine (22 juill. 1576).

(5) Jean de Montal, sieur de la Prade, mar. log. comp. Caillac (janv.-5 juin 1569), h. d'a. comp. Guise (28 mai 1561), testa 6 déc. 1609, décédé au 22 juill. 1629, fils aîné de Josselin de Montal et de Rose de Sainte-Fortunade, mariés le 19 janv. 1530, ép. (4 mai 1572) Marguerite de la Roque-Senezergues (testa 22 juill. 1629).

Compagnie CHAZERON

(1) Antoine de Chazeron, sieur de Rochedagoux, Montferrand, Montfaucon, Murat, Rochelabeille, Pionsat, Thil, la Rochette, Chazeron, Châtel-Guyon, la Faye-Comtal, les Marsins, 4e fils de François de Chazeron et d'Antoinette d'Urfé, mariés le 24 juill. 1515, naquit avant 1525. Il ép. avant 1562, Claude le Maréchal de Fourchaut (vivante 8 mai 1585). Guid. (5 févr. 1549), puis (29 mai 1554-20 avril 1558), ens. à la comp. du mar. de Saint-André, chev. de l'Ordre (7 févr. 1562), cap. de gend. (1567-22 sept. 1581), maître d'hôtel du roi, il mourut entre le 25 oct. 1581 et le 27 déc. 1583.

(2) Gilbert du Gué, sieur de Persenat, les Ternes, Costamouze, fils de Claude du Gué et de Françoise Jehan de Bellenave, mariés en 1525, né en 1532, h. d'a. à la comp. du mar. de Saint-André (1549-1558), bailli de Combraille et Montaigu (15 janv. 1580-3 mai 1597), lieut. (18 mars 1571) à la comp. de Chazeron, guid. (avril 1563-1er févr. 1564) à la comp. Senecterre, il ép. (3 avril 1586) Charlotte de Gaucourt et testa en 1599. Il fut (15 janv. 1580) chev. de l'Ordre.

(3) Gilbert de Chauvigny de Blot, cousin-germain du précédent, né en 1520, fils d'Antoine de Chauvigny de Blot et de Françoise du Gué, mariés le 17 déc. 1511, sieur de Sallepeleine, Saint-Agoulin, le Chancel, Paret, Gayet, Choney, Gerbe-

rou, Durbise, Blot, le Vivier (15 juill. 1611), h. d'a. à la comp. du mar. de Saint-André (27 juin 1558), chev. de l'Ordre (30 sept. 1560), ens. (18 mars 1571) à la comp. de Chazeron, ép. (21 août 1554) Suzanne de Chaugy (morte entre le 30 mars 1576 et le 22 août 1578).

(4) Gabriel d'Anlezy, sieur de Mennetou-Contare (28 sept. 1581), mort avant le 13 janv. 1601, ép. Marguerite de Crevecœur. Il était, vraisemblablement, fils de Jean d'Anlezy et d'Anne de Chazeron, sœur du capitaine, mariés en 1538.

(5) Robert du Vernet, sieur de Violet en Auvergne, né en 1527, vivant le 1er oct. 1587, h. d'a. à la comp. du mar. de Saint-André (25 avril 1554-1558), archer dans la même comp. (1549-1554), mar. des log. à la comp. de Sencecterre (avril 1559-1er févr. 1564), puis à la comp. de Chazeron (24 nov. 1567-18 mars 1570).

Compagnie JEAN CHENU

(1) Jean Chenu, sieur de Belloy, la Tour du Pin, cons. d'Etat, chamb. (29 juin 1481-22 févr. 1501), cap. de gend. (22 juin 1482-22 févr. 1501), éc. d'éc. du roi (2 nov. 1471), ép. Antoinette d'Eschelles.

Compagnie CHOISEUL-PRASLIN

(1) Charles de Choiseul, marquis de Praslin, comte de Chavignon, baron de Chaource, baron de Chitry, Plessis-Saint-Jean, Villiers, Marderol, Longeville, Lantage, Barbery, Saint-Suplix, vicomte d'Hostel et Soissons, fils ainé de Ferry de Choiseul et d'Anne de Béthune, né en 1563, mort le 1er févr. 1626, ép. (7 déc. 1591) Claude de Cazillac (vivante 25 avril 1648). Il fut au siège de la Fère (1580), cap. d'infanterie et de chevau légers (1584), fait (1586) campagne sous les

ordres de Mayenne, se distingue aux sièges de Castillon et de Monségur (1586), au combat de Vimory (1587), cap. de gend. (1588). Il fut au siège de Paris (1589), à la bat. d'Ivry (1590), aux sièges de Chartres (1591), Rouen, au combat d'Aumale (1592), cap. aux gardes (20 mars 1592-janv. 1611), bailli et gouv. de Troyes (1592), battit le duc de Lorraine à Beaumont (1593). Il fut à Fontaine-Française, au siège d'Amiens, mar. de camp (20 juill. 1597-21 déc. 1615), lieut. gén. en Champagne (28 déc. 1602-24 août 1624), cons. d'Etat (10 mars 1601-15 déc. 1615), cap. de gend. (1 mars 1614), fut au siège de Juliers (1610), il prit Creil (13 sept. 1615), battit le duc de Luxembourg à Chanlai (21 oct. 1615), au combat de Nanteuil (7 janv. 1616), au siège de Rethel (1617), où il fut blessé. Maréchal de France (24 août 1619), il fit le siège de Caen (juill. 1620). Blessé aux sièges de Saint-Jean-d'Angély (6 juin 1621) et Montauban (17 sept. 1621). Il fit la campagne de 1622, (bat. de Ré, sièges de Royan, Negrepelisse, Saint-Antonin, Mas-Saintes-Puelles, Bédarieux, Mauguio, Lunel), fut gouv. de Saintonge et d'Aunis (15 août 1622), assista au siège de Montpellier (1622), battit Rohan en Médoc (18 janv. 1626). Il avait assisté à 33 sièges, 47 batailles et combats et reçu 22 blessures. Il fut chev. du Saint-Esprit (7 janv. 1595).

(2) Jacques de Rofiniac, sieur de Marsac, Fresnoy, la Borde, Villemarest, la Vau, Plessis, Morangis, fils de Christophe de Rofiignac et de Marguerite de Vitel, vivant 11 déc. 1600, lieut. à la comp. Praslin, ép. Madeleine Sardini.

(3) Edme de Lenoncourt, sieur de Souvigny, Loches, la Forêt, 2º fils de Philippe de Lenoncourt et d'Anne de Chauvirey, mariés le 25 févr. 1544, ép. Marie de Maumont et mourut avant le 24 févr. 1612.

(4) Jean de Dampierre, sieur de Roncenaut, 2º fils de Hughes de Dampierre et de Claire de Changy, mariés le 14 mars 1547, exempt aux gardes (23 déc. 1583-29 juill. 1601), ép. (27 juillet 1573) N...

Compagnie CHOISEUL-LANCQUES

(1) Philippe de Choiseul (ou Philibert), sieur de Lancques, Vignory, 2e fils de Guillaume de Choiseul et de Jeanne du Châtelet, né avant 1450, gouv. de Noyers, gouv. d'Arras (1486), lieut. gén. en Toscane (1491, en Bourgogne (1493), cons. d'Etat, chambellan (18 août 1501-18 févr. 1502), gouv. de Langres, cap. de gend. (20 août 1499-18 févr. 1502), ép. (19 févr. 1488) Françoise de Sully (morte le 4 avril 1489) et mourut le 4 août 1504. Il avait été lieut. à la comp. du mar. de Baudricourt.

Compagnie FERRY DE CHOISEUL

(1) Ferry de Choiseul, sieur de Praslin et Villiers, Merderol, Saint-Jean-d'Armont, Ardillière, la Halle, Comte, Avon, la Cave, Plessis-Saint-Jean, Barberey, Saint-Suplix, baron de Chitry, chev. de l'Ordre, gent. de la Ch., cap. de gend., fils aîné de Nicolas de Choiseul-Praslin et d'Alix de Choiseul-Lancques, né en 1524, ép. Anne de Béthune (vivante 16 juill. 1575), fut blessé à mort à Jarnac (1569) et mourut peu après.

(2) François de Choiseul, baron de Meuze, la Chapelle, la Mothe-Remont, chev. de l'Ordre, 3e fils de Pierre de Choiseul et d'Anne de Saint-Amadour, né avant le 15 avril 1528, cap. de gend., ép. Barbe de Chastenay-Villars (vivante 6 sept. 1596) et mourut sans postérité entre le 27 oct. 1594 et le 6 sept. 1596. Lieut. (11 févr. 1569) comp. Praslin.

(3) Antoine de Salins, sieur de Corrabœuf (23 févr. 1548), fils de Jacques de Salins et de Jeanne de Choiseul, ép. Catherine de Mypont. Il fut ens. à la comp. Ferry de Choiseul (9 déc. 1567).

(4) Jean de Damas, sieur de Villiers, Athies, Saudancourt, Courcelotte, Senailly, gent. de la Ch. (1612), 2e fils de Claude

de Damas et de Jeanne du Bos, né en 1534, guid. à la comp. Praslin (1568), bailli d'Auxerre (1589-1593), député aux Etats Généraux (1588), gouv. d'Auxerre (1594), ép. (3 sept. 1566) Nicole de Beauvau et vivait encore le 19 juin 1612.

Compagnie MALICORNE

(1) Jean de Chourses, sieur de Malicorne, Meignac, Muzanges, la Gahardière, Aubigné, Mugey, Chéméré le Roi, le Tertre, fils aîné de Félix de Malicorne et de Madeleine de Raif, né à Malicorne, le 13 oct. 1531, à 10 heures du soir, baptisé le dimanche suivant, page du roi, cap. de gens de cheval, débuta à Cérisoles (1544), fut à l'expéd. de Boulogne (1549), au voyage d'Austrasie (1552), aux sièges de Metz (1552), Hesdin (1553), Mariembourg et à la bat. de Renty (1554), au siège de Volpiano (1555), à l'exp. de Naples (1556), au siège de Thionville (1558), à la bat. de Dreux (1562), au siège de Rouen (1563), lieut. à la comp. de Randan (1558-20 juin 1562), cap. de gend. (6 nov. 1562-16 juill. 1598), gouv. de Montargis (16 oct. 1562), éc. d'éc. du roi (1572), gouv. de Poitou (28 août 1575-17 mars 1602), cons. d'Etat (13 avril 1565), chev. de l'Ordre (20 janv. 1564), vivant le 12 avril 1605, ép. (18 août 1550) Renée Auvé du Genetay (morte en 1577), veuve de Madelon de Brie, puis Françoise de Daillon du Lude. Il fut chev. du Saint-Esprit (31 déc. 1578).

(2) Guy Lallier, sieur de la Chesnaye, h. d'a. à la comp. du mar. de Saint-André (1549-1552), chev. de l'Ordre (9 avril 1568), ens. (6 oct. 1575), lieut. (janv.-10 juin 1577), reçut du roi, le 16 sept. 1575, l'ordre d'arrêter le duc d'Alençon. C'est probablement lui qu'on avait surnommé, selon de Thou, le *roi de Craon*, car les *Mémoires* de Carloix signalent sa présence, en 1548, en Bordelais, sous Vieilleville, alors lieut. de Saint-André et l'appellent La Chesnaye de Craonnois, surnommé Lallier. Il était, en 1558, cap. d'argoulets et fut témoin, en 1549, du duel entre d'Epinay et lord Dudley.

(3) Arnault d'Arvilliers, mar. des log. (juill. 1564), lieut. (26 oct. 1581) à la comp. de Malicorne, gouv. de Parthenay (13 févr.-1er mars 1594).

(5) François de Patras, sieur de la Roche, né en 1525, vivant le 6 févr. 1566, probablement fils de François de Patras et d'Anne de Courtjaret.

(6) Marin le Vayer, 3e fils de Marin le Vayer et d'Anne de Saint-Hilaire, mariés le 27 févr. 1528, guid. (avril 1563-6 oct. 1565), ens. (avril-19 juin 1567) à la comp. de Malicorne, sieur de Pescheré, comm. des g. (1557), g. de la Ch. (19 août 1565), blessé bat. Saint-Denis, décédé s. post., tué en 1568 d'un coup de poignard.

(7) Claude de Bouillé, sieur de Bourgneuf, prieur de Torcé, lieut. du duc de Longueville, gouv. de Mayenne (8 sept. 1596), 2e fils de René de Bouillé et de Jacqueline d'Estouteville-Créance, mariés en 1544, ép. Marguerite de Keradreux et mourut sans postérité.

(8) Henri de Reihac, dit de *Giffre*, mar. des log. à la comp. de Malicorne (oct. 1573-22 sept. 1574).

Compagnie CLAVEL-MONTFORT

(1) Antoine de Clavel, sieur de Montfort et la Roche-Pingolet, chev. de l'Ordre (janv. 1568), ens. (juill. 1558-5 déc. 1562) à la comp. du maréchal de Brissac, dont il ép. la fille N... de Cossé, il fut cap. de gend. (janv. 1568-13 nov. 1572), gouv. d'Abbeville (6 sept. 1566-23 mars 1570). Il avait été (oct. 1548-24 avril 1554) ens. à la comp. Maugiron.

(2) Pierre Palmier, sieur de Saint-Georges-d'Espéranche, la Bastie-Mongascon, la Palud, Faverges, Ternay (28 mai 1600), chev de l'Ordre (6 juin 1569), fils de Jean Palmier et d'Anne Audebert, lieut. comp. Montfort (oct. 1568-6 juin 1569), ép. Françoise de Torvéon (vivante 28 mai 1600), veuve de Jérôme du Rouzier.

(3) André de la Rivière, baron de Chépy, ens. comp. Montfort (26 sept. 1568-6 juin 1569), sieur de Villiers-Campsart, Frières, Grandmoulin, Boisjean, Epaumesnil, chev. de l'Ordre, fils de Jean de la Rivière et de Marie de Roncherolles, mariés le 19 septembre 1526, ép. (11 nov. 1555) Françoise de Teuffles, puis, après 30 avril 1587, Madeleine de Rune, veuve de Jean Le Ver.

(4) Cf. notice comp. Bourbon-Rubempré.

Compagnie de CLERMONT-AMBOISE-BUSSY

(1) Jacques de Clermont d'Amboise, sieur de Bussy, Saxefontaine, Grand-Vauvray, Magneville, Cernon, la Chappe, Perly, Petit-Vauvray, Fontaines sur Caule, Cheppes, Vaux-le-Châtel, Vernay en Barrois, marquis de Renel, cons. d'Etat, chambellan, chambellan du duc d'Alençon, chev. de l'Ordre (23 sept. 1563), cap. de gend. (oct. 1568-8 janv. 1574), lieut. gén. du duc d'Alençon en ses domaines de France (9 juill. 1578), 3e fils de Louis de Clermont et de Renée d'Amboise, mourut entre 5 sept. 1585 et 10 mars 1588. Il ép. avant 1549 Catherine de Beauvau (vivante 25 oct. 1565) puis Jeanne de Romecourt (vivante 19 mars 1588).

(2) Louis de Clermont d'Amboise, sieur de Bussy, fils de Jacques de Clermont et de Catherine de Beauvau, né en 1549, gouv. d'Anjou, abbé de Bourgueil, tué le 19 août 1579, au château de Constancière, par Charles de Chambes-Monsoreau, dont il avait séduit la femme. Il fut cap. de gend., chev. de l'Ordre (oct. 1577-7 avril 1578), assista aux sièges de Fontenay-le-Comte, Lusignan, Saint-Lô.

(3) Charles de Chambes, comte de Monsoreau, sieur du Lion d'Angers, la Grève, le Genetay, le Breil, Fainga, baron de Pontchâteau, chev. de l'Ordre (24 févr. 1568), marquis d'Avoir, 2e fils de Philippe de Chambes et d'Anne de Montmorency-Laval, marié le 18 janv. 1531, cap. de chevau-légers, chambellan et grand-veneur du duc d'Alençon (17 déc. 1578), cons.

d'Etat, cap. de gend., mar. de camp (26 avril 1589), assista à la prise de Rennes, à la défaite du duc de Mercœur, au siège de Vitré (1589), à la prise d'Hennebont, au combat de Josselin, à la prise de Moncontour (1590), à celle de Guingamp, aux sièges de Lamballe (1591), Craon (1592). Il ép. (10 janv. 1576 (Françoise de Maridor, veuve de Jean de Coesmes. Il mourut entre le 16 juin et le 11 oct. 1621. Il fut chev. du Saint-Esprit (11 avril 1613).

(4) Jean de Saint-Belin, sieur de Marcilles, Thivets, chev. de l'Ordre (1560), ens. à la comp. d'Amboise-Bussy (oct. 1568-8 févr. 1570), cons. d'Etat, gouv. de Montecler (30 déc. 1584), maitre d'hôtel du roi, gent. de la Ch. (19 déc. 1580), fils ainé de Jean de Saint-Belin et de Charlotte de la Rivière-Champlemy, mariés le 21 oct. 1527, ép. Charlotte de Bernault, puis Renée d'Haussonville, veuve de Philippe des Salles-Combervaux et de François des Boves-Rambecourt.

(5) Cf. notice à la comp. Charny.

(6) Pierre de Noirefontaine du Buisson, guid. (oct. 1567-5 févr. 1568), ens. (oct. 1568-8 mai 1569) à la comp. Clermont d'Amboise.

(7) Charles d'Allonville-Oisonville, sieur de Basmeville, 2e fils de François d'Allonville et de Louise de Buz-Villemareul, mariés le 14 déc. 1528, guid. à la comp. Bussy d'Amboise (oct. 1577-5 avril 1578), échanson et 1er écuyer tranchant du duc d'Alençon, né avant le 1er avril 1557, mort entre le 4 avril 1609 et le 24 nov. 1610, ép. (20 févr. 1594) Antoinette des Boves (vivante le 24 nov. 1610).

(8) Georges de Saint-Belin, 4e fils de Jean de Saint-Belin et de Charlotte de la Rivière-Champlemy, mariés le 21 oct. 1527, sieur de Bielle, Braoux, Pont de Mignard, Orsois, Tortère, chev. de l'Ordre (19 déc. 1580), guid. (21 mai 1568-8 juin 1569) à la comp. d'Amboise-Bussy, député aux Etats-Généraux (1588), vivant le 11 juillet 1609, ép. (3 juin 1558) Guillemette de Montconys, (morte entre le 1er janv. 1577 et le 21 nov. 1580), veuve de Pierre Bouton du Fay, puis Anne de Bilstein, veuve de N. d'Ourches.

(9) François de Chivré, sieur du Plessis-Chivré, Lestang,

Digué, fils de Jacques de Chivré et de Jeanne de Bouillé, mariés le 26 juin 1553, né le 14 nov. 1554, gent. de la Chambre, chev. de l'Ordre, guid. comp. Clermont d'Amboise-Bussy (oct. 1577-7 avril 1578), ép. (13 juin 1579) Eléonore de la Porte-Limardière († 4 avril 1597). Il mourut le 22 août 1584.

(10) Jean de Noirefontaine, sieur du Buisson (6 août 1571), mar. des log. puis (oct. 1568-févr. 1569), guid. à la comp. Bussy d'Amboise, fils de Jean de Noirefontaine et de Jeanne-Madeleine de Nicey, mort avant le 3 déc. 1579, ép. Hélène de Certain (morte avant le 6 août 1571), puis Claude d'Oriocourt (vivante le 21 août 1585).

Compagnie
GEORGES DE CLERMONT D'AMBOISE

(1) Georges de Clermont, fils aîné de Louis de Clermont et de Renée d'Amboise, marquis de Gallerande, sieur du Grand-Montrevcau, baron de Babardi, la Ferté, la Cour, Villiers-sur-Tollon, Marnai, Théon, Paroi, Lompierre, Chambre, la Tour du Pin, Grande et Petite Selle, Saint-Cire du Péage, cap. de gend. (avril 1563-28 mai 1576), cons. d'Etat (15 déc. 1586). Il assista aux bat. de Saint-Denis, Jarnac, Moncohtour, Coutras, Arques, Ivry, fut mar. de camp (1ᵉʳ oct. 1591) et servit jusqu'en 1598. Il ép. Perronelle de Blanchefort, puis, après 1547, Anne d'Alègre, puis (17 févr. 1573) Anne de Savoie-Tende, veuve de Jacques de Saluces-Cardé et d'Antoine de Clermont-Reynel.

(2) Antoine de Clermont d'Amboise, fils de René de Clermont et de Françoise d'Amboise, mariés le 30 juill. 1525, baron de la Faulche, Choiseul, Baisse, huguenot, marquis de Reynel, lieut. dès avril 1563, à la comp. d'Amboise, mort le 24 août 1572, ép. (9 sept 1566) Jeanne de Longuejoue, puis (8 janvier 1571) Anne de Savoie-Tende, veuve de Jacques de Saluces-Cardé.

(3) Georges de Clermont d'Amboise, fils de Georges de

Clermont et de Peronnelle de Blanchefort, sieur de Marnay, Saint-Aignan, Gallerande (1ᵉʳ nov. 1618), chev. de l'Ordre (9 déc. 1580), cap. de gend. (12 mai 1598), mar. gén. de camp (2 mai 160 ?), cons. d'Etat (1ᵉʳ déc. 1611), ép. (1ᵉʳ juin 1572), Marie Clutin (vivante 1ᵉʳ nov. 1618), veuve de Claude de Laubespine.

(4) Esme de Ponville, sieur de Flacy, les Chastelliers, Villette, Martray, Matilly (27 janv. 1560), 3ᵉ fils de Guillaume de Ponteville et de Marguerite le Roy de la Grange, mar. de camp (1589), maître d'hôtel du roi, fut à Arques, Ivry, au siège de Rouen, guid. (juill. 1564-20 févr. 1565), ens. (janv.-2 juin 1567), à la comp. Clermont d'Amboise, gent. de la Ch., gouv. de Ronnay, vivant le 22 sept. 1593, ép. Claire de Terrières, puis, avant le 9 avril 1581, Anne de Grossove (vivante en 1588), veuve d'Olivier de Beauvoir-Chastellux, puis Diane de Poitiers-Mailly, veuve de Georges de la Baume-Estés.

(5) Jean d'Assigny, sieur du Verger, le Berceau, Mauvaischamp, la Joumière, Beaurain, Saint-Aubin, la Mothe-Breteau, Châteauneuf (14 août 1568), gent. de la Ch. (3 oct. 1567), chev. de l'Ordre, fils de Philibert d'Assigny et de Jeanne de la Grange-Dracy, mariés le 7 févr. 1513, mort le 15 oct. 1573, guid. à la comp. Clermont d'Amboise (oct. 1564-31 mai 1566), ens. à la comp. de Retz, ép. (22 juin 1540) Anne de Vièvre du Verger (morte le 4 nov. 1576).

(6) Alexandre de Hallwin, mar. des log. à la comp. Clermont d'Amboise (oct. 1564-16 févr. 1565).

(7) Guillaume Le Roy, sieur de la Grange-le Roi et Fontenay en Beauce, cap. de ch.-légers, lieut. comp. Clermont d'Amboise (avril 1569-15 févr. 1570), mourut le 15 nov. 1573. Il ép. Claude de Pontville.

(8) Guy du Parc, baron d'Ingrande, 3ᵉ fils d'Adrien du Parc et de Guillemette de Pellevé, mariés en 1530, ép. (13 mai 1567) Anne d'Espinay et fut pris et tué à Jarnac.

(9) Antoine d'Amoncourt, sieur de Piépape, lieut. à la comp. Georges de Clermont (24 févr. 1576), puis (15 déc. 1589) à celle d'Henri de Guise (dès 1586), mar. de camp (1ᵉʳ janv. 1594), lieut. gén. en Vermandois et au bailliage de

Vitry (1597), assista au siège de Laon (1597). Il fut lieut. à la comp. Clermont-Tallart (16 juill. 1571-29 janv. 1574).

(10) Claude de la Ferté, sieur d'Alloue, Linsac, Drassy (5 juill. 1573), mort entre le 30 mai 1586 et le 12 févr. 1588, h. d'a. à la comp. de Brienne (6 mai 1566), fils de François de la Ferté et de Claude du Verne, mariés le 13 juin 1531, ép. Claude de la Grange.

(11) Esme de Crèvecœur, sieur de Viennes, Prunay (17 juin 1572-10 janv. 1584), fils ainé d'Eustache de Crèvecœur et de Françoise du Chesnay-Neufvy (ép. 21 avril 1567), Anne de Bresne-Bouboin.

(12) Mar. des log. (26 janv. 1571) à la compagnie.

(13) Charles de Montigny, 3e fils de Guillaume de Montigny et de Blanche de Martinet, mariés le 5 mai 1521, chev. de Malte (1559), commandeur de Villedieu (1572).

Compagnie CLERMONT-TALLART

(1) Antoine de Clermont, comte de Clermont, vicomte de Tallart, sieur d'Ancy-le-Franc, Laignes, Griselles, Agnières, la Cluse, Auberives, Saint-André-en-Royans, Auriples, Soyans, Paladru, Crusy, la Bâtie-Divisin, cons. d'Etat, gent. de la Ch. (3 nov. 1553, chev. de l'Ordre (20 sept. 1557), lieut. gén. en Savoie, gouv. (28 oct. 1557-1er oct. 1559), premier baron, connétable et grand-maitre de Dauphiné, grand-maitre des eaux et forêts de France (1551-1554), cap. de gend. (20 sept. 1557-9 mars 1563), fils ainé de Bernadin de Clermont et d'Anne de Husson, mariés le 10 févr. 1498, fut à la défense de Mézières (1521), h. d'a. comp. Bayart (1522), pris. à Pavie, ép. (13 avril 1532) Françoise de Poitiers-Saint-Vallier (vivante 15 déc. 1546, décédée avant 1573), testa le 12 avril 1578 et mourut peu après.

(2) Claude de Clermont, vicomte de Tallart, fils ainé d'Antoine de Clermont et de Françoise de Poitiers, né en 1540, blessé à mort à Moncontour, mourut de ses blessures, après le 12 janv. 1570. Il fut chev. de l'Ordre et cap. de gendarmes.

(3) Henri de Clermont-Tallart, sieur de Cruzy, Chassignolles, Laignes, Ancy le Franc, 2e fils d'Antoine de Clermont et
de Françoise de Poitiers, né en 1548, gouv. d'Auvergne et de
Bourbonnais, chev. de l'Ordre (17 juillet 1571), duc de Clermont (1er mai 1571), cap. de gend. (avril 1571-26 avril 1572),
ép. (17 mai 1570) Diane de la Marck, veuve de Jacques de
Clèves. Blessé à Jarnac, il fut à Moncontour et fut tué au siège
de la Rochelle (avril 1573).

(4) Jean Flotte, sieur de la Roche, lieut. à la comp. Clermont (juill. 1558-13 août 1561), baron de Montmaur, fils aîné
de Georges Flotte et de Marguerite de Sassenage-la Tour,
testa le 23 mars 1570 et ép. (27 août 1531) Marguerite-An-
toinette de Montauban-Aix.

(5) Laurent de Maugiron, comte de Montléans, baron
d'Ampuis et Montbellet, fils aîné de Guy de Maugiron et
d'Oxanne l'Hermite, né avant le 2 juill. 1528, chev. de l'Ordre
(20 oct. 1565), lieut. à la comp. Clermont-Tallard (22 févr.
1557-20 sept. 1557), à celle du mar. de Brissac (16 mars 1559-
8 juin 1562), prince de Mortaigne, marquis de Saint-Symphorien, s'n. de Haute et Basse-Marche, Montaigu, Combraille
(démissionna le 23 déc. 1573), cons. d'État (8 mai 1572),
lieut. à la comp. Maugiron (10 nov. 1554), gent. de la Ch.,
(26 août 1560), cap. de gend. (18 févr. 1564-avril 1581), lieut.
gén. en Dauphiné (18 févr. 1564-7 nov. 1581), s'n. de Valentinois, ép. (19 mai 1550) Jeanne de Maugiron-la Tivolière
(vivante 23 oct. 1587). Il vivait encore le 22 août 1588.

(6) Claude de Chenu, sieur de Charentonay, baron de
Nuits, Ravières, fils aîné de Pierre de Chenu et d'Anne de
Riverse, né avant 1543, chev. de l'Ordre (23 déc. 1567), guid.
à la comp. d'Elbœuf (avril 1563-2 juin 1565), lieut. à la comp.
de Clermont-Tallart (16 oct. 1567-4 mai 1569), mort le
14 août 1569, ép. (25 nov. 1549) Croisette le Boucher de
Cerisay (vivante le 15 avril 1572).

(7) Jean des Essars, baron de Saultour, sieur de Sormery,
abbé de la Charmoye, lieut. à la comp. Clermont-Tallart
(16 juill. 1571-29 janv. 1574), cap. de gend. (avril-19 août 1577),
chev. de l'Ordre, cons. d'État, chamb., lieut. gén. en Champagne

et Brie (23 janv. 1582). Probablement 2e fils de Claude des Essars et de Gabrielle Gouffier de Fougeroux, mariés le 8 nov. 1543.

(8) Jean de Dorgeoise, sieur de la Tivollière, ens. à la comp. Clermont (12 mars 1563), puis à la comp. Gordes (2 mai 1570-28 avril 1571), chev. de l'Ordre (29 mai 1570), gent. de la Ch., cap. gens de pied, gouv. de Montélimar (5 oct. 1570), cap. des Suisses (10 sept. 1574), testa 7 juin 1577, fils d'Antoine de Dorgeoise, ép. Jeanne de Saint-André.

(9) Jacques de Courseulles, sieur de Saint-Remy, Saint-Illier le Bois, Cremain, Vaucouture, la Pressasière, les Rotilz, Blancafort, la Haye-Blanche (14 juill. 1588), gent. de la Ch. (5 mars 1569), chev. de l'Ordre (4 mai 1569), ens. comp. Clermont-Tallart (janv. 1568-4 mai 1569), 2e fils de Louis de Courseulles et de Jacqueline du Val-Saint-Illier, ép. Charlotte de la Vieuville.

(10) Antoine d'Amoncourt, sieur de Piépape, mar. de camp (1er janv. 1594), lieut. à la comp. Henri de Guise (15 janv. 1587-15 déc. 1589), lieut. gén. en Vermandois, bailli de Vitry (1597), assista au siège de Laon.

(11) Antoine de Lestang. Cf. notice à la comp. du duc de Nemours.

(12) Vincent de Courseulles, sieur de Saint-Remy et Saint-Illier, 3e fils de Louis de Courseulles et de Jacqueline du Val-Saint-Illier, chev. de l'Ordre, guid. à la comp. Clermont-Tallart (avril 1569-3 mars 1571) ép. N... de Lanvi.

(13) Claude de la Motte, sieur de Monthoy, mar. des log. comp. Clermont-Tallart (oct. 1568-4 mai 1569), mar. des log. (24 avril 1569-25 mars 1571), guid. (avril 1571-4 mars 1575), comp. d'Uzès.

(14) Jean de Lugolli, sieur de Bourville, mar. des log. à la comp. Clermont-Tallart (29 janv. 1575).

Compagnie CLERMONT-MONTOISON

(1) Philibert de Clermont, fils aîné de Claude de Clermont et de Jeanne de Grôlée, mariés le 28 janv. 1450, dit le brave Montoison, le chevalier sans peur et sans reproche, guerrier célèbre, caractère plein de noblesse et de désintéressement, chambellan, cap. de gend. (1504), sén. de Valentinois et Diois, lieut. gén. en Picardie, se distingua en Picardie (1486), Bretagne (1488), à l'expéd. de 1494 (prise de Sarzane), à la bat. de Fornoue (1495), à l'expéd. de 1499, en Italie, Lieut. gén. en Italie, cons. d'État, chamb., sén. de Valentinois et Diois (15 janv. 1508), gouv. de Ferrare, il battit les Suisses à Como (1504), prit part à l'expéd. de Gênes (1507), à la bat. d'Agnadel (1509), la Bastida (1510) et mourut, le 20 mars 1512, à Ferrare. Il ép. (21 févr. 1502), Marie de Dreux.

Compagnie CLERMONT-MONTOISON
(CF. LE SUPPLÉMENT)

(1) Antoine de Clermont, baron de Mont..... et Vaulnaveys, sieur de la Roche-Baudin et Félines, gent. de la Ch. du roi, 2e fils de Claude de Clermont et de Jeanne de Grôlée, mar. le 28 janv. 1450, ép. (6 févr. 1480), Catherine Adhémar, et testa le 14 sept. 1556.

Compagnie CLERMONT-DAMPIERRE

(1) Claude de Clermont, baron de Dampierre, gouv. d'Ardres, fut à la bat. de Cérisoles, col. des Grisons, gent. de la Ch., cap. de gend., mort en 1545, guid. à la comp. de Henri II (11 août 1537-24 avril 1539), fils de Jacques de Clermont et

de Claudine de Saint-Seigne, il ép. Jeanne de Vivonne († avril 1583).

(2) Claude de Lanvin, sieur de Blerencourt, éc. d'éc. du roi (mars 1548), lieut. à la comp. de Dampierre (oct. 1543), mort entre le 15 janvier 1550 et le 1ᵉʳ mai 1553, ép. (5 févr. 1518) Marguerite de Grouches.

(3) Clément de Parisy, mar. des log. à la comp. Clermont-Dampierre (oct. 1543-13 sept. 1544) puis (24 févr. 1560) à la comp. du duc d'Aumale.

Compagnie CLÈVES-RAVENSTEIN

(1) Philippe de Clèves, sieur de Ravenstein, Enghien, gouv. de Gênes (15 mars 1500), cons. d'Etat et chambellan (11 juill. 1491-3 avril 1499), fils d'Adolphe de Clèves et de Béatrix de Portugal, mariés en 1450, né avant 1469, mourut sans postérité, en 1528. Il ép. Françoise de Luxembourg-Saint-Pol. Son portrait a été publié par lord Ronald Gower (collection de Stafford House) avec une attribution qui semble fausse, car si le Philippe de Clèves de Gower est mort le 30 mai 1503, ce n'est pas Philippe de Clèves-Ravenstein, mais Philippe de Clèves-Clèves, né le 1ᵉʳ janvier 1468, frère d'Engilbert de Clèves-Nevers et dernier fils de Jean de Clèves et d'Elisabeth de Bourgogne.

(2) Cf. notice à la comp. la Clayette.

Compagnie ENGILBERT DE CLÈVES

(1) Engilbert de Clèves, comte de Nevers, 2ᵉ fils de Jean de Clèves et d'Elisabeth de Bourgogne-Nevers, mariés le 22 avril 1455, né le 26 sept. 1462, comte d'Auxerre, Rethel, Etampes,

gouv. de Bourgogne, naturalisé en 1486, se signala à Fornoue et mourut le 21 nov. 1500. Il ép. (23 févr. 1490) Catherine de Bourbon-Vendôme (morte le 14 déc. 1520, à Fontevrault).

(2) Jean de Karquelevant, cons. d'Etat, chambellan (13 juill. 1491), lieut. à la comp. du duc de Nevers (1er janv. 1498-22 mars 1506), sieur de Senarpont, Ligne, la Noraille, gouv. de Corbeil, gouv. de Valois, bailli d'Arras, cap. de gend. (20 févr. 1507-13 juin 1509), ép., après le 6 avril 1482, Isabeau de Ligne (morte le 21 sept. 1501), veuve de Jean d'Occoch et d'Edmond de Monchy-Senarpont.

Compagnie CHARLES DE CLÈVES

(1) Charles de Clèves, comte de Rethel, Nevers, Auxerre, Eu, fils aîné d'Engilbert de Clèves et de Catherine de Bourbon, mariés le 23 févr. 1490, fut à la prise de Gènes (1507), à la bat. d'Agnadel (1509) et mourut prisonnier au Louvre, le 27 août 1521. Il ép. (25 janv. 1505), Marie d'Orval-Albret (morte le 27 oct. 1549).

(2) Cl. notice comp. Engilbert de Clèves.

(3) Antoine de Lettes des Prez-Monpezat, sieur de Puechlionn, Parazan, Bigaras, le Fou, baron de Chadenac, Puydelaroche, fils d'Antoine de Lettes et de Blanche des Prez, mariés le 6 déc. 1488, chev. de l'Ordre, valet tranchant du roi (1516), gent. de la Ch. (1520-16 janv. 1530), pris. à Pavie (1525). François 1er paya sa rançon. Cap. de gend. (13 mars 1527-15 mai 1543), gouv. d'Yenville en Beauce (27 juin 1526-15 mai 1543), maître des eaux et forêts de Poitou (8 janv. 1527-15 mai 1543), lieut. à la comp. du duc de Nevers (4 juil. 1523), sén. de Périgord (8 janv. 1528-6 sept. 1531), il fut au siège de Naples (1528) ; prit part aux négociations pour l'échange des Enfants de France (1531), fut gouv. de Montluçon (1531) ambassadeur en Angleterre, sén. de Poitou, gouv. de Poitiers (12 août 1532), défendit Fossano contre Antonio de

Leyva et capitula glorieusement (7 juin-7 juill. 1536), défendit Marseille contre Charles-Quint, accompagna (1538) François I⁰ à l'entrevue d'Aigues-Mortes, Lieut. gén. en Languedoc (12 août 1541-26 avril 1544), il fut au siège de Perpignan (août-sept. 1542), maréchal de France (13 mars 1544), il mourut en nov. 1544. Il ép. (26 déc. 1521) Liette du Fou (vivante 15 sept. 1545).

(1) Antoine de Flamarant * Antoine de Grossoles, baron de Flamarens, sieur de Buzet, 2⁰ fils de Jean de Grossoles et d'Anne d'Abzac, mariés le 29 mai 1468, commiss. des g. (24 juill. 1514), vivant le 17 oct. 1543, ép. (1506) Béatrix de Noaillan.

Compagnie FRANÇOIS DE CLÈVES

(1) François de Clèves, fils de Charles de Clèves et de Marie d'Albret, comte, puis (17 févr. 1538), duc de Nevers, gouv. de Nivernais (27 août 1521), né le 2 sept. 1516, cap. gén. des lansquenets, cap. de gend., servit en Champagne contre Charles-Quint (1544). Gouv. de Champagne (3 oct. 1545), il fit la campagne de 1552, avec le roi, et, seul, à la fin de 1552. Gouv. de Toul (fin 1552). En 1554, il fit campagne avec le roi, prit Bovines, Dinant, Orchimont, Valsimont, Beaurain, battit l'ennemi, le 23 juill. 1554, se distingua à Renty. En 1555, il ravitailla Mariembourg, battit, avec le maréchal de Saint-André, l'ennemi à Germigny et à Givet (13-14 juin), échoua sur Sautour et Chimay, fit une partie de l'expéd. de Naples, en 1556. Généralissime (août-sept. 1557), après la bat. de Saint-Quentin, il recueillit les débris de l'armée et les utilisa avec talent. En 1558, il prit Herbemont et se distingua au siège de Thionville. Comte d'Auxerre, Eu, Rethel, Beaufort, marquis d'Isles, baron de Donzy et Rozoy, sieur de Châteaurenaud, Boisbelle, Orval, Saint-Amand, Coulommiers, Lesparre, chev. de l'Ordre, il ép. (13 janv. 1539)

Marguerite de Bourbon (née 26 oct. 1516, décédée 20 oct. 1589) et mourut le 13 févr. 1502.

(2) Jacques de Clermont, baron de Dampierre et Ausseure, fils de François de Clermont et d'Isabeau Chaudrier, marié le 20 octobre 1475, lieut. à la comp. de Nevers (1545-9 févr. 1549), ép. Claudine de Saint-Seine. Il fut éc. d'éc. du roi (26 mars 1534), gent. de la Ch. (oct. 1548-9 févr. 1549).

(3) Antoine de Veilhan, sieur de Giry, Brinay, Saint-Martial, Avrigny, Chassin, Méry-sur-Yonne, Souzay, Michaugues, Beaulieu, fils de Jacques de Veilhan et de Jacquette de la Rivière, marié le 2 juillet 1513, mineur au 30 oct. 1528, ens. (janv. 1550-26 avril 1553), puis lieut. à la comp. de Nevers (avril 1553-1ᵉʳ aoû. 1561), lieut. à la comp. du marquis d'Isles (7 juin 1562), lieut. à la comp. d'Oisel (jusqu'au 22 janv. 1563), cap. de gend. (25 févr. 1569-23 avril 1587), chev. de l'Ordre (2 mars 1571), cons. d'Etat, gouv. de Nivernais et Donziois (16 mai 1578), ép. (8 août 1535) Marie de Jaucourt-Marault puis, avant le 16 mai 1578, Louise Raguier. Il fut gent. de la Ch. (23 mai 1568), éc. d'éc. du roi (juill. 1549-23 janv. 1550).

(4) Jean d'Anlezy, ens. à la comp. de Nevers (avril 1545-21 avril 1547).

(5) Gilbert-Philibert d'Anlezy, sieur d'Espeuilles, ens. à la comp. de Nevers (avril 1553), blessé et pris à la bat. de Saint-Quentin (1557). Il fut chev. de l'Ordre, gent. de la Ch., gouv. de Saint-Jean-de-Losne, tué, en 1586, en Bourgogne, ép. Bénigne de Rabutin.

(6) *François de Clermont-Dampierre, échanson du roi (15 avril 1550) * fils de Jacques de Clermont et de Claudine de Saint-Seine.

(7) Louis de Vaudray, sieur de Mouy, fils de Jacques de Vaudray et de Blanche-Jeanne de Conflans, gent. de la Ch., échanson du roi, guid. à la comp. de Nevers (26 avril 1553), lieut. à la comp. d'Eu (avril 1560-28 juill. 1561), tué entre le 25 sept. 1568 et le 11 janv. 1572 par Charles de Louviers-Maurevert, se distingua à la bat. de Dreux, ép. (20 sept. 1560) Marie de Luré (vivante le 12 janv. 1572), veuve de Charles

de Melun-Normanville. Ce fut un célèbre capitaine huguenot. Il fut pris. à la bat. de Saint-Quentin (1557).

(8) Jean de Saint-Simon, sieur de Hédouville, Fizancourt, Vrainville, Béru, Berville, Hodenc, gouv. de l'Isle-Adam et Gisors (30 juin 1591-23 janv. 1594), chef de la vènerie du duc d'Alençon, guid. à la comp. Nevers (29 juill. 1553-1ᵉʳ mai 1560), 2ᵉ fils de Louis de Saint-Simon et de Louise de Montmorency, mariés le 21 déc. 1521, chev. de l'Ordre (6 févr. 1607), cap. de chevau-légers (30 juin 1591), gent. de la Ch. (30 juin 1591). Il ép. (23 mai 1553) Edmée de Geresme (vivante 8 août 1555), veuve de Louis de Sorbey, puis (5 nov. 1576) Geneviève de Montmorency-Fosseux, veuve de Gilles de Pellevé. Il fut à la bat. de Saint-Quentin.

(9) Louis de Sallezar, sieur de Montaignes et d'Asnois, fils aîné de Louis de Sallezar et de Catherine de Moncauquier, mariés le 6 juin 1496, ép. (8 oct. 1526) Roberte de la Forest, fut h. d'a., puis mar. des log. (4 juill. 1543-8 oct. 1548) à la comp. de Nevers, ambassadeur (3 août 1557) chez les Grisons gent. de la Ch. (7 déc. 1538), maître d'hôtel du duc de Nevers. Il mourut, le 22 mai 1561, à Berville en Gâtinais, très obéré, sans postérité.

(10) Jean d'Aultenay, sieur de Liée, mar. des log. (avril 1551-9 févr. 1558) à la comp. du duc de Nevers, puis (janv.-7 juin 1562) à celle du marquis d'Isles.

(11) Imbert de la Platière, sieur de Bourdillon, Ragny, Suigy, Fresnay, Montigny, Epoisses, Saint-Aubin, Saint-Sulpice, fils de Philippe de la Platière et d'Anne de Jaucourt, né avant le 24 juin 1500, bailli d'Auxois (27 avril 1545), premier écuyer du Dauphin, sous-lieut. de la comp. du duc de Nevers (1544-24 juill. 1551), cap. de gend. (12 avril 1553-28 mai 1566), lieut. gén. en Champagne et Brie (6 avril 1547-31 mars 1559), gent. de la Ch. (14 août 1554), chev. de l'Ordre (25 janv. 1555), servit en Ecosse sous d'Essé (1548), mar. de camp (1ᵉʳ mars 1552), guerroya en Champagne, de 1552 à 1556. Après la bat. de Saint-Quentin, où il assista, il défendit la Fère (1557), investit Thionville (1558). Ambassadeur en Allemagne (1559), gouv. de Piémont (31 mars 1560-

12 déc. 1562), il fut au siège du Havre (1563). Maréchal de France (6 avril 1564), il fit campagne en Guyenne (1564), assista à l'entrevue de Bayonne (1565) et mourut, le 4 avril 1567, à Fontainebleau. Il avait ép. (14 sept. 1546) Claude de Damas-Ragny (décédée 1558), veuve de Girard de la Magdeleine, puis (15 avril 1561) Françoise de Birague (vivante 14 nov. 1568), fille du chancelier. Il fut enterré, le 7 juin 1567, dans l'église d'Epoisses.

Compagnie FRANÇOIS DE CLÈVES-EU

(1) François de Clèves, fils de François de Clèves et de Marguerite de Bourbon, duc de Nevers, comte d'Auxerre, Rethel, Eu, sieur d'Orval, gouv. de Champagne, né le 31 mars 1539, cap. de chevau-légers pendant l'expéd. de Guise en Italie (1556), blessé, par accident, à la bat. de Dreux, mourut le 10 janv. 1563. Il ép. (6 sept. 1560) Anne de Bourbon-Montpensier.

(2) Jacques de Clèves, 2e fils de François de Clèves et de Marguerite de Bourbon, né le 1er oct. 1544, sieur d'Orval, marquis d'Isles, duc de Nevers, comte d'Auxerre, Rethel, Eu, ép. (6 janv. 1557) Diane de la Marck et mourut sans post., à Montagny près Lyon, le 6 sept. 1564.

(3) Cf. notice à la comp. François de Clèves.

(4) Charles de la Grange, sieur de Montigny, Vesvre, Bas-Fouilloy, Arquien, fils de François de Montigny et d'Anne de la Marche, mariés le 20 mai 1515, chev. de l'Ordre (7 sept. 1568), gent. de la Ch. (7 sept. 1568), gouv. de la Charité (1er sept. 1572), lieut. à la comp. d'Aubigny (10 sept. 1561), lieut. à la comp. Brienne (7 sept. 1568), testa le 1er avril 1585, ép. (3 mai 1541) Louise de Rochechouart (vivante 3 juill. 1553), puis Anne de Brichanteau.

(5) Jacques Thezart, sieur des Essars, Lasson, Pontchevron, baron de Tournebu, fils de François Thesart et de

Jeanne de Monchy, ens. à la comp. d'Aubigny (juill. 1554-20 juill. 1560), puis à celle d'Eu, né en 1521, mort en 1595, ép. Renée de Montaigu-Sevilley, puis Françoise d'Harcourt, veuve d'André de Pont-Bellenger, puis (18 nov. 1584) Françoise de Monchy, veuve de Nicolas Aux Epaules. Il commande les troupes du comte de Lennox et suivit le parti du prince de Condé.

(6) François de Pontot, ens. puis (janv. 1562-2 nov. 1564) lieut. à la comp. Nevers-Eu.

(7) David Morra, guid. comp. d'Aubigny (janv. 1557-15 juin 1558) ex-guid. comp. d'Eu (25 nov. 1560).

(8) François de Thianges, sieur de la Beuvrière, Saint-Georges sur la Prée, Lezenay, le Percy, Gauhe, Montrot, guid. à la comp. Nevers-Eu (5 juin 1562), gouv. de la Charité, fils de Bertrand de Thianges et de Blanche des Ruyaux, avait débuté (1552) comme archer dans la comp. de Nevers. Il ép. (8 oct. 1555) Gasparde de Courtenay, puis Françoise de Duret-la Barbée, et mourut avant le 10 mars 1575.

(9) Nicolas de Grimouville, guid. à la comp. du duc de Nevers (avril 1563-27 janv. 1564).

(10) Claude Gauteron, mar. des log. à la comp. d'Aubigny (20 mars-31 juill. 1556), puis à la comp. Nevers (24 oct. 1564), sieur de Heurtières.

Compagnie CLUTIN D'OISEL

(1) Henri Clutin, sieur d'Oisel, Villeparisis, Saint-Aignan, né en 1510, à Paris, protonot. (7 mai 1535), abbé de Escuarf (26 juin 1534), tua, le 8 mai 1535, à Paris, dans une rixe nocturne, Charles de Gappaines. Gracié en 1538, chev. de l'Ordre (14 juillet 1562), lieut. gén. en Ecosse (6 mai 1552-1560), gent. de la Ch. (17 févr. 1546-11 août 1560), chev. d'honneur de la reine (11 août 1560), cap. de gend.

(3 avril 1562), fit campagne contre les Anglais en Écosse (1558), fut ambassadeur en Angleterre (1561), assista au siège de Rouen (1562), se comporta brillamment à la bataille de Dreux, fut ambassadeur en Allemagne (1562), ambassadeur à Rome (1563-14 août 1565) ; il mourut à Rome, le 11 juillet 1566. Second fils de Pierre Clutin et de Marie Besançon, il ép. Marie-Jeanne de Thouars, puis Jeanne Chasteigner de la Rochepozay (née à Touffou le 5 avril 1543, morte le 23 déc. 1622).

(2) Pierre de Thouars, fils aîné de Nicolas de Thouars et de Louise d'Angennes, mariés le 21 mai 1525, gent. de la Ch., chev. de l'Ordre (19 déc. 1570), éc. de Marie Stuart, lieut. comp. d'Oisel (avril 1563-23 mai 1566), lieut. gén. en Maine, ép. (4 mars 1565) Jeanne du Bellay (décédée 1609), décédé s. post. au 1er oct. 1590.

(4) Cf. notice à la comp. d'Anglure-Estauges.

(5) François d'Aulenay, mar. des log. à la comp. Clutin d'Oisel, dès avril 1563.

Compagnie COESQUEN

(1) Jean de Coesquen, fils aîné de François de Coesquen et de Françoise de Malestroit, marquis de Coesquen (juin 1575), lieut. gén. en Bretagne (3 oct. 1592), gouv. de Saint-Malo, vicomte de Combourg, vicomte de Rougé, baron de Vauruflier et Uzel, mort le 29 juin 1604, à Vauruflier. Il ép. Philippote d'Acigné. Chev. de l'Ordre (18 févr. 1569), cap. de gend. (janv. 1568-31 déc. 1573), fut aux batailles de Dreux, Saint-Denis, Moncontour.

(2) François de Coetlogon, sieur de Coetlogon, Kerberio, la Lande, la Motte au Vicomte, fils aîné de Julien de Coetlogon et d'Anne le Rouge, mariés le 17 octobre 1536, chev. de l'Ordre, gent. de la Ch., lieut. de gendarmes, ép. (9 mai 1555) Gilette de Coesquen, sœur du capitaine (morte entre le

7 nov. 1570 et le 15 sept. 1579). Il mourut avant le 1ᵉʳ juill. 1569.

(3) François de Lanvaux, fils d'Olivier de Lanvaux et d'Anne de Guémadeuc, mar. le 20 oct. 1524, sieur de Beaulieu, ens. comp. Cocsquen (oct. 1568-18 juill. 1569).

(4) François du Parc, marquis des Cresnays, sieur de Saint-Georges, Beaumanoir, Hautmanoir, Chênedollé, Verdun, les Touches, la Guéripière, Monfarville, Thibosville, fils aîné de Nicolas du Parc et de Jacqueline de Crux, mariés le 1ᵉʳ avril 1534, chev. de l'Ord., gent. de la Ch. (28 avril 1580), gouv. de Fougères (8 oct. 1585) et d'Avranches (12 févr. 1597), cap. de gend., blessé à Arnay le Duc (1570), combattit à Coutras et fut tué à Ivry. Il ép. (7 mai 1573) Marie le Prévost des Biards (vivante le 3 janvier 1592), veuve de Jean de la Vigne.

Compagnie JACQUES DE COLIGNY

(1) Jacques de Coligny, sieur de Coligny et Châtillon, fils aîné de Jean de Coligny et d'Eléonore de Courcelles, mariés en 1464, chamb. du roi, cap. de gend., prévôt de Paris (22 oct. 1509), fut à la bat. de Fornoue (1495), à l'expédition de Milanais (1499), au siège de Métélin (1501), à Agnadel (1509), au secours de Bologne, à la prise de Brescia, blessé à Ravenne (9 avril 1512). Il mourut, le 25 mai 1512, à Ferrare. Il ép. (1496) Avoye de Chabannes, puis (11 juill. 1505) Blanche de Tournon, veuve de Raymond d'Agoult.

(2) Aimond d'Esgreville, lieut. à la comp. du maréchal de Châtillon (20 déc. 1509-14 mars 1511), chambellan, cap. de gend. (17 juill. 1523), sieur des Branches, Dinoy, Lagreville, Ferville, baron de Varennes, Trémerville, Flomesnil, Coleur., tué en Milanais, le 28 déc. 1523, ép. Louise Millard.

Compagnie MARÉCHAL DE CHATILLON

(1) Gaspard de Coligny, sieur de Châtillon, prince d'Orange, 2ᵉ fils de Jean de Coligny et d'Eléonore de Courcelles, mariés en 1464. Il fut à l'exp. de Naples (1494), à la bat. de Fornoue (1495), servit en Italie sous le duc de Nemours, de la comp. duquel il fut (juill. 1501) lieut. Pris à Cérignoles (1503), il fut à l'expéd. de Gênes (1507), à la bat. d'Agnadel (1509), secourut Ferrare (déc. 1509), cap. de gend. (1515-déc. 1521), il fut à Marignan. Maréchal de France (5 déc. 1516), chev. de l'Ordre (1517), cons. d'Etat, chambellan (1518), plénipotentiaire du traité de 1521 avec l'Angleterre, juge du tournoi à l'entrevue d'Ardres (1520), il fit la camp. de Picardie en 1521, fut nommé généralissime de l'armée de Guyenne (1522) et mourut à Dax (24 août 1522). Il avait ép. (1514) Louise de Montmorency, sœur du connétable.

(2) Cf. notice à la comp. Jacques de Coligny-Châtillon.

(3) François du Franget, sieur de Seatis, lieut. à la comp. du maréchal de Châtillon (29 juill. 1521), cap. de gend. (28 juill. 1523), ayant capitulé (fin sept. 1523) à Fontarabie, dont il avait été nommé gouverneur, le roi le condamna à être dégradé de noblesse sur un échafaud, à Lyon. Il était fils de Jean du Franget et d'Anne de Molesse et ép. Gilonne de Corbie.

Compagnie AMIRAL COLIGNY

(1) Gaspard de Coligny, comte de Châtillon, 3ᵉ fils de Gaspard de Coligny et de Louise de Montmorency, né le 16 févr. 1516, fut aux sièges de Damvilliers, Arlon, Montmédy (1542), où il fut blessé. Blessé au siège de Bintch, il fut, en 1543, aux sièges de la Rochelle, Luxembourg, au ravitaillement de Landrecies, se distingua (1544) à Cérisoles, au siège de Carignan, fit la campagne de Hainaut (1544), fut au blocus de Boulogne

(1515). Chev. de l'Ordre, cap. de gend., col. gén. de l'infanterie française (29 avril 1547), plénipotentiaire du traité anglo-français de 1550, gouv. d'Ile de France et de Paris (9 sept. 1551-août 1556). En 1552, il fit campagne avec le roi en Hainaut et le duc de Vendôme en Picardie. Amiral de France (11 nov. 1552), il fit campagne avec le roi, en 1553 et 1554 : il se distingua au siège de Dinant et à la bat. de Renty. Gouv. de Picardie (27 juin 1555-mars 1559), il ravitailla Mariembourg et Rocroy. Plénipotentiaire à Vaucelles (1556), il échoua sur Douai (1er juin 1556), prit Lens, capitula à Saint-Quentin (1557), fit la campagne de 1562, sous le prince de Condé, battit les catholiques à Châteaudun, fut aux sièges de Corbeil et de Paris, à la bat. de Dreux, prit le Puiset, Celles en Berry (2 janv. 1563), Saint-Aignan, Montrichard, Jargeau, Sully, échoua sur Evreux, prit Saint-Pierre-sur-Dives, Pont-l'Evêque, Caen, Saint-Lô, Avranches, Honfleur. En 1567, il servit sous Condé, fut à la tentative de Meaux, aux prises de Montereau, Lagny, Saint-Denis, à la bataille de Saint-Denis, à la prise de Charenton, au siège de Paris. Il prit Bray, Nogent, battit la Valette à Chartres (24 févr. 1568), fut aux prises de Niort, Melle, aux combats de Sansay et Auzances (7 sept.-19 nov. 1568), prit Jarnac, y fut battu, vainqueur à la Roche-Abeille, délivra Niort, prit Brantôme, Château-l'Evêque, la Chapelle, Confolens, Chabannais, Saint-Gelais, Thiviers, Saint-Sulpice, Nontron, Coutray, Sansay, Vivonne, Auriac, Châtellerault, Lusignan, échoua sur Poitiers, délivra Châtellerault, fut battu à Saint-Clair (1er oct. 1569) et Moncontour (2-3 oct. 1569) où il tua, de sa main, le Rhingrave, qui l'avait blessé, recula devant le duc d'Anjou, prit Aiguillon (28 nov. 1569), Port-Sainte-Marie (29 nov. 1569), Caraman, échoua sur Saint-Félix, prit Lasbordes, Cuc, Auriac, Carcassonne, Conques, Villalier, Servian, Cazouls, Montpellier, Pignan, Le Crès, le Terrail, Montferrier, échoua deux fois sur Lunel, sur Aimargues, prit Margueritte, Bezouce, Saint-Privas, Aubenas, Saint-Julien, Saint-Just d'Ardèche, Saint-Montant, échoua sur Montélimar, sur Cluny, battit le maréchal de Cossé-Gonnort à Arnay-le-Duc (1570). Blessé, deux jours avant la Saint-Barthélemy, par Charles de Louviers-Maurevert, il fut tué (24 août 1572) pendant le massacre, par Besme. Il ép. (1547)

Charlotte de Laval (décédée le 3 mars 1569), puis Jacqueline de Montbel (née le 8 juillet 1543, selon Giuntini).

(2) François de Cenesme, sieur de Luzarches, le Fossé, Maudre, fils de Jean de Cenesmes et de Madeleine de Gouy-Campremy, min. (20 avril 1526-20 juin 1534), majeur (3 mai 1537), guid. comp. Brissac (avril 1546-18 nov. 1547), gent. de la Ch. (7 mai 1553), lieut. à la comp. de Coligny (7 mai 1553-23 avril 1557), mort avant le 14 nov. 1558, ép. Suzanne de Mainemares (vivante le 15 août 1579). Il battit, en 1551, 100 ennemis, à Montcornet en Thiérache.

(3) Louis du Moustier, sieur de Saragosse, le Lymeulx, lieut. à la comp. Coligny (27 juin 1563-26 sept. 1567), gent. de la Ch. (31 août 1563-27 sept. 1567), ép. Léonore de la Chapelle (vivante le 8 janv. 1563).

(4) Guy de Gillart, sieur de Hanencourt, Gargenville, Guiry, Artie, Serans, la Pierre, Plimont, Planois, Monsus, Courminy, la Sablonnière, échanson du roi (22 avril 1553-22 oct. 1555), cap. de gens de pied (8 nov. 1560), guid. (21 juill. 1550-3 mai 1552), ens. (janv. 1553-19 juin 1558) à la comp. Coligny, gent. de la Ch. (18 août 1570), mort entre le 27 janv. 1573 et le 27 janv. 1574, ép. (1ᵉʳ mai 1542) Jacqueline de Choiseul-Praslin, (décédée le 11 mai 1572), fils de Jean de Gillart et de Marie de Chantelou-la Bosse, mariés le 20 oct. 1512.

(5) Antoine d'Alègre, baron de Millau, 5ᵉ fils de Gabriel d'Allègre et de Marie d'Estouteville, mariés le 26 avril 1513, né en 1528, ens. à la comp. de l'amiral de Coligny (12 janv. 1559-9 déc. 1561), fut à la bat. de Moncontour et la décrivit en vers latins, fut tué en duel, à Paris, en 1571, par Guillaume du Prat. Il ép. Françoise de Mailly. Il fut gent. de la Ch. (10 oct. 1561).

(6) François de Marafin, sieur de Guerchy, Avigneau, Vesvres, ens. à la comp. Coligny (janv. 1563-2 nov. 1571), tué, le 24 août 1572, à Paris. Il fut gouv. d'Auxerre (1567-1568), La Charité (1569-1570), 4ᵉ fils de Jean de Marafin et d'Edmée de Fontenay.

(7) Jean de Mainemares, baron de Bellegarde, Fréville,

Pommereul, Hellenvillier, fils de René de Mainemares et
d'Antoinette de Boulainvilliers, mariés le 20 juill. 1547, guid.
à la comp. Coligny (21 avril 1553-6 mai 1560), gent. de la
Ch. (12 janv. 1569), chev. de l'Ordre (7 févr. 1569), cap. de
gend. (14 nov. 1568-12 janv. 1569), mort avant le 5 juill. 1570,
ép. Renée le Veneur (vivante le 5 juill. 1570).

(8) Charles de Montmorency, sieur de Méru, duc de Damville (sept. 1610), 3e fils du connétable Anne de Montmorency et de Madeleine de Savoie, était bègue et bossu. Il naquit en 1537. Il fut fait pris. à Saint-Quentin (1557), se battit à Dreux (1562), fut lieut-gén. à Paris et en Ile de France (19 mars 1563-janv. 1564), se dist. à la bat. de Saint-Denis (1567), fut col. gén. des Suisses (20 janv. 1568-1596). Il fut à la bat. de Moncontour (1569), au siège de la Rochelle (1572-1573). Disgracié en 1574, il s'attacha, en 1588, à Henri III, puis à Henri IV. Il se dist. au combat d'Arques, défendit brillamment le château d'Arques, assista au combat de Craon. Amiral (21 janv. 1595), il assista aux sièges de la Fère (1596) et d'Amiens (1597). Il fut guid. (15 nov. 1560-9 déc. 1591) à la comp. de l'amiral Coligny. Il ép. Renée de Cossé-Gonnort, fille du maréchal. Il mourut en 1612. Il fut chev. du Saint-Esprit (5 janv. 1597).

(9) Louis de Cugnac-Dampierre, baron d'Imonville, sieur de Richerville, Jouy, la Rivière, Estrechy, 2e fils d'Antoine de Cugnac et de Marie du Lac Chamerolles, mineur en 1538 (27 avril et 21 déc.), maitre des eaux et forêts d'Orléans, guid. à la comp. Coligny (22 oct. 1564), ép. Mathie de Prunelé (vivante 19 oct. 1576), et fut tué à la bat. de Saint-Denis (1567).

(10) Giacomo-Maria de Codoigne, mar. log. comp. Coligny.

(11) Jean d'Aumale, fils naturel de Charles d'Aumale-Haucourt, h. d'a. à la comp. du Dauphin, mar. des log. à la comp. Coligny (oct. 1554-19 juin 1558).

(12) Etienne de la Fontaine, sieur de Harchemont, ens. à la comp. du mar. de Montmorency, gent. de la maison du roi, vivant le 4 avril 1550 et le 15 mai 1583, mar. des log. à la comp. Coligny (juill. 1559-4 juill. 1562), ép. Jeanne Le Gras.

Compagnie D'ANDELOT

(1) François de Coligny, sieur d'Andelot, 4⁰ fils de Gaspard de Coligny et de Louise de Montmorency, né le 18 avril 1521, fut au ravitaillement de Landrecies (1543), à Cérisoles (1544), aux sièges de Carignan et Boulogne, Haddington (1548), fit l'expéd. de Boulonnais (1549) et la campagne de Parme (1551), où il fut fait pris. (1551-1554), col. gén. de l'infanterie (17 août 1556), il échoua sur Saint-Quentin (août 1557), y fut pris., fut au siège de Calais (1558). Il prit, en 1562, Orléans, Saint-Cyr, Jussy, Châteauvillain, fut à la bat. de Dreux, défendit Orléans, y fut blessé. Il prit Montereau, Lagny, Saint-Denis (1567), fut au siège de Chartres (1568), leva (sept. 1568) des troupes en Bretagne, prit Thouars, fit pris. le duc de Roannez à Oiron, prit Parthenay, Niort, Angoulême, Saint-Jean-d'Angely, Saint-Florentin, fut aux bat. de Jazeneuil et Jarnac, échoua sur Montaigu et Clisson et mourut à Saintes, le 27 mai 1569. Il ép. (19 mars 1548) Claude de Rieux, puis (25 fév. 1562) Anne de Salm, veuve de Balthazar d'Haussonville.

(2) Pierre d'Amanzé, sieur des Feuillées, le Montet, la Vaux, Virey, Cheminot, Bougerot (1ᵉʳ déc. 1519), 4⁰ fils de Jean d'Amanzé et de Béatrix Mitte de Chevrières, mariés avant le 1ᵉʳ déc. 1511, huguenot, mais seulement par politique, assassiné, le 22 juill. 1568, à Amanzé. Il ép. (1ᵉʳ avril 1556), Antoinette de Coligny-Saligny (vivante le 10 sept. 1595). Il fut lieut. comp. d'Andelot (avril 1563).

(3) François d'Avantigny, sieur de Coulard, Artaix (16 juill. 1549), fils aîné de Guillaume d'Avantigny et d'Anne d'Assigny, mariés le 24 sept. 1527, gent. de la Ch. (28 mai 1574), gent. de la Ch. du duc d'Alençon (10 sept. 1576) mort avant le 13 juill. 1593, guid. à la comp. d'Andelot (oct. 1564), ép. (2 juill. 1566) Charlotte d'Assigny (vivante le 13 juill. 1591).

Compagnie CONFLANS-AUCHY

(1) Cf. notice à la comp. La Brosse-Grand Prieur.

(2) Jacques d'Estampes. Probablement Jacques d'Estampes, sieur de Valençay. (Cf. notice comp. Vidame de Chartres.)

(3) Pierre de Cluys, sieur de Briante, guid. à la comp. de la Brosse (juill. 1559-16 oct. 1562), lieut. à la comp. d'Ouchy.

(4) Pierre de Sommièvre, vicomte de Lignon, archer à la comp. de Guise (19 mars 1558), gent. de la Ch. (3 févr. 1584), bailli de Vitry-le-François (3 févr. 1584), cap. aux Gardes (3 févr. 1584), mort avant le 10 octobre 1594, fils de Guillaume de Sommièvre et de Catherine d'Ailliancourt, ép. Marguerite de L'Estrac.

(5) Robert de Boulart, sieur d'Armancourt, fils de Robert de Boulart et de Marie Chenu, ens. aux Gardes (1577), mort le 2 oct. 1585, ép. (1571) Françoise de Peverel (vivante le 9 oct. 1585).

(6) Pierre de Simiane-la Coste, chev. de Malte, 3e fils de Balthazar de Simiane-la Coste et d'Anne de Simiane-Gordes, mariés le 12 nov. 1545, command. de Gap, décédé en 1570 esclave.

Ou bien :

Pierre de Simiane, sieur de la Coste-Moirans, fils de François de Simiane et de Claire Guérin, mariés le 30 avril 1542, décédé entre 25 janv. 1504 et 20 mars 1617, ép. (27 oct. 1582) Marie de Baronnat.

(7) Robert de Conflans, 3e fils d'Antoine de Conflans et de Barbe de Rouy mariés le 19 déc. 1525, sieur de Vezilly, chamb. du duc d'Alençon (5 oct. 1578), se signala à Auneau (1587), ép. (19 févr. 1565) Charlotte de Miremont (vivante le 16 oct. 1606) et mourut avant le 9 oct. 1606.

(8) Jean de la Brosse, sieur de la Brosse en Bourbonnais, guid. à la comp. d'Ouchy, mourut, le 9 sept. 1568, à la Brosse. Il était le 3e fils de Jacques de la Brosse-Morlet et de Françoise de Moussy, mar. le 16 sept. 1529 et fut gent. de la Ch. du duc d'Alençon (6 mars 1563).

(9) Jean d'Angennes, 8e fils de Jacques d'Angennes et d'Isabeau Cotereau, mar. le 13 févr. 1527, né après 1538, sieur de Poigny, Boisorcan, gent. de la Ch. (20 oct. 1570), chamb. du roi de Navarre (30 janv. 1570), guid. à la comp. d'Ouchy (oct. 1568-31 déc. 1569), cap. de gend. (24 oct. 1584-7 août 1591), cons. d'Etat (24 oct. 1588), amb. à Rome (1575), en Navarre, Savoie, Allemagne (1593), mort en 1593, ép. un peu après le 11 mars 1574, Madeleine Thierry de Boisorcan (morte en déc. 1632). Il fut chev. du Saint-Esprit (31 déc. 1585).

(10) Cf. notice à la comp. La Brosse-Grand Prieur.

(11) Gaspard du Puys, sieur de Marcousset. Peut-être est-ce Gaspard du Puy, sieur de Lienvillier et Estrée-Saint-Denis, h. d'a. à la comp. d'Auchy, fils d'Antoine du Puy et de Catherine Watteblod, gouv. de Montdidier, mort à Montdidier le 9 févr. 1577, anobli en nov. 1567, qui ép. (20 oct. 1548) Marguerite Randon.

Compagnie CORSO D'ORNANO

(1) Alfonso Corso d'Ornano, fils de Sampietro Corso et de Vannina d'Ornano, mar. 20 août 1528, né en 1548, enfant d'honneur des fils de Henri II, fit campagne en Corse, sous son père. Général (17 janv. 1567), il y battit les Génois à Renno et y guerroya jusqu'au 1er avril 1567. Colonel d'infanterie corse en France (21 janv. 1569), col. gén. des Corses (26 nov. 1569-20 sept. 1597), chev. de l'Ordre (1570), il fit campagne sous Damville en 1573 (prises de Calvisson, Lecques, Montpezat, Sommières (9 avril), Quissac, Pont de Beaufort). En 1575, il combat contre Damville, pour le duc d'Uzès, royaliste, à Sommières (17-18 sept. 1575), où il fut blessé (18 sept.). Col. gén. des Italiens (janv. 1584), il défendit Pont-Saint-Esprit (30 mars-5 avril 1580). En 1587, il prit Collias, Marguerittes, Remoulins, battit, avec la Valette (10 août 1575,

les calvinistes près de Grenoble. Maréchal de camp (18 oct. 1588), lieut. gén. en Dauphiné (25 août 1589-oct. 1597), pris. (nov. 1590), de Lesdiguières, il sert, en 1591, sous Damville, bat Joyeuse près d'Azillannet. Lieut. gén. en Languedoc (26 mars 1591), gouv. de Lyon (10 mai 1594-sept. 1595), il battit, en 1596, contre d'Epernon, en Provence. Il échoua sur Perpignan (août 1597). Maréchal de France (20 sept. 1597), lieut. gén. en Guyenne (oct. 1597), il ép. (10 juin 1576) Marguerite de Pontevès-Flassans et il mourut, à Paris, le 21 janv. 1610. Il fut (5 janv. 1597) chev. du Saint-Esprit.

Compagnie BRISSAC

(1) Charles de Cossé, fils de René de Cossé et de Charlotte Gouflier de Boisy, né vers la fin de 1507, enfant d'honneur du Dauphin (1523), fut à l'expédition de Naples (1528), où il fut sauvé, dans un combat, par Sansac. En 1529, il suivit son père, en Espagne. Premier écuyer du Dauphin (1522), il fit campagne en Italie sous d'Annebaut (1535), en Provence (1536). Cap. de chevau-légers (1537), il fit campagne en Piémont et aida Fregoso à défendre Cherasco (1537). Il fit la campagne de 1537, sous le Dauphin. Ambassadeur en Espagne (oct.-nov. 1538 et mai 1539), grand fauconnier de France (1540), col. des bandes françaises en Piémont (1542-1543), il ép. Charlotte d'Esquetot (vivante 8 août 1571), fut blessé au siège de Perpignan (1542), col. de la cavalerie légère aux Pays-Bas (1er mai 1543), il fit la campagne de Luxembourg en 1543, battit l'ennemi près de Guise, se distingua au ravitaillement de Landrecies (1543). Chevalier de l'Ordre (1543), battu à Vitry (1544), il fit campagne autour de Calais (1545), battit les Anglais à Mers (1545). Gent. de la Chambre, grand panetier, gouv. d'Anjou (1540-1560), cap. de gend. (janv. 1544-3 janv. 1564), gouverneur de Falaise, grand-maître de l'artillerie (1547). Ambassadeur en Allemagne (1547), gouverneur

de Piémont (1550-1559), il y guerroya de 1551 à 1556 et de 1557 à 1559, et y prit de nombreuses villes. Maréchal de France (21 août 1550), gouverneur de Paris (31 mai 1562), gouverneur de Picardie (28 janv. 1560-sept. 1561), gouv. de Normandie (févr. 1563-3 janv. 1564), il fut au siège du Hâvre et mourut à Paris, le 26 mars 1564. (Lettre de Morvillier, dans le Laboureur : Additions à Castelnau. II. 309.) Il avait été guid. à la comp. Boisy (10 mars 1530).

(2) François de Prunelé, 2º fils de François de Prunelé et d'Antoinette Le Roy de Chavigny, mar. le 15 janv. 1509, sieur de Machevainville, Herbant, Gazeran, Beauverger, Glatigny, ec. tranchant du Dauphin, lieut. comp. Brissac (20 août 1543-9 févr. 1549), mort avant le 20 janv. 1550, sans post., ép. Madeleine Le Payen (vivante 8 nov. 1560).

(3) Notice à la comp. du baron d'Aguerre.

(4) Notice à la comp. Clermont-Tallart.

(5) René du Puydufou, sieur de Combronde, baron du Petit-Château, la Mallelièvre, fils aîné de François du Puydufou et de Catherine de Laval-Boisdauphin, mariés le 11 mai 1527, chev. de l'Ordre (juin 1562), gent. de la Ch. (15 déc. 1562-21 nov. 1565), guid. à la comp. Brissac (oct. 1555-15 déc. 1562), lieut. à cette comp. (juill. 1563), maréchal de France par brevet (4 août 1564), marquis de Combronde (4 août 1564), cap. de gend. (4 août 1564), gouv. d'Aunis et la Rochelle (4 août 1564), vivait encore, le 2 janv. 1572. Il ép. (10 nov. 1558) Catherine de la Rochefoucauld, veuve de Charles de Chabannes.

(6) Pierre de Montbasin, sieur de Tanqueux, ens. comp. Brissac (juill. 1544-17 août 1549), commiss. des g. (31 déc. 1550-31 juill. 1552), panetier du roi (18 août 1555), gouv. de Centallo (28 févr. 1553).

(7) Hardouin du Villier ou de Villiers, sieur de la Rivière, ens. comp. Brissac (juill. 1551-18 mars 1555), cap. ch.-lég. (1568), débuta sous la Rochedumayne, fut aux bat. de Jarnac, Moncontour, au siège de Saint-Jean-d'Angely, gent. de la Ch., gouv. de Marsal (12 mars 1568) et cap. de gendarmes.

(8) Cf. notice à la comp. Clavel-Montfort.

(9) Loup du Tronchet, sieur de Vimetz, commiss. extraord. des guerres (31 oct. 1551), cap. des gardes du mar. de Brissac (16 déc. 1552-1554), guid. (juill.-15 déc. 1562), ens. (15 déc. 1563) à la comp. du mar. de Brissac, lieut. à la comp. du comte de Brissac (janv.-4 juin 1567) dit le *capitaine Loup*.

(10) Adrien de Gallot, sieur de Fontaine la Guyon, Lilette, le Hamel, fils d'Adrien de Gallot et de Jeanne de Termes, cap. de gend. (oct. 1568-18 mars 1571), guid. à la comp. Villebon (oct. 1554-25 janv. 1555), ens. (23 janv. 1564-24 nov. 1565), à la comp. du comte de Brissac, chev. de l'Ordre (26 juin 1569), ép. (4 févr. 1556) Charlotte de Saint-Simon (morte en 1573).

(11) Armand de Gontaut, baron de Biron, sieur de Chef-boutonne, Saint-Blancard, Montferrant, fils de Jean de Gontaut et de Renée Anne de Bonneval, né en 1524, page de Marguerite de Navarre, entre au service en 1542, cornette des chevau-légers de d'Escars (1544), guid. des gend. de d'Escars (1545), de ceux de Brissac (1546-7 févr. 1552), cap. de chevau-légers en Ecosse (1548), gent. de la bouche du roi (1549), panetier (1553), cap. de chevau-légers (1554), blessé à la jambe au siège de Masino, il commanda la cavalerie légère dans l'expéd. de Naples (1556-1557). Cap. de chevau-légers (1558), mestre de camp de la cavalerie italienne de Piémont (8 sept. 1558-3 avril 1559), gent. de la Ch. (9 juill. 1558), cap. de gend. (10 févr. 1564-8 janv. 1587), chev. de l'Ordre (1ᵉʳ mai 1562), combattit à Dreux (1562), fut amb. en Savoie (1563), mar. de camp (28 sept. 1567), il combattit à Saint-Denis et fut plénipotentiaire de la paix de Longjumeau (1567). Mar. de camp gén. (30 avril 1568), il combat à Jarnac, Saint-Cler, Moncontour, est au siège de Saint-Jean-d'Angely. Cons. d'Etat (3 fév. 1573-8 janv. 1587), grand-maitre de l'artillerie (5 nov. 1569-6 juill. 1578), plénipotentiaire pour la paix de Saint-Germain (11 août 1570), il conclut (1571) le mariage de Henri de Navarre et de Marguerite de Valois. Gouv. de la Rochelle (2-2.) févr. 1573), lieut. gén. en Aunis, Saintonge, aux Iles, il commença l'investissement de la Rochelle (1573) et fut blessé à la cuisse ; cap. de gend.

(juin 1574), gouv. de Saint-Denis, il combattit les reitres, sous Guise (1575). Plénipotentiaire pour la paix de 1576 avec les calvinistes. Mar. de France (2 oct. 1577), lieut. gén. en Guyenne (2 oct. 1577-nov. 1580), il y lève, en 1580, une armée contre les calvinistes et y prend 70 villes. Cons. d'honneur au Parlement de Paris (21 févr. 1582), il commanda aux Pays-Bas pour le duc d'Anjou, prit Viersel, Wonde (10 mai 1583), repoussa à Rosendael, le prince de Parme, qui venait l'attaquer dans son camp ; il fut blessé au pied. Chef de l'armée du Poitou (1586), il assiégea Lusignan, fut blessé à la main devant Marans (10 juill.), essaya de calmer Paris 1588), se rallia à Henri IV, prit Falaise, se dist. à Arques, fut (au siège de Paris, prit Clermont et Evreux (1590), combattit brillamment à Ivry (1590), à l'assaut de Noyon (1591), au siège de Rouen, où il fut blessé à la cuisse. Il prit Gournay, Caudebec, battit les Ligueurs à Ranson. Président du conseil royal et chancelier intérimaire, il eut la tête emportée, d'un boulet de canon, au siège d'Epernay, le 26 juill. 1592. Il avait ép. (6 août 1550) Jeanne d'Ornesan-Saint-Blancard. Il fut chev. du Saint-Esprit (31 déc. 1581).

(12) Jacques du Villier ou de Villiers, frère d'Hardouin, sieur de la Rivière, guid. comp. Brissac (juill. 1562-7 mai 1565).

(13) Roch Chodogno, mar. des log. comp. Brissac (avril 1550-24 nov. 1565).

Compagnie TIMOLÉON et CHARLES DE BRISSAC

(1) Timoléon de Cossé, fils aîné de Charles de Cossé-Brissac et de Charlotte d'Esquetot, né en 1543 (le 5 avril 1546, selon Thevet), comte de Brissac, enfant d'honneur de Charles IX, gent. de la Ch. (déc. 1560-8 janv. 1562), col. gén. de l'infanterie de Piémont (3 oct. 1561-31 juill. 1568), premier panetier du roi, assista aux sièges de Bourges, Rouen, Paris (1562), le Hâvre (1563), Lyon (1562-

1563), accompagna son oncle de Gonnort en Angleterre (1563). Grand fauconnier (1er janv. 1565), il fut au siège de Malte (1565). Chev. de l'Ordre, cap. de gend. (28 nov. 1564-20 févr. 1569), il fut au siège de Paris (1567), à la bat. de Saint-Denis (1567). Gouverneur d'Angers, il battit les huguenots à Sarry (26 déc. 1567), Confolens (20 oct. 1568); il battit à Merey en Champagne le frère de Biron et suivit son oncle Gonnort au siège de Saint-Valery. Il fut (déc. 1568) gouv. de Saumur; il fut aux combats de Messignac (25 oct. 1568), Jazeneuil, Auzances, prit Mirebeau (11 déc. 1568), fut aux combats de Saint-Marceau et Montreuil-Bellay (déc. 1568), la Motte-Saint-Héraye (12 févr. 1569), Jarnac. Il battit Montgommery à Ségonzac (5 avril 1569) et fut tué (28 avril 1569) devant Mussidan.

(2) Charles de Cossé, baron de la Guerche, Pouancé, Loigné, Martigné-Briant, Morville, Esquetot, Estelan. 2e fils de Charles de Cossé-Brissac et de Charlotte d'Esquetot, né avant 1564, col. gén. de l'infanterie française (27 mai 1569-14 juin 1581) et grand fauconnier (6 juill. 1577). Il servit en Piémont (1569-1574). Député aux Etats de Blois (1576), grand-panetier (6 juill. 1577-20 janv. 1582), il fut à l'affaire de Terceire (1582), gouv. d'Angers (9 juill. 1584), servit sous Mercœur en Poitou (1585), reprit le château d'Angers (20 oct. 1585), Falaise, Harfleur, Montivilliers, fut aux sièges de Donzy, Rocroy, Gaucourt (1586), aux batailles de Vimory et d'Auneau (1587). Il organisa les Barricades (1588). Arrêté, puis élargi, après la mort du duc de Guise, il défendit Rouen, (1589), la Ferté-Bernard, et, très brillamment, Falaise (déc. 1589), mais il fut fait prisonnier. En 1590, il alla presser l'arrivée du duc de Parme. Gouverneur de Poitou, Aunis, Ré, pour la Ligue (20 févr. 1592), battu à Jazeneuil et fort blessé (1593), maréchal de la Ligue (25 févr. 1593), gouv. de Paris pour la Ligue (22 janv. 1594), maréchal de France (30 mars 1594), cons. d'honneur au Parlement de Paris, lieut. gén. en Bretagne (5 sept. 1596-14 juin 1611), il battit les Ligueurs à Messac (1597) et prit Dinan. Duc de Brissac (avril 1611), il reçut (1615) la reine en Guyenne, négocia le traité de Loudun (1616), fut au siège de Saint-Jean-d'Angely, où il tomba malade. Il mourut à Brissac,

en juin 1621. Il ép. (6 oct. 1579) Judith d'Avigné, puis Louise d'Ongnies-Chaulnes (vivante 6 nov. 1610). Il fut chev. du Saint-Esprit (7 janv. 1595).

(3) Cf. notice comp. maréchal Brissac.

(4) Jean de Constant, sieur de Fontpertuis, fils de Louis de Constant et d'Anne de Barbançois, mariés le 16 juill. 1529, gent. de la maison du roi (4 oct. 1558), lieut. gén. à Orléans, Gien, Etampes (8 avril 1575), ép. (4 oct. 1558) Charlotte de la Rivière-Mardilly (qui testa le 3 juin 1597), gentilhomme de la Chambre du duc d'Anjou (22 août 1569), ens. (janv.-4 juin 1567), lieut. (juill.-31 déc. 1569) à la comp. de Brissac, gent. de la Ch. (18 juin 1553), gouv. de Ham (18 oct. 1573-6 sept. 1574), vivant en juill. 1576, mort avant le 3 juin 1597.

(5) Cf. notice comp. maréchal Brissac.

(6) Pierre Le Normant, sieur de Beaumont, Geaulges, guid. comp. La Meilleraye (avril 1563-5 mai 1566), ens. comp. Brissac (oct.-23 nov. 1567), ens. comp. Mayenne, chev. de l'Ordre, gent. de la Ch. (28 août 1573), gent. de la Ch. du duc d'Anjou, fils de Jean Le Normant et d'Adrienne d'Orival, né avant le 17 janv. 1552, mineur le 21 déc. 1556, ép. (10 févr. 1566) Claude de Quincampoix (vivante 8 oct. 1589), grand-maître des eaux et forêts de Rouen (2 janv. 1573-16 mars 1581), il était mort au 8 oct. 1589.

(7) Cf. notice comp. maréchal Brissac.

(8) Jean de Pompadour, fils aîné de Geoffroy de Pompadour et de Suzanne d'Escars, mariés le 1er mars 1537, fut tué au siège de Mussidan et mourut sans alliance.

(9) Guillaume de Hautemer, sieur de Fervacques, Villiers, Moureyers, Selongey, Créancey, Vienoy, comte de Grancey, baron de Mauny, fils de Jean de Hautemer et d'Anne de la Baume, né en 1538, arquebusier à pied (1554), se distingua à Renty (1554), ens. de chevau-légers (1556), cap. de chevau-légers, fut à la bat. de Saint-Quentin (1557), Gravelines (1558), Dreux (1562), Saint-Denis (1567). Il fut à la défense de Poitiers (1569), guid. à la comp. du comte de Brissac (déc. 1567-25 nov. 1568), fut à la bat. de Moncontour, aux sièges de

Saint-Lô, Domfront, où il fut blessé, et Carentan (1574), au combat de Dormans (1575). Il découvrit, en 1575, une conjuration contre le roi. Chev. de l'Ordre (24 nov. 1571), maréchal de camp (28 août 1575), président du Conseil, premier gent. et chef de la maison du duc d'Anjou, lieut. gén. de ses troupes, il secourut, puis prit Cambrai, Arleux, l'Ecluse, Cateau-Cambrésis (1581), fut fait prisonnier à l'attaque d'Anvers (janv. 1583), assista au siège de Paris (1589). Cap. de gend. (24 nov. 1571-10 janv. 1574). Lieut. gén. à Evreux, Caen, Rouen, pays de Caux, Gisors (1592-20 juin 1613), il délivra Quillebœuf (1592), fut au siège d'Amiens (1597), près duquel il battit Bucquoy. Maréchal de France (26 sept. 1597), gouv. d'Henricarville (11 janv. 1607), lieut. gén. en Normandie (8 mars 1602-3 mai 1608), duc de Grancey (déc. 1611), cons. d'Etat (1610), il mourut en nov. 1613. Chev. de l'Ordre (avril 1571), chambellan (15 juin 1580), il ép. (1558) Renée Levesque de Marconnay, puis (13 sept. 1599) Anne d'Alègre, veuve de Paul-Guy de Coligny-Laval. Il fut chevalier du Saint-Esprit (7 janv. 1595).

(11) Nicolas de Roux, sieur de Tachy, Godigny, Everly, les Flèches, Séville, Grateloup, Boucheraut, guid. à la comp. de Guise (31 déc. 1569), gent. de la Ch. (28 avril 1571-11 févr. 1585), cap. de gens de pied, guid. à la comp. Brissac, ép. (14 nov. 1575) Françoise de Hangest. Il était mort au 16 avril 1598. Il fut cap. aux gardes, mar. de camp et fut tué au siège de Danmartin. Il était fils aîné d'Odart de Roux et de Jeanne de Languedoue.

(12) Cf. notice comp. mar. Brissac.

(14) Jacques d'Averton, 5ᵉ fils de Jean d'Averton et de Françoise d'O, mariés le 3 juin 1485, mar. des log. à la comp. Brissac (juill.-31 déc. 1589), mourut sans postérité.

(15) Claude d'Aubigné, sieur de la Jousselinière, Bernezay, la Roche-Baraton, baron de Sainte-Gemme, gent. de la Ch. (14 avril 1594), fils de Claude d'Aubigné et de Jeanne du Bouchet Sainte-Gemme, mariés le 6 janv. 1573, mestre de camp (13 mars 1614), débuta, en 1588, à la défense de Poitiers, fut au siège de Paris (1590), mar. de camp, ép.

(22 août 1601) Lucrèce de Bouillé (vivante le 11 juill. 1622), et mourut entre le 20 mai 1621 et le 30 janv. 1622.

(16) Jean d'Aubigné-Boismosé, fils ainé de François d'Aubigné et de Catherine Laurens du Joreau, mariés le 4 mars 1567, chev. de l'Ordre, gent. de la reine (1586), lieut. de gend. (1601), ép. avant le 9 nov. 1588, Suzanne Clausse de Mercy. Il mourut en 1628.

Compagnie COSSÉ-GONNORT

(1) Artus de Cossé, bailli de Caux (10 août 1541-22 janv. 1551), sieur de Gonnort, comte de Secondigny, 2° fils de René de Cossé et de Charlotte Gouffier, né après 1507, lieut. comp. Guise (juill. 1550-26 avril 1552) fut à la bat. de Cérisoles, au siège de Lanzo (1551), gouv. de Metz (18 avril 1552-avril 1553), de Mariembourg (30 juin 1554), fut aux sièges de Volpiano et Moncalvo (1555), à la bat. de Renty (1554). Chev. de l'Ordre (avril 1554), cap. de gend. (avril 1554-2 oct. 1578), il battit les Impériaux près de Casale (1558), fut battu (août 1562) près de Châteaudun, par Coligny. Surintendant des finances (10 févr. 1563), grand-panetier (janv. 1564), comte de Secondigny (juill. 1566), mar. de France (4 avril 1567), il combattit à Saint-Denis. Gouv. de Picardie (16 sept. 1568), il y battit et fit prisonnier Coqueville. Lieut. gén. de l'armée de Normandie (8 févr. 1569), il se distingua à Moncontour. Gouv. d'Orléanais (31 janv. 1570), battu par Coligny à Arnay-le-Duc (27 juin 1570), il fut au siège de la Rochelle (1573). Grand-panetier et cap. des toiles de chasse du roi (9 févr. 1567) il fut (12 août 1570-11 oct. 1573) gouv. de Touraine, Maine, Blois, Loudunois, Amboise, Laval, Perche, Etampes, Montargis. Embastillé avec le maréchal de Montmorency (1574-1575), il ép. Françoise du Bouchet-Puygreffler, puis Nicole le Roy. Il mourut au château de Gonnort, le 15 janvier 1582. Il fut chevalier du Saint-Esprit (1er janv. 1579).

(2) Jean Jay, sieur de Boisseguin, la Vigerie, Sébyon, Congeant, fils de Philippe Jay et de Charlotte Bouchon, chev. de

l'Ordre (7 janv. 1575), lieut. comp. Gonnort (oct. 1551-15 août 1553), gouv. d'Angoumois (1567), commiss. extraord. des guerres (30 nov. 1548), lieut. gén. en Poitou (7 janv. 1575-20 juin 1592) et à Poitiers (19 févr. 1571), cons. d'Etat, ép. Jacqueline de Saint-Gelais-Saint-Severin. Il fut (10 juin 1547-14 août 1553) lieut. à la comp. d'Essé et fit (1548), la campagne d'Ecosse.

(3) Esme de Vambais, sieur de Fleurimont, Saint-Arnoul, Saint-Maurien, Loraille, les Sens, chev. de l'Ordre (23 sept. 1568), h. d'a., puis (30 nov. 1559-4 août 1561) guidon, puis (juill. 1562-29 janv. 1563) ens., lieut. (juill. 1564-28 avril 1582) à la comp. de Gonnort, fils de Jacques de Vambais, gent. de la Ch. (20 sept. 1569), gouv. du Crotoy (30 mai 1569-10 avril 1571), gouv. de Pontorson (15 juin 1572-18 mars 1579), chamb. du duc d'Alençon (15 juin 1572), ép. (11 juin 1550) Charlotte de Saint-Manvieu (vivante le 4 févr. 1589), mourut entre le 6 juin 1582 et le 8 janvier 1584.

(4) Jean de la Roche-Beaucourt, sieur de Soubrant et Montagrier, ens. comp. d'Essé (6 févr. 1550-14 août-1553), ens. (25 oct. 1554-1er mai 1557) à la comp. Gonnort, fils de Jean de la Rochebeaucourt et de Philippe de Bourdeille, ép. (28 janv. 1531) Jacquette Pouvreau.

(5) Lancelot du Bouchet, sieur de Sainte-Gemme, fils de Charles du Bouchet et de Marguerite Milon, se distingua au siège de Metz (1552), fut chev. de l'Ordre (1552), gouv. protestant de Poitiers (1562), ép. Jeanne Ratault (vivante 30 mars 1554). Il était beau-frère du capitaine, vivait 6 oct. 1564, fut ens. comp. Cossé (mai-4 août 1561).

(6) Cf. notice comp. La Mauvoisinière.

(7) Charles de Balsac le jeune, sieur de Clermont-Soubiran, 3e fils de Guillaume de Balsac et de Louise d'Humières-Crevant, mariés le 18 oct. 1538, né entre le 30 sept. 1541 et le 1er mars 1543, accompagna Henri III en Pologne et combattit à Arques. Il fut tué, le 14 mars 1590, à Ivry. Cap. des archers de la rd (1576-2 avril 1587), garde de la Chambre (19 sept. 1570), chev. de l'Ordre (1er janv. 1580), chev. du Saint-Esprit (31 déc. 1583), il ép. Hélène Bon de Meuillon (vivante 10 déc. 1604), veuve de Charles de Gondi-la Tour.

(8) Antoine de Thory, sieur de Boumois et la Rouillère, fils de René de Thory et d'Anne Asse, chev. de l'Ordre (18 avril 1572), ép. Marie du Bouchet-Puygreffier (vivante 6 nov. 1573). Il fut (10 août 1570), ens., puis lieut. à la comp. Gonnort. Il mourut avant le 6 nov. 1573. Il était par sa femme, beau-frère du capitaine.

(9) Charles Turpin de Crissé, fils de Charles Turpin et de Simonne de la Roche, mariés en 1538, comte de Vichiers, baron de Montoiron, Crissé, la Grezille, Garges, Vaillé, Jallais, Montreveau, Rochereau, le Pin, Cherzé, Targé, chev. de l'Ordre (14 juill. 1574), gent. de la Ch. (4 juill. 1584), fut aux bat. de la Roche-Abeille, Moncontour, Jarnac, aux sièges de Saint-Jean-d'Angely, la Rochelle, Fontenay, Lusignan, Brouage, Montaigu, la Garnache, Pontoise, Paris, guid. (oct. 1570-20 mai 1575), ens. (24 nov. 1580), comp. Cossé, cap. de gend. (26 mai 1585), décédé entre 18 mars 1601 et 12 juill. 1604, ép. (9 oct. 1572) Eléonore de Crevant (vivante 20 déc. 1597).

(10) Pierre de Tryon, sieur d'Espanvilliers, la Cour, Boufferie, Brus, Légurat, Arzillières, chev. de l'Ordre, fils de Pierre de Tryon et de Gabrielle de Montalembert, mariés le 7 avril 1516, fit, comme guid. à la comp. d'Essé, la campagne d'Ecosse de 1548. Il ép. (9 janv. 1566) Jeanne de Cruc de Goudainville (qui testa 28 oct. 1626). Neveu de d'Essé, il fut h. d'a. à la comp. de Montpensier (24 mars 1545), guid. à la comp. de d'Essé (janv. 1547-14 août 1553), puis à celle de Gonnort (8 mai 1554-30 juill. 1560), et mourut entre le 14 août 1571 et le 3 août 1572.

(11) Pierre de Barbançois, fils ainé de Charles de Barbançois et d'Anne de Louan, mariés le 17 juin 1538, né entre le 24 juin 1539 et le 26 août 1544, sieur de Sarzay et Réville, chev. de l'Ordre (1568), gouv. d'Issoudun, gent. de la Ch. du duc d'Alençon (10 janv. 1573-1578), gent. de la maison du roi (1er oct. 1563), duelliste célèbre, cap. de gend., ép. (7 nov. 1560) Françoise de Lezay (qui testa le 7 août 1597), fut guid. à la comp. de Boisy (6 mai 1568-3 mars 1570), ens. à la comp. Gonnort (janv.-8 août 1577), et mourut entre le 19 févr. 1590 et le 22 mai 1591.

(12) Pierre de Villedon, sieur de la Chevrelière, Gournay, la Boitaudrie, fils ainé d'Hughes de Villedon et de Catherine d'Auché, mariés le 30 mars 1515, mar. des log. à la comp. d'Essé (10 juin 1547-14 août 1553), puis à la comp. Gonnort (8 août 1554-30 juill. 1560), puis à la comp. de la Rochefoucauld (28 mai 1566-2 juin 1567), guid. à la comp. de la Rochefoucauld (avril-15 juill. 1571), mort entre le 19 nov. 1572 et le 20 oct. 1576, ép. (3 avril 1553) Florence Jay de Boisseguin, puis (7 sept. 1561) Jacquette Chevalier (vivante le 13 mai 1585).

Compagnie COMTE DE BENE

(1) Jean-Louis Costa, comte de Bene, Pont de Veyle, Châtillon en Dombes, fils de Louis-Antoine Costa et de Bonne Villa, chev. de l'Ordre (3 juin 1565), cap. de gend. (10 janv. 1561-12 oct. 1572), ép. Aurélie Spinola, puis, après 10 août 1557, Catherine de la Magdeleine Ragny, veuve de François de Ferrières-Presle et de Claude de Rochefort-Pleuvaut (née 7 avril 1527, vivante 27 juin 1599).

(2) Pierre-André Corso, lieut. comp. Bene (avril-20 oct. 1557).

(3) Cf. notice à la comp. Châteauneuf-Rochebonne.

(4) Joachim de Rochefort, sieur de Pleuvaut, fils ainé de Claude de Rochefort et de Catherine de la Madeleine, mariés le 7 janv. 1546, gent. de la Ch. (13 avril 1573), guid. (oct. 1567-6 mai 1569), puis (avril 1571-9 oct. 1577), lieut. à la comp. du comte de Bene, qui avait ép. Catherine de la Madeleine, veuve de Claude de Rochefort, père de Joachim, fut chev. de l'Ordre, cap. de gend. (7 avril 1588), gouv. et bailli de Vézelay (21 juin 1589), mourut avant le 10 août 1595, ép. (16 nov. 1573) Françoise de Livron (morte entre le 17 juill. 1596 et le 31 janv. 1603).

(5) Jean du Solier de Morette, 2e fils d'Ubertin du Solier, ens. à la comp. du comte de Bene (1563), mort avant l'âge de vingt ans, en 1565.

(6) Orso-Giacomo Corso, guid. comp. Bene (avril 1565-28 mai 1566).

(7) Jean de Nagu, sieur de Varennes, Layé, Belleroche, les Chézeaux, Pruzilly, baron de Marzé, Lurcy, fils de Philibert de Nagu et de Jeanne Mitte de Chevrières-Belleroche, mariés le 13 mai 1542, chev. de l'Ordre (avril 1581), gouv. de Mâcon et Mâconnais (10 juin 1594), gouv. de Beaujeu (25 sept. 1596), mort avant le 23 oct. 1596. Il fut chev. d'honneur du Parlement de Bourgogne (7 janv. 1581), guid. à la comp. Costa de Bene (avril 1571-22 juin 1576), bailli d'Autun (10 juin 1594), lieut. à la comp. Gadagne (avril-22 sept. 1581). Il ép. (25 avril 1571) Philiberte des Loges.

Compagnie BURYE

(1) Charles de Coucys, sieur de Burye, Saint-Macaire, Gémozac, Lonzay, Saint-Sulpice, Villars, Briaigne en Pontois, fils de Jacques de Coucys et d'Anne Goumard d'Eschillais, né en 1492, mort entre le 1er févr. 1566 et le 8 sept. 1580, gent. de la Ch. (15 nov. 1530), lieut. à la comp. de Barbezieux (30 sept. 1531-28 nov. 1536), cap. de gend. à la place de François de Saluces (1er mai 1537-1er févr. 1566), gent. de la maison du roi (6 févr. 1542), chev. de l'Ordre (30 sept. 1543), lieut. gén. en Guyenne (30 sept. 1543-1562), se distingua, en 1528, à l'expédition de Naples (1528), prit Casale (1536), fut à la bat. de Ver (1562). Il ép. entre 1525 et 20 janv. 1531 Suzanne de Harpedanne-Belleville (vivante le 29 août 1564).

(2) James de Saint-Julien, guid. à la comp. de Saluces (janv.-sept. 1534), éc. d'éc. du roi (10 août 1536-26 nov. 1540), cap. de chevau-légers (10 août 1536), sieur de Caours, cons. d'Etat, gent. de la Ch., sénéchal de Toulouse et d'Albigeois (27 juill. 1546-21 févr. 1547).

(3) Philippe Chauvet, sieur de la Villate et Chamborant, fils de Christophe Chauvet et de Marguerite Cleret, lieut. (4 févr. 1539-4 mai 1557) à la comp. de Burye, testa le 28 oct. 1557 et mourut avant le 15 févr. 1571. Il ép., peu avant 1544, Sou-

veraine de Chamborant (décédée au 18 août 1541), puis Françoise de Launay, puis Paule de Ravenel (testa 24 janv. 1590), veuve de Jacques du Mosnard.

(4) René du Courret, fils de Nicolas du Courret et de Marguerite Goumard d'Eschillais, sieur du Courret, Chenay, Marilhac, Berthomé, Mairé, Fontchaude, Beauregard, Vanssay (4 juin 1537), ép. Louise de Poix.

(5) Jules de Harpedanne-Belleville, sieur de l'Anguiller, Bouchault, Coinchault, né avant 1528, 2ᵉ fils de Jean de Harpedanne-Belleville et de Jacquette de Sainte-Flayve, lieut. à la comp. de Burye (1553-12 juin 1565), gouv. de Fontenay-le-Comte (24 juin 1570), d'abord catholique, puis protestant, puis, de nouveau, catholique, fut surnommé *Gilles Bédouin*. Il ép. Jeanne du Bouchet-Puygreffier.

(6) Charles de Saint-Gelais, sieur de Saint-Gelais, Saint-Jean-d'Angle, Puyjourdain, fils posthume de Jean de Saint-Gelais et d'Hélène de Puyjourdain, né le 13 janv. 1508, ép. (1527) Renée de la Boucherie, puis (1548) Louise de Puyguy (vivante 9 avril 1558). Il vivait 9 avril 1558.

(7) François d'Alloue, sieur de la Cour des Adjots, la Thibaudière, fils aîné de François d'Alloue et de Marguerite Goumard d'Eschillais, demi-frère de René du Courret, chev. de l'Ordre, gent. de la Ch. (14 nov. 1596), ens. à la comp. Burye (janv. 1558-15 févr. 1562), sén. du comté de la Rochefoucauld (1550), gouv. de Saint-Jean-d'Angely (14 nov. 1596-25 mai 1605), mort avant le 29 juin. 1608, ép. (16 déc. 1550) Anne de la Marthonye (vivante le 29 juill. 1608), veuve de François d'Orbessan.

(8) François Frotier, sieur de la Messelière, Baigneux, Melzéart, Chambonneau, Chamousseau, ens. (3 juin 1564-12 juin 1565) comp. Burye, lieut. (19 nov. 1567) comp. Rochechouart-Mortemart, commis. des g. (18 mars 1569-1ᵉʳ avril 1569), gouv. du Dorat (23 juin 1569), lieut. comp. Sansac (oct. 1558-30 oct. 1574), chev. de l'Ordre (4 févr. 1570), gent. maison du roi (3 juin 1564), décédé au 8 févr. 1584, ép. (15 mars 1539) Antoinette Goumard de Mézières (vivante 8 juin 1584). Il était fils de Charles Frotier et de Jeanne de Polignac, mariés 12 mars 1509.

(9) Probablement Achille Piato, commiss. des guerres en Piémont (12 mai 1551-23 mars 1557).

(10) Jean Bouchard d'Aubeterre, sieur de Saint-Martin-la-Coudre, Chevallon, Mallevau, Gémozac, fils de François Bouchard d'Aubeterre et de Françoise Goumard d'Eschillais, mariés en 1492, mineur (22 mai 1524), chev. de l'Ordre (6 juin 1546), guid. comp. Burye (janv. 1543-3 mai 1557), décédé au 2 mars 1576, ép. (2 déc. 1539) Françoise-Jeanne Hamon (décédée au 9 juillet 1579).

(12) René de Volvire, sieur d'Aunac et le Vivier (24 déc. 1566), Jussault, le Courret, Mortagne, Lespinay, Grand et Petit Cluseau, fils de François de Volvire et de Françoise de Parthenay, mariés le 6 sept. 1515, gent. de la Ch. (3 avril 1568), chev. de l'Ordre (8 mars 1572) ép. (27 janv. 1549) Jeanne Gourjault, puis (14 janv. 1554) Jeanne du Courret (vivante 4 juin 1575). Il vivait encore le 31 oct. 1588.

(14) Jacques Chesnel, sieur des Réaux, Cherves, la Thibaudière (10 juin 1541), fils de Jacques Chesnel, mar. des log. à la comp. de Burye (juill. 1555), ép. (9 sept. 1545) Placide d'Authon.

Compagnie CRÉQUY

(1) Jean de Créquy, sieur de Créquy, Fressin, Fontaines, Canaples, prince de Poix, sieur de Mareuil, Moreuil, Douriez, gouv. de Montreuil (21 janv. 1537-22 mai 1538), fils aîné de Jean de Créquy et de Françoise de Rubempré, mariés le 1er sept. 1478, ép. (23 juill. 1497) Jossine de Soissons, fut cap. de gend. (18 fév. 1527-27 oct. 1551), cons. d'Etat et chamb. (21 janv. 1537-18 sept. 1540) et mourut en 1552.

(2) Jean de Créquy, sieur de Créquy, Dommart, Bernaville, Canaples, Fressin, Poix, Pontdormy, comte de Mantes et Meulan, chev. de l'Ordre (10 juill. 1535), cap. gent. maison du roi (fin 1527-4 mai 1549), servit en Picardie (1523), à Pavie (1525),

accompagna d'Annebault dans son expéd. d'Angleterre. Fils aîné de Jean de Créquy et de Jossine de Soissons, mariés le 23 juill. 1497, il ép. (1525) Marie d'Acigné (vivante dern. fév. 1535) et mourut en 1555. Il fut, en 1523, étant guid. à la comp. Créquy-Pontdormy, pris. d'un combat près de Montdidier. Il fut gent. de la Ch. (20 oct. 1527-dern. févr. 1535) et bailli d'Amiens (20 oct. 1527-8 mai 1531).

(3) Cf. notice à la comp. du Biez.

(4) Charles de Créquy, sieur de Moreul, Beauval, Cagny, 5e fils de Jean de Créquy et de Jossine de Soissons, mariés le 23 juill. 1497, ép. Madeleine Picart, veuve de Charles de Boissey. Il vivait encore le 29 juill. 1553. Il fut lieut. à la comp. Créquy (3 oct. 1544-27 oct. 1551).

(5) Charles de Monchy, fils naturel de Jean de Monchy-Montcavrel, gouv. d'Aussy (4 juin 1523), ens. à la comp. Créquy (17 juill. 1549), ép. N... de Cocone, puis N..., puis N... de la Haie-Bainast.

(6) Perceval de Boulainvilliers, sieur de Bezancourt, ens. à la comp. Créquy (17 avril 1550), fils aîné d'Antoine de Boulainvilliers et de Claude de Saint-Simon, mariés en 1517, fut tué à la bat. de Gravelines (1558) et ép. avant 1545, Louise de Hames (née 13 août 1530, vivante 22 mars 1559).

(7) Charles de Rubempré, guid. (juill. 1535-22 juin 1540) à la comp. Créquy, sieur d'Aubercourt et Becquegnies, ép. (8 févr. 1526) Hélène de Bernieulles, (testa 17 août 1549), veuve de Pierre de Bours-Ivergny et mourut avant le 15 janv. 1541. Il eut un fils nommé Antoine.

(8) Jean de Rivery, fils de Jean de Rivery et de Florence de Bouzies, sieur de Villers-Bretonneux, Flameville, Wagnonville, Chaufour, Escaudin, cap. de gens de pied, guid. de gend. à la comp. Créquy (janv.-3 oct. 1544), ép. Antoinette de l'Eau (morte avant le 18 oct. 1559). Il vivait le 18 oct. 1559.

(9) Cf. notice comp. Henri de Bourbon-Condé.

(10) Jean de Boslles ou Boffles. — Jean, bat. de Boffles, mar. log. comp. Créquy (juill. 1535-28 sept. 1540).

Compagnie CRÉQUY-PONTDORMY

(1) Antoine de Créquy, sieur de Pontdormy, chev. de l'Ordre (24 juill. 1518), cons. d'Etat et chamb. (10 juill. 1516-23 juill. 1524), cap. de gend. (1ᵉʳ janv. 1514-23 juill. 1524) à la place de Jean de Bruges, gouv. de Parme (1521), bailli d'Amiens, bat (1523) l'ennemi à Bray, ravitaille Mondidier, défend (1513) Thérouanne contre l'ennemi, se distingua à la bat. de la Bicocca et au ravitaillement de Thérouanne (1524), 2ᵉ fils de Jean de Créquy et de Françoise de Rubempré, mariés le 1ᵉʳ sept. 1478, il ép. (1511) Jeanne de Saveuse (vivante 2 mai 1525) et fut tué, le 11 févr. 1525.

(2) Jean de Monchy, fils d'Edmond de Monchy et d'Isabeau de Ligne, mariés le 16 avril 1482, sieur de Senarpont, Vismes, Abbeville (16 fév. 1489-22 août 1507), ép. (1500 Madeleine d'Abbeville-Ivergny (vivante 14 janv. 1560).

(3) Edmond-Mondin de Monchy, frère naturel du précédent, bâtard d'Edmond de Monchy et de Perrette de Néelle, légitimé (oct. 1511), sieur de Campencuseville, h. d'a. comp. la Gruthuse, ép. Jeanne de Noyelle.

(4) Cf. notice à la comp. du mar. du Biez.

(5) Cf. notice comp. Créquy-Bernieulles.

Compagnie CRÉQUY-BERNIEULLES

(1) Philippe de Créquy, sieur de Bernieulles, Durpas, Velinghen, Hémond, Bléquin, Wicquinghen, chev. de l'Ordre, cap. de gend. (juill. 1525-6 févr. 1530), 3ᵉ fils de Jean de Créquy et de Françoise de Rubempré, mariés le 1ᵉʳ sept. 1478, gouv. et bailli de Thérouanne, qu'il défend (1537) courageusement contre Charles-Quint, lieut. (1523) à la comp. de son frère Pontdormy, il fut pris. dans un combat. Il ép. (18 janv. 1509) Louise de Lannoy (qui testa le 29 juin 1513), et mourut entre le 27 août 1560 et le 2 mai 1567.

(2) Jean de Neufville, sieur d'Ailly, Alennes (16 juin 1517), Boubers, fils de Jean de Neufville et d'Isabeau de Ligne, mariés avant le 6 avril 1481, ép. N... de Bailleul, puis (16 mai 1503) Catherine de Créquy.

(3) Claude de Créquy, sieur de Bléquin, lieut. à la comp. Créquy-Bernieulles (27 janv. 1536), fils de Philippe de Créquy et de Louise de Lannoy, mariés le 18 janv. 1509, ép. (15 sept. 1539) Marguerite de Guisaucourt (qui testa le 15 déc. 1586) et mourut entre le 7 oct. 1558 et le 8 juill. 1559.

(4) Valentin, bât. de Hallwin, fils naturel de Philippe d'Hallwin-Piennes, ens. comp. Bernieulles (juill. 1525-27 janv. 1536), ép. Godelière le Tintelier.

(5) Martin de Bournonville, 4ᵉ fils de Jean de Bournonville et d'Hélène de Sucquet, mariés le 25 avril 1490, sieur de Val-Entin, Saternault, le Vertbois, gouv. de Montreuil, ép. Jeanne Blondel de Joigny-Hellebrune et mourut avant 1574. Il vivait le 11 sept. 1513.

Compagnie ANTOINE DE CRUSSOL

(1) Antoine de Crussol, fils aîné de Charles de Crussol et de Jeanne de Genouillac, mariés le 29 juill. 1523, né le 21 juin 1528, comte de Crussol, vicomte, puis duc d'Uzès (1565), sén. de Quercy (23 nov. 1544), sieur de Tholland, gouv. d'Abbeville et Montreuil (1558), cons. d'État (14 févr. 1561), chev. d'honneur de la reine (1572), cap. de gend. (1561), lieut. gén. en Dauphiné, Languedoc, Provence (10 déc. 1561), chev. de l'Ordre (oct. 1568), mort le 13 août 1573, ép. (10 avril 1556) Louise de Clermont (née en 1504, morte en 1596), veuve de François du Bellay.

(3) François de Bérail-Cazilhac, baron de Cessac, Milhars, Noailles, Guelcuralhe (20 mars 1554), gent. de la Ch. (10 août 1568), chev. de l'Ordre (10 août 1568), gent. maison du roi (8 août 1567), lieut. comp. Crussol (1ᵉʳ déc. 1564-

8 juin 1567), gouv. de Verdun (1576), chamb. du duc d'Anjou (1568), chamb., cons. d'Etat (26 oct. 1580-28 sept. 1588), lieut. à la comp. H. de Guise (oct. 1568-3 août 1578), fils d'Antoine de Bérail-Cazillac et d'Anne de Crussol, mariés le 19 nov. 1526, cap. de gend., mar. de camp (18 oct. 1588), fut aux prises de Mauléon, Montaigu, la Garnache (1588-1589), ép. (12 mars 1563) Claude de Dinteville et mourut le 21 juin 1593. Il fut beau-père du maréchal de Praslin. Il fut chev. du Saint-Esprit (31 déc. 1583).

(4) Georges des Armoises, guid. (avril-1er déc. 1564) comp. Crussol, sieur de Nicey, 4e fils de Nicolas des Armoises et de Yolande de Nettancourt, mariés avant le 23 janv. 1544, min. en 1555, tué au siège de Poitiers en 1569, ép. Bénigne de Cité.

(5) Imbert d'Angères, sieur du Meyn, 2e fils d'Hector d'Angères et de Françoise de Gounes, mariés le 31 juill. 1514, chev. de l'Ordre (25 juin 1572), lieut. à la comp. d'Uzès (avril 1571-10 avril 1573. Il mourut avant le 1er mars 1587.

(6) Cf. not. à la comp. Dinteville-Eschenetz.

(7) Adrien de Hénin-Cuvillier, sieur de Montclin, Vauzelles (16 avril 1552), ens. aux légionn. de Brie (19 nov. 1550), 3e fils d'Antoine de Cuvillier et de Jeanne de Dinteville, mariés le 25 juill. 1502, ép. (10 juill. 1566) Marie de Riencourt. Il fut ens. (22 mai 1557-22 nov. 1558) à la comp. d'Eschenetz, ens. comp. Crussol dès juill. 1564.

(8) Jean de Voisins, baron d'Ambres, 3e fils de Maître de Voisins d'Ambres et de Jeanne de Crussol, mariés le 6 mai 1518, ens. (8 oct. 1565), puis lieut. (oct. 1574-29 mars 1575) à la comp. d'Uzès, col. des bandes de Languedoc (12 mai 1575-15 mai 1576).

(9) Louis de Boulogne, sieur de Salles (13 févr. 1584), 2e fils de Bernard de Boulogne et de Jacqueline de Ville, ens. à la comp. d'Uzès (oct. 1568-8 avril 1573), lieut. à la comp. Laval-Loué (29 juill. 1577).

(10) Galiot de Crussol, sieur de Beaudiné et la Côte Saint-André, Laleu, le Plomb, 6e fils de Charles de Crussol et de

Jeanne de Genouillac, né le 8 juill. 1545, tué à la Saint-Barthélemy, le 24 août 1572, ép. Françoise de Warty.

(11) Adrien de Chartogne, sieur de la Folie, Escordal, Sorbon, Escly, Sons, gouv. de Rethel (28 sept. 1573-avril 1580), fils de Laurent de Chartogne et de Marie de Saint-Quentin, ép. (9 oct. 1536) Marie de Beauvais, fut 31 déc. 1568-8 avril. 1573), guid. à la comp. du duc d'Uzès, maitre des eaux et forêts de Rethelois (14 nov. 1572), cap. de gens de pied (1ᵉʳ août 1587), ens. à la comp. Laval-Loué (janv.-19 oct. 1574).

(12) Eloi de l'Hostel, mar. des log. à la comp. d'Eschenetz (22 mai 1557-23 nov. 1558), puis à la comp. Crussol-Uzès (janv. 1560).

Compagnie CHARLES DE CRUSSOL-UZÈS

(1) Charles de Crussol, vicomte d'Uzès, sieur de Crussol, Beaudiné, Lévis, Florensac, cons. d'Etat, chamb., grand panetier, sén. de Beaucaire et de Nimes, cap. de gend., lieut. gén. en Languedoc (19 déc. 1544), 2ᵉ fils de Jacques de Crussol et de Simone d'Uzès, mariés le 24 juin 1486, né le 29 oct. 1510, ép. (29 juill. 1523) Jeanne de Genouillac d'Assier et mourut le 11 mars 1547. — Charles de Marzé : mauvaise lecture pour Théolde de Marzé. — Théolde de Marzé, fils de Gilbert de Marzé et de Marguerite Mitte de Chevrières, né en 1499, gent. de la maison du roi (2 juin 1539), lieut. à la comp. Crussol, (oct. 1546), ép. (12 avril 1524) Anne de Saint-Germain d'Apchon, puis (1ᵉʳ déc. 1534) Jeanne de Crussol. Il mourut sans postérité.

(2) Probablement Raymond de Belcastel, fils de Jean de Belcastel et de Christine de Savignac, mariés en 1500, sieur de la Pradelle, Colombiers, cap. de gend., décédé au 30 mai 1571, testa 9 juill. 1537, ép. (4 févr. 1527) Jeanne de Montvaillant (vivante 30 mai 1571).

(3) Guillaume d'Amanzé, sieur des Feuillées, Montet,

3e fils de Jean d'Amanzé et de Béatrix Mitte de Chevrières, blessé à mort à Renty (13 août 1554), testa le 16 févr. 1555, ép. (20 mars 1554), Françoise de Cazillac. Lieut. à la comp. Randan, il fut ens. dès oct. 1544 comp. Crussol.

(4) Jean Mitte, dit de Miolans, sieur de Chevrières, fils de Louis Mitte de Chevrières et de Madeleine de Crussol, mariés le 9 nov. 1508, chev. de l'Ordre, mort le 25 avril 1574, ép. Françoise Mareschal du Parc (morte le 2 nov. 1575).

(5) Antoine Mitte de Chevrières, sieur de Cuzieu, 3e fils de Louis de Mitte de Chevrières et de Madeleine de Crussol, mariés le 9 nov. 1508, h. d'a. (oct. 1541-7 mars 1542) à la comp. Crussol, puis guid. à cette comp. (juill. 1545-10 juill. 1546), ép. Anne de Saint-Chamond, puis, après 18 avril 1566, Michelle de Bayencourt, veuve de Gabriel de Montmorency et de François d'Aumale.

(6) Antoine de Marin, mar. log. comp. Crussol (6 nov. 1542).

(7) Cf. notice à la comp. Sancerre.

Compagnie JACQUES DE CRUSSOL

(1) Jacques de Crussol, sieur d'Acier, Lévis, Florensac, duc d'Uzès, 2e fils de Charles de Crussol et de Jeanne de Ricard-Gourdon-Genouillac, mariés le 29 juill. 1523, comte de Crussol, baron de Lévis, né le 20 juin 1540, col. gén. de l'infanterie française, fait pris. à Moncontour, lieut. gén. à Béziers, Agde, Montpellier, Nîmes, Uzès, Viviers (10 juill. 1574), et en Languedoc (7 août 1574), cap. de gend., gouv. de Languedoc, ép. (28 août 1568) Françoise de Clermont et mourut à Paris, le 7 sept. 1594. Il s'était appelé d'abord M. de Beaudiné, puis M. d'Acier, puis (15 août 1573) M. le duc d'Uzès. En 1562, chef des protestants en Languedoc, il prit Marseillan, Agde, Béziers, Magalas, échoua sur Servian, emporta Lignan, fut battu à Pézenas, échoua sur Frontignan et Lattes, prit le Pouzin, Bourg-Saint-Andéol, délivra Aubenas et Agde, reprit Bourg-Saint-Andéol. En 1567, il repoussa les

catholiques de Montpellier, prit Nimes, la Tour du Pont-Saint-Esprit, Saint-Marcel, délivra Saint-Marcellin ; en 1568, il fut battu par Joyeuse à Montfrin, par Montpensier à Messignac ; en 1569, il fut fait pris. à Moncontour. En 1575, il prit Saint-Gilles, Vauvert, Quissac, la Rivière, Saint-Genès, Saint-Firmin, battit deux fois Damville près de Sommières. Cap. de gend. (31 mai 1576), il fut chev. du Saint-Esprit (31 déc. 1578).

(2) Cf. notice à la comp. Charles de Crussol.

(3) Olivier de Thézan, baron de Saint-Maximin, Nages, Pujols, Morcairols, 2⁰ fils d'Antoine de Thézan et de Marquise de Combret, mariés le 15 mai 1523, éc. d'éc. du roi (1ᵉʳ janv. 1571), chev. de l'Ordre (10 févr. 1570), lieut. à la comp. d'Uzès (28 mars 1582), mar. de camp (oct. 1582-3 sept. 1596), gouv. de Mende et Gévaudan (17 sept. 1595), encore vivant, le 27 févr. 1613. Il fut (23 août 1570) ens. à la comp. de Alfonso d'Este et ép. (4 déc. 1561) Cassandre Cenami. Il fut cap. de gend. (14 juin 1586-12 avril 1590).

(4) Jacques Mitte, dit de *Miolans*, sieur de Chevrières, baron de Saint-Chamond, comte de Miolans, chev. de l'Ordre (15 sept. 1581), cap. de gend. (avril 1581-5 juill. 1594), cons. d'Etat (5 juill. 1594), lieut. à la comp. de Tavannes (janv. 1576-16 sept. 1578), lieut. gén. en Lyonnais, Forez, Beaujolais, fils de Jean Mitte et de Françoise Mareschal du Parc, mariés avant le 16 janv. 1550, ép. (25 avril 1577) Gabrielle de Saint-Priest-Saint-Chamond, puis Gabrielle de Gadagne-Bouthéon. Il mourut en 1610.

(5) Balthazar Flotte de Montauban, comte de la Roche (déc. 1592), baron de Montmaur, fils de Jean de Flotte et d'Antoinette de Montauban, mariés le 27 août 1531, gouv. de Saint-Marcellin et Romans (10 mars 1593). Il se signala à Coutras, Arques, Ivry, Fontaine-Française, ép., encore min., Isabeau des Astards, puis (30 oct. 1590) Marthe de Clermont d'Amboise. Mestre de camp (5 juin 1586), chev. de l'Ordre (29 sept. 1581), cap. de gend. (avril-29 sept. 1581), vivant le 29 nov. 1597, ens. à la comp. d'Uzès (24 avril 1577-26 mai 1578), puis à celle du Grand Prieur de France. Il fut cons. d'Etat, mais il trahit la France pour la Savoie, où il fut

grand-écuyer (1601). Le roi de France le fit décapiter pour trahison.

(6) Notice à la comp. Clermont d'Amboise.

(7) Notice à la comp. Clermont d'Amboise.

(8) Louis de Voisins, vicomte de Lautrec, baron d'Ambres, sieur de Saint-Gauzens, Taur, Fiac, Brametorte, la Bruyère, chev. de l'Ordre, gent. de la Ch., cap. de gend. (17 déc. 1605), gouv. d'Albi, Castres, Lavaur, tué au siège de Tonneins (1622), 2e fils de François de Voisins et d'Anne d'Ambroise, mar. le 19 mars 1555, ép. (16 juill. 1583) Paule de Pardaillan-Gondrin, puis Louise de la Châtre-Nançay (vivante 7 févr. 1628). Il testa le 2 avril 1622.

(9) Claude de Parpaille, sieur de Molans, mar. des log. à la comp. d'Uzès (juill. 1577-25 mai 1578), 2e fils de Dominique de Parpaille et de Jeanne Adhémar de Molans, mariés le 24 mai 1535, ép. Sancie de l'Espine, veuve de Claude de Guiramand.

(10) Jean de Lugolly, sieur de Bourville, commiss. des guerres (13 janv. 1580-16 juill. 1601), mar. des log. à la comp. Clermont-Tallart (16 juill. 1571-29 janv. 1574).

Compagnie JACQUES DE DAILLON

(1) Jacques de Daillon, baron du Lude et Saultray, fils aîné de Jean de Daillon et de Marie de Laval, mariés le 18 août 1459, cons. d'Etat, chamb. (10 avril 1521), sén. d'Anjou (1er févr. 1512-19 févr. 1524), gouv. de la Rochelle et Fontarabie, qu'il défendit brillamment (1522), vivant le 18 janv. 1531, cap. de gend. (13 févr. 1523-20 sept. 1527), mort en 1532, après le mois d'août, à Illiers, ép. (8 mai 1491) Hélène d'Illiers (vivante 23 déc. 1500). Il fut aux bat. de Saint-Aubin du Cormier, Fornoue (blessé), Marignan et Pavie (blessé).

(2) Cf. notice à la comp. Daillon du Lude.

Compagnie DAILLON-DU LUDE

(1) Jean de Daillon, comte du Lude, baron d'Illiers, Briançon, Reillé, Saultray, Meigné, fils ainé de Jacques de Daillon et de Jeanne d'Illiers, mariés le 8 mai 1491, chev. de l'Ordre (19 nov. 1549), sén. d'Anjou (31 janv. 1540-16 déc. 1545), cap. de gend. (23 mars 1545-10 août 1557), cons. d'Etat, chamb., gouv. de Poitou, la Rochelle, Aunis, lieut. gén. en Guyenne (19 nov. 1549-4 mars 1550), fut blessé à la délivrance de Péronne (1536), apaisa diverses séditions en Guyenne (1542 et 1548), mourut, le 21 août 1557, à Bordeaux. Il fut lieut. (28 juill. 1526) à la comp. de son père. Il ép. (1517) Louise de Vendôme, puis (30 avril 1528) Anne de Batarnay.

(2) Guy de Daillon, comte du Lude et Pontgibaut, baron d'Illiers, Chesnedoré, Magné, lieut. à la comp. du Lude (juill. 1576-27 avril 1557, g. de Brouage (31 mars 1580), cons. d'Etat (1562-4 janv. 1571), gouv. de Poitou (22 nov. 1567-4 janv. 1571), sén. d'Anjou (7 juin 1569-9 févr. 1585), fils ainé de Jean de Daillon et d'Anne de Batarnay, mariés le 30 avril 1528, enfant d'honneur de Henri II, panetier (16 févr. 1553-20 juill. 1556), guid. à la comp. de Nemours, au siège de Metz, fut à la bat. de Renty, aux sièges de Calais, Guines, Poitiers (1562), Marans (1569), Brouage (1576), à la défense de Poitiers (1569), prit Saint-Maixent, la Motte Saint-Eloi, Cherveux, échoua sur Niort (1569), fut au siège de la Rochelle (1573), chev. de l'Ordre (1562), fut au siège de Montaigu (1579), fut cap. de gend. (janv. 1558-24 juin 1563), mourut le 11 juill. 1585, à Briançon. Il ép. (11 mars 1559), Jacqueline de la Fayette (décédée avril 1616). Il fut chev. du Saint-Esprit (31 déc. 1581).

(3) Payen d'Averton, sieur de Belin, Viennes, Cheverigné, fils ainé de Jean d'Averton et de Françoise d'O, mariés le 3 juin 1485, lieut. à la comp. du Lude (oct. 1544-26 oct. 1548), ép. (20 déc. 1543) Anne de Maillé-la Tour-Landry.

(4) René de Laval, sieur de Boisdauphin, Précigné, Mangastrau, Saint-Georges, Rozay, Louaillé, Aulnay, Saint-

Aubin, les Coudrayes, la Mousse, Saint-Mars, Roupéreux, vicomte de Bresteau, gent. de la Ch., père du mar. de Boisdauphin, fils ainé de Jean de Laval et de Renée de Saint-Mars, né avant 1531, ép. Catherine de Baïf, puis (12 sept. 1547), Jeanne de Lenoncourt (vivante en 1582), et fut tué (10 août 1557) à la bat. de Saint-Quentin.

(5) Cf. notice à la comp. Annebault la Hunaudaye.

(6) Philippe Frézeau, sieur de la Frezelière, la Roche-Thibaud, Gastebource, Possons, la Grimaudière, Amalion, fils ainé de René Frézeau et de Françoise Milet, mariés le 31 mai 1524, né avant 1530, chev. de l'Ordre (15 sept. 1571), guid. (janv. 1557-13 juin 1569), lieut. (oct. 1570-12 avril 1581) à la comp. du Lude, cap. gens de pied (6 févr. 1569-6 oct. 1574), lieut. gén. en Poitou (23 févr. 1573-15 mai 1588), gouv. de Niort (14 déc. 1569-6 oct. 1574), défendit brillamment Carentan (1574) contre Montgommery, fut gent. de la Ch. (1581), ép. (31 août 1560) Guyonne de Puy de Bacher (vivante 23 avril 1563), veuve d'Amien Goulard de Marcé et mourut en 1590.

(7) Jean de Loubbe, sieur de Reignac, Gersant, 2° fils de Jean de Loubbe et d'Anne de Bailleul, baron du Sauce, gouv. de Château-Trompette, ens. comp. du Lude (oct. 1544-26 oct. 1548), mort en 1549, ép. (1534) Catherine de Raillart-Marville (décédée 1586).

(8) Jacques Gallian, ens. à la comp. du Lude (25 juin 1558), sieur de Chabons, gouv. de Quincieu en Dauphin.é (1568).

(9) Claude de Bonnelle, ens. à la comp. du Lude (janv. 1566).

(10) Gabriel de la Béraudière, sieur de Monet, Sourches, Villenon, Ursay, Serres, Breuilles, Plaisance, 1er chamb. du duc d'Alençon (9 juill. 1577), fils de Philippe de la Béraudière et de Françoise de Vivonne, chev. de l'Ordre (oct. 1567), gent. de la Ch. (9 oct. 1579), ens. à la comp. du Lude (oct. 1567-1er mai 1581), cap. de l'arrière-ban de Poitou (30 oct. 1552), mourut avant le 9 févr. 1588. Il ép. Barbe de Hautemer-Fervacques (vivante 9 févr. 1588).

(11) Cf. notice à la comp. Avaugour-Vertus.

(12) René Girard, sieur de la Roussière, Cultepraye, min. (22 juin 1558), chev. de l'Ordre (19 avril 1573), guid. comp. du Lude (juill. 1569-30 avril 1582), fils d'Emery de Girard et d'Anne de la Brosse-Cultepraye, mariés avant 11 nov. 1543, ép. Marie de Rivoire-la Bastie (testa 5 mars 1573).

(13) Louis du Han, sieur de la Brosse, mar. log. comp. de Lude (20 nov. 1554).

(14) Christophe Aubry, sieur de Saugie, mar. des log. à la comp. du Lude dès le 15 févr. 1555.

(15-16) Ces deux frères sont probablement fils de Pierre de Daillon-la Chartebouchère et de Gilette de Melay.

Compagnie DAILLON-SAULTRAY

(1) François de Daillon, sieur de Saultray, le Fresne, Beaumont la Ronce, chev. de l'Ordre (16 mai 1575), 4e fils de Jean de Daillon et d'Anne de Batarnay, mariés le 30 avril 1528, ép. (20 mars 1570) Marie Ratault de Cursay, puis (12 août 1572) Jacqueline de Montigny (vivante 9 mai 1581), veuve de Paul Chabot de Clervaux. Il mourut, sans postérité, entre le 22 juin 1596 et le 27 juill. 1597.

(2) François de Menou, sieur de Turbilly, Chasloux, le Plessis au Maire, Genevroy, la Bonnerie, Monts, les Grands Georges, Brèche, Chasseloup, Paraqueu, Chouses, Malicorne, fils de François de Menou et de Marie de la Roussière, mariés le 10 mai 1540, né en 1542, mort le mardi 7 janv. 1592, à 9 heures du matin, chev. de l'Ordre (26 août 1580), lieut. à la comp. Saultray (19 juill. 1574), puis à la comp. Lavardin (1575), ens. à la comp. Puygaillard (avril 1581-11 avril 1584), gent. de la Ch., ép. (12 mai 1567) Anne de la Trémouille-Brèche (morte entre 16 mai et 17 sept. 1604).

Compagnie DINTEVILLE-ESCHENETZ

(1) Guillaume de Dinteville, sieur des Chenetz, Chassenay, Buxeul, Polisy, Dommartin, Montereul, Levisseules, 5ᵉ fils de Gaucher de Dinteville et de Anne du Plessis, mariés le 17 juin 1496, bailli de Troyes, gouv. de Bassigny, né en 1506, gent. de la Ch., cap. de gend. (24 nov. 1558), mort le 16 août 1559, ép. (1546) Louise de Rochechouart (morte 15 déc. 1589). Ecuyer d'écurie du duc François d'Orléans, il avait été un moment compromis dans l'affaire de Montecuculli. Il fut gent. de la Ch. (11 juill. 1554).

(3) Jean du Chastellet (Peut-être est-ce le même qui fut lieut. à la comp. Vaudemont ?)

(4) Jacques du Chastellet. Erreur : lire : *Jacques de Chastillon.*

(5) Jacques de Chastillon, sieur de Marigny et Bailleus, fils d'Antoine de Chastillon et de Marguerite de Tullières, mariés avant 1528, fut à la bat. de Saint-Quentin et fut blessé à celle de Dreux. Il ép. (16 oct. 1549) Françoise de Renty.

(6) Cf. notice à la comp. Antoine de Crussol.

(7) *Item.*

Compagnie JOACHIM DE DINTEVILLE

(1) Joachim de Dinteville, baron de Dinteville, Meurville, Emery, Saint-Bris, Spoy, Grignon, Feugerolles, cons. d'Etat, cap. de gend. (18 juin 1581-18 juin 1592), chev. de l'Ordre (8 août 1572), guid. à la comp. Pᵗ à Mousson (oct. 1569-10 avril 1573), cons. d'Etat (18 juin 1592-23 mai 1606), fils aîné de Jean de Dinteville et de Gabrielle de Stainville, mariés le 7 févr. 1534, né en 1538, lieut. gén. en Champagne et Brie (20 déc. 1579-23 mai 1606), mort le 1ᵉʳ oct. 1607 à Dinteville, ép. (1580) Marguerite de Dinteville-Vanlay (née 16 janv. 1550, morte en sept. 1596 (après le 12) à Troyes),

puis (31 déc. 1596) Léonor de Saulx-Tavannes (vivante 15 fév. 1608). Il fut chev. du Saint-Esprit (31 déc. 1583).

(2) René de Bressoles, sieur des Bastides, Bussignoux, le Vergier, 4e fils de Louis de Bressoles et de Marceline des Couts-Bussignoux, lieut. (avril 1577) à la comp. Vatresse, vivant le 24 janv. 1599, ép. Jeanne Giffart (morte entre 6 juin 1583 et 24 janv. 1599).

(3) François de Choiseul, baron d'Ambonville, 2e fils de Philibert de Choiseul et d'Antoinette Foucher de Favérieux, chev. de l'Ordre, ép. avant le 25 sept. 1599 Marine de Lux (vivante 6 oct. 1617). Il mourut entre le 25 sept. 1599 et le 17 déc. 1614.

(4) Jean du Breuil, sieur du Poux, ens. comp. Vatresse (avril-22 déc. 1577), fils de Guyot du Breuil, ép. (15 mai 1569) Gabrielle du Bost. Il fut ens. comp. Dinteville (18 juin 1581).

(5) Claude de Joyeuse, comte de Grandpré, gouv. de Mouzon et Beaumont (6 janv. 1619-9 juill. 1624), cap. de gend., 3e fils de Foucaud de Joyeuse et d'Anne d'Anglure, mariés le 24 août 1547, ép. (15 févr. 1588) Philiberte de Saulx-Torpes. Il mourut en 1632. Il fut chev. du Saint-Esprit (1614).

(6) Louis de Volvire, sieur de Mortagne, Aunac, le Vivier, le Courret (8 mars 1599), guid. à la comp. Vatresse (avril 1577), guid. à la comp. Sansac (23 fév. 1581), cons. d'Etat (20 janv. 1616), lieut. à la comp. d'Elbœuf (8 mars 1599), fils de René de Volvire et de Jeanne du Courret, mariés le 14 janv. 1554, ép. (23 févr. 1581) Nicole de Lur-Uza. Il vivait encore, le 20 janv. 1619.

(7) Claude de Lenoncourt, sieur de Marolles, des Landes, Canisy, Voyenne, Hombles, le Mosquil, Saint-Voisant, Château-Chinon, Poligny, Beauregard, Bidaut, Bouzie, la Vacherie, fils ainé de Pierre de Lenoncourt et d'Isabeau de Canisy, mariés le 2 novembre 1529, min. (5 oct. 1542), mort entre le 9 juill. 1586 et le 1er juill. 1596, guid. à la comp. Dinteville (7 mai 1586). Il ép. (12 juin 1565) Anne de Maumont-Briel.

(9) Pierre de Balathier, sieur de Lantage, les Bordes, Vougrey, Avirey le Bois, 2e fils de François de Balathier et

de Françoise de Fourny, mariés le 14 mai 1527, mar. des log. à la comp. Dinteville (21 sept. 1587), ép. (3 août 1556) Péronne d'Amoncourt (morte en mars 1557), et mourut entre le 12 juillet 1599 et le 21 mai 1602.

Compagnie DURAS

(1) Cf. notice à la comp. Alain d'Albret.

(2) Bertrand de Lustrac est probablemement Bertrand de Lustrac, fils d'Antoine de Lustrac et de Catherine de Durfort, qui ép. (11 mars 1512) Marguerite de Durfort.

Compagnie SAINT-SULPICE

(1) Jean d'Ebrard, baron de Saint-Sulpice, né le 26 août 1519, mort le 5 nov. 1581, à 4 heures du matin, fils d'Antoine d'Ebrard et de Jeanne de Lévis-Caylus, mourut âgé de 62 ans, 2 mois, 10 jours, à Saint-Sulpice. Il fut éc. de bouche du roi, gent. de la Ch. (1er oct. 1564), fut au siège de Boulogne (1544), à l'expéd. d'Ecosse (1548), au voyage d'Austrasie (1552), au siège de Metz (1552), guerroya en Toscane (1552-1554) et Picardie, fut à la bat. de Renty (1554), au siège de Calais (1558), remplit diverses missions en Espagne, Angleterre, Portugal, Italie, Allemagne, chev. de l'Ordre (1er oct. 1564), amb. en Espagne (562-27 sept. 1565), cons. d'Etat (5 oct. 1570), cap. de gend. (5 oct. 1572-21 juin 1578), fut à la bat. de Saint-Denis (1567), gouv. de Quercy, surintendant et chef du conseil du duc d'Alençon (25 janv. 1576), gouv. du duc d'Alençon (16 juill. 1574), gouv. d'Alençon, Château-Thierry, Mantes, Meulan, Sézanne, ép. (6 mai 1551) Claude-Jeanne de Gontaut-Biron. Il fut chev. du Saint-Esprit (31 déc. 1579).

(2) Cf. notice à la comp. Carmain-Negrepelisse.

(3) Emeric-Marie du Châteignier, sieur de Hautcastels et Loubejac, 2e fils de Jean du Chateignier et de Catherine du Cos, h. d'a. à la comp. de Charry (1562), ens. de gend., testa en 1586, et ép. (9 juill. 1564) Anne de Beynac.

(4) Henri d'Ebrard, sieur de Saint-Sulpice, comte de Negrepelisse, fils aîné de Jean d'Ebrard et de Claude de Gontaut-Biron, né entre janv. 1552 et 1556, guid. à la comp. de son père (12 mars 1573) gent. de la Ch. (1575), ép. (1576) Catherine de Carmain-Négrepelisse et mourut sans post., assassiné, le jeudi 22 déc. 1576, à 11 heures du soir, en sortant du château de Blois.

(5) Bertrand de la Rocan, fils de Jean de la Rocan et de Rose du Bos-Graulet, sieur de Tons, la Isliette, Graulet, Cotz, mar. des log. (avril 1572-20 mai 1574) comp. Saint-Sulpice, puis (oct. 1577-20 oct. 1580), comp. Biron, ép. Brigitte de Martrés. Né en 1535, il vivait 30 mai 1603 et était mort au 26 nov. 1614.

Compagnie DUC DE GUELDRE

(1) Charles d'Egmont, duc de Gueldre et Juliers, comte de Zutphen, prince de Malines, Nimègue, Arkel, Bétuwe, fils d'Adolphe d'Egmont et de Catherine de Bourbon, né à Gavre, le 9 nov. 1467, mort sans enfants, à Arnheim, le 26 juin 1538. Il ép. (1519) Elisabeth de Brunswick (née en 1502, morte en 1582). Fait pris. (1473) par Charles le Téméraire, élevé à Gand, il se distingua (1485) aux sièges d'Ath et d'Oudenarde. Fait pris. par le mar. d'Esquerdes (1487). Bien accueilli par Charles VIII, il chassa les Impériaux de Gueldre et voulut (1494) faire reconnaitre ses droits par Maximilien, qui s'y refusa, envahit la Gueldre, prit Ruremonde. La guerre se poursuivit jusqu'en 1499, puis Louis XII fit conclure une trêve aux belligérants. En 1504, la guerre recommença entre d'Egmont et l'archiduc Philippe d'Autriche, puis cessa lorsque Philippe fut roi d'Espagne. Il voulut emmener d'Egmont en Espagne, mais celui-ci s'échappa, gagna, déguisé, la

Gueldre, y reconquit plusieurs villes, y battit plusieurs fois, les Impériaux de Henri de Nassau, envahit (1507) le Brabant, puis la Hollande, toujours secrètement soutenu par la France. François 1er lui ménagea une trêve avec les Impériaux ; en reconnaissance, il lui amena, en 1515, 22,000 hommes pour l'aider dans sa campagne d'Italie, mais il ne put arriver à temps pour y coopérer. Il guerroya contre les Impériaux jusqu'au traité de Gorinchen (3 oct. 1528), proposa, en 1538, aux Etats de Gueldre, de céder la Gueldre à la France. Ils le déposèrent (27 janv. 1538). Ce prince, bon capitaine, point cruel, fut pour la France un fidèle allié. Il fut (mars 1530), cap. de gend. fr.

(2) François de Théligny, fils de Guillaume de Théligny et de Marie de Cantiers, sieur de Lierville et Verde, sén. de Rouergue (24 févr. 1505-20 juin 1522), chamb., cons. d'Etat, panetier du roi (6 déc. 1518), se distingua à Marignan, au siège de Brescia, défendit Thérouanne in 1513, coopéra au ravitaillement de Mézières (1521), fut lieut. gén. par intérim en Milanais (1521). Il fut blessé à mort (fin avril 1523) dans un combat, près d'Hesdin. Il ép. Charlotte de la Haye-Louvoye.

(3) François le Vavasseur, sieur d'Esguilly, Saint-Maurice, Bonneray, le Breuil, cons. d'Etat, chamb., sén. de Rouergue (16 janv. 1524-12 août 1530), fut sous-lieut. (11 avril 1520-16 oct. 1527) à la comp. du duc de Gueldre.

Compagnie JACQUES DE PÉRUSSE-ESCARS

(1) Jacques de Pérusse, baron d'Escars, cap. de gend. et de chevau-légers, cons. d'Etat, sén. de Marsan, Tursin, Gabardan, 3e fils de Geoffroy d'Escars et de Françoise d'Arpajon-Lautrec, sieur de Juillac, Ségur, débloqua Guise en 1543 et ép. (12 mai 1527) Anne de l'Isle-Jourdain, puis, après le 1er juin 1543, Françoise de Longwy, veuve de l'amiral de Brion.

(2) Cf. notice comp. Henri IV.

(3) Cf. notice comp. Henri IV.

(4) Cf. notice comp. mar. Brissac.

Compagnie FRANÇOIS D'ESCARS

(1) Cf. notice comp. Henri IV.

(2) Cf. notice comp. Massès.

(3) Louis de Lur, vicomte d'Uza, sieur de Fargues, Belin Beliet, Sales, Malengin, Castel en Dorte, fils de Pierre de Lur et de Jeanne d'Aubusson, mariés le 4 juin 1522, chamb., chev. de l'Ordre, vice-amiral de Guyenne, gouv. de Saint-Sever (1er oct. 1561), sén. de Bazadois (1er oct. 1571), né en 1525, mort, le 8 juin 1573, au siège de la Rochelle, ép. (21 janv. 1553) Marie de Montferrand-Cancon (vivante 18 mars 1581).

(4) Jean de Montesquiou, baron de Marsac, sieur de Devèze et la Barthe, chev. de l'Ordre, cap. de gend., sén. et gouv. de Rouergue, fils ainé de Bernard de Montesquiou et d'Hélène de Voisins-Lautrec, mariés le 5 juin 1542, ép. (3 oct. 1581) Eléonore de Lauzières-Thémines. Il mourut le 13 déc. 1591.

(5) Charles de Montferrand, ens. à la comp. d'Escars (janv.-3 mai 1566). C'était, probablement Charles de Montferrand, chev. de l'Ordre (12 mars 1570), 1er baron de Guyenne, gouv. de Bordeaux et Bordelais (12 août 1570-3 août 1573), fils de Charles de Montferrand et de Françoise d'Aydie, ép. Marguerite de Montferrand-Cancon et mourut au siège de Gensac (1575) — ou, peut-être, Charles de Montferrand, vicomte de Castelmoron et Gironde (28 mars 1538), fils de Jean de Montferrand et de Louise de Juge, ép. Marie de Verdun-Cancon.

(6) François, baron de Gimel, Sarrau, Einburg, la Rochebriant (1586) testa en 1617, ép. (1er déc. 1562) Marguerite de

Montal. Il était fils de Pierre de Gimel et de Matheline d'Auriole, mar. le dern. févr. 1538.

(7) François de Hautefort, fils ainé de Gilbert de Hautefort et de Louise de Bonneval, mariés le 31 janv. 1518, comte de Montignac (1603), marquis de Hautefort (août 1614), baron de Thenon, sieur de la Motte, la Borie, Chaumond, Verneuil, Saint-Orse, Ajac, chev. de l'Ordre, gend. de la Ch. (14 août 1581-22 juillet 1600), cons. d'Etat, cap. de gend., né en 1548, guid. (1571-1578) à la comp. d'Escars, ép. (15 nov. 1579) Louise de Pérusse-Escars, fille de son capitaine, et mourut le 22 mai 1640.

(8) Jean de la Barthe, sieur de Montcorneil et Guisery, fils ainé de Mathieu de la Barthe et de Catherine de Lomagne, mariés le 20 avril 1530, décédé sept. 1580, mar. log. comp. Termes (5 janv.-avril 1558), puis comp. d'Escars (avril 1563-15 févr. 1564), ép. (6 mars 1561) Marguerite de Narbonne (vivante 12 août 1602).

(8) Gaspard de Montagnac, fils de Jacques de Montagnac et de Catherine de Jonnac, mariés le 6 juill. 1518, min. (8 déc. 1539), sieur de l'Arfeuillière, h. d'a. (1559) comp. roi de Navarre, puis (1567) comp. Ouchy, puis (1569) comp. duc d'Anjou, mar. log. comp. d'Escars (janv. 1575-2 janv. 1578), décédé entre 20 mars 1595 et 13 mars 1605, ép. (7 févr. 1552) Hélène Gréen de Saint-Marsault (vivante 29 mai 1608).

Compagnie LA VAUGUYON

(1) Jean de Pérusse d'Escars, prince de Carency, comte de la Vauguyon, sieur d'Abret, Saint-Bonnet, Vendat, baron de Saint-Germain-sur-Vienne, Varaignes, la Tour de Bar, Surat, Bains, Saint-Georges, Rochefort, Bouvigny, Puisieux, Auval, la Coussière, Aix-en-Grelle, Lascot, la Mesnie, Vaires, Buxerolles, Romazières, la Coste, Escontard, la Bastie, Palladière, Botizon, Billezay, Bucquoy, Combles, le Repaire, Rousines, Saint-Sault, cap. chevau-légers (26 déc. 1551), chev. de l'Ordre (28 août 1559), gouv. de Montlhéry (1er oct. 1551-

12 fév. 1566), cons. d'Etat (8 nov. 1570-4 déc. 1583), cap. gend. (28 août 1559-29 juill. 1577), sén. et mar. de Bourbonnais (1er oct. 1551-mai 1576), mar. de camp (30 avril 1568), fils de François d'Escars et d'Isabeau de Bourbon, mariés le 22 fév. 1517, assista aux bat. de Jazeneuil, Jarnac, Moncontour, au siège de Saint-Jean-d'Angely, fut fait comte de la Vauguyon (juill. 1586) et lieut. gén. en Bretagne (1589-1592) et mourut le 17 mars 1595. Il avait été (30 avril 1556-1er mai 1557) lieut. à la comp. du prince de Salerne. Il ép. (1er oct. 1551) Anne de Clermont-Tallart (vivante 10 sept. 1595). Il fut chev. du Saint-Esprit (31 déc. 1578).

(2) Claude de Bourbon, baron et comte de Busset, sieur de Chàlus, Couthoyes, Saint-Priest, la Prevorière, Treinan, le Baucherel, chev. de l'Ordre (12 sept. 1577), gouv. de Limousin (12 sept. 1577-31 déc. 1578), fils ainé de Philippe de Bourbon et de Louise Borgia, mariés le 3 févr. 1531, gent. de la Ch., gouv. de Carlat et Murat, gouv. de Limousin (1577), guid. (1546-1557) à la comp. du prince de la Roche-sur-Yon, puis lieut. dès janv. 1562, à celle de d'Escars, il mourut entre le 18 août 1585 et le 17 juin 1588. Il ép. (7 mai 1554) Marguerite de la Rochefoucauld, veuve de Pierre du Puy. Il avait été lieut. à la comp. Villebon (mai 1563-7 févr. 1564).

(3) Antoine Vigier, sieur de Saint-Mathieu, gent. de la Ch. (30 nov. 1578), guid. (janv. 1559-21 janv. 1563), ens. (avril 1564-29 janv. 1577) comp. la Vauguyon.

(4) Jean de Laqueille, fils de Jean de Laqueille et d'Isabeau de Bourbon-Busset, mariés le 3 juin 1531, mineur au 21 oct. 1545, sieur de Margeride, Châteaugay, Beaune, Pessac, Giac, Jozerand, Bourassol, Monistrol, Murat, Saint-Supery, Sabazat, Vendat, la Roche-Donnezat, baron de Florat et Châteaugay, testa le 15 juin 1609, fut guid. à la comp. la Vauguyon (juill. 1564-11 nov. 1566), chev. de l'Ordre (13 sept. 1568), cap. gens de cheval (17 févr. 1577), gent. de la Ch., lieut. gén. en Auvergne (19 sept. 1579), sén. d'Auvergne (6 déc. 1589) et Clermont (1er mai 1590), cons. d'Etat (7 août 1602), mar. de camp (8 avril 1590), fut aux sièges d'Issoire et de Vichy, ép. (26 juin 1563) Isabeau de Pérusse-

Escars (vivante le 17 févr. 1573), puis (23 janv. 1595) Madeleine de Pierrebufflère-Châteauneuf (vivante le 14 nov. 1608), veuve d'Antoine de la Tour-Murat.

(5) Antoine Gréen de Saint-Marsault, sieur du Verdier (25 janv. 1607), Courson, Chebassière, fils de Brandélis du Verdier et de Jeanne de Royère, mariés le 21 oct. 1520, gent. du duc d'Enghien (1567), gent. de la maison du roi, ép. (15 mai 1571) Catherine de Pierrebufflère. Il vivait encore en 1617 et mourut avant le 19 mai 1623.

Compagnie D'ESCARS-MERVILLE

(1) Jacques d'Escars, sieur de Merville, Cambon, Castelnau, Taillecanat, 3e fils de Jacques d'Escars et d'Anne de l'Isle-Jourdain, mariés le 12 mai 1527, chev. de l'Ordre (20 nov. 1568), cap. de gend. (26 févr. 1569-18 août 1592), gouv. de Bordeaux (1er avril 1567-6 janv. 1581), grand sén. de Guyenne (1er avril 1567-4 juill. 1582), ép. (6 mai 1565) Catherine de Béraut, puis Jeanne d'Aubusson.

(2) François de Coustin, sieur du Masnadau (16 avril 1552-11 juin 1573), lieut. à la comp. de Merville (janv. 1568), fils aîné de Louis de Coustin, et de Louise de Lambertie, mariés le 6 juill. 1533, fut sieur de Villemaissant et Beaumont, chev. de l'Ordre, ép. Louise de Chastain-Beaumont et testa le 3 avril 1584.

(3) Cf. notice à la comp. Béon-Massès.

(4) Raimond de Lansac, 2e fils de Michel de Lansac et de Jacquette de Carlier, ép. Marguerite de Blanc-Seguin.

(5) Louis de Gourdon-Genouillac, comte de Vaillac, Boisset, Agassec, la Fitte, Sers, Miremagne, Soceirat, Reilhaguet, Reilhac, Bessan, Bournac, fils aîné de Jean de Gourdon-Genouillac et de Jeanne Brun de Boisset, mariés le 12 déc. 1538, mourut entre le 19 déc. 1611 et le 1er avril 1621, chev. de l'Ordre (28 juill. 1571, gouv. de Château-Trompette

(29 août 1575), fut à la bat. d'Arnay le Duc (1570), aux sièges de la Rochelle et Clérac, cons. d'Etat (18 oct. 1594), comte de Vaillac (déc. 1609) mourut en 1615. Il ép. (17 janv. 1573) Anne de Montberon, puis Françoise de Carbonnières-la Capelle, puis (25 août 1606) Marguerite de Foix.

(6) François de Brettes, sieur du Cros, fils de Jeannot de Brettes et de Péronne de Neuville, mariés le 15 avril 1532. guid. à la comp. Merville, chev. de l'Ordre (6 janv. 1572), ép. vers 1550, Anne des Roches d'Escheyrac, puis (14 juill. 1565) Anne Vigier de Chalonne (morte entre 10 mars 1584 et 25 août 1595), veuve de Jean Guyot d'Asnières. Il mourut entre le 14 déc. 1583 et le 25 août 1595.

(7) Jean de Montferrand, sieur de Portets, Castres, Arbanats, fils de Janot de Montferrand et de Marguerite de Grignols, décédé sans post. Mar. log. comp. Merville (janv. 1568-déc. 1570).

Compagnie d'ESGREVILLE

(1) Cf. notice à la comp. Jacques de Coligny.

Compagnie DES ESSARS-SAULTOUR

(1) Cf. notice comp. Clermont-Tallart.

(2) Claude de la Croix, baron de Plancy, 2e fils de Claude de la Croix-Plancy et de Louise de Marlay, mar. le 22 janv. 1521, né à Paris, le 30 janv. 1526, tonsuré le 8 mars 1533, sieur de Charnay, le Bachot, Saint-Vistre, Champfleury, la Pertlue, l'Abbaye-sous-Plancy, Viaspre-le-Grand, Dosnon, Saint-Didier, Targue, Mathognes, Broussy, le Mesnil-Montaoust, Saint-Ouen, Pierrelevée, Arcy-sur-Cure, Fresne, ép. (3 oct. 1549) Louise Le Bouteiller (vivante le 19 oct. 1569). Il mourut entre le 6 nov. 1586 et le 20 mars 1595.

(3) Jean de Saint-Quentin, sieur de Fouronne, guid. comp. Saultour (19 août 1577), probablement fils de Jean de Saint-Quentin et de Claude de Torcy, mariés le 10 mai 1551.

(4) Savinien de Launoy, sieur de Molinont et Marry, fils d'Oudart de Launoy et de Geneviève de Chevry, né 1558, ép. (22 janv. 1582) Eléonore de Saint-Quentin-Fouronne.

Compagnie CLAUDE D'ESTAMPES

(1) Claude d'Estampes, sieur des Roches, Bessay, Saint-Ciergues, Chaumasson, Druy, Brinon-sur-Sauldre, Nouan le Fuzelier, Burtin et la Ferté-Nabert, enfant d'honn. du roi, chev. de l'Ordre, fils ainé de Jean d'Estampes et de Madeleine de Husson, mariés en 1493, cap. de gend. (12 janv. 1525-12 août 1526), éc. d'éc. du roi, ép. (24 janv. 1521) Anne Robertet d'Alluye (vivante 12 août 1530) et mourut le 24 avril 1528, pendant l'expédition de Naples.

Compagnie LA FERTÉ-IMBAULT

(1) Claude d'Estampes, baron de la Ferté-Imbault, Mont-Saint-Sulpice, Villefargeau, Salbris, Soesmes, Saint-Genou, Bouilly, Serin, chev. de l'Ordre, fils de Louis d'Estampes et d'Edmée le Rotier de Villefargeau, mariés le 23 janv. 1526, cap. des gardes du duc d'Alençon, guid. (2 nov. 1571), ens. (27 avril 1572) à la comp. du duc de Mayenne, cap. de gend., ép. (8 mai 1579) Jeanne de Hautemer-Grancey. (Cf. notice à la comp. duc de Mayenne).

(2) Guillaume de Grivel-Grossove, sieur de Pesselières, le Maupas, Montcomblin, le Coudray, la Mosée, Saint-Marceau, le Chesnay, le Sablon, Tingy, Chaillou, Fossegillet, Vezilly, gent. de la Ch. (3 avril 1573), fils de Hughes de Grivel et de Madeleine Pelourde, mariés le 30 mai 1525, min. (12 mai 1531),

lieut. chevau-légers (27 avril 1554), cap. de gens de pied (6 sept. 1562), gent. de la Ch. du duc d'Alençon (15 mai 1578), lieut. à la comp. de la Ferté-Imbault (15 avril 1581), mourut entre le 20 févr. 1583 et le 6 avril 1596, ép. (13 févr. 1537) Marie de Champs (née en 1528, vivante le 20 févr. 1583).

(3) **Louis de Régnier**, sieur de Champloiseau, 2e fils d'Esme de Régnier et de Françoise d'Estampes-la Ferté, mariés le 16 oct. 1535, sieur de Champloiseau, Poussery (21 janv. 1568), ens. à la comp. la Ferté-Imbault (avril-13 juin 1577), gouv. de Charles de Gonzague-Nevers, chev. de l'Ordre., gent. de la Ch., lieut. comp. Ch. de Gonzague (9 févr. 1588), décédé au 16 déc. 1593, ép. Claude du Pontot, veuve de Ch. de Giverlay.

(4) **Jacques de Lenfernat**, sieur de Pruniers (28 sept. 1604), 2e fils de Georges de Lenfernat et de Françoise d'Estampes-la Ferté, mariés le 1er janv. 1550, ép. (24 août 1581) Madeleine de Courtenay, puis (27 oct. 1594) Marguerite de la Rivière (vivante 28 sept. 1604), veuve de François de Chenu-Souleaux.

Compagnie FRANCESCO D'ESTE

(1) **Francesco d'Este**, marquis de Massa, comte d'Avellino, cap. de gend. français (27 avril 1560-4 mars 1574), chev. de l'Ordre (27 avril 1560), frère d'Ercole II d'Este, duc de Ferrare, 3e fils du duc Alfonso d'Este et de la célèbre Lucrèce Borgia, mariés le 2 févr. 1502. Il naquit entre le 24 avril 1510 et 1520. Il commandait, en 1551, les Espagnols en Piémont et prit Viladiale. En 1557, il passa au parti français, fut lieut. gén. en Siennois (28 nov. 1557) et mourut le 23 févr. 1578. Il ép. Marie de Cardona.

(2) **Ottaviano Fregoso**, fils d'Aurelio Fregoso et petit-fils du doge Ottaviano Fregoso, lieut. à la comp. Fr. d'Este (15 févr. 1564-18 juin 1566), chev. de l'Ordre, gent. de la Ch., général de l'armée de mer en Guyenne (20 juin 1568-9 févr. 1569), sieur de Muret (18 mai 1575).

(3) Cf. notice à la comp. Bidonnet.

(4) Cf. notice à la comp. Curton.

(5) Jean de Châlus, baron de Cordès, Orcival, Mauriac, Saint-Martin, fils d'Amblard de Châlus et de Madeleine de Lage, né avant le 9 juin 1541, chev. de l'Ordre, ens. à la comp. de Francesco d'Este (janv. 1566-10 mai 1569), mort avant le 19 févr. 1572, ép. 21 déc. 1558) Jeanne de Chabannes-Curton (vivante 19 févr. 1572).

(6) Jeacomo de Poiani, né en 1539, décédé le 1er nov. 1609, sieur de Villiers, gent. de la Ch. (1er oct. 1582), chev. de l'Ordre (12 oct. 1589), testa le 14 févr. 1606, guid. comp. Alphonse d'Este (oct. 1569-23 août 1570), ens. comp. Fr. d'Este (4 mars 1574-3 juill. 1577), ép. Barbe Allard (décédée au 14 juin 1605).

(7) Cf. notice à la comp. d'Alègre.

(8) Annet de Besse, mar. des log. à la comp. Francesco d'Este (avril 1571).

Compagnie ALFONSO D'ESTE

(1) Alfonso d'Este, duc de Ferrare (4 oct. 1559), Modène, Reggio, prince de Carpi, comte de Rovigo, fils d'Ercole II d'Este et de Renée de France, né le 22 nov. 1533, mort le 27 oct. 1597, ép. (juin 1558) Lucrèce de Médicis (morte le 21 avril 1561), puis (5 déc. 1565) Barbe d'Autriche (morte le 19 sept. 1572), puis (25 févr. 1579) Marguerite de Gonzague et mourut sans postérité.

(2) Louis de Silly, sieur de la Rocheguyon, baron de Louvois (23 mars 1545), 2e fils de Charles de Silly et de Philippe de Sarrebruche, mariés en 1504, ép. (16 févr. 1540), Anne de Montfort-Laval (vivante 10 juill. 1571), décédé au 28 mars 1562.

(3) Cf. notice comp. Jacques de Crussol-Uzès.

(4) Cf. notice comp. d'Annebaut.

(5) Bertrand de Foissy, sieur de Crenay, Perruchon, Louglée, Moseux près Sens, chev. de l'Ordre (7 févr. 1569), chamb. du duc d'Anjou (23 mars 1569), chamb. du roi, éc. d'éc. du roi (10 mai 1568), mort entre le 27 oct. 1576 et le 10 sept. 1583, gent. de la Ch., gouv. de Montereau, Marolles, Bray-sur-Seine, Pont-sur-Seine, Port-Renard (15 nov. 1562), gent. de la maison du roi (28 févr. 1553), éc. du duc de Guise (28 févr. 1553), guid. (23 janv. 1555-29 juill. 1563), puis ens. à la comp. Alfonso d'Este, lieut. à la comp. de Mayenne (janv. 1565-22 nov. 1575), fils de Henry de Foissy et de Marguerite de Campremy, mariés le 3 févr. 1506, ép. (1550) Anne Luillier, puis, avant 1576, Marguerite de Saint-Mauris.

(6) Cf. notice comp. Fr. d'Este.

(7) Cf. notice à la comp. d'Annebault.

(8) André de Dampont, fils de Hughes de Dampont et de Péronne de Billy, mar. avant le 21 mars 1515, sieur de Cormeilles, Saint-Cyr, Berval, Brianson, Santeuil, Hellencourt, Luvillier, gouv. de Vexin, né avant 1521, commiss. des g. (janv.-1er mai 1553), mort au 9 nov. 1559, sans post., ép. Catherine de Roussin.

(9) Mar. des log. à la comp. Alfonso d'Este (oct. 1568-23 août 1570), h. d'a. comp. duc de Nemours (27 sept. 1574), vivant 19 mars 1582, né en 1522.

Compagnie VILLEBON

(1) Jean d'Estouteville, sieur de Villebon, Beaurepaire, la Gastine, Blainville, Menainville, Boisbaudry, Frutigny, Ventos, fils ainé de Charles d'Estouteville et d'Hélène de Beauvau, né avant 1508, cons. d'Etat (7 févr.-1526-3 janv. 1540), gent. de la Ch. (7 févr. 1526), chev. de l'Ordre (1er déc. 1553), bailli et gouv. de Rouen et Thérouanne (2 oct. 1541-28 janv.

1548), prévôt de Paris (7 mars 1533-2 oct. 1541), lieut. gén. en Normandie (22 avril 1531-15 oct. 1556), Picardie, Boulonnais, Artois (1er déc. 1553-12 déc. 1557), cap. de gend. (7 févr. 1526-19 févr. 1565), pris. à Gravelines, mourut, le 18 août 1565, à Rouen, sans post. Il ép. (1523) Denise de la Barre-Gérigny (vivante 20 avril 1566).

(2) Saladin de Montmorillon, chev. de l'Ordre, cap. de gend., gouv. de Guise, ép. après 1509 Jacqueline de Vézigneux, veuve de Philibert d'Igny-Izaucourt.

(3) Pierre le Vavasseur, sieur d'Esguilly, Crémisey, Saint-Avit, le Breuil, la Mairie de Châtillon, gent. de la Ch., chev. de l'Ordre (4 juin 1567), gouv. de Chartres (déc. 1562), lieut. à la comp. de Villebon, (juill. 1544-17 juill. 1545), cap. de gend. (avril 1563-23 nov. 1574), né en 1495, mort le 15 nov. 1575, à Chartres, ép., avant le 10 déc. 1557, Françoise de Billy-Courville.

(4) Louis d'Ailly, sieur de Varennes, Francheville, Lesdain, baron de Baincthun, fils d'Antoine d'Ailly et de Louise de Hallwin, ép. (15 déc. 1545) Marie de Montenay (vivante 28 janv. 1567). Il fut, dès janv. 1547, lieut. à la comp. de Villebon et cap. de légionnaires picards.

(5) Jean de Montenay, né en 1527, mort le 14 août 1568, fils de Jean de Montenay et d'Isabeau d'Estouteville-Villebon, neveu de Villebon, baron de Garencières, Montenay, Baudemont, Grossœuvre, Avrilly, Bérengeville, le Plessis, chev. de l'Ordre, gouv. de Thérouanne, guid. (oct. 1550-23 juill. 1554), ens. (oct. 1554-25 juill. 1557), lieut. (janv. 1558-2 août 1559) à la comp. Villebon, ép. (28 mai 1545) Françoise Potart, puis Jeanne de Lannoy-Morvilliers (morte le 14 mai 1596).

(6) Jacques de Commargon, sieur de Méreglise, fils de Nabourg de Commargon et d'Anne Malherbe, sieur de la Vove, Montligeon, ens. comp. Villebon (avril 1540-29 avril 1545), champion français au *combat des Six*, à Thérouanne (1543), décédé au 8 juill. 1581, ép. Renée de Gruel-la Frette (décédée entre 4 juillet 1592 et 22 mai 1595).

(7) Jacques de Rochebaron, ens. à la comp. Villebon

(janv. 1547-8 janv. 1548), probablement Jacques de Rochebaron, sieur de Lignon, Verdures, baron de Zellethun, 2° fils de Jean de Rochebaron et de Michelle de Monchy-Montcavrel, commiss. des guerres (20 août 1554), mort avant le 30 déc. 1563, ép. Claude de Gouy, puis Marie de Blottefière (vivante 30 déc. 1563), veuve de Nicolas Postel de Bellifontaine.

(8) Charles de Laubier, sieur de la Villetière, fils de Jean de Laubier et de Jeanne d'Estouteville-Villebon, neveu de M. de Villebon, guid. puis (24 juill. 1550) ens. à la comp. de Villebon, vivait encore le 10 févr. 1566.

(9) Claude d'Ailly, sieur de Montgerout, Launoy, Clerson, Montcernel, 3° fils de Charles d'Ailly et de Perrette Cossart, mariés après 1500, gent. de la maison du roi, gent. de la Ch. (1579), chev. de l'Ordre (20 juill. 1569), mar. des log. (janv.-29 juin 1558), puis ens. (31 juill. 1558-23 nov. 1566) à la comp. de Villebon, gent. d'honneur de la reine (1580-1587), mort entre le 19 mai 1589 et le 13 nov. 1593, ép. Jeanne de Joigny-Blondel, veuve de Martin de Bournonville, puis (12 juin 1579) Catherine de Graveron (vivante 19 mai 1589),

(10) Louis de Bigars, fils de Louis de Bigars et de Louise de Basset-Normanville, baron de la Londe, la Salle du Bois, Normanville, gent. de la Ch. (12 févr. 1569), chev. de l'Ordre, gouv. de Roucy (27 mars 1550), h. d'a., comp. Villebon (26 juin 1559), ép. (22 déc. 1532) Françoise Le Clerc de Fleurigny.

(11) Cf. notice à la comp. Fontaine-la-Guyon.

(12) Jean de Laubier, guid. (juill. 1559), puis (avril-3 oct. 1565) lieut. à la comp. de Villebon, est probablement Jean de Laubier, petit-neveu de M. de Villebon, fils de Jean de Laubier. Il ép. (21 août 1556) Adrienne d'Ailly (vivante le 12 févr. 1572). Il porta le nom d'*Estouteville-Laubier*. Il mourut avant le 12 févr. 1572.

(13) Robert de la Hayette, mar. des log. comp. Villebon (12 févr.-28 juin 1534).

(15) Jean de Lieuray, mar. des log. à la comp. de Villebon (8 janv. 1548), probablement Jean de Lieuray, fils de Guil-

laume de Lieuray et de Louise Campion, mariés avant le 21 nov. 1487, vivant le 27 juill. 1515 et le 4 mai 1541, mort avant le 23 sept. 1567, ép. Marie-Charlotte de Grenelle.

(16) Adrien d'Amerval. Probablement Adrien d'Amerval, sieur de Maison, Bonneval, Nollette, h. d'a. à la comp. Villebon (24 févr. 1553), mort avant le 8 mars 1561, fils de Jean d'Amerval, ép. Philippote Cappelier.

(17) Michel Deschamps, mar. des log. comp. Villebon (juill. 1559-3 oct. 1565).

Compagnie D'ESTRÉES

(1) Cf. notice à la comp. Vendôme.

(2) Antoine d'Estrées, marquis d'Estrées, sénéchal de Boulonnais (15 déc. 1575-18 févr. 1578), vicomte de Soissons, Bersy, Tourpes, marquis de Cœuvres (mars 1585), fils de Jean d'Estrées et de Catherine de Bourbon, gouv. de la Fère, fut au siège de Rouen (1562), grand maître intérimaire de l'artillerie (août-nov. 1569), 1er gent. de la Ch. du duc d'Alençon (6 janv. 1570), gouv. d'Evreux Conches, Breteuil, Passy, Beaumont, Dreux, Orbec, gouv. du Perche (9 janv. 1570), cons. d'Etat (9 juillet 1570-16 nov. 1597), gouv. de Boulogne (5 mars 1576), chev. de l'Ordre (17 janv. 1569), gouv. de Pierrefonds (10 août 1575-20 sept. 1595), cap. de gend. (17 janv. 1569-1 janv. 1598), mort au 11 mai 1609. Il était encore étudiant, à Paris, le 13 avril 1510. Lieut. gén. en Picardie (24 mars 1586-18 oct. 1588), gouv. de Noyon (25 nov. 1591), lieut. gén. à Paris (18 oct. 1592-2 juin 1600) et Ile-de-France (18 oct. 1592-3 juillet 1599), grand-maître de l'artillerie (1er oct. 1597-10 nov. 1599). Il ép. (14 févr. 1559) Françoise Babou de la Bourdaisière. Il fut chev. du Saint-Esprit (31 déc. 1578).

(3) Cf. notice à la comp. Rubempré.

(4) Cf. notice à la comp. Jean de Bourbon-Enghien.

(5) Nicolas de Gonnelieu, sieur de Pernant, Coulaudon, Misy-sur-Yonne (1ᵉʳ nov. 1596), mort avant le 10 juill. 1598, fils ainé de Jean de Gonnelieu et de Marie de Hennin, mariés le 12 mai 1524, ép. (15 mai 1559) Catherine de Bossebec (morte entre le 2 août 1600 et le 12 févr. 1613). Chev. de l'Ordre (20 juill. 1577), gent. de la Ch. du duc d'Alençon.

(6) Antoine d'Aboval, sieur des Marets, Valcourt, Bacouel, la Cardieu, chev. de l'Ordre, 2ᵉ fils d'Adrien d'Aboval et de Louise de Gonnelieu, vivant le 17 janv. 1544, cns. à la comp. d'Estrées (janv. 1567-25 oct. 1573), lieut. à Boulogne-sur-Mer (23 mars 1580-22 avril 1581), gent. de la Ch. du duc d'Alençon, gouv. de Dreux (1572-1574), ép. Marie d'Ault-Bernardis.

(7) François de Prunelé, fils ainé d'Urbain de Prunelé et de Jeanne de Ligneris, mariés le 31 juill. 1525, sieur de Guillerval, Jodainville, Chicheny, Thignonville, baron de Caniel, guid. à la comp. de François d'Enghien, blessé à Cérisoles, guid. (avril 1563-8 juin 1567), chev. de l'Ordre (20 nov. 1584), lieut. à la comp. d'Estrées, se fit protestant, fut tué à Marneuf en Beauce, par les Ligneurs, entre le 2 juill. 1586 et le 24 oct. 1588. Il ép. (15 avril 1567) Marguerite du Monceau (vivante 20 avril 1594).

(8) Claude Le Serrurier, sieur de Méricourt, mar. log. (janv.-31 juill. 1563), guid. (juill. 1573-23 mars 1576) comp. d'Estrées.

(9) Cf. notice comp. Jean de Bourbon-Enghien.

(10) Pierre d'Outreleau, sieur de Valoger, Préaux, fils d'Antoine d'Outreleau et de Jeanne Grandort, mariés le 15 juin 1524, ép. (8 févr. 1566), Marie de la Motte (qui mourut le 1ᵉʳ mars 1578). Il fut mar. des log. à la comp. d'Estrées (1554-16 oct. 1575). Il mourut en 1580.

Compagnie DU BOIS-ESQUERDES

(1) Jean de Fiennes, sieur du Bois d'Esquerdes, Tenques, Betencourt, Cance, Eulle, Fruges, la Perrie, Caumesnil, baron d'Esne, Ligny, Tingry, Verneille, Coupelle, Bus, Bastin, neveu du maréchal d'Esquerdes, fils aîné de Jean de Fiennes et de Catherine de Caumesnil, mariés le 17 oct. 1451, cons. d'Etat, chamb., grand bailli de Saint-Omer (1487), cap. de gend. (1er janv. 1494-22 juill. 1509), ép. (9 févr. 1494) Louise de Crèvecœur, puis Guyotte de Brimeu (qui testa le 26 sept. 1518). Il fut cons. d'Etat, chamb. (25 nov. 1503), mourut entre le 6 déc. 1509 et le 12 sept. 1516.

(2) Arthus de Moreul, sieur de Fresnoy et Baudricourt, fils naturel de Jean de Soissons et de Jeanne de la Forge, légitimé en mai 1496, gouv. de Thérouanne (17 mai 1517-31 juill. 1534), mort avant le 15 avril 1535, dit le *Grand capitaine*, gouv. du Crotoy, Rue, Saint-Valery, cap. de gend. et de 400 h. de pied (avril-18 juill. 1529), lieut. (24 août 1500-17 sept. 1509) à la comp. de son beau-frère Jean du Bois d'Esquerdes, ép. Catherine du Bois Tenques.

Compagnie FLOTTE-LA ROCHE

(1) Cf. notice à la comp. Jacques de Crussol-Uzès.

(2) Jean de Valin, fils aîné de Gaspard de Valin et de Hughette de la Poype, mariés le 15 juin 1541, ép. (22 févr. 1582) Blandine de Solier-Rosset, sieur de Chalers, Murs, Bettenoux, gent. de la Ch. du duc d'Alençon (16 févr. 1563), chev. de l'Ordre (18 août 1568), fut au siège de la Mure et mourut entre le 21 août 1615 et le 27 févr. 1622.

(3) François Amblar, sieur de Montagny, fils de Claude-Charles Amblard et d'Humberte de Gerbaix, mariés le 23 sept. 1532, tué en 1581, avant le 15 février, au combat d'Etoile près Valence, ép. (22 sept. 1557) Blanche de Montmayeur (vivante 15 févr. 1581). Il fut ens. à la comp. Flotte-la-Roche.

(4) Jean de la Vilette, sieur de Criest, guid. à la comp. Flotte-la Roche (20 sept. 1581), gouv. du Hâvre (19 avril 1590).

Compagnie GASTON DE FOIX

(1) Gaston de Foix, duc de Nemours, fils de Jean de Foix et de Marie d'Orléans, sœur de Louis XII, né à Mazères, le 10 déc. 1489, comte d'Etampes et Beaufort, vicomte de Narbonne, chev. de l'Ordre, gouv. du Dauphiné (5 janv. 1504-13 mars 1510) et de Milanais (1510), sieur de Coulommiers, duc de Nemours (19 nov. 1507), fut à l'expéd. de Gênes (1507), à la bat. d'Agnadel (1509), aux prises de Bologne et Legnano, délivra Bologne, battit Paolo Baglione à Vérone, prit Brescia, battit l'ennemi à Ravenne, mais y fut tué (11 avril 1512).

(2) Cf. notice comp. Béarn-la Bastide.

(3) Gaston de Bazillac, fils de Pierre de Bazillac et de Françoise de Lévis-Mirepoix.

(4) Cf. notice comp. Béarn-la Bastide.

Compagnie LESPARRE

(1) André de Foix, sieur de Lesparre ou Asparros, comte de Montfort, vicomte de Villemur et Castillon, 3e fils de Jean de Foix et de Jeanne d'Aydie, mariés le 25 mars 1480, frère des maréchaux de Lautrec et de Lescun, fut à la prise de Gênes (1507), lieut. gén. en Guyenne (1519), prit (17 mai 1521) Pampelune et conquit la Navarre, mais fut battu, blessé, fait pris. à la bat. de Pampelune. Il mourut aveugle et sans post., à Bernezay, le 3 janv. 1548. Il avait ép. Françoise du Pouchet Sainte-Gemme. Il fut (13 nov. 1527), chev. de l'Ordre et cap. de gend. (23 déc. 1523).

(2) Cf. notice comp. Carmain-Negrepelisse.

Compagnie LAUTREC

(1) Odet de Foix, comte de Foix, Fronsac, Le Senne, Morlas, Montamer, Tauriac, Barbazan, Comminges, Rethel, Beaufort, sieur de Lautrec, Orval, Chaource, Isles, Maraie, Villemur (21 mars 1526), fils ainé de Jean de Foix et de Jeanne d'Aydie, mariés le 25 mars 1480, blessé à l'assaut de Gênes (1507), chev. de l'Ordre (20 août 1517), mar. de France (mars 1511), escorta les prélats au concile de Pise (oct. 1511), défendit (janv. 1512) Bologne, reçut vingt blessures à Ravenne (11 avril 1512), gouv. de Guyenne (mai 1513-1528), conquit la Navarre (oct. 1513), assiégea Pampelune, combattit à Marignan (1515), prit Brescia (1516), échoua sur Vérone. Gouv. de Milanais, il y secourut son lieut. gén. Lescun (1521), mit une garnison à Parme, en repoussa Prospero Colonna, soumit Crémone (1521), échoua sur Pavie (1522), fut battu à la Bicoque (27 avril 1522), délivra Bayonne (1523), gouv. de Languedoc (1523-1526), amiral de Guyenne (31 janv. 1526), généralissime en Italie (août 1527), il prit Bosco, Gênes, Vigevano, soumit la Lomelline, prit Biagrasso. Il emporta Pavie (sept. 1527), marcha contre Naples (fin févr. 1528), prit Troja, Melfi, occupa Trani, Barletta, Venosa, Capoue, Nole, Acera, Aversa, Pouzzoles, assiégea (avril-août 1528) Naples et y mourut (17 août 1528) de la peste. Il avait ép. Charlotte d'Albret. Il fut cap. de gend. (8 sept. 1512-15 juin 1528), cons. d'Etat, chamb. (3 févr. 1514-20 août 1517), gouv. de Blaye (10 juill. 1518), sén. de Guyenne (13 juill. 1506-2 mai 1527). — Le capitaine de Sainte-Colombe, lieut. à la comp. Lautrec, fut de l'expéd. de Lescun en Navarre (1521).

Compagnie LESCUN

(1) Thomas de Foix, sieur de Lescun, comte de Leth et Beaufort, 2º fils de Jean de Foix et de Jeanne d'Aydie, mariés le 25 mars 1480, d'abord destiné à l'état ecclésiastique, fut à Marignan (1515), lieut. gér. en Milanais (1515), poursuivit

l'arrière-garde de l'Empereur (1516), aida le Pape à conquérir le duché d'Urbino, fut chev. de l'Ordre (8 oct. 1520), mar. de France (6 déc. 1518), gouv. de Milanais (1521) y fut trop sévère, tenta, au mépris des traités, de surprendre Reggio, place papale, défendit brillamment Parme contre Prospero Colonna, se distingua au combat de Cassano, mais laissa prendre Milan. En 1522, il prit, avec Montmorency, Novare. Blessé à la Bicoque, il capitula à Crémone, fut blessé au bras et au bas-ventre à Pavie, où il se battit héroïquement, tout en ayant désapprouvé la bataille. Il mourut, le 3 mai 1525, de ses blessures, sans alliance. Il fut cons. d'Etat et chamb. (5 mai 1517), cap. de gend. (28 mars 1517-31 déc. 1522).

(2) Cf. notice comp. Lignat-Savignat.

(3) Le capitaine Carbon, frère du capitaine Sayas, se dist. au combat de Saint-Jean-de-Luz, et fut assassiné, en 1525, près de Lunel.

Compagnie CANDALE

(1) Henri de Foix, comte de Candale, Bénauges, Astarac, captal de Buch, gouv. de Bordeaux et Bordelais (1568), 2e fils de Frédéric de Foix et de Françoise de la Rochefoucauld, né en 1538, ép. (12 juill. 1567) Marie de Montmorency, fille du connétable et fut tué, le 6 mars 1573, au siège de Sommières. Il fut gent. de la Ch. (6 janv. 1569), chev. de l'Ordre (31 déc. 1568), cap. de gend. (janv. 1568-2 sept. 1572).

(2) Claude d'Orgemont, sieur de Méry, Poix, chev. de l'Ordre (6 août 1572), échanson du roi, (6 août 1572), né le 25 juin 1535, fils de Méry d'Orgemont et de Marie d'O, guid. (6 janv. 1568-20 mai 1569), puis (janv.-6 mai 1572), lieut. à la comp. de Candale, gent. de la Ch. (16 juill. 1586), ép. (1553) Madeleine d'Avaugour (décédée au 18 juin 1596).

(3) François de Pertuis, sieur de Champagne (5 févr. 1551-28 déc. 1578), 2e fils de Jean de Pertuis et de Jeanne de Saint-

Mary, mar. des log. janv. 1568), ens. (janv. 1572) à la comp.
de Candale, ép. Agnès de la Mare (vivante le 28 déc. 1578).
Il fut aussi mar. des log. à la comp. Mondragon.

(1) Cf. notice à la comp. de Cardilla-Sarlaboz.

Compagnie BATARD DE CARDONNE

(1) Jean, bâtard de Cardonne, cons. d'Etat, chamb., cap. de gend. (27 juin 1480-9 sept. 1504).

Compagnie ROBERT DE FRAMEZELLES

(1) Robert, bâtard de Framezelles, chamb. du duc d'Orléans (3 mai 1491), bailli de Sézanne (8 août 1491), lieut. à la comp. du duc d'Orléans (29 juill. 1496-15 mars 1497), cons. d'Etat, chamb. (8 juin 1498), cap. de gend. (1er nov. 1499-8 mars 1511), sieur de Vergy et Franc.

(3) Guill. de Fourmanoir, h. d'a. à la comp. Rob. de Framezelles (26 sept. 1505).

Compagnie FRANÇOIS DU FRANGET

(1) Cf. notice à la comp. mar. de Châtillon.

Compagnie OTTAVIANO FREGOSO

(1) Ottaviano Fregoso, fils d'Augustin Fregoso et de Gentile de Montefeltro, chassa les Français de Gênes (1511), doge

de Gênes (18 juin 1513), prend le fort de la Lanterne (26 août 1514), passa au parti du roi de France (1515) qui lui donna le titre de gouv. de Gênes (15 janv. 1516), comte de Sainte-Agathe (23 nov. 1518), chev. de l'Ordre, cap. de gend. (2 août 1519-3 déc. 1521), capitula à Gênes (30 mai 1522) devant Pescaire et Colonna, et mourut peu après, à Naples. Il embellit Gênes, qu'il gouverna sagement, fut doux et modéré envers ses ennemis.

(2) Cf. notice comp. Hugo Pepoli.

Compagnie GADAGNE

(1) Guillaume de Gadagne, comte de Verdun-sur-Saône, sieur de Bouthéon, Saint-Victor, Rochefort, Meys, Balmont, Miribel, baron de Lunel, Rochemaure, cons. d'Etat (1580), cap. de gend. (1567-25 juin 1576), sén. de Lyon (1554), lieut. gén. en Lyonnais, Forez, Beaujolais (1554 et 1574), bailli de Mâcon (14 mars 1562), chev. de l'Ordre (oct. 1567), amb. en Allemagne, à Venise, en Savoie (1598), mort entre le 12 sept. 1600 et le 15 mars 1602, sans post., fils aîné de Thomas de Gadagne et de Perrette de Berty, mariés en 1531, ép. (23 nov. 1561) Jeanne de Sugny. Il fut chev. du Saint-Esprit (5 janv. 1597).

(2) François de Landi, sieur de Pize, lieut. comp. Gadagne (8 déc. 1568).

(3) Cf. notice comp. comte de Bene.

(4) Gaspard de Curieu, sieur de Curieu en Forez, ens. (12 déc. 1568-11 mai 1569) à la comp. Gadagne.

(5) François de Viennois, sieur d'Ambel, Saisins, fils de Bertrand de Viennois et de Philippine Alleman d'Alières, mariés le 29 sept. 1527, vivant 26 déc. 1544, g. de Vizille (9 janv.-12 févr. 1588), et cap. g. de pied (5 nov. 1575), ens. comp. Gadagne (avril-22 sept. 1581), ép. (10 sept. 1570) Marguerite Armuet de Bonrepos (vivante le 30 mai 1586).

(6) Antonio Sinibaldo de Osimo, ens. comp. Gadagne (oct. 1567-20 avril 1569).

(7) Charles Capponi, sieur d'Ambérieu, la Fond (19 août 1570), la Grange, chev. de l'Ordre (9 févr. 1602), guid. comp. Gadagne, fils de Laurent Capponi et d'Hélène de Gadagne, mariés 12 mai 1554, ép. Gabrielle d'Alègre-Viverols.

Compagnie FONTAINE-LA-GUYON

(1) Cf. notice à la comp. Brissac.

(2) Jean d'Allonville, fils de Nicolas d'Allonville et de Marguerite de Morainville, mariés le 12 juin 1524, sieur de Reclainville et Vierville, chev. de l'Ordre, gent. de la maison du roi, gouv. de Chartres (12 oct. 1587), lieut. à la comp. Fontaine la Guyon (janv. 1568), dès janv. 1568, testa le 26 sept. 1597, ép. (5 mai 1560) Marie de Mesmes (vivante le 26 sept. 1597).

(3) Pierre Dauvet, sieur des Maretz, ens. à la comp. Fontaine la Guyon (26 juin 1569), chev. de l'Ordre, gent. de la Ch., sieur de Verneuil, Francourt (26 mai 1585), fils de Jean Dauvet et de Jeanne de Longuejoue, mariés le 15 juin 1529, mort avant 1597, ép. (5 juill. 1577) Marthe de Rouvroy-Saint-Simon (vivante en 1596).

(4) Claude de Bercy, sieur de Garencières (25 sept. 1559), décédé au 19 févr. 1584, fils de Jean de Bercy et de Jeanne de Convers, ép. Jacqueline de Boissay (vivante 19 févr. 1584).

(5) Claude de Cernay, sieur de Duy, mar. des log. comp. Fontaine la Guyon (26 juin 1569).

Le comte Nicolo de Cambres fut cap. de gend. du 1ᵉʳ janv. au 31 déc. 1514.

Compagnie GOHAS

(1) Jean de Gohas, chev. de l'Ordre (15 déc. 1571), cap. de gend. (15 déc. 1571), mestre de camp de gens de pied (6 nov. 1572).

(2) Notice comp. Terride.

(3) Notice comp. Terride.

Compagnie DU HAILLAN

(1) François de Girard, sieur du Haillan, Landeblanque, Goudon, maître d'hôtel du duc d'Anjou, vice-sén. de Guyenne, Saintonge, Périgord (26 avril-22 nov. 1565), frère de l'historien, fils de Louis de Girard et de Marguerite Arnoul de Saint-Simon.

Compagnie DU PERRON-RETZ

(1) Albert de Gondi, fils aîné d'Antoine de Gondi et de Marie-Catherine de Pierrevive, mariés le 20 janv. 1519, naquit à Florence, le 4 nov. 1522. Cap. de chevau-légers (1550), il fut à Renty (1554), gent. de la Ch., maître de la garde robe, il fut aux sièges de Coni, Volpiano, Verceil (1555), aux bat. de Saint-Quentin (1557), Gravelines (1559). Cap. de gend. (1559), il fut aux bat. de Saint-Denis, Jarnac, Moncontour. Chev. de l'Ordre, cons. d'Etat (1569), amb. à Vienne (1570), gouv. de Metz (30 nov. 1571-5 janv. 1574) et Messin, cap. aux gent. de la maison du roi (12 déc. 1571-janv. 1575), amb. en Angleterre (fin 1571), il chasse Montgommery de Belle-Isle (1573). Comte de Retz, marquis de Belle-Isle (1573), blessé au siège de la Rochelle (1573), mar. de France (6 juill. 1573), gouv. de Provence (6 juill. 1573-juill. 1578), il fit, en 1577, campagne en Provence et prit Menerbe. Gouv. de Nantes et Nantais

(12 févr. 1578-25 avril 1598), gén. des galères (24 juin 1579-25 avril 1598), il calma le marquisat de Saluces, dont il fut (1580), gouv. Duc. de Retz (nov. 1581), cons. d'honneur au Parlement de Paris (20 mars 1582), il fut encore 1er gent. de la Ch., col. de la cavalerie française. Il mourut à Paris, le 12 avril 1602. Il ép. (4 sept. 1565) Claude-Catherine de Clermont (née en 1543, décédée le 4 fév. 1603), veuve de Jean d'Annebaut. Il fut comte d'Oyen, marquis de Belle-Isle et des Iles d'Hyères, baron de Retz et Dampierre, le Perron, Merly, Saint-Seine, chev. de l'Ordre (17 juill. 1563), gouv. de Charleval-sur-Andelle (3 oct. 1570-30 janv. 1576), cons. d'Etat (16 août 1572-12 juill. 1598), cap. de gend. (17 juill. 1563-27 avril 1583), gent. de la Ch. et maître de la garde robe duc d'Orléans (30 mars 1560), puis du roi (20 déc. 1564), 1er gent. de la Ch. (21 mai 1566-20 sept. 1581), cap. de vaisseau (12 nov. 1565), de deux galères (12 août 1575-2 janv. 1581), gén. des galères (20 sept. 1581-27 juill. 1600), cap. gent. maison du roi (30 nov. 1572). Il fut chev. du Saint-Esprit (31 déc. 1578).

(2) Notice comp. Fr. la Roche-sur-Yon.

(3) Notice comp. mar. de Termes.

(4) Charles de Gondi, sieur de la Tour, 4e fils d'Antoine de Gondi et de Marie-Catherine de Pierrevive, frère du mar. de Retz, né en 1536, cons. d'Etat, cap. de gend. (23 juin 1572-15 juin 1574), gén. des galères, maitre de la garde robe (6 juin 1568-7 mai 1573), mort à Paris, le 15 juin 1574. Il ép. Barbe de la Haye, puis Hélène Bon de Meuillon (vivante 2 juill. 1574). Il fut chev. de l'Ordre (21 août 1570), guid. comp. du Perron-Retz (29 janv.-21 nov. 1564), lieut. (6 juin 1568-27 août 1570).

(5) Marc de Naillac, sieur de Riz, la Coste au Chapt, Darnas, fils de François de Naillac et d'Anne du Breuil, mariés le 3 févr. 1520, chev. de l'Ordre (22 avril 1568), éc. d'éc. du roi (22 avril 1568-31 mai 1580), mort avant le 7 juil. 1583, ens. à la comp. de Retz (17 juill. 1563-21 nov. 1569), sén. de Basse-Marche, ép. (23 nov. 1558) Catherine de Mesnardière-Corbespine, puis (12 oct. 1565) Antoinette du Puis.

(6) Méry Poictevin, sieur de Lallier, mar. des log. à la comp. du Perron (janv. 1563-21 févr. 1665), puis comp. mar. de Retz (12 oct. 1565-11 nov. 1569).

(7) Notice comp. Clermont d'Amboise.

(8) Jacques Martel de Bacqueville, chamb. duc d'Alençon (31 oct. 1581), fils naturel de Charles Martel de Bacqueville.

(9) Notice comp. Guill. de Saulx-Tavannes.

(10) Jean de Villiers-l'Isle-Adam, sieur de la Graffinière, guid. comp. Chavigny (avril-13 juill. 1571), ens. comp. Retz (26 juill. 1574), gent. d'honn. de la reine (3 juill. 1586), fils aîné de Christophe de Villiers et d'Antoinette Brisson, mariés en 1519, ép. Marie Petit de Boisfichet, puis Jeanne de Borderie, puis Louise d'Amilly.

(1) Philippe de Grillet, sieur de Pommiers et de l'Isle-sur-Sorgues, comte de Saint-Trivier, gent. de la Ch., chamb. du duc de Savoie, neveu du cap., guid. (14 août 1574-5 sept. 1566), ens. (18 sept. 1577-15 juill. 1578) à la comp. de son autre oncle, le mar. de Retz, fils de Nicolas de Grillet et de Marie de Gondi, né le 28 avril 1554, mort le 17 juill. 1581 sans alliance.

(12) Edmond de Sathenat, sieur du Mont et du Coustau, fils de Robert de Sathenat et d'Agnès Belin, mineur le 5 oct. 1540, gent. de la Ch. du roi, mar. de camp (20 déc. 1572), assista au siège de Sancerre (1572-1573), fut mar. des log. à la comp. Chavigny (avril-1er nov. 1571), puis à celle du mar. de Retz (9 déc. 1573-15 sept. 1581), gent. d'honn. de la reine (21 avril 1586-3 juill. 1587). Il. ép. (31 mai 1572) Anne Bochetel, puis (12 févr. 1576) Anne de Launay.

(13) Jacques de Bouchon, baron de Vert, gent. de la Ch., guid. comp. Retz (31 juill. 1578).

(14) Jean de Mornay, beau-frère du précédent, ens. (21 déc. 1579-30 mars 1580), à la comp. du mar. de Retz, sieur de Villarceaux, Chaussi, Meretz, Jeufosse, baron de Guérard en Brie, Omerville, Ambleville, gent. de la Ch., fils aîné de Nicolas de Mornay-Villarceaux et d'Anne Luillier, mariés le

22 sept. 1547, testa le 5 mars 1588 et mourut sans postérité avant la fin de ce même mois de mars. Il fut gent. de la Ch. (30 mars 1580-11 févr. 1588), lieut. à la comp. Saint-Pol (11 oct. 1587-11 févr. 1588), guid. (11 mars 1576) à la comp. la Rocheguyon.

(15) Jacques de Boucé, sieur de Ponsenac, fils de François de Boucé et de Françoise du Maine, ép. Anne de Dyo et mourut sans postérité.

(16) René Le Temple. Mauvaise lecture. C'est *René Le Simple*. René Le Simple sieur de la Cour-Berruyer, Plessis-Allez, archer aux gardes écossaises (20 août 1571), guid. (janv.-15 sept. 1581) à la comp. Retz, fils de René Le Simple et de Françoise Le Roy de l'Islotte, mariés le 21 nov. 1539, encore vivant le 25 sept. 1583, ép. après 1er mai 1579 Madeleine de Launay-Onglée, veuve de PierreMoudon des Bardeaux.

Compagnie LA TOUR

(1) Cf. notice à la comp. du Perron-Retz.

(2) Petro-Paolo Tosinghi, ens. à la comp. du duc de Somma (avril 1563-22 févr. 1564), lieut. à la comp. la Tour (janv. 1573), chev. de l'Ordre (24 mars 1570), gouv. de Saint-Paul de Vence (juill. 1573-12 nov. 1574), gent. de la Ch. (10 mars 1582), encore vivant, le 31 déc. 1587.

(3) Gaspard d'Arconat, sieur de Heubecourt, Rozay, gent. de la Ch., ens. à la comp. la Tour (janv. 1573).

(4) Pierre de Baglione, fils de Pierre de Baglione et de Jeanne Guibert, mar. le 14 janv. 1540, h. d'a. (19 févr. 1574), puis guid. comp. la Tour, sieur de Saillans et Dargoire, baron de Jons (11 févr. 1607), chev. de l'Ordre (22 oct. 1597), d'abord page du mar. de Retz, gent. de la Ch. (28 juin 1604), éc. d'éc. du roi (18 févr. 1589), prévôt des marchands de Lyon (1600-1601), lieut. comp. Ragny, ép. (18 mars 1584) Marie de Guerrier (décédée avril 1630).

(5) Notice comp. du Perron-Retz.

(6) Christophe de Laidet, sieur de Tournefort, mar. log. comp. la Tour (janv. 1573-2 févr. 1574).

Compagnie maréchal BIRON

(1) Notice à la comp. mar. Brissac.

(2) Jean de Lauzières, sieur de Lauzières, Ceiras, Thémines, père du mar. de Thémines, gouv. de Béziers. chev. de de l'Ordre, 2ᵉ fils de Louis de Lauzières et de Madeleine de Roquefeuil, ép. Anne de Puymisson et testa le 16 juin 1576.

(3) Bertrand de Giroux, sieur de Beaupuy, éc. d'éc. du roi (janvier 1572), guid. (oct. 1567-20 févr. 1570), lieut. (16 nov. 1573) comp. Biron

(4) Cf. notice à la comp. Clermont-Lodève.

(5) François de Seguenville-Fumel, sieur de Thors, chev. de l'Ordre, gent. de la Ch., mar. de camp, fils de François de Seguenville-Fumel et de Gabrielle de Verdun-Cançon, mariés le 6 févr. 1536, chamb., ép. (4 juill. 1578) Jeanne de Caumont-Lauzun (qui testa 17 août 1610) et fut tué à la bat. de Coutras (1587).

(6) Charles de Rochefort, baron de Saint-Angel, Pouchareau, la Mazière, Chateauvert, Chambon, Vallemont, Loubanes, Saint-Hilaire, Sinemontet, Argentes, Saint-Pardoli, la Marche, Serimes, Sainte-Saire, Mapistours, Brielmont, Cherboguet, Sainte-Marie, Bellegarde, Chabannes-Guerguy, Coudeauts, le Manée, fils de Pierre de Rochefort et de Françoise de Chambon, archer (8 nov. 1538) puis (28 mars 1541). h. d'a. à la comp. Boutières, h. d'a. à la comp. du mar. de Saint-André (1550-1554), après l'avoir été (13 oct. 1548) à celle de Jean d'Albon, chev. de l'Ordre (25 sept. 1584), vivant encore le 5 juill. 1598, guid. (oct. 1564-22 févr. 1565), ens. à la comp. Biron, ép. (5 mai 1551) Maureille de Pierrebuffière-Châteauneuf (vivante le 7 juin 1612).

(7) Jean de Carbonnières, sieur du Plessis, ens. à la comp. Biron (oct. 1577-20 oct. 1580), fils de Charles de Carbonnières et de Marie de Fumel-Monségur, vivant encore le 17 mai 1584, chev. de l'Ordre (24 juill. 1568) mort sans post. Il ép. Catherine de Lezy.

(8) Jean de Gontaut-Saint-Geniez, 7e fils de Jean de Gontaut et de Françoise d'Audaux, mariés après sept. 1528, guid. à la comp. Biron (1569-22 mai 1572), tué devant la Rochelle, le 14 déc. 1572.

(9) Geoffroy de Durfort, baron de Boissière, Calamane, Gourdon, Salviat, les Oulles, Peyrille, Luzech, Saint-Germain, chev. de l'Ordre, fils de Jacques de Durfort et de Louise de Pompadour, né entre 1536 et janv. 1539, ép. (23 janv. 1572) Charlotte de Gontaut-Biron et testa le 13 janv. 1586.

(10) Jean de Durfort-Boissières, sieur de Léobard, Costeraste, Monségur, Pontcarret, fils de Guyot de Durfort et de Catherine de Fumel, mariés le 1er août 1530, ép. (18 oct. 1566) Marguerite de Beaupoil (testa 8 mai 1596), et testa, le 12 juin 1584. Il était mort au 4 juin 1589. Né entre 7 mars 1540 et 12 janvier 1541, guid. comp. Biron (avril 1571-13 mai 1576).

(11) Annet de Blanchefort, sieur du Maits, Bourdeille, Beauregard, gent. de la Ch., guid. à la comp. Biron, fils de Antoine de Blanchefort et de Gabrielle de Rochefort, mariés le 2 sept. 1547, ép. (26 août 1581) Anne de Chaslus (vivante 7 juill. 1599), décédé au 7 juill. 1589.

(12) François de Bonnal, fils aîné de Pierre de Bonnal et et d'Anne de Raissac, mariés le 21 janv. 1511, sieur d'Aujac, la Mothe, Noailhac, arch. comp. Melfi (27 juin 1546), h. d'a. comp. Brissac (20 avril 1553), commiss. des g. (15 avril 1570-5 oct. 1581), décédé entre 26 févr. 1591 et 4 mai 1593, ép. (20 juill. 1558) Françoise de Guinel (vivante 4 mai 1593).

(13) Notice comp. Saint-Sulpice.

Compagnie J.-Fr. DE GONZAGUE

(1) Jean-François de Gonzaga-Sabionetta, 3º fils de Louis de Gonzaga et de Françoise de Fiesque, ép. Louise Pallavicini.

Ou bien :

Jean-François de Gonzague-Castiglione, sieur de Solferino, fils de Rodolphe de Gonzague et de Catherine Pic de la Mirandole, mar. en 1480, ép. Laura Pallavicini. Il mourut le 18 déc. 1524.

Ou bien :

Jean-François de Gonzague, fils de François-Marie de Gonzague.

Compagnie J.-Fr. DE GONZAGUE-MANTOUE

(1) Jean-François de Gonzague, fils de Frédéric de Gonzague et de Marguerite de Bavière, né le 10 août 1463 ou le 9 août 1466, à 5 h. 28 du soir, selon Giuntini, marquis de Mantoue (1484), fut général des Vénitiens (1494), combattit contre les Français à Fornoue (1495), prit Novare, Atella, fut cap. gén. des Impériaux en Italie, cap. gén. des troupes de Ludovic Sforza (1498) s'attacha à Louis XII (1500), fut lieut. gén. à Naples (27 juill. 1503), délivra Gaëte, fut généralissime des troupes papales (1506), prit Bologne, soumit Gênes pour le compte de Louis XII (1507), prit Casal-Maggiore (1509), fut à Agnadel, chev. de l'Ordre et battit Bartolomeo l'Alviano, mais il fut fait pris. et battu par les Vénitiens de Lucio Malvezzi à Isola della Scala (9 août 1509). Elargi en juill. 1510, gonfalonnier de l'Eglise, il mourut le 29 mars 1519. Il ép. (15 fév. 1491) Isabelle d'Este (décédée 1539).

(2) Cf. notice à la comp. Bonnivet.

(3) Cf. notice à la comp. Artus de Boisy.

Compagnie FRÉDÉRIC DE GONZAGUE

(1) Frédéric de Gonzague, fils de Jean-François de Gonzague et d'Isabelle d'Este, mariés le 15 févr. 1491, né le 17 mai 1500, marquis de Mantoue (3 avril 1519), cap. gén. des troupes de l'Eglise, marquis de Montferrat (1536), ép. (16 nov. 1531) Marguerite Paléologue (décédée 1565), chev. de l'Ordre (7 sept. 1520), cap. de gend. (12 oct. 1517-20 févr. 1521), mourut le 28 juin 1540.

Compagnie GONZAGUE-NEVERS

(1) Louis de Gonzague, duc de Nevers, fils de Frédéric de Gonzague et de Marguerite Paléologue, né le 18 sept. 1539, prince de Mantoue, duc de Nevers (4 mars 1565) et Rethelois, sieur de la Guerche, Pouancé, Auxerre, Châteaugontier, prince de Châteaurenaud, Châteaumeillant, la Chapelle-Damgilon, Orval, Boishelle, Lesparre, Saint-Amand en Beaufort, marquis d'Isles, baron de Donzy, Roxay, chev. de l'Ordre (30 juill. 1560), cap. de gend. (1557-27 nov. 1594), gouv. de Nivernais (1ᵉʳ oct. 1581), naturalisé français (1549). Blessé et pris à Saint-Quentin (1557), il fut au siège du Havre (1563), ép. (4 mars 1565) Henriette de Clèves-Nevers (née 31 oct. 1542, morte 24 juin 1601), fut fait prince de Senonches, Bressoles et Mantoue (févr. 1566), gouv. de Piémont (5 avril 1567-19 oct. 1574), prit Mâcon (4 déc. 1567), battit l'ennemi à Donzy (févr. 1568) où il fut blessé, fut au siège de la Rochelle (1573), où il fut blessé, suivit Henri III en Pologne, lui prêta (1575) beaucoup d'argent. Il fut aux Etats-Généraux de 1576, prit Issoire (1577). Ligueur (1585), il échoua sur Marseille, revint au roi, fut nommé gouv. de Picardie (2 avril 1588-18 janv. 1589), signa, en protestant, l'édit de juillet 1580, prit (1588-1589) Mauléon, Montagut, la Garnache et 36 places en Poitou. Gouv. de Champagne (18 janv. 1589), il prêta 33.000 écus d'or à Henri IV, fut amb. à Rome (1593), fortifia Amiens, Corbie, Saint-Quentin, Péronne, et mourut à

Nesle, le 23 oct. 1595. C'était un prince fort lettré. Il fut chev. du Saint-Esprit (31 déc. 1578).

(2) Hippolyte Pic de la Mirandole, 2e fils de Galiot Pic de la Mirandole et d'Hippolyte de Gonzague-Sabionnetta, fut tué à la bat. de Jarnac (1569). Il était chev. de l'Ordre (1er déc. 1568) et lieut. à la comp. Nevers dès le 16 fév. 1564.

(4) Annet de Maugiron, sieur de Leisseins, Beauvoir, Mérieu, Bisonnes, baron de Faverges, bailli de Vienne, 2e fils de Guy de Maugiron et d'Ozanne l'Hermite, né avant le 2 juill. 1528, chev. de l'Ordre (28 mai 1572), cap. de gend., lieut. à la comp. de chevau-légers de Roch Chasteigner (1556), puis à la comp. de Nevers (janv. 1572-18 mars 1576), il vivait encore le 23 oct. 1587. Il ép. Marguerite de la Baume-Suze, veuve d'Aimar d'Ancezune et mourut sans postérité.

(5) Ippolito Galvagna, ens. à la comp. Mantoue-Nevers (16 janv. 1562-26 juin 1569).

(6) François de Vièvre, sieur de Launay et Guignonville, gent de la Ch. (14 janv. 1579), guid. (avril 1563-26 juin 1563), puis ens. (oct. 1567-11 mai 1577) à la comp. du duc de Nevers, lieut. (14 mai 1577-14 janv. 1579) à celle du comte de Rethelois, ép. Anne de la Châtre, veuve de François de l'Hôpital-Vitry, décédé entre 31 août 1592 et 24 déc. 1594.

(8) Nicolas de Conan, sieur de Rabestan, Frarè, Mauras, Chauvigny, Charmentray, la Chevrollière, fils de François de Conan et de Jeanne Hennequin, min. en 1565, né avant 1553, guid. à la comp. Nevers (avril 1581-21 avril 1584), gent. de la Ch. (1579-4 déc. 1608), chev. de l'Ordre (23 juill. 1607-9 juin 1613), ép. Anne d'O-Verrigny.

(9) André de Hallot, sieur de l'Estourville, Machery, Genonville, vicomte de Levesville, lieut. à la comp. du Fargis, cap. des gardes et gent. de la Ch. du duc d'Anjou (4 juill. 1579), fils aîné de Pierre de Hallot et de Marguerite de Villequoy-Thionville, mar. le 17 nov. 1539, cap. de chevau-légers (28 avril 1589), ép. (15 avril 1572) Jeanne d'Eschelles de Marmagne (vivante 13 janv. 1603). Il était mort au 27 mai 1600. Il fut mar. des log. à la comp. Nevers

(déc. 1575-10 mai 1577), gent. de la Ch., lieut. aux gardes (15 juill. 1578).

Compagnie COMTE DE RETHELOIS

(1) Comte de Rethelois * François de Gonzague, 2ᵉ fils de Louis de Gonzague et d'Henriette de Clèves, né le 17 sept. 1576, mort le 15 juin 1580. * Charles de Gonzague, 3ᵉ fils de Louis de Gonzague et d'Henriette de Clèves, duc de Nivernais, Rethelois, prince de Mantoue, Portien, Arches, Thimerais, Sainte-Manehoue, marquis d'Isles, gouv. de Champagne et Brie (oct. 1599-30 nov. 1627), amb. à Rome (25 nov. 1608), cap. de gend. (30 janv. 1613), blessé en 1602, au siège de Budes, prit Mantoue (1628), fut col. gén. de la cavalerie légère (31 déc. 1615), gouv. de Mézières (29 mai 1625), duc de Mantoue (19 juin 1631), mourut le 21 sept. 1637. Il ép. (1599) Catherine de Lorranne (née 1585, décédée 8 mars 1618, à Paris).

(2) Cf. notice à la comp. duc de Nevers.

(3) Jean de Damas, baron d'Anlezy et Crux, sieur de Montigny, Saint-Parise, Trouhans, Demain, Lardy les Forges, min. au 22 avril 1558, vicomte de Druy, chev. de l'Ordre, lieut. gén. en Nivernais, ens. à la comp. du duc de Nevers, gent. de la Ch., fils ainé de Jean de Damas et de Jeanne de Bar, ép. (8 oct. 1559) Edmée de Crux (née après 1547, vivante 4 mars 1599), et mourut le 13 août 1586.

(4) Robert de Joyeuse, comte de Grandpré, 2ᵉ fils de Foucault de Joyeuse et d'Anne d'Anglure, mar. le 21 août 1547, mestre de camp, mort sans alliance, en 1589.

(5) Cf. not. à la comp. Bouillon.

Compagnie GONZAGUE-VESCOVATO

(1) Jean de Gonzague, sieur de Vescovato, fils de Frédéric de Gonzague-Mantoue et de Marguerite de Ravière, né en 1474, mort le 23 sept. 1523, se dist. au siège de Padoue. Il ép. (20 sept. 1493) Laura Bentivoglio.

Compagnie ARTUS DE BOISY

(1) Artus Gouffier, duc de Roannez (3 avril 1519), comte de Caravas et Estampes, baron de Maulévrier et Passavant, sieur de Boisy, Oiron, Bourg-Charente, Villedieu, chev. de l'Ordre, chamb., gouv. de Dauphiné (17 sept. 1516), bailli de Vermandois, grand-maître de France (29 mars 1514), enfant d'honneur de Charles VIII, le suit en Italie (1494-1495), gouv. de François 1er, lieut. à la comp. du marquis de Mantoue (3 janv. 1511), négociateur du traité de Noyon, 2e fils de Guillaume de Gouffier et de Philippe de Montmorency, mariés le 15 juin 1472, mourut à Montpellier le 7 mai 1519. Il ép. (10 févr. 1500) Hélène de Hangest (morte le 26 janv. 1538), qui réunit une précieuse collection de portraits historiques. Il fut, dès oct. 1514, cap. de gend. et (6 mars 1515), gouv. d'Amboise et (9 févr. 1515) Chinon.

(2) Cf. notice à la comp. du conn. de Montmorency.

Compagnie GOUFFIER-BONNIVET

(1) François Gouffier, 2e fils de l'amiral de Bonnivet et de Louise de Crevecœur, mariés le 8 juin 1517, marquis des Deffends, sieur de Bonnivet, Crevecœur, Thoys, chev. de l'Ordre (29 sept. 1560), enfant d'honneur des enfants de France, fit la camp. du Pas de Suze (1537), fut aux sièges d'Hesdin (1537), Coni, Perpignan (1542), au ravitaillement de

Landrecies (1543), à la bat. de Cérisoles (1544), triompha dans deux combats singuliers avec des gentilshommes ennemis, fut au siège de Metz (1552), à la bat. de Saint-Quentin (1557), où il fut fait pris. : il s'échappa, fut aux sièges de Calais, Thionville (1558), Orléans (1563), aux bat. de Dreux et de Saint-Denis (1567), cap. de gend. (29 sept. 1568-27 oct. 1575), cons. d'Etat (23 déc. 1572-27 oct. 1575), vice-amiral (1577-1586), mar. de France par retenue (1586), lieut. gén. en Picardie (27 oct. 1575-18 oct. 1588), mourut le 24 avril 1594, ép. (10 févr. 1545), à Montargis, Anne de Carnazet (morte en 1595). Il fut chev. du Saint-Esprit (31 déc. 1578).

(2) Robert de Cépoy, sieur de Cépoy, Brétigny, Croy-sur-Ourcq (3 oct. 1560), majeur au 13 avril 1557, gent. de la Ch., chev. de l'Ordre (29 sept. 1568), gouv. de Saint-Quentin, bailli et gouv. de Valois, guid. à la comp. de Morvilliers (juill. 1561-13 juill. 1563), lieut. à la comp. de Crevecœur (janv. 1565-29 sept. 1568), mort avant le 18 juin 1598, fils ainé de Méry de Sépoix et de Françoise de Scépeaux, ép. Louise d'Ongnies-Chaulnes (vivante le 5 sept. 1600).

(3) Antoine de Hallwin, sieur d'Esclebecq, Tulon, Fontaine-sur-Somme, Dringhen, le Brenc, Namps au Val, Vilaines, Goyencourt, Audinfer, Wailly, baron de Buguerhoult, bailli d'Amiens (12 janv. 1595), fils de Louis de Hallwin et de Marie de Hames, mariés le 30 déc. 1534, ép. (19 sept. 1562) Claude Gouffier de Crevecœur (vivante 14 sept. 1605). Il était mineur (18 sept. 1555-11 mai 1556). Il fut chev. de l'Ordre (29 sept. 1568), g. de la Fère (17 juin 1574), g. de la Ch. (16 oct. 1578-22 mai 1587), guid. (janv.-29 sept. 1568), lieut. (avril 1571-12 juin 1578) à la comp. Crevecœur et mourut entre le 12 janv. 1595 et le 2 janv. 1615.

(4) Louis du Perron, d'abord mar. des log., puis (28 avril 1563-23 mars 1581), ens. à la comp. Crevecœur, chev. de l'Ordre (29 sept. 1568).

(5) François de Chantelou, sieur de Lihus, fils de François de Chantelou et de Claude de Belloy, ens. à la comp. de Crevecœur (avril 1581), vivant le 20 oct. 1595, mourut sans alliance.

— 226 —

(6) Michel de Gouy, sieur d'Arcy, Picumelle, Dampmarest, Cartigny, fils ainé de Jean de Gouy et de Madeleine de Bazincourt, né en 1546, gent. de la Ch. (28 juin 1585), chev. de l'Ordre (11 juill. 1571), gouv. de la Fère (21 juin 1574-2 août 1584) et Crespy (15 déc. 1581), s'en empara pour le roi (16 oct. 1589), gouv. de Pierrefonds, guid. à la comp. de Crevecœur (20 mai 1571), cap. de gend. (8 mai 1594), ép. (20 mai 1571) Françoise de Hallwin-Esclebecq (morte au 21 févr. 1604), et testa le 12 janv. 1615. Il était gendre d'Antoine d'Hallwin-Esclebecq.

(7) Jean de Créquy, sieur de Raimboval, les Granges, les Planques, Rogy, fils ainé de Jean de Créquy et de Nicole Bournel de Thiembronne, chev. de l'Ordre, ép. Louise de Balsac-Montaigu.

(8) Charles de Chaumont, sieur de Boissy, fils ainé d'Antoine de Chaumont et de Philiberte d'Isques, mariés le 24 févr. 1549, vivait le 21 août 1573 et mourut sans alliance.

(9) Nicolas d'Amerval, sieur d'Amerval, Liancourt, Cerfontaines, Mézières, baron de Benais, fils ainé d'Antoine d'Amerval et d'Adrienne Cauchon, chev. de l'Ordre (30 janv. 1588), gent. de la Ch., gouv. et bailli de Chauny, guid. (avril-25 juill. 1581) puis (30 janv. 1588) ens. à la comp. de Crevecœur, ép. (22 janv. 1592) Anne de Goufller, puis la célèbre Gabrielle d'Estrées, puis N. de la Marck. Il vivait le 21 déc. 1594.

(10) Nicolas de Lespinay, sieur de Neuville sur le Wault, Grosseures, Ivers (28 avril 1545), fils de Hutin de Lespinay et de Barbe Le Maire, mar. avant 1512, h. d'a. à la comp. Montmorency (30 nov. 1558), ép. Marie de Caulaincourt. Il fut mar. des log. comp. Crevecœur dès le 28 janv. 1564. Il mourut avant le 23 févr. 1580.

(11) François de Clermetz, sieur d'Audouville, Francicourt, Houssay, Lamois, la Cousture, fils d'Antoine de Clermetz et de Marie de Marcheville, mar. des log. à la comp. Crevecœur (avril 1571-21 août 1575), ép. (5 avril 1566) Madeleine de Béthucourt, puis (13 sept. 1575) Geneviève Le Gendre. Il mourut entre le 11 juin 1583 et le 11 nov. 1596.

(12) Claude de Lancry, fils ainé de Jean de Lancry et de Jeanne de Saint-Ragon, sieur de Prompleroy (3 janv. 1558), mort entre 8 févr. 1585 et 14 juill. 1588, h. d'a. (20 janv. 1565) mar. des log. (20 janv. 1579-23 mars 1581), guid. (8 févr. 15?5, comp. Crèvecœur, cap. g. de pied (2 sept. 1575), gent. de la Ch. du duc d'Alençon (12 avril 1571), ép. (20 janv. 1565) Catherine du Plessier (testa 16 janv. 1579), puis (2 janv. 1581) Antoinette d'Ailly (vivante 24 juillet 1604).

Compagnie CLAUDE GOUFFIER-BOISY

(1) Claude Gouffier, duc de Roannez (nov. 1566), marquis de Boisy (21 nov. 1542), comte de Maulevrier (août 1542) et Caravas, sieur d'Oiron et Villedieu, Saint-Loup, Bourg-Charente, Magny, la Fougereusse, Passavant, grand-écuyer (31 oct. 1535-1er déc. 1570), sieur de Chinon (23 nov. 1558), chev. de l'Ordre (1533), gent. de la Ch., premier gent. de la Ch. (23 juill. 1537), fils ainé d'Artus Gouffier et d'Hélène de Hangest, mariés le 10 févr. 1500, cap. des gent. de la maison du roi (1524-1er déc. 1570), cap. de gend. (1524), gouv. d'Amboise (3 nov. 1519) et Chinon (26 avril 1520), fut fait prisonnier à Pavie, fut bailli de Vermandois. Il ép. (13 janv. 1527) Jacqueline de la Trémouille-Jonvelle, puis (13 déc. 1545) Françoise de Brosse (morte le 16 nov. 1558), sœur du duc d'Etampes, puis (25 juin 1559) Marie de Gaignon, puis (16 janv. 1568) Claude de Beaune, puis Antoinette de la Tour-Landry, veuve de René le Porc et de Claude de la Trémouille-Noirmoutier.

(2) Gilles le Roy, 2e fils de René le Roy et de Madeleine de Gouffier-Boisy, mariés le 16 mai 1481, comte de l'Isle-Jourdain, vicomte du Bouchet, Carlat, baron de Plassac, la Grange, Passavant, la Baussonnière, gent. de la Ch. (21 janv. 1515), chev. de l'Ordre (1521), sén. de Guyenne (9 févr. 1525), cap. des gent. de la maison du roi (6 mars 1538), fut au siège de Gênes, aux bat. d'Agnadel, Ravenne, Marignan, aux sièges de Mouzon, Landrecies, Bouchain, servit sous Bonnivet, fut

lieut. à la comp. Boisy, ép. (12 mars 1525) Eléonore d'Armagnac et mourut à Paris, le 6 février 1555.

(3) Adrien Vernon, sieur de Montreuil-Bonnin, lieut. à la comp. Boisy (15 janv. 1536-17 août 1537), fils de Raoul Vernon et d'Anne Gouffier de Boisy, sœur de M. de Boisy, mariés le 1ᵉʳ mai 1507.

(4) Philippe de Culant, chamb. (13 mai 1541), sieur de Saint-Cyr, Chappetons et Saint-Just, lieut. comp. Boisy (11 sept. 1545), ens. à la comp. Boisy (22 oct. 1538), maître d'hôtel du roi, mort entre le 11 avril 1552 et le 14 juin 1553, fils aîné d'Eutrope de Culant et d'Antoinette de Montmorency, ép. avant le 14 juin 1533 Anne de la Fontaine-Lesches (vivante le 5 juin 1557), veuve de Roland de Saint-Just-Villiers. Il fut comm. des g. (16 mai 1546).

(5) Jean de Quinquempoix, sieur de Montchenu, guid. à la comp. Boisy (17 août 1537).

(6) Cf. notice à la comp. du mar. de Brissac.

(7) Joachim de Fougères, sieur de Villiers et Rouveneul (8 juill. 1518), fils de Gamaliel de Fougères et de Jeanne Poussard, guid. à la comp. Boisy (janv. 1540-1ᵉʳ févr. 1541).

(8) Cf. notice comp. vidame de Chartres.

(10) Gatien de Gaudeau, mar. log. comp. Boisy (1ᵉʳ févr. 1541.)

(11) Antoine de Louviers, sieur de Bourguignon, mar. des log. à la comp. de Boisy (juill. 1543-10 sept. 1545), vivant le 10 mai 1556, ép. Antoinette d'Espinay.

Compagnie BONNIVET

(1) Guillaume Gouffier, sieur de Bonnivet, Crevecœur, Thois, Esquerdes, 5ᵉ fils de Guillaume Gouffier et de Philippe de Montmorency, mariés le 15 juin 1472, né vers 1488, amiral de France (31 juillet 1518), amb. à la Diète de Francfort (1519), amb. en Angleterre, généralissime dans la campagne de

Navarre (1521), cap. de gend. (1ᵉʳ janv. 1514-22 juill. 1520), fut battu en Lombardie (1524) et tué à la bat. de Pavie (1525). Il ép. (14 juin 1506) Bonaventure du Puydufou, puis (8 juin 1517) Louise de Crèvecœur. Il fut (27 sept. 1519-29 sept. 1524), gouv. de Dauphiné et du Dauphin et sénéchal de Saintonge.

(2) Noël du Fay, fils d'Hector du Fay et de Catherine de Rébé-la Roche, mariés le 19 juillet 1476, né en 1477, sieur de Peiraut et Chaupteil, fut à l'expéd. de Naples (1494), à la bat. de Fornoue (1495), aux sièges de Bologne et Brescia, à la bat. de Ravenne (1512), au siège de Gênes (1502), à la bat. de Cérignoles (1503), au siège de Gaëte, lieut. à la comp. Bonnivet (22 juin 1518), fut à la bat. de Pavie (1525), sᵈˡ. de Beaucaire, gouv. de Dauphiné, décédé au 30 avril 1541, ép. Antoinette de Ferlay, puis (10 juin 1518) Françoise de Saint-Gelais (testa 6 juillet 1551).

(3) Cf. notice à la comp. Boisy.

Compagnie HENRI GOUFFIER

(1) Henri Gouffier, sieur de Crèvecœur et Bonnivet, marquis des Deffends, 2ᵉ fils de François Gouffier et d'Anne de Carnazet, né le 31 juill. 1547, enfant d'honneur de Charles IX, chev. de l'Ordre (8 oct. 1568), gent. de la Ch., cons. et chamb. du duc d'Alençon (26 mai 1582), cap. de gend. (8 oct. 1568-25 mai 1570), fit avec d'Alençon l'expédition de Flandre et prit Eindhoven, servit pour le compte de Venise, qui lui donna la terre de Cazabel, fut à la bat. de Senlis, et fut assassiné, à la fin de 1589, dans l'église de Breteuil, par de Piennes-Maignelers. Il ép. (10 août 1576) Jeanne de Bocholt.

(2) Charles de Harcourt, sieur de Montuchon, Bienville, Hardancour, Thury, Creully, Saint-Pierre-de-Jonquoy, Vienne, le Manoir, Saint-Gilles, Courcechef, Mathieu, Croisy, Mesnilbus, baron de la Motte-Cesny, Grimbosc, chev. de l'Ordre, gent. de la Ch., 3ᵉ fils de François de Harcourt et de Françoise de Gaillon, mariés le 10 mars 1518, ép. Marie de Briqueville

et mourut, sans postérité, avant 1608. Il vivait encore le 17 sept. 1558 et fut lieut. comp. Bonnivet (8 avril 1569).

(3) Pierre de Marans, fils de Jean de Marans et d'Hélène de Culant-Saint-Cyr, sieur des Ormes, Saint-Martin, Pindray, Loulay, Bessay, Melzar (30 nov. 1573-4 nov. 1585), lieut. comp. Bonnivet (oct. 1568-9 févr. 1571), chev. de l'Ordre, ép. (3 févr. 1566) Renée Thibault de Melziar (vivante le 4 nov. 1585).

(4) Louis d'Arquenvillé, sieur de Saint-Rimault, Ovillier, Hatton, Essuille, fils de Louis d'Arquinvillé et de Marthe Aleaume, né en 1520, mort en 1590, chev. de l'Ordre, ens. dès oct. 1567 à la comp. de Bonnivet, ép. Jeanne de Paillart, puis (15 août 1575) Suzanne de Mainemares (morte entre le 2 juil. 1604 et le 8 juil. 1628).

(5) François des Essars, sieur de Meigneux, Marescot, la Chapelle, Morlay, Latrayant, Saint-Segrée, Hamelet, Cramont, Janville, chev. de l'Ordre, gent. de la Ch. (4 févr. 1578), gouv. de Montreuil (31 mars 1580-6 mars 1590). Il était fils de Louis des Essarts et de Catherine du Crocq, mariés le 25 mai 1530, ép. (19 sept. 1559) Charlotte du Hamel-Bellenglise (morte entre le 4 févr. 1578 et le 7 oct. 1585). Il fut ens. à la comp. de Brosses-Tiercelin (26 avril 1572-24 oct. 1575). Il mourut entre le 2 oct. 1592 et le 31 juill. 1593, pris. à Corbie, des suites d'une blessure reçue dans un combat peu auparavant.

(6) Cf. notice à la comp. de Bourbon-Rubempré.

Compagnie GOULLAINE

(1) Baudouin de Goullaine, 3e fils de Christophe de Goullaine et de Claude de Montejan, sœur du maréchal, chev. de l'Ordre (19 avril 1569), cap. de gend. (19 avril 1569-21 sept. 1572), d'abord abbé commandataire de Saint-Gildas des Bois, ép. (23 sept. 1560) Antoinette Girard de Bazoges, (vivante 29 mars 1567), puis, après 23 nov. 1567, Claude des Hayes, veuve de René de Montecler, et fut tué, à deux lieues

du Mans, par des soldats, en sept. 1575 (avant le 18, jour du procès-verbal d'autopsie).

(2) Lionnet d'Escotz, sieur de Lavau, Graton, chev. de l'Ordre, ens. (janv. 1568), lieut. (18 juin 1569) à la comp. Goullaine, ép. Isabeau de Fourneaux (vivante le 23 janv. 1602). Il était mort au 12 juin 1592.

(3) Joseph de Courtes, guid. à la comp. Goullaine, fut (21 mars 1576), lieut. à la comp. d'O.

(4) Jean de la Roche-Aymon, sieur de la Farge, Saint-Maixent, Vic, le Breul et la Ribeyrette, 2e fils de Jean de la Roche-Aymon et de Renée de Graçay, mariés le 13 janv. 1538, né avant 1547, ép. (26 sept. 1569), Gilberte du Gué, veuve de Louis d'Arfeuille, fut guid. (26 sept. 1569) à la comp. de Goullaine, chev. de l'Ordre (20 juin 1571), mourut entre le 26 mars 1572 et 21 sept. 1574.

(5) Pierre du Péroux, sieur de Sourdour, Saint-Hilaire (27 mars 1542-12 mars 1574), fils de Charles du Péroux et de Gabrielle de Montmorin, mariés le 8 août 1525, mort en 1585, ép. (16 mai 1565) sa cousine-germaine Marguerite du Péroux-les Varennes, veuve de Pierre de Noyret, puis (12 févr. 1573) Léonarde de Charbonnier (morte au 25 févr. 1601), veuve de Lionnet de Fourneux.

Compagnie GOYON-MATIGNON

(1) Jacques de Goyon, sieur de la Roche-Goyon, comte de Thorigny et Matignon, sieur de Lesparre, prince de Mortagne, né le 26 septembre 1525, fils de Jacques de Goyon et d'Anne de Silly, enfant d'honneur de Henri II, fit (1552) le voyage d'Austrasie, fut aux sièges de Metz (1552), Hesdin (1553), pris à Saint-Quentin (1557), lieut. gén. en Basse-Normandie (3 avril 1559), il reprit Vire et Saint-Lô sur les calvinistes (1562), sauva Cherbourg de l'occupation anglaise (1563). Comte de Thorigny (sept. 1565), chev. de l'Ordre, cap. de gend. (18 sept. 1566), lieut. gén. en Normandie (1566), il

barra (1567) le passage de la Seine à d'Andelot, qui allait secourir Condé, se distingua fort à Jarnac (1569), prit Lassay, la Ferté (juin 1569), mar. de camp (8 févr. 1569), il sauva le duc d'Anjou à Moncontour (3 oct. 1569), sauva, à la Saint-Barthélemy, les calvinistes d'Alençon et de Saint-Lô, prit (1574) Falaise, Argentan, Saint-Lô, Domfront, où il captura Montgommery, Carentan, Alençon, la Ferté, Lassay, le Mont-Saint-Michel. Lieut. gén. en Basse-Normandie (26 mars 1575), maréchal de France (14 juill. 1579), il prit la Fère (12 sept. 1580) et soumit la Picardie. Lieut. gén. en Guyenne (26 nov. 1580), il enlève le Château-Trompette aux Ligueurs (1585), échoue sur Taillebourg, sauve Brouage, y bat les Calvinistes, prit (10 avril 1586) Castets, Monségur (15 mai), Castillon (28 août). En 1587, après Coutras, il rallie les débris de l'armée de Joyeuse, bat le roi de Navarre près de Nérac, maintient (1589) Bordeaux dans l'obéissance royale, prend Villandrault (1593), assiège Blaye, y bat la flotte espagnole, assiste à l'abjuration et au sacre de Henri IV, prend Castanet, Cordes (1595), occupe Rodez et meurt d'apoplexie à Lesparre, le 27 juill. 1597. Il ép. (2 mai 1558) Françoise de Daillon du Lude. Il fut chev. du Saint-Esprit (31 déc. 1579).

(3) Jean de Couesnon, sieur de la Roche, fils aîné de Pierre de Couesnon et de Suzanne de Vassé, mariés le 27 sept. 1518, chev. de l'Ordre (1ᵉʳ févr. 1573), vivant le 24 avril 1541.

(4) Hervé de Longaunay, sieur d'Aucquoy, Epinay-sur-Odon, les Fresnes, les Buissons, Boishéroult, les Granges, Bazonville, Damigny, Dampierre, Franqueville, la Baconnière, fils de Jean de Longaunay et de Marie Thezart, né en 1516, cap. d'arq. à cheval (9 mai 1586-17 mars 1589), cap. de gend. (22 mai 1588), ens. à la comp. Matignon (4 févr. 1564-1ᵉʳ janv. 1572), chev. de l'Ordre (14 mai 1569), gent. de la Ch. (15 déc. 1575), cap. de gend., lieut. gén. en Basse-Normandie, Caux, Gisors, Cotentin (11 mars 1575-14 mars 1588), ép. (13 janv. 1554) Catherine de Surcau-Farceaux (vivante 22 déc. 1556), veuve de François Nantier de Landelles, et fut tué (14 mars 1590) à la bat. d'Ivry.

(5) Louis de Couesnon, sieur de la Roche, dit *le jeune*,

3° fils de Pierre de Couesnon et de Jeanne de Vassé, mariés le 27 sept. 1518, sieur du Tertre (4 avril 1564), mort avant le 30 janv. 1587, ép. Catherine d'Abatant.

(6) Louis de la Morissière, sieur de Vicques, gent. de la Ch., lieut. gén. à Caen et en Cotentin, 4° fils d'Etienne de la Morissière et de Jeanne du Mesle, ens. (janv.-mars 1578), puis (3 juill. 1578-2 sept. 1585), lieut. à la comp. Matignon, enleva le Mont-Saint-Michel aux protestants (23 juill. 1577), en fut nommé gouv., le reprit aux calvinistes en 1589, et fut tué, le 16 déc. 1590, au siège de Pontorson. Il ép. (1573) Esther le Tessier.

(7) Louis de Bordeaux, ens. (18 juill. 1582), comp. Matignon.

(8) Claude Gobé, sieur de Suresne, commiss. extraord. des guerres (1ᵉʳ avril 1569), mar. des log. à la comp. Matignon (juill. 1564-20 oct. 1565), servit en Normandie (1573-1574), mar. de camp (26 avril 1589-25 oct. 1596), chev. de l'Ordre (6 oct. 1572), maitre d'hôtel de la reine-mère, grand prévôt de Normandie, maitre d'hôtel du duc d'Alençon (6 oct. 1572), assista aux bat. d'Arques, Ivry, aux sièges de Rouen, la Fère, Amiens et mourut en 1600.

(9) Philippe de Nollent, sieur de Bobanville et Calix, fils ainé de Jean de Nolent et de Guyonne de Sainte-Marie, mariés le 11 avril 1542, min. (29 juill. 1556), ens. comp. Thorigny (4 oct. 1585), ép. (3 oct. 1571) Michelle de Harcourt-Olonde.

(10) Cf. notice à la comp. d'Angennes-Rambouillet.

(11) Urbain de Renty, sieur de Montigny, 2° fils de René-Pierre de Renty et de Gabrielle de Mailly-Auchy, né le 15 oct. 1553, guid. à la comp. Saint-Pol (10 déc. 1570), mourut sans post., en janv. 1575, à Paris.

(12) Pierre de Harcourt, sieur de la Motte-Beuvron, marquis de Beuvron, la Motte-Cesny, Grimbosc, comte de Croisy, vicomte de Fontenay-le-Marmion, baron de Creully, Thury, Beaufort, Carentan, la Table, Saint-Aubin, Remilly, Mesnilbus, la Chapelle, Saint-Laurent en Caux, Montuchon, Creulles, Mathieu, Courtonné, Subrey, Druval, Vienne, le Manoir, Fresnay le Puceux, Thury, Varaville, Cléville, Méry, Cailloué,

Bouhon, Grougny, Touchet, cons. d'Etat (9 déc. 1597), chev. de l'Ordre (24 sept. 1574), gent. de la Ch., cap. de gend. (27 oct. 1588-9 sept. 1607), 2e fils de Guy de Harcourt et de Marie de Saint-Germain, né le 8 août 1550, à Lignon, enfant d'honneur de Charles IX, fut aux bat. de Saint-Denis, Jarnac, Moncontour, Tasserville, Loudun, Saint-Mars, Saint-Clair, la Roche-Mabille, aux sièges de Poitiers, Châtellerault, Saint-Jean-d'Angely, Domfront, Alençon, fit campagne en l'ongrie, fut aux sièges de Mussidan, Cambrai, à la bat. d'Anneau, aux sièges de Falaise, Caen, Paris, au combat des Gauthiers, au siège de Dieppe, à la bat. d'Arques, aux sièges d'Etampes, Vendôme, le Mans, Verneuil, Alençon, Domfront, Argentan, Lisieux, Falaise, Pont-Audemer, Meulan, Vernon, Mantes, à la bat. d'Ivry, aux sièges de la Fère, Laon, Paris, Rouen, Dreux, Avranches, Quillebœuf (1589 à 1594), à la bat. des Ponts de Cé (1620), guid. (3 juill. 1578) à la comp. du mar. de Matignon, dont il ép. (30 nov. 1578), la fille, Gilonne de Goyon. Il mourut, en août 1627, à Caen. Il fut (1611), chev. du Saint-Esprit.

(13) Guillaume Le Chevalier, sieur de Sainte-Marie, guid. à la comp. Matignon, mourut avant 1609.

Compagnie GUÉMADEUC

(1) Notice comp. Coesquen.

Compagnie ESCLAVOLLES

(1) Olivier de Guesdon, sieur d'Esclavolles (22 août 1525), fils de Jean de Guesdon et de Jeanne de Brie-Boissy, cap. d'une vieille bande de Piémont, gent. de la Ch., gouv. de Toul (13 avril-6 août 1552), chev. de l'Ordre, gouv. de Mouzon (6 août 1551), cap. de gend. (avril 1563-15 avril 1569), mar. de camp (28 sept. 1567-15 avril 1569), mort avant le 1er mars

1573. Il fut lieut. à la comp. de Torcy, lieut. à la comp. du duc Claude de Guise (janv.-23 avril 1550), à celle du duc François de Guise (sept. 1562-12 janv. 1563). Il fut protecteur de la république de Montichiello (5 avril 1558). Il fut aux sièges de Bourges et de Rouen (1562), à celui du Hâvre (1563), à la reprise de Metz sur les protestants, aux bat. de Jazeneuil, Jarnac, Moncontour. Il fut fait prisonnier à la bataille de Dreux (1562) mais s'échappa. Il ép. Françoise de la Gravelle. Il avait été, en 1557, lieut. gén. de la cavalerie française en Italie.

Compagnie PHILIBERT DE LA GUICHE

(1) Philibert de la Guiche, sieur de la Guiche, Chaumont, Magnac, la Palisse, Montaigu, le Blanc, baron de Sigy le Châtel, fils aîné de Gabriel de la Guiche et d'Anne Sorel de Saint-Géran, mariés le 9 août 1540, né en 1544, gouv. et bailli de Mâcon (6 janv. 1555-20 juill. 1599), cap. de chevau-légers (4 oct. 1567), mestre de camp de la cavalerie légère (19 nov. 1575), chev. de l'Ordre (12 juill. 1568), gent. de la Ch. du roi, gent. de la Ch. du duc d'Anjou, cons. d'Etat (15 déc. 1578-13 juin 1605), cap. de gend. (2 janv. 1575-13 juin 1605), grand-maître de l'artillerie (6 juill. 1578-19 mars 1597), gouv. de Bourbonnais (12 avril 1573-15 déc. 1578), colonel des Suisses de Bourgogne (22 avril 1589), gouv. de Lyon, Lyonnais, Forez, Beaujolais (21 sept. 1595-13 juin 1605), mort à Lyon, le jour de la Fête-Dieu (10 juin 1607). Il combattit à Ivry, au siège de Rouen et Montmélian (1601). Il ép. (5 janv. 1571) Eléonore de Chabannes, veuve de Just de Tournon, puis Antoinette de Daillon du Lude (vivante le 15 nov. 1648). Il fut guid. (6 juin 1567-16 avril 1569), puis (5 oct. 1569-3 sept. 1572) lieut. à la comp. de Damville. Il fut chev. du Saint-Esprit (31 déc. 1578).

(2) Gilbert des Serpens, baron de Gondras, sieur de Magny, mineur au 13 mai 1547, fils de Claude des Serpens et de Catherine de Rollant, mariés le 7 mars 1534, lieut. à la comp. la Guiche (juill. 1574-17 août 1577), chev. de l'Ordre du roi,

gouv. de Mâcon, mort entre le 19 mai 1579 et le 12 sept. 1584,
ép. (2 mars 1557), Marguerite de la Varenne, puis Françoise
de la Gorse, puis Marguerite de Rostaing (née en 1556, morte
en oct. 1612), veuve de Hubert de Lévis-Cousan.

(3) Louis de Saint-Aubin, sieur de la Varenne, les Cheve-
nes, Seaune, le Teil, Chamardon, mar. des log. à la comp. de
Villars (janv.-7 oct. 1565), ens. à la comp. la Guiche
(janv. 1575-19 mai 1579), gent. de la maison du roi
(3 déc. 1563), vivant le 9 août 1583, mort avant le 24
nov. 1601, ép. Claude de Fougères.

(4) Jean de Saint-Georges, sieur d'Estrée, mar. des log. à
la comp. de la Guiche (juill. 1574-14 sept. 1576), probablement fils de François de Saint-Georges d'Estrée et de Jacqueline des Escures, mariés le 23 août 1530.

(5) Lyonnet de Chambes, sieur de Villauneur, Goury
(9 mars 1587), mar. des log., puis guid. à la comp. de la
Guiche (janv. 1577-19 mai 1579).

Compagnie GABRIEL DE LA GUICHE

(1) Gabriel de la Guiche, sieur de la Guiche, Saint-Géran,
Chaumont, Torcy, Saint-Aubin, Coudun, 2ᵉ fils de Pierre de
la Guiche et de Marie-Françoise de Chazeron, mariés en 1491,
né 5 nov. 1497, enfant d'honneur (25 juin 1513), chev. de
l'Ordre (1ᵉʳ juin 1547), gouv. et bailli de Mâcon (6 nov. 1544),
gent. de la Ch. (17 févr. 1548), échanson du roi (1528),
blessé au bras gauche à Pavie (1525), amb. en Angleterre
(1527), lieut. comp. Montmorency (7 sept. 1535-14 juin 1544),
cap. de gend. (17 févr. 1548-24 avril 1553), fit camp. en
Luxembourg (1542), sauva Montreuil (1544), Bourg (1557),
gouv. de Bresse, Bugey, Valromey (8 déc. 1547), lieut.
(9 févr. 1526-27 sept. 1530) à la comp. Luxembourg-Brienne,
ép. (9 août 1540) Anne Sorel de Saint-Géran (née en 1527), et
mourut avant le 25 déc. 1558.

(2) Notice à la comp. Bourbon-Montpensier.

(3) Jean de Laubespin, sieur de Chigy, Essertot, Gressé,

chev. de l'Ordre, fils d'Odart de Laubespin et de Jeanne de Dyo, mariés le 22 juill. 1510, ens. à la comp. la Guiche (juill. 1548-25 févr. 1552), puis à la comp. de Montluc (avril-28 juill. 1559), commiss. des guerres (18 mars 1568), ép. Guillemette de Geresme. Il vivait encore, le 6 oct. 1572.

(4) Claude de Lévis, sieur de Cousan, Lugny, Curaise, Fougerolles, Chalain, Nervieu, fils de Jean de Lévis et de Jeanne de Chalençon, chev. de l'Ordre (5 mai 1569), guid. à la comp. de la Guiche (25 juin 1548-24 avril 1553) lieut. à la comp. de Montpezat (25 févr. 1565), cap. de gend. (10 déc. 1567-1ᵉʳ oct. 1589). Il ép. (9 juin 1541) Hilaire des Prez-Montpezat (vivante le 27 oct. 1571).

Compagnie BOUTIÈRES

(1) Georges Guiffrey, sieur de Boutières et du Touvet, lieut. à la comp. Bayart, cap. de gend., se distingua à Cérisoles (1544), fils ainé de Sébastien-Pierre Guiffrey et de Claude Robert, gouv. de Turin, né vers 1493, archer à la comp. Bayart (1509), il se distingua au siège de Padoue (1509), fut prévôt de l'hôtel du roi, fut prisonnier à Pavie (1525), il fut à l'expédition de Provence (1525), prévôt de Dauphiné (1528), fut à l'expédition navale de d'Annebaut (1545), chev. de l'Ordre (15 août 1543), gent. de la Ch. (9 nov. 1538), cap. de gend. (avril 1538-25 mai 1544), lieut. gén. en Piémont (13 févr.-15 août 1543), lieut. gén. en Dauphiné (1527), testa le 10 févr. 1561. Il ép. Gasparde Berlioz.

(2) Raymond d'Arces, sieur de Burlet, 3ᵉ fils de Louis d'Arces et de Guigonne de Gottofrey, gent. de la Ch. (18 juin 1545), testa le 1ᵉʳ févr. 1566, ens. à la comp. d'Annebaut-la Hunaudaye (juill. 1545-4 juill. 1546), ens. à la comp. Boutières. Il ép. Blanche de Moretton-Chabrillan.

(3) François de Rochefort, sieur de Vinais, guid. à la comp. Boutières (29 mars-15 nov. 1541).

(4) Claude de Laire, sieur de Glandage, guid. comp. Boutières (août 1542-26 avril 1547), chev. de l'Ordre (5 févr. 1574),

gouv. de Die, cap. gens de pied (9 août 1576), vivant le 15 nov. 1576.

(5) Claude de Saint-Julien, mar. des log. (9 nov. 1568) comp. Boutières.

(6) Imbert de Chissé, 8e fils de Raymond de Chissé et de Louise de Guiffrey, mariés le 28 avril 1507, comm. des guerres (31 juin 1543), sieur de la Marcousse.

Compagnie LOUIS DE HALLWIN

(1) Louis de Hallwin, sieur de Piennes, Buguenhoult, Maignelais, cons. d'Etat, chamb. (25 mars 1496-27 déc. 1518), chev. de l'Ordre (25 mars 1496), gouv. de Montlhéry (14 mars 1480), Béthune (1486), amb. à Venise et Milan, gouv. de Picardie (1512-27 déc. 1518), bailli et gouv. de Péronne, Montdidier, Roye (10 oct. 1496), comte de Guines (16 janv. 1515), mort en 1528, fils ainé de Josse de Hallwin et de Jeanne de la Trémouille, mariés le 13 sept. 1449, fut à la bat. de Fornoue (1495), et ép. Jeanne de Ghistelles. Il fut cap. de gend. (10 mars 1507).

(2) Philippe de Hallwin, sieur de Piennes, Buguenhoult, Huriguehen, Busquenne, Hostiselle, Maignelais, Saint-Amand, Basserode, Royaucourt, gouv. de Béthune, lieut. gén. de l'armée française en 1513, mort avant le 28 juin 1519, fils de Louis de Piennes et de Jeanne de Ghistelles, ép. Françoise de Bourgogne-Nevers-Rosoy (vivante 28 juin 1519).

(3) Jean de Hallwin. Probablement Jean de Hallwin, sieur d'Esclebecq, Dringhen, le Breucq, le Change, la Houguerie, Brabant, 3e fils de Louis de Hallwin et de Jeanne de Ghistelles, vivant (28 juin 1519), ép. (8 févr. 1507) Jeanne Mauchevalier, veuve de Josse de Gourlay.

Compagnie HALLWIN-PIENNES

(1) Charles de Hallwin, sieur de Piennes, Frestoy, Roussoy, Quierzy, Tuert, Vaulx, Vauchy, Royaucourt, Tronquay,

Fazes, Tricot, Montigny, Coivrel, Fenieux, Godevilliers, marquis de Maignelais, duc d'Hallwin (1581), cap. de gend. (avril 1563-10 mars 1583), gent. de la Ch. (7 oct. 1560), lieut. gén. en Picardie, Metz Messin (23 sept. 1572), cons. d'Etat (1er sept. 1574-10 mars 1583), 3e fils d'Antoine d'Halwin et de Louise de Crevecœur, mariés le 17 septembre 1526, ép. (18 janv. 1560) Anne Chabot de Brion (vivante 1570), fille de l'amiral, et fut tué, en 1591, au siège de la Fère. Il fut chev. du Saint-Esprit (31 déc. 1588).

(2) Henri de Lenoncourt, sieur de Lenoncourt, Coupvrai, 5e fils de Henri de Lenoncourt et de Marguerite de Broyes, né en 1537, lieut. (avril 1563-30 nov. 1567) à la comp. de Piennes, puis à celle du grand prieur de France (9 nov. 1567-6 févr. 1571), chev. de l'Ordre, comte de Vignory Nanteuil, marquis de Lenoncourt (25 juin 1566), gent. de la Ch. du duc d'Alençon (1570), chamb. de ce duc (1573), cap. de gend. (20 déc. 1575-27 août 1581), gent. de la Ch., mar. de camp général (2 oct. 1577-3 déc. 1580), cons. d'Etat, lieut. gén. en Champagne, mort le 5 déc. 1581; Il ép. avant le 25 mai 1558 Françoise de Laval-Boisdauphin (morte le 16 déc. 1615). Il fut chev. du Saint-Esprit (31 déc. 1580).

(3) Jean de Chasteigner, sieur de Saint-Georges-de-Rexe, l'Ile-Bapaume, Aumuré, la Melleraye, 2e fils de Jean de Chasteigner et de Claude de Monléon, né à Touffou, le 26 mars 1542, chev. de l'Ordre, gent. de la Ch., maître d'hôtel du roi, fut aux sièges de Poitiers (1562), la Rochelle (1572), ép. (19 avril 1567) Jeanne de Villers et mourut devant Poitiers le 6 janv. 1581.

(4) Adrien de Maucourt, sieur de Poplincourt, chev. de l'Ordre (29 avril 1572), mar. des log. à la comp. d'Humières (juill.-20 nov. 1558), mar. des log. à la comp. de Vaudemont (oct. 1560-12 janv. 1563), guid. (oct. 1564-12 nov. 1566), ens. (oct. 1567-13 oct. 1568), lieut. (janv. 1572-27 août 1581) à la comp. de Piennes.

(5) Philippe de Bery, sieur d'Esserteaux, ens. (oct. 1564-11 nov. 1566) comp. Piennes.

(6) Jean d'Audenfort, fils d'Antoine d'Audenfort et de Marie des Marais, sieur de Grandvilliers, mar. des log. (avril 1562-

7 déc. 1565), guid. (janv. 1568-29 mai 1569), ens. (2 janv. 1572-5 oct. 1573) à la comp. Piennes, chev. de l'Ordre, gent. de la Ch., mort avant le 29 nov. 1574, ép. Louise du Puis, Marguerite de Riencourt, puis (3 oct. 1571) Guillemette de Créquy (vivante le 25 mai 1581), veuve de Pierre Lion de Vérigny.

(7) Christophe de Mazancourt, fils ainé de Charles de Mazancourt et de Marie de Neufchâtel, mariés le 2 mars 1533, né en 1537, sieur de Mazancourt, Billencourt, Fresnes, Genermont, Châteaufort, Cremery, Hallu, Crennes, vicomte de Courval, h. d'a., puis (27 oct. 1571) guid., puis (1585) lieut. à la comp. de Piennes, chev. de l'Ordre (1565), gent. de la Ch. (dern. févr. 1607), testa le 3 févr. 1617 et mourut à Billencourt, le 8 nov. 1617. Il ép. (13 févr. 1564) Jeanne de Roncherolles, puis Charlotte de Bosbecq, puis (9 juin 1596) Suzanne de Poix (vivante le 8 nov. 1617).

(8) Guy des Maretz, sieur de Beaurames, le Plessier, Saint-Nicaise, fils de Jean des Maretz et de Catherine de Hallencourt, mar. des log. (21 mai 1569-29 avril 1572), puis guid. (27 août 1581-20 févr. 1584) comp. Piennes, ép. (12 févr. 1548) Françoise d'Aussi (morte entre le 26 mai 1580 et le 12 mai 1582).

(9) Guy d'Isque, sieur de la Motte, le Manoir, Eschingen, 2e fils d'Adrien d'Isque et de Françoise de la Varenne, mariés le 21 oct. 1525, min. (3 déc. 1537), mar. log. comp. Piennes (avril 1581-31 déc. 1587), ép. (20 déc. 1559) Marguerite de Senlecques. Il fut comm. des guerres (3 juin 1591-18 oct. 1592).

Compagnie D'ARRAN

(1) Jack Hamilton, comte d'Arran, duc de Châtellerault (8 janv. 1548), fils de Jack Hamilton et de Jeanne Beaton, tuteur de Marie Stuart (1542), chev. de l'Ordre, cap. de gend., mort, en 1575, en Ecosse.

(2) Thomas Straton, sieur de Molins, lieut. à la comp. Lennox (janv.-5 juill. 1543), puis à la comp. d'Arran (avril-28 juill. 1550), ép. Hughette le Bascle, veuve de Thomas d'Heriot.

(3) Gaud Hume, guid. à la comp. Lorges (avril 1545-4 mai 1546), puis à celle de d'Arran (avril 1551-27 oct. 1555).

(4) James Crawford, ens. à la comp. d'Arran (avril 1551-7 nov. 1557).

(5) Patrix Heriot, fils ainé de Thomas Heriot et de Hughette La Bascle, mariés le 22 juill. 1510, baron de Moulins, chev. de l'Ordre, gent. de la Ch., guid. comp. d'Arran (avril 1554-23 juill. 1556), ens. (oct. 1559-4 mai 1560), ens. aux gardes écossaises (4 août-12 nov. 1560), décédé au 17 sept. 1594, ép. Barbe de Chastenay (décédée au 17 sept. 1594).

(6) James Grant, sieur de Moyaux près de Quetteville, 3e fils de Nicolas Grant et d'Hélène de Bienfaite, mar. des log. à la comp. de Lorges (3 mai 1546-1549), puis à celle d'Arran.

Compagnie HANGEST-MONTMOR

(1) Louis de Hangest, sieur de Montmort et Chaleranges, 1e fils de Jean de Hangest et de Marie d'Amboise, né entre 1462 et le 20 mars 1490, cons. d'Etat, chamb., cap. de gend. (20 déc. 1518-20 nov. 1526), grand écuyer de Bretagne (20 déc. 1518-18 juin 1525), gouv. de Mouzon (20 déc. 1518-20 août 1521), ép. (21 mai 1499) Marie de Fay d'Athies (née en 1486, morte avant le 26 nov. 1556). Il capitula sans gloire à Mouzon, le 29 août 1521. Il mourut avant le 26 nov. 1556.

Compagnie HANGEST-GENLIS

(1) François de Hangest, sieur de Genlis et Abecourt, célèbre chef huguenot, gouv. du Louvre (14 avril 1543-12 mars 1548), 2e fils d'Adrien de Hangest et de Claude du Mas, cap. de gend. (15 déc. 1558-28 mai 1566), mort en 1569, à Strasbourg, sans post. Chev. de l'Ordre (29 sept. 1560), il ép. Valentine Jouvenel des Ursins (vivante 1577). Il fut comm. extra. des guerres (20 févr. 1554).

(2) Jean de Lanvin, sieur de Blerancourt, lieut. à la comp. de Genlis (juill. 1564).

(3) François de Piédefer, sieur du Bois de la Raye, Champlost, Bazoches (31 juill. 1557), lieut. (août 1559) à la comp. de Genlis, mort entre le 12 sept. 1576 et le 22 nov. 1586, ép. avant le 12 sept. 1576 Marguerite de Voré (vivante le 22 nov. 1586). Il était fils d'Antoine de Piédefer et d'Hilaire Raguier.

(4) Louis d'Aussy, sieur de Bonnay, ens. (avril 1562-29 mai 1566) comp. Genlis.

(5) Raymonnet de Brouilly, sieur de la Chapelle, 2e fils d'Antoine de Brouilly et d'Isabeau d'Aumale, mariés le 4 mars 1486, mar. des log. (juill. 1561), guid. (avril 1565) à la comp. de Genlis, mort avant le 9 févr. 1570, ép. Jeanne de Sainte-Christine (vivante le 9 févr. 1570).

(6) Gilles de Cormont, mar. des log. (avril 1563) à la comp. de Genlis.

Compagnie LA ROUE

(1) Jacques Harenc de la Roue, fils de Louis Harenc de la Roue et d'Hélène de Claveyson, mariés en 1521, se distingua à Dreux et à Moncontour, et mourut à Paris, sans post. le 6 mars 1571. Il naquit après 1528.

(2) Annet de Cézard-Beausson, sieur de Greyzieu (22 févr.

1543-18 août 1563), fils de Bertrand de Cézard-Beausson et de Françoise de Meyssard, lieut. comp. la Roue (juill. 1569-30 août 1570).

(3) Ens. comp. la Roue (30 août 1570).

(4) Gilbert de Reclaine, sieur de la Chaise, Bègue (11 févr. 1551), mort entre le 26 nov. 1600 et le 9 août 1601, fils aîné de Bertrand de Reclaine et de Jacquette de Mayes de la Vitatelle, mariés le 12 janv. 1517, ép. (3 déc. 1563) Marthe le Bègue de la Brède (morte au 27 mai 1588), puis Marie de Biosat (vivante le 16 févr. 1602). H. d'a. à la compagnie de Tournon-Roussillon (23 nov. 1567), mar. des log. à la comp. de la Roue (juill. 1569-30 août 1570), gent. de la maison du roi (12 mai 1574-1583).

Compagnie BELLEVILLE

(1) Charles de Harpedanne, baron de Belleville, Cosnac, Puybelliard, Sigournay, Chantenay, Beaulieu, Sainte-Flayve, Boisboucher, la Vigerie, Saint-Fort-sur-Gironde, chev. de l'Ordre (18 oct. 1575), gent. de la Ch., ens. à la comp. du duc d'Anjou (juill. 1571-5 juill. 1573), cap. de gend. (janv. 1575-14 juill. 1581), cons. d'Etat (14 juill. 1581), fils de Claude de Harpedanne et de Jeanne de Durfort, mariés le 21 nov. 1541, lieut. gén. en Saintonge, gouv. d'Aunis et la Rochelle, mort le 7 juin 1583, ép. Marie-Claude de Rochechouart-Saint-Amand, veuve de Léonor de Chabot-Jarnac.

(2) Mathurin de Vendômois, sieur de Champmarin, lieut. à la comp. de Belleville (oct. 1575-11 mai 1576), fils de Guy-René de Vendômois et de Renée de Hurtement, ép. sa parente, Marguerite de Vendômois et mourut avant le 15 févr. 1588.

(3) Gilles du Breuil-Théon, sieur de Mechers, Châteaubardon, Javrezac, Saint-Amand en Puysaye, fils de Gilles du Breuil-Théon et de Renée de Chantefains, ens., puis lieut.

de 50 hommes d'armes (3 août 1588), chev. de l'Ordre (5 juin 1597), député aux Etats de Blois (1588), lieut. gén. en Saintonge, g. de Talmont (2 sept. 1587-28 mai 1588), Mortagne-sur-Gironde (28 mai 1588), ens. comp. Belleville (13 oct. 1575), vivant 14 mai 1605, ép. (25 déc. 1577) Charlotte de Rochechouart-Faudoas, puis (1593) Gabrielle de Faydit.

(4) Jean de Sainte-Maure, sieur de Jonzac, fils d'Alain de Sainte-Maure et d'Anne de Ponthieu, épousa Marguerite de Dieuxaide et mourut sans postérité.

(5) Claude Marin, sieur de la Vigerie, mar. des log. (11 mai 1576) à la comp. Belleville.

Compagnie HAUTEFORT

(1) Gilbert de Hautefort, baron de Thenon, sieur d'Hautefort et la Motte, fils aîné de Jean de Hautefort et de Catherine de Chabannes, mariés le 19 déc. 1519, gent. de la Ch. (8 août 1562), chev. de l'Ordre (8 févr. 1565), lieut à la comp. Curton (1545-28 janv. 1550), puis à la comp. d'Escars (21 avril 1563), cap. de gend. (30 oct. 1567-28 mai 1569), mort après le 28 mai 1569, ép. (31 janv. 1548) Louise de Bonneval, puis Brunette de Cornil, veuve du sieur d'Ornesan.

(2) Louis de Lestrange, sieur de Magniac, fils de Guinot de Lestrange et de Catherine de la Roche-Cisternes, mariés le 13 nov. 1516, ép. (21 déc. 1545) Rose Rochette des Hoteix, fut chev. de l'Ordre (2 janv. 1569), gent. de la Ch. (7 oct. 1570), lieut. gén. en Marche (10 déc. 1567-12 avril 1570), lieut. à la comp. de Hautefort (oct. 1567-4 janv. 1570), vivant le 24 sept. 1572.

(4) Adrien Chapt, sieur de Rastignac, le Pouzet, Ciourac, fils aîné de Claude Chapt et d'Adrienne de Montheron, mariés le 13 oct. 1535, guid. (13 nov. 1567) à la comp. Hautefort (28 mai 1570), ép. (7 janv. 1565) Jeanne de Hautefort (née

avant 1535, vivante 2 mars 1625), sœur du capitaine. Il mourut entre le 24 févr. et le 2 mai 1572.

Compagnie FERVACQUES

(1) Cf. notice comp. Timoléon de Cossé-Brissac.

(2) Jacques Rouxel, sieur de Médavy, Occagnes, Chaumont, le Croq, le Mesnil-Boussey, la Motte, Blanchelande, la Balu, les Grandes Occaignes, Mesnil d'Occaignes, 7e fils de Jacques Rouxel et de Françoise de Pierrefitte, mariés en 1521, ép. (1556) Perrette Fouques de Manotot. Lieut. gén. en Perche et à Alençon (1584), gent. de la maison du roi (1565), gent. de la Ch., cap. de 100 arquebusiers (1569), chev. de l'Ordre (1569), gouv. d'Argentan, Saint-Silvain, le Thuit (4 août 1571), cap. de gend. (1578), chamb. du duc d'Alençon (4 août 1573). Né en 1528, mort en 1607, il assista à la bat. de Jarnac et s'opposa, en 1572, à la Saint-Barthélemy, à Argentan. Il fut (8 nov. 1575) lieut. à la comp. Fervacques.

(3) Denis Rouxel, sieur du Crocq et du Mesnil d'Occagnes, 1e fils de Jacques Rouxel et de Françoise de Pierrefitte, mariés en 1521, gent. de la maison du roi (7 juill. 1568), cap. de gens de pied (1569), se dist. au siège de Domfront, où il fut plusieurs fois blessé, fut (1567), amb. en Ecosse, entra dans les ordres, fut évêque de Lisieux (18 juin 1578), abbé de Cormeilles (1580), et mourut, le 6 août 1581.

(4) Antoine de Crux, sieur de Bellefontaine, fils de François de Crux et d'Anne de Bouquetot, chev. de l'Ordre, gent. de la Ch., mar. de camp., ép. Louise de Pommereul et fut (30 juin 1580-28 janv. 1584) chamb. du duc d'Alençon.

(5) Jean de Vasconcellos, sieur de la Guyardière, Préfontaine, la Saillardière (25 oc. 1565), fils ainé de Jean de Vasconcellos et d'Hélène Collet, h. d'a. à la comp. d'Esguilly (16 nov. 1568), gent. de la Ch. du duc d'Alençon (9 oct. 1576),

mar. des log. à la comp. Fervacques (8 nov. 1575), puis mar. des log. de l'armée du duc d'Alençon (13 janv. 1581), mort avant le 15 juin 1595, ép. avant le 4 juill. 1577, Anne de Riou (morte entre le 18 juill. 1577 et le 20 janv. 1600).

Compagnie SANDRICOURT

(1) Louis de Hédouville, sieur de Sandricourt, Courmaisons, fils de Philippe de Hédouville et de Hughette de Brillac, éc. d'éc. du roi (20 oct. 1492-13 juill. 1496), gouv. et bailli de Blois (30 avril 1495), cons. d'Etat et chamb. (6 oct. 1500), cap. de gend. (dern. févr. 1500) gouv. d'Arques (27 janv. 1499), bailli de Caux (27 janv. 1499-10 juin 1502), donna, à Sandricourt, le 16 sept. 1493, un *pas d'armes*, resté célèbre. Il ép. avant le 16 sept. 1493, Françoise de Saint-Simon et mourut entre le 18 janv. 1504 et le 7 oct. 1522.

Compagnie HOCHBERG-ROTHELIN

(1) Philippe de Hochberg, marquis de Rothelin, fils de Rodolphe de Hochberg et de Marguerite de Vienne, ép. (1476) Marie de Savoie (morte le 27 nov. 1500, à Dijon), et mourut le 7 sept. 1503, à Neufchâtel. Il fut (1494-1501) gouv. de Provence, mar. de Bourgogne (6 juill. 1490-10 févr. 1499), chev. de l'Ordre (25 mai 1501).

Compagnie HOUDETOT

(1) Guillaume de Houdetot, sieur d'Auffay-la-Malet et Fultot, 2e fils de Jean de Houdetot et de Marie de la Motte,

mariés le 21 août 1451, lieut. aux gent. de la maison du roi (12 déc. 1520), gouv. du château de Godefa, à Gênes, qu'il défendit, du 20 juin 1512 au 13 août 1514, gent. de l'hôtel du roi (13 juin 1506), gouv. de Thérouanne, mourut en 1537, ép. Antoinette de Blosset-Torcy, puis Jeanne d'Erneville-Lintot.

Compagnie JEAN DE HUMIÈRES

(1) Jean d'Humières, fils aîné de Jean d'Humières et de Jeanne de Hangest, mariés le 19 janv. 1485, sieur d'Humières, Nédonchel, Becquencourt, Monchy, Villemont, Wadelincourt, Ribecourt, Fricourt, chev. de l'Ordre, chamb. (23 août 1517-4 juin 1540), cons. d'Etat (23 août 1517-28 juill. 1549), gouv. de Péronne, Mondidier et Roye (16 déc. 1519-15 sept. 1544), lieut. gén. en Dauphiné, Savoie, Piémont, gouv. du Dauphin (23 juill. 1535), amb. en Angleterre (30 sept. 1527), plénipot. de la paix de Cambrai (1529), cap. de gend. (30 avril 1522-1538), fut au siège de Perpignan (1542), gouv. des enfants de Henri II (1ᵉʳ oct. 1546-1550), mourut en juill. 1550, à Saint-Germain. Il avait ép. (22 févr. 1508) Françoise de Contay (vivante le 12 oct. 1557). Il avait été (18 févr. 1537) gouv. de Piémont, et avait échoué sur Asti, mais pris Alba. Il fut aussi lieut. à la comp. du dauphin Henri II (janv. 1538-12 oct. 1545), puis à celle du Dauphin François II (28 janv. 1549-23 mai 1550).

(2) Jean de Humières, sieur d'Humières et Becquencourt, fils aîné de Jean d'Humières et de Françoise de Contay, mariés le 22 févr. 1508, enfant d'honn. (1531), chev. de l'Ordre, cap. aux gardes, cap. de gend., guid. (17 sept. 1540), puis (12 oct. 1545), sous-lieut. à la comp. de Henri II, gouv. de Péronne, Roye, Montdidier, cons. d'Etat, gent. de la Ch., ép. Sidoine de Mervilliers et testa, le 16 mars 1554. Il était mort au 10 juin 1554.

(3) Philippe de Caionne, baron d'Allembon et Courtebonne

(16 févr. 1527), 2º fils de Flour de Calonne et de Claude de Humières, mariés en 1489, mar. des log. (5 févr. 1535), guid. (10 avril 1535-11 avril 1536) à la comp. du Dauphin, ép. Marie de Boubers, veuve de Jacques du Hamel-Bellenglise et mourut à Avignon entre le 3 sept. 1536 et le 23 fév. 1537.

(4) Antoine de Bayencourt, sieur de Bouchavannes, Ecquencourt, Lignières, Quincy (2 sept. 1538), lieut. à la comp. d'Humières (18 janv. 1526-15 sept. 1530), fils de Simon de Bayencourt et de Michelle de Licques, ép. (27 mai 1513) Jeanne de Calonne-Courtebonne. Il fut gouv. de Doullens et vivait encore le 3 nov. 1548.

(5) Jean d'Estourmel, sieur de Guyencourt, gouv. de Saint-Quentin, échanson du roi (1ᵉʳ janv.-30 déc. 1548), lieut. à la comp. de Vieilleville (juill. 1554-29 oct. 1555), fils de Jean d'Estourmel et de Madeleine d'Aumale du Mont-Notre-Dame, mariés le 20 avril 1514, né en 1514. D'abord lieut. à la comp. d'Humières, il fut au combat de Vieilleville contre Mesghen (20 nov. 1555), quitta, en 1556, la compagnie et mourut avant 1557. Il ép. (1539) Marie de Habare (qui testa le 20 févr. 1582).

(6) Jacques de Pas, sieur de Feuquières, Rosières, Martinsart, vicomte de Jumancourt, fils d'Antoine de Pas et de Jacquette de Chastillon, mariés en 1485, né le 5 mars 1488, cons. d'Etat, maître d'hôtel du roi, gouv. de Corbie, guid. (5 févr. 1535), ens. (10 avril 1535-24 juin 1540) à la comp. de Humières, ép. (14 déc. 1517) Jeanne de Madaillar-Montataire (vivante le 12 sept. 1539). Il fut gouv. de Roye (6 oct. 1560), éc. d'éc. du roi, mar. de camp, et mourut en mai 1569, au siège de la Charité.

(7) Ens. comp. Vieilleville (25 avril 1554).

(8) François de Soyecourt, sieur de Franvillier, Goussencourt, Corrempuis, Grandes Tournelles, Vertron-sur-Mer, Iron, Saint-Jean-lès-Brocourt, Campigneulles, Neufvillette, près Beaurain, Léoniers, Tupigny, la Vaqueresse, Saint-Martin et Saint-Aubin-en-Rivière, Machy, Arry, Grandmanoir, Lancourt, Maginghen, la Motte-Vrelingthun, Renele-

cluse, Buvergny, Conchy-aux-Pots, Gouy, Bavincourt, Plachy, Bouflers, Soyecourt, Tilloloy, fils de Jean de Soyecourt et d'Antoinette de Rasse, mariés en 1517, débuta, en 1548, sous Boulogne, fut aux sièges de Slack, Ambleteuse, accompagna (1551) le mar. de Saint-André en Angleterre, fut aux sièges de San Damiano, Lanzo, Viu, au *voyage d'Austrasie*, au siège de Metz, au combat de Famars (1554), fut blessé près de Bapaume, fut à la bat. de Renty, guid. à la comp. d'Humières, page du dauphin François, puis du roi François I*er*, fut aux sièges de Mariembourg, Chieri, Ivrée, Volpiano, Moncalvo, Pontestura, Calais, cap. de gens de pied (8 juin 1557), prit (23 mai 1571), Mons et le défendit, de concert avec la Noue. Il vivait encore le 31 juill. 1593. Etant guid. à la compagnie d'Humières, il battit, en 1553, trois fois les Impériaux, près de Péronne, à Foret et à Castillon-sur-Sambre. Il ép. (30 mars 1556) Charlotte de Mailly, veuve de Jean de Taix.

(9) André de Villiers, sieur de Vadencourt, mar. log. comp. d'Humières (avril-31 juill. 1553), guid. (juill.-29 oct. 1553), ens. (avril 1558-7 mars 1559), comp. Vieilleville, chev. de l'Ordre, cap. citad. de Metz (1563), décédé au 31 déc. 1579. Il ép. Marguerite Le Brun. Il fut, en 1558, gouv. de Thionville qu'il répara très bien. Il fut au combat des Embuscades (20 déc. 1555).

(10) Louis de Humières, sieur de Contay, 3e fils de Jean de Humières et de Françoise de Contay, mariés le 22 févr. 1508, gent. de la Ch. (18 janv. 1548-1553), cap. aux gardes (1553), gouv. de Péronne, Montdidier, Roye (12 juill. 1554), mort entre le 28 juin 1553 et le 15 déc. 1560. Il ép. 20 janv. 1555) Charlotte d'Arces (vivante 1er oct. 1561).

Compagnie JACQUES D'HUMIÈRES

(1) Jacques d'Humières, marquis d'Encre, sieur de Becquincourt, Bray, Bouzincourt, Monchy, le Perroux, Ronque-

rolles, Humerolles, Fressencourt, Baugy, Braine, Bienville, Villiers, Bois d'Oisemont, Vignemont, Wadelaincourt, Condun, Janville, Choisy, Nointel, Vaux, Méaulle, Miraumont, Friancourt, Contay, Agnicourt, Ville-sur-Corbie, Lully, Lussigny, Grandrue, Bechement, Mencourt, Achault, Saint-Saulieu, Dreslincourt, Ribecourt, Léauvillier, chamb. et maitre de la g.-robe du Dauphin (9 févr. 1551), blessé à la bat. de Saint-Quentin (1557), gouv. de Péronne, Roye, Montdidier (11 déc. 1560-21 juin 1578), chev. de l'Ordre (29 déc. 1560), lieut. gén. en Picardie (1568), gent. de la Ch. (17 juill. 1560-26 mars 1575), cap. de gend. (oct. 1567), mort en 1579, avant le 24 mai, 5ᵉ fils de Jean de Humières et de Françoise de Contay, mariés le 22 févr. 1508, ép. (10 déc. 1564) Renée d'Averton (vivante le 14 mai 1592).

(2) Antoine de Warluzel, sieur d'Estinchamp, mar. des log. à la comp. Vendôme (juill.-28 oct. 1554), ens. à la com. de Vaudemont (janv.-2 juin 1562), lieut. à la comp. d'Humières (janv. 1568-10 mai 1569).

(3) Jean de Cugnac, sieur de Giversac, Sermet, Peyruzel, la Ferme, Saint-Pompon, chev. de l'Ordre (11 déc. 1568), g. de la Ch. (21 févr. 1574), sén. de Bazadais (19 janv. 1572), cap. de gend. (9 sept. 1575-29 oct. 1577), mar. de camp (9 août 1578), fils de Jacques de Cugnac et de Jeanne de Gironde, né en 1521, mort entre le 18 sept. 1578 et le 17 oct. 1586, ép. (10 nov. 1555) Antoinette de Hautefort (testa 17 oct. 1586). Il fut (22 juin 1560-29 sept. 1572), lieut. à la comp. Melchior de Montpezat.

(4) Adrien de Humières, sieur de Vitermont, Achonvilliers, Fouquevilliers, le Mesnil, Biencourt, Ecquemicourt, éc. d'éc. du roi, fils de Louis d'Humières et d'Isabelle d'Eaucourt, mariés le 15 oct. 1499, né avant 1519, mort en 1604, ép. (25 avril 1527) Jeanne d'Ailly (vivante 12 fév. 1572), et fut lieut. (7 juin 1577) à la comp. d'Humières. Ou, peut-être, Adrien d'Humières, fils du précédent, sieur de Vitermont, Achonvilliers, le Mesnil, fils d'Adrien de Humières et de Jeanne d'Ailly, né le 5 août 1539, gouv. de Saint-Quentin, cap. de gend., ép. (1ᵉʳ avril 1573) Anne le Roux d'Ouville. Il

fut lieut. à la comp. de l'amiral de Joyeuse (24 avril 1580-
11 oct. 1582), gent. de la Ch. (1ᵉʳ avril 1594).

(5) Tristan de Jallingue, sieur d'Artiguedieu, ens. (avril 1563-29 sept. 1572) à la comp. Melchior de Montpezat, ch. de l'Ordre (21 févr. 1582), gent. de la Ch. (21 févr. 1582).

(6) Hughes de Forceville, sieur de Colembert, 2ᵉ fils de Jean de Forceville et de Marie de Riencourt, mariés avant le 6 janv. 1539, ens. à la comp. de d'Humières (1ᵉʳ juin 1577), gent. de la Ch., cap. de gend. pour la Ligue, mort avant le 20 déc. 1589, ép. Catherine d'Alègre. Il fut ens. à la comp. de l'amiral de Joyeuse (24 avril 1580-11 oct. 1582).

(7) Antoine de Warmaise, sieur de Moustiers (août 1560-1ᵉʳ oct. 1568), ép. Bienvenue des Friches, 2ᵉ fils de Guillaume de Warmaise et de Jeanne de Villiers-Saint-Pol.

(8) Antoine de Vassal, sieur de la Tourrette et des Johannies, 5ᵉ fils de Jean de Vassal et d'Antoinette de la Barthe, mariés le 21 juill. 1500, chev. de l'Ordre (2 oct. 1570), h. d's. à la comp. du duc de Guise (29 mai 1562), guid. (13 janv. 1571) à la comp. Jacques d'Humières, ép. (9 févr. 1542) Jeanne de Pellegrue. Il fut mar. des log. à la comp. Montpezat (avril 1563-2 juin 1567), ens. à cette comp. (22 juin 1566-29 sept. 1572).

(9) Philippe de Créquy, sieur des Bordes, Guévan, Mesnaut, 5ᵉ fils de Georges de Créquy et de Jeanne d'Humières, mariés le 21 avril 1535, guid. à la comp. Jacques d'Humières (oct. 1573-10 mars 1575), puis (16 juin 1578-20 déc. 1581) à la comp. Mayenne, ép. Urbaine de Laval. Il fut (19 déc. 1580) chev. de l'Ordre.

(10) René Levrault, sieur de Remonet, mar. des log. (2 juill. 1571-29 sept. 1572) à la comp. de Montpezat.

(11) Jean de Warluzel, sieur de Béthencourt, Maurepas, mar. des log. à la comp. d'Humières (16 janv. 1577) vivant le 13 mars 1578, mort avant le 17 févr. 1594, ép., après 12 janv. 1574, Marie de Paillart, veuve d'Antoine des Essars-Linières.

(12) Philippe de Villiers-Saint-Pol, sieur de Maréglise et Vaubuyn, guid. (oct. 1579-27 juin 1581) à la comp. de l'ami-

ral de Joyeuse, mar. des log. comp. Humières (janv.-21 juin 1578), ép. (1570) Florence de la Fontaine-Viarmes, veuve d'Abel de Méry. Il était fils de Claude de Villiers et de Jeanne de Bocqueaux, mar. 27 déc. 1538.

Compagnie ILLIERS-CHANTEMESLE

(1) Cf. notice à la comp. Laugey.

(2) Jean de Hamelet, sieur de la Roche-Moyet, chev. de l'Ordre, gent. de la Ch. (14 juin 1569), lieut. (oct. 1567-19 janv. 1570) à la comp. Chantemesle.

(3) Cf. notice à la comp. Angennes-Maintenon.

(4) Charles de Courteilnart, sieur de Sazin. Mauvaise lecture pour Charles de Courtarvel, sieur de Pézay, la Lucassière, le Pont de Varennes, guid. à la comp. Illiers-Chantemesle (14 août 1566), chev. de l'Ordre (28 août 1569), gent. de la Ch. du duc d'Alençon (28 juill. 1571), gent. de la Ch. (30 avril 1589), lieut. à la comp. Lavardin, gouv. de Sillé-le-Guillaume, fils de Jacques de Courtarvel et de Suzanne de Thoisnon, mariés le 23 juin 1544. Il ép. (24 août 1576) Guyonne de Trémigon (qui testa le 9 février 1616), veuve de Robert d'Avaugour-Saint-Laurent et mourut en 1610.

(5) Odon de Gaudin, sieur de la Pommeraye et la Mainfraize (3 déc. 1575), mar. des log. à la comp. Chantemesle (26 août 1570).

Compagnie SANFRÉ

(1) Louis Isnard de Castello, comte de Sanfré, chev. de l'Ordre, cap. de gend. (12 mai 1599-30 déc. 1576), fils de Thomas Isnard et d'Anne de Caretto, ép. Louise de Savoie-Raconis.

(3) Louis de Savoie-Raconis, 5e fils de Philippe de Savoie-Raconis et de Paola Costa.

Compagnie JOUVENEL-TRAYNEL

(2) Christophe Jouvenel des Ursins, fils aîné de François Jouvenel des Ursins et d'Anne l'Orfèvre, mariés avant le 31 mars 1534, baron de Traynel, sieur de la Chapelle-Gautier, Doué, Armenonville, Neufville, né avant 1542, chev. de l'Ordre (25 janv. 1564), gent. de la Ch. (15 mars 1558), cap. de gend. (3 avril 1561-24 mars 1576), cons. d'Etat (14 juin 1578-15 oct. 1583), lieut. gén. en Ile de France, gouv. de Paris, (12 févr. 1573), mar. de France par retenue, mort en 1588, ép. (1557) Madeleine de Luxembourg-Brienne. Il fut chev. du Saint-Esprit (31 déc. 1578).

(2) Baptiste de Renty, sieur de Missy aux Bois, Aconin, Varennes, Saint-Leger, lieut. à la comp. la Chapelle des Ursins (25 mars 1567), fils de François de Renty et de Catherine Jouvenel des Ursins, mariés en 1525, ép. (1559) Françoise de Courtemont et mourut entre le 17 juill. 1571 et le 4 janv. 1576.

(3) Antoine de Luxembourg, baron de Piney et Morvilliers, chev. de l'Ordre, sieur d'Obsonville, Faix, Ramades, 3e fils d'Antoine de Luxembourg et de Marguerite de Savoie-Villars, mariés le 7 mars 1536, mort sans alliance au siège de la Rochelle (1573), beau-frère du capitaine.

(4) Philippe de Bigny, 2e fils de Gilbert de Bigny et de Charlotte L'Orfèvre, mariés le 7 mai 1531, sieur d'Ainay-le-Vieil, Preveranges, Breuil, les Barres, Saint-Amand, Noiscment, Veron, la Rivière, Meaulne, Changy, Gigny, chev. de l'Ordre (1er mai 1569), ens. (1er juin 1567-15 janv. 1571), lieut. (oct. 1573-17 janv. 1574) à la comp. la Chapelle des Ursins, ép. (2 févr. 1564) Antoinette de Saint-Père (morte entre le 9 mars 1602 et le 5 avril 1603) et mourut entre le 5 avril 1603 et le 4 févr. 1604.

(5) Audouin de Turin, 2e fils de Jean de Turin (Belloni de Taurinis) et de Diamante Bernardini, sieur de Luzarches, guid. (oct. 1567-15 janv. 1571), ens. (oct. 1573-17 janv. 1574), lieut. (janv. 1575-22 mars 1584) à la comp. la Chapelle des Ursins, chev. de l'Ordre (11 avril 1569), gent. de la Ch. (2 avril 1571), décédé entre le 9 déc. 1592 et le 18 déc. 1607, ép. Madeleine de Cenesme, puis Sidoine de Cenesme, puis (26 juill. 1587) Ambroise Avrillot (vivante 3 sept. 1611).

(6) Joseph de Bigny, fils aîné de Gilbert de Bigny et de Charlotte L'Orfèvre, mar. le 7 mai 1531, sieur de la Brosse, Preveranges, gent. de la Ch. (3 nov. 1608), ens. à la comp. la Chapelle des Ursins (14 juin 1578), ép. (9 déc. 1570) Jeanne de Montléart, et mourut sans post. en févr. .617.

(7) Perceval de Boulainvilliers, sieur d'Hennevilliers, 3e fils de Philippe de Boulainvilliers et de Françoise d'Anjou-Mézières, mar. le 6 oct. 1516, mineur (1553), chev. de l'Ordre (1577), guid. (25 janv. -avril 1564) à la comp. de la Chapelle des Ursins, ép. Louise de Rivery, puis Blanche d'Aubigny.

(8) Jean de Harlay-Champvallon, sieur de Césy et Thésine, fils aîné de Louis de Harlay et de Louise Stuart de Carr, ép. (5 juill. 1580) Anne du Puy-Saint-Valérien. Il était neveu à la mode de Bretagne du capitaine.

(9) François de Renty, sieur de Citery et Marry (1576), mort sans post., fils de Jacques de Renty et de Françoise de la Haye, naquit avant le 1er sept. 1558.

(11) Nicolas de Favier, sieur de la Maisonrouge et l'Isle Barrois, baron de Méry (1598), mar. des log. comp. la Chapelle des Ursins (28 août 1581). Il était fils de Raoul de Favier et de Jeanne Maillard.

(12) Jean de Vaudetar, sieur de Condé Sainte-Libière, l'Isle-Condé, 2e fils de Guillaume de Vaudetar et de Marie de Barme-Chatainville, mar. des log. à la comp. de la Chapelle des Ursins (avril 1563-9 juin 1567), vivant le 11 janv. 1572, mort au 17 juin 1595, ép. (6 mai 1553) Jeanne Le Rouillé de Genitois (vivante le 2 juill. 1596), veuve d'Antoine de Garges.

(13) Claude de Gournay, mar. des log. comp. la Chapelle des Ursins (oct. 1568-17 janv. 1574).

Compagnie ARMENTIÈRES

(1) Gilles Jouvenel des Ursins, sieur d'Armentières, fils aîné de Louis Jouvenel des Ursins et de Françoise de Wissocq, cap. de gend. (23 nov. 1567-9 mai 1569), gent. de la Ch. (1er mai 1580), colonel d'infant., cap. d'arq. à cheval, ép. Charlotte d'Arces, veuve de Louis d'Humières de Contay.

(2) Jean de Durat, sieur des Portes, Lascoutz, Saint-Myon, Viers, Chaxeaux, la Celette, fils de François de Durat et de Claude Dexmier, mariés le 9 juin 1513, chev. de l'Ordre (14 avril 1569), bailli de Combraille (2 janv. 1536-5 janv. 1582), gouv. de Sermur et d'Auzances (13 fév. 1554), mar. des log. comp. la Roche-sur-Yon (janv. 1553-8 janv. 1554), ens. (avril 1563-6 févr. 1564), lieut. (janv.-30 mai 1565), à la comp. Barbezieux, lieut. comp. d'Armentières (oct. 1568-9 mai 1569), ép. (18 juill. 1566) Jacqueline de Coligny-Saligny, veuve de Gilbert de Luchat-Thuret.

(4) Cf. notice comp. Balsac-Entragues.

(5) François d'Orenche, sieur de Pertie en Auvergne, mar. log. comp. Armentières (oct.-24 nov. 1567).

Compagnie Maréchal JOYEUSE

(1) Guillaume de Joyeuse, 2e fils de Jean de Joyeuse et de Françoise de Voisins, mariés le 22 nov. 1518. Destiné à l'état ecclésiastique, évêque bénéficiaire d'Alet, il ne prit pas les ordres, fut vicomte de Joyeuse, sieur de Saint-Didier, Puyvert, Laudun, Arques, Covissac, lieut. gén. en Languedoc (14 mars 1561), prit part au siège de Toulouse (1562), prit Lespignan, Cazouls, Servian, Lézignan, Montagnac

(17 juill. 1562), battit Crussol-Beaudiné à Pezenas (20 juill.), occupa Pézenas, battit les calvinistes devant Montpellier (25 sept.) et aux Arenasses (1er oct.), échoua sur Aubenas. En 1568, il prit la Motte, Mornas, occupa Laudun, Orsan, Tresque, prit Aramon, battit Crussol-Beaudin d'Acier, à Montfrin. En 1569, il fut à Jarnac, en 1570, aux prises de Saint-Gilles, tours et moulins de Lunel, Bellegarde, en 1576, à celles de Calvisson, Leques, Montpezat, Sommières, Quissac, pont de Beaufort. En 1575, il prit Fignan, Mausac, 27 villes ou châteaux près de Toulouse, Francaville, Escoupon (7 mai), assiégea Saint-Paul-de-Damiatte, prit Lasgraisses, Ourban, Tersac, Montlaur (16 juin), échoua sur Caraman (août), prit Villeneuve, échoua sur Mas-Saintes-Puelles (3 sept.), Peyrens (22 sept.), assista au siège de Montpelher, Conseiller d'Etat, cap. de gendarmes, gouv. de Haut-Languedoc (4 oct. 1575, mar. de France (20 janv. 1582), il se brouilla avec le mar. de Damville, lui prit Clermont-Lodève, Nebian, Cessenon. Le roi les réconcilia. Ligueur dès 1585, il prit (début 1586) le fort Brescou, Cessenon (18-22 avril), Montesquiou (3 juill.), échoua sur Mas-Saintes-Puelles (23 juill.). Gouv. de Languedoc pour la Ligue (8 juin 1589), il assiégea Carcassonne (1591), livra à Montmorency un combat indécis devant Azillannet et mourut, en janv. 1592, à Covissac. Il ép. (1560) Marie de Batarnay du Bouchage (née le 27 août 1539, décédée le 24 juill. 1595). Il fut chev. du Saint-Esprit.

(2) Georges-François d'Anticamareta, dit de l'*Villeneuve*, fils d'Antoine d'Anticamareta et d'Olive-Jeanne de Villeneuve, né avant le 23 avril 1516, chev. de l'Ordre (12 nov. 1568), ens. à la comp. Sprozzi (23 mai 1558), lieut. à la comp. Joyeuse (janv. 1563-13 mai 1572), fut au combat de Pezenas (1562), échoua sur Montpellier (1567), et fut tué, le 23 mars 1573, au siège de Sommières.

(3) François de Borne, sieur de Laugères, Ribes, Valgorge, chev. de l'Ordre (oct. 1568), lieut. gén. en Vivarais (3 févr. 1576), lieut. de la comp. Joyeuse (7 juin 1569), fils ainé de Barthélemy de Borne et de Bonne de Lestrange, mariés en 1522, ép. (1555) Françoise de Cayres, puis Martine d'Urre, veuve de Léon de Brunier. Il fut (5 oct. 1568-

7 juin 1569), guid., puis (juill. 1569-7 août 1573) ens., puis (5 août 1573) lieut. à la comp. Joyeuse.

(4) Jacques de Budos, baron de Budos, Portes, Teyrargues (1585), vicomte de Portes (1581), fils de Jean de Budos et de Louise des Porcellets-Maillanne, mariés le 25 juin 1535, né en 1538, fut à l'expéd. de Naples (1556), chev. de l'Ordre (1570), gent. de la Ch. (6 mars 1583), ens. (avril-5 août 1573), puis lieut. à la comp. Joyeuse (30 juin 1577-16 mai 1579), gouv. de Redegofini, Castelloto, Castel-Goffredo, Talamonte, sous Henri II, lieut. à la comp. Nogaret-Calvisson, il vivait 18 sept. 1559 et mourut avant le 13 janv. 1597. Il fut gouv. d'Alais, les Vans, Saint-Ambroix, Barjac, Pont-Saint-Esprit (1595), ép. (18 déc. 1571) Catherine de Clermont-Montoison (qui testa 20 juin 1622). Il fut chev. du Saint-Esprit (1595).

(5) Notice à la comp. Jean de Bourbon-Enghien.

(6) François de Bruyères, baron de Chalabre, 2e fils de François de Bruyères et de Anne de Joyeuse, mariés 3 oct. 1538, guid. (oct. 1573-2 juill. 1574), ens. (oct. 1577-9 oct. 1581), lieut. (7 sept.-1 nov. 1585) comp. Joyeuse, mestre de camp (23 juill. 1589), sén. de Lauraguais (1593), chev. de l'Ordre et cap. de gend. (11 sept. 1586), décédé entre 16 janv. et 15 avril 1595, ép. Isabelle de Barthélemy (vivante 7 mai 1632).

(7) Cf. notice comp. Clermont-Lodève.

(8) Tristan de Roquefeuil, sieur de Montpeyroux, guid. à la comp. Joyeuse (oct. 1571-13 mai 1572), très probablement fils de Girard de Roquefeuil-Montpeyroux et d'Antoinette Pelet de la Vérune, mariés le 5 avril 1551.

(9) Pierre de Caylus, sieur de Saint-Martin, Colombières, Romayroux, gouv. de Saint-Pons (15 janv. 1585), gent. de la Ch. (23 d'c. 1593), chev. de l'Ordre (déc. 1593), ens. à la comp. Damville (avril-1er juillet 1592), mar. des log. (2 juill. 1574), guid. (avril 1575-16 mai 1579) à la comp. du mar. de Joyeuse, testa le 20 mai 1599 et mourut avant le 2 déc. 1628. Il était fils d'Etienne de Caylus et de Béatrix de Bernon, mariés le 12 nov. 1538, et ép. (18 août 1566) Gloriande de Bruyères-Chalabre, veuve de Jean de la Jugie-Mouréze, puis

(28 juin 1594) Aldonce de Peyrusse, veuve de Guillaume de Genibrousse.

(10) Jean de Saint-Jean, sieur d'Honnoux baron de Villelongue, Montgradel, Caussanel, fils ainé de Jean-François de Saint-Jean et de Françoise de Turin-Villelongue, mariés le 10 sept. 1548, né avant le 12 août 1555, cap. gens de pied (14 sept. 1569), ens. à la comp. Carmain (26 juin 1577) lieut. à la comp. Joyeuse (28 août 1586), cap. de gend. (16 janv. 1596), mort avant 1605, ép. (14 juin 1579) Jeanne de Mauléon d'Urban (vivante en 1628).

(11) Etienne de Caylus, sieur de Colombières, Caron, la Birle, Madalet (15 sept. 1535), mar. des log. à la comp. Joyeuse (janv. 1563-15 janv. 1572), fils ainé de Pierre de Caylus et de Marguerite de la Roque, mariés le 21 nov. 1501, ép. (12 nov. 1538) Béatrix de Bernon (vivante 11 août 1598), testa le 9 avril 1575 et était mort au 30 juill. 1581.

(12) Charles Le Franc, sieur de Cahuzac (4 mai 1558), fils ainé de Jean Le Franc et de Catherine de Baure-la Bastide, mar. des log. à la comp. du mar. de Joyeuse (1575-13 sept. 1580), guid. (1586-13 févr. 1593), testa le 6 juill. 1593 et était mort au 16 déc. 1618. Il ép. (25 févr. 1588) Laurence Boyer.

Compagnie DU BOUCHAGE

(1) Henri de Joyeuse, comte du Bouchage, 3e fils du mar. Guillaume de Joyeuse et de Anne de Batarnay, né en 1567, ép. Catherine de Nogaret (née en 1565, morte le 9 août 1587), sœur du duc d'Epernon. A la mort de sa femme, il se fit Capucin (4 sept. 1587) sous le nom de P. Ange, après avoir servi, en 1580, au siège de la Fère, comme cap. de chevaulegers, avoir été capit. de gendarmes (1582), cons. d'Etat, maitre de la garde-robe, gouv. de Touraine, Maine, Perche, Laval (8 juill. 1584), Anjou (20 oct. 1584-avril 1586), reprit les armes à la fin de 1592, fut lieut. gén. en Languedoc pour la Ligue (26 nov. 1592). Le Pape lui accorda d'être Capucin

de Malte (juin 1594). En 1595, il occupe Albi, Toulouse, l'Isle, Rabastens, Lavaur, prend Miraval (juill.), Grisolles, Mar. de France (22 juill. 1596), lieut. gén. en Languedoc, colonel d'infanterie, cap. de gendarmes, gouv. de Narbonne, Carcassonne, le Mont-Saint-Michel. Il rentra (8 mars 1599) aux Capucins et mourut, le 27 nov. 1608, à Rivoli en Piémont. Il avait été chev. du Saint-Esprit (31 déc. 1583).

(2) Renaud de Vissec, sieur de Latude, de Jonquières, fils d'Arnaud de Vissec-la Tude et de Souveraine de Lodève, mariés le 3 juill. 1575, ép. (3 mai 1600) Françoise de Pluviers.

(3) Antoine des Porcellets-Maillanne, fils de Louis des Porcellets et d'Anne d'Arlatan, mariés en 1569, mourut jeune.

Compagnie Amiral JOYEUSE

(1) Anne, duc de Joyeuse, fils du mar. Guillaume de Joyeuse et de Marie de Baternay, né entre 1560 et 1562, baron d'Arques, gent. de la Ch., cap. de gend. (1ᵉʳ juin 1582), duc de Joyeuse (7 sept. 1581), 1ᵉʳ gent. de la Ch. (1583), gouv. de Normandie (12 mars 1583). Blessé au siège de la Fère (1580), il délivra Compeyre, prit Malcieu, Marvejols, Peyre, Eyssène, Salvagnac (1586), battit les protestants à Saint-Eloi, prit Saint-Maixent, Tonnay-Charente, fut vainqueur à la Croix-Chapeau, reprit Tonnay, prit Maillezais, échoua sur Talmont, fut battu et tué à Coutras (20 oct. 1587). Il avait ép. (24 sept. 1581) Marguerite de Lorraine-Vaudemont (née le 14 mai 1564, morte à Paris, le 20 sept. 1625), et était, par suite, beau-frère du roi Henri III. Il fut chev. du Saint-Esprit (31 déc. 1582).

(2) Cf. notice à la comp. Jacques d'Humières.

(3) Item.

(4) Item.

(5) Gaspard Pelet, sieur de la Vérune, Montpeyroux, la

Garrigue, Artignac, baron des Deux-Vierges, sieur de Saint-Pierre-de-la-Faye, les Croses, Parlages, Vias, fils de Jacques Pelet et de Madeleine de Roquefeuil, mar. le 5 août 1551, vicomte de Cabanet, guid. comp. Joyeuse (avril-11 oct. 1582), chev. de l'Ordre, gent. de la Ch. et cap. de gendarmes (12 avril 1591), bailli et gouverneur de Caen (déc. 1583-31 déc. 1591), ép. (3 juill. 1591) Jourdaine-Madeleine de Montmorency-Hallot. Il mourut en 1598.

(6) Cf. notice à la comp. du mar. Fr. de Montmorency.

(7) Gilles de Bauffles, sieur du Vert, 3ᵉ fils de Robinet de Boffles et de Marie de Pipemont.

Compagnie KARQUELEVANT

(1) Notice à la comp. Charles de Clèves-Nevers.

(2) Notice à la comp. du duc d'Alençon.

Compagnie LANCELOT DU LAC

(1) Lancelot du Lac, sieur de Chamerolles, Tréfontaines et Chilleurs, cons. d'Etat, chambellan, gouv. d'Orléans (27 août 1501-2 juill. 1534) et Mouzon (13 juill. 1523-2 juill. 1534), cap. de gend. (oct. 1506-20 mars 1583), fils de Jean-Lancelot du Lac et d'Isabeau de Salazar, ép. Anne de Souplainville, puis (3 sept. 1520) Louise de Coligny, veuve de Louis de la Ferté-Huisseau, et mourut en 1536.

(2) Guy d'Eschelles, probablement fils de Galéas-Claude d'Eschelles et de Marguerite du Lac-Chamerolles, mar. 18 juin 1486.

(3) Nicolas de Champgirault. Probablement Nicolas de Champgirault, sieur de Germainville, décédé au 16 mai 1539, ép. Jeanne de Carnazet (vivante 16 mai 1539).

(4) François de la Ferté, fils de Louis de la Ferté et de Louise de Coligny, mar. le 23 janv. 1503, né avant le 13 nov. 1519, guid. (14 août 1526) à la comp. Lancelot du Lac, lieut. à cette comp. (23 oct. 1530-10 sept. 1534), lieut. à la comp. la Roche-sur-Yon (juill. 1545-27 avril 1547), sieur d'Huisseau, Messas, Fellères, la Ferté-le-Vicomte, cap. aux gardes (16 août 1549-10 mars 1573), gent. de la Ch. (1ᵉʳ janv. 1555), chev. de l'Ordre (20 nov. 1567), ép. Marie de l'Hospital et mourut sans postérité.

(6) Françoise de la Vallée-Fremantel, guid. à la comp. Lancelot du Lac (3 juill. 1534-11 mars 1535).

(7) Amodin ou mieux Amadour de Courcy, mar. des log. à la comp. du Lac (3 juill.-13 déc. 1534), puis à celle du vicomte d'Estoges (13 déc. 1539).

Compagnie MORVILLIERS

(1) Louis de Lannoy, sieur de Morviller, Folleville, Herbonnières, Foltencourt, Saint-Martin, Paillart, Gaunes, Crexmeaulx, Dammartin, Sérouville, Séreavilliers, Berneville, Goullencourt, chev. de l'Ordre (27 janv. 1564), cap. gend. (10 janv. 1561-6 juin 1567), décédé au 24 oct. 1574, gouv. d'Amiens et Noyon (18 nov. 1550), éc. d'éc. du roi, gouv. de Boulogne et Boulonnais, fut au siège de Dunkerque (1558), fils de François de Lannoy et de Marie de Hangest, mariés le 20 avril 1518, né avant 1531, ép. (22 janv. 1544) Anne de la Viefville, puis Antoinette de Cépoy, veuve de Nicolas de Bours, et de Flour d'Ardres.

(2) Charles de Rune, sieur de Beaucamp, chev. de l'Ordre, 2ᵉ fils d'Antoine de Rune et de Marie des Essars-Meigneux, lieut. (juill. 1564-6 juin 1567) à la comp. Morvilliers, mort entre le 16 mars 1578 et le 2 juin 1579, ép. (16 oct. 1564) Anne de Fouquesolles (vivante 14 mars 1590). Il fut ens. (21 avril 1554-22 janv. 1555) à la comp. de Senarpont.

(3) François de Rune, ens. à la comp. de Morvilliers (avril 1564-26 mai 1565), chev. de Malte (1541), command. de Laon, Castillon, Piseu (25 juin 1583), 3ᵉ fils d'Antoine de Rune et de Marie des Essars-Meigneux.

(4) Louis de Monchy est probablement Louis de Monchy, sieur d'Aussennes, Inquéssen, Guignecourt, Riquemesnil, Benainville, gouv. de Laon (10 févr. 1571-4 oct. 1578), député aux États-Généraux (1589), mort le 7 juil. 1597, 3ᵉ fils de Jacques de Monchy et de Madeleine de Bossut-Longueval, mariés le 15 août 1535, ép. (30 juin 1571) Anne de Vaudricourt (morte le 25 janv. 1585, à Nampont), puis (27 janv. 1593) Catherine d'Aligre (vivante 18 juin 1604), ou bien Louis-Jean de Monchy-Senarpont, 4ᵉ fils de Jean de Monchy et de Claude de Longueval, mariés le 18 mars 1532, qui ép. Charlotte de Fleurigny.

(5) Jean de Fleschin, fils de Simon de Fleschin et d'une anglaise, Florette N..., mar. log. comp. Morvillier (avril 1564-6 juin 1567), vivant 13 juin 1592, ép. avant 2 mai 1564 Catherine de Saint-Pol (vivante 13 juin 1592). Il fut sieur de Wanin.

Compagnie MONTAFILANT

(1) Pierre de Laval, sieur de Montafilant et Beaumanoir, fils aîné de François de Laval et de Françoise de Rieux, né le 11 févr. 1494, mort en 1524, ép. (11 mars 1521) Françoise de Tournemine (vivante 9 nov. 1540), veuve de Jacques de Montejan.

Compagnie CHATEAUBRIANT

(1) Jean de Laval, comte de Plohan, sieur de Châteaubriant, Candé, Derval, Malestroit, Quélen, Montafilant, les Huguetié-

ces, la Hardouinaye, Guilledo, Vioreaux, Chanceaux, fils de François de Laval et de Françoise de Rieux, né en janv. 1486, chev. de l'Ordre, gouv. de Bretagne (1531), cap. de gend. (oct. 1526), ép. (1509) Françoise de Foix (décédée 16 oct. 1535), testa le 21 févr. 1543, et mourut peu après.

(2) René de Montejan, fils de Louis de Montejan et de Jeanne du Chastel, battu et fait prix. en Milanais (1523), pris à Pavie (1525), assista à la prise de Pavie (1528), présida les Etats de Bretagne (21 sept. 1533), enleva, avec d'Annebault, le pas de Suze (mars 1535), prit Turin (3 avril), conquit le Piémont. En 1536, ayant attaqué mal à propos l'avant-garde impériale, il fut battu et fait pris. près du Luc, par Ferdinand de Gonzague. Il se dist. pendant la camp. d'Italie de 1537, fut nommé lieut. gén. en Piémont (29 nov. 1537), mar. de France (10 févr. 1538). Il était chev. de l'Ordre, vicomte de la Bellière, sieur de Combour, Renac, Corrouet, le Boisroud, Montejan, la Villespino, Sillé le Guillaume, Cholet, Becon, Briançon, le Loroux-Bottereau. Il mourut en Piémont en sept. 1539. Il ép. (12 juill. 1526) Pihppe de Montespedon (vivante 1544). Il fut cap. de gend. (mars 1530).

(4) Charles Bernier, sieur de Luthay, la Chapelle-Bernier, Saint-Georges, la Chapelle-Vaucouleurs, chev. de l'Ordre, fils de Jacques Bernier et de Julienne de Breil-Plumaugat, ens. (avril 1538-12 avril 1539), comp. Montejan, lieut. comp. Laval-Rohan (30 août 1549-26 avril 1552), lieut. comp. Turenne (6 nov. 1556), lieut. gén. en Normandie.

(5) Gallois d'Aché, sieur de Congé, Larre, Escures, Bouaille, le Houssay, Mieusse, Bon en Mieusse, échanson du roi, cap. de 100 arquebus. à cheval (27 juin 1542), lieut. col. de la cavalerie de France (1554), guid. puis lieut. à la comp. de Montejean, cap. 100 arquebus. à cheval (11 janv. 1556), majeur au 6 mai 1525, mort en 1560, fils de Jean d'Aché et de Catherine de Mélicourt, ép. (2 août 1517) Marie de Saint-Denis. Il fut lieut. (juill.-10 nov. 1550) à la comp. de Vassé.

Compagnie LAVAL

Cette compagnie doit être attribuée à Charles Alleman de Laval. Elle est un double d'une de celles citées précédemment. Le lieutenant, M. de Criées (un de la Vilette-Criées probablement) était encore lieutenant de la compagnie, le 22 mai 1528.

Compagnie LAVAL-LOUÉ

(1) Jean de Laval, sieur de Loué, Benays, Rochecorbon, marquis de Nesle, comte de Joigny et Maillé, vicomte de Brosse, baron de Bressuire, la Roche-Chabot, la Motte-Saint-Héraye, l'Isle-sous-Montréal, fils aîné de Gilles de Laval et de Louise de Sainte-Maure, chev. de l'Ordre, gent. de la Ch. (26 mars 1566), cap. aux gent. de la maison du roi (17 avril 1578), né le 25 avril 1542, mort le 20 sept. 1578, lieut. à la comp. de Neuchèse-Vatresse (21 nov. 1567-31 déc. 1568), ép. Renée de Rohan (vivante 20 nov. 1566), sa belle-sœur, veuve de François de Rohan-Gié, puis de René de Laval-Loué, puis Françoise de Birague (vivante le 20 sept. 1578), veuve du maréchal Imbert de la Platière-Bourdillon.

(2) Notice à la comp. Ant. de Crussol.

(3) Item.

(4) François de la Tigeoire, sieur de Marchetz-Regnault, Vieillelande, 1ᵉʳ fils de Christophe de la Tigeoire et d'Appoline de Hatte, mariés un peu après le 12 avril 1537, chev. de l'Ordre (10 juin 1575), ens. à la comp. Laval-Loué (janv.-20 sept. 1575), gent. d'honn. de la reine (4 juill. 1586) vivant 22 mai 1604, ép. avant 8 mars 1564, Radegonde de Lespronnière (vivante 22 mai 1604).

(5) François de Rabutin, baron de Forléans et Bussy, sieur d'Epiry et la Vau, 4ᵉ fils de Christophe de Rabutin et de Claude de Rochebaron-Berzé, né en 1545, mort en 1618, grand-père de Bussy-Rabutin, cap. de gens de pied (1568),

d'arquebus. à cheval (1569), de chevau-légers (1570), gouv. de Flavigny (1571-1572), ens. à la comp. Laval-la Loue, chev. de l'Ordre (18 mars 1585), cap. de gend., mar. de camp (1593), député aux Etats-Généraux (1588), gouv. de Noyers, ép. (18 juin 1570) Nicole de Saint-Belin, veuve d'Huguenin de Crécy-Venarey, puis (18 mars 1585) Elie de Damas-Trianges. Il mourut à Dijon. Sa devise était : *Etsi omnes, ego non.*

(7) Florent de Lesme, sieur de la Plasterie (15 oct. 1595), né en 1529, fils de Guillaume de Lesme et de Jeanne de Montgeville, mariés le 16 mars 1529, mar. des log. (avril-20 oct. 1574), guid. (29 juill. 1577) à la comp. Laval-Loué, il ép. (7 janv. 1553) Françoise des Rousseaux.

Compagnie LAY-CHASTELLART

(1) Jacques de Lay, sieur de Chastellart, cap. gend., cons. d'Etat (janv. 1505-22 juin 1507), mort, au début de 1509, à Pont de Beauvoisin.

(2) Jean d'Astarac, sieur de Fontrailles, fils d'Arnaud-Guilhem d'Astarac et de Sibylle d'Antin, cons. d'Etat, chamb. (26 nov. 1495-26 janv. 1496), colonel d'Albanais, cap. de gend., fut aux bat. de Cérignoles et de Ravenne. Il ép. Catherine de Marestang. Il fut pris, en 1508, par les Vénitiens.

(3) Guillaume d'Ailly. Probablement Guillaume de Rochefort d'Ally, sur lequel il y a notice à la comp. du duc Antoine de Lorraine.

Compagnie PUYGAILLART

(1) Jean de Léaumont, sieur de Puygaillard, baron de Brou et Morée, 2e fils de Jean de Léaumont et de Louise du

Lart-Birac, mariés le 22 avril 1562, chev. de Malte (1 mai 1534), surprit Angers (5 mai 1562), prit Rochefort (4 juill. 1562), Craon (27 sept. 1562), chev. de l'Ordre (6 mars 1568), fut au combat de Sorgues (1568), gent. de la Ch., gouv. d'Angers (16 mai 1568) et d'Anjou (12 mars 1571), prit Tiffauges, Montaigu, Beauvoir (1569), Moris, la Grève, Talmont, Chizé (1570), lieut. gén. en Anjou (1570), battit la Noue et Soubise, fortifia Luçon, fut battu par la Noue à Saint-Gemme (14 août 1570), prit Saint-Maixent et Marans. Maréchal de camp (10 nov. 1572), il fut blessé au siège de la Rochelle. Colonel d'infant. (1574-1575), il servit sous Monpensier (1574) et Guise (1575), et fut au siège de Brouage (1577). Cap. de gend. (juin 1574-21 avril 1580), cons. d'Etat (1580-1582), mar. de camp gén. (15 févr. 1583), il mourut, le 10 sept. 1584, à Sainte-Florent près Saumur, de la peste. Il avait été, dans sa jeunesse (1 mai 1534), chev. de Malte. Il mourut sans post. Il ép. Clémence le Roy de Daoust, puis Marie de Maillé-Brézé (vivante 24 déc. 1572), veuve de François Bourré de Jarzé, puis Françoise du Puydufou, veuve de Robert de Montallais-Chambellay. Il fut chev. du Saint-Esprit (31 déc. 1580).

(2) Claude de Maillé, sieur de Brézé et Milly, baron de Verneuil, Saumonçay, fils de Artus de Maillé et de Claude de Gravy, neveu de Puygaillard, né en 1550, ép. (15 sept. 1567) Robinette Hamon de la Flocellière et fut tué à la bat. de Coutras (1587).

(4) Jacques Hurault, sieur de Saint-Denis, Villeluisant, chamb. du duc d'Anjou, lieut. à la comp. Puygaillard (30 août 1581), fils aîné de Jacques Hurault de Saint-Denis et de Marie Hurault de Cheverny, mariés avant 1554, ép. (5 févr. 1582) Débora de Guerchy (vivant en 1602), et mourut en 1600.

(5) Louis de Maudet, sieur de la Mothaye ou Mothelaye (7 août 1562), mort entre le 11 juin 1590 et le 8 mars 1606, fils de René de Maudet, ép. (3 avril 1578) Jacqueline de Noyelle. Il fut guid. à la comp. Puygaillard janv. 1578-21 nov. 1582).

(6) Anne de Couasnon, sieur de Briassay (12 févr. 1605),

mar. des log. à la comp. Puygaillard (oct. 1579-22 avril 1580), fils de François de Couasnon et de Madeleine de Fromentières, mariés le 3 sept. 1517, ép. (22 févr. 1572) Marie de la Roche.

Compagnie LENONCOURT

(1) Cf. notice à la comp. Hallwin-Piennes.

(2) Cf. notice à la comp. d'Estauges.

(3) Gobert de Séricourt, fils de Jean de Séricourt et de Jeanne de Joysel, h. d'a. à la comp. du grand prieur de France, ens. à la comp. Lenoncourt, mort entre le 14 juin 1600 et le 20 sept. 1608, ép. (23 août 1580) Marie de Reilhac, veuve de Jérôme de Piennes-la-Brosse.

(4) Jean de Rochefort, sieur d'Armilly en Touraine, guid. (27 sept. 1578) à la comp. Lenoncourt, sieur de Précort, la Barbée, la Rochepenigault, fils de Louis de Rochefort et de Marie des Loges, mariés le 23 avril 1545, lieut. à la comp. Hueil-Sancerre (20 avril 1589), puis à la comp. Conti, tué à la bat. d'Arques, ép. (19 juill. 1576) Annne du Refuge (vivante 18 avril 1589).

(5) Hector du Monceau, sieur de Boisherpin, mar. log. comp. Lenoncourt, * fils de François.

Compagnie HENRI DE LENONCOURT

(1) Henri de Lenoncourt, sieur de Baudricourt, Ville, Lenoncourt, Pacy-en-Valois, comte de Nanteuil-le Haudouin (mai 1543), fils de Thierry de Lenoncourt et de Jeanne de Ville, mariés en 1480, bailli de Vitry (18 avril 1515-4 mai 1549), bailli et gouv. de Valois (16 sept. 1528-20 août 1541), enfant d'honneur de François Ier (1518-1523).

chev. de l'Ordre, gent. de la Ch. (5 sept. 1544), lieut. comp. du duc de Lorraine (22 déc. 1534- 3 sept. 1544), cap de gend. (11 juin 1547-22 avril 1551), commiss. extr. des g. (13 juin 1543), gouv. d'Ivoy (1544), Montmédy, Damvilliers, mourut le 8 mai 1552, en Suisse, *in urbe Anona*. Il ép. avant 1526, Marguerite de Broyes (vivante 20 mai 1543).

(2) Adrien de Ligny, sieur de Raray, Perray, Houdancourt, Bazincourt, Alincourt, h. d'a. à la comp. du duc de Lorraine, lieut. à la comp. de Nanteuil (avril 1545-18 août 1549), mort le 9 nov. 1552, fils de Jean de Ligny et de Louise de Fay-Richecourt, gouv. de Rethelois et Rozoy (29 oct. 1546), ép. (2 nov. 1527) Marie de Halwin (morte le 26 janv. 1586).

(3) Adolphe des Lyons, sieur d'Espaux et Sey, 3e fils de Pierre des Lyons et de Catherine Poust, gouv. de Stenay, ép. Guillemette de la Taste de Sy (morte entre le 20 avril 1582 et le 5 avril 1600), chev. de l'Ordre (10 oct. 1563), cap. de gend. (oct. 1568-15 août 1571), gent. de la Ch., mort entre le 29 juin et le 13 août 1572, lieut. gén. en Champagne et en Brie (10 oct. 1563-9 août 1571), cap. de gend. (23 déc. 1567-15 nov. 1571); il avait été ens. (août 1543-13 sept. 1544) à la comp. du duc de Lorraine, ens. (janv. 1546-28 janv. 1549), puis (juill. 1550-24 avril 1552) lieut. à la comp. de Nanteuil.

(4) Pierre de Malesset, fils de Giles de Malesset et de Isabeau de Saint-Avit, sieur de Chastellux, ens. à la comp. de Nanteuil (22 avril 1550-23 avril 1552), fut à la bat. de Renty, où il se distingua, et ép. Marguerite de Saint-Georges.

(5) Robert de Lenoncourt, guid. à la comp. Guise, puis à la comp. Nanteuil (avril 1544-24 avril 1553), comte de Vignory, baron de Pacy, la Voivre, Dannemarie, fils ainé de Henri de Lenoncourt et de Marguerite de Broyes, mar. avant 1526, ch. de l'Ordre, gent. de la Ch., gouv. et bailli de Valois (4 déc. 1555), mourut entre le 21 févr. 1568 et le 9 juin 1571. Il ép. (20 mai 1543) Jeanne de Pisseleu (vivante 24 août 1578).

(6) Antoine de Saint-Yon, sieur de Russy en Valois, mar. des log. à la comp. de Nanteuil, fils de Pierre de Saint-Yon et de Jeanne de Rubempré, mariés le 20 déc. 1508, ép. (18 août 1525) Louise de Hecques (vivante 7 juill. 1564). Il était h. d'a.

à la comp. du comte de Saint-Pol (18 août 1525), puis à celle du duc de Lorraine (24 oct. 1542), fut mar. des log. à la comp. Nanteuil (29 janv. 1548-24 avril 1552), puis à celle du duc de Lorraine (26 oct. 1554), maître des eaux et forêts de Valois (28 janv. 1546). Il fut h. d'a. à la comp. d'Annebaut (6 oct. 1556) et guid., en 1557, à la comp. d'Antoine de Bourbon. Il fut tué (10 août 1557) à la bat. de Saint-Quentin.

Compagnie OLIVIER DE LESPINAY

(1) Olivier d'Espinay, sieur de Boisguéroult, Trubleville, Saint-Pair, les Vieux, Montehard, Mesnil-David, Mesnil-sous-Bourgthéroulde, la Douyère, Saint-Etienne-de-Rouvray, Ibouville, Bunemarc, l'Eau, fils de Guy d'Espinay et de Jeanne de Pillois, mariés le 10 avril 1477, ch. de l'Ordre, cap. de gend., gent. de la Maison du roi, mort avant 1521, ép. Charlotte de Ponches, puis (29 janv. 1507) Jacqueline de Dreux (vivante le 13 juill. 1526).

Compagnie LÉVIS-COUSAN

(1) Cf. notice à la comp. de la Guiche.

(2) Marc de Chantemerle, baron de la Clayette, Vougy, Nay, Montpresentin (30 mai 1554), chev. de l'Ordre (12 mars 1571), échanson du roi (13 août 1558), 2ᵉ fils d'Humbert de Chantemerle et d'Anne de Bellenave, mariés entre le 17 mai 1521 et le 24 août 1522, lieut. (oct. 1567-12 mars 1571) à la comp. Lévis-Cousan (oct. 1567-12 mars 1571), mourut entre le 2 févr. 1573 et le 3 juill. 1576. Il ép. (30 juin 1546) Cécile de Boucart, puis Claudine de Damas-Digoine.

(3) Antoine de Damas, baron de Digoine et Clessy, guid.

(5 mai 1569), lieut. (7 mars 1571) à la comp. Cousan, chev. de l'Ordre (5 mai 1569), fils aîné de Jean de Damas et de Jacqueline de Lévis, mariés le 28 juin 1541, ép. (19 avril 1570) Philiberte de Bernaud. Il vivait le 7 sept. 1609.

(4) Pierre de Damas-Marcilly, sieur de la Motte et Saint-Micault, 4e fils de Georges de Damas et de Jeanne de Rochechouart-Chandenier, mariés le 21 sept. 1512, chev. de l'Ordre, lieut. comp. Cousan (15 janv.-16 juin 1577). Il vivait le 2 mars 1579.

(5) Philibert de Fougères, sieur de l'Estoile, Monceaux, Udet, Crotte, fils aîné de Georges de Fougères et de Claude de Chandieu, né avant 1539, chev. de l'Ordre, ens. (oct. 1567-2 mars 1571) à la comp. de Cousan, mort avant le 17 sept. 1579, ép. Françoise de la Forest, puis Anne de la Magdeleine.

(6) Claude de Vigosset, ens. comp. Cousan (juill. 1569-7 mars 1571).

(7) Claude de Saconin, sieur de Pravieux, Vermisses, Monestoy et Bussières (3 févr. 1551), baron de Bressoles, fils de Symphorien de Saconin et de Jacquette de Bressoles, ép. Jeanne d'Augerolles et fut (15 juin 1577), ens. à la comp. de Lévis-Cousan. Il fut archer (24 juin 1531-13 oct. 1548) à la comp. de Jean d'Albon. Il testa le 21 mai 1581.

(10) Philibert ou Gilbert Blauf, sieur de Gilbertez, Rocheblan, Chambon, Payrusse, baron d'Auvers, chev. de l'Ordre, fils de Jean de Blauf et de Louise Braque, mariés le 28 oct. 1523, ép. (17 janv. 1563) Gabrielle de Talaru.

(11) Jérôme de Saconin, baron de Bressoles, 4e fils de Symphorien de Saconin et de Jacquette de Bressoles, guid. (avril 1581) à la comp. Cousan, mourut avant le 21 avril 1621. Il ép. (16 févr. 1584) Marie de la Fayette (vivante 21 avril 1621).

Compagnie LÉVIS-MIREPOIX

(1) Jean de Lévis, sieur de Mirepoix, baron de la Garde, Preichau, Arzens, Allayrac et Monségur, fils aîné de Philippe de Mirepoix et de Louise de la Trémouille, mariés le 13 sept. 1538, saccagea Limoux en 1562 et ép. (1ᵉʳ févr. 1563) Catherine-Ursule de Lomagne-Terride. Il fut mar. de la Foi (1ᵉʳ juill. 1569-29 sept. 1577) et sén. de Carcassonne et Béziers (1ᵉʳ juill. 1569-17 avril 1585), chev. de l'Ordre (1ᵉʳ juill. 1569), cap. de gend. (1ᵉʳ juill. 1569-28 déc. 1590), gent. de la Ch. (8 juin 1594), cons. d'Etat, chamb. (20 mai 1574).

(2) François de Saint-Jean, sieur d'Honnoux (10 avril 1556), fils d'Antoine de Saint-Jean et de Séguine de Lautrec, mariés le 17 sept. 1543, cap. de gens de pied (7 nov. 1567), mort à Meulan, chev. de l'Ordre (1570), lieut. à la comp. de Mirepoix ép. (10 sept. 1548) Françoise de Turin-Villelongue (vivante le 10 juill. 1614).

(3) Jean de Varaignes, baron de Bélesta, Escassés, Mourvilles, Saint-Paulet, Saint-Félix, Agut, Trémoulet, Gardouch, Vieillevigne, h. d'a. à la comp. d'Elbœuf (11 sept. 1560), fils de Guillaume-Gaillard de Varaignes-Gardouch et de Jeanne de Rigaud-Vaudreuil, mariés le 21 mars 1528, fut aux sièges de Metz (1552), Calais, Thionville, Guines (1558), à la bat. de Dreux (1562), gent. de la Ch. (25 juill. 1569), ens. à la comp. de Mirepoix, dès oct. 1567, tué, à la fin d'oct. 1585, par les les protestants, au château de Bélesta. Il ép. (23 nov. 1574) Anne de Bazillac (qui testa le 12 févr. 1624).

(4) Tristan de Lissac, sieur de la Tour, fils de Jean de Lissac, mar. des log. (oct. 1568-1ᵉʳ août 1569), ens. (8 juill. 1586) comp. Mirepoix, vivant 22 juill. 1601.

Compagnie LÉVIS-VENTADOUR

(1) Gilbert de Lévis, fils de Gilbert de Lévis et de Suzanne de Laire, mariés en 1538, comte puis (févr. 1578) duc de Ventadour, comte de Villars, baron de la Voulte, Annonay, la Roche-en-Réguier, le Cheylard, baron de Vauvert, gent. de la Ch. (1555), chev. de l'Ordre (27 févr. 1564), gouv. de Limousin (1er juill. 1558-5 sept. 1584), cap. de gend. (27 févr. 1564-5 sept. 1584), cons. d'Etat (4 mars 1577-22 mars 1578), gouv. de Lyonnais, Forez, Beaujolais, ép. (25 juin 1553) Catherine de Montmorency, fille du connétable, et mourut entre le 5 févr. 1590 et le 7 sept. 1591 à la Voûte. Il fut chev. du Saint-Esprit (31 déc. 1578).

(2) Cf. notice à la comp. Amboise-Aubijoux.

(3) Il fut guid. à la comp. de Vauguyon (juill. 1559-18 janv. 1560). Claude de Lévis, baron de Charlus, les Granges, Poligny, fils de Charles de Lévis et de Marguerite Brachet, mariés le 6 févr. 1535, panetier (1559), ch. de l'Ordre (29 mai 1569), gent. de la Ch. (1566), chamb. du duc d'Alençon, gouv. de la grosse tour de Bourges, lieut. comp. Ventadour (29 mai-14 juin 1569), mort entre le 23 juin 1593 et le 24 avril 1597, ép. (1559) Jeanne de Maumont.

(4) Hubert de Lévis, sieur de Cousan, Feugerolles, Curaise, chev. de l'Ordre (4 févr. 1574), lieut. à la comp. Ventadour (4 févr. 1574), vivant le 25 juin 1576, fils de Claude de Lévis-Cousan et d'Hilaire des Prez-Montpezat, mariés le 9 juin 1541. Il était mort au 12 sept. 1584. Il ép. Marguerite de Rostaing (née en 1556, morte en oct. 1612).

(5) Renaud de Veilhan, sieur de Pénacors et Chateauneuf, fils de François de Veilhan et d'Anne de Miremont, chef du ban et arrière-ban de Limousin (25 janv. 1556), ens. à la comp. Ventadour (janv. 1563), éc. de la reine Marguerite de Navarre, ép. Charlotte de Maumont (vivante le 4 déc. 1562) et mourut à Paris le 5 mai 1566, à 7 heures du matin.

(6) Jean de Beaufort-Monboissier, vicomte de la Motte-Canillac, sieur de Pont du Château, Aubusson, Aurousa, la

Fouillouse, Lussat, les Martres, Mouton, Vayres, cap. de gend. (31 juill. 1586-5 mars 1587), 3e fils de Jacques de Beaufort-Montboissier et de Charlotte de Vienne, mariés le 25 nov. 1526, guid. (janv. 1562-4 mai 1563), puis ens. à la comp. Lévis-Ventadour, chev. de l'Ordre (14 juin 1569), défendit Saintes (1570), ép. (5 juill. 1562) Jeanne de Maumont. Né entre le 17 janv. 1529 et le 17 nov. 1537, il mourut le 7 sept. 1587.

(7) Gabriel de Veilhan, sieur de Pénacors, Prades, Saint-Christophe, baron de Marigny, bailli de Haute-Auvergne, cap. de gend., fils de Renaud de Veilhan et de Charlotte de Maumont, chev. de l'Ordre, gent. de la Ch., ens. (oct. 1572-16 févr. 1574) à la comp. de Ventadour. ép. (16 fév. 1574) Madeleine de Roffignac et testa le 16 juill. 1618. Sa femme testa le 23 juin 1595. Il fut (28 juill. 1585), lieut. à la comp. d'Humières.

(8) Louis de Vausèche, sieur de la Tourrette, chev. de l'Ordre (3 févr. 1572), gouv. de Bas-Vivarais (24 sept. 1568-20 avril 1574), vivante le 8 juin 1575, guid. à la comp. de Ventadour (janv.-3 juin 1567), ép. Guillemette de la Tourrette (morte avant le 4 mai 1574).

(9) Jean Bégon de la Rouzière, sieur de la Baulme (8 mars 1554-24 sept. 1583), chev. de l'Ordre, fils du 2e mariage de Hughes Bégon de la Rouzière, né après le 22 sept. 1520, chev. de l'Ordre, mar. des log. (oct. 1568-13 juin 1569), guid. (oct. 1572-21 mars 1573) à la comp. de Ventadour.

(10) Notice à la comp. d'Amboise-Aubijoux.

(11) Jean de Lauthonye, sieur de Lauthonye, la Garde, la Farge, fils de Gabriel de Lauthonye et de Françoise Roux, mariés en 1531, archer (21 avril 1558), h. d'a. (4 août 1560) à la comp. du mar. de Saint-André, h. d'a. (1565-31 déc. 1568), mar. des log. (15 juill. 1571-3 mai 1585) à la comp. Ventadour, gouv. de Beaulieu en Limousin (24 juin 1573), lieut. à Limoges (25 avril 1574-26 janv. 1575), repoussa, de Tulle, en 1585, le chef protestant la Maurie, défendit Tulle contre Turenne et y capitula glorieusement (9 avril 1585). Né entre 11 janv. 1532 et le 6 avril 1537, mineur (12 oct. 1541), il ép. (7 mai 1557) Jeanne de Béarn-Saumont (qui testa le

18 mars 1567), puis (23 août 1571) Catherine de Médicis-Rossiats, puis (15 mai 1582) Françoise de Bar (vivante 24 avril 1617). Il mourut entre le 4 juin 1600 et le 13 sept. 1609.

Compagnie LÉVIS-CAYLUS

(1) Antoine de Lévis, baron, puis comte de Quélus (sept. 1574), baron de Villeneuve, la Pennes, Privasac, Florensac, cons. d'Etat (22 nov. 1568-3 sept. 1578), cap. de gend. (22 nov. 1568-3 sept. 1578), cap. de gens de pied (déc. 1554), sén. et gouv. de Rouergue (22 nov. 1568-3 sept. 1578), gent. de la Ch. (1570), chev. de l'Ordre (22 nov. 1568), lieut. des gent. de la maison du roi (1561-sept. 1574), échanson (déc. 1554-23 mai 1556), 2e fils de Guillaume de Lévis et de Marguerite d'Amboise, né entre 1518 et 1525, ép. (1er nov. 1536) Balthasar de Lettes, veuve de son frère Jean de Lévis, puis, après 1569, Suzanne de Madaillan-Estissac, veuve de Jacques de Balaguier-Montsalles. Il mourut le 6 avril 1586. Il fut (31 déc. 1581) chev. du Saint-Esprit.

(2) Jean-Claude de Pestels, sieur de Salers, Durfort, Pont, Saint-Martin-Valmeroux, Salles, Fontanges, Tournemire, Saint-Christophe, Branzac, Polminhac, fils de Claude de Pestels et de Camilla Caraccioli, mariés le 27 mai 1547, chev. de l'Ordre, gouv. de Salers, ép. (19 déc. 1574) Jeanne de Lévis-Caylus (décédée 12 oct. 1630), fille de son capitaine. Il était petit-fils du mar. de Melfi, lieut. comp. Lévis-Caylus (oct. 1577), vivant 1601, décédé au 28 mai 1624.

(3) Claude de Saint-Salvadour, guid. comp. Caylus (oct. 1577-15 sept. 1578).

Compagnie LIGNAT-SAVIGNAT

(1) Gabriel de Lignac, sieur de Savignac, cap. gend. (oct. 1525-31 mars 1530), cap. auvergnat, mort aveugle, selon Montluc.

Compagnie LINIÈRES-BRIDIERS

(1) Antoine de Linières, vicomte de Bridiers, Croix, Foursac, Albiac, Embesai, Portes, Préaux, Amilly, Bérengeville, la Rivière, fils de Bertrand de Linières et de Jeanne Maréchal de Fourchaut, mariés le 16 avril 1515, chev. de l'Ordre, gouv. de Chartres, cap. de gend. à la place de Villebon (12 nov. 1567-20 févr. 1570), mort entre le 20 févr. et le 16 avril 1570, ép. (1566) Catherine de Courtenay (morte entre le 10 juill. 1577 et le 8 sept. 1592).

(2) Bastien de Chateaubodeau, 2e fils de Gilbert de Chateaubodeau et de Catherine de Malleret, mariés le 1er août 1512, né en 1518, mineur (11 mai 1523-10 oct. 1529), sieur de Chault, Quinssaines, Malleret, Saint-Forgeol (25 juill. 1555), lieut. à la comp. Linières-Bridiers (oct. 1567-20 févr. 1570), mort avant le 22 juill. 1575, chev. de l'Ordre, ép. (5 févr. 1542) Marguerite de Beauverger-Cordebœuf (qui testa le 13 févr. 1578).

(3) Jean de Beauverger-Cordebœuf, 2e fils de Bénigne de Beauverger et de Louise de Léotoing-Montgon, mariés le 21 nov. 1540, vivant le 5 févr. 1553, guid. à la comp. Linières, puis ens. (20 juin 1567), neveu de Bastien de Chateaubodeau.

(4) Guy de Fretaizes, mar. des log. comp. Villequier (14 juill. 1569), puis (20 févr. 1571) à la comp. Linières-Bridiers.

Compagnie LIONS D'ESPAULX

(1) Notice comp. Nanteuil.

(2) Jean-Jacques de Rouvroy, sieur d'Autry, Rouvroy, Condé, Tahur, Perte, Onchery, fils d'Aleaume de Rouvroy et d'Isa-

beau de Gernicourt, lieut. à la comp. d'Espaulx (janv. 1568-
1er janv. 1572), chev. de l'Ordre (1er mai 1569), ép. avant
15 sept. 1556, Marie Le Riche (vivante 4 juill. 1557), puis,
avant 10 août 1565, Louise des Noyers (vivante 10 août 1565).
Il mourut le 9 nov. 1581.

(3) **Christophe de Gorgias**, sieur de la Fontaine-Horon,
2e fils de Jean de Gorgias et de Catherine de Saint-Benoit,
gouv. de Villefranche, ens. à la comp. d'Espaulx (oct. 1568-
7 janv. 1569), ép. Nicole d'Aude.

(4) **Francois d'Ambly**, sieur d'Ambly et le Mesnil, fils ainé
de Nicolas d'Ambly et de Guillemette de Saint-Vincent, gouv.
de Linchamp (27 nov. 1570) et Châteaurenaud (6 sept. 1571-
26 mars 1579), guid. à la comp. d'Espaulx, ép. (15 août 1560)
Guillemette de Lannoy-Wagnon (vivante le 28 nov. 1583) ; il
fut cap. de gens de pied (8 déc. 1576), mourut entre le
26 mars 1579 et le 28 nov. 1583.

(5) **Robert de la Vieuville**, marquis de la Vieuville, baron
de Rugles, Arzillières, vicomte de Farbus, sieur de Chaillevet, Royaucourt, Villemontry, Plumoison, Lumes, Mam-
brecourt, Sy, Pavan, Givaudeau, Assy, la Ferté, Rom-
mery, Wautrincourt, Chauny, Vougrey, guid. à la comp.
Lyons d'Espaulx (6 mai 1569), fils de Pierre de la Vieuville et
de Catherine de la Taste, mariés le 3 août 1539, chev. de
l'Ordre, gouv. de Mézières (24 avril 1572-21 juin 1604) et
Linchamp, lieut. de fauconnerie (30 mars 1605), grand fauconnier de France (mars 1608-30 déc. 1609), gent. de la Ch.
du roi de Navarre (13 janv. 1573), lieut. gén. en Rethelois
(27 janv. 1574-19 févr. 1605), cap. de gend. (7 mars 1577-
10 déc. 1601), amb. en Allemagne, cons. d'Etat (22 avril 1580-
31 janv. 1600), mourut en 1612. Il ép. Guillemette de
Bossut-Longueval, puis (1581) Catherine d'O (vivante
2 mai 1601), veuve de Michel de Poisieu-Pavant. Il fut chev.
du Saint-Esprit (2 janv. 1599).

Compagnie DES LOGES-LA BOULAYE

(1) Notice à la comp. des ducs de Longueville.

Compagnie TERRIDE

(1) Antoine de Lomagne, sieur de Terride, vicomte de Gimois, fils aîné de Georges de Lomagne et de Claude de Cardailhac, mariés le 5 mai 1499, fit campagne en Piémont sous Brissac, cap. de gend. (21 avril 1547-8 sept. 1569), gouv. de Pignerol (20 oct. 1552), chev. de l'Ordre (27 févr. 1556), il prit Agen, échoua, après un long siège, sur Montauban (1562-1563), battit Ponsonas (1567), soumit le Béarn (1569), échoua sur Navarreins. Battu à Orthez par Montgommery, il capitula au château d'Orthez en 1569. Il fut lieut. à la comp. Galiot de Genouillac-Acier (juill. 1544-9 juill. 1546), après y avoir été ens. (17 avril 1537-22 mars 1542). Il mourut, au début de 1570, à Eauze. Il ép. Jeanne de Cardaillac.

(2) Antoine de Raffin, sieur de Péchricard, la Pile, la Meure, la Fontade, chev. de l'Ordre, gouv. de Sarlat, fils aîné d'Armand de Raffin et de Françoise de Sales-la Pile, mariés le 24 mai 1502, ép. (30 avril 1525) Cécile d'Ussel-la Fontade (morte avant le 7 mars 1559), et vivait encore, le 13 janv. 1577.

(3) Jean de Polastron, sieur de Maureny, fils de Sanche Garcie de Polastron et d'Anne de Lambes. lieut. à la comp. Terride (1548-1552), puis gouv. de Toul et cap. de de chevau-légers (4 nov. 1556), chev. de l'Ordre, ép. 4 mars 1539) Catherine de Marestang (testa 5 janv. 1589).

(4) Pierre de Montclar, ens. (28 janv. 1548-5 avril 1551), lieut. (juill. 1554-10 oct. 1557) comp. Terride. Pierre de Montclar, fils de Jean de Montclar et de Marguerite de Lomagne-Terride, baron de Salvamon, décédé au 19 avril 1590, ép. (22 janv. 1550) Anne de Saint-Lary (vivante 19 avril 1590).

(5) Notice comp. Bidonnet.

(6) Bernard de Bimont, baron de Pordiac, chev. de l'Ordre (8 août 1568), guid. (févr.-8 août 1558), ens. (juill. 1561-7 juin 1567), puis (oct. 1567-8 août 1568) lieut. à la comp. Terride.

(7) Antoine Izarn, sieur de Fraissinet et Cornac, mar. des log. puis guid. à la comp. Terride, fils de François Izarn et de Jeanne Séguy, mariés le 9 janv. 1495, ép. (26 janv. 1532) Gabrielle d'Hérail-Lugans, fut gouv. de Rodez et mourut avant le 9 mars 1563. Il fut mar. des logis (18 avril 1537-11 mars 1546) à la comp. Genouillac d'Acier.

(8) Bernard du Gout, sieur du Bouzet et de Saint-Jean du Bouzet, 2e fils de Jean du Gout et de Florette de Verneuil, mariés le 29 juill. 1486, né avant le 7 mars 1528, guid. de gend., ép. N..., puis Catherine de Châteauverdun et mourut entre le 25 juill. 1556 et 1574. Il fut ens. à la comp. Terride (29 juill. 1551-20 mai 1555).

(9) Géraud de Lomagne, sieur de Sérignac, vicomte de Gimois, baron de Monfourcaut, Terride, 4e fils de Georges de Lomagne et de Claude de Cardaillac, mariés le 5 mai 1499, se fit huguenot, fut aux prises de Cahors, Tarbes, Saint-Colomé, château de son frère Terride, aida Montgommery à débloquer Navarreins et à bloquer Terride dans Orthez. Gouv. de Navarreins, il prit le nom et le château de Terride. Il ép. Louise de Cardaillac-Peyre, veuve de Léonard de Gironde. Il fut gouv. de Quercy, Rivière-Verdun, Saint-Antonin (20 mai 1580), vivait le 24 janv. 1581.

(10) Antoine de Léon, sieur de Belcastel.

(11) Foucaud d'Aubusson, fils aîné de Jean d'Aubusson et d'Antoinette de Lomagne, sœur de Terride, sieur de Beauregard, Montaut, la Rue, Castelnouvel, Saint-Quentin, chev. de l'Ordre, gent. de la Ch. (31 mai 1575), lieut. gén. en Périgord (5 août 1593), cap. de gend. (3 mars 1577-5 août 1593), ép. (28 mai 1561) Françoise de Pompadour, puis (14 janv. 1588) Anne d'Abzac (qui testa 19 nov. 1632), veuve de Jean de Calvimont et testa, le 10 mai 1600.

(12) Probablement Jacques d'Angennes, sieur de la Loupe,

3e fils de Denis d'Angennes et de Jacqueline de Silly, mariés le 8 mai 1530, étudiant à Paris (10 mai 1552).

(13) Armand de Crugi, sieur de Fauroux, fils de Jacques de Crugi et de Jacquette du Roset, mariés le 3 nov. 1502, ép. (5 juin 1532) Françoise de Revel, puis Jeanne de Fauroux, fut mar. des log. (6 juin 1564) à la comp. Terride.

(14) Grimont de Crugi, sieur de Fauroux, la Cardonne, Marcillac, fils d'Armand de Crugi et de Françoise de Revel, mariés le 5 juin 1532, ép. (9 févr. 1566) Françoise de Gout de Marcillac (vivante 26 janv. 1610). Mar. des log. à la comp. Terride (avril 1567-8 août 1568), député aux Etats de Guyenne (16 mars 1589 et 16 mars 1599), mar. de camp (18 mars 1569), il assista au siège de Navarreins et à la bat. d'Orthez. Lieut. à la comp. de Gohas, il fut (20 oct. 1590) cap. de gens de pied et gouv. de Moissac (30 juill. 1614). Il mourut peu après.

Compagnie MERCŒUR

(1) Philippe-Emmanuel de Lorraine, duc de Mercœur et Penthièvre, marquis de Nomeny, prince du Saint-Empire, cap. de gend., beau-frère du roi Henri III, fils de Nicolas de Lorraine-Vaudemont et de Jeanne de Savoie-Nemours, mariés le 24 févr. 1556, né à Nomeny, le 9 sept. 1558, gouv. de Bretagne, où il fut chef de la Ligue, vainqueur à Châteaugiron et Craon (1592), fit la guerre aux Turcs en Hongrie (1599), prit Albe Royale (22 sept. 1601), et mourut à Nuremberg, le 19 févr. 1602. Il ép. (12 juill. 1575) Marie de Luxembourg-Martigues (née le 15 févr. 1563, à Lamballe, morte le 6 sept. 1623, à Anet, près Pontoise.) Il fut chev. du Saint-Esprit (31 déc. 1578).

(2) François Frogeard, sieur de la Loubrye, lieut. comp. Mercœur (janv. 1577-12 mai 1578).

(3) René de Rochebaron, comte de Berzé, Rochetaillée,

Joncy, Brenne, Licey, Saint-Sorlin, Saint-Clément, Abot, la Motte, Germiny, Vieuxchamps, Germaines, Chevilliers, Monstreux, Crécey, Chamery, fils de Geoffroy de Rochebaron et de Claire de Choiseul-Clémont, mariés le 9 mars 1545, ens. à la comp. de Mercœur (oct. 1575), chev. de l'Ordre, vivant le 30 juin 1615, lieut. (1er févr. 1616) à la comp. du duc de Lorraine, ép. (19 févr. 1582) Françoise d'Aumont (vivante le 17 mai 1608).

(4) Antoine de Choiseul, sieur de Noyers-Saint-Brouin en Brionnais, Audeloncourt, la Mamine, Linchamp, Crenne, Cunes, Maisonsel, Huillecourt, Consigny, Forse, Ruffigny, Creux, Ormoy, Contre, Sorcey, la Meusienne, baron de Clémont (2 janv. 1580), comte de Martigny, comte, guid. (avril 1581) à la comp. de Mercœur, fils de François de Choiseul et d'Anne de la Guiche, mariés le 11 nov. 1548, chev. de l'Ordre (19 déc. 1580), ép. (26 févr. 1582) Marie de Vienne, et mourut le 13 avril 1603.

(5) Nicolas de Vornay, sieur de Bréchainville, mar. des log. comp. Mercœur (avril-31 juill. 1581).

Compagnie PONT-A-MOUSSON

(1) Henri de Lorraine, marquis de Pont-à-Mousson, duc de Lorraine et Bar (15 mai 1608), fils de Charles III de Lorraine et de Claude de Valois, né le 8 nov. 1563, mort le 31 juill. 1624, ép. (30 janv. 1599) Catherine de Bourbon (née le 7 févr. 1559, à Paris, morte le 13 févr. 1604. Cf. sur elle : Comtesse d'Armaillé : *Catherine de Bourbon, duchesse de Bar*), puis (26 avril 1606) Marguerite de Gonzague (morte 27 févr. 1632).

(2) Georges de Savigny, fils aîné de Georges de Savigny et de Nicole des Marais, lieut. à la comp. du Rhingrave (janv. 1563-30 mai 1566), puis à celle du marquis de Pont-à-Mousson (oct. 1568-29 févr. 1576), chev. de l'Ordre (12 mai 1569), ép. Nicole de Haussonville, puis Marguerite de Heu. Il vivait encore le 19 nov. 1601.

(3) Bernard du Meix, sieur d'Aubigny, fils de Jean du Meix et de Philiberte de Rye, mar. avant le 6 mars 1522, ens. comp. Pont-à-Mousson (oct. 1568-10 avr. 1573) ép. Claude-Françoise de la Chambre.

(4) Antoine de Dinteville, sieur de Feugerolles, 2⁰ fils de Jean de Dinteville et de Gabrielle de Stainville, mariés le 7 févr. 1534, fut (14 mai 1574) guid. à la comp. Pont-à-Mousson.

(5) Notice à la comp. Joachim de Dinteville.

(6) Léonard de Sérocourt, sieur de Mandres, fils de Jean de Serocourt et d'Isabeau de Beauvau, mariés le 26 oct. 1522, ép. Jeanne de Mont-Saint-Léger, puis Catherine de Dalmé. Il fut (6 mai 1574-15 oct. 1575) guid. à la comp. du marquis de Pont-à-Mousson.

(7) Jean des Porcellets, sieur de Maillanne, Viloval, Vai Sainte-Marie, prince de Morville, Valhey, Valeroy, Scharnesheim, baron d'Empire (18 déc. 1603), gent. de la Ch. et chambellan de Lorraine, surintendant de Lorraine (25 janv. 1599), fils d'André des Porcellets et de Catherine de Valhey, mariés entre 1ᵉʳ janv. et 21 juill. 1542, ens. comp. Pont-à-Mousson (1ᵉʳ juill. 1577), cons. d'Etat de Lorraine, gouv. de Toul, grand-maître de la maison d'Henri de Lorraine, mar. de Barrois, gouv. de Metz, fut aux sièges de Stenay, Coiffy, Montigny, Monteclair, la Fosse, Chateauvillain, ép. (1571) Esther d'Aspremont-Marcheville (morte avant le 13 juin 1604), mourut le 14 juill. 1613.

(8) Antoine de Choiseul, sieur d'Isché (26 sept. 1575), fils ainé de René de Choiseul et de Catherine de Chappes, mariés le 4 sept. 1533, ép. Edmonde de Mathelan. Il fut h. d'a. (15 avril 1572) à la comp. Pont-à-Mousson. Il naquit avant le 14 avril 1556.

Compagnie FRANÇOIS DE GUISE

(1) François de Lorraine, comte, puis (juill. 1547), duc d'Aumale, duc de Guise (1550), prince de Joinville, marquis de Mayenne, fils ainé de Claude de Guise et d'Antoinette de Bourbon, né le 17 févr. 1519, fut à la prise de Montmédy (1542), au ravitaillement de Landrecies (1543), battit un parti ennemi près d'Aire (1543), défendit Saint-Dizier (1544), fit campagne sous Boulogne, où il fut fort blessé. Gouv. de Dauphiné (6 oct. 1546), il réprima l'émeute de Bordeaux (1548), fit la campagne de 1552, avec le roi, se couvrit de gloire à la défense de Metz (1552), se distingua à la bat. de Renty (1554). Grand veneur (4 juin 1556), il prit Valenza, échoua sur Civitella (1557). Lieut. gén. du royaume (10 sept. 1557), il prit Calais (1558), Guines, Thionville, Arlon. Grand maître (1559). En 1562, il prit Blois, Bourges, Rouen, fut vainqueur à Dreux. Chev. de l'Ordre, grand chamb. de France, gouv. de Champagne (16 janv. 1563), il assiégea Orléans (1563). Blessé par Poltrot de Méré (18 févr. 1563), il mourut le 24 févr. 1563. Il ép. (4 déc. 1549), Anne d'Este (décédée 17 mai 1607).

(2) Nicolas de Livron, sieur de Wart, Oiac, Parnoul, Chezaut, baron de Bourbonne, Couzours, Romblat, fils de Bertrand de Livron et de Françoise de Bauffremont, mariés le 18 août 1477, grand gruyer de Bourgogne, gouv. de Dijon (17 déc. 1545), mort avant le 24 avril 1553, lieut. (janv.-16 sept. 1544) à la comp. du comte d'Aumale, gouv. de Coifly et Montigny le Roi, ép. (1er août 1505) Claude de Ray-Torcenay, puis (30 mai 1529) Odette Lhuillier, veuve de Louis de Stainville. Il avait été ens. (1er avril 1532) à la comp. du connét. de Montmorency.

(3) Notice comp. Cossé-Gonnort.

(4) Guillaume de Balsac, fils de Pierre de Balsac et d'Anne Malet de Graville, filleul du connét. de Montmorency, sieur d'Entragues, Marcoussis, Malherbe, baron de Clermont et Dunes, né à Marcoussis, le 14 déc. 1517, gent. de la Ch. (3 mars 1548-28 avril 1554), cap. de 200 chevau-légers, lieut,

à la comp. de Guise (1552), fut au siège de Metz (1552). Blessé à mort à Renty, il mourut à Montreuil (20 août 1554). Il ép. (18 oct. 15 8) Louise d'Humières (vivante le 20 nov. 1577).

(5) Notice comp. Jacques de la Brosse.

(6) François de Livron, 2° fils de Nicolas de Livron et de Claude de Ray-Torcenay, mariés le 1er août 1505, sieur de Torcenay, Chezaut, baron de Pourbonne, ens. à la comp. d'Aumale (sept. 1543), mort entre le 27 mai 1563 et le 11 mars 1568, ép. (20 août 1551) Bonne du Châtelet.

(7) Anne de Vaudray, fils de Gilles de Vaudray et de Guillemette d'Ancienville, mariés le 29 oct. 1518, sieur de Saint-Fal, le Perchoy, Crezantines, Avreul, Vanlay, Turgis, le Coin, Ligneris, la Planche, Argentenay, Bouis, Roches, le Cabaret, baron de Sains, vicomte de Courtieux, cap. de gend., chev. de l'Ordre (mars 1573), gent. de la Ch. (21 janv. 1562), mar. de camp (26 janv. 1571), gouv. et bailli de Troyes (23 juill. 1560-20 mars 1576), panetier (14 janv. 1555), ens. à la comp. Guise (avril 1546-24 sept. 1556), commiss. extraordinaire des guerres (24 sept. 1556), né le 24 avril 1520, mort avant le 6 avril 1579, se distingua à Renty (1554), ép. (4 mars 1544) Anne de Montgommery.

(8) Pierre de Choiseul, sieur d'Isché, fils aîné de Claude de Choiseul et de Denise de Chauvigny, né avant 1518, guid. (24 juin 1544) à la comp. François de Guise, ép. Jeanne d'Oiselet.

(9) Jean de Créquy, prince de Poix, sieur de Canaples, fils de Jean de Créquy et de Marie d'Acigné, né en 1529, guid. de la comp. de Guise (18 mars 1547-25 janv. 1552), fut au siège de Metz (1552), fait prisonnier à Doullens (1553), cap. de gend. (1553), tué à la bat. de Saint-Quentin (1557). Il fut lieut. à la comp. de Sansac (23 janv. 1553-4 nov. 1556), gent. de la maison du roi (28 juill. 1553), gent. de la Chambre (30 juill. 1554).

(10) Valeran de Lespinay, sieur de Saint-Luc, Alges, Avesnes, Touvois, Mesnil, Mont des Marquets, la Charmoye, baron d'Hincourt et Besancourt, Brassault, Gaillefontaine, Yville,

Contentre, les Lieures, Fay, Anges, fils ainé de Robert de Lespinay et de Christine-Catherine de Sains, mariés en 1510, éc. d'éc. du roi (10 déc. 1554), gent. de la Ch., gouv. de Louviers, guid. à la comp. du duc de Guise, fut au siège de Metz (1552), mestre de camp, tué à l'assaut de Guastalla (17 nov. 1557). Il ép. (3 nov. 1541) Renée du Mont, puis (1er mai 1553) Marguerite de Grouches (qui testa le 24 juill. 1559 et mourut avant le 7 janv. 1577), veuve de Claude de Lanvin-Blerencourt.

(11) Cf. notice à la comp. du vicomte d'Ouchy.

(12) François de Couasnon, sieur de Briassay, fils de François de Couasnon, mar. des log. à la comp. de Guise (juill. 1550-25 oct. 1554), comm. des guerres (31 mars 1543), ép. (3 sept. 1547) Madeleine de Fromentières (vivante le 22 févr. 1572). Il mourut avant le 22 févr. 1572.

Compagnie DUC D'AUMALE

(1) Claude de Lorraine, marquis du Maine, puis (1550) duc d'Aumale, 3e fils de Claude de Lorraine et d'Antoinette de Bourbon, né le 1er août 1526, chev. de l'Ordre (sept. 1547), col. gén. de la cavalerie de France (20 déc. 1549), lieut. gén. en Bourgogne (15 juin 1550), il ép. (1er août 1547) Louise de Brézé, fit la campagne de 1552, avec le roi, fut battu, blessé et fait prisonnier à la Croix au Moustier (6 nov. 1552), fit, avec le roi, la campagne de 1554, prit Volpiano (1555), suivit son frère de Guise en Italie (1557) et au siège de Calais (1558). Blessé à Dreux (1562), grand veneur (1563), il fut au siège du Havre (1563), à l'affaire de Meaux (1567), prit Neufbourg et y battit le capitaine la Coche (12 nov. 1567). Lieut. gén. en Brie, Champagne, Bourgogne, Messin, Lorraine (30 août 1568), il harcela les Allemands protestants du duc de Deux-Ponts en Lorraine (1569), assista à la bat. de Moncontour et fut tué d'un coup de canon au siège de la Rochelle, le 14 mars 1573.

(2) Charles de Lorraine, duc d'Aumale, grand veneur, cons. d'Etat, gouv. de Picardie, cap. de gend., fils de Claude de

Lorraine et de Louise de Brézé, né le 25 janv. 1555, mort en 1631, à Bruxelles, ép. (10 nov. 1576) Marie de Lorraine-Elbœuf. Gouv. de Paris (1589), exécuté en effigie comme rebelle (1594), chev. du Saint-Esprit (31 déc. 1578).

(3) Artus de Maillé, sieur de Brézé, Milly, la Bouchardière, Maigné, Lançon, la Rivière-Marteau, la Varenne, Baucheron, Villeneuve-Maillard, fils aîné de Guy de Maillé et de Jeanne de Louan, mariés le 3 mars 1511, gent. de la Ch. (28 avril 1548-28 juin 1569), chev. de l'Ordre, gouv. d'Angers (8 févr. 1568), cap. des archers de la garde (1er nov. 1557-21 déc. 1586), lieut. comp. d'Aumale (22 mai 1548), ép. (3 juin 1547) Claude de Gravy (vivante 14 oct. 1560) et mourut, fort âgé, le 12 déc. 1592.

(4) Cf. notice à la comp. François Chabot.

(5) Claude de Vipart, baron de Beethomas, 2e fils d'Hector de Vipart et de Marguerite d'Anfreville, mariés le 12 juin 1524, vivant le 19 oct. 1556 et le 14 nov. 1578, fut ens. (21 févr. 1563-6 juin 1565), puis (5 déc. 1559) lieut. à la comp. d'Aumale.

(6) Jacques Tiercelin, sieur de Possé (24 févr. 1559), sieur de Connelle, le Bas-Pain, Farcouet, Grand et Petit Beaunay, Beaumont, baron de la Ferté, gouv. d'Argentan et Domfront, 5e fils d'Adrien de Tiercelin-Brosse et de Françoise de Gourlay, né avant 1549, sieur de Longchamp, panetier du roi (24 févr. 1559), guid. à la comp. du mar. de Montmorency (1562-7 mai 1563), lieut. à la comp. de Brosse-Tiercelin (janv. 1563-26 déc. 1568), lieut. à la comp. d'Aumale, dès oct. 1570, mort le 28 sept. 1578, ép. (13 juill. 1551) Charlotte de Fay-Peyraut. Chev. de l'Ordre (6 oct. 1572), gent. de la Ch., gent. de la maison du roi (6 avril 1574).

(7) Jacques d'Applaincourt, sieur de Hardecourt, Buire, Maetz, Frise, 2e fils de Jean d'Applaincourt et d'Antoinette de Dompierre-Hardecourt, mariés le 10 juill. 1525, ens. à la comp. d'Aumale (oct. 1575-2 mars 1576), lieut. avril-28 août 1581), chev. de l'Ordre, gouv. de Guise, ép. Gilberte de Blanchefort.

(8) Thomas de Balsac, sieur de Montagu, la Brisette, chev.

de l'Ordre, gent. de la Ch., 2° fils de Pierre de Balsac et d'Anne Malet de Graville, fille de l'amiral, mariés avant le 14 juin 1517, sieur de Gouverts, Châtres, la Roue, ép. Anne Gaillard de Longjumeau et vivait encore le 12 avril 1575. Gouv. de Castelcuillé (17 juill. 1537).

(9) Mathieu de Chambes, sieur de Villauneur, guid. (26 févr. 1568-24 févr. 1659), puis ens. (5 mai 1569) à la comp. d'Aumale.

(10) Jean de Morais, sieur de Jodrais, Garencières, Louvilliers, Boullet, les Deux-Eglises, Fontaines le Henry, gent. de la Ch. (20 sept. 1567), chev. de l'Ordre (25 mai 1568), ens. à la comp. de Saint-Vallier (oct. 1568-7 déc. 1569) puis à la comp. d'Aumale, dès oct. 1570, 2° fils de Charles de Morais et d'Anne de Harcourt, mariés le 25 oct. 1539, vivant le 17 nov. 1581, ép. (17 févr. 1572) Antoinette d'Angennes-Rambouillet.

(11) Antoine du Hamel, sieur de Bellenglise, fils de Claude du Hamel et de Barbe de Ravenel, mariés le 7 mars 1538, mar. de camp, ép. Vulganne de Baudoche et vivait encore le 7 avril 1595.

(12) Charles d'Aumale, sieur de Nampsel, guid. à la comp. du duc d'Aumale (1548-25 avril 1551), fils aîné de Jean d'Aumale et de Florence de Blécourt, né avant le 16 août 1539, ép. Catherine de Conflans (vivante 26 janv. 1591), et mourut sans post. au combat de la Croix au Moustier (6 nov. 1552).

(13) Antoine de Saint-Priest d'Epinac, sieur de Jalavoux, fils aîné de Pierre de Saint-Priest d'Epinac et de Guicharde d'Albon-Saint-Forgeux, mariés le 13 déc. 1527, né en 1530, guid. à la comp. du duc d'Aumale (mai 1554-23 juill. 1556), mourut sans alliance, à Amiens, le 24 sept. 1558.

(14) Michel d'Aumale, sieur de Nampsel, Béthencourt, Moussay, Camberonne, baron d'Estrées, vicomte de Maisigny et Ramicourt, 3° fils de Jean d'Aumale et de Florence de Blécourt, chev. de l'Ordre, guid. à la comp. du duc d'Aumale, dès janv. 1563, mort avant le 19 févr. 1570. Né avant 1542, il ép. Anne de la Vieuville.

(15) François de Warmaise, sieur de Noyers et Moustiers, fils de Guillaume de Warmaise et de Jeanne de Villiers-Saint-Pol, guid. à la comp. d'Aumale (déc. 1568-5 mai 1569), mort entre le 31 janv. et le 9 mai 1584, ép. (31 janv. 1575) Bienvenue des Friches (vivante le 18 oct. 1588).

(16) Jacques de Crévecœur, sieur de Gilles près Dreux, Sensy, Clavaut, Vadancourt, Baillette, Villette, la Couarde, le Vaux-Gaulfray, Boissière (30 juill. 1585), fils d'Etienne de Crévecœur et de Catherine des Mazis, guid. (17 juill. 1568) comp. d'Elbœuf, guid. (6 oct. 1572) à la comp. du duc Claude d'Aumale, puis (8 juin 1574) à celle du duc Charles d'Aumale. Il fut chev. de l'Ordre, vivait encore le 14 juill. 1582 et ép. avant le 4 mai 1575, Claude de Fresnoy (née en 1543, vivante en 1598).

(17) Anne Tiercelin, sieur de Possé, fils de Jacques Tiercelin et de Charlotte du Fay, mariés le 13 juill. 1551, cap. de gend. (1 janv. 1593), chev. de l'Ordre (4 janv. 1585), gent. de la Ch. (28 août 1579), gouv. de Gournay, tué en duel, en 1594, près de Gisors par Charles de Hault-Bellerame. Il ép. (13 févr. 1578) Elisabeth le Payen, veuve de Charles de Prunelé, et mourut sans postérité.

(18) Cf. notice à la comp. d'Etampes.

(20) Jean de Brezolles, sieur de Bussignoux, Bresolles, Plainpinard, fils de Louis de Brezolles et de Marceline des Couts-Bussignoux, mar. des log. à la comp. du duc d'Aumale (23 juill. 1556), ép. (30 nov. 1546) Marie-Marguerite Herpin (qui testa en 1604). Il mourut avant le 12 nov. 1562.

(21) Notice à la comp. Clermont-Dampierre.

(22) Charles des Forges, sieur de Rozay, mar. des log. à la comp. du duc d'Aumale, ép. (8 juin 1567) Louise Bataille d'Epertully.

Compagnie ANTOINE DE LORRAINE

(1) Antoine, duc de Lorraine (10 déc. 1508-14 juin 1544), duc de Bar, comte de Vaudemont, 3° fils de René de Lorraine et de Philippine d'Egmont, né le 24 juin 1489, fut à Agnadel (1509), Marignan (1515), battit les paysans révoltés d'Alsace (1525) et mourut, le 14 juin 1544, à Bar-le-Duc. Il ép. (26 juin 1515) Renée de Bourbon-Montpensier.

(2) Pierre Terrail, sieur de Bayart, 2° fils d'Aymon Terrail et d'Hélène Alleman, né à Bayart, entre 1473 et 1475, page à la cour du duc de Savoie, h. d'a. à la comp. Luxembourg-Ligny (1490), fut à Fornoue (1495), battit les Espagnols à Binasco, où il fut fait prisonnier. Relâché (hiver de 1499-1500), guid. à la comp. Luxembourg-Ligny (1500), gouv. de Minervino (1501), fut au siège de Canosa (juill. 1552), de Biseglia, défendit brillamment un pont sur le Garigliano, se distingua à la retraite de Gaëte (fin 1503) prit un fort à Gênes (1507), cap. de gens de pied (1509), fut à la prise de Trévi, à la bat. d'Agnadel (1509), au siège de Padoue (1509) pendant lequel il emporta les faubourgs de Padoue, battit la garnison de Trévise, puis le capitaine Scanderbeg, près de Bassano, qu'il prit. Il battit les Vénitiens à Saint-Martin près Vérone et Isola della Scala (hiver de 1509-1510), secourut la Mirandole, battit Jules II à la Bastida (11 févr. 1511) après avoir failli l'enlever à San-Felice. Lieut. à la comp. du duc de Lorraine (6 mai 1519-27 févr. 1520), il prit Goritz et Gradisca, fut blessé à l'assaut de Brescia (19 févr. 1512), combattit à Ravenne, fut blessé à la retraite de Pavie, prit Puente de la Reyna en Navarre (fin 1512), fut fait prisonnier à Guinegate (16 août 1513), prit Prospero Colonna (15 août 1515), se distingua à Marignan, fut lieut. gén. en Dauphiné (20 janv. 1515), chev. de l'Ordre (1521), cap. de gend. (14 juill. 1509-14 sept. 1524), pacifia Gênes, combattit à la Bicoque (1522), purgea le Dauphiné de brigands (1523), fut aux prises de Lodi et Trevi et fut tué à Biagrasso, le 30 avril 1524. En 1521, il avait brillamment défendu Mézières. Cet illustre capitaine, d'une renommée universelle, surnommé le *Chevalier sans peur et sans reproche*, a eu pour

biographes, son secrétaire Jacques de Mailles, dit le *Loyal Serviteur*, et Symphorien Champier.

(3) Guillaume de Rochefort, sieur d'Ally, Fortanier, Saint-Cirgues, Courcelorbes, la Rochette, Durat, Pierrepont, chanoine de Brioude, lieut. à la comp. du duc de Lorraine et (14 juill. 1509-27 févr. 1510) à celle de Bayart, 4e fils d'Hughes de Rochefort et d'Isabeau de Bohan, mariés le 5 nov. 1458, ép. (13 mai 1517) Jeanne de Montmorin (vivante 21 oct. 1545), veuve de François de Léotoing-Montgon, et mourut, le 31 août 1528, au siège de Naples. C'est lui qui paraît être ce capitaine *Pierrepont*, dont il est si souvent question dans Jacques de Mailles, et que les éditeurs du *Loyal Serviteur*, MM. de Terrebasse, Roman, etc., se sont obstinés à considérer comme un neveu de Bayart, gent. savoisien. Celui qui nous occupe était d'Auvergne.

(4) Notice à la comp. Nanteuil.

(5) Notice à la comp. Lyons d'Espaulx.

(6) Guillaume de Miremont, sieur de Gueux, vicomte de Ronay, 2e fils de Jean de Miremont et de Jeanne de Brunières, guid. à la comp. du duc de Lorraine (janv. 1536-8 juin 1538), ép. Jeanne d'Eltz.

(7) Notice à la comp. Claude d'Aguerre.

Compagnie LORRAINE-VAUDEMONT

(1) Louis de Lorraine, 7e fils de René de Lorraine et de Philippe de Gueldres, né le 27 avril 1500, d'abord évêque de Metz et Verdun, se distingua au siège de Saverne et à la bat. de Lupescin en Lorraine et à l'expédition de Lautrec à Naples. Il mourut, le 15 août 1528, à Naples, sans alliance.

Compagnie du DUC DE LORRAINE

(1) Charles III, duc de Lorraine et Bar, fils de François, duc de Lorraine et de Christine de Danemarck, né le

15 févr. 1543, duc de Lorraine (13 juin 1545), sous la régence de sa mère et la tutelle de son oncle Nicolas de Vaudemont-Mercœur, élevé (1552-1559) à la cour de France, crée l'Université de Pont-à-Mousson (1572) entre dans la Ligue (1588), meurt à Nancy, le 14 mai 1608, après avoir vainement essayé de créer un évêché dans cette ville. Il ép. (5 févr. 1559) Claude de France (née le 12 nov. 1547, à Fontainebleau, morte le 20 févr. 1575), fille de Henri II.

(2) Notice à la comp. la Brosse.

(3) François de la Rochefoucauld, comte de la Rochefoucauld, Roucy, Verteuil, prince de Marsillac, sieur de Marthon, Blanzac, Cellefrouin, Luguet, Tauriers, Caumont, Montignac, Saint-Claud, Onzain, Blénac, l'Isle-Vic, Saint-Louis, Saint-Laurent-de-Céris, Champagne-Mouton, Sainte-Solenne, Chamadelle, chev. de l'Ordre, gent. de la Ch., fils ainé de François de la Rochefoucauld et d'Anne de Polignac, mariés le 5 févr. 1519, né avant 1525, lieut. gén. en Champagne, cap. de chevau-légers au siège de Metz, lieut. à la comp. du duc de Lorraine (25 avril 1554), fut fait prisonnier à la bat. de Saint-Quentin (1557). Huguenot, il assista aux batailles de Dreux, Saint-Denis, au siège de Chartres, aux combats de la Roche-Abeille, Port-de-Piles, aux sièges de Nontron, Lusignan, Poitiers, au ravitaillement de Châtellerault, à la bat. de Moncontour. Il ép. (5 mars 1553) Silvie Pic de la Mirandole, puis (31 mai 1557) Charlotte de Roye. Il fut tué à la Saint-Barthélemy (24 août 1572). Il assista au combat naval du 15 août 1545 contre la flotte anglaise. Il fut cap. de gend. (15 nov. 1558-27 juin 1569).

(4) Philibert de Marsilly, sieur de Sipierre, Thoisy-l'Evêque, fils de Blaise de Marcilly et d'Alix de Saint-Amour, mariés le 15 mars 1515, cap. de chevau-légers (7 nov. 1554-12 juill. 1562), « le plus pauvre capitaine de chevau-légers qui soit dans le royaume », comme il l'écrivait lui-même au roi Henri II pendant sa captivité en Italie, gent. de la Ch. (12 juill. 1562), chev. de l'Ordre (29 sept. 1560), gouv. du duc d'Orléans (Charles IX) et lieut. de sa comp., puis (oct. 1560-3 oct. 1564) cap. de gend. (juill. 1561-31 août 1564), premier gent. de la Ch. (1er août 1560-31 déc. 1564), ancien écuyer du second

duc d'Orléans (il en portait le titre encore le 25 févr. 1546, après la mort du duc), il fut fait prisonnier, en 1551, pendant la guerre de Parme et resta plusieurs années prisonnier. Il ép. (20 avril 1556) Louise de Hallwin-Piennes (morte en sept. 1584) et mourut à Spa, en avril 1566.

(5) Notice à la comp. Claude d'Aguerre.

(6) Jean du Chastellet, 3ᵉ fils de Hue du Chastellet et de Guillemette d'Amoncourt, mariés avant 1516, né après 1510, baron du Chastelet, Thons, marquis de Trichasteau, souverain de Vauvillars et de Châtillon en Vosges, sieur de Bonney et Champigneul, se distingua à Landrecies (1543), fut écuyer d'écurie du roi, gouv. de Langres (29 août 1568-2 oct. 1575) et Vaucouleurs, mar. de camp (7 nov. 1569), gent. de la Ch. (20 août 1570), chev. de l'Ordre (6 mai 1569), lieut. gén. en Champagne (27 août 1572), lieut. à la comp. Vaudemont (3 oct. 1562-20 janv. 1570), puis à celle du duc de Lorraine (14 juill. 1571-29 juill. 1576), mort entre le 29 mai 1588 et 1590. Maréchal de Lorraine, surintendant des places du Bassigny, cap. de gens de pied (12 mai 1555) et de deux comp. de pied (6 mai 1557), ép. (1541) Marguerite d'Haussonville, puis (1561) Claire-Renée de Choiseul, veuve de Geoffroy de Rochebaron-Berzé. Il fut chev. du Saint-Esprit (31 déc. 1585).

(7) Wary de Savigny, fils ainé de Jean de Savigny et de Claude de Lutzelbourg-Fléville, mariés en 1506, ens. à la comp. du duc de Lorraine (janv. 1552-26 janv. 1556), sieur de Leymont, bailli de Clermont, gouv. de Charles III de Lorraine, mort à Paris avant le 28 sept. 1558, ép. Anne de Linange, puis (1551) Manne du Châtelet (morte en 1575).

(8) Renaud de Florainville, fils de Claude de Florainville et de Jacqueline de Roucy-Manre, sieur de Cusance et Fains, bailli de Bar, cons. d'Etat, cap. des gardes du duc de Lorraine, guid. (oct. 1560-15 déc. 1562), ens. (janv. 1567-4 févr. 1570) à la comp. du duc de Lorraine, gent. de la Ch. du même duc (27 nov. 1575), ép. Anne de Florainville, sa cousine-germaine.

(9) Robert de Contes, vicomte de Pavant, fils de Charles de Contes et de Madeleine d'Aguerre, mariés avant le 21 oct. 1549,

guid. (oct. 1564-8 juin 1567), puis (janv.-4 mai 1574) ens. à la comp. du duc de Lorraine.

(10) René d'Anglure, sieur de Melay et Lignéville, fils d'Henri d'Anglure et de Claudine de Mailly, mariés le 17 août 1540, guid. à la comp. du duc de Lorraine (25 avril 1572-3 mai 1574), cons. d'Etat et chamb. du duc de Lorraine, lieut. à sa comp. de gendarmes, gouv. de la Motte, ép. (4 déc. 1578) Perrette de Geresme, veuve de Nicolas de Vienne-Vauvillars, mourut entre le 27 déc. 1590 et 2 mars 1599, sans postérité.

(11) Renaud du Châtelet-Sorcy, sieur du Châtelet, Maxel-sur-Vaye, guid. puis ens. à la comp. du duc de Lorraine, 2e fils de Jacques du Châtelet et de Françoise de Beauvau, ép. Marie Fresneau de Pierrefort et mourut le 4 févr. 1557. Il naquit après 1511.

(12) Olry du Châtelet, fils aîné de Pierre du Châtelet et d'Anne de Baudoche, mariés le 15 déc. 1520, baron de Deuilly, sieur de Gerbevilliers, Romont, Bazemont, Bulgnéville, Sénoncourt, se fit protestant, ép. (24 févr. 1557) Jeanne de Scépeaux-Vieilleville (vivante 1570) et fut tué, en mai 1569, au siège de la Charité-sur-Loire. Il fut au siège du Havre (1563).

(13) Jean de Lenoncourt, 2e fils de Louis de Lenoncourt et de Catherine d'Arancourt, sieur de Serres, Marrou, Saumeret, Montigny, la Neuville aux Bois, guid. à la comp. du duc de Lorraine (oct. 1568-10 mai 1569), éc. d'éc., maître d'hôtel et chef des finances de Lorraine, gouv. de Villefranche, bailli de Saint-Mihiel (25 nov. 1573-27 nov. 1575), tué au siège de Stenay (1591), ép. (15 janv. 1555) Catherine de Saulx, puis (11 août 1567) Barbe du Puydufou.

(14) Jean du Chastellet, fils aîné de Jean du Chastellet et de Marguerite d'Haussonville, mariés en 1541, baron du Châtelet, sieur de Thons, Châtillon en Vosges, Taintru, Creux, marquis de Trichâteau, gouv. de Langres, lieut. gén. en Bassigny, gent. de la Ch., cap. de gend., gent. de la Ch. du duc de Lorraine, cons. d'Etat de Lorraine, mar. de Lorraine,

surintendant des finances de Lorraine et de Barrois, ép. avant 1565, Anne de Choiseul-Clémont, puis, avant 1590, Anne-Marie-Elisabeth Bayer de Boppart. Il mourut en 1610 au début de l'année. Il avait été (24 févr. 1586) cap. de chevau-légers.

(15) Antoine de Saint-Yon (Cf. notice à la comp. Nanteuil).

(16) Claude de Morant, mar. des log. comp. duc de Lorraine (26 oct. 1554).

(17) Christophe d'Ivory, sieur d'Escordal, h. d'a., puis mar. des log. à la comp. du duc de Lorraine (juill. 1558-8 juin 1567), fils ainé de Bernard d'Ivory et de Marie de Penigault, mariés avant le 13 févr. 1521, fut ens. à la comp. Lyons d'Espaulx (19 févr. 1571), et ép. (2 déc. 1550) Alix d'Ambly (vivante 2 sept. 1575). Il mourut entre 8 nov. 1573 et 2 sept. 1575.

Compagnie RENÉ D'ELBEUF

(1) René de Lorraine, 7e fils de Claude de Lorraine et et d'Antoinette de Bourbon, né le 14 août 1536, marquis d'Elbeuf, se dist. au siège de Metz (1552), au ravitaillement de Mariembourg (1555), à l'expéd. d'Italie (1556), aux sièges de Calais et Thionville (1558). Lieut. gén. en Ecosse (18 nov. 1559), il y fit campagne (1561-1562), battit les huguenots à Notre-Dame de Cléry (16 sept. 1562), fut chev. de l'Ordre et mourut en juill. 1566. Il ép. (3 fév. 1555) Louise de Rieux (née 12 déc. 1531 à Rochefort). Il était cap. de gend. le 10 janv. 1561.

(2) Jean de Choiseul, baron de Lanques, Autreville, la Ferté, fils ainé d'Antoine de Choiseul et d'Anne de Ray, mariés en 1528, éc. d'éc. du roi, cap. de chevau-légers (1556), gent. de la Ch., chev. de l'Ordre, lieut. à la comp. d'Elbeuf (28 janv. 1560), il ép. (15 déc. 1556) Antoinette de Vergy

(vivante en 1563), veuve d'Henri de Pontailler et mourut à Lancques, le 5 déc. 1562.

(3) Charles des Boves, sieur de Contenant, baron de Ciré, Valentigny, Jeuville, Lainville, Boisancelin, Potiauville, Commeny, fils de Pierre des Boves et de Charlotte de Mailly, min. au 3 juin 1527, mar. de camp (30 avril 1569), sieur de Mézières, Humaigny, Montbellet, chev. de l'Ordre (19 sept. 1568), gent. de la Ch. (3 déc. 1567), ens. (12 mars 1555-10 nov. 1560), lieut. (10 nov. 1560-28 févr. 1578) à la comp. d'Elbeuf, gouv. du Vexin Français, fut au siège de Saint-Jean-d'Angely (1569). Il fut cap. de gend. et mourut avant 1594. Il avait ép. (1ᵉʳ févr. 1552) Charlotte de Guiry. M. de la Bodrie, gouv. de Falaise, fit son *Eloge*, en vers (Rouen, chez Pierre de la Motte, rarissime).

(4) Jean de Rieux-Assérac, fils de François de Rieux et de Renée de la Feillée, né avant 1540, marquis d'Acérac (sept. 1574), lieut. gén. en Bretagne (27 sept. 1576), mort avant 1584, guid. à la comp. d'Elbeuf (26 oct. 1561), ép. Philippe de Saint-Amadour (vivante en 1584).

Compagnie VAUDEMONT-MERCŒUR

(1) Nicolas de Lorraine, comte de Vaudemont et Mercœur, 2ᵉ fils d'Antoine, duc de Lorraine et de Renée de Bourbon-Montpensier, né le 17 oct. 1524, évêque bénéficiaire de Metz (1543), Verdun (1544), marquis de Nomeny (9 juin 1567), duc de Mercœur (8 mars 1576), mort le 24 janv. 1577. Il ép. (22 janv. 1549) Marguerite d'Egmont, puis (24 févr. 1555) Jeanne de Savoie-Nemours (née en 1532, à Annecy, morte le 4 juill. 1568), puis (11 mai 1569) Catherine de Lorraine-Aumale (née le 8 nov. 1550).

(2) Notice comp. duc de Lorraine.

(3) Georges de Créquy, sieur de Ricey et Bagneux, Beau-

voir, fils ainé de Georges de Créquy et de Jeanne d'Humières, mariés le 21 avril 1535, chev. de l'Ordre (16 juill. 1571), guid. à la comp. d'Humières (28 juin 1558-25 juill. 1560), puis à la comp. Vaudemont (21 mars 1561-4 juin 1567), lieut. à la comp. Vaudemont (janv. 1573), ép. (1570) Anne de Laval (née 1548) Il fut gent. de la Ch. (1ᵉʳ avril 1575) et vivait encore le 19 déc. 1580.

(4) Philibert de Choiseul, sieur d'Aigremont, Polizy, Spoy, la Rivière, Armoncourt, Pisseloup, chev. de l'Ordre (9 avril 1573), fils de Philibert de Choiseul et d'Antoinette Foucher de Favérieux, ép. 1° Anne de Rochebaron (vivante le 20 févr. 1574); 2° (1575) Jeanne de Dinteville d'Eschenetz (vivante 29 août 1609), veuve de Louis de Lenoncourt-Colombey. Il vivait encore, le 21 mars 1600, et fut ens. à la comp. Vaudemont (16 juill. 1571-7 avril 1574).

(5) Pierre de Conty, mar. des log. à la comp. Vaudemont (janv. 1573-20 oct. 1575).

Compagnie HENRI DE GUISE

(1) Henri de Lorraine, prince de Joinville, duc de Guise, né le 31 déc. 1550, fils ainé de François de Lorraine et d'Anne d'Este, grand-maître de France, gouv. de Champagne et Brie (26 févr. 1563), servit en Allemagne (1566), cons. d'Etat (1567), il reprit Metz et défendit Sens (1567). Il fut au combat de Messignac, se distingua à Jarnac, échoua sur Cognac, fut battu à la Roche-Abeille, se couvrit de gloire en défendant Poitiers (1569), fut blessé à Moncontour. En 1572, il était à la tête des massacreurs de la Saint-Barthélemy. Il se couvrit de gloire au siège de la Rochelle (1573), battit Thoré à Dormans (1575), où il fut blessé au visage, d'où son surnom de *Balafré*. En 1577, il prit la Charité et Issoire. Il échoua sur Strasbourg, organisa la Ligue (1584), prit Châlons et Verdun (1585), Donzy et Rocroy (1586), Gaucourt. En 1587, il échoua sur Boulogne, Daigny, Givonne, Jametz. Il fut au combat du

Pont-Saint-Vincent et y fit une belle retraite. Il battit les reitres à Vimory et à Auneau (1587), les poursuivit et ravagea le comté de Montbéliard. En 1588, il provoqua la journée des Barricades (12 mai). Lieut. gén. du royaume (6 août 1588), Henri III le fit assassiner à Blois (23 déc. 1588). Il ép. (1570) Catherine de Clèves-Nevers (née en 1548, morte le 11 mai 1633 à Paris), veuve d'Antoine de Croy. Il fut chev. du Saint-Esprit (31 déc. 1579).

(2) Charles de Lorraine, duc de Guise et Joyeuse, prince de Joinville, fils de Henri de Lorraine et de Catherine de Clèves, né le 20 août 1571, enfermé à Tours après la mort de son père, s'en échappa (1591), combat sous Rouen (1592), refuse d'épouser l'infante d'Espagne (1593), prend la Champagne (1594), assassine le maréchal Antoine de Montbeton-Saint-Paul, gouv. de Provence (1595-1632), amiral du Levant (22 oct. 1594-18 avril 1632), prend (1596) Martigues, la Tour de Bouc, Grasse, Hyères, Marseille (17 févr. 1596), bat d'Epernon à Saint-Tropez (25 févr. 1596), échoue sur Nice (août 1600), battit, près de Saint-Maixent, une partie des troupes de Condé (1616), prend Richecourt, Chateau-Porcien (1617), bat l'ennemi à Laon, prend Rethel (1617), fut au siège de Montauban (1621), au combat de Ré (1622), quitta la France en 1631, mourut, le 30 sept. 1640, à Cuna en Siennois. Ep. (1611) Henriette-Catherine de Joyeuse (née à Paris le 8 janv. 1585, morte à Paris le 25 févr. 1656), veuve d'Henri de Bourbon-Montpensier. Il fut (31 déc. 1619) chev. du Saint-Esprit.

(3) Antoine de la Garde, sieur de Tranchelyon et Tourdonnet, fils d'Antoine de la Garde et de Marie de Brie, né avant le 24 déc. 1525, sieur de Cateu et Roqueval, gouv. de Guise, gent. de la Ch. (12 mars 1565), chev. de l'Ordre (26 nov. 1568), h. d'a. (19 sept.-27 déc. 1551) à la comp. du duc François de Guise, lieut. à celle du duc Henri de Guise (26 nov. 1568), ép. (1563) Françoise d'Ailly-Picquigny (testa 1569) et testa en 1570.

(4) François des Essarts, sieur de Sautour et Sormery, fils de Claude des Essars et de Gabrielle de Gouffler-Fougeroux, mariés le 8 nov. 1543, gent. de la Ch. (3 sept. 1564) guid.

(avril-3 sept. 1564) à la comp. Guise, ens. à la comp. Guise (oct. 1567-21 nov. 1567), puis à celle du duc d'Anjou (juill.-15 déc. 1569), mort avant le 28 mars 1572, ép. Charlotte de Taix.

(5) Notice à la comp. Antoine de Crussol.

(6) Claude de Bauffremont, baron de Sennecey, sieur de Chastenay, Villafans, Laive, Saint-Cire, Marnay, Chassans, Varennes, Crevenay, Saint-Martin, Vieuxmoulin, Saint-Julien, la Farge-sous-Noerie, Molans, Amilly, Givry, chev. de l'Ordre (1er févr. 1574), gent. de la Ch. (8 mai 1571-5 sept. 1593), cap. de gend. (6 mai 1595), cons. d'Etat, gouv. d'Auxonne (17 déc. 1585-5 déc. 1593), bailli et gouv. de Châlon (18 févr. 1582-5 sept. 1593), lieut. gén. en Bourgogne, fils aîné de Nicolas de Bauffremont et de Denise Patarin, mariés le 10 févr. 1542, ligueur et orateur célèbre, né en 1546, mort en 1596, à Sennecy, président de la noblesse aux Etats-Généraux (1588), amb. à Rome, guid., puis (18 janv. 1584), lieut. à la comp. Guise, combattit à Fontaine-Française. Il fut (29 févr. 1569), cap. de chevau-légers. Il ép. (8 mai 1571) Marie de Brichanteau-Nangis (née le dernier févr. 1549, vivante le 2 déc. 1618).

(7) Notice à la comp. Clermont-Tallart.

(8) Notice à la comp. Ferry de Choiseul.

(9) François de Villiers, sieur de Chailly, Livry, Bury, Montigny-sur-Loing, fils de Claude de Villiers et d'Antoinette de la Boissière, né en 1525, maître d'hôtel et gent. de la Ch. (1573), grand louv. de France, ens. à la comp. de Guise (oct. 1568-17 oct. 1569), gent. maison du roi (28 févr. 1568), fut au siège de Poitiers (1569), bailli de Melun (16 nov. 1564), ép. Marguerite de Piédefer (vivante 16 nov. 1593) et mourut le 23 déc. 1581.

(10) Jean de Rochechouart-Barbazan, ens. à la comp. Guise (18 juin 1571). C'est probablement Jean-Georges de Rochechouart-Barbazan-Plieux, décédé au 29 avril 1574, sur lequel on peut voir une notice à la comp. Chabot-Jarnac.

(11) Ferry de Nicey, sieur de Romilly, Fontaine-Betton,

Vononières, Juvancey, Petit-Mesnil, Chaumesnil, 3e fils de Ferry de Nicey et de Madeleine de Choiseul-Lancques, chev. de l'Ordre (17 juin 1581), lieut. à la comp. Guise (janv. 17 juin 1581), lieut. à la comp. du grand prieur de Champagne (oct. 1579-24 avril 1580), gent. de la Ch., ép. Charlotte de Lantage.

(12) **François de Cugnac**, baron de Dampierre, sieur d'Hérouville, la Rivière de Barly, Huisseau-sur-Mauve, premier baron du comté de Gien, fils de François de Cugnac et de Jeanne Davy de Saint-Péravy, né avant 1546, cap. de gend. (26 déc. 1592-6 avril 1594), chev. de l'Ordre (26 déc. 1592), mar. de camp (26 avril 1589-26 déc. 1592). Il fut à Arques, Ivry, fut aux sièges de Chartres, Noyon, Rouen, au combat de Fontaine-Française, aux sièges de la Fère et d'Amiens, cons. d'Etat (26 déc. 1592-6 avril 1594), mourut le 5 nov. 1615. Il ép. Gaspardе de Boucart, puis (21 oct. 1593) Anne Le Loup de Beauvoir, veuve d'André Popillon du Ryau. Il fut (7 janv. 1595) chev. du Saint-Esprit.

(13) **Claude de Semur**, sieur de Trémont, Sancenay, Sercy, chev. de l'Ordre, guid. (janv.-16 juin 1581) puis ens. à la comp. du duc de Guise, fils ainé d'Antoine de Semur et de Jacqueline de Sercy, mariés le 10 oct. 1541, ép. Claude de Damas-Marcilly et fut tué, en 1592, devant Saint-Denis.

(14) **Claude de Digoine**, sieur du Palais et Beuf, fils d'Humbert de Digoine et de Catherine de Busseul, mariés le 19 mars 1501, né avant le 11 avril 1524, ép. (17 juin 1541) Claude de Villers-la-Faye (née avant 19 juill. 1513). Il fut h. d'a. (1553), mar. des log. (avril 1558-31 juill. 156.), guid. (avril 1563-21 nov. 1568) à la comp. Guise et mourut avant le 17 juill. 1581.

Compagnie MAYENNE

(1) **Claude de Lorraine**, marquis puis duc de Mayenne, 2e fils de François de Lorraine et d'Anne d'Este, né à Alençon, le 26 mars 1554, grand chambellan (1563), se distingua

à la défense de Poitiers (1569) et à Moncontour. Il servit pour Venise à l'expédition de Corfou (1570), fut, en 1573, au siège de la Rochelle. Gouv. de Bourgogne (7 mars 1573), duc de Mayenne (sept. 1573), il suivit Henri III en Pologne, assista au combat de Dormans, et, en 1575, avec une très petite armée, harcela les Allemands du prince de Condé. Lieut. gén. en Poitou, Angoumois, Aunis, Saintonge (9 mars 1577), il prit Tonnay-Charente, Marans, Brouage. Amiral (28 avril 1578-juin 1582), il pacifia la Bourgogne soulevée par de nouveaux impôts (1579). En 1580, il prit Saint-Quentin, Beauvoir, où il fut blessé, la Mure, et s'attira, par sa modération et sa politesse, l'estime de ses adversaires, les protestants de Dauphiné. En 1582, il pacifia le Dauphiné, sans avoir recours à la violence. Il prit, en 1586, Montignac-sur-Vézère, Beaulieu, Castets-sur-Garonne, Sainte-Bazeille, Montségur, Castillon. A Vimory, il se battit (27 oct. 1586) corps à corps avec le chef des reitres. En 1589, il prit Orléans et Chartres, refusa la couronne de France, fut nommé lieut. gén. du royaume, prit Vendôme, battit l'ennemi à Saint-Ouen près Amboise, échoua sur Tours, prit Alençon, reprit Montereau, défendit Paris, prit Gournay, secourut Rouen, prit le Pollet, fut battu à Arques, fit proclamer roi le cardinal de Bourbon, supprima le Conseil de l'Union, prit Vincennes. En 1590, il prit Pontoise, échoua deux fois sur Meulan, fut battu à Ivry, défendit brillamment Laon, prit avec le duc de Parme, Lagny, Pont-Saint-Maur, Charenton, Corbeil. En 1591, il prit Château-Thierry, mit un terme à la tyrannie des Seize. En 1592, avec Parme, il prend Neufchâtel, délivre Rouen, échoue sur Caudebec et Quillebœuf, prend Pont-Audemer. En 1593, il prend Noyon. Il refusa toujours d'accepter le roi d'Espagne comme protecteur et de refuser la couronne à Henri IV, s'il se convertissait. Battu sous Laon (1594) et à Fontaine-Française (5 juin 1595), il fit la paix avec le roi (1596). Gouv. d'Ile-de-France (24 janv. 1596-1610), il fut aux sièges de la Fère et d'Amiens (1596-1597). Il fut toujours très attaché à Henri IV. Il mourut, le 3 oct. 1611, à Soissons. Il ép. (23 juill. 1576) Henriette de Savoie-Villars (morte fin oct. 1611, à Soissons), veuve de Melchior des Prez-Montpezat. Il fut chev. du Saint-Esprit (31 déc. 1582).

(2) Cf. notice à la comp. Fr. d'Este.

(3) Léonard de Damas, sieur de Thianges, Fleury-la-Tour, le Deffend, le Vaux-Chizeul, chev. de l'Ordre, gent. de la Ch., bailli et gouv. de Saint-Pierre le Moûtier (9 mai 1568), 2e fils de Georges de Damas et de Jeanne de Rochechouart, mariés le 21 sept. 1512, lieut. à la comp. de Mayenne (5 nov. 1577-16 oct. 1681), ép. (25 janv. 1554) Claudine d'Orge et vivait encore en 1584. Il avait été (1er nov. 1562-11 oct. 1565) ens. à la comp. Sipierre.

(4) Louis du Bois, sieur des Arpentis, fils de Louis du Bois et de Louise de Surgères, mariés en 1516, maître de la garde-robe, gouv. de Touraine (nov. 1583-20 déc. 1586), chev. de l'Ordre (8 mai 1572), gent. de la Ch. (18 déc. 1578), sieur de Bienvolles, Fouchault, Montclere, la Coudraye, Lusson, Autresches, maître de la garde-robe du duc d'Anjou, (6 avril 1574-14 oct. 1578), ens. à la comp. Mayenne, cap. de gend. (8 mai 1572-20 déc. 1586), ép. Claude Robertet (vivante 5 juill. 1586), veuve de Claude le Breton de Villandry et de Scipion Piovena. Il mourut en 1587. Il fut chev. du Saint-Esprit (31 déc. 1585).

(5) Claude d'Etampes, baron de la Ferté-Imbault, Mont-Saint-Sulpice, Salbris, Villefargeau, Soesmes, Saint-Genou, Bouilly, Serin, chev. de l'Ordre, fils de Louis d'Etampes et d'Edmée le Rotier de Villefargeau, mariés le 23 janv. 1526, cap. des gardes du duc d'Alençon, guid. à la comp. Mayenne, (4 août 1572-25 mai 1574), cap. de gend. (13 juin 1577), échanson du roi (27 févr. 1569-16 févr. 1573), cap. aux g. (10 mars 1583), père du mar. de la Ferté-Imbault, ép. (8 mai 1579) Jeanne de Hautemer-Fervacques (vivante 17 juin 1595).

(6) Notice à la comp. du mar. de Brissac.

(7) Antoine de Foissy-Chameson, sieur de Dumigny, ens. à la comp. de Mayenne, vivant le 2 mai 1594, mort sans alliance, 3e fils de Jacques de Foissy et d'Humberte d'Ugny, mariés le 16 févr. 1528.

(8) Laurent de la Chaussée d'Eu, comte d'Arrets, baron de Rogy, gent. de la Ch. (10 nov. 1594), chev. de l'Ordre, cons.

d'Etat, lieut. à la comp. Longueville, vivant le 8 août 1631, 6ᵉ fils de Charles de la Chaussée et de Humberte de Franciéres, mariés le 20 nov. 1561, ép. (2 sept. 1591) Antoinette de Créquy-Raimboval (vivante le 11 févr. 1624).

(9) Guillaume de Pagant, sieur de Riollas, fils d'Arnaud de Pagan et de Marie d'Agoust, guid. de gend., gent. de la Ch., gouv. de Saint-Dizier, se distingua à la bat. de Pampelune (1512) et ép. (20 juillet 1525) Catherine de Gassion.

(10) Jacques le Veneur, baron de Carrouges, comte de Tillières, cons. d'Etat, cap. de gend. (1ᵉʳ oct. 1585-14 oct. 1588), lieut. gén. en Haute-Normandie (13 sept. 1593), bailli et gouv. de Rouen, Caen, Evreux (19 mars 1576), fils de Tanneguy le Veneur et de Madeleine de Pompadour, mariés le 3 août 1550, ép. (1578) Charlotte de Chabot-Charny (morte en 1606) et mourut en 1596. Il fut chev. du Saint-Esprit (31 déc. 1586).

(11) Cf. notice à la comp. d'Humières.

(12) Bonaventure de Beaucaire, sieur de Bouliez (13 déc. 1561), mar. des log. à la comp. Mayenne (24 nov. 1564), ép. (27 juin 1555) Marie de Chauvigny.

(13) Jean de Bermondes, sieur d'Escrienne, fils aîné de Jean de Bermondes et de Marguerite de Foissy-Crenay, mineur (27 janv. 1550), mar. log. comp. Mayenne (juill.-16 oct. 1581), dédédé avant le 14 févr. 1597, ép. Claude de Montigny (décédée entre 14 févr. 1597 et 11 mai 1615).

Compagnie CLAUDE DE GUISE

(1) Claude de Lorraine, comte, puis duc de Guise, 5ᵉ fils du duc René de Lorraine et de Philippes de Gueldres, né le 20 oct. 1496, naturalisé français (oct. 1506), ép. (18 avril 1513) Antoinette de Bourbon (née à Ham, le 25 déc. 1494), morte le 20 janv. 1583. Il fut (1527), duc de Guise, comte d'Aumale, marquis de Mayenne et d'Elbeuf, baron de Joinville, chev. de l'Ordre, cap. de gend., blessé à Marignan (1515),

fit la campagne de Biscaye, sous Bonnivet (1522), battit, en 1523, avec le comte de Saint-Pol, son beau-frère, les Anglais à Vieil-Hesdin et à Paz en Artois, défendit (1524) Chaumont en Bassigny, battit l'ennemi à Neufchâtel en Lorraine. Gouv. de Champagne et de Brie (avril 1525-3 juin 1543), grand veneur (août 1526), il secourut Péronne (1536), défendit la Champagne (1537), fit la campagne de Luxembourg (1542). Gouv. de Bourgogne (3 juin 1543), il mourut à Joinville, le 12 avril 1550.

(2) Robert de Malberg, fils de Bernard de Malberg et de Françoise de Ramburelles, baron de Malberg, Bourelles, Audun (3 oct. 1502-25 oct. 1522), ép. (10 févr. 1519) Marie de Salm-Rhingrave.

(3) Jacques de Montgommery, comte de Lorges, fils de Robert de Montgommery et de Léone de Lodes, chambellan, gent. de la Ch. (4 août 1516), cap. de gend. (4 mai 1546-19 avril 1547), ch. de l'Ordre, col. de lég. normands (5 août 1543), commiss. extra. des guerres (20 juill. 1541), lieut. gén. de l'armée française en Ecosse (20 sept. 1545-20 fév. 1546), cap. de l'arrière-ban de France (1542-1545), lieut. à la comp. Cl. de Guise (23 oct. 1523), servit longtemps en Piémont, fut cap. de gend., se distingua au siège de Pavie (1529), et à la retraite de Rebecco, col. des légionn. de Picardie (1er avril 1543), cap. de la garde écossaise (1544-1557 et 1559-1562), commanda l'expédition d'Ecosse de 1545-1546, fut à la bat. de Saint-Quentin (1557), défendit Noyon (1557) et mourut en juill. 1562. Il ép. (1521) Claudine de la Boissière, puis (1540) Suzanne de Suilly, veuve de Gilles de Carbonnel-Chassegay, puis (12 janv. 1550) Charlotte de Maillé, veuve de Lancelot de la Touche-les Roches.

(4) Pierre de Haraucourt, sieur de Parroye et Ormes, lieut. gén. en Champagne et Brie, gouv. de Vaucouleurs, lieut. comp. Guise (20 août 1546), 2e fils de Charles de Haraucourt et de Catherine du Châtelet, né avant 1516, ép. Françoise de Stainville (vivante 20 août 1546), puis Françoise de Béthune.

(5) Pierre de Choiseul (Cf. notice comp. Fr. de Lorraine-Guise).

(6) Antoine de Geresme, ens. à la comp. Guise (24 avril 1537), fils de Pierre de Geresme et de Blanche de Vaudrey-Saint-Fal, mariés en sept. 1461, sieur du Pré, du But (28 sept. 1533), ép. (31 janv. 1514) Marguerite d'Anglure (morte le 28 sept. 1533), puis Yolande des Ursins (vivante 1542), veuve de Claude Toignel d'Espence.

(7) Jean de Maugiron, fils de Pierre de Maugiron et de Yolande de Savigny, né avant le 11 janv. 1512, mort sans postérité, le 3 mai 1542, ép. Marie du Maret et fut ens. à la comp. du duc de Guise.

(8) François de Crux, sieur de Trohan, ens. (janv. 1543-11 déc. 1545) à la comp. Claude de Guise, vivait le 15 fév. 1549. Il était fils d'Alexandre de Crux.

(9) Nicolas de Rouy, sieur de Brumelles (14 nov. 1527), fils de Philippe de Rouy et de Marguerite de Brunier, ép. Antonie de Grandvaux.

(10) Olivier de Lenoncourt, sieur de Chaulfour, gouv. de Saulx-le-Duc (6 août 1541) vivant 3 déc. 1541, bailli de Langres, 2e fils de Philippe de Lenoncourt et de Philippote de la Marche, sieur de la Marche, Douart, Is-sur-Tille, Latrecey, guid. (31 août 1531-27 avril 1537) à la comp. de Guise, ép. (5 juill. 1520) Claude de Meligny, veuve d'Hughes d'Amoncourt-Piépape, puis Philippote de Malaine (vivante 27 sept. 1579). Il mourut en 1542.

(11) Nicolas de Verrières, sieur d'Amanty, mar. log. comp. Guise (avril 1536-14 avril 1547).

Compagnie CHARLES D'ELBEUF

(1) Charles de Lorraine, duc d'Elbeuf, comte d'Harcourt, Lillebonne, Rieux, grand écuyer de France, grand veneur de France, gouv. du Bourbonnais, fils ainé de René de Lorraine et de Louise de Rieux, né le 18 oct. 1556, ép. Marguerite Chabot (née 1565, morte le 29 sept. 1652 à Paris), et mourut, le

24 août 1605, à Moulins. Il fut (31 déc. 1581) chev. du Saint-Esprit.

(2) Notic comp. René d'Elbeuf.

(3) Charles des Boves, sieur de Rancé, fils de Jacques des Boves et de Françoise de Thoisy, mariés le 20 janv. 1511, vivant le 17 août 1540, chev. de l'Ordre (19 janv. 1569), ens. à la comp. d'Elbeuf (9 juin 1564-6 fév. 1570), encore vivant, le 22 mai 1577, ép. (13 juin 1563) Madeleine de Buz-Villemareul (vivante le 6 juin 1576).

(4) Toussaint de l'Isle, sieur du Grand Boiville, ens. comp. d'Elbeuf (9 oct. 1573-18 oct. 1575).

(5) Charles de Fouilleuse, sieur de Flavacourt, Montigny, Blamecourt, Droitecourt, Saint-Aubin en Bray, Bazincourt, Houdancourt, fils de Charles de Fouilleuse et de Françoise de Suzanne-Cerny, mariés le 1er mars 1541, né avant le 11 nov. 1546, vivant le 31 janv. 1612, chev. de l'Ordre (25 sept. 1579), gent. de la Ch. (9 mars 1576), cap. de gens de pied (24 mars (1590), guid. (juill.-15 oct. 1573), ens. (9 mars 1576-25 sept. 1579) à la comp. d'Elbeuf, bailli et gouv. de Gisors (23 mai 1589-4 janv. 1601), ép. (25 janv. 1577) Louise de Ligny (vivante le 30 mars 1585), veuve de Claude de Billy-Prunay.

(6) Notice comp. Clermont-Tallart.

(7) Notice comp. duc d'Aumale.

(8) Ponthus de Bellefourrière, sieur de Bellefourrière, Rotz, Varendin, Bernicourt, Ittre, Cany le Grand, Cagny le Petit, Olezy, Frauvilliers, Noyelle le Godard, fils aîné de Charles de Bellefourrière et de Catherine de Saintau, chev. de l'Ordre, gent. de la Ch., guid. (10 juin 1577-20 févr. 1579), gouv. de Corbie (13 déc. 1589), y fut tué, le 6 janv. 1590, lors de sa prise par Humières. Il ép. (22 févr. 1580) Françoise de Soyecourt, (morte entrele 12 sept. 1518 et le 1er juill. 1620).

(9) Martin de Romencourt, sieur d'Hamonville, Mussey, Avrecourt, Poissons, fils d'Henri de Romencourt et de Marguerite de Châteauneuf-Lascaris, maître d'hôtel de la duchesse Ant. de Bourbon-Guise, chev. de l'Ordre, mar. log.

comp. d'Elbeuf (2 sept. 1559-10 déc. 1569), ép. Charlotte de Piédefer. Sa famille prétendait descendre des ducs de Zaëhringen.

Compagnie SAINT-VALLIER

(1) Saint-Vallier. Celui qui portait, à cette époque, le titre de *M. de Saint-Vallier*, était le 3e fils de Claude de Lorraine, duc d'Aumale, et de Louise de Brézé. Il portait le titre de comte de Saint-Vallier comme héritier de sa grand-mère Diane de Poitiers. Il se nommait Antoine de Lorraine, naquit le 1er nov. 1562 et mourut jeune.

(2) Nicolas de Hallwin, sieur d'Atin, fils de Valentin d'Hallwin et de Godelière Le Tintelier. Il ép. (2 sept. 1575) Marguerite de Fiennes-Saint-Martin.

(3) Notice à la comp. d'Aumale.

(4) Gaspard de Canjon, sieur des Orgereux, né en 1530, vivant le 16 juin 1584, gouv. de Rue en Picardie (5 juill. 1580-1er juill. 1587), guid. comp. Saint-Vallier (oct. 1568-7 déc. 1569), lieut. de gend. (9 janv. 1581-20 juill. 1583), cap. de gend. (23 juill. 1586-1er juill. 1587), ép. Louise Dauvet de Berneuil.

Compagnie LOUBES

(1) Antoine de Loubes, sieur de Fontaines, la Motte-Sauzay, gouv. de Granville (1er janv. 1512-10 févr. 1521).

Dict. Et.-Maj.

Compagnie LOUVAIN-NESLE

(1) Nicolas de Louvain, sieur de Nesle, Pernan, Vierzi, gouv. de Milan (1512), 4ᵉ fils de Pierre de Louvain et de Blanche-Anne d'Anberbruche, cap. de gend. (avril 1515-10 août 1516), mort sans postérité.

(2) Auradet. Probablement Arnaud-Guilhem d'Ornesan, sieur d'Auradé, fils de Jean d'Ornesan et de Florette de Faudoas, mariés le 24 oct. 1482, gouv. d'Aigues-Mortes et Tour-Carbonnière, gent. de la Ch. (1546), mort le 25 sept. 1557, ép. (17 juill. 1519) Jeanne de Durfort (morte le 1ᵉʳ déc. 1557).

Compagnie LUXEMBOURG-LIGNY

(1) Louis de Luxembourg, comte de Ligny et Vauquerre, prince d'Altamura, duc d'Andria et Venosa, chev. de l'Ordre, gouv. de Picardie, cap. des gent. de la maison du roi, fils du connétable Louis de Luxembourg et de Marie de Savoie, né en 1467, fut à l'expéd. de Naples (1494), amb. à Rome, gouv. de Sienne, se dist. à Fornoue (1495), fut grand chamb., fut à la conquête de Milanais (1499), lieut. gén. en Italie, prit Nola, et mourut à Lyon, le 31 déc. 1503. Il ép. Eléonore de Guevara.

(2) Cf. notice à la comp. Louis d'Ars.

Compagnie LUXEMBOURG-BRIENNE

(1) Jean de Luxembourg, comte de Brienne, Roussy, Ligny, Saint-Martin de Blois, fils d'Antoine de Luxembourg et de Marguerite de Savoie, mariés le 7 mars 1536, neveu du connétable de Montmorency, gendre du maréchal de la Marck, chev. de l'Ordre, cap. de gend., né en 1537, mort à Brienne, le 1ᵉʳ juill. 1576, ép. Guillemette de la Marck (morte en 1592).

(2) Charles de Luxembourg, comte de Brienne et Roussy, duc de Brienne (mai 1587), gouv. de Metz et Messin, 2° fils de Jean de Luxembourg et de Guillemette de la Marck, né en 1539, mort le 18 février 1608. Il ép. (févr. 1583) Anne de Nogaret-la Valette (morte le 23 nov. 1605). Il se distingua à la défense de Tours (1589), capitula dans Saint-Ouen, puis se fit ligueur. Il fut (5 janv. 1597) chev. du Saint-Esprit.

(3) Cf. notice comp. comte d'Eu.

(4) Oudart de Launoy, fils de Louis de Launoy et de Claude de Suzanne-Cerny, sieur de Molinont, fut blessé au combat de Bapaume (3 sept. 1553), chev. de l'Ordre (1er mai 1572), ens. comp. Brienne (15 juin 1571-11 mai 1577), mourut entre le 11 mars 1580 et le 10 janv. 1582. Il ép. Geneviève de Chevry (vivante 11 mars 1580).

(5) Charles de la Chaussée d'Eu, sieur d'Arrest, Vaufrenel, Venette, Arnaucourt, le Montduet, Fresnières, Maremoustier, chev. de l'Ordre (11 nov. 1574), gent. de la Ch., gouv. d'Eu (6 févr. 1580), mort avant le 30 sept. 1583. Il fut (janv. 1566-13 janv. 1570) ens. à la comp. Brienne, était fils de François de la Chaussée et de Marie de Rouy et ép. (20 nov. 1561) Humberte de Francières (morte entre le 31 août et le 23 sept. 1587).

(6) Nicolas de Grimouville, sieur de Larchant, Auteuil, la Boulaye, guid. comp. Brienne (10 oct. 1565-26 mai 1566), 4e fils de François de Grimouville et d'Anne d'Estanson, mariés en 1529, cap. des gardes du duc d'Anjou, qu'il suivit en Pologne, chev. de l'Ordre, gent. de la Ch., cap. des gardes (1575-8 mars 1591), fut aux bat. d'Arques et d'Ivry, cons. d'Etat (5 janv. 1583-8 mars 1591), ép. avant 31 oct. 1581 Diane de Vivonne-la Chataigneraye (vivante 24 avril 1618) et fut tué au siège de Rouen, le 8 mars 1592. Il fut chev. du Saint-Esprit (31 déc. 1583).

(7) Antoine des Boves, sieur de Courcelles, Rambecourt, Yèvre, Corbeil, Rancé, Fontenay, le Fresne, chev. de l'Ordre, gent. de la Ch. (1570-1575), colonel gén. des gens de pied de Champagne et de Brie, fils de Jacques de Boves et de Claude de Louan, mariés en 1523.

(8) Jean de Nettancourt, baron de Vaubecourt, sieur de Passavant, Autrecourt, Wali, Girecourt, la Grange le Comte, Ippécourt, Paroy, guid. à la comp. de Brienne (25 nov. 1573-28 févr. 1576), gent. servant du duc de Lorraine (1573), cap. de chevau-légers (22 avril 1586-2 mars 1593), assista aux bat. d'Ivry, d'Aumale, où il fut blessé, de Fontaine-Française. Gouv. de Beaulieu en Argonne (5 févr. 1602), il ép. (25 nov. 1573) Ursule de Haussonville. Fils aîné de Georges de Nettancourt et d'Anne de Haussonville, mariés le 26 août 1539, il fut pris au combat de Vitry (1589), fut au siège de Cambrai (1595), fut guid. (5 juill. 1578) à la comp. de Tavannes, et mourut entre le 22 mars et le 14 mai 1605.

(9) Jean d'Allichamp, sieur de Villevauque (23 juin 1554), mar. des log. à la comp. Brienne (avril 1563-13 janv. 1570).

(10) Jacques de Voulgray, mar. des log. à la comp. Brienne (8 févr. 1576-28 août 1581).

Compagnie BRIENNE-ROUSSY

(1) Charles de Luxembourg, comte de Brienne, Ligny, Roussy, baron de Ramerupt et Piney, vicomte de Machaut, sieur de Warneston, Ghistelles, Pougy, Garennes, Espinoy, Beine, chev. de l'Ordre, lieut. gén. à Paris et en Ile de France (1525), fils aîné d'Antoine de Luxembourg et de Françoise de Croy, né en 1488, mort le 10 déc. 1530, lieut. gén. en Picardie, cap. de gend., ép. Charlotte d'Estouteville (vivante le 9 juill. 1539).

(2) Antoine de Luxembourg, comte de Brienne et Ligny, baron de Ramerupt et Piney, vicomte de Machaut, sieur de Tringry, Ghistelles, Warneston, Montingon, Pougy, colonel du régiment de Champagne, fils aîné de Charles de Luxembourg et de Charlotte d'Estouteville, né en 1513, mort à Ligny, le 8 févr. 1558, ép. (7 mars 1536) Marguerite de Savoie. Il fut chev. de l'Ordre (1527) et cap. de gend. (21 févr. 1528).

(3) Cf. notice à la comp. Gabriel de la Guiche.

(4) Jean de Fontenay, sieur de Bertheville, lieut. à la comp. Brienne (24 sept. 1543-4 févr. 1544).

(5) Guillaume de Rochechouart, sieur de Jars, Breviande, Saint-Mesmin, Boiteaux, Montmerault, la Faye, fils de Jean de Rochechouart et d'Anne de Bigny, né le 6 janv. 1497, page du duc d'Angoulême (1509), ens. à la comp. Luxembourg-Brienne (1522), lieut. à la comp. du duc de Nevers (1536). Il fut d'abord h. d'a. à la comp. du duc d'Angoulême (1514), puis à celle de René de Savoie, échanson du roi, panetier, fut au siège de Brescia, à celui de Vérone, à la bat. de Marignan, au déblocus de Mézières (1521), à la prise de Hesdin (1521), fut en garnison à Thérouanne (1521-1522), fut au ravitaillement de Montdidier, fut en garnison à Guise, à la prise de Bohain, à l'expéd. de Provence (1536), au siège de Péronne (1536), à l'expéd. du Dauphin en Piémont (1537), au siège de Perpignan (1542), à la prise de Landrecies (1543) qu'il aida à fortifier, guerroya en Champagne (1544), fut maitre d'hôtel du roi, chev. de l'Ordre (8 févr. 1565), fut à la bat. de Renty (1554), gouv. de Vincennes (1559-1560), sieur de la Brosse et Châtillon, premier maître d'hôtel et chambellan du Dauphin (1554), gouv. (1559) des enfants de France, gent. de la Ch. (1561), ép. (20 févr. 1517) Louise d'Autry (décédée 28 nov. 1539), puis (23 juin 1544) Antoinette d'Yaucourt (décédée entre le 23 juin 1568 et le 10 déc. 1573), veuve d'Antoine de Pisseleu-Marceilles. Il vivait encore le 15 nov. 1565 et mourut avant le 23 juin 1568. Il fut, sur la fin de sa vie, nommé premier maître d'hôtel du roi. Il a laissé une courte autobiographie.

(6) Probablement Guy de Chantelou, sieur de la Bosse, Fleury, Montaut, Selonne, fils d'Adrien de Chantelou et de Isabeau de Thibivilliers, fut écuyer d'éc. du duc d'Orléans (12 janv. 1549), mourut avant le 27 juill. 1549 et ép. Jeanne d'Aigneville.

(7) Antoine de Conflans, sieur de Vielzmaisons, le Buisson, Brécy, Saponay, Trugny, Villeneuve, Harcon, vicomte de Wadencourt et Bayampont, fils de Jean de Conflans et de

Madeleine Lucas de Courcelles, mariés avant 1535, ép. (14 oct. 1550) Marie des Ursins (décédée au 6 nov. 1552) et testa le 6 nov. 1552. Il fut (avril-24 sept. 1543) lieut. à la comp. Brienne. Il mourut entre le 28 janv. 1553 et le 27 mars 1556, sans postérité

(9) Guillaume de Montmorin, fils aîné de Jacques de Montmorin et d'Anne de Montboissier, mariés le 31 déc. 1484, mourut sans alliance.

(10) Notice à la comp. connétable de Montmorency.

(11) Joachim de Crochet, sieur de Lamoralières, mar. log. comp. Brienne (11 août 1543). Peut-être est-ce le même que Joachim de Crochet, sieur de la Joustière, Brainville, chev. de l'Ordre, mar. log. comp. vidame de Chartres, fils de Julien de Crochet et de Marguerite de Lièvre, qui ép. (13 mars 1544) Catherine de Prez-la Mothe et qui fut tué au siège de Metz (1552).

Compagnie LUXEMBOURG

(1) François de Luxembourg, prince de Tingry, duc de Piney, comte de Roussy et Ligny, baron de Ponthierry, pair de France, 2e fils d'Antoine de Luxembourg et de Marguerite de Savoie-Tende, mariés le 7 mars 1536, chev. de l'Ordre, cap. de gend. (28 août 1581), amb. à Rome, mort à Pougy en Champagne, le 30 sept. 1613, ép. (13 nov. 1576) Diane de Lorraine-Aumale (née 1558), puis (31 mars 1599) Marguerite de Lorraine (née 14 mai 1564, morte le 20 sept. 1625) veuve de l'amiral de Joyeuse. Il fut chev. du Saint-Esprit (31 déc. 1580).

(2) Henry de Valois-Saint-Remy, baron de Bazolles, Fontette, Amance, fils naturel du roi Henri II et de Nicole de Savigny, né à Paris en 1549, sieur de Noë, Beauvoir, le Chastellier, gent. de la Ch. (13 févr. 1577), gouv. de Chateauvillain (31 oct. 1592), chev. de l'Ordre (15 janv. 1593), col. de cavalerie (1er janv. 1590), ép. (31 oct. 1592) Christine de Luze (vivante 10 juill. 1649), veuve de Claude de Fresnay, fut lieut.

à la comp. Luxembourg (4 avril 1595) et mourut, le 14 févr. 1621, à Paris. (Sur Nicole de Savigny. Cf. de Belleval : *Bâtards de la maison de France*, pp. 23, s qq.)

(3) Savinien de Launoy, sieur de Molinont et Marry, né 1558, fils d'Oudart de Launoy et de Geneviève de Chevry, ép. (22 janv. 1582) Eléonore de Saint-Quentin-Fouronne (testa 2 déc. 1616), décédé entre 12 avril 1597 et 8 mai 1608.

(4) Edme de Chevry, sieur du Plessis-Fenansoult, Vaudey, Malvoisine, la Motte, Montcorbon (6 mars 1585) mort entre le 31 janv. 1618 et le 22 févr. 1627, guid. à la comp. Luxembourg (3 juin 1594), fils ainé de Jean de Chevry et de Péronne de Launoy-Molinont, mariés le 19 janv. 1547, ép. (30 oct. 1592) Catherine de Courtenay (vivante le 3 sept. 1632).

Compagnie MARTIGUES

(1) Sébastien de Luxembourg, vicomte de Martigues, duc de Penthièvre, marquis de Baugé, 2º fils de François de Luxembourg et de Charlotte de Brosse, neveu du duc d'Etampes, se signala en Ecosse en 1560, chev. de l'Ordre (29 sept. 1560), cap. de gend., il assista aux sièges de Metz (1552), Thérouanne, où il fut fait pris. (1553), Calais (1558), Guines (1558), Leith (1560), Rouen (1562), Orléans (1563), aux bat. de Dreux (1562), Messignac (1568) Jarnac (1569), Moncontour (1569), fut col. gén. de l'infant. française (1560), gouv. de Bretagne (1564). Il fut tué, le 19 nov. 1569, au siège de Saint-Jean-d'Angely. Lieut. (3 août 1553), à la comp. d'Etampes, il battit trois fois, le même jour (15 sept. 1568) les protestants aux environs de Saumur. Il ép. (15 août 1560) Marie de Beaucaire-Péguillon (vivante 16 juill. 1610).

(2) Gaspard d'Urre, sieur d'Hourches, fils ainé de Giraud d'Urre et de Louise du Fay de Saint-Jean de Bournay, mariés le 18 août 1530, mort sans post., ens. (avril 1563- 20 mai 1568) à la comp. Martigues.

(3) Jean de Beaucaire, sieur du Bouchet, fils de Pierre de Beaucaire et de Jeanne Daires, mariés le 25 janv. 1524, guid. à la comp. Martignes (juill. 1562-3 juin 1566), mort le 5 déc. 1566, ép. (11 sept. 1542) Françoise de Chalon (vivante le 7 déc. 1574).

(4) Notice à la comp. d'Etampes.

(6) Jean de la Barthe, sieur de Giscaro, Boucagnières, la Vacant, fils de Bertrand de la Barthe et de Marie d'Armentieu, mariés le 28 avril 1529, mar. des log. à la comp. Martignes (3 juin 1566-4 janv. 1568), vivant le 10 oct. 1575, mort avant le 8 avril 1595, ép. N. de la Barthe-Montcorveil.

Compagnie MAILLY-REMANGIES

(1) Thibaut de Mailly, sieur de Remaugies, Mallepart, Maremoustier, Gratibus, le Moncel, Moyenville, Bouillencourt, les Petites Tournelles, Auvilliers, les Petites Mancelles, Beaussart, Colincamp, Bernage, Monthulin, 3e fils de René de Mailly et de Marie de Hangard, mar. le 3 déc. 1527, cap. de gend., cons. d'Etat, chamb. du duc d'Alençon (8 nov. 1582), né en 1538, mort entre le 12 nov. 1623 et le 6 févr. 1626, ép. (26 juin 1575) Françoise de Belloy (morte le 7 avril 1592), puis (2 déc. 1593) Françoise de Soyecourt, veuve de Ponthus de Bellefourrière.

(2) De Cercus. Probablement de Sarcus.

Compagnie MAILLY-CONTI

(1) Ferry de Mailly, baron de Conti, sieur de Sailly, Talmas, Limeuil, Florens, Buires, Toutignies, chambellan, échanson, sénéchal d'Anjou (3 nov. 1509), fils ainé d'Adrien de Mailly et de Jeanne de Berghes, mariés le 23 déc. 1469, cap. de

gend. (15 juill. 1509), gouv. d'Arques (30 juin 1507-29 juill. 1509), blessé au siège de Milan, mourut, le 24 déc. 1512, à Milan des suites de ses blessures. Il ép., avant 1496, Louise de Montmorency (morte le 12 juin 1541, à Paris), sœur du connétable.

Compagnie RENÉ DE MAILLY

(1) René, baron de Mailly, Bouillencourt, fils aîné d'Antoine de Mailly et de Jacqueline d'Astarac, mariés le 15 juill. 1508, mineur (24 déc. 1524), chev. de l'Ordre (10 mai 1569), gouv. de Montreuil (4 déc. 1546-1er août 1562), fut aux sièges d'Hesdin (1537), Metz (1552), aux batailles de Cérisoles, Dreux, Saint-Denis, Moncontour, où il fut blessé, gent. de la Ch. (4 déc. 1546), cap. de gend. (avril 1567-26 avril 1572), mourut avant le 13 nov. 1583, ép. (3 déc. 1527) Marie de Hangard (vivante 13 nov. 1583). Il fut éc. tranchant (23 août 1549).

(2) Africain de Mailly, sieur d'Arc-sur-Thil, Savigny-sous-Beaune et Clémont (10 mai 1560), fils aîné d'Hélion de Mailly et de Catherine de Plaines, mourut sans postérité. Il fut (14 juill. 1571) chev. de l'Ordre.

(3) Jean de Mailly, 4e fils d'Adrien de Mailly et de Françoise de Bailleul, mariés le 23 nov. 1503, sieur de Belleville, Saint-Germain, Saint-Sernin, Orival, Fesques, chev. de l'Ordre (6 août 1573), lieut. à la comp. de Mailly (juill.-30 oct. 1571) vivant le 30 juill. 1580, ép. Antoinette de Baudreuil.

(4) Notice comp. Balsac-Entragues.

(5) René du Bellay, baron de la Flotte, Hauterive, Austrines, Ambrières, chev. de l'Ordre, fils de Jean du Bellay et de Françoise de Mailly, mariés le 2 mars 1533, guid. à la comp. Mailly (janv. 1563), cap. de gend., chev. de l'Ordre (12 mai 1596), mort au 19 juin 1602, ép. (14 avril 1562) Jeanne de Souvré (décédée au 24 oct. 1587).

(6) Raoul de Pocques, fils de Jean de Pocques et de Marguerite du Quesnoy, mariés le 11 mai 1529, sieur de Follem-

prise, Alincthun, Valinghen, Quesques, cap. chevau-légers, vivant 23 mai 1607, ép. (13 févr. 1566) Marie du Hamel.

Compagnie GILLES DE MAILLY

(1) Gilles de Mailly, baron de Mailly, sieur de Bouillencourt, Gratibus, Colincamp, Malpart, Moyenneville, Beaussart, chev. de l'Ordre (8 mai 1569), vice-amiral de France, cap. de gend., 2ᵉ fils de René de Mailly et de Marie de Hangard, mariés le 3 déc. 1527, gouv. de Montreuil (8 mai 1569-19 mai 1580), cap. de gend. (18 nov. 1570-16 oct. 1572), ép., avant le 12 nov. 1567, Marie de Blanchefort.

(2) Jean de Rivery, sieur de Potauville, 5ᵉ fils de Jean de Rivery et d'Antoinette de l'Eau, lieut. à Brouage (dern. févr. 1579-30 mai 1598), gent. de la Ch. (28 nov. 1582), ép. (18 oct. 1559) Claude d'Herbelot, veuve de François de Conti-Aumermont, puis Guillemette de Créquy-Canaples, veuve de Pierre Lyon de Varennes et de Jean d'Audenfort-Grandvilliers, puis Jeanne du Lion, veuve de François Goumard d'Eschillais, de Léon Bouchard d'Aubeterre et de César de Saint-Lary.

(3 Antoine de Monchy, sieur de Montcavrel, Broutelles, Bourseville, Avennes, Sempy, Alettes, Hocquincourt, 4ᵉ fils de François de Monchy et de Jeanne de Vaux, mariés le 18 nov. 1535, ép. (7 mai 1570) Anne de Balsac (décédée au 17 juin 1585). Il mourut entre le 29 oct. 1585 et le 28 juill. 1587.

Compagnie BELLEGARDE

(1) Notice à la comp. amiral Coligny.

(2) Nicolas Le Mareschal, sieur des Noyers, gent. de la Ch. (12 janv. 1569), lieut. à la comp. Bellegarde (12 janv.

1569), min. (6 sept. 1545-27 juin 1548), 2e fils de Jean Le Mareschal et de Marguerite de la Péreuse, mariés le 16 juin 1529, fut chev. de l'Ordre, gent. de la Ch. (4 févr. 1606). Il ép. Cécile de Croismare (vivante 4 févr. 1606).

(3) Philibert de Gruel, sieur de Touvois, le Mesnil, Digny, Traigneau, Ardelles, Angers, Sérigny, 3e fils de Jean de Gruel et de Charlotte Moinet, ens. (22 mars 1569) à la comp. de Bellegarde, mineur au 6 juill. 1555, gent. de la Ch., ép. (10 févr. 1562) Françoise de Bubertré-la Pelleterie et mourut entre le 20 mars 1579 et le 17 janv. 1588.

(4) Georges des Haulles, sieur de Granvillier, fils de Marguerin des Haulles, guid. comp. Bellegarde (oct. 1568-10 janv. 1569), décédé entre 14 juill. 1596 et 3 mars 1617.

Compagnie GRAVILLE

(1) Louis Malet, sieur de Graville, Marcoussis, Senicourt, Fontenay, Séez, Bernay, Montagu, Milly, Châtres, Bois-Malesherbes, Vandeuil, Chantelou, chev. de l'Ordre, gouv. de Picardie et Normandie, gouv. de Dieppe (10 févr. 1477-9 janv. 1489), cap. des gent. de la maison du roi (10 juin 1475-sept. 1481), prisonnier en Angleterre (1467), gouv. de Pont-de-l'Arche (31 juill. 1474-28 avril 1480), amiral (1486-1508) puis (1511-12 janv. 1516) fut à la bat. de Saint-Aubin-du-Cormier (1488), gouv. de Saint-Malo (1489-1491), Vincennes (1494), fut à l'expédition de Naples (1494), fit cadeau de 90,000 livres, en mourant, au Trésor, « pour soulager le « peuple et les bailliages les plus chargés d'impôts ». Il fut cons. d'Etat (31 juill. 1474-12 janv. 1516), chamb. (31 juill. 1474-12 janv. 1516), cap. de gend. (30 août 1495-31 déc. 1514). Il était le 2e fils de Jean Malet et de Marie de Montauban, naquit en 1438, ép. Marie de Balsac (morte à Marcoussis le 23 mars 1504) et mourut, le 30 octobre 1516, à Marcoussis.

(2) Antoine Motier de la Fayette, sieur de Pontgibaud, Goutenotoze, Montelgelat, Rochedagoux, fils aîné de Gilbert

Motier de la Fayette et d'Isabeau de Polignac, gouv. de Boulogne (14 déc. 1524), cap. de gend. (janv. 1514-20 nov. 1530), sénéchal de Boulonnais et Ponthieu, grand-maître de l'artillerie, lieut. gén. en Provence (16 avril 1529), fut au siège de Thérouanne (1513), se distingua à la bat. navale de Varazzo (1524), né à Saint-Romain, le 5 juin 1474, mort le 22 août 1531, ép. (6 févr. 1498) Marguerite de Rouville, puis Françoise d'Escars.

(3) René de Clermont, fils de Louis de Clermont et de Marie Malet de Graville, mariés en 1490, vice-amiral de France (16 oct. 1515), lieut. gén. de l'armée de mer (19 juill. 1512), gouv. de Honfleur, chev. de l'Ordre, décédé en 1523.

Compagnie ROBERT MALHERBE

(1) Robert Malherbe, fils de Jean de Malherbe et de N. de Chaudemanche, sieur de Jouy, Rebets, Liancourt, Launeau, Chaumont, Loupentille, la Tour-au-Bègue, ép. Jeanne de Fay, fut cap. de gend., et mourut entre le 25 janv. et le 22 déc. 1508. Il fut à la bat. de Fornoue. Il fut cons. d'Etat, chamb., grand-prévôt des maréchaux (20 mars 1495-14 mars 1508), éc. d'éc. du roi (14 janv. 1483).

Compagnie MANDELOT

(1) François de Mandelot, 2ᵉ fils de Georges de Mandelot et de Charlotte d'Iguy-Izaucourt, mariés en 1514, né à Paris, le 20 oct. 1529, sieur de Pacy, Lezignes, Vireaux, Lerné, vicomte de Chalon (22 oct. 1586), fut au siège de Metz (1552), à la bat. de Renty (1554), fit camp. en Italie (1555-1556), fut au siège de Thionville (1558), ens. (26 déc. 1555-25 juill. 1556), puis lieut. (oct. 1561-28 juill. 1570) à la comp. de Nemours, gent. de la Ch., chev. de l'Ordre (24 mai 1567), fit campagne

avec Nemours autour de Lyon en 1562-1563, fut à la bat. de Saint-Denis (1567), lieut. gén. à Lyon et en Lyonnais (2 mai-25 juill. 1570), gouv. de Lyon, Lyonnais, Forez, Beaujolais (7 sept. 1570-22 oct. 1586), bailli de Mâcon (1588), mort à Lyon, le 24 nov. 1588, à 10 h. du matin. Il ép., avant le 26 avril 1575, Eléonore Robertet (vivante le 31 déc. 1596). Mandelot, dont P. Paris a publié une partie de la *Correspondance* (1830, in-8°), est enseveli dans la nef de gauche de la cathédrale de Saint-Jean à Lyon. On voit un portrait de lui au château de Francheville (Rhône).

(2) Jean de Garadeul, sieur de l'Ecluse et Solly, fils de Jean de Garadeul et de Madeleine de Senecterre, Fontenilles, mariés le 9 sept. 1514, archer (1550-1552), puis (25 avril 1554-1557), h. d'a. à la comp. du mar. de Saint-André, lieut. (13 déc. 1564-18 mars 1581) à la comp. de Mandelot, chev. de l'Ordre (13 déc. 1574), gent. de la Ch. (17 mars 1569), mourut à Belleville-sur-Saône, le 26 juill. 1584. Il ép. (31 mars 1559) Charlotte Roux de Terreau (qui testa le 30 juill. 1586).

(3) Jean-Antoine de Locatel, sieur de Sivyn en Savoie, mar. des log. à la comp. de Nemours (juill. 1569-29 juill. 1570), ens. à la comp. de Mandelot (juill. 1574-30 juill. 1581).

(4) François de Colombier, sieur de Savigny, Saint-Loup, Saint-Remy, vicomte de Chalon, fils d'Antoine de Colombier et de Louise de Mandelot, né en 1548, guid. à la comp. de son oncle Mandelot (juill. 1574-9 août 1577), mort, le 10 oct. 1580, au siège de la Mure, ép. Nicole du Blé-Uxelles. (Nous devons à l'obligeance de M. Félix Desvernay, administrateur de la Bibliothèque de Lyon, communication de l'épitaphe de ce personnage, qu'il a relevée, dans l'église de Saint-Bonaventure, à Lyon (chapelle de Sainte Elisabeth).

(5) Pierre de Beauvoir, sieur de Varacieu, fils de Pierre de Beauvoir et de Diane de Mariste, mariés le 30 avril 1539, gent. ord. du duc d'Alençon, gouv. de Montbrison (15 avril 1576), cap. de chevau-légers (7 oct. 1590), ép. (23 mars 1570) Mérande Clavel et testa, le 15 nov. 1617.

(6) Jacques de Salornay, sieur de Champerny, Serrières, guid. à la comp. de Nemours, lieut. à la comp. de Nagu-

Varennes, lieut. au gouvernement de Mâcon et de Beaujeu, ép. (11 mai 1557) Isabeau de Crémeaux (qui testa en 1595), veuve de Barthélemy de Laye. Il testa en 1603. Il était le 2e fils d'Antoine de Salornay et d'Anne de Moulins, mariés en 1531. Il fut mar. des log. à la comp. de Mandelot (janv.-30 juill. 1581).

Compagnie MARÉCHAL DE LA MARCK

(1) Robert de la Marck, comte de Braine, duc de Bouillon (1552), comte de Maulevrier, sieur de Sedan, Jametz, Fleuranges, Raucourt, Chateau-Thierry, Nogent-le-Roi, fils de Robert de la Marck-Fleuranges et de Guillemette de Sarrebruche, mariés le 1er avril 1510, chev. de l'Ordre (25 mai 1544), cap. de gend. (22 oct. 1538-27 janv. 1552), cap. des Suisses de la garde (1er janv. 1538), maréchal de France (20 avril 1547), sieur de Châtillon-sur-Marne (juin 1547), ambassadeur à Rome (1550), fait la campagne de 1552 avec le roi, prit Bouillon. Lieut. gén. en Normandie (10 déc. 1552), il défendit bravement Hesdin (1553), où il fut fait prisonnier. Captif à l'Ecluse, comme son père, jusqu'au 5 févr. 1556, il mourut, peu après, à Guise. Il ép. (19 janv. 1539) Françoise de Brézé (morte le 14 oct. 1574).

(2) Robert d'Averhoult, fils de Christophe d'Averhoult et de Marie de Haucourt, mariés le 28 juill. 1510, sieur de Tourteron et Guillancourt, lieut. à la comp. de la Marck (sept. 1543), ép. Isabelle de Joyeuse-Grandpré (vivante en 1565) et mourut sans postérité avant 1565.

(3) Claude de Frenelz, sieur de Sivry, Tourneux, Felcourt, les Orgnies, Louppy-aux-Deux-Châteaux, Villiers (20 sept. 1542-23 avril 1567), gent. de la Ch., ens. (juill. 1543), puis anv. 1547-28 janv. 1556) à la comp. du maréchal de la Marck, ép., avant le 22 août 1547, Jeanne d'Elz (vivante le dernier février 1578).

(4) Louis de Proisy, 3e fils de Louis de Proisy et de Guille-

mette de Saint-Simon, mariés avant le 21 mai 1402, sieur de Rosigny, Marchais, Liesse, baron de la Bove, sieur du Sourt, Neuville en Laonnais, Bouconville, Bièvre, Montchâlon, Vassogne, Chernizy, Jumigny, Mauregny, Orgeval, Ouches, Pontavert, Arrancy, gouv. de Guise (25 déc. 1551-18 mai 1556), ép. (12 juill. 1526) Claude Toignel de Despence (morte le 1ᵉʳ nov. 1571). Il mourut le 21 nov. 1561 et fut cap. de gens de pied (18 déc. 1551), ens. comp. la Marck (avril 1548-22 janv. 1552).

(5) Jean d'Averhoult, sieur de Guyencourt, Liry, Montois, Thillois, chev. de l'Ordre, guid. (oct. 1546), ens. (oct. 1551) à la comp. du mar. de la Marck, lieut. à la comp. de Bouillon (avril 1557-15 juin 1574), fils ainé de Guillaume d'Averhoult et de Blanche de Barbanson, mariés le 16 avril 1523, ép. (1ᵉʳ sept. 1543) Françoise de Verrières, puis (12 oct. 1561) Marie de Warmaise, puis (10 avril 1565) Claude Deschamps (vivante le 5 janv. 1596), mort avant le 5 janv. 1596. Il fut (14 juill. 1586) lieut. à la comp. de Suzanne-Cerny.

(6) Cf. Notice à la comp. La Vieuville.

(7) Nicolas de Roucy, sieur de Manre, Vieux, Termes, fils de Nicolas de Roucy et de Bart de Salazar, né avant le 21 nov. 1539, h. d'a. à la comp. du duc de Guise (1544), guid. à la comp. de la Marck (avril 1551), mort entre le 31 mars et le 26 avril 1554, ép. (3 mars 1545) Louise Toignel d'Espence (vivante le 26 avril 1554).

(8) Antoine des Marins, guid. (28 oct. 1554) à la comp. Bouillon, sieur de Mougenoust, fils de François des Marins et de Louise de Foissy, mariés le 13 sept. 1517. Il ép. Edmée de Balaine (vivante 7 avril 1553), puis (12 mars 1555) Louise Toignel d'Espence.

(9) Jean de Villelongue, sieur de Neufvisy, Bertaucourt (11 sept. 1533-17 févr. 1550), mort au 29 juin 1555, mar. des log. à la comp. du mar. de Fleuranges (14 juin 1535), puis à celle du mar. de la Marck (juill. 1544-25 avril 1551), ép. avant le 11 sept. 1533 Antoinette de la Mocque, (vivante 10 avril 1538), puis (21 août 1539) Alix d'Harzillemont (vivante 29 juin 1555).

Compagnie DE BRAYNE

(1) Charles-Robert de la Marck, comte de Maulévrier et Braine, vicomte de Huissay, baron de Pontarcy, Mauny, Sérignan, sieur de Collonges, Rignac, Villemur, cap. des Suisses de la garde, 2° fils du mar. Robert de la Marck et de Louise de Brézé, né après le 7 oct. 1539, fut blessé au siège de Rouen (1562), assista à celui de la Rochelle (1573), fut gent. de la Ch. (29 juin 1559), chev. de l'Ordre (18 mai 1572), mourut le 30 nov. 1622. Il ép. Jacqueline d'Averton, puis Antoinette de la Tour, veuve de Jean d'Avaugour, puis Elisabeth de Pluviers, veuve de Jacques d'Autun. Il fut chev. du Saint-Esprit (31 déc. 1578).

(2) Très probablement Louis de Renty, lieut. à la comp. Beauvais (juill.-25 nov. 1558), qui était probablement Louis de Renty, 2° fils de François de Renty-Aconin et de Catherine Jouvenel des Ursins, mariés en 1525, et qui mourut sans postérité.

(3) Notice à la comp. d'Ailly-Picquigny.

(4) Claude de Rilhac, sieur des Hautes-Maisons, Mareuil, Condé, 2° fils de Jean de Rilhac et de Barbe de Vaudetar, né en 1516, mar. des log. à la comp. Beauvais-Nangis (juill.-22 nov. 1558), mort avant le 9 juin 1567, ép. (3 févr. 1544) Marguerite de Villiers-Saint-Paul (vivante le 4 juin 1567).

Compagnie LA MARCK-SEDAN

(1) Robert de la Marck, duc de Bouillon, sieur de Sedan, Fleuranges, Jametz, fils aîné de Robert de la Marck et de Jeanne de Marley, mariés en 1449, fut à Novare (1513), passa, en 1518, au parti espagnol, revint, en 1521, au parti français, perdit tout son duché, hormis Sedan, mourut en 1536. Il ép. (1491) Catherine de Croy (morte en 1544). Il fut cap. de gend. (8 sept. 1491-8 mars 1527), cons. d'Etat et chambellan (7 juill. 1498-30 juill. 1526), chev. de l'Ordre

(31 janv. 1514), bailli et gouv. de Gisors (11 oct. 1514-2 oct. 1516). Il vivait encore le 3 juill. 1534.

(2) Gouv. de Sedan.

(3) Guillaume de la Marck, sieur de Jametz, 2ᵉ fils de Robert de la Marck et de Catherine de Croy, mariés en 1491, se distingua à Novare et mourut en 1529. Il ép. (1519) Madeleine d'Azay, veuve de Georges de la Trémouille-Jonvelle.

(4) Jean de la Marck, sieur de Saulcy (27 avril 1518), Jametz, 3ᵉ fils de Robert de la Marck et de Catherine de Croy, mariés en 1491, chev. de l'Ordre (21 juin 1540), cap. de gend. (21 juin 1540-2 mai 1560), lieut. à la comp. de son père (avril 1524-3 juill. 1534), se distingua à Novare et à Marignan. ép. Hélène de Bissipat (vivante 20 avril 1550) et mourut entre le 3 juin et le 18 sept. 1560.

(7) Mar. des logis (14 août 1543-26 mai 1546) à la comp. Jametz.

Compagnie JAMETZ

(1) Cf. notice à la comp. La Marck-Sedan.

(2) Aimé de Miremont, sieur de Bouleuse, vicomte de Ronay, gouv. de Maubert-Fontaine (31 juill. 1547), lieut. à la comp. Jametz (19 sept. 1541-30 avril 1552), mort avant le 23 janv. 1553, 3ᵉ fils de Jean de Miremont et de Jeanne de Brunières, ép. Françoise d'Anglure, veuve de René du Plessis-Chastillon (vivante le 24 janv. 1553).

(3) Guillaume de Madaillan, sieur de Montataire (29 août 1516), fils de Guichard de Madaillan et de Jeanne de Marconville, ép. avant le 17 juin 1524 Anne du Sart-la Brousse, puis avant 1530, Charlotte de la Roque, puis (1556) Jeanne Pileur. Ens. (janv. 1543-30 avril 1552), puis (juill. 1554-avril 1560) lieut. à la comp. Jametz, il vivait encore le 7 sept. 1568.

(4) Jean d'Aspremont, sieur de Vendy, Vone, Semuyd, Coulonne, Saint-Pierre, Crevecœur, la Ferté-lés-Olisy, la

Neufville, Wasigny Marquigny, Beaurepaire, fils de Guillaume d'Aspremont et de Blanche du Bohain, mariés le 7 déc. 1502, min. (23 sept. 1533), gent. de la Ch. (16 août 1563), chev. de l'Ordre (10 févr. 1578), gouv. de Soissons (4 mai 1563), Sainte-Menehould (23 avril 1564), ens. à la comp. Jametz (15 mars 1558-7 août 1559), ép. (26 janv. 1544) Jeanne de Sugny (vivante 2 mai 1565), puis Louise de Fretarl. Il fut lieut. gén. à Orléans et Gien (18 août 1564). Il vivait le 8 août 1580.

(5) Charles d'O, sieur de Baillet, Franconville, Avesnes, Villiers, la Muette de Fresne, Montmorin, Caillebast, Molliens, Loconville, Vignemont, Fresnes, Thibivillier, Mezelay, Bassancourt, Basemont, fils de Jacques d'O et de Louise de Villiers-l'Ile-Adam, mariés le 4 mars 1515, né en 1519, chev. de l'Ordre (1569), cap. de gend., fait pris. à Thérouanne (1553), à Saint-Quentin (1557), ép. (13 juill. 1545) Madeleine de l'Hôpital-Vitry (née en 1524, morte le 22 mai 1597 à Baillet) veuve de Jacques Lucas de Courcelles, et mourut le 7 mai 1584, à Fresnes.

Ou bien :

Charles d'O, sieur de Verrigny, la Barre, Limezy, Breuillé, la Benoiste, la Muette, le Buat, Fresnes, gent. de la Ch., chev. de l'Ordre, mort le 3 nov. 1568, 3ᵉ fils de Charles d'O et de Louise le Gentil, mariés en 1507, h. d'a. à la comp. Boisy (1540), échanson du roi (18 mars 1562), fut au siège de Metz (1552), ép. (29 sept. 1530) Jacqueline de Girard (morte le 16 mars 1598).

(6) Philibert, sieur de Sugny et Chappe, fils d'Oger de Sugny et de Rauline de Beaufort, guid. à la comp. Jametz (janv.-25 avril 1553), mort avant le 3 févr. 1554, ép. (17 mars 1541), Jeanne d'Orjault, puis (14 mars 1548) Barbe de Quiévraing (morte entre le 3 février 1554 et le 10 déc. 1564).

(7) Foucaud de Joyeuse, comte de Grandpré, fils ainé de Robert de Joyeuse et de Marguerite de Barbançon, mariés le 15 juill. 1519, ép. Catherine de Harenge, veuve de Claude de Rivière, puis (24 août 1547) Anne d'Anglure-Jours (morte avant le 30 mars 1566), fut guid. à la comp. de Jametz (6 août 1559), puis à celle du duc d'Anjou (3 mars 1564). Il fut

(6 août 1568), chev. de l'Ordre, gent. de la Ch. et gouv. de Rethelois et Mézières (15 mai 1594).

(8) Notice à la comp. La Marck-Sedan.

Compagnie DUC DE BOUILLON

(1) Henri-Robert de la Marck, duc de Bouillon, prince de Sedan, Jametz, Raucourt, fils aîné de Robert de la Marck et de Françoise de Brézé, né le 7 févr. 1540, chev. de l'Ordre (30 nov. 1558), gouv. de Normandie (30 mars 1561-29 juill. 1570), laissa surprendre Rouen par les protestants (1562), fut au siège de la Rochelle (1573) et mourut le 2 déc. 1574. Il ép. (7 févr. 1559) Françoise de Bourbon-Montpensier (morte en 1587). Il fut cap. de gend. (25 août 1557-15 juin 1574), cons. d'Etat (29 juill. 1570), cap. des Suisses de la garde (20 août 1569-29 juill. 1570).

(2) Jean d'Averhoult, sieur de Guyencourt, Liry, Montois, Thillois, guid. (oct. 1546-21 janv. 1551), ens. (oct. 1551-28 avril 1552) à la comp. Robert de la Marck, lieut. (avril 1557-15 juin 1574) à la comp. Bouillon, mort entre le 15 déc. 1574 et le 8 janv. 1596, chev. de l'Ordre, fils aîné de Guillaume d'Averhoult et de Blanche de Barbançon, mariés le 16 avril 1523, ép. (1er sept. 1543) Françoise de Verrières, puis (12 oct. 1561) Marie de Warmaise, puis (10 avril 1565) Claude Deschamps de Marcilly (vivante le 5 janv. 1596). Il fut (14 juill. 1586) lieut. à la comp. Suzanne-Cerny.

(3) Robert de Noirefontaine, lieut. des Suisses de la comp. du duc de Bouillon, sieur de Briancourt, Baricourt, mourut le 1er oct. 1557, à Avignon. Il était fils de Jean de Noirefontaine et fut naturalisé en mai 1526.

(5) Antoine d'Averhoult, sieur de la Lobbe, comte de Possesse (1582), chev. de l'Ordre, guid. (mai 1558-29 juill. 1561) ens. (avril 1563-31 mars 1569), lieut. (19 juin 1569-15 déc. 1574) à la comp. Robert de la Marck, vivant le 28 juin 1588, 2e fils de Guillaume d'Averhoult et de Blanche de Barbançon,

mariés le 16 avril 1523, ép. (5 avril 1559) Jeanne de Roucy-Possesse.

(6) Pierre de Villelongue, sieur du Petit-Bois, Neufvisy, Noyon-sur-Meuse, 2° fils de Jean de Villelongue et d'Antoinette de la Mocque, mariés avant le 11 sept. 1533, archer, puis (oct. 1555-15 août 1560) mar. des logis, puis (oct. 1568-27 août 1572) ens. à la comp. Bouillon, tué au siège de la Rochelle (1573), chev. de l'Ordre (21 févr. 1571), gouv. de Villefranche, ép. (17 févr. 1550) Jacqueline de Wuatin (vivante le 13 déc. 1616).

(7) Jean de Boutillac, sieur de Resson, Mazerny, Satory, Pargny, Douy (11 janv. 1551-31 mars 1573), 2° fils de Jean de Boutillac et de Françoise de Villiers, guid. à la comp. du duc de Bouillon (avril 1563-15 févr. 1570), ens. à cette comp. (janv.-15 juin 1574), chev. de l'Ordre (15 fév. 1570), ép. 22 sept. 1552) Hélène l'Estendart (vivante le 31 mars 1573).

(8) Jean d'Alendhuy, sieur de Faulcon, mar. des log. à la comp. Bouillon (oct. 1568-14 janv. 1579), fils de Jacques d'Alendhuy et de Perrette de Warigny, mariés en 1544, sieur du Grand-Four, Bois d'Arrenx (12 juill. 1578), habitant le Faulcon près Donchery.

Compagnie FLEURANGES

(1) Robert de la Marck, sieur de Fleuranges et Sedan, duc de Bouillon, fils de Robert de la Marck et de Catherine de Croy, mariés en 1491, fut à la bat. de Novare (6 juin 1513), reçut 46 blessures. Laissé pour mort, ainsi que son frère, Jametz, leur père les dégagea et les sauva. Il fut à Marignan (1515), bloqua et prit le château de Crémone. Cap. des Suisses de la garde (9 juin 1516-14 janv. 1536), cap. des gend. (13 août 1513-16 juin 1535), chev. de l'Ordre (1518), gent. de la Ch. (6 juill. 1535), cons. d'Etat et chamb. (18 juill. 1514-14 janv. 1536). L'empereur envahit le duché de Bouillon et fit M. de Jametz prisonnier. Fleuranges défendit avec succès le

château de Jametz. Pris lui-même, à la bat. de Pavie, enfermé à l'Ecluse, en Flandre, il y écrivit ses *Mémoires*. Maréchal de France (23 mars 1526), gouv. de Château-Thierry et de Châtillon-sur-Marne (nov. 1526), il défendit Péronne contre le comte de Nassau (1536) et repoussa sept assauts (20 août-11 sept. 1536). Il ép. (1er avril 1510) Guillemette de Sarrebruck (décédée le 20 sept. 1571, à Brayne), et mourut en août 1537.

(2) René d'Anglure, fils de Saladin d'Anglure et de Jeanne de Neufchâtel-Blaigny, mariés le 2 juin 1458, vicomte d'Estauges et Blaigny, sieur de Pont-Saint-Maxence et Fère-Champenoise, lieut. à la comp. René de Savoie (10 nov. 1523-1er mai 1525), cons. d'Etat, chamb., cap. de gend., lieut. gén. en Dauphiné, grand-maître de Savoie, fut aux bat. de Ravenne et Pavie et mourut le 6 oct. 1529. Il ép. (6 mai 1485) Catherine de Bouzey (morte le 10 mai 1527).

(4) Louis de Sarrebruche-Roucy, sieur de Sissonne, fils naturel de Jean de Sarrebruche-Roucy, vivant le 28 mars 1498 et le 15 juill. 1531, mort avant le 14 déc. 1539, lieut. à la comp. du comte de Brayne (23 juin 1523), ép. Jeanne de Blécourt (morte entre le 15 juill. 1531 et le 6 nov. 1547).

(6) Aleaume de Rouvray, sieur d'Autry, fils de Claude de Rouvray et de Claude de Baudricourt, ép. Isabeau de Gernicourt.

(7) Jean-François de la Roque, sieur de Roberval, ens. (juill. 1534-5 mars 1535) puis lieut. (avril-22 oct. 1538) à la comp. du mar. de la Marck.

(8) Jean de Sailly est probablement Jean de Sailly, sieur de Martimprey, Pausières, Hubencourt, Coigneux, Raucourt, Ogrolles, Hédouville, fils aîné d'Antoine de Sailly et de Jeanne de Wissocq, mariés le 18 févr. 1508, chev. de l'Ordre (15 août 1587), mort entre le 12 sept. 1595 et le 2 août 1602, qui ép. (1548) Jeanne d'Averhoult-la Lobbe, puis (1er mai 1567) Jeanne de Bournel.

(9) Charles de Montberon, sieur de Tourvoye, guid. comp. Fleurange, cap. des Suisses de la garde (31 août 1540-

22 avril 1541), ép., avant le 30 juin 1518, Marie Thierry (testa 31 juill. 1537).

(11) Jean de Villelongue, sieur de Neufvisy, Bertaucourt (11 sept. 1533-17 févr. 1550), mort avant le 29 juin 1555, mar. des log. à la comp. la Marck (juill. 1544-25 avril 1554), ép. avant le 11 sept. 1533, Antoinette de la Mocque (vivante le 10 avril 1538), puis (24 août 1539) Alix d'Harzillemont (vivante le 29 juin 1555).

Compagnie LA MARCK-MONTBAZON

(1) Guillaume de la Marck, sieur d'Aigremont et Montbazon, Sainte-Maure, Nouastre, chambellan du roi, 2ᵉ fils de Guillaume de la Marck (*le sanglier des Ardennes*) et de Charlotte d'Arschot, chev. de l'Ordre, fut à l'expédition de Gènes (1502), cap. de la garde suisse (15 oct. 1505-29 juin 1515), mort le 20 mai 1516, ép. Renée du Fou, veuve de Louis de Rohan-Guémenée. Il fut gouv. de Cherbourg (1ᵉʳ avril 1501-10 juin 1514), sénéchal de Bazas (10 juin 1515), cap. de gend. (31 mai 1483), cons. d'Etat et chambellan (3 févr. 1482-29 juin 1515).

(2) Peut-être est-ce Guillaume du Fou, sieur de Coutainville et Mesnil-au-Val, gouv. de Cherbourg (13 mai 1495-4 févr. 1497), élu de Caen (4 févr. 1497).

Compagnie SIPIERRE

(1) Notice à la comp. du duc de Lorraine.

(2) François de Béarn, sieur de la Bastide, lieut. à la comp. de Sipierre (mai 1562-31 août 1564), probablement le même que François de Béarn, sieur de Gerderest, fils de Bertrand

de Béarn et de Madeleine d'Andouins, mariés en 1492, ép. (1524) Anne de Pardaillan-Juillac.

(3) Notice à la comp. Mayenne.

(4) François de la Magdelaine, 3° fils de Girard de la Magdeleine et de Claude de Damas, mariés le 24 janv. 1523, gendre de M. Sipierre et beau-fils du mar. de Bourdillon, né à Ragny, le 23 août 1543, sieur, puis (27 févr. 1602), marquis de Ragny, Escreux, Colanges, Châteauneuf, Bademont, Corcelles, page du roi, fut à la bat. de Saint-Quentin (1557), aux combats autour d'Amboise (1560), aux sièges de Blois et Bourges (1562), le Havre (1563) gent. de la Ch. (21 janv. 1567), chev. de l'Ordre (15 juin 1569), suivit de Guise en Hongrie, lieut. à la comp. Bene (15 nov. 1567-15 janv. 1572), fut aux bat. de la Roche-Abeille et Jarnac, blessé au siège de la Rochelle (1573), à celui d'Issoire (1577), lieut. à la comp. Charny (janv.-1er déc. 1578), cap. de chevau-légers (5 nov. 1567), cap. de gend. (8 juill. 1582-6 mai 1605), mar. de camp (31 août 1589), cons. d'État (26 août 1585-7 mai 1624), gouv. de Nivernais (18 juill. 1601), prit Thizy (1590), battit le vicomte de Tavannes près de Dreux (1590), fut aux sièges de Paris, Rouen (1592), Beaune (1595), prit, en 1592, Chatel-Girard, Pisy, Noyers. Bailli d'Auxois (24 janv. 1574-7 mai 1624), il fut au siège de Montbard, fut blessé à celui d'Autun (3 juin 1591), défendit Noyers contre le vicomte de Tavannes et le marquis de Treffort, les battit près de Joigny, fut blessé, en 1595, à l'assaut de Noyers, et mourut entre le 7 mai 1624 et le 13 févr. 1625. Il ép. (23 déc. 1572 Catherine de Marsilly-Sipierre (morte en 1616, avant le 13 mai). Il fut lieut. gén. en Bresse, Bugey, Valromey (7 mai 1624).

(5) Claude de Sallemard, sieur de Ressix, la Fay, Machezal, Chirassimont, Montseichard, fils aîné de Claude de Sallemard et de Charlotte de Sarron, mariés le 12 déc. 1498, né avant 1514, mar. des log. à la comp. d'Orléans (juill. 1560), puis à la comp. de Sipierre (1565) vivant le 18 juill. 1568, ép. (14 mars 1536) Marguerite de Tenay.

Compagnie MONTARÉ

(1) Notice à la comp. La Guiche.

(2) Thomas de Gadagne, sieur de Beauregard, Pravieux, Baro, Saint-Genis, Rochemaure, baron de Champéroux, Briaille-en-Marche, mar. des log. à la comp. Méru (avril 1563-27 mai 1565), 2° fils de Thomas de Gadagne et de Pernelle de Berty, mariés en 1531, bailli de Beauvoir en Dauphiné (1556), gent. de la Ch. du Dauphin (1556), chev. de l'Ordre, gent. de la Ch., guid. à la comp. de Nemours (8 juin 1567-11 mai 1569), lieut. à la comp. Montaré (juill. 1569-22 mai 1570), lieut. gén. en Bourbonnais (23 mars 1570), cap. de gend. (17 févr. 1589), testa le 30 juill. 1594, ép. Hilaire de Marconnay (vivante le 13 avril 1579).

(3) Jacques de la Fin, dit de la Nocle, gouv. de Cervières (16 avril 1602), premier chamb. du duc d'Alençon (15 mars-11 juill. 1580), sieur de Monteil, Aubusson, Pluviers, Montboissier, la Roche, Mons, ens. à la comp. Montaré (oct. 1568-27 août 1569), chev. de l'Ordre, cons. d'Etat (8 août 1579-6 févr. 1609), cap. de gend. (8 août 1579-26 nov. 1602), 4° fils de Jean de la Fin et de Madeleine de Salins, ép. (9 sept. 1572) Gilberte de Montboissier (née 1562, vivante 9 août 1597), et mourut en 1616. — Cf. sur lui : Maurice Dumoulin : *Jacques de la Fin.*

(4) Joachim Jean de Bellenave, sieur de Bellebrune, gent. de la Ch. (29 sept. 1561), mort sans alliance, guid. (juill. 1569-22 mars 1571) à la comp. Montaré, fils aîné de Louis Jean de Bellenave et de Madeleine de Brouillart-Montjay, mariés le 4 août 1533. Il vivait encore le 19 juill. 1586. Cf. notice à la comp. Angennes-Rambouillet.

Compagnie LAURENT DE MAUGIRON

(1) Cf. notice comp. Clermont-Tallart.

(2) Jean d'Arces, sieur de Réaumont, 2° fils d'Humbert

d'Arces et de Louise de la Poype, chev. de l'Ordre, assista à la bat. de Moncontour, fut gent. de la Ch., lieut. à la comp. Maugiron (janv. 1503-12 nov. 1568) et mourut à Tours, le 18 oct. 1569.

(3) François de Rivière-Sainte-Marie, sieur de Rémusat, 2e fils d'Antoine de Rivière et de Jeanne du Puy-Montbrun, mariés le 23 oct. 1520, débuta, en Piémont, sous Brissac, fut cap. de gens de pied, gent. de la Ch., chev. de l'Ordre, gouv. de Doullens (1er sept. 1574), accompagna Henri III en Pologne et ép (26 juill. 1501) Marguerite Filleul. Lieut. à la comp. Maugiron (24 sept. 1573).

(4) Claude de Poisieu, 2e fils de Jean de Poisieu et d'Anne de Montainard, mariés le 15 janv. 1493, sieur du Passage, ép. (21 juill. 1530) Hélène de Grôlée et testa le 9 oct. 1565. Il fut (3 sept. 1571-7 mai 1572) ens. à la comp. Maugiron.

(5) Gabriel de la Poype, sieur de Saint-Julin et Montagneu, baron de Béaumont, fils de Claude de la Poype et de Benoîte de la Baume-Perès, gouv. de Gapençais (16 janv. 1584), vivant le 17 mai 1593, ép. (8 nov. 1554) Catherine d'Arces, puis Marguerite de Creyers. Guid. (avril 1571-4 sept. 1572), ens. (juill. 1573-4 déc. 1573), lieut. (janv. 1575-28 août 1582) comp. Maugiron.

(6) Antoine de Clermont, baron de Montoison, sieur de Montmirail, Lemps, Suze, Cobonne, Vaunavès, la Roche-Baudin, Veso, Félines, Saint-Vincent, Gigors, Beaufort, chev. de l'Ordre, gent. de la Ch. (1er août 1584) col. de l'infanterie de Languedoc (23 nov. 1589-11 sept. 1590), cap. de gend., gouv. de Valentinois et Diois, fils aîné de Claude de Clermont et de Louise de Rouvroy-Saint-Simon, mariés le 24 janv. 1552, gouv. de Castres et Lavaur (déc. 1591), lieut. à la comp. de Damville (24 août 1596), testa le 27 janv. 1597, ép. (14 oct. 1576) Marguerite de Simiane-Gordes. Lieut. gén. en Valentinois et Diois, il battit (8 mai 1582) les protestants à Crémieu.

(7) François de Soulières, sieur de Rosset, ens. (20 oct. 1565) à la comp. Maugiron.

(8) Antoine d'Urre, 2e fils de Jean d'Urre et de Catherine de Choiselat, mariés en 1512.

(9) Aimar de Poisieu, 2ᵉ fils de Claude de Poisieu et d'Hélène de Grolée, mariés le 21 juill. 1530, sieur du Passage, Saint-Georges d'Espéranche, Paladru, Montferrat, Bellegarde, ens. à la comp. Maugiron (janv. 1575-3 mars 1577), gent. de la Ch. (27 déc. 1596), chev. de l'Ordre, cap. de gens de pied (31 déc. 1584), gouv. de la citadelle de Lyon (18 nov. 1584), mestre de camp (28 déc. 1585), gouv. de Valence (17 mars 1590-1ᵉʳ oct. 1592), lieut. gén. en Provence (8 déc. 1593) et marquisat de Saluces (27 avril 1598), cap. de gend. (oct.-déc. 1597), né après 1510, cap. de gens de pied (31 déc. 1584-28 déc. 1585), ép. (21 juill. 1576) Françoise Flotte et testa le 7 juin 1600.

(10) Jacques de Grolée, comte de Viriville, baron de Gresse, sieur de Chatonay, Chateauvillain, Montbreton, Bruzet, cons. d'Etat, gent. de la Ch. (18 juill. 1573), cap. de gend. (28 janv. 1591), fils aîné de François de Grolée et de Sébastienne de Clermont-Hautefort, ép. (9 avril 1581) Marie d'Urre (morte avant le 13 déc. 1613), fut cap. de chevau-légers (15 déc. 1592) et testa le 10 janv. 1612.

(11) Michel de Chissé, sieur de la Marcousse, fils de Pierre de Chissé et de Louise de Baronnat, mariés le 11 janv. 1550, ens. à la comp. Maugiron, gouv. de Gap, ép. (17 févr. 1582) Claudine de Montainard et testa le 18 oct. 1585.

(12) Guy d'Arces, sieur de Livarot, guid. à la comp. Maugiron (juill. 1573-29 mars 1576), fils de Jean d'Arces et de Jeanne de Maugiron, fut un des *Mignons* de Henri III et figura au fameux duel.

(13) Gaspard de Baronnat, sieur de Polémieu et Poliénas, fils de Claude de Baronnat et d'Emeraude des Herbeys, mariés le 27 déc. 1551, cap. de chevau-légers (1591), puis de gens de pied, guid. à la comp. Maugiron, mort avant le 7 mai 1599, ép. Laurence de Montainard.

(14) Mar. log. comp. Maugiron (11 juin 1567).

(15) Balthazar Genton, sieur de Malies, mar log. comp. Maugiron (janv.-12 nov. 1568).

(18) Charles de Lattier, sieur d'Ourcinas et Souspierre, 2ᵉ fils de Louis de Lattier et d'Alix de Brottin, mariés le

18 nov. 1535 mar. des log. pendant 8 ans à la comp. Maugiron, cap. de gens de pied (26 mai 1577-24 juin 1579) cap. au régiment de Livarot (19 sept. 1580), lieut. à la comp. d'Ourches, ép. (20 janv. 1582) Louise de Moreton-Chabrillan (vivante 20 juin 1620), h. d'a. (3 sept. 1571), mar. log. (avril 1580-20 janv. 1582) comp. Maugiron, il mourut entre le 11 mars et le 1er sept. 1615.

Compagnie GUY DE MAUGIRON

(1) Notice à la comp. Saint-Pol.

(2) Blaise de Pardaillan, sieur de la Motte-Gondrin, fils de Pierre de Pardaillan et d'Agnès d'Armagnac, h. d'a. à la comp. du Roi de Navarre (1526), lieut. à la comp. Maugiron, chev. de l'Ordre, gent. de la Ch. (6 juin 1544), lieut. à la comp. Laval (21 juill. 1546-1er avril 1547), un des héros des guerres de Piémont sous Brissac (1551-1559), cap. de gend. (18 oct. 1559-20 févr. 1562), lieut. gén. en Dauphinois (1er oct. 1561), assassiné à Valence, au début de 1562. Il fut gouv. de Villanova d'Asti et ép. Jeanne de Saint-Lary. Il fut chev. de l'Ordre (29 sept. 1560).

(3) Guillaume de Maugiron, sieur d'Igyé, 4e fils de Guy de Maugiron et d'Ozanne l'Hermite, guid. (janv. 1544) à la comp. Maugiron, puis lieut. (14 oct. 1545-26 avril 1554), ép. Philippe de Lugny et fut tué au siège de Valfenera.

(4) Antoine de Gumin, sieur de Romanesche, chev. de l'Ordre, gouv. de la Tour du Pin, testa le 6 sept. 1560 et mourut avant le 25 mai 1579. Il ép. Louise de Rochefort-Cénas. Il fut beau-père du célèbre baron des Adrets.

(5) Aimar-François de Grolée-Meuillon, baron de Bressieux, Ribiers, Arzilliers, Cornillon, Lauris, Puget, Ruinat, Baumes, Falavaux, Cordon, Sainte-Colombe, Pinet, Barret, gent. de la Ch., chev. de l'Ordre, testa le 13 oct. 1565. Il était

le 2ᵉ fils d'Aimar-Antoine de Grolée-Meuillon et d'Isabeau de Cardaillac-Peyre, mariés le 22 mai 1504, ép. (3 sept. 1550) Catherine d'Oraison-Beaujeu, veuve de Gaucher de Quiqueran.

(6) Cf. notice à la comp. Clavel-Montfort.

(7) Antoine de l'Estang (Cf. notice comp. duc de Nemours).

(8) Jean de Neyrolles, mar. des log. à la comp. Maugiron (juill. 1543-21 juill. 1551), puis à la comp. Clermont (avril 1557-2 mars 1563).

Compagnie TIMOLÉON DE MAUGIRON

(1) Timoléon de Maugiron, comte de Montléans, baron d'Ampuis, Montbellet, 2ᵉ fils de Laurent de Maugiron et de Jeanne de Maugiron-la Tivollière, mariés le 19 mai 1550, lieut. gén. en Dauphiné (15 juin 1588), cap. de gend. (28 avril 1593), lieut. gén. en Forez (20 oct. 1593), tué (1622) au siège du Pouzin, ép. Françoise de Tournon, puis Louise de Sassenage.

(2) Claude de la Porte l'Artaudière, sieur de Saint-Lattier (21 août 1586), testa 16 févr. 1639 et mourut avant nov. 1639, sans postérité, fils d'André de la Porte et de Marcienne de Guiffrey, mariés le 14 janv. 1547, ép. (10 juin 1585) Louise de Prunier-Saint-André (vivante le 22 févr. 1640).

(3) Pierre de Vaulx, sieur de Palagnieu, 2ᵉ fils d'Hughes de Vaulx et d'Yvette de Chamgy, mariés le 12 févr. 1544, né entre 1551 et 1562, cap. de g. de pied (19 juin 1587), mort entre le 20 août 1605 et le 22 avril 1608, ép. (15 juin 1579) Jeanne de Pallagnin (testa 20 nov. 1614).

(4) H. d'a. à la comp. Simiane (févr. 1577), ép. Aimare de Moretton.

Compagnie MIOLANS

(1) Louis de Miolans, 2e fils d'Anthelme de Miolans et de Françoise de Polignac, mariés le 1er déc. 1467, sieur de Serne, comte de Montmayeur, baron de Miolans, Anjou, Saint-Pierre-d'Albigny, Caramagna, cons. d'Etat, chambellan, cap. de gend. (27 déc. 1494-8 mai 1503), mort avant le 8 juill. 1510, ép. Françoise de Chabannes-Vandenesse.

(2) Sébastien de Compois, sieur de Gruffy, Prangins, la Chapelle, Draillans (27 juin 1490-28 mars 1501), décédé avant le 5 juill. 1510, fils d'Amédée-Bon de Compois et de N., ép. Françoise de Montchenu (vivante 30 nov. 1515).

Compagnie MIOLANS-CHEVRIÈRES

(1) Cf. notice à la comp. Jacques de Crussol-Uzès.

(2) Gabriel Ode, sieur de Triors, ens. à la comp. Chevrières (avril 1581), mort avant le 22 mars 1590, ép. (6 avril 1581) Guyonne de la Croix-Chevrières (testa 6 août 1611).

Compagnie LA MIRANDOLE

(1) Luigi Pic, sieur de la Mirandole, 3e fils de l'usurpateur Galiot Pic et d'Hippolyte de Gonzague-Sabionnetta, gent. de la Ch. (15 mars 1549), chev. de l'Ordre (2 sept. 1571), cap. de gend. (21 avril 1571-16 janv. 1578), mort en 1580, à Reggio. Le 5 févr. 1574, le roi Charles IX, jugeant que Galeotto Pic, né en 1563, fils de Louis Pic et de Fulvia de Correggio, mariés en 1561, était trop jeune pour commander sa compagnie de gendarmes, en donna le commandement à son oncle Luigi (frère de Louis, père de Galiot), déjà capitaine.

(2) Frédéric Pic, prince de la Mirandole (mars 1597), neveu du précédent, marquis de Concordia, 2e fils de Louis Pic

(mort le 17 nov. 1568) et de Fulvia de Correggio (morte le 13 oct. 1590), mariés en 1561, né en 1572, mort en mai 1602, ép. (1594) Hippolyte d'Este.

(3) Bertrand Girolamy, chev. de l'Ordre (13 sept. 1570), gent. de la Ch. (22 juill. 1572), lieut. à la comp. la Mirandole (avril 1572-17 mai 1575).

(4) Claude Maffei, sieur de la Mirandole, ens. à la comp. la Mirandole (15 nov. 1573).

(7) Claude de Vausèche, sieur de la Tourrette, fils de Louis de Vausèche et de Marguerite de la Tourrette, ép. (4 mai 1574) Marguerite de Bourdic, veuve d'Edouard d'Albert-Saint-André, et mourut avant le 16 mai 1575.

(8) Claude de Paulat, sieur de la Tour, guid. à la comp. la Mirandole (3 mai 1577-16 janv. 1578).

(11) Georges Sirocque, sieur d'Avignon, mar. des log. comp. la Mirandole (3 mai 1576).

Compagnie SENARPONT

(1) Senarpont. — S'agit-il de Jean de Karquelevant ou de Jean de Monchy, c'est ce qu'il n'est pas possible d'établir.

(2) Antoine de Riencourt est probablement Antoine de Riencourt, sieur de Bergicourt et Orival, mineur au 14 mai 1486, mort entre le 5 juin 1549 et le 25 mai 1551, gent. de la maison du roi (8 févr. 1522), fils de Raoul de Riencourt et de Jeanne d'Orjault, mariés le 10 mars 1479, ép. (20 nov. 1513) Marie de Sacquespée (vivante le 25 mai 1551).

Compagnie SENARPONT

(1) Jean de Monchy, sieur de Senarpont, baron de Vismes, 2º fils de Jean de Monchy et de Madeleine d'Abbeville-Ivergny.

mariés en 1500, lieut. à la comp. la Meilleraye, puis à la comp. Boisy (1545), puis à la comp. du Biez (janv. 1548-25 juill. 1551), chev. de l'Ordre, gouv. de Corbie et Boulogne (18 mars 1553), cap. de gend. (3 nov. 1556-16 déc. 1567), cons. d'État (16 déc. 1567), lieut. gén. en Picardie (3 juill. 1560-20 juill. 1565), mort entre le 16 déc. 1567 et le 14 août 1571, fut au ravitaillement de Landrecies (1543), à la campagne de Boulogne (1544), au ravitaillement d'Outreau (1555), fut un des actifs agents qui préparèrent, en 1558, la prise de Calais. Il ép. (18 mars 1531) Claude de Longueval (morte le 21 févr. 1557), puis (24 nov. 1563) Madeleine de Suze (vivante 13 mars 1546), veuve de Joachim de Warty.

(2) Jean de Clères, fils de Georges de Clères et d'Isabeau de Mailly-Conti, mariés 25 mai 1506, baron de Clères, Beaumets, la Croix-Saint-Leufroy, Hugleville, Gistbénard, Panillouse, Goupillières, Manneville-La Pipart, chev. de l'Ordre, cap. de galère (20 janv. 1558), col. de l'arrière-ban de Normandie (25 oct.-31 déc. 1562), lieut. comp. Senarpont (janv.-25 avril 1553), blessé au siège de Rouen (1562), prit Caudebec (1562). Né entre 25 déc. 1507 et 2 août 1529, il fut tué à Caen, dans une rixe, le 27 août 1563. Il ép. (1547) Anne de Fouquesolles, puis (1551) Marguerite de Louvigny (vivante 4 nov. 1563).

(3) Cf. notice à la comp. du Biez.

(4) François de Boulainvilliers, sieur de Besancourt, Saint-Saire, le Coudray, Lyon, Nesle, Beaubec la Ville, Tréfoy, Mesnil-Mauger, Massy, Forges en Bray, Guilbermesnil (2 mai 1553), chev. de l'Ordre, huguenot, guid. (juill. 1559-14 janv. 1560) à la comp. de Senarpont, se couvrit de gloire à la bat. de Saint-Denis. Il vivait encore le 31 juill. 1580, était 2e fils d'Antoine de Boulainvilliers et de Claude de Saint-Simon, mariés en 1517, naquit avant 1525 et ép. Charlotte de Monchy-Senarpont, fille du capitaine.

(5) Notice à la comp. Morvillers.

(6) Nicolas de Monsures, sieur d'Auvilliers, les Ventes, Marais, Mésangères, Boschavot (2 mars 1568-15 juill. 1575), mort entre le 6 déc. 1580 et le 10 avril 1585, ens. à la comp.

de Senarpont (juill. 1564-6 juin 1567), fils aîné de Pierre de Monsures et de Jeanne de la Mothe-Montigny, mariés le 6 sept. 1534, ép. (8 déc. 1563) Marie de Canonville-Ra Tetot (vivante le 2 juin 1598).

(7) Claude de Hames, 3e fils d'Antoine de Hames et d'Anne d'Ailly-Varennes, né le 21 oct. 1525, mort le 23 août 1565, à Amiens, guid. à la comp. Senarpont (avril-22 juill. 1552), ép. (3 nov. 1546) Gabrielle de Monchy-Senarpont, fille du capitaine (vivante le 23 août 1565).

(8) François d'Auxes, guid. comp. Senarpont (mai 1553-23 janv. 1556).

(9) Charles de la Motte, sieur de Vimont, Esclavelles, Querecourt (4 juin 1575), guid. comp. Senarpont (6 juin 1567), ép. Charlotte de Monchy-Senarpont, fille du capitaine.

(10) Jean de Boubers, vicomte de Bernatre, Moncheaux, Helliers, Boismont, Neufmetz, Tunc, la Motte, la Haute-Rue, fils de Jean des Boubers et de Marie de Mauvoisin, mar. des log. à la comp. Senarpont (août 1559-6 juin 1567), ép. Nicole de Liques. Il était mort au 13 août 1567.

Compagnie D'ESSÉ

(1) Notice à la comp. Bourbon-Montpensier.

(2) Notice à la comp. Gonnort.

(3) François d'Illiers, baron de Radretz, sieur de Bourdeuil, le Tertre, la Berruyère, Villeromain, fils de Jean d'Illiers et de Madeleine de Joyeuse, né en 1525, maître d'hôtel de Marguerite de Navarre, guid. (avril-juin 1546), puis ens. (oct. 1546-2 juill. 1547) à la comp. d'Essé, il ép. (2 févr. 1539) Françoise de la Vove-Tourouvre et fut tué, en 1548, à Haddington.

(4) Notice à la comp. Gonnort.

(5) Notice à la comp. Gonnort.
(6) Notice à la comp. Gonnort.

Compagnie MONTEJEAN

(1) Notice à la comp. Laval-Châteaubriant.

(2) René de la Jaille, fils de René de la Jaille et de Jeanne de Hériçon, mariés en 1494, sieur de la Roche-Talbot, gent. de la Ch., cap. général de l'arrière-ban de France (17 sept. 1545-19 juill. 1553), ép. Marguerite-Madeleine de Montgommery, veuve de Catault de la Chesnaye.

(3) Notice à la comp. la Rochedumayne.

(4) Probablement Edmond de la Haye du Coudray, sieur du Châtellier-Monbault (20 mars 1522), gouv. de Suze en Piémont (10 juill. 1546), décédé au 30 déc. 1556, 2º fils de René de la Haye et de Jeanne du Pineau, ép. (16 févr. 1531) Renée de la Boucherie (testa 7 oct. 1547), veuve de Jean de Vendes.

(5) Notice à la comp. Laval-Châteaubriant.

(6) Julien Goyon, mar. des log. à la comp. Matignon (16 août 1536).

Compagnie LORGES

(1) Notice à la comp. Claude de Guise.
(2) Notice à la comp. d'Arran.
(3) *Item.*
(4) *Item.*
(6) Jean Braque. C'est probablement le même que celui sur lequel on trouvera une notice à la comp. Lennox.

Dict. Et.-Maj.

Compagnie LAVAL-ROHAN

(1) Nicolas-Guy de Montfort-Laval, comte de Caserte, Laval, Montfort, Quintin, sieur de Vitré, Gavre, Bécherel, Romillé, Tinténiac, la Guerche, Beaufort, Bellestre, la Roche-Bernard, Acquigny, vicomte de Rennes, gouv. de Bretagne, fils de Jean de Laval et de Jeanne du Perrier, cap. de gend. (25 oct. 1527-7 déc. 1530), chev. de l'Ordre, né en 1473, mort le 30 mai 1531, à la Gravelle, des suites d'un coup de pied de cheval, ép. (2 janv. 1501) Charlotte d'Aragon (décédée en 1506) puis (3 mai 1517) Anne de Montmorency (morte le 30 juin 1525), puis (3 mars 1526) Antoinette de Daillon du Lude. Il fut à Fornoue (1495), Gênes (1507), battit deux fois les Anglais (1517 et 1522) en Bretagne.

(2) Claude-Guy de Montfort-Laval, comte de Laval, Montfort, Quintin, baron d'Orval, Beaufort en Champagne, Barbazan, le Viguier, Lesparre, Rennes, Lautrec, Fronsac, Aspet, Coulommiers en Brie, Rethelois, sieur de Vitré, Gavre, la Roche-Bernard, Acquigny, fils ainé de Guy de Laval et d'Anne de Montmorency, mariés le 3 mai 1517, né en janv. 1522, chev. de l'Ordre, mort sans postérité, le 25 mai 1547, à Saint-Germain-en-Laye, ép. (23 oct. 1535) Claude de Foix-Lautrec (morte avant le 23 févr. 1549).

(3) René de Rohan, fils de Pierre de Rohan-Gié et d'Anne de Rohan-Rohan, mariés le 7 sept. 1517, petit-fils du mar. de Gié, vicomte de Rohan, prince de Léon, comte de Porhoet, sieur de Beauvoir et la Garnache, chev. de l'Ordre, cap. de gend., tué, le 20 oct. 1552, dans un combat près de Metz. Il ép. (16 août 1534) Isabeau d'Albret, fille du roi Jean de Navarre.

(4) Joachim de Matignon, fils ainé de Guy de Matignon et de Péronne de Jeucourt, mariés en 1485, sieur de Matignon et la Roche-Goyon, oncle du maréchal de Matignon, ép. après 1527, Françoise de Daillon du Lude, veuve de Jacques de Rohan. Chev. de l'Ordre, lieut. gén. en Normandie (1543-12 mai 1548), cons. d'Etat, chamb., il fut lieut. de l'expéd. de 1545 de d'Annebault sur les côtes d'Angleterre, et mourut le 9 oct. 1549.

(5) Notice comp. Guy de Maugiron.

(6) Notice comp. Laval-Châteaubriant.

(7) Notice comp. Condé.

(8) Notice comp. Chabot-Jarnac.

(9) Odet de la Fitte, sieur de Pellapore, fils aîné de Jean de la Fitte et de Galienne de l'Isle-Jourdain, vivait déjà le 12 juill. 1498. Centenier de 1,000 hommes de pied (21 nov. 1534), h. d'a. à la comp. Antoine de Rochechouart (25 oct. 1543), puis mar. des log. de gend. (25 oct. 1543), il ép. Bellette de Verdusan (décédée entre 15 oct. 1555 et 16 mai 1577). Il mourut entre le 29 avril 1562 et le 13 janv. 1573.

(10) Notice comp. Condé.

Compagnie FABIEN DE MONTLUC

(1) Fabien de Montluc, 4e fils du maréchal Blaise de Montluc et d'Antoinette Isalguier, mariés le 20 oct. 1526, chev. de l'Ordre (14 avril 1573), cap. de gend., gouv. de Pignerol, blessé à Rabasteins (1570), tué à Nogaro (1573), ép. (25 mars 1570) Anne de Montesquiou (qui testa le 15 juin 1575). Il était cap. de gend. (14 avril 1573).

(2) Notice à la comp. Caumont-Lauzun.

(3) Jean de Berrac, sieur de Cadreils, fils de Martin de Berrac et de Bertrande de Manau, mariés le 28 oct. 1527, décédé entre 25 oct. 1607 et 6 mars 1615, chev. de l'Ordre (30 avril 1582), ens. (26 avril 1572-14 avril 1573), lieut. (24 juill. 1585), comp. Montluc, cap. de gend. (30 avril 1582-11 mars 1601), ép. (2 janv. 1567) Honorade de Barrau (vivante 15 oct. 1619).

(4) Jean de Mons, mar. des log. à la comp. Montluc (14 juill. 1562), guid. à la comp. Fabien de Montluc (14 avril 1573), sieur de Mons en Armagnac, vivant le 13 mai 1575.

(5) Bertrand de Montesquiou, sieur de la Serre, cns. (14 avril 1573) comp. Fabien de Montluc, fils aîné de Jean de Montesquiou et de Jeanne de Lasseran, mariés avant le 25 mai 1520, ép. (10 avril 1559) Jaymette de Sourbier, puis (11 févr. 1582) Jeanne de Maigne-Salleneuve (vivante 15 mai 1613), veuve de Jean de Serre-Soubsens. Il testa le 29 mars 1592 et mourut avant le 12 août 1593.

Compagnie BLAISE DE MONTLUC

(1) Blaise de Montluc, né à Sainte-Gemme (Gers) en 1501, mort à Estillac (Agenois) en 1577, fils aîné de François de Lasseran-Montesquiou-Masencomme-Montluc et de Françoise d'Estillac, mariés en 1500, servit, en 1521, sous Lesparre, fut à la bataille de la Bicoque (1522), servit, en 1523, à Bayonne, sous Lautrec et se distingua au combat de Saint-Jean-de-Luz. Prisonnier à Pavie (1525), cap. de gens de pied (1527), blessé au siège d'Ascoli (1528), lieut. de gens de pied, il fut à la prise du Moulin d'Auriol en Provence (1536). Cap. de gens de pied (16 mars 1543), il fut au siège de Thérouanne (1537), fit la campagne de Piémont de 1537, sous le Dauphin, fut à Cérisoles (1544), fit un coup de main sur Boulogne (1544), fit campagne sous du Biez (1545), séjourna en Piémont (1548-1549), mestre de camp (1551-21 févr. 1553), prit Chieri (août 1551), gouv. de Moncalieri (19 mars 1551), fut au siège de Lanzo (1552), prit Cortemiglia, défendit Bene (1553), Gouv. d'Alba (1552-1553), puis de Sienne (1554-1555) qu'il défendit remarquablement contre le marquis de Marignan, chev. de l'Ordre (22 oct. 1556) et cap. de gena. (1555-13 nov. 1571), il fut au siège de Volpiano (sept. 1555), lieut. gén. en Siennois (18 août 1556) et Toscane (22 oct. 1556), prit Pienza (1557), fut au siège de Calais (1558), col. gén. de l'infanterie française (1558-1559), fut au siège de Thionville, à la prise d'Arlon (1558), chassa les calvinistes de Toulouse (1562), échoua sur Montauban, battit les calvinistes à Francescas, Targon, Ver (9 oct. 1562), prit Lectoure. Lieut. gén. en Guyenne (10 déc.

1562-2 mai 1568), il prit Ré (1568), Mont-de-Marsan (1569), Rabasteins (1570), où il fut blessé. Il fut au siège de la Rochelle (1573). Maréchal de France (25 sept. 1574), il prit Gensac (1574) et mourut en 1577 après le 19 déc. Il ép. (20 oct. 1526) Antoinette Isalguier (vivante 20 juin 1569), puis Antoinette de Beauville (vivante 22 août 1579). Il a laissé des *Commentaires* très célèbres, publiés en 1592.

(2) Pierre-Bertrand de Montluc, sieur de Caupène, Camian, Magez, gent. de la Ch., 2e fils du mar. Blaise de Montluc et de Antoinette Isalguier, mariés le 20 oct. 1526, ép. (6 juill. 1563) Marguerite de Caupène (vivante 1er févr. 1585), et fut blessé, en 1568, au cours de sa célèbre expédition contre Madère. Il mourut peu de jours après. On l'avait surnommé le *capitaine Peyrot*. Il fut lieut. à la comp. de son père (25 janv. 1560-4 mai 1566) et gent. de la Ch. (6 déc. 1561-2 oct. 1565).

(3) Philippe de la Roche, baron de Baches, Baussan, la Roque-Magnoac, Lussay, Esquinadaze, la Barthe-Maunac, Sanguède, Adeilhac, Polastron, Frontailhan, Fontenilles (12 avril 1554), sieur de Castéra, gendre du mar. de Montluc, fils ainé de Manaud de la Roche et de Catherine de Benque, mariés le 3 mars 1527, gent. de la Ch. (févr. 1565), guid. (16 août 1564-21 mai 1566), puis (10 mars 1568-27 mai 1575) lieut. à la comp. du mar. de Montluc. Chev. de l'Ordre (7 févr. 1568), cap. de gend. (24 janv. 1569-25 nov. 1590), cap. de gens de pied ; (31 mai 1583), mourut entre le 25 nov. 1590 et le 20 mars 1594. Il ép. (23 janv. 1577) Françoise de Montluc.

(4) Notice comp. Caumont-Lauzun.

(5) Notice comp. Fabien de Montluc.

(6) Odet de Verduzan, fils de Jean, ép. (2 sept. 1531) Catherine de Roquelaure, puis (7 oct. 1546) Jeanne de Pès, puis N... de Saint-Aubin, gent. de la Ch. (14 août 1565), ens. comp. Montluc (oct. 1559-5 nov. 1567), chev. de l'Ordre (13 juill. 1564), gouv. de la Réole (27 déc. 1567-19 août 1569), sén. de Bazadais (13 juill. 1564-30 juin 1570), vivant 14 juin 1576.

(7) Jean d'Albert-Laval, sieur de Saint-Bauzille, Madaillan, ens. comp. Montluc (20 sept. 1569-11 nov. 1572), chev. de l'Ordre (6 févr. 1585), 4e fils de François d'Albert-Laval et de Françoise de Monteil, mariés le 14 févr. 1512.

(8) Jean de Mons. Notice comp. Fabien de Montluc.

Compagnie JEAN DE MONTLUC

(1) Jean de Lasseran-Massencomme-Montesquiou-Montluc, 2e fils du maréchal Blaise de Lasseran-Massencomme-Montesquiou-Montluc et d'Antoinette Isalguier, mariés le 20 oct. 1526, chev. de Malte, cap. de gend. (30 août 1575), gouv. de Pignerol (3 févr. 1568-19 juill. 1569), fut au siège de Malte (1565), col. d'infanterie, entra dans les ordres et fut évêque de Condom (1571-1581).

(2) Notice comp. Fabien de Montluc.

(3) *Item.*

(4) Joseph de Béarn, baron du Saumon, guid. (5 févr. 1578) à la comp. de Montluc, vraisemblablement fils d'Alain de Béarn et d'Anne de Montesquiou, mariés le 8 nov. 1540.

Compagnie CONNÉTABLE DE MONTMORENCY

(1) Anne de Montmorency, 2e fils de Guillaume de Montmorency et d'Anne Pot, né à Chantilly, le 15 mars 1492, duc de Montmorency (juill. 1551), chev. de l'Ordre, comte de Beaumont et Dammartin, vicomte de Melun et Montreuil, baron de Châteaubriant, Damville, Préaux, Fère en Tardenois, Montberon, Chantilly, Ecouen, Offémont, Villiers-le-Bel, Mello, Chateauneuf, la Rochepot, Dangu, Méru, Vigny, Thoré, Maintenay, Macy, enfant d'honneur de François 1er, lieut. de gend. à Marignan (1515) comp. Boisy (20 mai 1516), gouv.

de Novare, cap. de gend. (1516), cons. d'État (1520), fut à l'entrevue de François I⁰ʳ et de Henri VIII. Premier gent. de la Ch., il défendit Mézières (1521), enleva un convoi près de Milan, prit Novare, se battit à la Bicoque (1522). Mar. de France (6 août 1522), il sauva Corbie et Thérouanne (1523), fut blessé et pris à Pavie. Il fut grand-maître de France (23 mars 1526-fin 1559), gouv. de Languedoc (7 mai 1526), il conduisit (juin 1531) à Bayonne, la reine de Portugal et les fils de France. Gouv. de Languedoc (27 juill. 1533-11 janv. 1543), chev. de la Jarretière (1534), il lutta, en 1536, contre Charles-Quint en Provence, fit, en 1537, une petite campagne en Picardie, prit Hesdin, ravitailla Thérouanne, prit Suze, Avigliana et délivra Turin. Plénipotentiaire (1538) à Leucate, connétable (10 févr. 1538), lieut. gén. du royaume jusqu'au 27 juin 1542, surintendant des finances. Disgracié (1541). Gouv. de Languedoc (12 avril 1547-12 mai 1563), il réprima (1548) l'insurrection de Bordeaux, fit (1549) la campagne de Boulonnais, celles de 1552 et 1553 avec le roi. Plénipotentiaire à Marck (1555) et Vaucelles (1556), battu, blessé, fait prisonnier à Saint-Quentin (1557). Plénipotentiaire à Lille, Cercamp, Cateau-Cambrésis (1558-1559), il fit la campagne de 1562 contre les protestants (sièges de Blois, Bourges, Rouen), fut blessé et pris à Dreux (1562). Vainqueur, mais blessé à mort à Saint-Denis, il mourut le 12 nov. 1567. Il ép. (12 janv. 1527) Madeleine de Savoie (née en 1510, morte en 1586).

(2) Laurent de Montainard, sieur de Marcieu, Avesnes, Prébois, Feuillans, Pays, Savel, Avallon, Moterel, Sainte-Eugénie, Goncelin, Arvillard, les Molettes, 2ᵉ fils d'Hector de Montainard et de Marguerite Paléologue, mariés le 24 juill. 1487, fut lieut. à la comp. de Montmorency et ép. (1524) Catherine de Talaru. Il fut (1521) à la défense de Mézières et mourut entre le 4 sept. 1537 et le 12 juin 1549.

(3) François Guérin, sieur de Poisieux, Chappes, Martreu, la Rochegastevin, Chantepie, Estres, Montgaucher, Changé, les Vignons, fils de Robert Guérin et de Jeanne de Moran, mariés le 9 janv. 1480, gouv. de Saint-Malo (11 nov. 1522-6 déc. 1523) décédé au 17 mars 1539, lieut. de l'amirauté en Bretagne

(14 juill. 1523), ens. comp. mar. de Montmorency, ép. Anne de Fontenaille (testa 27 févr. 1543).

(4) Notice comp. La Guiche.

(5) **François de la Tour**, vicomte de Turenne, sieur de Montgascon, Olliergues, le Croc, Boujols, Fay, Servissac, chev. de l'Ordre, fils de François de Turenne et d'Anne de la Tour, né le 25 janv. 1526, à Ferrières en Bourbonnais, fut à Cérisoles (1544), cap. de gend. (il succéda à Rohan comme cap. de gend.) (1552), cap. aux gardes (1554), gouv. de Bresse et Bugey (1557), blessé à mort à Saint-Quentin, testa le 13 août 1557 et mourut peu après. Il fut (12 nov. 1548) lieut. à la comp. du connétable de Montmorency, dont il ép.ᵉ (15 févr. 1546) la fille, Éléonore de Montmorency.

(6) **Jean de Carbonnières**, sieur de la Capelle-Biron, gouv. de Pontorson (15 déc. 1554), fils aîné d'Alain de Carbonnières et de Marguerite de Gontaut-Biron, mariés en 1501, gent. de la Ch., cap. de gend., lieut. (24 avril 1557) à la comp. du connétable, tué à la bat. de Saint-Quentin (1557).

(7) **Bertrand Raimbaud de Simiane**, baron de Gordes, fils aîné de Bertrand de Simiane et de Perrette de Pontevès, né le 18 oct. 1513. Page de Bayard (1520), il le suivit à Mézières (1523), Rebecco (1524), assista à ses derniers moments, puis s'attacha au conn. de Montmorency, à la comp. duquel il fut (14 juin 1544-12 nov. 1548) ens., puis (20 mai 1560) lieut. Gouv. de Mondovi (1550-1556), il fut à la prise de Chieri (1551), échoua sur Cherasco (1551), battit l'ennemi près de Bene (1551), prit Masaglia (3 mars 1552), Cava, la Bastida (1554), Cap. de chevau-légers (1554), lieut. à la comp. Montmorency (janv.-30 mai 1561), cap. de gend. (1ᵉʳ mai 1575), chev. de l'Ordre (7 déc. 1561), gent. de la Ch., cons. d'État (7 juin 1573-1ᵉʳ mai 1575), lieut. gén. en Dauphiné (1565-1ᵉʳ mai 1575). En 1567, il secourt Vienne, bat l'ennemi à Chatte (20 et 22 nov.), se replie sur Bourgoin, prend la Côte-Saint-André, où il est blessé, Saint-Marcelin, Saint-Antoine, Moirans, Châteauneuf, l'Albenc, Moras. En 1569, on lui ôte la moitié de son gouvernement pour la donner à Maugiron, mais, comme quelques années auparavant pour de Suze, le partage n'eut pas lieu. Il est, à la fin de 1569, battu, par Montbrun, en face de

de Viviers. Il est vainqueur aux Ponts de Claix, échoue sur le Pouzin, fait arrêter le baron des Adrets. En 1572, il refuse d'exécuter la Saint-Barthélemy en Dauphiné, pacifie cette province. Il prend Saillans, Chabeuil, Vif, Mens, Nyons. En 1574, il prend Allex et assiste aux sièges de Livron, Loriol, le Pouzin. Il prend Grave, Roynac, est au second siège de Livron. En 1575, il délivre Châtillon en Diois, bat Montbrun et Lesdiguières, qui le battent ensuite au pont d'Oreille ; il les bat au Pont de Mirabeau sur Gervanne et fait Montbrun prisonnier. En 1576, il prend le château d'Allières, Loriol, Corps, délivre le château d'Ambel. Il mourut à Montélimar, le 21 févr. 1578, à 5 heures du soir. (Cf. Jules Taulier : *Le baron de Gordes*. Grenoble, 1853, in-8°). Il ép. (14 juin 1551) Guigonne Alleman (testa 28 mars 1573), veuve de Guillaume d'Ancezune-Cadart.

(8) Gaspard de Montmorin, sieur de Saint-Hérem, Auxon, Billac, Spirat, Bréon, Bothéon, Chassignolles, Compeix, chev. de l'Ordre, gouv. d'Auvergne, ens. (22 juill. 1551-20 mai 1560), lieut. (23 août 1564-1ᵉʳ juin 1567) à la comp. du conn. de Montmorency, fils aîné de François de Montmorin et d'Anne de Joyeuse, mariés le 12 févr. 1527, né avant 1532, fut cap. de gend. (oct. 1568-28 sept. 1581), gouv. d'Auvergne (10 janv. 1564), cons. d'État (28 sept. 1581), chev. de l'Ordre (25 mai 1565), panetier, chamb., fait pris. à la bat. de Saint-Quentin (1557) et à celle de Dreux (1562), député aux États-Généraux (1576), mourut le 1ᵉʳ janv. 1586, à Chassignolles. Il ép. Louise d'Urfé (née le 27 déc. 1537, à la Bastie, morte le 17 oct. 1599).

(10) Notice à la comp. François de Guise.

(11) Notice à la comp. Piasselou-Heilly.

(12) Louis du Brouillat, baron de Montjay, fils de Charles du Brouillat et d'Antoinette d'Angennes, guid. à la comp. du conn. (juill. 1548-24 avril 1553), mort avant le 13 sept. 1586, ép. (14 avril 1550) Louise d'Orgemont (née 1541).

(13) Louis de Billy, fils de François de Billy et de Marie de Beaumanoir-Lavardin, baron de Courville, sieur d'Ivor, Launay, Vaujoli, guid. (janv.-8 avril 1563), ens. (juill. 1564-

25 mai 1566) comp. conn. Montmorency, Crosay, Geneville, gent. de la Ch., chev. de l'Ordre, ép. (22 févr. 1558) Félice de Rosny (vivante 18 juill. 1570). Il mourut entre le 19 juill. et le 16 déc. 1566.

(14) Claude de Créquy, sieur de Bernieulles, Bléquin, Villers-Bocage, chev. de l'Ordre, gent. de la Ch. (8 juill. 1565-6 juill. 1567), chev. de l'Ordre, fils aîné de Claude de Créquy et de Marguerite de Guisancourt, né à Bernieulles, le 5 juill. 1540, à 7 heures du matin, guid. à la comp. du conn. (23 août 1564-25 nov. 1566), ens. (10 avril-20 oct. 1567), lieut. (10 sept. 1572-6 juill. 1574) à la comp. Thoré, chamb. (1572-9 mars 1576) du duc d'Alençon, ép. (10 sept. 1572) Claude de Rouvroy-Saint-Simon, fut à la bat. de Saint-Denis (1567) et mourut, entre le 29 janv. 1587 et le 3 sept. 1592.

(17) Louis de Saint-Simon, 2e fils de Guillaume de Saint-Simon et de Marie de la Vacquerie, né en 1496, sieur de Rasse, Bray, Bersée, Raimbaucourt, Plessis-Choiseul, Inville, Saint-Léger, Ouillé, Vergineuil, gouv. d'Orchies, guid. à la comp. Montmorency (9 juin 1535), gouv. et bailli de Hesdin (1er juill. 1547-13 sept. 1549), chev. de l'Ordre (1567), gouv. et bailli de Senlis (24 nov. 1567-5 févr. 1578), gent. de la Ch. (18 janv. 1560), fut aux prises de Hesdin (1537), Lillers (1543), ép. (24 nov. 1531) Antoinette de Mailly (morte en 1576), et mourut en mai 1578. Il fut (5 févr.-27 sept. 1530) guid. à la comp. Luxembourg-Brienne.

(18) Notice à la comp. d'Angennes-Rambouillet.

(19) Claude de Batarnay, comte du Bouchage, fils aîné de René de Batarnay et de Isabeau de Savoie, né le 25 sept. 1544, neveu du conn., guid. (janv. 1567), ép. (16 févr. 1562) Jacqueline de Monthel-Entremonts (vivante 19 déc. 1588), fut blessé à mort à la bat. de Saint-Denis et mourut le 19 nov. 1567.

(20) Guillaume de Surgères, sieur de Villefontaine, mar. log. comp. Montmorency (avril 1536-22 oct. 1550).

(23) Jean Le Fresnoy, ens. (17 sept. 1568) à la comp. du connétable.

Compagnie MÉRU

(1) Notice à la comp. amiral de Coligny.

(2) Pierre de Montmorency, fils ainé de Claude de Montmorency et d'Anne d'Aumont, mariés le 29 sept. 1522, marquis de Thury (sept. 1578), comte de Chateauvillain, baron de Fosseux, sieur de Baillet, Courtalain, Courcelles, Crevecœur, Auteville, Lauresse, chev. de l'Ordre (25 févr. 1564), cap. de gend. (19 nov. 1567-12 août 1572), encore vivant en sept. 1578, ép. (24 janv. 1554) Jacqueline d'Avaugour. Il fut lieut. (21 févr. 1564) à la comp. Méru et panetier (1577).

(3) Nicolas de Mornay, sieur de Villarceaux, Omerville, Reuilly, Jeufosse, Mestrechaux, Guérard-en-Brie, Chaussi, Méri, Ambleville, bailli de Berry (14 nov. 1547), chev. de l'Ordre (13 avril 1568) assista aux sièges de Mariembourg (1554), Thionville (1558), aux bat. de Renty (1554) et Saint-Denis (1567) où il fut blessé à l'épaule. Deuxième fils de Jacques de Mornay et de Madeleine de Pellavoine, mariés le 20 nov. 1522, il ép. (22 sept. 1547) Anne Luillier (morte en nov. 1591). Gent. de la Ch. (8 janv. 1568-22 juin 1583), il assista à la campagne de 1552 et mourut en nov. 1583.

(4) Jacques de Prunelé, baron de Saint-Germain-en-Beauce (31 janv. 1582), 3e fils de Gilles de Prunelé et de Renée de Mésange mineur le 22 mai 1554, chev. de l'Ordre (27 janv. 1571), lieut. à la comp. de Méru, cap. de gens. de pied (19 mai 1585), pri. Fresnay (1589), chamb. duc d'Alençon (3 sept. 1581), gouv. de Fresnay-l'Evêque (27 juin 1590). Il ép. (23 oct. 1558) Jacqueline de Graffart, vivante 22 juin 1603, et mourut entre le 3 avril 1597 et le 26 nov. 1602. Il fut au siège de la Rochelle (1573), fut guid. (juill.-30 nov. 1569), ens. (27 janv. 1571), lieut. 22 avril 1591) à la comp. Méru, gent. de la maison du roi (24 oct. 1566-1 mai 1577).

(5) Claude de Créquy, 2e fils de Georges de Créquy et de Jeanne d'Humières, mariés le 21 avril 1535, mourut jeune. Il fut sieur des Bordes et ens., dès oct. 1564, à la comp. Méru.

(6) Antoine de Sillans, baron de Creully, Bréau, Chastignonville, Saint-Pelerin, chev. de l'Ordre (2 févr. 1570), gent. de la Ch., guid. à la comp. de Méru (janv. 1567-2 janv. 1571), mort avant le 9 déc. 1599, fils aîné d'Antoine de Sillans et de Jeanne Hébert de Bréau, mariés le 24 juin 1534, ép. Marie du Mesnil-Auray, puis Antoinette Sanglier.

(7) Philippe de Valiquerville, 2e fils de Jean de Valiquerville et d'Isabeau de Cantiers, né le jour de Pâques 28 mars 1540, mort le 7 déc. 1610, à Rueil, sieur de la Londe, Seraincourt, Bachaumont, Villetarte, Rueil, guid. à la comp. Méru (oct. 1567-16 janv. 1570), fut aux bat. de Dreux et de Saint-Denis, chev. de l'Ordre, gent. de la Ch., éc. d'éc. du roi (30 sept. 1567), gouv. de Meulan (30 janv. 1583) et Mantes, ép. (18 mars 1567) Catherine le Bouteiller de Senlis, puis (12 janv. 1598) Marie Briçonnet (morte, en 1619, à Rueil).

(8) Guillaume des Prez, sieur d'Hercules et Senailly, ens. comp. Méru (oct. 1573), gent. de la Ch., gouv. de Mantes (16 sept. 1576).

(9) Louis de Chaumont, sieur d'Arcueil, Boisgarnier, 2e fils de Guillaume de Chaumont et d'Adrienne de l'Isle, mariés le 9 juill. 1542, lieut. (23 juill. 1557) à la comp. de chevau-légers de M. de Chocqueuse, ép. (14 juin 1555) Madeleine de Cenesme (vivante le 9 déc. 1588) et fut tué (1567) à la bat. de Saint-Denis.

(10) Claude de l'Isle, dit *Marivaux le Sage*, sieur de Marivaux et Courtempierre, Saint-Crespin, Villeneuve-le-Roy, Trassereux, Bouticourt, 2e fils de Jean de l'Isle et de Hélène d'Aspremont, mariés le 5 oct. 1542, né le 25 avril 1552, gouv. de Laon, chev. de l'Ordre (17 oct. 1585), lieut. gén. en Ile de France (20 août 1593-6 août 1594), gouv. d'Arques, chamb. du duc d'Alençon (1577) et cap. de ses gardes (29 déc. 1581), cap. de gend. 20 août 1593-6 août 1594), mort le 17 mai 1598, guid. comp. Méru (23 avril 1572) guid. à la comp. de Damville (6 sept. 1581). Il ép. Catherine-Béatrix du Moustier (vivante le 1er déc. 1601). Il fut aux sièges de la Charité (1569), Saint-Jean-d'Angély, la Rochelle (1573), Saint-Lô (1574), Lusignan (1574), servit sous le duc d'Alençon, l'accom. agna en France et en Angleterre, fut cap. de chevau-légers à l'expéd.

— 349 —

de Bavay (1578), sous la Châtre, fut au siège de Bavay, au ravitaillement de Cambray, cap. de gend., cap. au régiment d'Elbeuf, fit camp. contre les reitres (1587), fut à la défense de Blois (1588), aux sièges d'Etampes et Pontoise (1589), fit camp. en Picardie (combat de Chauny), fut aux deux sièges de Paris, à la bat. d'Ivry, battit Tavannes près de Vernon, fut à la prise de Corbeil, au combat d'Aumale. Il fut chev. du Saint-Esprit (7 janv. 1595).

(11) Cf. notice à la comp. Montaré.

(12) Cf. notice à la comp. Balsac-Entragues.

(14) Gabriel Le Certain, sieur d'Houville, mar. des log. à la comp. Méru (avril-22 oct. 1574).

Compagnie Maréchal DE MONTMORENCY

(1) François de Montmorency, duc de Montmorency, fils aîné du conn. Anne de Montmorency et de Madeleine de Savoie, né le 17 juill. 1530, comte de Dammartin, baron de Châteaubriant, gouv. de l'Ile-Adam, grand-maître et maréchal de France (10 oct. 1559). Il débuta, à l'expéd. de Luxembourg (1543), fut aux sièges de Lanzo (1551), Metz (1552), défendit Thérouanne, où il fut fait prison. (1553). Chev. de l'Ordre, gouv. de Paris et Ile de France (1556), il combattit à la bat. de Saint-Quentin, au siège de Calais, à la bat. de Dreux, au siège du Havre, à la bat. de Saint-Denis. Amb. en Angleterre (1572), chev. de la Jarretière. Embastillé (4 mai 1574-avril 1575), il mourut, le 6 mai 1579, sans post., à Ecouen. Il ép. (3 mai 1557) Diane, bâtard. de France (née en 1539, morte à Paris, le 11 janv. 1619), veuve du duc Horace de Castro.

(2) René de Bucy, fs d'Antoine de Bucy et de Perrette de Volleur, sieur de Gournay, Monsoult, Hérouville (17 fév. 1523), ens. (15 janv. 1526-1er avril 1535), puis lieut. (25 août 1539-12 juill. 1549) à la comp. la Rochepot, gouv. de Doullens (27 août 1554), maître d'hôtel du roi, gouv. de Soissons

(29 août 1557), Boulogne (24 avril 1562-11 janv. 1563), mort avant le 19 déc. 1567, ép. (2 mai 1527) Jacqueline de Chantelou (vivante 1539), veuve de Jean des Courtilz.

(3) Claude de Ravenel, sieur de Bentigny, Fouilleuse, Boissy-le-Chastel, chev. de l'Ordre (10 janv. 1570), sieur de Bury-sous-Rivière, Bonvilliers, Chiremont, Vaux-sous-Camberonne, Aussonstremes, gent. de la Ch., cap. de gend. (oct. 1567-10 janv. 1570), fils aîné d'Antoine de Ravenel et de Jeanne de Brie, mariés le 10 août 1514, ép. (15 janv. 1552) Françoise d'Angennes-Maintenon (vivante le 26 janv. 1591), et mourut à Villiers-sur-Marne, le 20 juill. 1571. Il fut ens. puis, dès le 1er mars 1556, lieut. à la comp. du maréchal de Montmorency.

(4) Antoine d'Oraison, fils d'Antoine-Honoré de Laigue-Oraison et de Catherine de Clermont-Lodève, mariés le 19 juill. 1512, vicomte de Cadenet, baron d'Oraison, ens. à la comp. de Tende (juill. 1548-5 mars 1556), lieut. à la comp. de Damville (avril-29 juill. 1561), chev. de l'Ordre (avril 1565), lieut. à la comp. du mar. de Montmorency dès avril 1565, blessé à Dreux, se distingua à Moncontour. Il fut gent. de la Ch., cap. de gend. (30 avril 1579), panetier du roi (8 juill. 1556), vivait encore en 1582. Il ép. (29 déc. 1512) Marthe de Foix, veuve de Claude de Grasse-Bar.

(5) Jean de Valliquerville, fils de Jean de Valliquerville et de Perrette de l'Isle-Andrezy, mariés le 21 déc. 1505, né le 14 oct. 1512, tué à la bat. de Dreux (19 déc. 1562), sieur de la Lande-Remisson, Villelarte, le Saussay, Iville, Bachaumont, Seraincourt, Rueil, le Flix, ens. à la comp. François de Montmorency (oct. 1575-janv. 1556), panetier (1er mars 1554-9 août 1556), gent. de la Ch. (1560), vice-amiral de France, ép. (22 janv. 1533) Isabeau de Cantiers (morte avant 1543).

(6) Hector Oger, sieur de Cavoye, sieur de Villars, Duc, Montirolier, Escalvans, le Brès, commiss. des guerres (30 sept. 1553), mar. des log. (juill. 1551-21 mars 1562), guid. (14 mars 1562), ens. (30 juin 1562-28 août 1572) à la comp. Fr. de Montmorency, fils de Jean Oger et de Marguerite de Boffles, mar. le 18 avril 1504, né avant le 15 janv. 1517, chev. de l'Ordre (1er janv. 1564), gouv. et bailli de Chauny

(3 juill. 1570), gouv. de Montdidier (15 juin 1571-18 févr. 1575), mort avant le 19 déc. 1578, ép. avant le 5 mars 1539, Marie de Thory (vivante le 19 déc. 1578), veuve d'Antoine Parent.

(7) François de la Porte, sieur d'Autreville en Beauvaisis, fils de Pierre de la Porte et d'Agnès le Sueur, guid. (janv. 1563-28 août 1571), ens. (janv. 1574-30 mars 1578) à la comp. du mar. de Montmorency, chev. de l'Ordre (28 août 1572), ambass. en Angleterre (16 déc. 1575-27 févr. 1576), chamb. du duc d'Alençon, encore vivant le 18 juin 1583, ép. Jeanne du Plessis, puis Claude de Sainte-Christine-Villiers, puis Nicole du Lac (vivante 21 mai 1583).

(8) Joachim de Warty-la Bretonnière, sieur de Croismare, vicomte de Crenelles, fils de Pierre de la Bretonnière-Warty et de Yolande Thoreau de Molitart, mariés le 4 juin 1510, fut guid. comp. Fr. de Montmorency (20 oct. 1550-18 juill. 1552), décédé avant 1556, ép. Madeleine de Suze-la-Versine (vivante 16 juill. 1560). Il fut très gravement blessé au siège de Thérouanne.

(9) Adrien Tiercelin, sieur de Brosse, Sarcus, Marines, Coutures, Audicourt, Juzeneville, cons. d'Etat, chev. de l'Ordre (1562), il fut au siège de Metz (1552), à l'expédition d'Italie (1556), gouv. de Reims, lieut. gén. en Champagne et Picardie, gent. de la Ch. (1562), cap. de gend., à la place de la Rochedumayne (8 déc. 1562-16 mars 1576), gouv. de Mouzon (20 juill. 1570-2 juin 1577), sén. et gouv. de Ponthieu (1578, Doullens (12 avril 1562), Reims, Beaumont (4 nov. 1578), fils puîné d'Adrien Tiercelin et de Françoise de Gourlay, conduisit Marie Stuart en Ecosse, fut aux bat. de Dreux, Saint-Denis, Jarnac, Moncontour, député aux Etats-Généraux (1576 et 1588). Il ép. (24 févr. 1559) Barbe Rouault de Riou, et mourut à Mouzon en 1593. Il avait été guid. (1562) à la comp. de François de Montmorency. Il fut chev. du Saint-Esprit (31 déc. 1585).

(10) Pierre de Mornay, comte de Buhy, sieur de Saint-Clair, la Chapelle, 3ᵉ fils de Jacques de Mornay et de Françoise du Bec, né en 1547, ép. (14 avril 1568) Anne d'Anlezy (vivante 28 avril 1603) et mourut, en 1598, avant le 10 janv., d'apo-

plexie. Il fut aux sièges de la Rochelle (1572-1573), Brouage (1577), la Fère (1580), Compromis, en 1574, dans l'affaire du mar. de Montmorency, il s'enfuit à Jametz, Gouv. de Loches (1576, chamb. du duc d'Alençon, il fut à l'expédition des Pays-Bas (1582), fut aux sièges de Falaise, le Mans, Alençon, Paris, Falaise, Lisieux, Pont-Audemer, Honfleur (1589-1590), Rouen (1591-1592), Laon, Noyon (1594), battit le ligueur des Cluseaux à Bure (1589), fut mar. de camp, fut aux bat. d'Arques et d'Ivry (1589-1590), soumit Vernon, défendit Cambrai (1595), fut aux sièges de la Fère (1596), Amiens 1597). Il fut chev. de l'Ordre (8 mai 1583), cap. gend. (8 mai 1583-28 déc. 1594), cons. d'Etat (8 août-28 déc. 1594), gouv. d'Ile de France (8 mai 1583-31 déc. 1575). Lieut. gén. à Pontoise, Mantes, Meulan et en Vexin, il abjura le protestantisme, fut gouv. de Beauvais (1598), amb. en Angleterre (1589), fut (7 janv. 1595), chev. du Saint-Esprit.

(11) René de Saint-Martin, sieur de la Vieuvigne, gouv. de la Bastille, mar. log. comp. de Montmorency (avril 1562-22 mai 1566), fils de Jean de Saint-Martin et de Jeanne Ambrulard, né avant 26 mai 1530, sieur de Garencières, h. d'a. comp. pr. de Ferrare (15 juin 1554), décédé au 6 avril 1588, ép. Marie de Pilliers (vivante 6 avril 1588).

(12) Boniface d'Amerval, fils de Martin d'Amerval et d'Ambroisine de Beauvais-Darblay, mariés le 15 août 1518, sieur de Contecourt, mar. des log. à la comp. François de Montmorency (août 1571), mort entre le 8 déc. 1576 et le 13 juill. 1595, ép. Marguerite du Bos, veuve de Thomas de Sailly et de N... de Pierrepont, puis (19 déc. 1563) Jacqueline de Mollay. Il vivait encore, le 6 mai 1579. Il fut (24 avril 1580), mar. des log. à la comp. de l'amiral de Joyeuse.

Compagnie THORÉ

(1) Guillaume de Montmorency, sieur de Thoré, Gandelus, Savoisy, Dangu, Macy, 5e fils du connétable Anne de Montmorency et de Madeleine de Savoie, né après 1537, mort en 1592.

Bailli et concierge du Palais (19 juin 1563), cap. de gend. (25 janv. 1554), colonel de la cavalerie légère de Piémont (2 juin 1557), il ép. (1551) Léonor d'Humières (morte en 1563), puis (1581) Anne de Lalaing. Battu à Dormans (1575) par le duc de Guise, il surprit brillamment Senlis. Chev. de l'Ordre, il assista à la bataille de Moncontour (1569).

(2) Gaspard de la Châtre, sieur de Nançay, Besigny, Sigonneau, fils aîné de Joachim de la Châtre et de Françoise de Foucher, chev. de l'Ordre (1567), né en 1539, enfant d'honneur de François II, fit (1556) la campagne d'Italie, se distingua (1562) au siège de Rouen, où il fut blessé à l'aîne ; prisonnier à Dreux, il se distingua à Saint-Denis et à Jarnac, où il eut la jambe cassée, Moncontour, aux sièges de Mussidan, Saint-Jean-d'Angely, Châtellerault, Poitiers, la Rochelle, gent. de la Ch. (26 déc. 1572), il fut le geôlier du mar. de Montmorency, du duc d'Alençon, du roi de Navarre. En 1576, il pacifia Bourges. Il ép. (15 janv. 1571) Gabrielle de Batarnay du Bouchage (née le 11 mars 1546, vivante le 28 mars 1599, et mourut le 29 nov. 1576. Cujas fit son oraison funèbre (17 janv. 1577). Il fut, en 1568, cap. aux gardes (15 févr. 1576), chev. de l'Ordre (28 janv. 1573).

(3) Antoine du Mesnil-Simon, sieur de Parassay et Launay, chev. de l'Ordre (12 mai 1568), gent. de la Ch. (13 déc. 1571), ens. à la comp. Thoré (22 nov. 1567), puis lieut. (17 déc. 1569) à cette comp., fils aîné de Charles du Mesnil-Simon et de Gabrielle des Riaux, mar. 7 sept. 1517, cap. de chevau-légers (27 nov. 1568), mestre de camp de la cavalerie légère de Piémont (1570), ép. (4 avril 1563) Joachime de Rochechouart-Jars. Il mourut avant le 23 juill. 1587.

(4) François de Garges, sieur de Maguelines (18 mai 1564-8 janv. 1598), chev. de l'Ordre (29 sept. 1572), guid. (juill. 1563-20 juin 1567), puis (juill. 1567), ens. à la comp. de Thoré, 2e fils de Jean de Garges et de Michelle de Saint-Benoit, ép. (7 janv. 1560) Gabrielle de la Grange-Dracy, veuve de N. d'Humières.

(5) Notice à la comp. Fr. de Montmorency.

(6) Guidon vers le 25 févr. 1568.

(7) Jean Le Boullanger, sieur de Bournonville (19 oct. 1564-déc. 1593), fils aîné de Charles le Boullanger et de Françoise de Piennes, mariés le 25 janv. 1545, cons. et chamb. du duc d'Alençon, lieut. à la comp. du duc d'Alençon, mort sans alliance. Il reprit le nom de *Montigny*, que portait autrefois sa famille.

(8) Louis de Feulx, sieur des Essars, mar. des log. à la comp. de Thoré (avril 1568), puid. à la comp. du grand-prieur de Champagne (6 nov. 1569-24 août 1572), ens. à cette comp. (24 sept. 1574-18 nov. 1575). Il demeurait à Bazoches.

Compagnie LA ROCHEPOT

(1) François de Montmorency, sieur de la Rochepot et Châteauneuf, baron de Mello et Offémont, 3e fils de Guillaume de Montmorency et d'Anne Pot, né après le 15 déc. 1492, frère du connét. de Montmorency, fait pris. à Pavie (1525), chev. de l'Ordre, gent. de la Ch. (20 mai 1534), gouv. de Paris et d'Ile de France, lieut. gén. en Artois et Picardie, (12 nov. 1536-20 août 1551), secourut Thérouanne en 1537, fut plénipotentiaire du traité anglo-français de 1550 et testa le 20 août 1551. Il mourut peu après, sans post. Il ép. (1er oct. 1525) Charlotte d'Humières (morte en 1563).

(2) Georges de Foudras, 7e fils d'Antoine de Foudras et d'Antoinette des Serpens, mariés le 26 juin 1454, sieur de Matour, Chateantier, Forges, Rozières 5 juill. 1482-21 nov. 1532) ép. Isabeau d'Agrain et mourut sans postérité.

(3) René de Bucy, fils d'Antoine de Bucy et de Perrette de Volleur, sieur de Gournay, Monsoult, Herouville (17 fev. 1523 ens. à la comp. la Rochepot (1er avril 1535) gouv. de Doullens (27 août 1554), maitre d'hôtel du roi, gouv. de Soissons (29 août 1557), Boulogne (24 avril 1562-11 janv. 1563), mort avant le 19 déc. 1567, ép. (2 mai 1527) Jacqueline de Chantelou, veuve de Jean des Courtilz.

(4) Jean de l'Isle, sieur de Marivaux, Becquencourt, Saxe-fontaine, Ihouvillier, Ivry-le-Temple, Traynel, 3e fils de Guil-

Jaume de l'Isle et de Marguerite de Bailleul, chev. de l'Ordre, cons. d'État, maître d'hôtel, gouv. de Beauvais, bailli de Mantes (11 oct. 1563) et Meulan, lieut. gén. en Ile de France (1563), ép. (22 juin 1519) Agnès de Vaux, puis (5 oct. 1542) Hélène d'Aupremont (vivante 8 avril 1578). Il naquit le 8 juin 1500 et mourut à Marivaux, le 22 mars 1572.

(5) Pierre de Rochebaron, ens. à la comp. la Rochepot (27 mai 1546), sieur de Dominois et Lignon, 3e fils de Jean de Rochebaron et de Michelle de Monchy-Montcavrel, mort, sans postérité, entre le 13 mars 1547 et le 28 juin 1551, dans un combat près de Boulogne, ép. (4 oct. 1542) Anne de Hallwin (vivante 13 mars 1548), veuve de François de la Viefville-Orvilliers.

(6) François de Monchy, sieur de Montcavrel, fils de Nicolas de Monchy et de Jossine d'Ailly, mariés le 15 oct. 1516, ép. (18 nov. 1535) Jeanne de Vaux d'Hocquincourt (vivante le 1er avril 1598). Il fut guid. (13 juill. 1549) comp. la Rochepot, chev. de l'Ordre et mourut avant le 10 déc. 1557.

(7) Nicolas de Beaufort, sieur de la Motte, d'Orge, Pont-la-Ville, Crespy, mar. des log. à la comp. d'Aumale (26 avril 1538-24 juin 1544) mort avant le 20 mars 1561, ép. (2 sept. 1537) Catherine de Vaudremont (vivante 20 mars 1561) veuve de Jean du Pont-Crespy.

(8) Jean de Saint-Cler, dit Roussé, mar. des log. comp. la Rochepot (juill. 1545-10 déc. 1547).

Compagnie DAMVILLE

(1) Henri de Montmorency, sieur de Damville, duc de Montmorency (1579), mar. de France (10 févr. 1566), connét. de France (8 déc. 1593), fils puîné du connét. Anne de Montmorency et de Madeleine de Savoie, né à Chantilly, le 15 juin 1534. Gouv. de Caen (1551), il fut au siège de Metz (1552), fit campagne en Piémont (1555). Chev. de l'Ordre (1557), pris à Saint-Quentin, col. gén. de la cavalerie de

Piémont (1560-1567), amb. en Ecosse (1561). Il fit pris. à Dreux le prince de Condé. Gouv. de Languedoc (12 mai 1563), il le pacifie, y reçoit le roi (1564), prend, en 1569, Mont-de-Marsan, Fisc, Mazères. En 1570, il bat les protestants près de Montpellier, délivre Lunel, bat les ennemis à Pujault, puis, deux fois, près d'Avignon, prit Saint-Gilles, les moulins de Lunel, Bellegarde. En 1572, il échoue sur Uzès, prend Saint-Geny. En 1573, il prend Lunel-Vieil, Teyssargues, Calvisson, Leygues, Montpezat, Sommières, Quissac, Pont, Beaufort, Pomeyrols. En 1574, il créa le parti des *Politiques*. En 1575, il prit Baillargues, Alais, Villevieille, Aimargues, battit d'Uzès à Sommières, puis fut battu par lui, prit Sommières, conquit tout le Languedoc. En janv. 1576, il prit Gignac, Clermont-Lodéve, 70 autres places, échoua sur Frontignan, prit Pouzols, Loupian, Valcros, Puymisson. En 1577, le roi essaye de l'enlever au protestantisme et y réussit (21 mai). Il prit Thezan, Cessenon, livra un combat aux protestants, sous Montpellier, qu'il assiège. En sept. 1578, il prit Beaucaire, et, le 27 oct. 1579, Saint-Thibéry. En 1584, il lutta contre Joyeuse, prit Clermont-Lodéve (11 nov.), se réconcilia avec Joyeuse, purgea la province de beaucoup de brigands (1585). A la fin de 1585, il reprit parti pour les protestants, prit Saint-Pons, Lodéve, Saint-Marcel, Villepassans, Montjoie, Agel, Maillac, Aiguesvives, Mirepoisset, Bise. En 1586, il prit Pépieux, Peyriac, Trousse, Gaujac, Angles, Saint-Geniés, Tresques, Villeneuve d'Avignon, la Motte, Saint-Alexandre, Saint-Estève. En 1587, il ravitailla Brugairolles ; en mai 1588, reprit Sainte-Anastasie. En 1589, il assiégea Narbonne ; en 1591, il délivra Berre en Provence ; en 1592, il battit Joyeuse à Azillannet, prit Azillannet. En 1594, il prit Vienne et Montluel. Il assista au siège d'Amiens (1597) et mourut le 2 avril 1614, à la Grange des Prés, près Pézenas. Lieut. gén. en Guyenne, Provence, Dauphiné, comte de Dammartin et d'Alets, baron de Châteaubriant et Damville, il ép. (26 janv. 1559) Antoinette de la Marck (née le 25 mars 1542, morte en 1591, à Pézenas), puis (29 mars 1593) Louise de Budos (née en juill. 1575, morte le 26 sept. 1598, à Chantilly), veuve de Jean de Grammont-Vachères, puis (18 nov. 1599) Laurence de Clermont. Il fut chev. du Saint-Esprit (5 janv. 1597).

(2) Cf. notice à la comp. mar. de Montmorency.

(3) Louis de Nouchèse, sieur de Vatresse, 2e fils de René de Nouchèse et de Françoise de Greuille-Chanteloube, d'abord (1546) chev. de Malte, commandeur d'Artaise, le Fouilloux, la Feuillée, chev. de l'Ordre (2 nov. 1571), lieut. à la comp. Damville (avril 1563-16 avril 1569) où il avait été ens. (avril 1560-24 juin 1562), cap. de gend. (1er janv. 1567) fut aux sièges de Saintes et Cognac (1568), gouv. de Cognac (1575), chamb. du duc d'Alençon (1576-1583), gent. de la Ch. (22 juin 1580), fut au siège de Brouage, ép. Madeleine-Jeanne de Saint-Gelais-Saint-Séverin et mourut avant le 23 janv. 1584.

(4) Charles de Lauzun, sieur de Pemelan, lieut. à la comp. de Damville (oct. 1567).

(5) Notice à la comp. Philibert de la Guiche.

(6) Jean de Nadal, sieur de la Croisette, né en 1524, sieur de la Griffoul, Montespieu, h. d'a. (10 déc. 1562) à la comp. de Damville, auquel il sauva la vie à la bat. de Dreux, chev. de l'Ordre (7 nov. 1570), guid. (15 oct. 1570-7 nov. 1570) à cette même comp., puis lieut. à cette même comp., mar. de camp (30 avril 1568), gouv. de Leucate (20 avril 1568), gouv. de Montpellier (juin 1568-1569), battit les protestants à Pujault (24 avril 1570), gouv. de Castres (3 sept. 1570), échoua sur Puylaurens, Réalmont, Roquecourbe (1572), fut aux prises de Calvisson, Leques, Montpezat (1573), Sommières, prit Roqueserre (27 mars 1574), chev. de l'Ordre (1577), cap. de gend., gouv. de la Bruguère (1580). Il ép. Marguerite de Salles-Griffoul.

(7) Ferrando Pagano, fils de Thomas Pagano, chev. de l'Ordre, gent. de la Ch., lieut. à la comp. de Damville (25 avril 1581), après y avoir été (23 oct. 1573) ens., gouv. de Beaucaire et Sorgues, viguier d'Avignon, blessé, en 1582, aux bat. de Valréas et de Saint-Gilles, vint en France à la suite du prince de Salerne. Il vivait encore, le 22 mai 1593 et ép. Marie de Merles. Il fut (30 avril 1550) guid. à la comp. du prince de Salerne.

(8) François de Neuchèse, sieur de Boisrenard, ép. Renée de Pontlevoye.

(9) Jean de Guers, sieur de Castelnau, guid. à la comp. de Damville (15 nov. 1560-9 janv. 1562), ens. (6 avril 1564-8 juin 1567), chev. de l'O., gouv. de Montpellier (6 juin 1569).

(12) Guillaume du Caylar, sieur de Spondillan, 4e fils de Paul du Caylar et de Jeanne des Porcellets, mariés le 13 déc. 1523, guid. comp. Damville (22 déc. 1577), surprit Pont-Saint-Esprit (1562), fut pris à Jarnac (1569), fit campagne sous Damville (1562-1578), gouv. de Béziers (1582-20 oct. 1588), cap. de gend. (19 juill. 1589-20 oct. 1596), vivait encore le 11 nov. 1596. Il ép. (6 avril 1576) Isabeau du Lart. Il fut (14 mai 1570) cap. de chevau-légers.

(13) François de la Noue, sieur de la Noue, Chavannes, Bretoncelles, Saulzay, la Beuvrière, Belesme, la Roche-Bernard, Briort, le Loroux-Bottereau, fils de François de la Noue et de Bonaventure l'Espervier, né en 1531, mort le 4 août 1591, huguenot, célèbre capitaine, surnommé *Bras de fer*, écrivain militaire apprécié. D'abord page du roi, il fut au siège d'Orléans (1563), guid. à la comp. Damville (janv. 1558-25 juill. 1560), fit un coup de main sur Orléans (1567), fut aux bat. de Dreux, Saint-Denis, Jarnac, où il fut pris, Moncontour, où il fut pris, au siège de la Rochelle (1573), après avoir perdu un bras au siège de Fontenay-le-Comte (1569), fut aux sièges de Marmande et Villeneuve, prit (2 mai 1579) Bœsinghen, Wylbourg (2 déc. 1579), Ninove (29 mars 1580), Malines (12 avril 1580), fut pris au combat d'Ingelmonster (9 mai 1580). Il fut à la bat. de Senlis et au siège de Paris, où il fut blessé. Il fut blessé à mort au siège de Lamballe. Il ép. Madeleine de Théligny, puis Marie de Luré (vivante le 9 oct. 1591), veuve de Louis de Vaudray-Mouy. Il a laissé des *Discours politiques et militaires*. (Cf. Henri Hauser : *François de la Noue*. Paris. 1892.)

(14) Guillaume de Montbasin-Tanqueux, guid. comp. Damville (janv. 1573-23 mai 1574), probablement fils de Pierre.

(15) Cf. notice à la comp. Joyeuse.

(17) Jean de Morel est probablement Jean de Morel, sieur

des Plastrières, h. d'a. à la comp. du mar. de Montmorency (22 oct. 1614), mar. des log. à la comp. d'Aumale, fils de Nicolas de Morel et d'Antoinette de la Fontaine.

(18) Jean de Vaulx, mar. des log. comp. Damville (oct. 1568-22 mai 1574).

(19) Probablement Jean de Bourcier, sieur de Barre et Pontault, 2e fils de Paul de Bourcier et de Marguerite de Chaume, mariés le 23 août 1534, mar. des log., puis guid. à la comp. de Damville, gouv. de Beaucaire (16 sept. 1578), puis de Leucate (avril 1585) et Narbonnais (19 sept. 1585), mar. de camp (10 févr. 1584), ép. 4 avril 1577 Françoise de Cézally. Il défendit Leucate contre les Ligueurs et fut massacré par eux dans les prisons de Narbonne, en 1589.

(20) Antoine de Montesquiou, sieur de la Serre, 2e fils de Jean de Montesquiou et de Jeanne de Lasseran, mariés avant le 9 février 1526, vivait le 5 févr. 1576.

Compagnie BOUTTEVILLE

(1) François de Montmorency, 2e fils de Claude de Montmorency et d'Anne d'Aumont, mariés le 29 déc. 1522, sieur de Hauteville, Aubigny, Coustel-le-Cerf, Tuières, le Manchier, Saint-Vigor, le Mesnil, Hallot, Tinart, Beedelièvre, Estrez, Saint-Pair des Monts, la Rochemillet, Bouteville, Crèvecœur en Auge, échanson du roi (24 mars 1560), chev. de l'Ordre (5 oct. 1568), cap. de gend. (30 juin 1566-8 sept. 1572), vivant le 4 sept. 1577, ép. Jeanne de Montdragon, puis Anne de Gébert et mourut avant 1589.

(2) Robert de Longpérier, sieur de Cornal, lieut. dès oct. 1567, à la comp. de Boutteville, avait été ens. à la comp. Grammont (juill.-26 nov. 1564).

(3) Philippe de Fumechon, sieur de Chauvincourt, ens. comp. Hauteville (juill. 1569-30 juin 1570), ép. Françoise de Mullerre.

(4) Louis de Moy-Vraines, 2e fils de Jacques de Moy et de Françoise Basset de Normanville, mariés avant 31 juill. 1540, vicomte de Billy, sieur de Gomeron et Auffrique, gouv. de Ham (25 juill. 1577-23 juin 1584), ép. (2 déc. 1564) Claire d'Amerval-Liancourt (vivante le 7 août 1595), veuve de François de la Viefville-Orvilliers. Il fut guid. dès 25 nov. 1567 et vivait encore le 24 juill. 1588.

(5) Louis de Graffard, 2e fils de François de Graffard et de Jeanne des Feugerets, mar. le 6 mai 1539, sieur d'Aunai et Vacheresse, mineur (4 sept. 1561), majeur (19 juill. 1565), décédé au 4 juin 1594, ép. Claude de Villetain (décédée au 4 juin 1594).

(6) François du Buisson, sieur d'Iquelon, mar. des log. comp. Montmorency-Boutteville (janv. 1568).

Compagnie FOSSEUX

(1) Notice à la comp. Méru.

(2) Georges de Montmorency, 4e fils de Claude de Montmorency et d'Anne d'Aumont, mariés le 29 sept. 1522, sieur d'Aumont, la Neuville, La Val, chev. de l'Ordre, ép. (1581) Françoise Potart de Germigny, puis Jossine d'Oflignies, veuve de Jean de Rencourt, puis Françoise de Bouquerie.

(3) Louis de Rouvroy-Saint-Simon, sieur d'Amblainville, Sandricourt, Serviennois, Neuilly-le-Heaume, la Houssaye, Frenicourt, 4e fils de Jean de Saint-Simon et de Louise de Montmorency, mariés le 21 déc. 1521, chev. de l'Ordre, gent. de la Ch., lieut. de vénerie du duc d'Alençon (18 mai 1575), éc. du duc d'Alençon (1584), vivant le 29 déc. 1616, ép. (8 sept. 1572) Marguerite de Créquy-Bernieulles (morte le 1er déc. 1576), puis avant le 3 janv. 1597, Geneviève Le Sueur (vivante le 29 déc. 1616), veuve de Jean Testu de Balincourt.

(4) Jean du Plessier, sieur de Terpigneux, Berny (1er mars 1555), ens. à la comp. Montmorency-Fosseux (1er juin 1572),

fils de Jacques du Plessier et de Marie du Puis-Serei, h. d'a.
à la comp. François II (22 déc. 1558), maître d'hôtel du duc
d'Alençon (6 avril 1584), ép. Adrienne de Mazancourt.

Compagnie SAINT-HÉREM

(1) Notice comp. connétable Montmorency.

(2) Notice comp. Montsallès.

(3) Pierre de Douhet, sieur d'Auzers, Auliac, le Chier,
Saint-Saturnin, le Fromental, fils de Gabriel de Douhet et de
Françoise de Balaguier, mariés le 30 juill. 1522, h. d'a. comp.
Saint-André (16 mai 1559), puis comp. connétable Montmo-
rency, ens. comp. Saint-Hérem (oct. 1568-14 févr. 1572), ép.
(14 sept. 1567) Florie de Louet-Calvisson, puis (11 nov. 1581)
Marguerite de Salers, veuve de Georges de Grasdepain.

(4) Probablement François de Chalençon-Rochebaron, fils
de François de Chalençon-Rochebaron et de Jacqueline de
Lévis-Ventadour, mariés le 11 juill. 1543, ép. (30 mars 1589)
Marguerite d'Aumont (qui testa le 20 sept. 1620).

Compagnie DU MOULIN

(1) Philippe du Moulin, fils de Jean du Moulin et de Marguerite de Rouvroy Saint-Simon, mariés le 1ᵉʳ janv. 1450, né
avant le 2 sept. 1462, sieur du Moulin, Fontenay, Bouys, fut à
Saint-Aubin du Cormier (1488), Fornoue (1495), cap. de
gend. (24 mai 1499-15 janv. 1506), cons. d'Etat et chamb.
(1ᵉʳ août 1497-15 janv. 1506), gouv. de Langres et de Blaye
(18 déc. 1501), ép. Marguerite de Bohans-Rochette (vivante le
le 18 mai 1535). Il mourut entre le 12 sept. 1517 et le
9 juin 1518.

Compagnie ARTHUS DE MOREUL-FRESNOY

(1) Notice à la comp. du Bois-Esquerdes.

(2) Notice à la comp. Bourbon-Saint-Pol.

(3) Jean d'Oultreleau, sieur de Hezecques, la Court de Frencq, fils de Jean d'Oultreleau et d'Isabeau de Hardenthun, ép. avant le 6 janv. 1531 Barbe de Soissons-Moreul, veuve d'Osias de la Vernade. Il fut lieut. à la comp. de Moreul-Fresnoy, gouv. du Crotoy (20 mars 1548), Rue, Saint-Valery, lieut. à la comp. de Heilly (avril 1546-20 mars 1548).

(5) Jean d'Isque, sieur de Bourrecq, ex-gaid. comp. Fresnoy (22 avril 1537).

Compagnie LA FAYETTE

(1) Notice à la comp. amiral Graville.

(2) Louis Motier, sieur de la Fayette, Montelgelat, Pontgibaud, Goutenotoze, chev. de l'Ordre (28 janv. 1560), gouv. de Boulogne, cap. de gend. (juill. 1536-15 juin 1577), prit la Charité (26 juin 1562), fils aîné d'Antoine Motier de la Fayette et de Marguerite de Rouville, mariés le 6 févr. 1498, ép. Anne de Vienne-Listenois. Il fut à l'expéd. de Naples sous Lautrec.

(3) Jean Motier de la Fayette, sieur de Hautefeuille, 2ᵉ fils d'Antoine Motier de la Fayette et de Marguerite de Rouville, mariés le 6 févr. 1498, lieut. à la comp. de son père (10 juin 1556), tout en ayant sa comp. à lui, ép. (11 févr. 1543) Françoise de Montmorin-Subrières (vivante le 16 févr. 1584). Il secourut Nevers, prit la Charité et fut tué (6 janv. 1569) au combat de Cognac.

(4) Claude Motier de la Fayette, fils de François Motier et de Madeleine Sanguin, né entre 1515 et 1524, lieut. à la comp. Jean de la Fayette (25 juill. 1544), éc. d'éc. du roi (4 nov. 1556-1ᵉʳ mai 1560), chev. de l'Ordre, baron de Saint-Romain, Maf-

tiers, Mousson, Bethencourt, Monstrac, la Mallemaison, Ormesson, Ménouville, Hérouville, Bachimont, la Versine, Hautes-Fontaines, Merville, Buchu, gent. de la Ch., (1er mai 1560), vivant 1577, ép. Marie de Suse, puis Jeanne d'Aumale.

(5) Jacques de Rochefort-Salvert, fils de François de Rochefort et de Françoise de la Roche-Châteauneuf, mariés le 18 juill. 1518, guid. comp. Grand Ecuyer (oct. 1545-févr. 1547), ens. (oct. 1547-17 oct. 1548), lieut. (avril 1551-13 mai 1560) comp. la Fayette.

(6) François de la Rochefoucauld, sieur de Ravel, 3e fils de Antoine de la Rochefoucauld et d'Antoinette d'Amboise, mariés le 23 oct. 1518, vivant en 1535, gent. de la maison du roi (1549), ép. Eléonore de Vienne-Ruffey (née 21 oct. 1541 à Commarin). Il fut lieut. comp. la Fayette (13 nov. 1565).

(7) Christophe Le Loup, sieur de Mennetou, Mérinchal, Aigurande, Chevenon, Venières, Momphan, Pierrebrune, fils de Louis le Loup et d'Antoinette de la Fayette, né le dern. févr. 1526, à Pierrebrune, à 9 h. du matin, ép. (6 nov. 1558) Claudine de Malain-Digoine (testa 1582), fut chev. de l'Ordre (21 oct. 1573), guid. (avril 1546-23 août 1551), puis lieut. (oct. 1572-6 nov. 1575) à la comp. la Fayette.

(9) Antoine de Loddan, ens. à la comp. la Fayette (1er août 1546).

(10) Guillaume de Bresons, sieur de Neyrebrousse, ens. comp. la Fayette (janv. 1553-16 mai 1554).

(11) Hector de Montmorin, sieur de la Bastie, Saint-Clément, le Châtelard, fils ainé d'Antoine de Montmorin et de Marguerite de la Guiche, mar. le 1er avril 1502, guid. à la comp. la Fayette (12 août 1561-11 févr. 1569). Il mourut à Blois, le 3 mars 1573. Il ép. Anne de Senecterre-Fontenilles. Chev. de l'Ordre (3 mars 1570), gent. de la Ch. (5 janv. 1570), cap. de gend. (16 sept. 1570), cap. des gardes de Catherine de Médicis (5 janv.-3 mars 1570), maître d'hôtel du roi.

(12) Dit *l'Aîné*, mar. des log. (janv. 1558-28 déc. 1564), puis enseigne.

(14) François de la Fayette, fils de Louis de la Fayette et d'Anne de Vienne, guid. à la comp. la Fayette, sieur du Monteil et Pontgibaut, chev. de l'Ordre, gent. de la Ch., blessé, en 1557, à la bat. de Saint-Quentin. Il mourut sans alliance, peu après.

(15) François-Martin d'Apchier, baron d'Apchier, vicomte de Vazeilles, chev. de l'Ordre, gent. de la Ch., fils de Jacques d'Apchier et de Marie de Castelnau, né le 11 nov. 1509, baron de Caumont-en-Quercy (8 oct. 1531), lieut. gén. en Gévaudan (1562-1568), échoua sur Florac (1562). Guid. à la comp. la Fayette (4 févr. 1564), il ép. (26 juill. 1526) Claude de Chalençon et mourut entre le 10 juin et le 19 septembre 1575.

(16) François de Beauverger-Cordebœuf, fils ainé de Bénigne de Beauverger-Cordebœuf et de Louise de Léotoing-Montgon, mariés le 21 nov. 1540, sieur de Matroux, la Malerée, la Faye, h. d'a. à la comp. Linières (20 juin 1567), guid. à la comp. la Fayette (oct. 1572-16 mars 1579), lieut. à la comp. Randan (1er oct. 1587), testa le 21 nov. 1611, ép. (6 mai 1570) Marguerite de Monestay-les-Forges (mineure 17 sept. 1554 et vivante le 21 nov. 1611).

(17) Gilbert du Péage, ens. comp. la Fayette (janv. 1543).

(18) Antoine de Boisvilliers, sieur de la Ferrière, fils de Laurent de Boisvilliers et de Marie La Bloye, mar. log. comp. la Fayette (dès avril 1553).

(19) Dit le cadet, mar. des log. (23 nov. 1571-7 nov. 1575).

Compagnie MOY-LA MEILLERAYE

(1) Charles de Moy, sieur de la Meilleraye, gouv. de la Ch. (6 juill. 1528), chev. de l'Ordre (26 juill. 1560), 4e fils de Jacques de Moy et de Jacqueline d'Estouteville, mariés le 13 janv. 1480, gouv. du pays de Caux, vice-amiral de France (7 mars 1536-1er mars 1537), cap. de gend. (27 févr. 1527-26 juill. 1560), lieut. gén. en Normandie (16 déc. 1536-

11 oct. 1537), gouv. du Havre (1ᵉʳ févr. 1555), ép. Charlotte de Dreux. Il assista au combat de Varazzo, et fut (6 juill. 1528) gent. de la Ch.

(2) Jacques de Moy, sieur de la Meilleraye, Tholley, Pierrecourt, 2ᵉ fils de Charles de Moy et de Charlotte de Dreux, cons. d'Etat (17 mai 1588), chev. de l'Ordre (5 mai 1569), gouv. de la Ch., lieut. gén. en Caux et Gisors (1ᵉʳ avril 1580), cap. de gend. (24 mars 1569-17 mai 1588), vivant 22 nov. 1580, gouv. de Honfleur (24 mars 1569), Caux et Gisors (1ᵉʳ avril 1580), mort avant le 15 juill. 1625, ép. (31 déc. 1586) Françoise de Betheville (vivante le 15 juill. 1625). Il fut chev. du Saint-Esprit (31 déc. 1586).

(3) Jean de Moy, sieur de la Meilleraye, Gouville, Claville, Grugny, Avricher, cons. d'Etat (2 sept. 1572-27 août 1581), cap. de gend. (12 janv. 1565-27 oct. 1581), vice-amiral (1ᵉʳ sept. 1562-1ᵉʳ mars 1578), gouv. de Caux (31-oct. 1567), lieut. gén. en Normandie (4 sept. 1569-14 déc. 1578), chev. de l'Ordre (7 déc. 1561), fils de Charles de Moy et de Charlotte de Dreux, vivant le 22 nov. 1580, mourut sans alliance. Il fut chev. du Saint-Esprit (31 déc. 1582).

(7) Gent. de la Ch., lieut. (20 oct. 1567) à la comp. La Meilleraye.

(8) Joachim de Renty, sieur de Montigny, fils aîné de René-Pierre de Renty et de Gabrielle de Mailly-Auchy, né le 11 oct. 1542, mort en oct. 1563, à Treignac en Limousin.

(9) Ezéchias de Mondion, sieur de la Salle, Favancourt, Drumare, fils d'Adrien de Mondion et de Renée de Sazille, chev. de l'Ordre (6 janv. 1570), lieut. à la comp. la Meilleraye (juill. 1569-10 févr. 1572), mort entre le 18 mars 1587 et le 2 juin 1598, ép. (30 juin 1560) Charlotte de Mascarel, puis Marie de Canonville-Raffetot (vivante le 2 juin 1598), veuve de Nicolas de Monssures-Auvilliers.

(10) Nicolas de Moy, sieur de Vereines, Pont d'Ast, Riberpré, Elbeuf-en-Bray, Chaumont-en-Bray, chev. de l'Ordre (16 nov. 1569), gent. de la Ch. (12 mai 1575), guid. (12 janv. 1571), lieut. (6 avril 1572-25 août 1581) à la comp. la Meille-

raye, gent. servant du roi (6 août 1565), gent. de la Ch. du duc d'Anjou (6 oct. 1570), gouv. de Gisors, grand-maître des eaux et forêts de Normandie (21 janv. 1579-7 juin 1582), mort entre le 24 juill. 1588 et le 20 nov. 1589, ép. (14 janv. 1566) Roberte de Pellevé (vivante 13 nov. 1612). Il était fils de Jacques de Moy et de Françoise Basset de Normanville, mariés avant le 31 juill. 1546.

(13) Antoine de Morterne, sieur de Montigny, Ormoy, Voisins, guid. (31 mars-14 juin 1535), ens. (avril 1540-31 oct. 1566) à la comp. de la Meilleraye.

(14) Charles de Goustimesnil, mar. des log. comp. Laval-Loué (oct. 1559-27 mars 1561), mar. des log. (16 janv. 1570), ens. (oct. 1568-11 août 1570), lieut. (avril-25 juill. 1571) à celle de Moy-Trolley, chev. de l'Ordre (5 mai 1569), fils de Jacques de Goustimesnil et d'Olive du Fayet, mariés le 15 sept. 1513, vivait le 9 avril 1537.

(15) Gaspard de Conilanville, s^r des Molans, ens. comp. la Meilleraye (oct. 1570-13 janv. 1571).

(16) Paul de Certieux, sieur de Bouqueval, Candeure, fils de Philippe de Certieux et de Jacqueline de Quatrevaux, mariés avant le 30 sep^t. 1530, chev. de l'Ordre (26 avril 1572), gent. d'honneur de la reine (2 avril 1586), guid. à la comp. Moy-Trolley (15 nov. 1567-16 janv. 1570), ens. à la comp. la Meilleraye (avril 1571-dern. févr. 1581), ép. Anne de Chateaubriant, puis Michelle de Châtelain.

(20) Guid. (10 juin 1540) comp. la Meilleraye.

(21) Jean de Courcy, sieur du Plessis, Gouis, la Rosaye, Boneguelon, gouv. de Pont-Audemer (28 août 1548), fils aîné de François de Courcy et de Marguerite de Théligny, mariés le 30 mai 1493, h. d'a. (1544), puis (7 oct. 1544-16 mai 1548), guid. à la comp. la Meilleraye, chev. de l'Ordre, lieut. gén. en Thiérache, ép. (1er févr. 1539) Suzanne Pigast de Carenthiers. Il était mort au 6 juin 1571.

(22) Madelon d'Espinay-Saint-Luc-les Hayes, sieur de Ligneris, Fry, Mesnil-David, Corbenton, Touvoy, 6e fils de Robert d'Espinay et de Christine d'Ailly-Sains, mariés

en 1510, guid. à la comp. la Meilleraye (7 oct. 1549-26 avril 1554), ép. (25 fév. 1556) Marie de la Viefville et fut tué, en 1558, à l'armée de Picardie.

(23) Notice à la comp. Mayenne.

(24) Jacques d'Assy, fils de Christophe d'Assy et de Marie de Drosay, sieur d'Oilly le Tesson, chev. de l'Ordre (13 janv. 1574), guid. (avril 1571-13 janv. 1574) à la comp. Moy-la Meilleraye, ép. Espanne de Bordeaux.

(25) Jean de Sillans, sieur d'Hermanville, Aunelles, Betherville, chev. de l'Ordre (12 oct. 1571), 3e fils d'Antoine de Sillans et de Jeanne Hébert de Bréau, mariés le 23 juin 1534, guid. à la comp. la Meilleraye (oct. 1571-17 mars 1576), mort avant le 17 août 1600, ép. Marie de Moy-la Meilleraye.

(26) Aimar de Manneville, fils de Nicolas de Manneville et de Marguerite Cauchon de Puiseux, mariés le 14 févr. 1547, sieur d'Auzonville, le Thil en Caux, Caulmesnil, Bibost, Bazincourt, la Jonquière, Saugerolles, Offrinville, le Perron, Catteville, né en 1552, guid. comp. la Meilleraye (janv.-27 août 1581), gouv. et bailli de Gisors (23 juin 1583), chev. de l'Ordre (23 janv. 1583), gent. de la Ch., décédé 18 juill. 1617, à Paris, ép. (8 déc. 1581) Françoise de Mascarel-Hermanville (décédée 25 août 1592), puis (1599) Avoye Taveau de Mortemer (vivante 20 avril 1627).

(27) Pierre des Escotz, mar. des log. à la comp. la Meilleraye avril 1539-10 juin 1540).

(30) Pierre Le Doyen, sieur d'Auton, le Coudray, la Couldre, Espreville, mar. des log. comp. la Meilleraye (oct. 1570), fils de Louis le Doyen et de Philippe Osmont, mariés le 18 janv. 1516, h. d'a. à la comp. la Meilleraye (28 avril 1564), ép. Madeleine Le Sellier.

Compagnie VATRESSE

(1) Notice à la comp. Damville.

(2) Notice à la comp. Laval-la Loe.

(3) Nrtice à la comp. Dinteville.

(4) François de Lezay, sieur de Beauregard, 2e fils de Mathieu de Lezay et de Perrette de Rouy, mariés le 5 janv. 1526, ens. comp. Vatresse (oct.-24 nov. 1567), gent. de la Ch. du duc d'Alençon (1569), ép. (15 oct. 1546) Anne d'Allery, puis (dern. févr. 1588) Honorée d'Aubusson-La Feuillade (vivante 9 nov. 1593), décédé au 9 nov. 1593.

(5) François de la Touche, sieur de Chillac, ens. à la comp. Vatresse (11 juin 1569-12 juill. 1570).

(6) Notice à la comp. Joachim de Dinteville.

(7) Notice à la comp. Rochechouart-Mortemart.

(8) Notice à la comp. J. de Dinteville.

(9) Probablement Jean de Règes, sr de la Chapelle et Isasca près Saluces, décédé au 6 déc. 1578, ép. Anne de Jacus (vivante 6 déc. 1578).

Compagnie LA VALETTE

(1) Jean de Nogaret, baron de la Valette, Casaux, Caumont, mestre de camp, lieut. gén. en Guyenne, cap. de gend., assista aux bat. de Dreux, Jarnac, Moncontour, Jazeneuil, Arnay-le-Duc. Il prit Camerade, la Garde, Masères, Saverdun, Lerau, Orliac, la Faye, Montastruc, fut à la retraite de Meaux. Né en 1527, il mourut, le 19 sept. 1575, à Caumont. Il était le quatrième fils de Pierre de Nogaret et de Marguerite de l'Isle. Cap. de chevau-légers (1558), il fut à la prise de Tonneins (mai 1574) et à la défaite des *vicomtes* (juin 1574). Il ép. (15 sept. 1551) Jeanne de Saint-Lary-Bellegarde (morte à Caumont le 9 avril 1611).

(2) Savary de Vize, sieur de Sain, lieut. comp. la Valette (avril 1563-8 juin 1568), chev. de l'Ordre (8 juin 1568).

(3) Notice à la comp. Fr. Chasteigner.

(1) Antoine d'Arsac, sieur d'Encausse, ens. (oct. 1568) à la comp. de la Valette.

(5) Notice à la comp. Fr. Chasteigner.

(6) Notice à la comp. Fr. Chasteigner.

(7) Mar. des log. à la comp. la Valette (avril-17 déc. 1564).

Compagnie BERNARD DE LA VALETTE

(1) Bernard de Nogaret, marquis de la Valette, fils aîné de Jean de Nogaret et de Jeanne de Saint-Lary, né en 1553, mestre de camp général de la cavalerie (6 sept. 1578), cap. de gend., gouv. du marquisat de Saluces (1580), qu'il pacifie (1581), servit en Dauphiné sous d'Ornano (1583). Bailli du Palais (1er févr. 1585), mar. de camp général (10 nov. 1586), gouv. de Provence et Dauphiné (1587-1592), amiral (7 déc. 1586). En 1587, il prit Eurre, Lestic, battit l'ennemi au Monastier de Clermont, battit, le 16 août, près de Grenoble, les protestants. Gouv. d'Angoumois, Saintonge, Aunis (10 nov. 1587), il s'unit à Lesdiguières contre les Ligueurs. Il prit Valensole, Digne, débloqua Barcelonnette. Il fut à la prise de Château-Dauphin, prit Lambesc (1589), Tarascon, Toulon, battit plusieurs fois, en 1590, le duc de Savoie en Provence, prit Pertuis, Puymichel, Valensole, Montagnac. En 1591, il battit le duc de Savoie à Esparron (15 avril 1591), prit Marignane, Gians, Digne, échoua sur Veynes, battit le duc de Savoie à Vinon-sur-Verdon (21 déc. 1591). Il fut blessé au siège de Roquebrune (11 févr. 1592) et mourut, treize heures après. Il avait ép. (13 févr. 1582) Anne de Batarnay du Bouchage (née le 15 déc. 1540, morte en 1591). Il fut chev. du Saint-Esprit (31 déc. 1583).

(2) Jean de Serre, sieur de Lisle, lieut. (8 juin 1581) à la comp. La Valette.

(3) Jean de Vinos, sieur de Signan, Lyrisse, fils de Jean de Vinos et de Claude de Durfort, ens. comp. la Valette (janv.-

8 juin 1581), vivant le 10 déc. 1545, décédé au 19 juin 1609, ép. (10 mars 1579) Briete de Mauléon-Barbazan.

(5) Jean de Puydorfile, mar. des log. à la comp. la Valette (8 juin 1581).

Compagnie D'O

(1) François d'O, sieur de Fresnes, Maillebois, Bléney, maitre de la garde-robe (1571), surintendant des finances, gouv. de Paris et Ile de France (8 avril 1588), fils ainé de Jean d'O et d'Hélène d'Illiers, mariés le 6 juin 1534, né en 1551, mort à Paris, le 24 oct. 1594, premier gent. de la Ch. (12 août 1572-6 avril 1580), lieut. gén. en Normandie (6 avril 1580), ép. Charlotte-Catherine de Villequier (morte le 15 févr. 1623), cons. d'Etat (4 juill. 1579), gouv. de Caen (1581), cap. de gend., chev. du Saint-Esprit (31 déc. 1585).

(2) Louis de Courseulles, sieur de Saint-Remy, guid. à la comp. Tournon-Roussillon (avril 1563-22 nov. 1567), gent. de la Ch., ens. à la comp. du comte de Saint-Pol (oct. 1568-29 nov. 1569), lieut. à la comp. d'O. Il avait été h. d'a. (10 juin 1561) à la comp. de M. d'Annebault-la Hunaudaye. Chev. de l'Ordre, gent. de la Ch. (29 nov. 1569), il mourut avant le 14 juill. 1588. Fils ainé de Louis de Courseulles et de Jacqueline du Val-Saint-Illier, il ép. N..., puis Suzanne de Constant-Fontpertuis (vivante le 19 août 1600).

(3) Alexandre de la Vove, sieur de Tourouvre (7 avril 1575), ens. (janv. 1577) à la comp. d'O, puis lieut., chev. de l'Ordre, mort avant le 20 juin 1601. Fils de Robert de la Vove et d'Antoinette Gouevrot, mariés le 2 oct. 1542, ép. (9 août 1572) Yolande le Lièvre.

(4) Jean de Courseulles, sieur de Rouvray-Le-Bois, Tardais, Rotignon, Suzay, Faceaux, Neuville, Saint-Cyr, Moraines de Rimont, Arcancy, Dampierre, le Gert, le Larré, Boispallu,

Boislambert, la Perruche, les Espineroches du Boulay (12 sept. 1554), gouv. de Dompierre sur Blény, gent. de la Ch., guid. à la comp. d'O, fils de Pierre de Courseulles et de Jeanne Acton, mariés le 1er janv. 1531, vivant 12 sept. 1554, gent. de la Ch. (31 oct. 1607), lieut. aux gardes (1588), lieut. de vénerie du roi (1605-10 juill. 1610), ép. (15 août 1581) Marie de Hattes (vivante 1er mars 1620). Il mourut entre le 7 août 1618 et le 17 mai 1619.

(5) Gaspard de Mallet, sieur de Mauregard, fils de François de Mallet et de Marie de Brisseau, mariés le 17 nov. 1521, ép. (22 nov. 1546) Gratienne Erard (vivante 4 janv. 1547), fut mar. des log. comp. Vieuxpont-Neufbourg (16 nov. 1567), puis comp. d'O, et mourut avant le 27 sept. 1584.

Compagnie CHAULNES

(1) Louis d'Ongnies, comte de Chaulnes, baron de Bruay, sieur de Berthisy, Etton, Cateau-Cambrésis, Foucher, Foucaucourt, Méry, Thouy, Brietz, le Pressoir, Estry, Champieu, la Hergerie, Magny, Baugy, Guineries, chev. de l'Ordre (7 déc. 1561), gent. de la Ch., cons. d'Etat (10 déc. 1563), gouv. de Corbie, gouv. de Saint-Quentin (22 juin 1564-5 juin 1567), gouv. et bailli de Clermont en Beauvaisis (22 juin 1564-5 juin 1567), éc. d'éc. du duc d'Orléans (16 mars 1550), cap. de gend. (1561-20 mars 1567), se distingua au siège de Boulogne (1544), à ceux de Calais et Dunkerque (1558), à la bat. de Dreux (1562). Fils de Philippe d'Ongnies et de Suzanne Luillier, il ép. Antoinette de Rasse-la Hergerie, veuve de Jean-Francois de Soyecourt. Il fut surintendant des finances (12 mars 1561-5 juin 1567).

(2) Charles d'Ongnies, 2e fils de Louis d'Ongnies et d'Antoinette de Rasse-la Hergerie, comte de Chaulnes, baron de Brestz, sieur de Magny, Méry, Estry, la Tolle, Champieu, Aston, Foucaucourt, gouv. de Clermont en Beauvaisis (22 juill. 1585) et Péronne, chev. de l'Ordre, cap. de gend.

(oct. 1575-28 juin 1585), ép. avant le 20 janv. 1567 Anne Jouvenel des Ursins-Traynel, veuve de Guillaume de Launay-la Boissière. Il fut chev. du Saint-Esprit (31 déc. 1585).

(3) Jean de Paillart, fils de Charles de Paillart et de Marguerite de Héronnal-Cempuis, gent. de la Ch., chev. de l'Ordre, panetier (20 avril 1559), sieur de Choqueuse (23 déc. 1544), Fay, Cempuis, Mesnil les Frauleux, Embreville, Malicourt, Saint-Michel-en-Guichen, Bonvilliers, Fleury, Estrées, Foucaucourt, Hiencore-le-Grand, Lihons, Herleville, Frauleux, Bacouel, Estrées, Yeucourt, gouv. de Beauvais (1553-27 févr. 1581), mort entre le 26 mai 1583 et le 17 févr. 1594, ép., avant 1553, Jeanne de Ravenel (morte entre le 27 févr. 1581 et le 26 mai 1583), puis Louise de Balsac (vivante 26 mai 1583). Il fut lieut. à la comp. de Chaulnes (janv. 1558-1ᵉʳ oct. 1568).

(4) François d'Ongnies, sieur d'Estry, comte de Chaulnes, gent. de la Ch., fils aîné de Louis d'Ongnies et d'Antoinette de Rasse-la Hergerie, fut tué en 1567 à la bat. de Saint-Denis. Il fut fiancé (27 juin 1564) à Marie de Blanchefort.

(5) Louis de Mailly, sieur de Rumesnil, Aumaretz, Silly le Tillart, gouv. de Maubert-Fontaine (1562), fils aîné de Jean de Mailly et de Jeanne de Casenove, lieut. à la comp. de son beau-frère Chaulnes (25 janv. 1574), mar. de camp (11 nov. 1569), ép. Louise-Marie d'Ongnies-Chaulnes.

(6) Gilles de Pellevé, sieur de Rebetz, Asnières, Boubiers, Saint-Martin d'Aez, 4ᵉ fils de Charles de Pellevé et d'Hélène de Fay, mariés le 25 janv. 1509, né entre 18 avril 1519 et 18 mars 1522, chev. de l'Ordre, ens. à la comp. de Chaulnes (21 sept. 1557-5 juin 1567), à celle du connétable de Montmorency (1567), ép. (3 févr. 1553) Geneviève de Montmorency-Fossoux (vivante 5 nov. 1576), et fut tué à la bat. de Saint-Denis (1567).

(7) Ens. comp. Chaulnes (13 juin 1574). Il ép. (24 janv. 1545) Catherine le Prévost de Pendé.

(8) Louis de la Fontaine, sieur de Liécourt, Lesches, Boubiers, Vaux-sur-Meulare, fils de Louis de la Fontaine et d'Isabeau Vion de Viaux, ép. Jacqueline de Valliquerville,

puis Jeanne de Canjon. Il fut (3 mars 1576-3 juin 1578), ens. à la comp. de Charles d'Ongnies-Chaulnes (oct. 1575).

(9) François de Rochechouart, sieur de Jars, Saint-Mesmin, Marceilles, la Brosse, Bréviande, fils de Guillaume de Rochechouart et Louise d'Autry, mariés le 20 févr. 1517, panetier du roi (24 févr. 1567), gouv. de Ligny (10 mai 1561), lieut. à la comp. Chaulnes, maitre d'hôtel du roi (6 janv. 1568), chev. de l'Ordre (22 juin 1569), fut au siège de Sancerre (1573) et mourut à Jars entre le 3 mars 1575 et le 19 nov. 1576. Né en 1526, il ép. (19 févr. 1560) Antoinette de Pisseleu, puis (13 sept. 1568) Anne de Bérulle (décédée 14 avril 1603, à Jars), veuve d'Edme de Prie-Montpoupon. Il fut guid. à la comp. Chaulnes (avril 1564-8 nov. 1566).

(10) Antoine de Bourbon, vicomte de Lambercourt et Ligny, fils de Claude de Bourbon et d'Antoinette de Bours, mariés le 20 juin 1542, guid. (25 sept. 1568-10 nov. 1570) à la comp. Chaulnes, gouv. de Doullens, fut tué en duel à Paris, en 1594.

(11) Philippe de Valperga, fils de Georges de Valperga et d'Antoinette Mollet de Fay, sieur de Fay, Gournay, Coquelet, Bazencourt (14 juill. 1564-23 oct. 1579), gent. de la Ch. (19 févr. 1572), guid. à la comp. Chaulnes (19 févr.-19 avril 1572), ép. (12 févr. 1572) Adrienne d'Ailly-Varennes (vivante le 24 juin 1620), veuve de Jean d'Ailly-Oissy et de Jean d'Estouteville-Laubier.

(12) François de Poix, sieur de Vacquerie et Fleury, mar. des log. (oct. 1573-25 janv. 1574), puis (oct. 1575-3 mars 1576) guid. à la comp. de Chaulnes.

Compagnie ROTHELIN

(1) François, bâtard d'Orléans, marquis de Rothelin, baron de Varanguebec et Neaufle, fils naturel de François d'Orléans et de Françoise Blosset de Colombières, né avant 1548, chev. de l'Ordre, gent. de la Ch., guid. (24 juill. 1560-10 oct. 1562),

ens. (2 juill. 1563-6 janv. 1569), lieut. (28 mai 1559-11 mars 1576) à la comp. de son frère, le duc de Longueville, qui l'aimait beaucoup. Il ép. (2 févr. 1582) Catherine du Val et mourut en 1600.

(2) Guillaume d'Anneville, sieur et patron de Chiffrevast, Tamerville, fils ainé de Guillaume d'Anneville et de Louise de Longaunay, né en 1542, défendit brillamment (6 févr.-2 mars 1574) Valognes contre Montgommery, fut aux sièges de Domfront, Saint-Lô, Carentan, ép. (12 juill. 1568) Marguerite Aubert de la Haye (morte le 16 juin 1601), veuve de Guillaume Quesnel, et mourut à Sens, le 23 déc. 1587.

(3) François de Cramesnil-Malet, sieur de Druhec, Clerbec, le Valsemé, Bourguébus, Carquency, le Buys, Taillanville, Argenne, Bouquetot, chev. de l'Ordre (4 oct. 1575), 2° fils de Pierre de Cramesnil-Malet et de Madeleine Patrix, mariés le 18 déc. 1541, ép. (3 mai 1573) Françoise de Hautemer-Fervacques, et vivait encore le 20 oct. 1614.

(4) Mathurin Gillain, sieur de Barneville, fils d'Ymar Gillain, lieut. à la comp. Rothelin, ép. Charlotte de Bauquemare et vivait encore le 1er févr. 1591.

(5) François le Fournier, sieur de Wargemont et Graincourt, fils de Pierre Le Fournier et de Marie Le Séneschal, mariés le 26 juill. 1525, mourut entre le 4 janv. 1598 et le 29 nov. 1601. Il ép. (15 févr. 1556) Jeanne Carpentin (morte entre le 1er août 1611 et le 17 déc. 1613).

Compagnie DUCS DE LONGUEVILLE

(1) François d'Orléans, duc de Longueville, dit le *Petit Duc*, prince de Neuchâtel, comte de Dunois, grand-chambellan, fils ainé de Louis d'Orléans et de Marie de Lorraine-Guise, né à Chateaudun, le 30 août 1535, mourut à Amiens, le 22 septembre 1551.

(2) Léonor d'Orléans, duc de Longueville et d'Estouteville, prince de Neufchâtel et Valengin, marquis de Rothelin, comte

de Dunois, Saint-Pol, Tancarville et Montgommery, chev. de l'Ordre, grand chamb. de France, gouv. de Picardie, cap. de gend., fils de François d'Orléans-Rothelin et de Jacqueline de Rohan, mariés le 19 juill. 1536. Prisonnier à Saint-Quentin (1557), il fut à la bat. de Moncontour et au siège de la Rochelle (1573). Né en 1540, il mourut, en août 1573, à Blois. Il ép. (2 juill. 1563) Marie de Bourbon (née le 30 mai 1539, à la Fère, morte le 7 avril 1601, à Pontoise), veuve de Jean de Bourbon-Enghien et de François de Clèves-Nevers.

(3) Henri d'Orléans, duc de Longueville, prince de Neufchâtel et Valengin, comte de Dunois et Tancarville, grand chamb., gouv. de Picardie (18 janv. 1589), fils aîné de Léonor d'Orléans et de Marie de Bourbon, né en 1568, battit (17 mai 1589) les Ligueurs à Senlis, ravitailla Senlis et Vincennes. Il fut au siège de Paris (1ᵉʳ nov. 1589), Rouen (nov. 1591), Laon (mai 1594), à la journée des Farines (20 janv. 1591). Lieut. gén. en Picardie (11 nov. 1589), il fut blessé, par accident, à Doullens, et mourut à Amiens, le 29 avril 1595. Il ép. (28 févr. 1588) Catherine de Gonzague-Clèves (née le 21 janv. 1569, morte le 1ᵉʳ déc. 1629). Il fut chev. du Saint-Esprit (7 janv. 1595).

(4) Notice à la comp. Fr. de Lorraine-Guise.

(5) Louis de Bueil, fils naturel de Louis de Bueil-Sancerre, légitimé en 1540, tué à Orléans, en 1560, par René de Laval-Loué.

(6) Louis de Chasteignier, 7ᵉ fils de Jean Chasteigner et de Claude de Monléon, né le 15 févr. 1535, à la Rochepozay, étudia à l'Université de Paris, sous Jean Daurat et Joseph Scaliger, fit l'expéd. d'Italie sous Guise (1556), abbé de Nanteuil, accompagna Elisabeth de France en Espagne (1559), sieur d'Abain, baron de Preuilly et Malleval, ép. (28 oct. 1565) Jeanne du Puy du Coudray. Il fut nommé chev. de l'Ordre (le lendemain de la bat. de Saint-Denis, 11 nov. 1567), fut à Saint-Denis, Jarnac, Moncontour, la Roche-Abeille, au siège de la Rochelle, gent. de la Ch. (1573), amb. à Trèves et à Cologne, cons. d'Etat (1576), amb. à Rome (1576-1582), cap. de gend. (30 sept. 1579), fut au combat d'Auneau, sou-

mit la Picardie (1588), fut amb. en Toscane (1589), lieut. gén. en Basse-Marche (1591), délivra Bellac, prit Montmorillon, Mirebeau, Chastelus, la Borne, Pontcharrault, Prébenest, Ahun, Chateauponsac, Mérignac, Compeix, Jarnage, lieut. gén. en Limousin (déc. 1591) et Poitou, battit Villequier-la Guerche à Availle-sur-Vienne (6 févr. 1592), coopéra au blocus de Poitiers (1593) et à la pacification du Limousin (1594), où il battit les Croquants à Saint-Priest de Ligoure, Nesson, la Roche-Abeille, et mourut à Moulins, le 29 sept. 1595, à 6 h. du matin. Il commandait, comme lieut. la comp. du duc de Longueville au siège de Bourges. Il était lié avec Joseph Scaliger, Marc-Antoine Muret, les cardinaux Sirlet, Vincent Laurens, Séraphin Otivieri, le P. Christophe Clavius, Petrus Victorius, Fulvio Orsini, Ronsard, Cujas, Daurat, J. A. de Thou, Florent Chrestien, Scévole de Sainte-Marthe, François de Foix-Candale, le cardinal d'Ossat. Il fut (31 déc. 1583) chev. du Saint-Esprit.

(7) Roch Chasteigner, 3e fils de Jean Chasteigner et de Claude de Monléon, né le 7 févr. 1527 à Touffou, fit deux expéditions en Boulonnais, l'une sous François Ier, l'autre sous Henri II. Au retour de la seconde, nommé échanson du Dauphin, il fit la guerre de Parme (1551), secourut la Mirandole (1552), y fit trois sorties sur les ennemis, y reçut deux blessures, fut à la bat. de Renty (1554), au siège de Volpiano (1555), éc. d'éc. du roi (1552), cap. de chevau-légers (18 août 1555), blessé au combat de Ponte di Stura, gent. de la Ch. (1555), fit l'expéd. de Naples (1556-1557) sous Guise, fut blessé au combat de Giulia Nova, trois fois blessé et pris à celui d'Ascoli (9 juill. 1557). Enfermé à Aquila, Naples, Milan, il s'échappa (fin 1559) du château de Milan, fut aux combats de Saint-Genest, d'Aubières près Poitiers (1562), aux prises de Poitiers et Chauvigny (1562) et fut tué au siège de Bourges (1562). Il était sieur de la Rochepozay et frère du poète Antoine Chasteigner. Ronsard fit son épitaphe. Il fut (avril-2 juill. 1561) lieut. à la comp. Longueville.

(8) Gilbert de Saint-Aignan, fils de François de Saint-Aignan et de Jeanne de Montfaucon, sieur de Confolens, Chateauneuf, la Gastine, le Ribeyrais, Charlus le Pailloux, h. d'a.

(1549-1552) à la comp. du mar. de Saint-André, mort entre le 6 janv. et le 28 mai 1569, ens. (juill. 1562-17 janv. 1563), lieut. (janv. 1567) comp. Longueville, gent. de la Ch. (3 juin 1567), ép. Francoise de Châteauneuf-Rochebrune.

(9) Notice à la comp. Rothelin.

(11) Antoine de Saint-Colomé, ens. à la comp. Longueville (janv. 1559-26 févr. 1560).

(12) Jacques le Voyer, sieur de Boistravers, Trégomar, la Haye-Pesnel, né en 1520, mort entre le 30 juin 1580 et le 11 févr. 1582, chev. de l'O. (24 oct. 1574), gent. de la Ch. (23 déc. 1568), ens. à la comp. Longueville (juill. 1571-5 nov. 1575), 2⁰ fils de Bertrand le Voyer et de Suzanne de Boistravers, mariés le 5 mai 1513, ép. (12 juin 1564) Françoise Bertrand de Launay (vivante le 11 févr. 1582).

(13) Jacques de Menou, sieur de Boussay, la Ferté-Nabert, fils aîné de René de Menou et de Claude du Fau-Mantelan, mariés le 24 févr. 1510, baron de Druy, ép. (10 mars 1546) Louise d'Estampes (née le 2 juin 1527, morte le 23 juill. 1575) veuve de François de Gourdon-Genouillac d'Acier, fut guid. à la comp. Longueville (janv. 1551-23 août 1551), puis à celle de Villars (1ᵉʳ nov. 1551-3 mai 1552), fait prisonnier en 1553, mourut entre le 10 sept. et le 7 nov. 1553.

(14) Notice à la comp. Balsac-Entragues.

(16) Jean de Losse, guid. à la comp. Longueville (janv. 1572-20 oct. 1573), sieur de Banes, gent. de la Ch., chev. de l'Ordre, gouv. de Verdun (25 juill. 1580-29 déc. 1584), mort avant le 16 janv. 1624, fils de Jean de Losse et de Anne de Saint-Cler, mariés le 5 févr. 1542, ép. (23 janv. 1573) Anne de Roquefeuil.

(18) Pierre de Thaurin, mar. des log. comp. Longueville (avril-31 août 1561).

(19) Guillaume de Boullehart, sieur du Chesne, fils aîné de Jean de Boulehart et de Marie de Brichanteau, mariés peu avant le 21 mars 1517, mort entre le 18 juin 1573 et le 10 sept. 1574, mar. des log. à la comp. de Longueville

(janv.-11 nov. 1562), ép. (19 févr. 1557) Gilberte de Guerchy, puis (14 déc. 1570) Geneviève Porret, (vivante le 24 mai 1580).

(20) François de Veilhan, sieur de la Majorie, mar. des log. à la comp. Longueville (oct. 1567-6 janv. 1570), fut quelque temps (25 avril-29 mai 1569) à la comp. Clermont-Lodève. Il ép. Jeanne de Lestrade.

(21) Claude de Reclaine, sieur de la Chaise, Lionne, Lunel, 2e fils de Bertrand de Reclaine et de Jacquette de la Vilatelle, mariés le 12 janv. 1517, mineur au 15 mai 1556, éc. d'éc. du duc d'Alençon (18 sept. 1570), h. d'a. à la comp. Tournon-Roussillon (22 avril 1568-mars 1569), mar. des log. à la comp. de Longueville (11 juin 1569-19 mai 1588), mort entre le 6 août 1590 et le 21 févr. 1591, ép. (12 mai 1573) Anne Rainaut (vivante le 6 nov. 1612).

Compagnie ROTHELIN

(1) François d'Orléans, marquis de Rothelin, comte de Neufchâtel, prince de Châtelaillon, vicomte de Melun, sieur de Beaugency, la Brosse, Abbeville, le Crotoy, Montreuil, Blandy, Noyers, Vilaines, Louhans, Château-Chinon, Mervans, Lorme, Samois, 3e fils de Louis d'Orléans et de Jeanne de Hochberg, né le 11 mars 1513, mort le 25 oct. 1548, lieut. à la comp. de Longueville, il ép. (19 juill. 1536) Jacqueline de Rohan (morte en 1586). Il fut (25 juill. 1537-13 juill. 1546) cap. de gendarmes.

(2) Robert de Pommereul, né en 1485, 3e fils de Jean de Pommereul et de Louise de Banville, 1er éc. d'éc. du roi (18 juill. 1534-15 janv. 1537), gouv. de Pont de l'Arche (27 déc. 1531-avril 1542), maitre des eaux et forêts de Normandie (14 mars 1532-24 avril 1542), lieut. à la comp. de Rothelin (15 janv. 1536-16 avril 1539), sieur du Lieu et Aufferville, vivait le 24 avril 1542. Il ép. Françoise d'Aufferville, veuve de Jacques de Chambray.

(3) Claude de Rouvray, 5ᵉ fils de Noël de Rouvray et de Marguerite de Ferrières, ens. à la comp. Longueville (19 mars 1535), lieut. à la comp. Rothelin (26 juill. 1537-13 juill. 1546), sieur de Mailly, Flassey, Syennes, gouv. d'Auxonne, ép. (30 août 1514) Marguerite de Chissey (morte le 20 janv. 1537).

(5) Jacques de Hémard, sieur de Denonville, Brion, Chenevelle, gouv. de Chateaudun, guid. à la comp. Rothelin (juill. 1536-23 avril 1537), 2ᵉ fils de Pierre de Hémard et de Jeanne de Fremière, mariés le 24 juin 1492, décédé 4 mars 1559, ép. (7 juin 1540) Claude de Maulny-Saint-Aignan, veuve de François de Silly.

(6) Claude des Essars, sieur de Thieux et Sormery, fils d'Antoine des Essars et de Perrine de Menou-Boussay, mariés le 2 janv. 1506, né en 1507, maitre d'hôtel du Dauphin (13 févr. 1534), guid. à la comp. Rothelin (26 juill. 1537), lieut. à la comp. d'Aumale (4 juin 1546), mort entre le 1ᵉʳ août 1555 et le 5 juin 1556, ép. (8 nov. 1543) Gabrielle Gouffier de Fougeroux (vivante le 9 sept. 1566).

(7) Philippe de Boullehard, sieur du Chesne, Montrelais, fils ainé de Jean de Boulehart et de Claude de Thorigny, né entre le 21 nov. 1513 et le 21 mars 1518, guid. à la comp. Rothelin (janv. 1543), mort entre le 24 mai 1550 et le 28 mai 1558, ép. Jeanne de Hangest (vivante le 28 mai 1558), veuve de Georges de Cochefilet.

(8) Jean de Fenoillet, sieur de la Rable, fils de Pierre Fenouillet (anobli en 1485) et de Marie Aubin, fut mar. des logis dès 23 avril 1537 à la comp. Rothelin et ép. (8 juill. 1536) Edmée Le Roy de Grandchamp.

Compagnie des DUCS DE LONGUEVILLE

(1) François d'Orléans, duc de Longueville, comte de Dunois, Tancarville, Montgommery, vicomte de Melun, grand chambellan de France, connétable de Normandie, gouv. de Guyenne, fils de François d'Orléans et d'Agnès de Savoie, né

en 1482, fut à l'expédition de Naples (1495), à celle d'Italie (1502), à Agnadel (1509), chef de l'armée de Guyenne (1512). Duc de Longueville (1505), il ép. (6 avril 1505) Françoise d'Alençon (née en 1490, morte le 3 sept. 1550 à la Flèche), et mourut, le 12 févr. 1512, à Châteaudun. — Georges de Lattier, sieur de Mantonne, fit, pendant les six premiers mois de 1514, l'intérim du commandement de la comp. Il était fils aîné de Claude de Lattier et de Marie d'Arvillars, mariés le 13 sept. 1464, fut h. d'a. à la comp. Sandricourt (11 juin 1498) puis à la comp. Longueville (8 juill. 1504), fut cap. de gend. (avril 1513-4 mai 1514). Il ép. Jeanne Armuet.

(2) Louis d'Orléans, duc de Longueville, comte de Neufchâtel et Dunois, marquis de Rothelin, Tancarville, Montgommery, prince de Chatelaillon, vicomte de Melun, Abbeville, Montreuil, sieur de Montreuil-Bellay, Parthenay, Mervaut, pays de Gâtine, chev. de l'Ordre, grand chambellan, gouv. et sénéchal de Provence (1501-1513), cap. des gent. de la maison du roi (11 janv. 1508), fut à Agnadel (1509), Guinegate (1513), où il fut pris, négocia le mariage de Louis XII et de Marie d'Angleterre, fut à Marignan (1515), ép. (1504) Jeanne de Hochberg (morte à Epoisses, le 21 sept. 1513), fut cap. de gend. (26 nov. 1501-27 août 1503), mourut, le 1er août 1516, à Beaugency. Il était le 2e fils de François d'Orléans et d'Agnès de Savoie et naquit après 1482. Il fut aussi (26 oct. 1514) gouv. de Dauphiné.

(3) Claude d'Orléans, duc de Longueville, fils aîné de Louis d'Orléans et de Jeanne de Hochberg, mariés en 1504, cap. de gend. (1521), lieut. gén. en Italie (1524), fut tué, le 9 nov. 1524, au siège de Pavie.

(4) Louis d'Orléans, duc de Longueville, 2e fils de Louis d'Orléans et de Jeanne de Hochberg, né, le 5 juin 1510, à Blandy, cap. de gend. (12 nov. 1524), ép. (4 août 1534) Marie de Lorraine-Guise (née le 22 nov. 1515, morte le 10 juin 1560), et mourut le 9 juin 1537.

(5) Cf. notice comp. Daillon du Lude.

(7) Cf. notice comp. marquis de Rothelin.

(8) Hughes des Loges, sieur de la Boulaye, Chailly, la

Roche-Berot, Beaujeu, les Quartiers-Rogers, gent. de la maison du roi, gouv. de Tournay et Tournaisis (31 mai 1520-26 janv. 1521), cap. de gend. (2 juill. 1520-2 févr. 1522), bailli d'Autun et Montcenis, fils ainé de Simon des Loges et de Françoise d'Amauge, ép. Louise de Rabutin, puis Charlotte du Mesnil-Simon (vivante en 1530).

(9) Cf. notice comp. Beaumont-Brizay.

(10) Claude de Rouvray, fils ainé de Noël de Rouvray et de Marguerite de Ferrières, décédé 1533, sans post., ép. Philiberte Pioche d'Aunay, puis (30 oct. 1514) Antoinette de Salins, veuve de Jean de Chissey.

(11) Cf. notice comp. Rothelin.

(12) Cf. notice comp. Brizay-Beaumont.

(13) *Item.*

Compagnie ORNESAN-AURADÉ

(1) Frédéric-Alain d'Ornesan, sieur d'Auradé, 2⁰ fils d'Arnaud-Guilhem d'Ornesan et de Jeanne de Durfort, mariés le 17 juill. 1519, baron d'Auradé et Blanquefort, chev. de l'Ordre (10 mai 1569), cap. gens de pied (1557), fit l'expédition d'Italie (1556), ens. comp. duc Nemours (juill. 1559-3 août 1560), lieut. de la comp. du duc de Genevois (15 mai 1569-31 juill. 1570), ép. (26 juin 1560) Marguerite de Lambès (testa 9 déc. 1614).

(12) Pierre de Lambès, fils d'Arnaud-Guilhem de Lambès et de Paulette de Rochefort-Engarrevaques, beau-frère du cap., vivant oct. 1577, décédé au 12 oct. 1613, ép. (10 juill. 1558) Catherine de Podenas-Marambert.

(13) François de Martrès, sieur de Gensac, ens. comp. duc Genevois (janv.-21 mai 1569), fille de Jean de Martrès et de Françoise d'Orbessan.

Compagnie ORSINI DE CERI

(1) Renzo Orsini de Ceri, né le 31 mars 1475, mort en 1536. Il défendit, en 1527, Rome, avec Langey, contre Bourbon et Philibert de Chalon. En 1524, il défendit, avec Brion, Marseille contre Bourbon. Son fils, Jean-Paul Orsini de Ceri lui succéda, en 1536, dans le commandement de sa compagnie.

(2) Jacques de l'Anguillara, lieut à la comp. de feu Renzo de Ceri (1er janv. 1537).

(3) Flaminio de l'Anguillara. — Flaminio Orsini de Stabbia, comte de l'Anguillara, défendit Paliano en 1557 et fut tué au siège de Gherbah. Il ép. Maddalena Strozzi, sœur du maréchal. Il était lieut. à la comp. Jean-Paul Orsini de Ceri (18 févr. 1541).

Compagnie D'OSSUN

(1) Pierre, baron d'Ossun, sieur de Heiches, Saint-Luc, Miremont, fils aîné de Roger d'Ossun et de Madeleine d'Arros, gent. de la Ch. du roi (23 avril 1547), chev. de l'Ordre (9 déc. 1562), cap. de chevau-légers (1537-16 févr. 1545), cap. de gens de pied (4 mars 1543), commanda à Naples un corps de vieilles bandes, se distingua à Thérouanne (1537) et à Hesdin. Cap. de gend. (10 janv. 1561), il se distingua à Cérisoles (1544), gouv. de Turin (1545-1562), mar. de camp (1er avril 1562), d'abord h. d'a. à la comp. Lautrec (1528), puis à celle du roi de Navarre (1529), gent. de la Ch. du duc d'Orléans (1540), gouv. de Savigliano (1541), il prit, avec M. de Centallo, Cherasco (1541), fut chev. de l'Ordre (1556), gouv. du Louvre (1562), assista aux sièges de Bourges et Rouen (1562), à la bat. de Dreux, où, pris d'une terreur panique, selon Brantôme, il s'enfuit, puis, de honte, se laissa mourir de faim à Chartres. C'était cependant (on disait : *sage comme de Termes, brave comme d'Ossun*) un des plus braves hommes de guerre de son temps et nous sommes bien aise

de prendre ici, une fois de plus, l'illustre Brantôme en flagrant délit de mensonge. En effet, il existe (P. O. 2173) une quittance de d'Ossun, datée du 26 févr. 1562, *avant Pâques*, c'est-à-dire 1563. Or, la bat. de Dreux ayant eu lieu le 19 déc. précédent, d'Ossun aurait donc mis au moins *deux mois et demi* à mourir de faim. On juge dès lors, de la vraisemblance de l'anecdote. Il ép. (31 déc. 1549) Jeanne de Roquefeuil, veuve d'Antoine de la Roche-Fontenilles.

(2-3-4-5) Notices à la comp. Beaufort-Rolle.

Compagnie Marquis DE MONTFERRAT

(1) Guillaume Paléologue, marquis de Montferrat, né en 1486, mort en 1518, ép. (31 août 1508) Anne d'Alençon (née le mardi avant la Toussaint 1491, vivante en nov. 1551). Il était fils de Guillaume Paléologue et de Marie de Foix-Navarre, et fut (1493-1518) marquis de Montferrat.

(2) Jacques le Jeune, sieur de Malherbe et Follet, 2e fils de Michel le Jeune et de Louise de Malherbe, marié le 7 juill. 1462, lieut. à la comp. du marquis de Montferrat, chev. de l'Ordre (1495), cap. de gend. (juill.-sept. 1514), se distingua fort à Fornoue, Novare, et mourut à Castres, en 1515, après le 21 juillet.

Compagnie PALLAVICINI

(1) Galanzzo Pallavicini, fils aîné de Pallavicino Pallavicini et de Catarina Fieschi, chev. (1478), cons. ducal (1483), fut à Fornoue (1495), gouv. de Plaisance (1499), chev. de l'Ordre, sieur de Fontanella, Soresina, Borgo San Donnino, Romanengo, Felino, Torchiara, gouv. de Pontremoli, fut à Agnadel, testa le 17 oct. 1518 et mourut en 1520. Il ép. (1484) Elisabeth Sforza, puis Eléonore Pic de la Mirandole.

(2) Probablement Maria Antonio Pallavicini, frère puîné du précédent, fut à Fornoue et à Agnadel, amb. en France (1496), livra (1499) Tortona aux Français, fut gouv. de Bergame, sieur de Cassano, Borgo San Donnino, Castel San Giovanni, chev. de l'Ordre, testa le 16 oct. 1516 et mourut en 1519. Il ép. Ambrogina Marliani.

Compagnie GONDRIN

(1) Notice à la comp. du roi de Navarre.

(2) Hector de Pardaillan, sieur de Montespan et Gondrin, cons. d'Etat, cap. de gend., cap. aux gardes, fils d'Antoine de de Pardaillan et de Paule d'Espagne, mariés le 27 nov. 1521, né en 1531, cornette à la comp. de chevau-légers de Grammont, puis lieut. des chevau-légers de la Chapelle des Ursins (1554) servit en Piémont. Il fut chev. de l'Ordre, gent. de la Ch., testa en mai 1610, fit campagne en 1552, fut au siège de Mariembourg (1554), à la bat. de Jazeneuil, à celle de Jarnac, au siège de Rabasteins, battit les ennemis à Moncrabeau (1588). Il ép. (8 déc. 1561) Jeanne d'Antin et mourut en 1611. Il fut chev. du Saint-Esprit (31 déc. 1585).

(3) Michel de Narbonne-Fimarcon, vicomte de Saint-Girons, chev. de l'Ordre, 2ᵉ fils d'Aimery de Narbonne et d'Anne de Lomagne, ép. (1544) Marguerite de Pardaillan-Gondrin (vivante 1574), fille du capitaine et mourut avant 1574.

(4) Carbon du Lau, fils de Bertrand du Lau et d'Agnès de Lomagne-Montagnac, mariés le 11 sept. 1508, sieur de Noulens, l'Estang, h. d'a. comp. roi de Navarre (8 nov. 1562), guid. comp. Gondrin (16 févr. 1569-20 juin 1570), décédé au 11 juin 1572, ép. avant 4 sept. 1557 Françoise de Gondrin (testa 8 mars 1610).

(5) Frix du Lau, sieur de Manhie, mar. des log. comp. Gondrin (nov. 1567).

Compagnie PÉPOLI

(1) Ugo, comte Pepoli, chev. de l'Ordre (7 mars 1527), cap. de gend. (3 mai 1523).

Compagnie PISSELEU-HEILLY

(1) Adrien de Pisseleu, sieur de Heilly, Fontaine-Lavagan, Oudeuil le Châtel, Bailleul sur Thérain, éc. d'éc. du roi, bailli et gouv. de Hesdin (14 mars 1544) et Beauquesne (3 oct. 1544-1546), cap. de légionnaires picards (mai 1534), éc. d'éc. du roi (14 juin 1537), comm. extraord. des guerres (9 mars 1545), cap. de gend. (12 juin 1544), blessé à la prise de Hesdin (1537), gouv. de Maubeuge (1543), fils aîné de Guillaume de Pisseleu et d'Isabeau le Josne, demi-frère de la duchesse d'Etampes, ép. Charlotte d'Ailly de Varennes (vivante 4 févr. 1569), capitula à Ham (fin 1557), après une bonne défense et mourut à Amiens, le 8 févr. 1559.

(2) Notice à la comp. du Bicz.

(3) Notice à la comp. Morcul-Fresnoy.

(4) Georges de Cazenove, sieur de Gaillardbois, Noyon, la Londe, fils de Jean de Cazenove et de Jeanne de Ligny, décédé avant 1555, ép. (27 juill. 1539) Françoise de Laval-la Faigne (née 1520, vivante 1568).

Compagnie BOURDILLON

(1) Notice à la comp. duc de Nevers.

(2) Louis de Beauvoir de Chastellux, vicomte d'Avallon, sieur de Carré, Marigny, Balorre, Alonne, chev. de l'Ordre, gent. de la Ch., gouv. de Marsal (26 juill. 1567), Metz (27 août 1570), 3ᵉ fils de Philippe de Chastellux et de Barbe de

Hochberg, mariés le 9 août 1502, né avant 1520, ép.
(30 déc. 1540) Jeanne de la Roère, puis (22 avril 1551) Anne
des Loges (vivante 7 févr. 1583). Lieut. à la comp. Bourdillon (7 juin 1567), il mourut, le 14 oct. 1580.

(3) Jean du Chesnay, sieur de Neufvy sur Loire, fils d'Edme
du Chesnay et de Geoffrine de Roux, mariés le 21 avril 1514,
vivant le 28 juin 1538, chev. de l'Ordre (7 févr. 1570), lieut. à
la comp. de Nesle (janv. 1569-7 févr. 1570), ens. à la comp.
de Bourdillon (juill. 1553-7 août 1557), gouv. de Gien, mort
le 10 nov. 1582, ép. Claude de Rochechouart. Il fut pris. à la
bat. de Saint-Quentin (1557).

(4) Guy de la Tournelle, fils de Pierre de la Tournelle et de
Jacqueline de Baudiment, né en 1506, sieur de la Tournelle,
Beauregard, Musigny, Montgardin, Selongey, Faugy, Maison-
conte, guid. à la comp. de Bourdillon (févr.-22 mai 1558),
ens. à cette comp., lieut. à la comp. Listenois (oct. 1567-
8 avril 1572), gent. de la Ch. (10 juill. 1552), chev. de l'Ordre (3 mars 1569), ép. (18 août 1540) Claudine de Chissey et
mourut le 15 nov. 1572.

(5) Claude de Rochefort, sieur de Pleuvaut, 2ᵉ fils de Jean
de Rochefort et de Antoinette de Châteauneuf, mariés
le 1ᵉʳ juill. 1518, panetier du roi (7 juin 1554), guid. à la
comp. de Bourdillon, ép. Claude de Saint-Julien, puis
(7 janv. 1545), Catherine de la Magdeleine (née le 7 avril 1527,
vivante le 27 juin 1599), veuve de François de Ferrières-
Presles, et fut tué à la bat. de Saint-Quentin (1557).

(6) René de la Platière, sieur des Bordes, neveu de Bourdillon, fils de François de la Platière et de Catherine de la
Fayette, guid. à la comp. de Bourdillon (avril 1559-12 avril
1561), tué à la bat. de Dreux (1562), né avant 1546.

(7) Jean de Senecterre, sieur de Fontenilles, Chavagnac, la
Reveilhe, Nubiès, Clavelier, chev. de l'Ordre, h. d'a. (1550-
1557), à la comp. du mar. de Saint-André, guid. à la comp.
de Bourdillon (juill. 1564-7 juin 1567), neveu de Bourdillon,
fils de Jean de Senecterre et de Renée de la Platière, mariés
avant le 8 oct. 1535. Il fut cap. de gend., chev. de l'Ordre,

lieut. gén. en Bourbonnais, ép. Madeleine de Roffignac, et vivait encore le 8 oct. 1573.

(8) Pierre de Lys, 3e fils de Guillaume du Lys et de Blanche David du Pertuis, mariés le 13 déc. 1520, sieur de Saint-Loup d'Ordon, Montlivault, Montignac, gent. de la maison du roi, gouv. de Villeneuve le Roi, Courtenay, Châteaurenaud, Châtillon sur Loing, mar. des log. à la comp. de Bourdillon, ép. Catherine Marie (vivante le 14 sept. 1546), puis, avant 1570), Hélie de Saint-Fal, veuve de Claude du Deffend-Saint-Loup d'Ordon.

Compagnie VALLERY

(1) Michel de Poisieu, dit *Capdoral*, sieur de Vallery, Villethierry, la Brosse, Sainte-Mesme, Montceaulx, Marolles, Anglure, chev. de l'Ordre, gent. de la Ch. (26 fév. 1520-1er sept. 1524), cap. de gend. (juin 1521-1er sept. 1524), gouv. de Montereau, commandant la cavalerie de l'armée de Bonnivet (1523), fils d'Aimar de Poisieu et de Jeanne de Clermont-Tonnerre, ép. Marguerite de Véélu (vivante le 16 mars 1547), et mourut avant le 17 oct. 1525. Il fut à la bat. de Marignan.

Compagnie POLIGNAC

(1) Jean de Polignac, 2e fils de Guillaume-Armand XIII de Polignac et d'Amédée de Saluces-Caramagna, mariés fin 1441, sieur de Beaumont, Randan, le Luguet, cons. d'Etat, chamb. (22 avril 1490-8 juin 1499), cap. de gend. (15 juin 1494-12 mars 1500), fut à la bat. de Guinegate, à l'expéd. de Naples (1494-1495), prit Carpi, la Mirandole, Correggio, Montecchiarolo, Massa, Pietrasanta, assiégea Pise (19 juin 1500), fut gouv. de Livourne, Mutrone, Lavagna, Carretto, Pietra-

santa, vivait encore le 2 oct. 1500, et était mort au 1ᵉʳ mars 1501, ép. (4 juin 1493) Jeanne de Chambes-Monsoreau (vivante en 1503).

Compagnie POLIGNAC-BEAUMONT

(1) François-Armand XV, vicomte de Polignac, baron de Chalençon, Ceissac, Servissac, Solignac, Saint-Paulien, Saint-Agrève, Molineuf, Randan, Randonnet, la Voute, fils de Guillaume-Armand de Polignac et Marguerite de Pompadour, né en 1515, mort le 29 nov. 1562, à Polignac, ép. (30 mars 1537) Anne de Beaufort-Montboissier (morte le 9 janv. 1552, à Solignac), puis (27 avril 1554) Philiberte de Clermont (née en 1525, morte en déc. 1604). Enfant d'honneur de la duchesse d'Angoulême (26 mai 1525), puis du Dauphin, il fit la campagne de Provence (1536), fut à Perpignan (1542), Renty (1554), Saint-Quentin (1557), Calais (1558). On le surnomma le *Grand Justicier*.

Compagnie POMPÉRANT

(1) Joachim de Pompérant, favori du connét. de Bourbon, qu'il accompagna dans sa fuite, sauva la vie à François Iᵉʳ, à la bat. de Pavie. Le roi l'envoya en ambassade auprès de Louise de Savoie, le nomma cap. de gend. (juill. 1525-2 mai 1528). Il fit l'expéd. de Naples (1528), et mourut, en 1529, à Aversa, au siège duquel il avait assisté. « Gentil capitaine », dit du Bellay.

(2) Louis de Lage, guid. (20 janv.-1ᵉʳ juill. 1526) à la comp. Pompérout, lieut. à la comp. Saluces (21 mai 1536-3 avril 1539).

Compagnie PONTEVÈS CARCES

(1) Jean de Pontevez, fils d'Honoré de Pontevez et de Clermonde de Forbin-Soliers, sieur de Cotignac, Flassans, Porquerolles, la Cluse, Châteauneuf, Blioux, Tavernes, Brue, Artignosc, Tourtour, Castellet des Saussee, baron, puis comte de Carces (mai 1571), cap. de galères (8 juill. 1549-31 sept. 1572), lieut. du grand-prieur de France (22 avril 1561), gent. de la Ch., chev. de l'Ordre (17 août 1569), lieut. gén. en Provence (17 août 1569-5 juin 1574), cap. de gend. (oct. 1568-29 juin 1576), mort très âgé, le 20 avril 1582, ép. (25 oct. 1544) Marguerite de Brancas. Il fut (1567-1568) au siège de Sisteron.

(2) Claude d'Alagonia, fils de Jean d'Alagonia et d'Antoinette d'Agoult-Rogues, sieur de Mérargues, chev. de l'Ordre (30 avril 1570), lieut. à la comp. de Carces (janv. 1569-29 juin 1576), ép. Jeanne Risse d'Astoin. Il mourut avant le 11 févr. 1592.

(3) Gaspard de Villeneuve, baron des Arcs, sieur de Vidauban, Taradeau, Séranon, la Molle, fils aîné d'Antoine de Villeneuve et de Marguerite de Mathieu, mariés le 2 déc. 1525, guid. puis ens. (janv. 1568-30 avril 1570) à la comp. de Carces, fut au siège de Sisteron (1568), gouv. de Fréjus (1568), chev. de l'Ordre (30 avril 1570), fut à la prise de Trans (1579), fut un des chefs des *Razats* de Provence, et mourut le 13 déc. 1584. Il ép. (13 mai 1555) Marguerite de Bouliers (morte avant le 1er janv. 1581), puis (20 déc. 1581) Jeanne Esmenjaud (morte entre le 21 sept. 1624 et le 21 avril 1627), son ex-maîtresse.

(4) Jacques de Pelet, sieur de la Vérune, la Garrigue, Artignac, Vias, les Croses, Saint-Pierre la Faye (15 juill. 1534), fils d'Etienne de Pelet et de Jacquette d'Orlans, mariés le 20 juill. 1518, ens. comp. Sommariva (janv. 1566-10 avril 1569), puis comp. Carces (juill. 1573-20 mars 1575), chev. de l'Ordre (10 nov. 1573), testa 24 mars 1587, ép. (5 août 1551) Marguerite-Madeleine de Roquefeuil (vivante le 17 nov. 1582).

(5) Robert de Quiqueran, fils d'Aimar de Quiqueran et de Jeanne de Cays, né le dernier févr. 1528, à huit heures du matin, fut à la prise de Calais (1558), à l'expéd. d'Ecosse (1560), guid. à la comp. du grand-prieur de France, ens. aux gardes, chev. de l'Ordre (22 déc. 1568), gouv. de Manosque (27 mars 1583), Apt (20 déc. 1585), Albaron et Savariau (10 oct. 1584), 1er consul d'Arles (1577-1583-1590), se dist. au siège de Sommières, guid. à la comp. de Carces (oct. 1568-25 mars 1575) puis (oct. 1575), ens. à cette comp., mar. de camp (1586), cap. de 100 h. de pied et de 50 arq. à cheval (1er avril-24 juin 1586), mort en 1610, à Arles, ép. (4 juin 1560) Alix de Mairan.

(6) Gaspard de Brancas, baron d'Oise, sieur de Maubec et Beaumont, viguier de Marseille, fils aîné d'Ennemond de Brancas et de Catherine de Joyeuse-Arques, mariés le 18 janv. 1554, frère de l'amiral de Villars-Brancas, guid. (29 juin 1576) à la comp. de Carces, fut au siège de Salon (1590) et au combat de Vidauban (7 juill. 1590), secourut Aix (12 juill. 1593). Il naquit entre le 18 août 1554 et le 6 oct. 1557, ép. Françoise Adhémar de Castellanne, puis Diane Gérard d'Aubres, et il mourut, le 9 juin 1620, à l'Isle sur Sorgues.

(7) Louis de Blacas, sieur d'Aulps, Vérignon, Fabrègues, chev. de l'Ordre (10 nov. 1573), mar. de camp, fils de Gaspard de Blacas et de Sibylle de Pontevez, mariés en 1536, ép. (16 fév. 1557) Louise de Sabran et testa, le 4 avril 1575. Il était encore mar. log. à la comp. Carces, le 25 mars 1575.

(8) Gaspard de Castellanne, sieur de la Colombe et Claret, mar. log. comp. Carces (oct. 1575), 3e fils d'Héllion de Castellanne et de Françoise de Demandols, testa 18 avril 1585, ép. (25 déc. 1577) Claudine de Raymond.

Compagnie SANSAC

(1) Louis Prévost, sieur de Sansac, fils aîné de Guillaume Prévost et de Catherine Guy, né avant 1506, chev. de l'Ordre

(28 juill. 1553), gent. de la Ch. (28 juill. 1553), cap. de gend., grand fauconnier de France (1549), col. gén. de la cavalerie légère, pris. au ravitaillement de Thérouanne (1537), gouv. d'Angoumois (28 juill. 1553-26 juill. 1560), gent. de la fauconnerie (21 nov. 1566), cons. d'Etat (30 juin 1567-1er mars 1573) et sén. de Saintonge (1560-déc. 1566), il fut au combat de Doullens (1553), prit Hémery (oct. 1555). Lieut. gén. en Messin (25 sept. 1555-7 nov. 1557), il défendit Abbeville (1557). Gouv. du Dauphin (1559), blessé à Saint-Denis (1567), il échoua (juin 1569) sur la Charité. Lieut. gén. en Auxerrois (28 août 1569), il prit Donzy, Noyers, échoua deux fois sur Vézelay. Il ép. (18 mars 1548) Louise de Montberon (vivante 15 oct. 1566) et mourut avant le 15 déc. 1578 sur le point d'être nommé maréchal de France.

(2) Notice à la comp. Fr. de Guise.

(3) Jacques de Montberon, sieur d'Auzances, les Gours, la Caillière, les Halles de Poitiers, baron de Montmoreau, fils aîné de Louis de Montberon et de Madeleine de Mareuil, mariés le 18 janv. 1523, né avan. 1534, chev. de l'Ordre (11 mars 1566), éc. tranchant du roi, gouv. de Metz (11 mars 1566), gent. de la Ch. (13 juin 1569), beau-frère du capitaine, ép. (8 nov. 1548) Marie de Bony. Il fut cap. de la porte du Louvre.

(4) Pierre de Chabans, sieur de Chabans, Agouac, Menesples, Lavignac, la Chapelle-Faucher, fils aîné de Charles de Chabans et de Marguerite de Farges, mariés le 1er mai 1509, gent. de la Ch. (16 mars 1569), chev. de l'Ordre (1569), guid. (21 mai 1559-22 juill. 1560), ens. (27 juin 1562-16 janv. 1563), lieut. (30 janv. 1569) à la comp. Sansac. Il mourut entre le 10 févr. et le 29 déc. 1574. Il ép. (16 juill. 1554) Louise Prévost de Sansac, sœur du capitaine.

(5) Hughes de Lostanges, sieur de Saint-Alvère, fils aîné de Bertrand de Lostanges et de Marie de Montberon, mariés en 1536, lieut. à la comp. Sansac (oct. 1568-11 juin 1569), chev. de l'Ordre (24 juill. 1580), gent. de la Ch. (7 mars 1569), cap. de gend. (7 déc. 1587), ép. (3 nov. 1562) Galiote de Gourdon-Genouillac (vivante le 19 sept. 1613) et mourut entre le 21 mars 1595 et le 10 juill. 1604.

(6) Notice comp. Burye.

(8) Méry de Boulainvilliers, sieur de Berneval (28 juin 1545), ens. à la comp. de Sansac (juill. 1558-26 juill. 1560) vivant le 22 févr. 1573, 4ᵉ fils d'Antoine de Boulainvilliers et de Claude de Saint-Simon, mariés en 1517, né avant le 15 oct. 1526, ép. (19 oct. 1560) Jeanne de Miannay.

(9) Henri de Grouches, sieur de Grouches, Gribauval, le Luat, Vaulmoise, Villers sous Longpont, Louvencourt, Bertraucourt, les Bordes, Gigny, Chaumont, le Plessis, Bouillency, Rée, Fossemartin, Chantemerle, Villers-sur-Orge, le Perrez, Constance, guid. à la comp. Sansac (janv. 1562-25 mars 1563), ens. (15 sept. 1563), gent. de la Ch. du roi de Navarre, chev. de l'Ordre, fils de François de Grouches et de Georgette de Montenay, mariés en 1525, ép. (10 mai 1557) Claude de Girard et mourut entre le 2 janv. et le 20 août 1566.

(11) Pierre Frotier, sieur de la Messelière, Lespinay, Chambonneau, la Coste-Baigneux, Chamousseau, fils aîné de François Frotier et d'Antoinette Goumard, mariés le 15 mars 1539, cap. de chevau-légers, chev. de l'Ordre (7 févr. 1570), ép. (15 juin 1563) Yolande de Voyer-Paulmy (vivante 31 oct. 1588). Gent. de la Ch., ens. à la comp. de Ruffec (oct. 1567-22 janv. 1570), à celle de Sansac (janv. 1572-30 oct. 1574), gouv. de Saintes, Poitiers (4 mars 1574), Niort, lieut. (1593) à la comp. Brissac. Il vivait le 10 août 1609.

(14) Jean Prévost, baron de Sansac, Salgremon, Cellefrouin, Montmoreau, cap. de gend. (27 mars 1576-5 janv. 1586), gouv. de Bordeaux (21 janv. 1580-mai 1587), cons. d'Etat (8 avril 1582-5 janv. 1586), chev. de l'Ordre (27 mars 1576), cap. de la porte du Louvre (31 sept. 1573-27 mars 1576), fils de Louis Prévost et de Louise de Montberon, mariés le 18 mars 1548, ép. (17 déc. 1572) Catherine de Maillé (morte entre 8 avril 1582 et 18 août 1612) et mourut au siège de Chartres, en 1595.

(15) François de Chasteau, mar. des log. à la comp. Sansac (avril 1563). Son sceau porte une tête de loup tournée à senestre.

(16) Jacques d'Isans, sieur d'Orlac, guid. comp. Sansac (6 avril 1569).

(17) Jacques de la Marthonye, sieur de Puyguilhem, Condat, Milhac, Sensenat, Saint-Laurent, Villars, guid. (9 oct. 1572), lieut. (20 févr. 1573) à la comp. Sansac, 4e fils de Geoffroy de la Marthonye et de Marguerite de Mareuil-Villebois, mariés le 21 mars 1534, gent. de la Ch. (juill. 1586), chev. de l'Ordre (15 nov. 1588), ép. Françoise de Hauteclaire (vivante 19 mai 1620) et mourut entre le 9 avril 1592 et le 27 août 1596.

(18) Jean Prévost, sieur d'Aisecq, Puybottier, la Michelie, fils de Jean Prévost et de Robine des Prez, mariés le 18 juill. 1535, ép. (1er avril 1567) Françoise d'Archiac (vivante le 21 janv. 1609) et mourut entre le 19 oct. 1599 et le 9 juil. 1608. Il fut guid. à la comp. Sansac (9 oct. 1572-12 janv. 1574).

(19) Godefroy Guy, sieur du Breuil, fils de François Guy et d'Isabeau de Ferrières, guidon, puis (27 mars 1576) ens. à la comp. Sansac, vivant le 31 oct. 1588, ép. (15 nov. 1566) Françoise de la Rochefoucauld-Bayers.

(20) Cf. notice à la comp. Créquy.

(22) Aimar Prévost, sieur de la Boissière (19 mars 1556) mort au 5 févr. 1563, fils d'Aimar Prévost et de Françoise Bouchard, mariés le 17 mai 1526, ép. (30 sept. 1550) Françoise de la Tour-Gorces (morte au 5 févr. 1563).
Ou bien :
Aimar Prévost, sieur de Touchimbert, fils de Roland Prévost et de Guillemette de la Haye-Montault, mar. le 6 janv. 1492, né en 1499, ép. (17 mai 1526) Françoise Bouchard d'Aubeterre et mourut entre le 8 oct. 1563 et le 18 déc. 1565. Il fut (18 juin 1558) mar. des log. à la comp. Sansac.

(23) Baptiste de Chabans, sieur de Lavignac, 5e fils de Charles de Chabans et de Marguerite de Farges, mariés le 1er mai 1509, ép. (1575) Jeanne de la Place-Torsac et vivait encore le 29 août 1576.

(25) Jean de l'Estoille, mar. des log. (23 avril 1573-1587) à la comp. Sansac, fils de l'Estoille, ép. Charlotte de la Haye, puis Isabeau de la Fosse. Il était sieur de la Calloye et Poultiers, fut anobli, le 14 juill. 1600. Il testa le 27 mars 1631.

(26) Probablement fils de François des Champs-Romefort et de Marguerite Foucaut, mariés le 27 nov. 1520, ou de Jean des Champs-Romefort et d'Elisabeth du Châtelard, mariés le 17 avril 1532, ou de Jean des Champs-Romefort et de Marie Bertrand, mariés le 15 juill. 1508.

Compagnie Maréchal MONTPEZAT

(1) Notice comp. Charles de Clèves.

(3) Guyon de Castelpers, vicomte d'Ambialet, baron de Servières, Saussenac, Saint-Just, Caramaux, fils de Bertrand de Castelpers et de Marguerite de Saint-Chamans, ép. Madeleine d'Ongnies. Il se distingua à l'affaire du moulin d'Auriol (1536) et au siège de Fossano (1536).

(4) Flotard de Gourdon, vicomte de Gayflier, la Guépie, Saint-Jean de Laur, Saint-Martin la Bobal, la Tholzanie, Cornus, Luganhac, Limougne, baron de Cenebières, chev. de l'Ordre, fils de François de Gourdon et de Jeanne de Lauzières, mariés le 4 sept. 1497, ép. (30 juin 1531) Marguerite de Cardaillac (vivante le 10 avril 1551). Il fut chamb., comm. extraord. des g. (17 nov. 1542), gouv. de Savigliano (8 juill. 1549-2 févr. 1553), Cherasco (1557), chev. de l'Ordre (1560), mort à Cherasco avant le 12 juin 1562, fut, très jeune, à la bat. de Ravenne, à celle de Marignan, blessé à celle de Pavie, se distingua à Cérisoles, fut cap. de chevau-légers, lieut. gén. à Toulouse et Carcassonne (1546).

(5) Paul de Cajarc, ens. à la comp. de Montpezat (janv.-4 oct. 1543), gouv. de Florentin (25 oct. 1538), Leucate (12 sept. 1560), comm. extraord. des guerres (15 déc. 1542), sieur de Vieux, Trébons, ép. Jeanne de Beaulac.

(6) Antoine de Beaulac, sieur de Saint-Géry, Trévoux (8 sept. 1531) fils de Georges de Beaulac et de Péronne de Vignolle, ép. Isabeau de la Valette-Cornusson (morte après le 14 oct. 1571), et mourut avant le 14 oct. 1571.

(7) Jean de Saint-Martin-Baignac, mar. log. comp. Mont-

pezat (janv. 1543-7 févr. 1544), puis comp. Melfi (juill. 1545-19 juin 1546).

Compagnie MELCHIOR DE MONTPEZAT

(1) Melchior des Prez, sieur de Montpezat, le Fou, Catau, Baste, vicomte de Castillon, fils aîné du maréchal de Montpezat et de Lyette du Fou, mariés le 26 déc. 1521, sén. de Poitou (3 févr. 1554-28 juin 1570) chev. de l'Ordre (20 mars 1567), gent. de la Ch. (3 févr. 1554), lieut. à la comp. de Guise (avril 1559-30 juill. 1561), cap. de chevau-légers (3 fév. 1554), maître des eaux et forêts de Poitou (30 nov. 1562), cap. de gend.(janv. 1565-12 août 1571), mort en 1572, après le 10 déc., à Agen, ép. (26 juin 1560) Henriette de Savoie-Villars (née en 1541, morte en oct. 1611). Il fut gouv. de Châtellerault (26 mars 1567-10 mars 1568), fut aux sièges de Calais (1558), Thionville (1558), Poitiers (1569), blessé à la bat. de Saint-Denis (1567), cons. d'Etat (2 nov. 1571), amb. en Allemagne sous Charles IX.

(2) Notice à la comp. la Guiche.

(3) Notice à la comp. Jacques d'Humières.

(4) *Item.*

(5) François de la Béraudière, sieur de Rouhet, le Plessis-Thierry, la Motte-Beaumont, l'Isle Jourdain, Sourches, fils aîné de René de la Béraudière et de Madeleine du Fou, mariés le 23 déc. 1533, guid. comp. Montpezat (2 juin 1567), lieut. de vénerie du roi (7 oct. 1579-2 févr. 1600), chev. de l'Ordre (7 oct. 1579), gent. de la Ch., gouv. de Châtellerault (2 sept. 1581-8 janv. 1590), vivant 28 mai 1614, ép. (24 juin 1567) Jeanne de Lévis (vivante 28 mai 1614).

(6) Notice à la comp. Jacques d'Humières.

(7) *Item.*

Compagnie EDME DE PRIE

(1) Notice comp. la Baume-Montrevel.

(2) René de Prie, fils aîné d'Edme de Prie et de Charlotte de Rochefort, mariés le 15 déc. 1538, sieur de Montpoupon, Lézillé, Thesmillon, baron de Toucy, h. d'a. à la comp. de Villars, éc. d'éc. du roi (1566), lieut. à la comp. Edme de Prie (oct. 1568), gent. de la Ch., chev. de l'Ordre (1577), gouv. de Saint-Aignan (7 mars 1589), ép. (19 nov. 1559) Josine de Selles-Beuzeville (vivante le 14 janv. 1591) et vivait encore le 11 janvier 1590.

(3) François de Chamigny, fils de Jean de Chamigny et de Catherine du Chesnay, sieur de Briare, Arrablay, gent. de la maison du roi (27 juin 1550), gouv. de Gien et Montargis, ép. (1540) Gilberte de Courtenay (vivante 1590) et mourut le 12 mars 1577. Il fut ens. (janv. 1569-6 mars 1570) à la comp. Esme de Prie.

(4) Claude de Préville, fils de Claude de Préville et de Jeanne d'Orléans, mariés le 12 janv. 1519, sieur de Chateaulandon, Touchenoire, ens. comp. Prie (11 juill.-27 déc. 1569), h. d'a. comp. vidame de Chartres (18 juill. 1556), lieut. vén. du duc d'Alençon (29 juin 1571), décédé au 9 juin 1572, ép. (18 juill. 1556) Renée de Rouy (vivante 24 oct. 1580, décédée au 26 nov. 1592).

(5) Notice comp. la Guiche.

(6) Nicolas de Richebourg, mar. des log. à la comp. de Prie (27 déc. 1569) est, vraisemblablement, Nicolas de Richebourg, sieur de Bergère (9 janv. 1543-3 juill. 1545), 2e fils de Louis de Richebourg et de Claude du Bachot.

Compagnie AYMAR DE PRIE

(1) Aimar de Prie, sieur de Montpoupon, Lézillé, la Mothe, Thesmillon, Buzançais, 3e fils d'Antoine de Prie et de Madeleine d'Amboise, mariés en 1431, né avant le 1er juill. 1450,

cons. d'Etat (9 sept. 1510-28 juill. 1523) et chamb. (9 sept. 1510-28 juill. 1523), grand maître des arbalétriers (1515), gouv. de Pont-Saint-Esprit, h. d'a. à la comp. de Curton (10 mai 1474), cap. de gend. (27 janv. 1494-28 juill. 1523), fut à l'expéd. de Naples (1494), à la prise de Capoue (1501), au ravitaillement de Thérouanne (1513), gouv. de Gênes (1515), bailli de Cotentin (8 juill.-28 sept. 1514), prit Alexandrie (1514) et Tortone, ép. Claudine de Traves-Choiseul, puis Claudine de la Baume-Montrevel-Villesin, et mourut entre le 28 juill. 1523 et 1527.

(2) Louis Gastineau, sieur de Saint-Bonnet, la Motte-Boumois, la Tour-Germigny, fils de Jean Gastineau et de Jeanne de Godenville Paviot, mariés avant le 17 avril 1478, gouv. de Bayonne (27 sept. 1520), ép. Gabrielle de Villiers-l'Isle-Adam, veuve de François du Fau, puis Françoise de Montberon. Il vivait encore, le 18 janv. 1531.

Compagnie PUYGUYON

(1) René de Puyguyon, sén. d'Agen et de Gascogne, cons. d'Etat, chamb. (9 juin 1519-24 sept. 1520), sieur de la Tourdoyre et Boisrené, mourut entre le 6 août 1531 et le 25 janv. 1532. Il a ép. Marthe de Conyngham (morte avant le 8 juin 1530). Il était fils puîné de Marquis de Puyguyon et de Jeanne de Dreux.

Compagnie RAFFIN

(1) Antoine de Raffin de Poton, sénéchal d'Agen, sieur de Puycalvary, Beaucaire, Azay-le-Rideau, fils d'Armand de Raffin et de Florette de la Tour-Reynier, mariés le 9 juin 1477, né en 1478, mort le 8 avril 1551, à Azay-le-Rideau, gent. de la Ch., gouv. de Cherbourg, cap. aux gardes du corps (1530-1547), ép. Jeanne de la Lande-Tastes, puis, après 8 févr. 1506, Philippe de Baissey (morte le 22 avril 1554), veuve de Jean du

Puy du Coudray, fut sénéchal d'Agenois et Gascogne (19 juin 1520-12 août 1549), cons. d'Etat, chambellan (21 janv. 1529), gent. de la Ch. (21 juin 1521), cap. de gend. (23 sept. 1520-2 août 1549), gouv. de Cherbourg et Verfeuilh (10 déc. 1520-21 janv. 1529), Marmande, la Sauvetat, gouv. de François 1er.

(2) Janot de Lasne, lieut. au gouvernement de Cherbourg (10 sept. 1541-30 nov. 1549).

Compagnie RANGONE

(1) Guy Rangone, comte de Spilimberto, né le 12 juill. 1485, cons. d'Etat, chambellan, chev. de l'Ordre, cap. de gend. (avril 1527-27 févr. 1530), gouv. d'Aversa (1528), y capitula contre Charles-Quint. Il était le 5e fils de Nicolas Rangone et de Blanche Bentivoglio, frère du card. Ercole Rangone. Il fut au service de la France puis à celui de Venise, ép. Argentina Pallavicini (morte le 28 juill. 1550) et mourut le 13 janv. 1539, à Venise. Ce célèbre condottière avait, en 1516, guerroyé pour les Médicis, de 1521 à 1527, pour le Pape, en 1528-1529, pour la France, en 1532, contre les Turcs ; en 1535 et 1536, pour la France (expédition française de Fregoso contre Gênes). Il fut, en 1537, ambassadeur de France à Venise, où il prit du service pour la sérénissime République.

Compagnie RENTIGNY

(1) Notice à la comp. du mar. Fr. de Montmorency.

(2) Méry de Ligny, sieur de Raray, Précy, Heudecourt, Buzincourt, fils d'Adrien de Ligny et de Marie de Hallwin, mariés le 2 nov. 1527, chev. de l'Ordre (10 janv. 1569), lieut. (oct. 1567) à la comp. Rentigny, mourut le 7 août 1569.

(3) René de Brunfay, fils aîné d'André de Brunfay et de Nicole de Harville, mariés le 25 déc. 1529, sieur de Quincy,

Ormeaux, Villeneuve la Hurée, Saint-Germain de Lassy, Lumigny, Villars du Tartre, chev. de l'Ordre, gent. de la Ch., fut à la bat. Saint-Denis (1567), ens. (janv. 1569) comp. Rentigny, décédé au 3 févr. 1600, ép. (20 mai 1567) Françoise de Pimont (décédée 19 août 1580).

(4) Claude de Buz, sieur de Villemareul, Villiers, Nogent l'Arthaut, baron de Montaguillon, chev. de l'Ordre (13 avril 1577), gent. de la Ch. (13 avril 1577), 2e fils d'Antoine de Buz et de Barbe de Louan, gouv. et bailli de Meaux (10 août 1577-14 août 1608).

(5) Antoine des Essars, sieur de Linières, mineur au 17 janv. 1556, page de l'éc. du roi (1557), fils de Jacques des Essars et de Marguerite du Pont, guid. (oct. 1567) à la comp. de Rentigny, lieut. à la comp. de Brosse-Tiercelin (oct. 1568-4 mai 1569), ép. (14 janv. 1565) Marie de Paillart-Choqueuse (vivante 12 janv. 1574), fut chev. de l'Ordre, mourut entre le 12 janv. 1574 et le 23 avril 1578.

Compagnie DU REFFUGE

(1) Charles du Reffuge, 1er fils de Renaud du Reffuge et de Marie Chauvet, lieut. à la comp. Mantoue (1521), commiss. gén. de l'artillerie, cap. de gend., dit l'*écuyer Bourcat*, fut à la défense de Mézières (1521), battu près de Cassano (1522), secouru par le mar. Anne de Montmorency, qu'il dégagea, peu après, d'une situation difficile, tué (1522) au siège de Novare.

Compagnie RENTY

(1) Notice à la comp. A. de Bourbon-Vendôme-Navarre.

(2) César de Saint-Beaussant-Margival, sieur de Syleney et Brunhamel, chev. de l'Ordre (28 mars 1576), gent. de la Ch., cap. de 50 h. d'a., bailli et gouv. de Chauny, fils de Nicolas

de Saint-Beaussant-Margival et de Françoise de Bernets, ép. Antoinette de Chépoy.

(3) Jacques du Merle, sieur de Boisbarbot, Blancbuisson, la Brosse, baron de Bellou, les Planches, Couvrigny, fils de Jacques du Merle et de Gabrielle d'Achey, mariés le 19 avril 1528, chev. de l'Ordre (14 juin 1570), gent. de la Ch. (1571), ens. à la comp. de Renty (24 nov. 1567), lieut. à la comp. Carrouges-Tillières (3 août 1581-1587), gouv. de Lisieux (1593-8 oct. 1594), ép. (5 janv. 1566) Françoise Le Gris (vivante 8 sept. 1579). Il était beau-frère du capitaine. Il mourut entre le 25 juill. 1597 et le 1er juin 1600.

(4) Félix le Gris, baron d'Echauffour (1er juill. 1567-8 sept. 1579), fils de Pierre le Gris et de Barbe de la Morinière, guid. (oct.-24 nov. 1567) à la comp. de Renty. Neveu du capitaine et de l'enseigne.

Compagnie RHINGRAVE

(1) Jean-Philippe Rhingrave, comte de Salm, comte Sauvage (Wildgraff), 2e fils de Philippe Rhingrave et d'Antoinette de Welsch-Neufbourg, né en 1521, mort en 1566. Il fut, en 1563, au siège du Hâvre. Il ép. entre le 11 mars 1547 et le 11 oct. 1554, Jeanne Ricard de Gourdon-Genouillac-Assier (testa 1566), veuve de Charles de Crussol. Il fut colonel de lansquenets (25 févr. 1545-13 juin 1560), chev. de l'Ordre (20 févr. 1557), seigneur usufruitier de Pontoise (15 janv. 1557).

(2) Notice à la comp. Pont-à-Mousson.

(3) Très probablement François de Mailly, baron d'Escots, sieur de Villiers-les-Pots, Clinchamp, chev. de l'Ordre (25 nov. 1573), gouv. de Montigny-le-Roi et de Nogent (25 nov. 1573), fils de Gaspard de Mailly et de Claude de Prie, né avant le 12 nov. 1546, décapité pour crimes, à Troyes, en 1582 avant nov., ép. (15 déc. 1557) Jacqueline d'Anglure (décédée au 24 août 1586).

(4) Notice à la comp. Pont-à-Mousson.

Compagnie D'ASSIER

(1) Galiot-Jacques de Ricard de Gourdon-Genouillac, sieur d'Acier, Reilhanet, Canne, Montrichard, baron de Capdenac, Foissac, le Plomb Laleu, éc. d'éc. du roi (30 sept. 1495), fils ainé de Jean de Genouillac et de Catherine du Bos d'Acier, né le jour de la bat. de Montlhéry, en 1465, mort en 1546 (enterré le 15 octobre), baron de Capdenac et Reillane, grand écuyer (1524-2 déc. 1530), éc. d'éc. du roi (30 sept. 1495), cap. de gend. (24 févr. 1499-20 sept. 1546), sénéchal d'Armagnac (30 oct. 1498-15 oct. 1520), Quercy (18 avril 1533-2 juill. 1545), Languedoc, viguier de Figeac (1500), gouv. de Penne (13 mars 1505), Najac (23 juill. 1498-19 juin 1545), Meulan (7 mai 1495-17 sept. 1498), Puymirol (1er mars 1511), cons. d'Etat, chambellan, chev. de l'Ordre (16 mars 1526), combattit à Fornoue (1495), au siège de Capoue, à Agnadel (1509), à Marignan (1515), au ravitaillement de Mézières, à la bat. de Pavie, au siège de Luxembourg (1542), gouv. de Landrecies (1545), gouv. de Languedoc (1545), grand-maître de l'artillerie (10 mai 1512-1546). Il ép. Catherine d'Archiac, puis Françoise de Laqueille.

(2) Jean de la Roquebouillac, sieur de la Roquebouillac, Ferrières, chev. de l'Ordre (10 avril 1510), gent. de la maison du roi (1er mai 1510), fils ainé de Nicolas de la Roquebouillac et de Jeanne de Ricard-Genouillac, mariés le 11 févr. 1474, chev. de l'Ordre (10 avril 1510), ép. (10 avril 1510) Catherine de Morlhon (décédée au 11 juin 1545). Il était mort au 1er sept. 1531.

(3) Dordet de la Roquebouillac, 3e fils de Nicolas de la Roquebouillac et de Jeanne de Ricard-Genouillac, mariés le 11 févr. 1474.

(4) Hughes de la Rocque, 2e fils de Nicolas de la Roque et de Jeanne de Ricard-Genouillac, mariés le 11 févr. 1474, ép. (16 août 1528) Françoise de Clugny (vivante le 28 mars 1547), lieut. comp. d'Assier, vivant le 28 mars 1546.

(5) Nicolas de la Roquebouillac, sieur de Viniès, Saint-Constant, fils ainé de Jean de la Roquebouillac et de Cathe-

rine de Morlhon, mariés le 10 avril 1510, gouv. de Castel-Cuillé (31 juill. 1513), commiss. de l'artillerie, mourut le 17 juill. 1561. Il ép. (1ᵉʳ sept. 1531) Jeanne de Clugny (testa le 20 août 1577).

(6) Gaspard de Saulx, sieur de Tavannes, baron de Sully, Igornay, Saint-Julien de Bonnencontre, la Marche, Chancey, Orrain, Morhey, Donjon, le Pailly, Néville, Dampierre sur Salon, Baudoncourt, Domphales, Prangey, Vevres, Brognon, Courchamp, Percey le Grand, Dampierre sur Vingeanne, vicomte de Ligny-le-Châtel, chev. d'honneur au Parlement de Dijon (12 nov. 1565-4 mars 1566), fils de Jean de Saulx-Orrain et de Marguerite de Tavannes, né en mars 1510, page du roi (1522), fait pris. à Pavie (1525), archer à la comp. Galiot-Genouillac, fit campagne sous Lautrec (1527-1528), guid. à la comp. Galiot-Genouillac (début 1529-8 mars 1537), fait camp. en Piémont (1535), est à la défense de Fossano (1536), prend, avec Montluc, le moulin d'Auriol (1536); défend brillamment Thérouanne (1537), lieut. à la comp. du duc d'Orléans (1542), fit les camp. de Luxembourg (1542-1543), fut à la bat. de Cérisoles (1544), battit (août 1545) les Anglais sous Boulogne, et, à la fin de 1545, leur enlève un fort sous Boulogne et les bat en terre d'Oye. Cap. de gend. et chamb. (1545), il fit la camp. de Boulonnais (1549), échoua sur Fossano (1551), fut aux prises de Chieri et San Damiano. Mar. de camp (1ᵉʳ mars 1552), il aida à la surprise de (Metz 1552), fut gouv. de Verdun (juin 1552), fit les camp. de Picardie (1553-1554), fut fait chev. de l'Ordre sur le champ de bat. de Renty (13 août 1554), lieut. gén. en Bourgogne (13 nov. 1556-9 nov. 1570), fait la camp. de Naples (1556-1557), fut aux sièges de Calais et Thionville (1558), pacifia le Dauphiné (1560), lieut. gén. en Lyonnais et Dauphiné (3 juin 1562), battit Montbrun près de Châlon, qu'il reprit, enleva Mâcon (18 août 1562), investit Lyon (sept. 1562). Bailli de Dijon (16 juin 1565), il escorta (1567) le duc d'Albe en France et s'occupa des levées de Suisses (1562 et 1567). Il reprit Mâcon, pacifia Metz (1567), battit Condé à Jazeneuil (1568), fut à Jarnac, la Roche-Abeille et Moncontour. Maréchal de France (28 nov. 1570), gouv. de Provence (18 oct. 1572), amiral des mers du Levant (20 oct. 1572), il mourut le 19 juin 1573. Il

ép. (16 déc. 1516) Françoise de la Baume-Montrevel (testa 18 avril 1608).

(7) Notice à la comp. Terride.

(9) Notice à la comp. Montpezat.

(10) Notice à la comp. Terride.

(11) Jean de Gordièges, sieur de Mazières (7 mars 1523), fils de Bonnet de Gordièges et d'Annette de Broillac, mariés le 6 févr. 1490, ép. Isabeau de Gourdon-Genouillac-Vaillac (qui testa le 9 juin 1541) puis Françoise de Pellegrue (vivante 24 avril 1558).

(12) Notice à la comp. Terride.

(13) Notice à la comp. la Fayette.

(4) Silvestre de Montalembert, sieur de la Motte-Lambert, Villemort, Rogier, mar. des log. (oct. 1534) à la comp. d'Assier, ens. aux arch. de la garde (18 mars 1549), lieut. aux gardes (27 janv. 1554), mort avant le 9 avril 1558, fils de Jean de Montalembert et de Jacquette de Bueil, ép. (1er févr. 1530) Jeanne de Morihon-Saint-Vensa (vivante 8 déc. 1551), puis Claire de la Jugie (vivante 9 avril 1558).

(15) Notice à la comp. Terride.

Compagnie CLAUDE DE RIEUX

(1) Claude de Rieux, fils de Jean de Rieux et d'Isabeau de Brosse, né le 15 fév. 1495, sieur de Rochefort et Ancenis, comte d'Harcourt et d'Aumale, vicomte de Donges, sieur de Châteauneuf, Largouet, Réomet, Renis, cap. de gend., fut aux bat. de Marignan et de Pavie, où il fut fait pris. Otage du traité de Madrid, il mourut le 19 mai 1532. Cap. de gend. (27 oct. 1527-1er déc. 1530), gent. de la Ch. (15 févr. 1531), il ép. (10 nov. 1518) Catherine de Laval (née 1501, morte le 31 déc. 1526), puis (20 nov. 1529) Suzanne de Bourbon-Montpensier (décédée 4 févr. 1571).

(2) Jean, bât. de Rieux, fils de Jean de Rieux, était cousin-germain du père de Claude de Rieux, le maréchal de Rieux, à la comp. duquel il avait été lieut. (1ᵉʳ déc. 1509-27 févr. 1518). Il vivait le 10 mars 1524.

(3) Marc de Carné, fils de Tristan de Carné et de Jeanne de la Salle, sieur de Carné, Cohiniac, Cromeur, Liniac, la Salle, la Touche, éc. tranchant de la reine, maître d'hôtel de Bretagne, vice-amiral de Bretagne, gouv. de Brest et Guérande, mort en 1553, ép. (6 juill. 1506) Gilette de Rohan, puis Gilette d'Acigné.

(4) Raoul de Juch, sieur de Pont-Auroux et de la Forest, ép. (1518) Jeanne de La Chapelle (vivante 1519), veuve de Jean de Rosmadec.

Compagnie GUY DE RIEUX

(1) Guy de Rieux, sieur de Châteauneuf, la Roche-Savenay, le Mesnil, fils aîné de Jean de Rieux et de Béatrix de Jonchères, né le 3 août 1548, à Sourdéac, mort le 13 févr. 1591, à Granville, vicomte de Donges, gouv. de Brest (15 août 1586), cap. de gend. (oc. 1569-15 nov. 1572), lieut. gén. en Bretagne, chev. de l'Ordre. Il assista aux bat. de Dreux, Saint-Denis, Moncontour (blessé), Jarnac, Auneau, aux sièges de Saint-Jean-d'Angely, la Rochelle, Lusignan, où il fut blessé, Avranches (1591). Il se dist. à la bat. d'Auneau. C'était un homme de grande valeur. Il ép. (1562) Jeanne du Chastel-Marcé (mineure 30 janv. 1564), puis Madeleine d'Espinay-Durtal (vivante le 28 mai 1596, mineure 30 janv. 1564).

(2) Jacques du Breil, sieur de Boisdoré, 3ᵉ fils de Claude du Breil et de Marie de Nouzillac, décédé sans post., lieut. (oct. 1568) comp. Rieux-Châteauneuf.

(3) Pierre de la Motte, sieur de Longle et Montigny, fils de Guillaume de la Motte et de Jeanne de la Haye, gent. de la

Ch. (26 avril 1581), guid. à la comp. Rieux (oct. 1586), ép. Jacquette du Breil-Boisdoré.

Compagnie Maréchal DE RIEUX

(1) Jean de Rieux, fils aîné de François de Rieux et de Jeanne de Rohan, né le 27 juin 1447, sieur de Rieux, Largouet, Ancenis, Rochefort, comte d'Harcourt et d'Aumale, vicomte de Donges, cons. d'Etat, chamb., cap. de gend. (29 sept. 1495-31 déc. 1514), fit la guerre du Bien Public (1464), fut mar. de Bretagne (1470), lieut. gén. en Bretagne (5 sept. 1472), gouv. de Rennes, disgrâcié en 1484 par le duc de Bretagne, revint à son parti, fut à la bat. de Saint-Aubin du Cormier (1488), négocia le mariage de Charles VIII et d'Anne de Bretagne, dont il était tuteur, fit la campagne de Naples (1494), et, sous Louis XII, celle de Roussillon. Il mourut, le 9 févr. 1519. Il ép. (1er mars 1462) Françoise Raguenel (morte en 1481), puis (24 janv. 1486) Claude de Maillé (née 1465), puis (10 sept. 1490) Isabeau de Brosse, morte le 21 mars 1518.

(2) Notice à la comp. Claude de Rieux.

(3) Bastien Coskaër de la Vieuville, fils de Jean Coskaër et de Catherine du Quesnier-Kerviher-Quellenec, sieur de Farbus (1462), ens. comp. Rieux ép. (23 nov. 1510) Perrine de Saint-Waast (vivante 26 oct. 1520), veuve de Jean de Haucourt. Il fut (27 avril 1522-28 sept. 1523) commiss. des guerres.

Compagnie LA ROCHE-FONTENILLES

(1) Notice à la comp. Blaise de Montluc.

(2) Rogé de Noé, marquis de Noé, baron de l'Isle d'Arbechans, sieur de Savère, la Castagnère, fils de Jean de Noé

et de Léonore de Maulion, chev. de l'Ordre (21 juill. 1569), testa 31 mai 1580, vivant 22 juill. 1580, lieut. comp. Fontenilles, sén. d'Aure, Magnoac, Nestes, Barousse, décédé au 3 août 1586, ép. (16 janv. 1542) Françoise de Benque, puis Gabrielle de Châteauverdun (vivante 3 août 1586).

(3) Jean-Antoine de la Roche, sieur de Gensac, 3ᵉ fils de Manaud de la Roche et de Catherine de Benque, mariés le 3 mars 1527, ép. (9 nov. 1566) Anne de Lupé-Gensac, puis (23 avril 1569) Jeanne du Faur de Saint-Jory. Il vivait encore, le 27 févr. 1597 et était encore, le 19 déc. 1581, lieut. à la comp. de son frère. Il fut gouv. de Marmande (9 oct. 1573).

(4) Paul de Benque, sieur de Montgros, Beaulieu, fils d'Odet de Benque et de Marguerite de Montaut, mariés le 11 sept. 1519, mort entre le 12 avril 1588 et le 22 avril 1595, ens. à la comp. de la Roche-Fontenilles (avril 1575-12 févr. 1578), ép. (29 oct. 1570) Louise d'Orbessan.

(5) Odet de la Roche, 2ᵉ fils de Manaud de la Roche et de Catherine de Benque, mariés le 3 mars 1527, ép. Marie de Montagut.

(7) Antoine de Las Planes, mar. log. comp. la Roche-Fontenilles (avril 1575-12 février 1578).

Compagnie ANTOINE DE ROCHECHOUART

(1) Antoine de Rochechouart, 4ᵉ fils de François de Rochechouart et de Blanche d'Aumont, mariés le 8 mai 1477, sieur de Saint-Amand en Puisaye, baron de Faudoas, Montagut, Saint-Paul, sén. de Toulouse et d'Albigeois (7 juill. 1539), lieut. gén. en Languedoc (7 juill. 1539), chamb. (15 juill. 1520-1543), gouv. de Mantosse (26 juin 1521), Lomagne, Rivière-Verdun, cap. de gens de pied (1536), cap. de gend., chev. de l'Ordre, lieut. gén. en Languedoc (1536), défendit Marseille contre Charles-Quint (1536) et fut blessé à Cérisoles. Né entre le 29 juin et le 20 août 1490, il mourut en 1545. Il ép. (25 oct. 1517) Catherine de Faudoas (testa 16 août 1560).

(2) Louis du Plessis, sieur de Richelieu, Bessay, la Vervolière, Chillou, fils aîné de François du Plessis et d'Anne le Roy, mariés le 31 mars 1507, ép. (16 janv. 1543) Françoise de Rochechouart (vivante 1er juin 1587). Echanson du roi (2 sept. 1551), il mourut avant le 26 juin 1552.

(3) Jacques, baron de Rieux, ens. à la comp. de Clermont-Lodève, puis (6 mars 1537-21 juin 1538) à celle du sénéchal de Toulouse.

(4) René de Rochechouart, baron de Couches et Broignon, fils aîné de Christophe de Rochechouart et de Suzanne de Blésy, guid. à la comp. de son oncle Antoine de Rochechouart, naquit en 1511 et fut tué, le 6 nov. 1552, au combat de la Croix au Moustier.

Compagnie ROCHECHOUART

(1) René de Rochechouart, baron de Mortemart, Saint-Victurnien, Tonnay-Charente, Montpipeau, Verrières, le Bouchet, Migné, Dasdé, Cercigné, Vivonne, Lussac, Chastelacher, cons. d'Etat. cap. de gend. (29 nov. 1577), fils de François de Rochechouart et de Renée Taveau, né le 27 déc. 1528, ép. (1er janv. 1570) Jeanne de Saulx-Tavannes, fille du maréchal et mourut le 17 avril 1587. Il fut aux sièges de Perpignan (1542), Epernay, Metz (1552), Hesdin (1553), où il fut fait prisonnier, Volpiano, Calais (1558), Bourges, Poitiers, Blois, Rouen (1562), Saint-Jean-d'Angely, Lusignan et aux batailles de Saint-Denis, Jarnac, Moncontour, aux sièges de la Rochelle et Brouage. Il fut (3 juill. 1568) chev. de l'Ordre, puis (31 déc. 1580) chev. du Saint-Esprit.

(2) François Frotier, sieur de la Messelière, Chamousseau, Champbonneau, Azay-le-Féron, Baigneux, Melzéart, cap. (8 mars 1569) de chevau-légers, gent. maison du roi (3 juin 1564), chev. de l'Ordre (4 févr. 1570), ép. (10 juin 1538) Antoinette Goumard de la Marthonie (vivante 8 juin 1584) fut cap. de 50 h. d'armes et gouv. de Brouage, fils de Charles

Frotier et de Jeanne de Polignac, mariés le 18 mars 1509. Il fut cap. de l'arrière-ban d'Angoumois (1562), ens. à la comp. Burye (18 déc. 1562-12 juin 1565), puis à la comp. Rochechouart-Lussac (16 févr. 1566), puis lieut. à la comp. Sansac (oct. 1568-21 sept. 1575), lieut. à la comp. Rochechouart (19 nov. 1567), commissaire des guerres (18 mars 1568-1er avril 1569), gouv. du Dorat (23 juin 1569). Il mourut avant le 8 fév. 1584.

(3) Notice à la comp. d'Alègre.

(4) Gabriel de la Rye, sieur de la Coste-Mézières, neveu du célèbre veneur Jacques du Fouilloux, fils de Jean de la Rye et de Jeanne Joubert, ens. à la comp. de Mortemart, puis lieut. à cette comp., puis (20 juin 1577-2 févr. 1580), ens. à celle du duc d'Alençon, cap. de gend. (17 oct. 1578), mort entre le 4 févr. 1585 et le 2 mars 1591, gouv. de Haute et Basse-Marche, chev. de l'Ordre, ép. Marie Cathus (morte entre le 30 avril 1582 et le 4 oct. 1597), veuve de Jean de la Haye-Jarzé.

(5) Nicolas de Moussy, fils aîné de Rehé de Moussy et d'Anne Cauchon de Maupas, mariés le 10 janv. 1540, sieur de Puybouillard, Saint-Martin l'Ars, la Lande, la Boussière-Séchaud, Corigné, le Pont d'Amboise, ens. à la comp. Longueval (5 nov. 1563), guid. à la comp. Vatresse (24 nov. 1567-12 juill. 1570), lieut. à la comp. Rochechouart-Mortemart (janv. 1577-17 juin 1586), chev. de l'Ordre (1581), cap. de gend., gouv. de Civray (15 août 1583), vivant le 27 janv. 1608, ép. Madeleine Bonnin de Messignac.

(6) Jacques d'Albin-Valsergues, sieur de Cerez, fils aîné de Louis d'Albin-Valsergues et de Renée de Chabannais, mariés le 7 mars 1542, mourut sans post., avant 1580.

(7) Jean-Jacques de Nuchèze, sieur de Brain, Nuchèze, Bussy, baron des Francs, 2e fils de Léon de Nuchèze et de Bénigne de Saulx-Tavannes, sœur du maréchal, marié le 13 nov. 1538, h. d'a. à la comp. de Damville (1564), cap. de gend., fut à Ivry (1590) et à Fontaine-Française (1595), où il fut blessé à mort. Il ép. (26 oct. 1582) Gabrielle de Saint-Gelais (née en 1555), puis Marguerite Frémiot. Il fut (29 nov. 1577) ens. à la comp. Mortemart.

(8) Jean de Rilhac, sieur de Brigueil, fils de François de Rilhac et de Diane de Mortemer-Ozillac, guid. à la comp. Mortemart (oct.-19 nov. 1567), tué, sans post., à la bat. de Saint-Denis, ép. (4 avril 1562) Catherine de Malesset.

(9) Gouv. de Pons (25 nov. 1568), guid. comp. Mortemart, (25 nov. 1568-28 oct. 1570), chev. de l'Ordre (28 oct. 1570).

(10) Jean Taveau, baron de Mortemer, fils aîné de François Taveau de Mortemer et de Françoise Baraton, né avant 1556, chev. de l'Ordre, gent. de la Ch. (10 févr. 1609), fut à la défense de Poitiers (1569), ép. Louise de Longuejoue, puis (11 juill. 1575) Esther de Beaucé (vivante 20 janv. 1619). Il fut gent. de la Ch. Il était neveu à la mode de Bretagne du cap. et du célèbre veneur Jacques du Fouilloux.

(11) Notice à la comp. Ruffec.

(13) Jean Turpin, fils de Jean Turpin de Jouhé et de Françoise Turpin de la Bataille, mariés le 6 janv. 1521, sieur de Jouhé, Ardilleux, Puy-au-Chat, la Tour de Raix, Fontbelle, la Place, la Renaudière (29 nov. 1574), décédé au 7 févr. 1602, ép. (16 janv. 1565) Jeanne Claveurier (décédée au 7 févr. 1602).

Compagnie ROCHEFORT

(1) Notice à la comp. du duc d'Anjou.

(2) Jean d'Estampes, sieur de Valençay et Estiau, 3e fils de Jacques d'Estampes et de Jeanne Bernard d'Estiau, né le 30 mai 1548, à Valençay, entre 7 et 8 h. du matin, mort le 4 juin 1620, fit campagne en Navarre sous Mayenne et fut blessé au bras gauche, chev. de l'Ordre (9 janv. 1595), gent. de la Ch., cons. d'Etat (8 oct. 1594), cap. de gend. (12 août 1586), ép. (11 févr. 1578) Sara d'Applaincourt (vivante 8 sept. 1625). Il fut chev. du Saint-Esprit (31 déc. 1619).

(3) Louis de Mareuil, sieur de la Guesnière et Coubloux (13 mars 1593), fils de Jacques de Mareuil et de Marguerite Le Borgne. Il vivait encore le 20 janv. 1621.

Compagnie LA ROCHEFOUCAULD

(1) Notice à la comp. duc de Lorraine.

(2) Charles de Rochechouart-Barbazan, baron de Saint-Amand, Faudoas, Montégut, colonel de gens de pied (22 déc. 1536), fils d'Antoine de Rochechouart et de Catherine de Faudoas, mariés le 25 oct. 1517, né en 1519, mort avant le 16 août 1560, ép. (8 mai 1550) Françoise de Castelnau-Clermont, puis (21 avril 1556) Claude d'Humières (vivante 1517), puis, avant le 6 oct. 1563, Françoise de Maricourt.

(3) Antoine de la Rochefoucauld, sieur de Chaumont-sur-Loire, la Chapelle-sur-Creuse, le Blanc en Berry (7 juin 1586), chev. de l'Ordre, chambellan, 3e fils d'Antoine de la Rochefoucauld et d'Antoinette d'Amboise, mariés le 23 oct. 1518, né avant 1536, ép. (7 oct. 1552) Cécile de Montmirail (vivante 7 juin 1586).

(4) Guyon d'Escorailles, fils de Jean d'Escorailles, sieur de Gruères, Borran, Brossette, Bonrepos, ens. à la comp. la Rochefoucauld (oct. 1561-28 févr. 1562), mort entre le 2 oct. 1572 et le 20 janv. 1575, ép. (2 févr. 1546) Marguerite de Capdenac, puis (29 mai 1560) Marie de Gausserand, veuve d'Arnaud d'Escayrac, puis Césare de Saint-Hilaire (vivante le 2 oct. 1572).

(5) Notice à la comp. Sancerre.

(6) Joachim le Vasseur, sieur de Congnée, guid. à la comp. Sancerre (6 déc. 1557), puis à celle de la Rochefoucauld (4 févr. 1561-20 févr. 1565), fils d'Antoine Le Vasseur et d'Agnès de Renty, mariés le 7 nov. 1516, page de Marguerite de Valois, reine de Navarre, gouv. de Vendômois (1er nov. 1563), tué à la Saint-Barthélemy. Il ép. (18 avril 1547) Louise de Thouars, puis Françoise de Ponthieu (vivante le 29 juin 1586).

(7) François de la Rochefoucault, baron de Montendre, Montguyon, Roissac, Marville, Salles, Croulx, Valley, Marlay, Espiermont, Saint-Pardoux, Saint-James, Marthon, Genté, Gensac, la Boulinière, chev. de l'Ordre, guid. comp. la Rochefoucauld (4 févr. 1564-2 déc. 1566), fils de Louis de la Roche-

foucauld et de Jacqueline de Mortemer, mariés le 8 févr. 1535, ép. (9 nov. 1565) Hélène de Goullard (mineure au 14 août 1561, vivante 9 janv. 1601), et mourut le 12 janv. 1600. Il fut (17 avril 1580), lieut. à la comp. Condé.

(N) Notice à la comp. d'Essé.

Compagnie BARBEZIEUX

(1) Charles de la Rochefoucauld, sieur de Barbezieux, Meillant, Linières, Preuilly, Charenton, le Blanc, gent. de la Ch., lieut. gén. en Champagne et Brie (24 mars 1565-8 févr. 1577), grand sén. de Guyenne (3 avril 1550-12 janv. 1565), cap. de gend., 2e fils d'Antoine de la Rochefoucauld et d'Antoine d'Amboise, mariés le 23 oct. 1518, ép. (1er déc. 1545) Françoise Chabot de Brion (testa 12 oct. 1605), et mourut le 15 juin 1583. Il fut chev. du Saint-Esprit (31 déc. 1578).

(2) Charles de Malain, sieur de Misery, Montigny, Chavigny (12 sept. 1546), lieut. à la comp. de Barbezieux (oct. 1567-8 oct. 1570), gouv. d'Auxois (1568-26 août 1571), gouv. de Semur (8 oct. 1570-15 sept. 1575), chev. de l'Ordre (7 janv. 1570), 2e fils d'Edme de Malain et de Françoise de Bauffremont, bailli de Bar-sur-Seine (21 janv. 1575), député aux Etats Généraux (1560 et 1576), ép. (4 juin 1560) Claudine de Choiseul.

(3) Joachim de Chastenay, sieur de Villars en Azois, Poelly, Rozoy (10 sept. 1548), fils aîné de Jean de Chastenay et de Jeanne de l'Estouf-Pradines, mariés le 19 févr. 1520, chev. de l'Ordre (4 févr. 1577), gent. de la Ch. (2 déc. 1571-12 févr. 1580), lieut. à la comp. de Barbezieux (9 nov. 1576-4 févr. 1577), testa le 31 déc. 1584, ép. (5 mai 1542) Nicole de Karendeffez, puis Suzanne de Courtenay (morte avant le 31 déc. 1584), puis Charlotte de Brandinbourg (vivante le 31 déc. 1584).

(4) Jean de Durat, sieur des Portes, Lascouts, Saint-Myon, Ciers, Chazeaux, la Celette, mar. des log. (janv. 1553-

8 janv. 1554) comp. la Roche-sur-Yon, ens. (avril 1563-6 fév. 1564), lieut. (janv. 30 mai 1565) à la comp. Barbezieux, lieut. (oct. 1568-9 mai 1569) à la comp. d'Armentières, fils ainé de François de Durat et de Claude de Nuel, mariés le 9 juin 1513, chev. de l'Ordre (14 avril 1569), lieut. de gend., gouv. d'Auzances (13 févr. 1554), ép. (18 juill. 1566) Jacqueline de Coligny-Saligny, veuve de Gilbert de Luchat-Thuret. Il fut bailli de Combraille (2 janv. 1537-6 janv. 1582) et gouv. de Semur (2 janv. 1536-13 févr. 1554).

(5) Notice à la comp. Charny.

(6) Gratien de Pontville, sieur de Veullaynes, 2e fils de Guillaume de Pontville et de Marguerite le Roy de la Grange, chev. de l'Ordre (7 janv. 1570), guid. à la comp. de Barbezieux (2 déc. 1567-5 janv. 1570), député aux Etats de Blois (1576), mort entre le 20 déc. 1577 et le 10 févr. 1582, ép. Catherine Hodoard.

(7) Notice à la comp. Clermont d'Amboise-Bussy.

(8) Jean de Wissel, fils de Jean de Wissel et de Michelle de Tragin, sieur de Beauregard, la Bellonière (16 juin 1580) maitre des eaux et forêts de Charenton et Meillant (20 avril 1562), chev. de l'Ordre (10 déc. 1579), ép. (21 déc. 1560) Gabrielle de Fournoux (vivante 20 avril 1562).

(9) Hector de Blondeau, sieur de Villefranche, Issy, Coursault (15 avril 1575), émancipé (22 avril 1523), mar. des log. à la comp. Barbezieux (avril 1563-30 mai 1565), fils de Béraut de Blondeau et de Marthe de Thoisy, mariés le 3 oct. 1513, ép. avant le 25 janv. 1559. Renée de Rodon (vivante le 15 avril 1575), veuve d'Etienne Aubriau.

Compagnie ANTOINE DE BARBEZIEUX

(1) Antoine de la Rochefoucauld, 2e fils de François de la Rochefoucauld et de Louise de Crussol, né en 1471, sieur de Barbezieux et Ravel, gent. de la maison du roi (1485), chev. de l'Ordre (30 mars 1537), gent. de la Ch. (24 oct. 1533), cap.

de gend. (20 janv. 1536-30 mars 1537), grand sénéchal de Guyenne (30 juill. 1529-21 oct. 1533), lieut. gén. en Ile-de-France (20 juill. 1532), gouv. de Paris (12 mars 1533), pris à Pavie, gouv. de Marseille, gén. des galères (1ᵉʳ juin 1528), mort en 1537, ép. (23 oct. 1518) Antoinette d'Amboise (née en 1493, morte le 21 juin 1532), veuve de Jacques d'Amboise-Bussy.

(4) Louis de la Rochefoucauld, vivant 6 juin 1519, mineur (5 janv. 1527), sieur de Montendre, Montguyon, Marville, Gensac, Genti, Marthon, Roissac, les Salles, chev. de l'Ordre, fils ainé de François de la Rochefoucauld et de Barbe du Bois, demi-frère du capitaine, né avant 1515, ép. (8 sept. 1533) Marie de Montfort, puis (8 févr. 1535) Jacquette de Mortemer et fut (1552) au siège de Metz.

(5) Louis Jean, sieur de Bellenave, Saint-Flour, le Chastel, fils de Louis Jean de Bellenave et de Madeleine d'Anjou, né le 22 sept. 1505, vivant le 19 sept. 1547, ép. (4 août 1539) Madeleine du Brouillart-Montjay (qui testa le 26 juin 1586).

Compagnie ROHAN-GIÉ

(1) Pierre de Rohan, sieur de Gié, vicomte de Vire, sieur du Verger, Gié, Porhoet, le Plessis, Marigny, Baugé, Fontenay-le-Comte (nov. 1476), comte de Marle, Chateau-Porcien, Bar-sur-Aube, Rozoy, Montcornet, Avesnes, Chaugy, Renty Croy (janv. 1477), Ham, Oisy (6 févr. 1477), Soissons, Beaurevoir, Puigolin, Chomage (mars 1477), Bohain, Beauvoir, chev. de l'Ordre, cap. de gend. (1478), mar. de France (16 mai 1476), second fils de Louis de Rohan et de Marie de Montauban, né en 1453, régent de France (1483), défend la Picardie (1486) contre Maximilien, bat, avec d'Esquerdes, à Béthune, le sire de Ravenstein (1487) et fait prisonniers d'Egmont, de Nassau, de Bossut, fut général en chef de l'armée de Roussillon (1489), après avoir défendu les frontières de Picardie, gouv. d'Angers et d'Amboise, lieut. gén. en

Bretagne (13 déc. 1491), fut à l'expéd. de Naples (1494), commanda l'avant-garde à Fornoue (1495), fut à la conquête du Milanais (1499), fut plénipotentiaire du traité de Novare, fut à l'entrée de Louis XII à Gênes (1502), commanda l'armée de Fontarabie (1503). Disgracié (1505), suspendu du maréchalat pour cinq ans, enfermé à Dreux (9 févr. 1506), il rentra en grâce, obtint du roi le château de Baugé (26 mai 1512) et mourut à Paris, le 22 avril 1513. Il avait, avant d'être exilé de la cour, été président du conseil royal. Il épousa Françoise de Penhoet, puis (15 juin 1503) Marguerite d'Armagnac.

(2) Notice à la comp. Bonneval.

Compagnie PHILIPPE DE RONCHEROLLES

(1) Philippe de Roncherolles, cap. de gend. (6 oct. 1567-30 nov. 1569), chev. de l'Ordre (30 nov. 1560), gent. de la Ch. (22 avril 1569), baron de Heugueville, Pont-Saint-Pierre, Planquery, Montfiquet, la Bazogne, Beupin, la Londe, Escouy, Clairay, Marigny, Chastillon, la Ferté en Ponthieu, Lonchamp, Blancheville, Maineville, Bouchevillier, Orgeville, 2° fils de Louis de Roncherolles et de Françoise de Hallwin, mariés le 16 févr. 1500, gouv. de Pontoise, Caen, Beauvais, mourut le 4 mars 1570. Il ép. (19 mai 1527) Suzanne de Guisencourt, puis (21 mai 1558) Renée d'Espinay (vivante 28 févr. 1558).

(2) Anne du Sart, sieur de Thury, Féaux, la Brosse, la Rivière, Ouville, vicomte de Thury et Mutigny, gent. de la maison du roi (14 sept. 1582), lieut. à la comp. de Heugueville (20 sept. 1569), chev. de l'Ordre, gent. de la Ch., gouv. de Meaux (1567-1575), gent. d'honneur de la reine, mort en 1587, fils de Georges du Sart et d'Antoinette de Vaux-Saint-Inès, mariés en 1522, ép. (17 mars 1558) Nicole le Roux.

(3) Georges de Fors, sieur de Quitry et Saint-Martin, chev. de l'Ordre, gent. de la Ch., mort avant le 30 juill. 1586, ép. (6 mai 1563) Anne de Giffart.

(4) Jean d'Escajoul, sieur de la Bretonnière, Cauches, le Mesnil-Mauger, Saint-Victor (15 mai 1561), chev. de l'Ordre, fils de Julie d'Escajoul et de Suzanne le Breton de la Bretonnière, mariés le 28 avril 1524, lieut. à la comp. Pierre de Harcourt-Beuvron, député aux Etats-Généraux (1588), mort le 26 févr. 1593. Il ép. Jacqueline de Harcourt-Beuvron (née le 26 mars 1557, morte entre le 22 déc. 1614 et le 21 déc. 1633), veuve de Jacques Maillart du Léaupartie.

Compagnie PIERRE DE RONCHEROLLES

(1) Pierre de Roncherolles-Hugueville, sieur de la Ferté-Marigny, Douville, Roumilly, Escouy, Pitre, le Plessis, Beuzimonchel, Dampierre, Villiers en Vexin, Mesnil sous Vienne, Corbon, Jocourt, Portpina, Bruchevilliers, baron de Pont Saint-Pierre, fils aîné de Philippe de Roucherolles et de Suzanne de Guisencourt, mariés le 19 mai 1527, sén. de Ponthieu (10 nov. 1588-14 août 1604), premier baron de Normandie, cons. d'honneur au Parlement de Rouen, chev. de l'Ordre (8 déc. 1571), cap. de gend. (9 sept. 1569), gouv. d'Abbeville, né avant 1531, mort le 10 févr. 1621. Gent. de la Ch. (9 oct. 1579), député aux Etats-Généraux (1588), mar. de camp, vice-amiral de Picardie, cons. d'Etat (30 avril 1615), gouv. du Crotoy (19 janv. 1587-1591), il ép. (16 févr. 1572) Charlotte de Moy (vivante 19 janv. 1611).

(2) Notice à la comp. Rubempré.

(3) Jean de Torcy, sieur de la Motte-Barrocourt, Bailly, Marestz, Omastre, Espinay, le Mont, fils de Robert de Torcy et de Michelle de Lamet-Saint-Martin, mariés le 20 oct. 1533, ép. (15 avril 1562) Antoinette de Canonville. Il mourut entre le 21 juin 1581 et le 10 juin 1603.

(4) Claude de la Rivière-Chépy, sieur d'Argoulles et Dominois, guid. à la comp. Hougueville (17 févr. 1580), 2e fils de Jean de la Rivière Chépy et de Marie de Roncherolles, mariés le 19 sept. 1526. Il vivait le 7 avril 1605.

(5) Claude de Buigny, sieur de Cornehotte, Merlier, Saint-Délier, archer à la comp. Piennes (29 avril 1572), lieut. au Crotoy (1589), fils de Jean de Buigny et de Barbe de Mailly, mariés le 6 mars 1543, né entre le 3 nov. 1543 et le 30 août 1546, ép. (3 avril 1579) Marguerite de Fouilleuse-Flavacourt (testa 17 févr. 1601). Il testa le 10 juill. 1607.

Compagnie ROSTAING

(1) Tristan de Rostaing, sieur de Thieux, Vaux-Apeny, Noisy-le-Sec, Saint-Liesne, baron de Brou, la Guerche, Villemomble, né le 15 janv. 1514 à Sury-le-Comtal, page d'Anne de Montmorency, puis du duc Charles d'Orléans, sieur de Monteroy, Fontenay, Marceau, Sormery-en-Othe, maître de la garde-robe et premier gent. de la Ch. du duc Charles d'Orléans, lieut. gén. en Marche et Bourbonnais, fit la camp. de Luxembourg (1542), fut gent. de la Ch., négociateur de la paix d'Orléans (1563), lieut. gén. en Ile-de-France, gouv. de Fontainebleau (10 août-14 sept. 1570) et de Melun, qu'il défendit brillamment en 1588 et 1589, mourut le 7 mars 1591 à Aunoy-les-Provins. Il fut à la bat. de Saint-Quentin (1557), au siège d'Orléans (1563), où il était à côté du duc François de Guise, quand cet illustre capitaine fut blessé par Poltrot de Méré, fut à la bat. de Saint-Denis (1567), chambellan (16 oct. 1566-24 juill. 1568), chev. de l'Ordre (8 sept. 1565), cap. de gend. (avril 1565-3 déc. 1587), cons. d'Etat (10 août 1570-3 déc. 1587), grand maître des eaux et forêts de France (3 mars 1564-1ᵉʳ févr. 1568), lieut. gén. en Brie, surintendant général des bâtiments royaux (10 août 1570-2 juill. 1571), mar. des logis de la maison du roi, ambassadeur en Espagne (1544). Il était le 4ᵉ fils de Jean de Rostaing et de Jeanne de Chartres, ép. (15 juin 1544) Françoise Robertet de Brou (née en 1533, morte le 10 nov. 1580, à Vaux). Il fut chev. du Saint-Esprit (31 déc. 1582).

(2) Louis d'Ancienville, baron de Révillon, vicomte de Souilly, Dormans, Mesnil-les-Villiers, Villiers aux Cormeilles,

Meigneux, Venteuil, Vincelles, Doutain, Sougy, Romeny, chev. de l'Ordre, gent. de la Ch., 2° fils d'Antoine d'Ancienville et de Luce d'Autry, mariés le 20 oct. 1520, ép. (16 nov. 1563) Marguerite de la Haye, veuve de Jean de la Trémouille-Brûche, puis (27 nov. 1573) Françoise de la Platière (morte en mars 1598), femme séparée d'Henri de l'Hôpital-Vaux. Il fut lieut. à la comp. Rostaing (oct. 1563-23 août 1568), vivant le 2 juill. 1541, testa le 27 juin 1606, mourut en juill. 1606.

(3) François de Chantelou, sieur de Lihus, Vaux sous Corbie (29 nov. 1560), chev. de l'Ordre, fils de Balthazar de Chantelou et de Claude de Giffart, mariés le 6 juill. 1515, lieut. à la comp. de Rostaing (6 déc. 1567), ép. Claude de Belloy, puis Jeanne de Roucy.

(4) Tristan de Rostaing, vicomte de la Guerche, gent. de la Ch., lieut. à la comp. de Rostaing (7 juill.-14 déc. 1574), fils aîné de Tristan de Rostaing et de Françoise Robertet de Brou, mariés le 15 juin 1544.

(5) Charles de Jouvyn, sieur du Mesnil, gent. vén. du roi (18 mars 1559), ens. comp. Rostaing (20 août 1568), ép. Anne du Plessis-Perrigny, veuve de Patriz de Sainte-Marie. Il était mort au 13 sept. 1580.

(6) Pierre de Rostaing, sieur de Vauchette et Rivas, gouv. de Sury le Comtal, gent. de la Ch., chev. de l'Ordre, lieut. à la comp. de Mandelot, gent. de la mais. du roi (28 mai 1573), échanson (7 fév. 1574), né après 1526, ens. à la comp. Rostaing (7 déc. 1571-28 mai 1573), mort avant 1580, fils aîné d'Antoine de Rostaing et de Gabrielle de Cluzel, ép. Catherine de Seneton (morte entre le 12 déc. 1601 et le 4 sept. 1607).

(7) Thibaut de Saint-Blimont-Sailly, fils de Nicolas de Saint-Blimont et de Claude de Lisques, châtelain de la forêt de Crécy (1563), mar. des log., guid. à la comp. Rostaing (oct. 1573-19 janv. 1574), ens. (20 déc. 1578), ép. Marie du Bois de Hurt.

(8) François de Maricourt, 2° fils de Jean de Maricourt et de Renée du Quesnel, né et baptisé à Mouchy le Châtel,

le 24 mai 1536, baron de Mouchy le Châtel, Sérifontaine, Rolleboise, Emmery, le Chesne sous Blaru, Monceaux, Loges, Laideville, Pavé, les Moulins le Comte, Roschet-Pellegrau, le Douille, Tachainville, chev. de l'Ordre (1er avril 1579), gent. de la Ch., 1er maître d'hôtel du Dauphin, ép. (5 mai 1562) Michelle Robertet d'Alluye (morte à Mouchy, le 9 oct. 1596). Il fut guid. à la comp. Rostaing (17 nov. 1567).

Compagnie ROUAULT-LANDREAU

(1) Charles Rouault, sieur de Landreau, baron de Bournezeau, fils aîné d'André Rouault et de Joachime d'Appelvoisin, mariés le 9 janv. 1520, lieut. gén. en Bas-Poitou (1576), chev. de l'Ordre, cap. de gend., d'abord attaché au parti protestant, le quitta (févr. 1568), prit Tiffauges (mars 1568), Montaigu (24 mars 1568), fut au siège de Niort (1569), prit la Rocheservière (24 juill. 1569), fut vice-amiral de Guyenne, assiégé et pris, par la Noue aux Sables-d'Olonne, échangé contre Renty. Il fut au siège de Fontenay (1574), battit, près de Bournezeau, un parti protestant, prit (2 sept. 1575) Saint-Martin-de-Ré, en fut chassé par Lancelot du Voysin-la Popelinière, après une vigoureuse résistance, qui lui coûta 300 hommes. Il fut vice-amiral dans l'expéd. des Açores (1582), et mourut en 1590. Il ép. (18 oct. 1559) Charlotte de la Trémouille, veuve de Jean d'Anglier, puis Catherine de la Rochefoucauld (morte en 1577), veuve de René du Puydufou et de Charles de Chabannes.

(2) Lieut. (juill. 16 oct. 1577) comp. Landreau.

(3) Robert Robin, sieur de la Tremblaye-Robin, Mondon, les Hommes, la Mornière, ens. comp. Landreau (juill.-16 oct. 1577), chev. de l'Ordre, maître des eaux et forêts du Perche, cap. de chevau-légers, fils d'Antoine Robin et de Jeanne de Mallemouche, mariés le 10 janv. 1541, vivant en 1555, mourut le 19 mars 1604. Il ép. (2 fév. 1573) Marguerite Le Voyer de Paulny, puis (11 déc. 1595) Jeanne Mesnard de la Vergne, veuve de son cousin Claude Mesnard.

(4) Adrien Chambret, sieur d'Iversay, mar. log. (juill.-16 oct. 1577) comp. Landreau.

Compagnie CHAVIGNY

(1) François Le Roy, sieur de Chavigny, la Baussonnière Crappon, Origny, Vandoule, Appenay, Gutain, Saint-Ulphace, Beaufay, Châteauneuf en Thimerais, baron de Pont-Courlay, le Bouchet, Villeneuve, le Pége, Basses, la Jallaise, Saint-Père, Courtaugis, Boisauviel, Senonches, Beaufort, comte de Clinchamp (déc. 1505), fils de Louis de Chavigny et d'Antoinette de Saint-Père, cap. des gent. de la maison du roi (janv. 1575-21 oct. 1601), cap. aux gardes (4 oct. 1553-29 déc. 1560), lieut. gén. en Anjou, Touraine, Maine, cap. de gend. (déc. 1570-28 déc. 1582), chev. de l'Ordre (déc. 1571), gouv. de Chinon (11 oct. 1590-21 oct. 1601), cons. d'Etat (déc. 1571-21 oct. 1601), cap. de chevau-légers, gouv. du Mans (1562-1564), assista aux sièges de Bourges, Rouen, Lusignan, arrêta (1560) le prince de Condé, garda (1588), le cardinal de Bourbon. Né en 1519, il ép. (12 juin 1545) Antoinette de la Tour, puis (11 juin 1577) Renée d'Avaugour et mourut, aveugle, le 18 févr. 1606. Il fut chev. du Saint-Esprit 31 déc. 1578).

(2) Mathurin de Rougé, sieur des Rues, Chemillé, le Plessis-Lorrière, Marigné, Plessis-Gaudin, le Bois, la Cour du Bois, Maigné, Chigné, Dissé, les Motfiers, Plessis-Courtimont, la Courtaillé, fils de Robert de Rougé et de Louise Fourreau de la Touche, mariés le 20 avril 1511, ens. (1534-17 juin 1554), puis (21 juill. 1578), lieut. aux gent. de la maison du roi, chev. de l'Ordre (févr. 1569), gent. de la Ch. (24 déc. 1562), députê aux Etats de Blois (1576), gouv. du Mans (1565), fut à Jarnac et à Moncontour, lieut. à la comp. de Chavigny (30 sept. 1572), ép. (5 avril 1555) Renée du Veille (vivante en 1601), veuve de Jacques de Courtarvel-Pézé et mourut entre le 21 juill. 1589 et le 22 janv. 1596.

(3) Jacques de Rouville, lieut. à la comp. Chavigny, sieur

de Grainville, fils de Jean de Rouville et de Madeleine le Roy de Chavigny, mariés en 1550, gent. de la Ch., chev. de l'Ordre (31 mars 1580-17 janv. 1581), lieut. gén. à Evreux et Rouen (1er juin 1575-17 janv. 1581), mort à Rouen avant 1589, ép. (31 déc. 1573) Diane le Veneur de Tillières (vivante le 7 août 1609).

(4) Antoine de Beauxoncles, 2e fils de Jean de Beauxoncles et d'Edmonde de Renier, mariés en 1526, gent. de la Ch., sieur de la Presse, la Barre, Bourguerin (1580), ens. à la comp. Chavigny (12 sept. 1555-13 déc. 1564), ép. N... de Board. Il vivait le 7 janv. 1593.

(5) Louis de Montecler, sieur de Courcelles, Houssay, Raveton, Romefort, la Grange, Juigné, Saint-Saturnin-sur-Loire, 2e fils de Jean de Montecler et de Béatrix de Jonchères, mariés le 8 nov. 1534, guid., puis (avril 1571-30 sept. 1572) ens. à la comp. de Chavigny, chev. de l'Ordre (13 juill. 1571), fut à la bat. de Saint-Denis (1567), gouv. de Laval (23 juin 1587-21 déc. 1599), ép. (21 juill. 1569), Renée Neveu de Charnay.

(6) René de Montecler, sieur de Bourgon, Courcelles, Bargé, Airon, Boisauparc, Angerville, Grandsbeaucamps, Pontloup, Bourgnouvel, Coulonges, Chansonnay, Montaudais, Tourbecher, Fontenailles, fils aîné de Jean de Montecler et de Béatrix de Jonchères, mariés le 8 nov. 1534, né en 1535, guid. (avril-29 août 1564), ens. (13 déc. 1564-2 juin 1567) à la comp. Chavigny, blessé à mort à la bat. de Saint-Denis, testa le 23 nov. 1567, et mourut avant le 20 juill. 1568, à Paris. Il ép. (24 nov. 1552) Claude des Hayes.

(7) Notice à la comp. Retz.

(8) Urbain de Boisse, sieur de Galerne, mar. des log. à la comp. Chavigny (avril 1563-2 juin 1567).

(9) Notice à la comp. Retz.

Compagnie LANSAC

(1) Guy de Lusignan-Saint-Gelais, sieur de Lansac, la Roche-Andry, Puycalvary, fils aîné de Louis de Lusignan et de Jeanne de la Roche-Andry, né le 3 déc. 1544, gent. de la Ch. (6 juil. 1565), chev. de l'Ordre (30 nov. 1571), sén. d'Agenois (4 août 1571-22 mai 1572), cap. de gend. (12 oct. 1571), gouv. de Blaye (6 oct. 1570-8 déc. 1581) et Brouage (1578) vice-amiral de Guyenne (13 juill. 1576), blessé à Jarnac, fut en Pologne, avec Jean de Montluc, pour préparer l'élection de Henri III, fut fait pris. en Danemarck, au retour de l'expédition de Pologne. Il commanda, sous Louis XIII, une armée contre les corsaires barbaresques, ép. (4 août 1571) Antoinette Raffin de Poton (vivante le 1ᵉʳ janv. 1621), et vivait encore le 1ᵉʳ janv. 1621. Il mourut en 1622.

(2) Notice à la comp. Picquigny.

(3) *Item.*

Compagnie BELLEGARDE

(1) Notice à la comp. Termes.

(2) François de Tersac, sieur de Montberault, Palaminy, Fontaines, fils de Jean de Tersac et de Jeanne de Lambès, mar. de camp (4 oct. 1586), chev. de l'Ordre, lieut. à la comp. Bellegarde (oct. 1568-28 déc. 1577), ép. (7 août 1550) Catherine de Lambès et testa le 11 déc. 1599.

(3) François de Polastron, sieur du Mons, fils d'Armand-Guillaume de Polastron, testa le 27 mars 1575 et mourut peu après. Il avait été (16 mai 1557) cornette aux chevau-légers de Jean de Polastron.

(4) François de Mons, guid. (4 mars 1569), puis ens. (10 janv. 1578) à la comp. Bellegarde.

(5) François de Mauléon, sieur de Castelnau d'Urban, baron

du Bos, fils de Géraud de Mauléon et de Marguerite de Mauléon, mariés le 5 juin 1537, ép. (14 août 1558) Françoise d'Isalguier et mourut avant le 2 mai 1606.

(6) Mathieu de la Barthe, sieur de Giscaro et Boucagnières fils ainé de Paul de la Barthe et de Marie d'Armantieu, mariés le 31 janv. 1529, ép. (10 juin 1571) Antoinette de Goth, (décédée au 29 juin 1590) testa le 11 juin 1606.

(7) Géraud de Nestier, sieur de Main, Anguienne, h. d'a. comp. Bellegarde (31 juill. 1570), mar. des log. (4 mars 1569).

(8) François de Malausana, mar. des log. (avril 1571-18 juill. 1574) à la comp. Bellegarde.

(9) Mar. des log. à la comp. Bellegarde dès juill. 1574.

Compagnie PIERRE DE SAINT-LARY

Notice à la comp. Bellegarde.

(2) Jean de Saint-Lary, sieur de Termes et Montastruc, 2e fils de Pierre de Saint-Lary et de Marguerite d'Orbessan, mariés le 11 mars 1523, frère du mar. de Bellegarde, héritier du mar. de Termes, d'abord abbé de Nisors, puis lieut. à la comp. de son père (1er oct. 1569), cap. de gend., gouv. de de Metz (1584), mar. de camp général, cons. d'Etat, ép. vers 1550, Anne de Villemur et mourut en oct. 1586. Il fut chev. du Saint-Esprit (31 déc. 1584).

(3) Philippe Bardachin, ens. à la comp. de Bellegarde (oct. 1568). Il fut chev. de l'Ordre et ép. Marthe de Saint-Félix, veuve de Jean de Montlaur, de James de Saint-Julien et de Bernard de Montpezat.

(4) Arnaud de la Barthe, sieur de Montcorneil, 2e fils de Mathieu de la Barthe et de Catherine de Lomagne, mariés le 20 avril 1530, mar. des log. à la comp. Bellegarde père (19 déc. 1568-1er oct. 1569).

Compagnie SAINT-PREST

(1) Jean de Saint-Prest (17 déc. 1493), cap. de gend. (janv. 1498-21 mai 1500), vivant le 27 nov. 1514, fils de Bernard de Saint-Prest et de Marguerite de Gauville. Il portait de sable à 9 annelets d'argent.

Compagnie D'EPINAC

(1) Notice à la comp. duc de Bourbon.

(2) Louis de Pontailler, fils de Claude de Pontailler et de Chrétienne de Chandio, sieur de Talmey, Yenville, Pleurs, Balagny, Seveux, Helmitier le Buisson, Vaux, Rigny, Chatou, Jausigny, Raillany, Juilly lès Paris (2 août 1556), chev. de l'Ordre, lieut. à la comp. d'Epinac (28 oct. 1554), mort avant le 16 juin 1579, ép. Marguerite de Ray.

(3) Julien de Condé, sieur de Conigy, Coursemang, Boulages, ens. (avril 1544-25 janv. 1555) à la comp. d'Epinac, fils de Georges de Condé, ép. Charlotte de Courtenay (1544), veuve de Jean des Marins. Il mourut avant le 25 août 1560.

(4) Antoine de Saint-Priest-Saint-Chamond, sieur de Montchat, 3e fils de Jean de Saint-Priest et de Jeanne de Tournon, mariés en 1497, se distingua, en 1555, au tournoi entre Nemours et Pescaire, près d'Asti. Il fut guid. (janv. 1544-29 avril 1557) à la comp. d'Epinac. Il mourut sans postérité.

(5) Jean Harenc de la Condamine, 4e fils d'Aimar Harenc de la Condamine et d'Antoinette de Sallamard-Ressiz, mariés le 24 nov. 1499, vivant le 24 févr. 1524, mar. des log. à la comp. d'Epinac (avril 1553), puis à celle de Strozzi (avril-9 août 1557).

Compagnie SAINTE-MAURE

(1) Louis de Sainte-Maure, marquis de Nesle, comte de Joigny, vicomte de Pleumartin et Cuverville, fils de Jean de

Sainte-Maure et d'Anne d'Humières, mariés en 1511, né avant 1527, mineur (1538), chev. de l'Ordre et cap. de gend. (9 déc. 1567-24 févr. 1570), marquis de Nesle (janv. 1545), ép. (5 janv. 1551) Renée de Rieux (née en 1524, morte en 1567), puis (25 janv. 1570), Madeleine Olivier (vivante 16 juin 1576), et mourut à Paris, le 9 sept. 1572.

(3) Cf. notice à la comp. du mar. de Bourdillon.

(2) Pierre de Blanchefort, sieur de Chastel du Bois (avril 1575-27 mars 1584), Villenau, Fondelin, Asnois le Bourg, fils aîné de Guy de Blanchefort et de Perrette du Pont, mariés avant 3 mai 1514, vivant 27 mars 1534, servit sous Bourdillon (1554), fut ens. à la comp. de Nesle, guid. comp. Nesle, député aux Etats-Généraux de 1576, écrivit un *Journal*, inséré en partie dans les *Mémoires* du duc de Nevers, fut gouv. de Nevers (1585). Il ép. (1er déc. 1550) Léonarde de Clèves (testa 1er août 1601). Il mourut le 15 juin 1591. Il fut gent. m. du roi (7 févr. 1587).

(4) Edme de Bar, sieur de Billeron et Bonnebuche, né à Buramlure le 20 août 1543, entre 1 et 2 h. de l'après-midi, 2e fils de François de Bar et de Paule du Chesnay, ép. (18 nov. 1560) Marguerite le Roy, fut guid. (oct. 1567-4 mai 1569) à la comp. Nesle.

(5) Jean de Courguilleray, sieur de la Boullenerie, Saint-Georges-sur-Arnoul, Neufvy, mort avant le 20 nov. 1583, mar. des log. à la comp. Sainte-Maure (oct. 1568-4 mai 1569), ép. Adrienne Louzeau (vivante 20 nov. 1583).

Compagnie SALAZAR

(1) Galéas de Salazar, sieur de Las, Courcy aux Loges, Escrennes, Saint-Just, baron de Chassenay, 5e fils de Jean de Salazar et de Marguerite de la Trémouille, mariés le 31 oct. 1441, gouv. de Gênes (1507), Bologne (1509), cap. de

gend. (16 juin 1509-30 nov. 1512), chamb. (1485), ép. avant, 1491 Claude d'Anglure et mourut, le 11 juin 1518.

Compagnie SALUCES

(1) Louis II, né en 1438, marquis de Saluces (1475), fils de Louis I.er de Saluces et de Isabelle de Montferrat, se dist. à l'expéd. de Naples (1494), débloqua Gaete, prit Trajetto et Fundi, fut (1495), chev. de l'Ordre, gouv. d'Asti (1500), ép. avant 1490, Jeanne de Montferrat, puis, avant 1593, Marguerite de Foix-Candale et mourut le 27 janv. 1504. Il fut cons. d'Etat, chamb. (11 août 1466), cap. de gend. (26 mai 1499-20 mai 1500).

Michel-Antoine, né le 20 mars 1495, marquis de Saluces (.505), fils aîné de Louis II de Saluces et de Marguerite de Foix-Candale, débuta à Agnadel (1509), chev. de l'Ordre, gouv. d'Asti, fut à la Bicocca (1522), gouv. de Savone (mars 1525), cap. de gend. (avril 1517-17 avril 1527), fut à la bat. de Pavie, fit camp. dans le royaume de Naples (1528), fut amiral de Guyenne, protégea Florence contre le connétable de Bourbon, défit et prit Hughes de Moncade à Varazzo, blessé à mort au siège d'Aversa, où il avait capitulé (1528). Il fut gouv. de Dauphiné (9 mai 1525-12 fév. 1527), gouv. de Paris et Ile de France, lieut. gén. en Italie (17 avril 1527), comte de Castres (30 janv. 1526), illustre cap., mort sans post., le 18 oct. 1528.

Jean-Louis, né le 18 oct. 1496, marquis de Saluces (1528), abbé de Staffarde, Casenave, Saint-Constance, 2e fils de Louis II de Saluces et de Marguerite de Foix-Candale, déposé (1529) comme incapable, puis soutenu par le parti français, mourut en France, en 1567, à Beaufort en Vallée. Il avait testé, le 31 mai 1563, en faveur de son ex-maîtresse, Antonia Véra, qu'il ép. (24 juin 1558), secrètement.

François, marquis de Saluces (1529), 3e fils de Louis II de Saluces et de Marguerite de Foix-Candale, né le 13 fév. 1498, cons. d'Etat (10 nov. 1528), chamb. (1er janv. 1519), cap. de gend. (juill. 1527-24 mai 1536), chev. de l'Ordre, passa au parti impérialiste et mourut, sans alliance, le 28 mars 1537, au siège de Carmagnola.

Voir, sur tous ces princes, de longues notices, dans l'admirable ouvrage du comte Litta : *Famiglie celebre d'Italia* (Milan, 1833-1875).

(2) Imbaut de Rivoire, 4ᵉ fils de Jacques de Rivoire et de Claudine de Bletterans, mariés le 28 juill. 1458, né en 1480, sieur de la Bastie-Montgascon, le Palais, Curtin, Chevard, Varennes, fut à la bat. de Fornoue (1495), à celle d'Agnadel (1509) où il fut pris., Ravenne (1512), Marignan (1515), fut amb. à Ferrare, cap. de gens de pied, col. gén. de l'infanterie française (1503), lieut. de gend., chev. de l'Ordre, gouv. de Savone, amb. en Toscane, testa le 17 sept. 1534. Il ép. (23 déc. 1496) Jeanne du Chevalard.

(4) Jean-Marie-François de Saluces, marquis de Cardé, Caramagna, Mulazzano, marquis de Garetta, Farigliano, comte de Beynette, cons. d'Etat, chamb., fils aîné de Mainfroy de Saluces et de Françoise de Savoie-Raconis, mariés en 1483, ép. (21 déc. 1505) Philiberte-Blanche de Miolans. Ens. comp. Saluces (31 juill. 1534) ; il mourut le 24 déc. 1539.

(5) Philippe de la Villate. C'est, très probablement, Philippe Chauvet, sieur de la Villate (Cf. notice à la comp. Burye), officier à la comp. de Charles de Concys-Burye, qui succéda comme cap. de gend. au marquis de Saluces.

Compagnie SALERNE

(1) Fernand de Sanseverino, prince de Salerne, comte de Marsico, Sanseverino, Cilenta, Lauria, Atena, Sala, duc de Villahermosa, cap. de gend. (juill. 1555-1ᵉʳ déc. 1562), chev. de l'Ordre (9 févr. 1560), d'abord attaché au parti impérial, fit l'expéd. de Tunis sous Charles-Quint, celle de Naples (1528), fut pris. dans un combat naval gagné par Philippe Doria, fit l'expéd. d'Alger, celle de Provence (1536),

sauva une partie de l'armée de del Vasto à Cerisoles (1544), fut au siège de Saint-Dizier (1544), battit Pierre Strozzi à la Stradella, passa au parti français, en 1552, fut amb. extraord. de France à Constantinople. Il était fils de Robert de Sanseverino et de Marine d'Aragon, naquit le 18 janv. 1508 à Naples, ép. Isabelle de Villamarina, et mourut, en 1568, à Avignon. (Cf. sur lui : Scipion Ammirato : *Delle nobile familie napoletane* I, 1415).

(2) Notice à la comp. la Vauguyon.

(3) Notice à la comp. Henri d'Albret.

(4) Jean de Montmorin, 2ᵉ fils de François de Montmorin et de Jeanne de Joyeuse, marié le 12 février 1527, sieur de Saint-Hérem, Préaux, Thil, Bréon, la Marche, Compeix, Bouthéon, ens. (juill. 1556-7 mai 1560), puis (13 juill. 1562-29 mars 1564), lieut. à la comp. du prince de Salerne. Il avait été h. d'a. (1549-1554) à la comp. du mar. de Saint-André et (1548) chanoine de Brioude. Il ép. (14 août 1559) Gabrielle de Murol. Il testa le 26 juill. 1594.

(5) Notice à la comp. Danville.

(6) Orazio de Vicarii, mar. des log. à la comp. Salerne (janv.-2 mai 1556).

Compagnie SOMMA

(1) Giovanni-Bernardino de Sanseverino, duc de Somma, sieur de San-Quirico, fils d'Alfonso de Sanseverino et de Maria Diascarlona, né en 1500, mort très pauvre, à Langeais, le 25 mai 1570, fut col. gén. des Italiens de Tuscane (5 août 1552), puis (22 juin 1558-20 juin 1569) de tous les Italiens au service de la France. Il guerroya en Parmesan, Siennois et Corse, de 1551 à 1556. Il ép. Maria Beltrama, veuve de Jacques de Sanseverino-Saponara. Il fut chev. de l'Ordre (20 août 1569) et cap. de gend. (avril 1563-20 mars 1570).

(3) Notice à la comp. Gondi-la Tour.

(4) Amerigo Ferrier, marquis de Bordellan (1er oct. 1560), guid. comp. Somma (2 févr. 1561), chev. de l'Ordre (28 juill. 1572), gent. de la Ch. (31 déc. 1579-2 juill. 1580).

Compagnie GALEAZZO DE SANSEVERINO

(1) Galeazzo de Sanseverino, 6e fils de Robert de Sanseverino et de Jeanne de Correggio, chev. de l'Ordre (19 août 1500), grand écuyer de France (23 sept. 1505), cap. de gend. (19 août 1506-23 juill. 1523), sieur de Mehun-sur-Yèvre (2 juill. 1515), naturalisé (déc. 1517), combattit à Agnadel (1509), la Bicocca (1522), Pavie (1525) où il fut tué. Il avait été amb. en Allemagne. Il ép. Blanche Sforza, puis Constance de Carreto.

(7) Jules de Sanseverino, 7e fils de Robert de Sanseverino et de Jeanne de Correggio, sieur de Cambia, Tornello, Piadena, Spineda, Calvaton, chev. de l'Ordre, mestre de camp, lieut. à la comp. du grand écuyer (7 mars 1506), cap. de gend., marquis de Valenza, ép. Ippolita Pallavicini.

Compagnie VALENZA

(5) Notice à la comp. G. de Sanseverino.

Compagnie GAIAZZO

(1) Jean-François de Sanseverino, comte de Gaiazzo, fils aîné de Robert de Sanseverino et d'Isabelle de Montefeltro, mort le 7 sept. 1502 à Naples. Il ép. Diane de Ratta,

puis Barbe de Gonzague. Il fut cons. d'Etat, chamb. (11 août 1500-1er juin 1501).

(2) Guillaume de Leyre, sieur de Grigny, lieut. comp. Gaiazzo (23 mars 1501).

Compagnie SARREBRUCHE BRAYNE

(1) Amé de Sarrebruche, fils aîné de Robert de Sarrebruche et de Marie d'Amboise, comte de Roucy et de Braine, sieur de Commercy et Montmirail, gouv. d'Ile de France, né le 20 oct. 1495, fut à Marignan, ép. (18 juill. 1520) Renée de la Marck-Montbazon (vivante 5 févr. 1526), cap. de gend. (1521-1523), défendit Ham (1523) et mourut à Paris, le 19 nov. 1525.

(2) Louis, bâtard de Sarrebruche-Roussy, sieur de Sissonne (28 mars 1499), fils naturel de Jean de Sarrebruche, oncle à la mode de Bretagne et tuteur d'Amé de Sarrebruche, servit sous d'Humières, fut lieut. à la comp. de Braine (27 juill. 1523), ép. Jeanne de Blécourt-Béthencourt (morte entre 15 juill. 1531 et 6 nov. 1547), mourut entre le 15 juill. 1531 et le 14 déc. 1539.

Compagnie TAVANNES-LUGNY

(1) Jean de Saulx, vicomte de Tavannes et Lugny, baron de Sully, Igornay, Bazon, la Nivoche, la Marche, Val Saint-Julien, 3e fils du maréchal de Tavannes et de Françoise de la Baume-Montrevel, marié le 10 déc. 1566, chev. de l'Ordre (18 oct. 1576), gent. de la Ch., cap. de gens de pied (31 mars 1597), cap. de gend., gouv. d'Auxonne, (18 nov. 1576-12 août 1578), Toul, (8 sept. 1598), Talant, lieut. gén. en Bourgogne pour la Ligue (11 mai 1592), célèbre ligueur, fort

aimé du duc de Mayenne, fait pris. à Noyon (1591), qu'il voulait secourir, mar. de la Ligue (27 févr. 1592), mar. de camp gén. de la Ligue (11 mai 1592), cons. d'Etat (27 juill. 1606), ép. (14 janv. 1579) Catherine Chabot de Mirebeau (morte en 1587), puis (12 janv. 1595) Gabrielle des Prez-Montpezat (morte entre le 4 déc. 1652 et le 22 mars 1653), Maréchal de France par retenue (12 juin 1595), puis par brevet (14 mars 1616), chev. d'honn. du Parlement de Dijon (4 mars 1566-27 juill. 1606), mar. de camp (31 janv. 1612), cap. de chevau-légers (28 fév. 1619), il testa le 6 oct. 1629. Il a laissé des *Mémoires* sur la vie de son père.

(2) Philibert de Montconys, fils de Jean de Montconys et de Colette de Lugny, chev. de l'Ordre (26 mars 1574), gouv. de Mâcon et Châlon (26 mars 1574), lieut. à la comp. du mar. de Tavannes (oct. 1570-8 avril 1573), puis (janv.-12 juill. 1574), à la comp. Tavannes-Lugny, ép. (6 avril 1547) Anne de Renard-Soyrans. Il mourut avant le 10 mai 1587.

(3) Gabriel le Groing, fils de Pierre le Groing et de Gilberte Guérin, mariés le 19 juill. 1526, sieur de Villebouche, Herculat, les Bouis, les Formes, les Seusses, chev. de l'Ordre (15 mars 1582), cap. de gend., lieut. à la comp. Tavannes-Lugny (22 déc. 1581), cap. de chevau-légers (27 août 1594), gouv. de Boussac (15 août 1590-26 mai 1595), Chantelle (15 juill. 1585), cap. de gens de pied (26 févr. 1581), mineur au 6 oct. 1549, cap. de gens de pied (26 févr. 1581), lieut. gén. en Berry, mort entre le 26 avril 1598 et le 15 nov. 1600, ép (18 août 1563) Jeanne de Bar (vivante le 6 nov. 1614).

(4) Jean de Fussey, sieur de Serrigny, Chornay, Ménessaire, la Motte-Fussey, fils de Charles de Fussey et de Philiberte de Courcelles, mariés le 22 déc. 1532, ens. à la comp. Tavannes (oct. 1568-5 oct. 1572), mort entre le 22 mars 1588 et le 22 nov. 1591, ép. (28 nov. 1554) Françoise de Vaux-Ménessaire (vivante le 1er déc. 1601).

(5) Simon de Chaugy, sieur de Cusy (26 oct. 1554) 3e fils de Louis de Chaugy et de Charlotte de Lantage, mariés le 20 juin 1518, ép. avant le 21 mars 1570 Christine de Moisson, puis (6 avril 1575) Marguerite de La Ferté-Meung (vivante

28 avril 1591). Il fut (28 mai 1569-5 oct. 1572), mar. des log. à la comp. du mar. de Tavannes, puis (17 mars 1576 à celle de Tavannes-Lugny. Il mourut en sept. 1595.

(6) Joachim de la Baume-Estés, sieur de Michery et Ancy le Serveux, Pailly, Bethencourt, Tenantes, Fournau-Lachamp (6 mars 1586) fils aîné d'Etienne de la Baume et de Jeanne d'Avanes, né avant 1557, vivant le 11 juin 1584, ép. (1er mars 1573) Madeleine de Castres (vivante 11 juin 1584).

(7) Louis de Villers, sieur de Villers-la-Faye, Magny, Concœur, Touges, Corbchain, Parnaut, Villeveuve, Vousges, Aloxe, Chavigny, Musigny, Corgoloin, Aisey, Pommart, Chazilly, Collonge, Saint-Sauveur, Courcelles, Missange, Morreault, Chaurrey, fils de Sébastien de Villers et de Barbe de Maillot, né en 1534, décédé entre 17 avril 1601 et 9 janv. 1603, chev. de l'Ordre (30 oct. 1571), guid. oct. 1570-13 juill. 1571) comp. Tavannes, ép. (1570) Françoise de Brancion (décédée entre 13 juin 1594 et 17 avril 1601) veuve de Jean de Lenoncourt, puis Marguerite de Vaulx (vivante 9 janv. 1603).

(8) Jean de Nettancourt, sieur et baron de Vaubecourt, Autrecourt, Wailly, Givrecourt, Paroy, Grange le Comte, Ipécourt et Passavant, fils de Georges de Nettancourt et d'Anne d'Haussonville, mariés le 26 août 1539, gent. du duc de Lorraine (1575), cap. de chevau-légers (22 avril 1586-2 mars 1593), pris. au combat de Vitry (1589), fut au siège de Cambrai (1595), se dist. à Ivry (1590), Aumale (1592), où il fut blessé, Fontaine-Française (1595), fut gouv. de Beaulieu en Argonne (5 févr. 1602), guid. à la comp. de Luxembourg-Brienne (25 nov. 1573-28 févr. 1576), ép. (25 nov. 1573) Ursule d'Haussonville et mourut entre le 22 mars et le 14 mai 1605.

(9) Pierre de Saulx-Ventoux, sieur de Pierrecourt, Gilly, Pernant, fils aîné de Claude de Saulx et de Chrétienne de Vergy, né entre 1549 et 1558 gent. de la Ch., gouv. de Beaune, vivant le 7 janv. 1605, mourut sans postérité.

(10) Antoine le Groing, sieur de la Pouvrière, mineur au 7 sept. 1552, gouv. de Vichy, 1er fils de François le Groing et de Gabrielle du Vernet, vivant le 10 juin 1578, mar. des

log. à la comp. de Tavannes-Lugny (févr. 1575), ép. (1564) Louise de Mussy.

Compagnie GUILLAUME DE TAVANNES

(1) Guillaume de Saulx-Tavannes, fils du mar. de Tavannes et de Françoise de la Baume-Montrevel, mariés le 16 déc. 1546, baron de Vally et Pailley, né en 1551, bailli de Dijon (4 mars 1599), enfant d'honn. de Charles IX, gent. de la Ch. (1572), lieut. gén. en Bourgogne (18 sept. 1570-5 oct. 1579), cap. de gend., fut à la bat. de Jarnac (1569), prit Flavigny, Saint-Jean de Losne, Semur, Montcenis, Saulieu (1588), fut à la bat. d'Ivry, à celle de Fontaine-Française (1595) et mourut en juill. 1637. Il a laissé des *Mémoires*. Il ép. (18 oct. 1576) Catherine de Chabot-Charny (née en 1561, morte le 14 juill. 1609, à 2 h. après-minuit), puis (4 juill. 1620), Jeanne-Baptiste de Pontailler. Il fut chev. du Saint-Esprit (31 déc. 1585).

(2) Claude Palatin de Dyo, baron de Montpeyroux, sieur de Dio, Saint-Beuvry, Vesvre, la Roche en Bernui, Riottier, Venot, lieut. à la comp. du mar. de Tavannes, (3 mai 1572), puis à celle de Guillaume de Saulx-Tavannes (juill. 1570-25 janv. 1574), lieutenant à la comp. du mar. de Retz (14 août 1574-11 sept. 1581), chev. de l'Ordre (9 mars 1571), gent. de la Ch. (2 nov. 1571), 3º fils de Jacques Palatin de Dio et de Jeanne de la Guiche, mariés le 2 sept. 1516, ép. (1ᵉʳ sept. 1555) Péronne de Malain-Lux, veuve de Jean de Rochebaron-Joncy, puis (19 déc. 1583) Catherine d'Eltouf-Pradines (vivante 10 sept. 1590). Il mourut entre le 14 janv. 1587 et le 10 sept. 1590.

(3) Cf. notice à la comp. Jacques de Crussol-Uzès.

(4) Guillaume de Drée, sieur de Gissay, Berre, Remilly, Toisy, Arconcey, Choisy le Désert, baron de Bellevesvre, chev. de l'Ordre (1572), h. d'a. à la comp. de Tavannes (27 mai 1566-

1er janv. 1569), ens. à la comp. de Tavannes (avril 1572-26 janv. 1574), vivant en juin 1586, fils de Philibert de Drée et d'Anne de Saulx, ép. avant 1574, Antoinette de Rochechouart-Chandenier (née le 19 mars 1549, à Cressey, morte le 26 juill. 1576). Il naquit entre 1524 et le 21 août 1545.

(5) Philippe d'Anglure, sieur de Bonnecourt et Guyonvelle, cap. de gend., fils d'Antoine d'Anglure et de Jeanne de Saulx-Vantoux, mariés en 1538, mineur en 1562, guid. à la comp. de Vantoux (juill. 1569-13 août 1570), chev. de l'Ordre, bailli et gouv. de Chaumont en Bassigny (12 janv. 1591-15 mars 1594), ép. Jeanne Foucher de Faverieux, puis Jeanne de Mailly-Villers les Pots, puis Hughette de Senailly. Ligueur célèbre, il battit, en 1590, près de Couches, Georges de Bauffremont-Cruzille.

(6) Jean de Beauvoisin, guid. à la comp. de Guillaume de Tavannes (oct. 1568-17 mars 1576), ens. à la comp. d'Aumont (7 avril 1576-19 sept. 1579).

(7) Robert de Digoine, sieur d'Estrois, h. d'a. (1569), mar. des log. (janv. 1574) à la comp. Guill. de Tavannes.

(8) Alexandre de Hallwin, sieur de Rocheguin, lieut. à la comp. du mar. de Tavannes (3 juin 1572).

(9) C'est probablement Charles de la Bouthière, fils de Léonard de la Bouthière, gent. de la Ch., décédé au 15 janv. 1579, qui ép. (29 août 1574) Catherine de Ferrières.

Compagnie Maréchal TAVANNES

(1) Notice à la comp. d'Assier.

(2) François de la Rivière, lieut. à la comp. Tavannes ~~(20 janv. 1555-30 avril 1556)~~, chev. de l'Ordre, gent. de Ch., 3e fils de François de la Rivière et de Madeleine de Savoisy, mariés le 11 avril 1499, chev. de Malte (18 juin 1533), vicomte de Tonnerre, Quincy, sieur de Corvol, Saint-Martin,

Ancy le Bourg, Colmery, fut au siège de Rhodes (1521), éc. d'éc. du roi, gouv. de Verdun, puis de Bourg en Bresse, où il mourut en 1558.

(3) François de Coustin, fils de Jean de Coustin et de Béraude de Jaucourt-Villarnoul, mariés le 7 août 1517, dit de *Bourzolles*, vicomte de Bonrepos, sieur de Gains, Dampnac, Bourzolles, la Philippie, né en 1522 ou 1523, en tout cas, avant le 31 janv. 1525, mort à 41 ans, entre le 22 juin 1563 et le 6 mai 1564, chev. de l'Ordre, gent. de la Ch., gouv. de Toul et Verdun, ép. (26 avril 1554) Marguerite de Pierrebuf-flère-Châteauneuf (vivante le 5 nov. 1606).

(4) Notice à la comp. Saulx-Ventoux.

(5) Notice à la comp. Tavannes-Lugny.

(6) Notice à la comp. Retz.

(8) Aimar de Seissel, sieur de Bourdeaux et Saint-Cassin, guid. à la comp. Tavannes (14 août 1554), 2e fils de Jean de Seyssel et d'Antoinette de Clermont-Vaulserre, ép. Marie de Saint-Point.

(9) Philippe de Trestondans, sieur de Genevrières, gent. de la maison du roi, ens. à la comp. Tavannes (oct. 1560-25 janv. 1569), gouv. de Dijon ,(1572), mort en 1573, fils de Guillaume de Trestondans et de Jeanne de Vouhet, ép. (9 oct. 1554) Antoinette des Loges (morte en 1587).

(10) Joachim de Malain, baron de Lux, ens. à la comp. de Tavannes (29 oct. 1567-1er janv. 1570), fils de Henri de Malain-Lux et de Diane-Marguerite de Rye, mariés le 10 déc. 1526, chev. de l'Ordre, cap. de gend., lieut. gén. en Bourgogne, ép. (1er mai 1556) Marguerite de Saint-Priest-Epinac (née en 1539).

(11) Notice à la comp. Tavannes-Lugny.

(12) Notice à la comp. Guill. de Tavannes.

(13) Octavien de Monestay, sieur des Forges, la Grellière, Graveron, Fontenilles, fils d'Eustache de Monestay et de Marguerite d'Arsan, mariés le 19 juin 1514, h. d'a. à la comp.

du grand écuyer de France (18 juin 1544), se dist. à Cérisoles (11 avril 1544), fut nommé, en récompense, cap. de gens de pied (18 juin-31 juill. 1544), gouv. de Néris, Verneuil, Villebret (30 mai 1547-4 avril 1554), guid. à la comp. Tavannes (24 juill. 1550-6 mai 1552), fut tué à la bat. de Renty (13 août 1554). Il ép. (16 nov. 1550) Jeanne de Mauvoisin (vivante le 6 mai 1570).

(16) Jean Audier, sieur de Védignac, la Tour, Guerchy, Narcy, le Mas, (16 mai 1588), décédé au 27 mai 1601, né en 1516, ép. (avant 2 sep. 1570) Madeleine de Marafin (décédée sept. 1582), chamb. (16 janv. 1583), puis Jeanne Genest (vivante 18 avril 1586). Il fut mar. des log. [(31 mai 1565-2 juin 1567) à la comp. du duc d'Alençon.

(17) Notice à la comp. Jean de Saulx.

(19) Joachim Thomas, sieur de Beauregard (4 juill. 1567), ép. Apolline de Saint-Agnan (vivante 4 juill. 1567), mar. des log. comp. Tavannes (8 avril 1556).

(20) Notice à la comp. Tavannes-Lugny.

(21) Notice à la comp. Guill. de Saulx.

Compagnie SAULX-VENTOUX

(1) Claude de Saulx, sieur de Ventoux, Gilly, Pierrecourt, Torpes, fils aîné de Henri de Saulx et de Marie de Quingey, né avant le 16 juill. 1524, chev. de l'Ordre, gouv. d'Auxonne, lieut. gén. en Bourgogne (1563-26 déc. 1570), cap. de gend. (1568-1569), né avant le 16 avril 1524, gent. de la Ch., gouv. de Beaune (1562-10 sept. 1566), guid. (13 mai-28 oct. 1561), lieut. (juill. 1564-5 juin 1567) à la comp. de Tavannes, député aux Etats-Généraux (1560), mourut le 1er déc. 1571, à Pontailler. Il ép. (20 juin 1544), Christine de Vergy (morte en sept. 1566, à Champlitte), veuve de Guillaume de Vienne.

(2) Antoine de Semur, sieur de Trémont, Sancenay, Seroy,

Rouy, Fleurie, Mandelin, Bois Saint-Père, 2e fils de Claude de Semur et de Françoise de Belletruche, mariés le 27 févr. 1508, né en 1520, chev. de l'Ordre, h. d'a. (4 juin 1543-13 oct. 1548) à la comp. de Jean d'Albon, puis (1550-29 juill. 1554) à celle du mar. de Saint-André, dont il commandait les arquebusiers de renfort (25 avril 1554), gouv. de Mâcon (25 août 1571), mort entre le 6 mai 1577 et le 1er avril 1589, ép. (10 oct. 1541) Jacqueline de Sercy (vivante le 29 janv. 1542).

(3) Simon de Saulx, sieur de Saint-Thibault, 3e fils de Henri de Saulx et de Marie de Quingey, né avant le 16 sept. 1525, sieur de Saint-Thibault, Ventoux, Torpes, Montbaillon, Saint-Seine-sur-Vingeanne, Fontenelle, Bierry, Chaudenay, Leulley, Sainte-Sabine. Montormentier, chev. de l'Ordre, gouv. d'Auxonne (25 juill. 1573), mourut avant le 18 févr. 1588.

(4) Jean de Damas, baron de Chaudenay, sieur de Saint-Rirand, Saint-Bonnet, Meuilley, Marey, Villers la Faye (10 mai 1603), guid. à la comp. de Ventoux (3 déc. 1568-14 mai 1569), puis à la comp. de Giry (25 févr. 1569-2 mars 1571), chev. de l'Ordre (1570), gent. de la Ch., (1577-14 janv. 1579), gouv. de Beaune (17 mai 1585), ép. Madeleine de Saulx-Ventoux, puis (29 oct. 1582) Claudine d'Anglure. Il était fils aîné de Jean de Damas et de Marie de Villers-la-Faye, mariés le 17 mars 1529.

(5) Guy de Saint-Julien, sieur de Balleure, Chastenay, Barbières, 4e fils de Claude Saint-Julien et de Jeanne de Lantage, mariés le 18 oct. 1517, ép. (20 juill. 1561) Jeanne de Saint-Clément, testa le 31 janv. 1588. Il était frère de l'historien Pierre de Saint-Julien de Balleure. Il mourut le 20 juill. 1588.

Compagnie Prince DE PIÉMONT

(1) Charles-Emmanuel de Savoie, duc de Savoie, Chablais, Aoste, Genevois, prince de Piémont, Achaie, Morée, Oneglia, marquis de Suze, Italie, Saluces, comte d'Asti, Genève, Nice, Bresse, Tende, Romont, baron de Vaud et Gex, sieur de

Vercell, Bugey, Fribourg, Marro, Prela, marquis de Ceva, comte de Coconato, prince du Saint-Empire, roi de Chypre, surnommé le *Grand*, fils d'Emmanuel-Philibert de Savoie et de Marguerite de France, né le 12 janv. le (11 janv.. à 11 h. 44 du matin, selon Giuntini), à Rivoli en Piémont, baptisé le 9 mars 1567, mort à Savigliano, le 26 juill. 1630. Il ép. (11 mars 1585) Catherine-Michelle d'Autriche (morte le 6 nov. 1597). Chev. de l'Ordre (17 janv. 1575).

(2) Ubertin de Solier, comte de Morette, enfant d'honn. de Henri II (1550), chev. de l'Ordre (1562), fils de François du Solier, chargé d'une mission en Espagne.

(3) César de Birague, commandeur de Malte (1569), ens. à la comp. du prince de Piémont (1565-10 mars 1571), lieut. (avril 1572-1587) à la même comp., chev. de l'Ordre (11 sept. 1568), lieut. gén. à Salucces (24 sept. 1579), gent. de la Ch., col. gén. des Italiens (1570-1584), fils aîné de Jérôme de Birague et de Marguerite de la Tour-Torsagne.

(4) Fozaro de Scalengue, guid., puis (avril-24 nov. 1572) ens. à la comp. pr. de Piémont.

(5) Nicolas Henry, comte d'Altessan et Crémieu, fils de Guyot Henry et de Pernette Faure, bailli de Melfi, cousin-germain de l'échevin lyonnais Guillaume Henry, mourut avant le 26 oct. 1579. Il ép. Violante de Savoie-Raconis.

(6) Philibert de Savoie-Raconis, fils de Philippe de Savoie-Raconis et de Paola Costa de Bene, ép. Ottavia Solara de Macello-Morette et mourut, en 1585, en Aragon.

(8) Alessandro Porporati, guid. (oct. 1568-10 mars 1571) comp. pr. Piémont.

(9) Manfred Solero d'Ozasco, de Morette, guid. à la comp. du prince de Piémont, malade (17 sept. 1577), reprit son service, le 31 oct. 1577.

(11) Notice à la comp. de Termes.

(12) Hector Gastaldo, sieur de Pérouse, mar. des log. comp. prince de Piémont (25 août 1574).

Compagnie duc DE SAVOIE

(1) Emmanuel-Philibert, duc de Savoie, Chablais, Genevois, Aoste, prince de Piémont, Achaie, Morée, Oneglia, comte d'Asti, Genève, Nice, Bresse, Tende, Romont, baron de Vaud et Gex, sieur de Verceil, Bugey, Fribourg, Marro, Prela, prince du Saint-Empire, marquis de Suze et Ceva, roi de Chypre, surnommé *Tête de fer*, 3e fils de Charles de Savoie et de Béatrix de Portugal, né à Chambéry, le 8 juill. 1528, baptisé le 19 oct., d'abord abbé d'Hautecombe, élevé par Louis Alardet, évêque de Lausanne, Louis de Chastillon-Musinens, grand écuyer de Savoie, Jean-Baptiste de Provana-Leyni, évêque de Nice et surtout Aymon de Genève, baron de Lullin. Chev. de la Toison d'Or (1546), il combattit à Nordlingen (1546) et Muhlberg (13 avril 1547), échoua sur San-Damiano (1552), prit Bra, Saluzzo, Dronero, échoua sur Bra (1552), fut au siège de Metz (1552), prit Hesdin (1553), fut battu par le mar. de Saint-André à Doullens (1553). Duc de Savoie (19 sept. 1553), il fut au combat de Renty (1554), construisit Hesdin-Fert, prit Auchy, brûla Douriez, Machy, Maintenay, Dampierre, Saint-Riquier (1554), pilla Vervins (1557), battit Montmorency à Saint-Quentin (1557), prit Saint-Quentin, le Catelet, Ham, Noyon, Chauny, Ribemont (1557). Il ép. (9 juill. 1559) Marguerite de France (née le 5 juin 1523 à Saint-Germain en Laye, morte le 14 sept. 1574, à Turin), sœur de Henri II. Il mourut le 30 août 1580. Il était cap. de gend. dès le 10 janv. 1561.

(2) Jean de Seyssel, marquis de la Chambre, prince d'Orange, baron des Cuynes, des Bilhes, Villars, Urtières, la Rochette, Chamoux, Mortagne, Montaymon, Pontamafrey, Chateauneuf, Pons, Apvrieu, Aypierre, Saint-Remy, comte de Luille, vicomte de Maurienne, baron de la Ferté-Chauderon, chev. de l'Annonciade, cap. de gend. (15 juin 1567), chev. de l'Ordre (14 sept. 1564), né avant le 9 août 1524, fils de Jean de Seyssel-la Chambre et de Barbe d'Amboise-Aubijoux, ép. (16 déc. 1546) Aimée de la Baume-la Ferté (vivante le 18 déc. 1574), fut lieut. à la comp. du duc de Savoie (juillet 1564-6 févr. 1574) et testa le 1er février 1582.

(3) Philibert de la Forest, baron de la Bastie-l'Albanais, sieur de Cuchet, Verel, Dullin, fils de Guillaume de la Forest et d'Hughette de Rougemont, mariés le 3 avril 1496, sieur du Crest, ens. (avril 1561) à la comp. du duc de Savoie, ép. (5 avril 1553) Madeleine Fléhard (vivante 7 mai 1582) et mourut entre le 26 mai 1568 et 1579.

(4) Bertrand d'Albon, sieur de Saint-Forgeux, Avauges, Curis, Nuelles, Vindry, 5ᵉ fils de Guillaume d'Albon et de Gabrielle de Saint-Priest-Saint Chamond, mariés le 31 août 1505, chanoine de Lyon (1545), gent. de la Ch., chev. de l'Ordre (1 mai 1569), guidon à la comp. du duc de Savoie (5 janv. 1560-22 oct. 1570), ens., cap. de gens de pied, ép. (2 nov. 1572) Antoinette de Galles, testa 2 avril 1599 et mourut entre 14 août 1593 et 22 déc. 1594. Il fut catholique et royaliste.

(5) Georges de Feillens, sieur de Feillens, la Fougère, Bran, Chassey, 3ᵉ fils d'Amé de Feillens et de Claudine de la Touvière, mariés le 13 juin 1509, mar. des log. (1ᵉʳ juin 1560-5 juin 1567), puis guid. (27 févr. 1568) à la comp. du duc de Savoie, ép. (29 déc. 1551) Antoinette de Disimieu, veuve de N. d'Hières, puis Françoise de Chacipol (vivante 23 mai 1568), veuve de Georges de Loriol, et mourut le 24 mai 1568.

(6) Claude de la Chambre, baron de Ruffey, Montfort, Ormoy, Beaumont, Branges, fils de Philibert de la Chambre et de Anne de Lugny, ép. (24 mai 1575) Marguerite de la Rivière-Champlemy (vivante le 27 janv. 1581). Il fut chev. de l'Ordre (7 mai 1572), guid. à la comp. du duc de Savoie (oct. 1567-29 nov. 1572).

(7) Aimé de Gerbais, sieur de Sonnaz, Méral, baron d'Aiguebelle, l'Annonciade, fils de Donat de Gerbais et de Marie-Louise d'Arvillard, né avant 1503, mar. des log. à la comp. du duc de Savoie, cons. d'Etat de Savoie, gouv. de Rumilly et l'Annonciade, testa le 11 juin 1590 et fut tué à la bat. de Monthoux (1591). Il ép. avant le 29 nov. 1571, Claudine de Belly, puis Gasparde Franco (vivante 7 mai 1624).

Compagnie RENÉ DE SAVOIE

(1) René de Savoie, fils naturel de Philippe II de Savoie et de Libera Portenari, vivant en 1478, légitimé (12 sept. 1499), lieut. gén. en Savoie et gouv. de Nice (1499-1502), comte de Villars, Tende, Sommariva, Beaufort en Anjou, baron de Précigny, sieur d'Aspremont, Limon, Vernant, Villeneuve, Antibes, Saint-Julien, Cagnes, Marro, Prela, Lezenasco, Torria, Verrua, Aurigo, Arvières, Gordans, Virieu-le-Grand, la Bastie, Cipières, chev. de l'Ordre, entra au service de la France en juin 1502, fut gouv. et sénéchal de Provence (1515-1524), grand-maître de France (1519), combattit à Marignan (1515), la Bicoque (1522), soumit le Bourbonnais, fut blessé et pris à Pavie et mourut, le 31 mars 1525, de ses blessures. Il ép. (28 janv. 1502) Anne de Lascaris (née en nov. 1487, testa le 10 juill. 1554, veuve de Louis de Clermont-Lodève, et fut (1521) ambass. en Suisse. (Cf. sur lui, l'excellent livre de M. de Panisse-Paris : *Les comtes de Tende de la maison de Savoie*, pp. 1-40).

(2) Notice à la comp. du duc d'Alençon.

(3) Notice à la comp. du mar. de Fleuranges.

Compagnie PRINCE DE GENEVOIS

(1) Charles-Emmanuel de Savoie, duc de Nemours, prince de Genevois, fils aîné de Jacques de Savoie et d'Anne d'Este, né à Nanteuil, en février 1567, baptisé le 8 juin 1568, vécut d'abord en Savoie, où son père s'était retiré. Chev. de l'Annonciade (1585), il passa en France après 1585, fut gouv. de Lyonnais, Forez, Beaujolais (déc. 1588). Ligueur, arrêté à Blois après la mort de son demi-frère, le duc de Guise, il s'échappa, combattit à Arques, Ivry, au siège de Paris (1590), prit Vienne (1592), Saint-Marcellin, les Echelles. Arrêté par d'Epinac, enfermé à Pierre-Encise (1593), il s'en échappa (1594) et mourut en juill. 1595, à Annecy, après avoir été battu à Givors (1594) par Peyraut et Montoison.

(2) Notice à la comp. Ornesan-Auradé.

(3) Notice à la comp. Nemours.

(4) Notice à la comp. Nemours.

(5) Michel de Pontault, 1er fils de Bernard de Pontault et de Gabrielle de Montesquiou-Salles, marié le 14 mai 1525, guid. (juill. 1569), ens. (4 août 1569-31 juill. 1570) à la comp. du prince de Genevois, testa le 18 juill. 1577, ép. (27 déc. 1562) Françoise de Châteauverdun.

(6) Notice comp. Ornesan-Auradé.

(7) Notice comp. Nemours.

(8) Notice comp. Ornesan-Auradé.

(12) François du Boutet, sieur de Sansy, 2e fils de Jean du Boutet et de Philiberte de Barges, marié le 10 sept. 1511, h. d'a. à la comp. Nemours, h. d'a. à la comp. prince de Genevois, h. d'a. à la comp. du duc de Lorraine, vivant le 9 janv. 1568, ép. Jeanne de Courtaut.

(13) Laurent Pascal, sieur de Vallentin.

Compagnie NEMOURS

(1) Jacques de Savoie, duc de Nemours, comte de Genevois, marquis de Saint-Sorlin, baron de Faucigny, Beaufort, sieur de Pocin, Cerdon, Verneuil, Anet, fils aîné de Philippe de Savoie et de Charlotte d'Orléans, né à Vauluisant, le 12 oct. 1531, à 5 h. du soir, cap. de chevau-légers (1551), fut au voyage d'Austrasie (1552), au siège de Metz (1552), aux combats de Doullens (1553), Renty (1554), à l'expéd. d'Italie (1556), aux sièges de Lanzo (1551, Volpiano (1555), aux combats de Givet et Germigny (1555), aux sièges de Thionville (1558), Bourges (1562). Colonel gén. de la cavalerie légère (24 nov. 1558), il aida à réprimer le tumulte d'Amboise (1560). Lieut. gén. en Dauphiné, Provence, Languedoc, Bourgogne, Lyonnais (5 déc. 1561), il assiégea Lyon, prit

Vienne, battit des Adrets à la Recluserie et à Beaurepaire (fin 1562), échoua trois fois sur Lyon. Gouv. de Lyonnais (27 déc. 1562-janv. 1571), il fut à l'affaire de Meaux et à la bat. de Saint-Denis (1567). Lieut. gén. en Champagne, Brie, Bourgogne, Messin, Lorraine (30 août 1568), il fut au combat de la Roche-Abeille (25 juin 1569), et se retira, dès 1571, en Savoie. Il mourut, le 15 juin 1585, à Annecy. Il avait ép. (29 avril 1566) Anne d'Este (morte le 17 mai 1607), veuve de François de Lorraine, duc de Guise. Prince lettré, parlant l'espagnol, l'italien, le latin, mathématicien, aimant les arts, un peu médecin, habile aux exercices du corps, brillant, spirituel. Sa devise était la même que celle de son ami le maréchal de Saint-André : *Nodus virtute resolvo*. Il eut, de Françoise de Rohan, qu'il avait séduite, un fils, le duc de Loudun.

(2) Notice à la comp. roi de Navarre.

(3) François de Navailles, fils aîné de Tristan de Navailles et de Jeanne de la Salle, mariés le 26 mars 1521, lieut. à la comp. du duc de Nemours (janv.-28 avril 1556), fut à l'expédition d'Italie (1556-1557) et mourut, sans alliance, entre sept. 1557 et 31 mars 1558.

(4) Notice à la comp. d'Andelot.

(5) Antoine de Lestang, sieur de Moras, Lens, Lentiol, député aux Etats de Blois (1576), fils d'Antoine de Lestang et d'Hélène de Montchenu, mariés le 28 sept. 1507, h. d'armes (9 juin 1544), puis guid. à la comp. Maugiron (10 oct. 1548), puis à la comp. Clermont (26 févr. 1556-9 mars 1563), lieut. à la comp. Gordes (5 juin 1566-28 mai 1570), lieut. à la comp. Nemours (15 août 1570-24 sept. 1581), chev. de l'Ordre (2 mai 1570), gent. de la Ch. (5 mars-2 juill. 1586), vivant au 20 mars 1535, cons. d'Etat, cap. de gend., mar. de camp (11 juin 1587), ép. (2 janv. 1579) Marguerite de Sainte-Colombe, veuve de René de Bron. Il vivait encore le 22 oct. 1587.

(6) Notice à la comp. du duc d'Anjou.

(7) Benedetto Balantano, lieut. (11 mars 1572) à la comp. du prince de Genevois.

(8) Balthazar de Combourcier, fils de Guignes de Combourcier et de Catherine-Marie du Terrail, sieur de Monestier,

ens. comp. Nemours (juill. 1569), chev. de l'Ordre (31 juill. 1570), gent. de la Ch. (18 sept. 1575), lieut. à la comp. du duc de Nemours, lieut. à la comp. du prince de Genevois (18 sept. 1575-12 oct. 1581), cap. de chevau-légers (29 mai-30 juill. 1575), testa le 14 mai 1583, ép. Louise de Saint Marcel d'Avanson.

(9) Vital Izarn, sieur de Fraissinet, Cornac, Servières, Gaillac, Golinhac, Nayrac, Pruignes, fils d'Antoine Izarn de Fraissinet et de Gabrielle d'Hérail, mariés le 25 janv. 1532 h. d'a. (9 mars 1563-1569) à la comp. de Nemours, gouv. de Rodez (4 nov. 1584), chev. de l'Ordre (6 oct. 1576), ép. (20 janv. 1565) Jeanne de Thézan-Pujols (vivante 30 sept. 1604).
Il fut guid. (11 mars 1572), ens. (oct. 1576-18 août 1589) à la comp. Nemours. Décédé au 30 sept. 1604.

(10) Louis de Bueil, guid. à la comp. de Nemours (janv. 1556), probablement Louis de Bueil, fils naturel de Louis de Bueil-Sancerre, qui paraît aussi avoir été (24 juill. 1560) lieut. à la comp. de Longueville. Légitimé en 1540, il fut tué à Orléans, en 1560.

(11) Cf. notice à la comp. de Marconnay-Montaré.

(12) Renaud de Badet, mar. des log. (juill. 1559-8 mai 1569), guid. (juill. 1569) à la comp. de Nemours.

(13) Louis de Bressieux, sieur de Beaucroissant, guid. à la comp. de Nemours (20 oct. 1575), lieut. à la comp. du marquis de Saint-Sorlin (avril 1591-2 juill. 1592).

(14) Gaspard de Montpezat, mar. des log. comp. Nemours (4 nov. 1556).

(15) Guy de la Landelle, h. d'a. comp. Nemours (1er déc. 1581), mar. des log. (oct. 1570-14 oct. 1575).

Compagnie DE TENDE-SOMMARIVA

(1) Claude de Savoie, comte de Tende, Sommariva, Cipières, Beaufort, Marro, Prela, fils aîné de René de Savoie et d'Anne

Lascaris, né le 27 mars 1507, mort à Caderache, le 23 avril 1566, à 3 h. de l'après-midi, gouv. de Provence (31 mars 1525-23 avril 1566), gent. de la Ch. (1520), chev. de l'Ordre, (1532), grand sén. de Provence (1520), chamb., général des Suisses, amiral des mers du Levant, fait pris. à Pavie, prépara la campagne de Provence (1536), fut au siège de Perpignan (1542), ép. (10 mai 1531) Marie de Chabannes (née en 1515, morte le 24 nov. 1538), puis (19 août 1539) Françoise de Foix (qui testa le 11 févr. 1594). (Cf. de Panisse-Paris : *Les comtes de Tende*, pp. 53-115).

(2) Honorat de Savoie, comte de Tende et de Sommariva, gouv. de Provence (1566-1572), fils aîné de Claude de Savoie et de Marie de Chabannes, né à Marseille, en oct. 1538, (baptisé le 30), chev. de l'Ordre, gouv. et grand sén. de Provence (1566), sieur de Marro, Prela, Villeneuve, Menton, mourut le 11 oct. 1572, à Avignon. En 1562, il prit Orange et Sisteron, et fut battu à Saint-Gilles. Il ép. (mars 1558) Claire Strozzi (morte à Paris en déc. 1567), puis (1er janv. 1572) Marguerite de la Tour-Turenne (née le 25 août 1556, testa le 11 juin 1580). (Cf. de Panisse-Paris : *Les comtes de Tende*, pp. 117-136). Il échoua, en 1567, sur Sisteron, prit Tulette, Mornas, Bagnols, Loudun, battit les Huguenots à Montfrin, fut à la bat. de Jarnac (1569). Il était cap. de gend. dès le 12 nov. 1565.

(4) Jacques de Beaumaître, sieur d'Escorpin, Tucheval, la Ferrette, la Muette, Basmeville (25 mai 1516-19 nov. 1538), ens. à la comp. Tende (juill. 1536-31 oct. 1537), chev. de l'Ordre, mort avant le 4 juin 1544, cap. bandes françaises de Provence (20 juin 1536), fils de Jean de Beaumaître et de Marie de Pilliers, mariés le 20 mai 1487, ép. (5 mai 1516) Marie d'Allonville-Oisonville (morte entre le 14 déc. 1535 et le 26 mai 1542).

(5) Cf. notice à la comp. René de Batarnay.

(6) Guid. (oct. 1537-4 avril 1542), lieut. (avril 1548-8 nov. 1551) comp. Tende-Pierre Guitart, sieur de Taurines, ép. Anne de la Grave.

(7) Cf. notice à la comp. de Montdragon.

(8) Thomas de Saint-Félix, sieur de Saussan, 3ᵉ fils de Secondin de Saint-Félix et de Louise de Neufchâtel, né avant le 26 oct. 1502, ens. à la comp. de Tende (18 mai 1544-20 oct. 1548), ép. avant le 6 mars 1544, Dauphine de Villeneuve et testa, le 28 nov. 1567.

(9) Cf. notice à la comp. du mar. de Montmorency.

(10) Louis d'Urre, dit de Cornillan-Oncieu, sieur de Puy-Saint-Martin, Aiguebonne, Alex, Marsanne, Boulieu, Saint-Maurice, Portes, Pont-de-Barret, la Motte-Chalançon, fils de Claude d'Urre et de Gabrielle Adhémar de Grignan, mariés le 12 sept. 1506, gouv. de Chateau-Dauphin (1ᵉʳ avril 1574) et Crest (1585), chev. de l'Ordre (14 nov. 1576), guid. (avril-6 août 1547), puis (août 1560-2 nov. 1565) ens. à la comp. de Tende, fu' à la bat. de Saint-Gilles (1562) et ép. (27 juin 1548) Antoinette de la Baume-Suze, puis (14 nov. 1576) Geneviève de Laire. Il vivait le 11 juill. 1594 et mourut en 1595. Il était né avant le 19 févr. 1538.

(11) Notice à la comp. Carces.

(14) Guid. dès janv. 1538. Guyon Guitart, sieur de Taurines, fils de Pierre Guitard et d'Anne de la Grave, ép. N. du Buisson.

(16) Jacques d'Urfé, sieur d'Urfé, la Bastie, Saint-Just, baron d'Entragues, chev. de l'Ordre, fils aîné de Claude d'Urfé et de Jeanne de Balsac, mariés le 29 août 1512, lieut. gén. et bailli de Forez (23 déc. 1559-14 mai 1572), guid. (oct. 1564-19 juin 1566) à la comp. Sommariva, chamb. du Dauphin, cons. d'Etat, chambellan (2 oct. 1567), gent. de la Ch. (2 oct. 1560). Né le 9 mai 1534, à la Bastie, il ép. (23 mai 1554) Renée de Savoie-Tende (vivante 12 mai 1587), fut cap. de gend. (2 oct. 1567) et mourut le 23 oct. 1574. Il fut père d'Honoré d'Urfé.

(17) Claude d'Urfé, sieur d'Entragues et Gregnieu, 2ᵉ fils de Claude d'Urfé et de Jeanne de Balsac, né le 24 oct. 1536, à Urfé, chev. de l'Ordre (10 avril 1569), guid. à la comp. Tende (10 avril 1569), vivant le 11 sept. 1579, gent. de la Ch., vice-lieut. gén. en Forez, ép. (25 avril 1593) Françoise de Sugny (testa 10 déc. 1601), veuve de Claude d'Albon-Chazeul.

(18) Nicolas du Peloux, sieur du Peloux, la Pelouze, baron d'Annonay, la Motte-sur-Galaure, Gordans, Mareland, chev. de l'Ordre, gouv. du Haut-Vivarais (24 août 1573), fils de François du Peloux et de Claude de Lucinge, mariés le 3 mai 1542, chev. de l'Ordre, gent. de la Ch., gouv. et bailli d'Annonay (11 févr. 1566-20 nov. 1585), échanson du roi, gent. de la maison du roi (19 déc. 1565), mort le 24 janv. 1601, guid. (1569), puis (1571) lieut. à la comp. de Tende, mestre de camp de la cavalerie légère de France, ép. (11 févr. 1566) Anne d'Urre (qui testa le 3 avril 1584), puis (1587) Françoise d'Yseran, puis (1596) Catherine du Puy (vivante en 1605).

(20) Mar. des log. comp. Tende (18 août 1559).

Compagnie VILLARS

(1) Honorat de Savoie, marquis de Villars, comte de Tende et Sommariva, baron de Précigny, sieur de Loges, Marro, Prela, Ferrières-Larçon, 2ᵉ fils de René de Savoie et d'Anne Lascaris, né entre le 4 juin 1511 et le 10 mai 1524, gent. de la Ch. (1533), pris au ravitaillement de Thérouanne (1536), cons. d'Etat (4 nov. 1569). Lieut. gén. en Languedoc (5 août 1547-mars 1561), il reçut Philippe II à Aigues-Mortes (1548), fut chev. de l'Ordre (1549), fit la campagne de Hainaut (1552), fut amb. auprès de Maurice de Saxe (1552), fait pris. à la défense de Hesdin (1553), blessé à Saint-Quentin (1557), fut au voyage de Bayonne (1565), à l'assemblée de Moulins, aux bat. de Saint-Denis, Jarnac, Moncontour, où il sauva le duc d'Anjou. En oct.-nov. 1560, il avait pacifié le Languedoc soulevé et avait été fait marquis de Villars (13 juin 1563). Amiral (28 sept. 1569-28 avril 1578), lieut. gén. en Guyenne (3 sept. 1570), mar. de France (30 nov. 1571), il commanda une armée en Guyenne (1572), prit Terride, Flaugnac, Malause, Belleperche, Saint-Geniés, échoua sur Caussade et Verfeuille, en 1573. Il ne put gagner Montauban par persuasion. En 1574, il assista à l'assemblée des Etats de Languedoc. Amb. en Savoie, il ép. Jeanne de Foix

(morte le 30 mai 1512, à Pressigny), et mourut, le 20 sept. 1580, à Pressigny. (Cf. sur lui : de Panisse-Paris, o. c., pp. 137-177). Il fut chev. du Saint-Esprit (31 déc. 1578).

(2) Cf. notice à la comp. la Baume-Montrevel.

(3) Jean de Guévant, fils de Méru de Guévant et de Marguerite de Rouy, fait pris. à Hesdin (1553), ens. à la comp. de Villars (avril 1557), sieur de Saint-Cyran, Jacebot, Brossin, Tancheux, chev. de l'Ordre (5 juill. 1569), lieut. à la comp. Villars (oct. 1568), ép. avant le 1er janv. 1566 Anne de Clermont (morte à Plombières, le 18 août 1577), veuve de René de Beauvillier-Saint-Aignan.

(4) Jean de Levesou-Luxanson-Vesins, 2e fils de Jean de Vesins et de Jeanne de Balaguier-Montsallès, marié le 30 août 1518, né en janv. 1525, baron de Seneuil, sieur de Rhodier-Combiac, Laganac, Bussac, Nogaret, Charry, Guérancières, bailli, sén. (13 mars 1577-30 oct. 1578) et gouv. de Quercy, chev. de l'Ordre (25 oct. 1569), mar. des log., guid. (23 mars 1565), ens. (6 juill. 1569-5 sept. 1572), lieut. à la comp. Villars, cap. de gend. (28 oct. 1578-12 avril 1581), gent. de la Ch., gouv. de Cahors, qu'il défend contre Henri IV et où il fut blessé. Il ép. Marguerite Le Prestre de Bapt, puis (28 févr. 1575) Péronne de Nogaret-Charry. Il mourut à la fin de 1581.

(5) Jean-Antoine de Roquefeuil, 2e fils de Charles de Roquefeuil et de Blanche de Lettes-Montpezat, mariés en 1519, ens. (janv. 1551) comp. Villars, blessé à mort au siège de Metz (1er déc. 1552), mourut le 8 déc. 1552, sans postérité.

(6) Charles de Chaugy, sieur de Chissé, Châtel-Fromage, Villiers, la Varenne, Villecuit, Pillouer, fils ainé de Guillaume de Chaugy et de Françoise d'Azay, mineur au 20 juin 1536, guid. (2 juill. 1571), ens. (mai 1572) à la comp. Villars, vivant le 5 août 1594, ép. (1er mai 1557) Isabeau de Pillouer.

(8) Cf. notice à la comp. Edme de Prie.

(9) Cf. notice comp. la Châtre-Bésigny. C'est bien *Claude*. Ses quittances à la comp. Villars sont signées nettement : *Claude*, quoiqu'intitulées *Charles*.

Compagnie VIEILLEVILLE

(1) François de Scépeaux, fils de René de Scépeaux et de Marguerite de la Jaille, né vers 1511, page de Louise de Savoie, fit campagne, en 1527, sous Lautrec. Panetier de Louise de Savoie (1531-1532), il ép., vers 1532, Renée le Roux de la Roche des Aubiers. Il fit, en 1543, la campagne de Provence, sous d'Enghien. Il fut à Cérisoles (1544). Ambassadeur en Angleterre (1547), lieut. à la comp. de son intime ami, le mar. de Saint-André (9 janv. 1548-27 avril 1550), gent. de la Ch. (27 avril 1550). Lors de la révolte de Bordeaux, il occupa Saintes avec cette compagnie. Il accompagna Saint-André en Angleterre (1551), fit la camp. de 1552, et prit le château de Lunes. Mar. de camp (24 juin 1552), il fit camp. autour de Verdun, à la fin de 1552. Cap. de gend. (21 mars 1554), chev. de l'Ordre (29 sept. 1555), il investit Thionville (1558), fut (mai 1559) ambass. en Angleterre, puis (1561) en Allemagne, fut employé dans les négociations entre Condé et Catherine de Médicis (1562), fut encore envoyé en Angleterre (1562), fut au siège de Paris (1562). Mar. de France (21 déc. 1562), il prit Tancarville (17 janv. 1563), pacifia le Lyonnais, le Dauphiné, la Provence (1563-1564), le Comtat, le Haut-Languedoc. Ambass. en Suisse (1564), il pacifia l'Anjou, le Maine, la Touraine (1565-1567). Comte de Durtal (1564), baron de Mathefelon, sieur de Lézigné, la Vaisousière, la Bouère, la Bérardière, Saint-Michel-du-Bois, il assista au siège de Saint-Jean-d'Angély et mourut subitement, à Durtal, le 30 nov. 1571. Son secrétaire, Carloix, a écrit des *Mémoires* sur sa vie. Il fut enterré à Notre-Dame de Durtal. (Cf. sur lui le livre de M. l'abbé Marchand : *Le Maréchal de Vieilleville*. Paris. 1893, excellent ouvrage, bien supérieur à celui du même auteur sur le mar. de Brissac).

(2) Notice comp. Jean d'Humières.

(3) François de Senecterre, fils ainé de Nectaire de Senecterre et de Marguerite d'Estampes, marié le 2 juill. 1522, sieur de Senecterre et de la Ferté-Nabert, la Grolière, le Valbeleix, gent. de la Ch. et cap. chevau-légers (18 mars 1545-

30 janv. 1555), fut aux sièges de Perpignan (1542), à celui de Saint-Dizier (1544), fit la campagne de Boulogne (1544), expéd. d'Annebaut (1545), en Angleterre, celle d'Ecosse (1548), accompagna Saint-André en Angleterre (1551), fut au siège de Metz (1552), fit campagne en Piémont (1552), fut au combat de Doullens (1553) pris. (11 nov. 1553) dans une escarmouche, il fut au ravitaillement de Mariembourg (1554), bat. de Renty (1554), combat de Givet (1555), lieut. à la comp. de Vieilleville, lieut. gén. à Metz (1556-1562), mar. de camp (1er avril 1562), il fut aux sièges de Poitiers, Bourges, Rouen (1562), à la bat. de Dreux, cap. de gend. (avril 1568-1er août 1582), il fut à Jazeneuil, aux sièges de Mirebeau (1568), Loudun, Châteauneuf, au ravitaillement de Poitiers, aux bat. de Jarnac, la Roche-Abeille, Moncontour, Arnay-leDuc. Il mourut à Paris, le 13 juin 1587. Il ép. (21 déc. 1557) Jeanne de Laval-Loué (née 3 sept. 1549). Il fut chev. du Saint-Esprit (31 déc. 1583).

(4) Cf. notice à la comp. de Thevalle.

(5) Jean d'Espinay, marquis d'Espinay, comte de Durtal, Rochefort, la Roche-Guyon, baron de Mathefelon, vicomte de Blaison, sieur de Segré, Escures, Sauldecourt, Serigné, Brétignolles, Maumusson, Estiau, Lezigné, Bouéré, la Vaisousière, la Chapelle Saint-Lau, Champeaux, Liffré, la Bussière, Aulneau, chev. de l'Ordre (17 sept. 1569), chamb., fils de Guy d'Espinay et de Louise de Goulaine, mariés le 17 sept. 1526, né en 1529, mort le 9 déc. 1591, cap. de chevau-légers (mai 1554-1557), lieut. à la comp. de Vieilleville (17 sept. 1569-dern. févr. 1571), sén. de Castres et Albigeois, fut blessé au siège de Thionville, fut à celui du Havre, aux bat. de Dreux, Saint-Denis, Jarnac, Moncontour. Cap. de gend., très instruit, charitable, religieux, il ép. (25 févr. 1549) Marguerite de Scépeaux-Vieilleville (morte à Rennes, le 23 mars 1603), fille du maréchal.

(6) Yves d'Orraux, chev. de l'Ordre, sieur de Ribon, ens. à la comp. de Vieilleville (juill. 1554-29 oct. 1555), vivait encore le 13 juin 1572. Carloix le cite souvent dans ses *Mémoires*. Il fut au combat de Rozérieulles, aux prises de

Lumes (1551), Pont-à-Mousson (1552), au siège du Havre (1563).

(7) Ant. de Mons, ens. (2 oct. 1555), fut au combat des Embuscades (20 nov. 1555), mar. des log. (25 août 1557), guid. (17 janv.-17 août 1560), ens. (26 janv. 1564-dern. févr. 1572) à la comp. Vieilleville.

(9) Christophe Le Saige, sieur de Fontenay, dit *des Moulins*, fut au combat des Embuscades (20 nov. 1555), au siège du Havre (1563).

(10) Claude d'Espinay, sieur de Segré, comte de Durtal, chev. de l'Ordre, gent. de la Ch. (7 févr. 1574), fils de Jean d'Espinay et de Marguerite de Scépeaux, mariés le 25 févr. 1549, né en 1552, guid. à la comp. de son grand-père Vieilleville, fut blessé à Moncontour, fut mar. de camp et mourut en 1578. Gent. de la Ch. (7 févr. 1574). Il ép. (21 janv. 1578) Françoise de la Rochefoucauld-Barbezieux, puis Jeanne de Bourdeille.

(11) Notice à la comp. d'Humières.

(12) François de Brion, fils de Jacques de Brion et de Catherine de Poix, mariés le 17 juin 1520, sieur de Roy-Saint-Nicolas, Bauru, Thimetz, Bécongne, Banon, mar. des log. à la comp. Vieilleville (12 avril 1561-7 avril 1570), ép. Marie de Rognée-Ville.

(13) Guillaume de la Volle, sieur de la Cougne.

Compagnie SENECTERRE

(1) Notice à la comp. Vieilleville.

(2) Charles de Rabeau, sieur de Beauregard, fils de Charles de Rabeau-Sauzaye et de Louise de Montalembert-Nuchèze, lieut. à la comp. de Senecterre (4 janv. 1570).

(3) Jacques de Rochedragon, sieur de Merle, h. d'a. à la

comp. Jean d'Albon (4 juin 1543-13 oct. 1548), puis à celle du mar. de Saint-André (1550-1557).

(4) Gaspard d'Apchier, 3e fils de François-Martin d'Apchier et de Claude de Chalençon, né le jeudi 30 mars 1532.

(6) Cf. notice à la comp. la Barge-Maimont.

Compagnie GRAND PRIEUR DE CHAMPAGNE

(1) Michel de Seurre, chev. de Malte (20 mai 1565), panetier du roi (15 oct.-12 nov. 1554), gent. de la Ch. (20 mai 1565), cap. de gend. (oct. 1566-16 août 1583), commandeur de Liège et Ivry-le-Temple (1er juin 1569), grand-prieur de Champagne (2 mai 1572-16 août 1583), cons. d'Etat (20 déc. 1569-16 août 1583), fut au siège de la Rochelle (1573), grand maître de l'ordre de Saint-Lazare (1567-1568), ambass. en Portugal (1558-1559) et en Angleterre (1560), bailli de Boisgny (8 juill. 1568).

(2) Jean le Fresnoy, sieur des Vergers, Trassereux, ens. à la comp. grand-prieur de Champagne (oct. 1568-31 juill. 1569), ép. Charlotte d'Aspremont, puis Madeleine de Trouillart.

(3) Cf. notice à la comp. d'Anglure-Estauges.

(4) Antoine de Nicey, sieur de Romilly, le Petit-Mesnil, Chaumesnil, Vraycourt, Aillecourt (27 mai 1575), chev. de l'Ordre, 2e fils de Ferry de Nicey et de Madeleine de Choiseul-Lancques, lieut. à la comp. du grand-prieur de Champagne, fut tué en Provence, près d'Avignon.

(6) Jean de Patay, sieur de Cléreau, fils d'Antoine de Patay et de Louise de Lougneau-Cléreau, mar. le 3 avril 1524, ens. (mai 1572-24 janv. 1574) comp. grand-prieur de Champagne, décédé avant 1583, ép. (22 mai 1571) Guillemette de Beaumont du Boulay (vivante 1583).

(10) Barnabé de Gellant, sieur de Thénissey, fils de Denis de Gellant et de Françoise de Damas-Marcilly, mineur au 25 nov. 1542, baron de Thénissey, Rochefort, Essarois,

Nogent, Aignay-le-Duc, Montigny, chev. de l'Ordre, guid. à la comp. du grand-prieur de Champagne (oct. 1573-24 janv. 1574), grand-prévôt de Bresse, Bugey, Valromey, mort avant le 5 nov. 1595, ép. Charlotte de Saint-Anthost.

(11) Pierre de Menchy, sieur de Grisy en Brie, guid. (19 nov. 1575) comp. grand-prieur de Champagne, h. d'a. (24 août 1572).

(12) Germain de Surgères, sieur du Portal, mar. des log. (3 déc. 1567-17 déc. 1568) comp. Seurre.

Compagnie JACQUES DE SILLY

(1) Jacques de Silly, sieur de Longray, le Fay, Cérisay, Vaux-Pacey, éc. d'éc., cons. d'Etat (1495), maître d'hôtel du roi, chamb., cap. de 200 archers de la garde (10 mars 1482-juin 1491), gouv. et bailli de Caen (juin 1491-11 oct. 1503), fit l'expéd. d'Italie (1494), le siège de Capoue (1501) et mourut à la fin de 1503. Fils aîné de Jean de Silly et de Marguerite d'Aché, il ép. Anne de Prez en Pail (décédée 29 oct. 1529), fut cap. gend. (25 janv. 1495-28 nov. 1499).

Compagnie LAROCHEGUYON

(1) Henri de Silly, comte de la Rocheguyon, Acquigny, Crevecœur, damoiseau de Commercy, cons. d'Etat, cap. gend., fils aîné de Louis de Silly et d'Anne de Laval, cap. de gend., né le 3 sept. 1551, mort entre le 7 oct. 1586 et le 17 févr. 1594, ép. Antoinette de Pons (décédée à Paris 16 janv. 1632), fut chev. du Saint-Esprit (31 déc. 1585).

(2) Guillaume du Perroy, sieur d'Esey, lieut. (6 juill. 1577) à la comp. la Rocheguyon.

(3) Jean de Montenay, fils de Jean de Montenay et de Jeanne de Lannoy-Morvilliers, né après le 28 mai 1545, baron de Garencières, Gueissigny, la Touche, Bérengeville, Monceaux, le Plessis, cns. à la comp. de la Rocheguyon (21 mai 1580), chev. de l'Ordre, gent. de la Ch., guid., puis (14 sept. 1585), lieut. à la comp. de Longueville, vivant en 1594, décapité, pour faux, à Rouen. Il ép. (22 mai 1569) Marguerite de Mornay-Villarceaux. Il fut cap. de gend. (7 avril 1587-21 mai 1589).

(4) Notice à la comp. Retz.

(5) Louis de Venois, sieur de Reuilly, archer (29 nov. 1567), h. d'a. (6 nov. 1569), mar. des log. (6 juill. 1577) à la comp. de la Rocheguyon.

(6) Robert Hennequin, sieur de Grenneville. Probablement Robert Hennequin, sieur de Grigneuseville, fils de Hardouin Hennequin et de Jeanne Maillart, mineur (1540), mort entre le 11 oct. 1581 et le 24 févr. 1585, qui ép. Cécile de Poetis. — Ou bien est-ce le neveu du précédent, Robert de l'Espine, dit *Hennequin*, fils de Jacques de l'Espine et de Jacqueline Hennequin de Grigneuseville, marié le 10 juin 1552, qui fut sieur de la Sogne (10 oct. 1567-30 janv. 1613), h. d'a. à la comp. la Roche-Guyon, cap. à la comp. Mascaron (11 oct. 1581) et qui ép. (11 oct. 1581) Catherine du Bois-Candas, puis Catherine de Franqueville.

Compagnie SILLY-ROCHEFORT

(1) Notice à la comp. Sancerre.

(2) Louis de la Fontaine, sieur de Lesches, la Muette, Houbiers, fils de Roland de la Fontaine et de Perrette de Boulainvilliers, marié le 15 mai 1505, chev. de l'Ordre, ép. Isabeau Vion de Vaux, puis, après le 1ᵉʳ mai 1553, Catherine de Roussin, veuve d'André de Dampont-Cormeilles, puis (3 juin 1572) Anne de Saint-Simon, veuve de Jean Le Per-

driel de Robigny et de Nicolas Popillon d'Anaac. Il fut comm. des g. (1er juin 1567-23 août 1572).

(3) Olivier de Gaulnes, sieur de Tortespet, Fontfrenay, Courcelles, Boulages, Courcemain (12 avril 1561), 2e fils de Nicolas de Gaulnes et de Marguerite de Condé, ép. Antoinette de Balhan.

(4) Notice à la comp. la Rocheguyon.

Compagnie GORDES

(1) Notice à la comp. connétable Montmorency.

(2) Notice à la comp. Nemours.

(3) Aubert du Rousset, sieur de Peynières, chev. de l'Ordre, gent. de la Ch., gouv. de Gap (4 mai 1570).

(4) Notice à la comp. Clermont-Tallart.

(5) Aimar de Chaste, sieur de Gessans et de la Bretonnière, 2e fils de Jacques de Chaste et de Jeanne de Formerie, mariés le 19 septembre 1527, chev. de l'Ordre, gent. de la Ch., ens. à la comp. de Gordes, gouv. du fort Sainte-Catherine de Rouen, puis de Briançon (19 mai 1567-18 févr. 1574), puis de Valence (17 nov. 1583), mort en 1589, après le 4 juill., ép. (18 févr. 1574) Madeleine-Françoise d'Hostun-Claveyson.

(7) Aimar-François de Grôlée-Meuillon, baron de Bressieu, fils d'Aimar-François de Grôlée-Meuillon et de Catherine d'Oraison-Beaujeu, mariés le 3 sept. 1550, guid. à la comp. Gordes (oct. 1573-30 mai 1574), vivant le 23 mars 1592, mort avant le 17 nov. 1626, ép., après le 2 mars 1574, Marguerite de Gaste-Luppé (vivante le 3 juin 1589), veuve de Jean d'Apchon.

(8) Antoine du Fay-Solignac, sieur de Veaulne, 2e fils de Jean de Fay-Soliguac et de Prégente Duces, mariés le 25 janv. 1512, mar. des log. comp. Gordes (oct. 1567-30 août 1575).

Compagnie STROZZI

(1) Pierre de Strozzi, fils ainé de Philippe Strozzi et de Clarice de Médicis, né le 29 févr. 1512, selon Giuntini, arriva en France en 1536. Colonel des bandes italiennes de Piémont, il y fit, en 1536, une brillante campagne, prit Barge et Raccoriggi. Battu par Côme de Médicis à Montemurlo (1537), il reprit du service en France (1541), prit Monopoli (1542), fut au siège de Luxembourg (1543), naturalisé (juin 1543), sieur de Belleville (19 févr. 1544), fit avec d'Annebault, la campagne maritime de 1545. Colonel gén. de l'infanterie italienne (1er nov. 1547), il fut à l'expéd. d'Ecosse (1548), fut blessé à Haddington. Chev. de l'Ordre (1550), il fit la guerre de Parme, prit Ragazzuola (1551), fut au siège de Metz (1552), lieut. gén. en Siennois (27 avril 1554), mar. de France (févr. 1556). Il fit campagne en Siennois, fut blessé et battu à Marciano (2 août 1554), fit campagne autour de Rome (1557), fut aux sièges de Calais, Guines, Ham et fut tué, le 20 juin 1558, au siège de Thionville. Il fut sieur d'Epernay. Il ép. Laodamia de Médicis.

(2) Jean de Saint-Priest-Epinac, sieur de Jalavoux, 2e fils de Pierre de Saint-Priest-Epinac et de Guicharde d'Albon-Saint-Forgeux, mariés le 15 déc. 1527, né en 1538, lieut. (avril-8 août 1557) à la comp. de Strozzi, puis à la comp. du duc d'Aumale, il ép. (1559) Madeleine de Chambellan et mourut en 1576.

(3) Georges-François d'Anticamareta, dit *de Villeneuve*, fils d'Antoine d'Anticamareta et d'Olive-Jeanne de Villeneuve, né avant le 23 avril 1516, chev. de l'Ordre (13 mai 1572), ens. à la comp. Strozzi, lieut. à la comp. du maréchal de Joyeuse (9 oct. 1565-13 mai 1572), fut au combat de Pézenas (1562), échoua sur Montpellier (1567) et fut tué, le 23 mars 1573, au siège de Sommières.

(4) Charles du Bec, fils de Charles du Bec et de Madeleine de Beauvillier, mariés en juill. 1517, sieur de Bourry, et du Maretz-Vernier, gent. de la Ch. (24 avril 1575), né avant le 13 juin 1530, se fit calviniste, se battit à Saint-Denis,

revint au catholicisme. Il ép. Marie de Clercy, puis Jeanne du Laurens.

(5) Cf. notice à la comp. de Saint-Priest-Epinac.

Compagnie STUART D'ASSON

(1) Guillaume Stuart, sieur d'Asson ou Oyson, mort avant le 2 juill. 1513, ép. Anne de Menipenny, puis Jacquette de la Rivière. Il était fils puîné de Jean Stuart et d'Elisabeth de Montgommery, frère du mar. d'Aubigny et cap. aux g. écossaises. Selon M. Edmond Bapst *(Les mariages de Jacques V)*, il fut amb. de France en Ecosse en 1527-1528. Il est probable que le personnage désigné par M. Bapst était le fils ou le neveu du nôtre.

Compagnie STUART D'AUBIGNY

(1) Jean Stuart, sieur d'Aubigny, comte de Beaumont-le-Roger, comte de Darnley, fils puîné de Jean Stuart de Lennox et d'Elisabeth Stuart d'Athol, cap. de gend. (11 mars 1549-30 avril 1560), vivant 27 juill. 1560, mort en 1567, ép. (10 mai 1544) Anne de Laqueille-Chateaubrun. Il fut pris à la bat. de Saint-Quentin (1557).

(2) Jacques de Clermont-Chaste, sieur de Gessans, la Motte-Galaure, la Bretonnière, lieut. à la comp. du mar. d'Aubigny, fils aîné de Charles de Clermont-Chaste et de Marguerite Alleman d'Uriage, mariés le 2 août 1490, mort entre le 4 août 1554 et le 18 mai 1567, ép. Louise-Marie du Peloux, puis (19 sept. 1527) Jeanne de Formerie (vivante 18 févr. 1574).

(3) Cf. notice à la comp. Nevers-Eu.

(4) Pierre de Boucart, sieur de Blancafort, ens. comp. d'Aubigny (oct. 1550), fils de François de Boucart et de Mar-

guerite de Cugnac-Dampierre, mariée avant le 16 janv. 1519, ép. Jeanne de Saultour-Ivoy.

(5) Notice à la comp. Nevers-Eu.

(6) Guillaume Stuart, sieur de Vezines, fils de Jean Stuart de Vezines et de Claude Laing, marié le 24 janv. 1528, lieut. aux gardes, mar. de camp, gent. de la Ch. (1er janv. 1550), vivant le 19 août 1588, guid. à la comp. d'Aubigny (8 août 1557), ép. (15 mai 1558) Roberte Hay.

(7) Mar. des log. à la comp. d'Aubigny (janv. 1550).

(8) Cf. notice à la comp. Clèves-Nevers-Eu.

Compagnie DUC D'ALBANY

(1) Jean Stuart, duc d'Albany (1500-1536), Gareauch, comte de la Marche et de Mar, l'île de Man, Auredel, comte de Boulogne et d'Auvergne, chev. de l'Ordre (1520), vice-roi d'Ecosse (1516-8 août 1517), fils d'Alexandre Stuart et d'Anne de la Tour d'Auvergne, mariés le 16 févr. 1481, né avant 1486, gouv. de Bourbonnais, Auvergne, Forez, Beaujolais, Marche, Combraille (dern. févr. 1529-18 mai 1536), ép. (8 juill. 1505) Anne de la Tour d'Auvergne, sa cousine germaine, morte en 1524 à Saint-Saturnin. Cap. de gend. (23 févr. 1513-18 mai 1530), il mourut, le 2 juin 1536, à Mirefleur en Auvergne.

(2) François Motier de la Fayette, sieur de Saint-Romain, né le 8 mai 1484, à Beaumont, gent. de la maison du roi (1516), 2e fils de Gilbert Motier de la Fayette et d'Isabeau de Polignac, ép. après 1515 Madeleine Sanguin (née 1489), veuve de Jean de Moy-la-Meilleraye et mourut avant 1524.

(3) Notice à la comp. Curton.

(4) François de Ligondès, guid. à la comp. du duc d'Albany (avril 1535-16 févr. 1530), lieut. (20 janv. 1537) à la comp. Curton, fils de François de Ligondès et d'Anne de Breschas, marié avant le 26 mars 1507, éc. du Dauphin (14 mai 1543-19 déc. 1547), gent. de la Ch. (1556), cap. de

gend. (1557), cap. des gardes du Dauphin (27 mars 1558), gouv. de Carignan (sept. 1547-30 juill. 1553), sieur de Pierry et Bonnefont, éc. d'éc. du roi (11 déc. 1558), mort avant le 2 avril 1570, ép. (11 mars 1523) Jeanne de Châteaubodeau (vivante 20 avril 1556).

(5) Louis de Bouchault, mar. des log. comp. d'Albany, dès oct. 1535.

Compagnie ROBERT D'AUBIGNY

(1) Robert Stuart, sieur d'Aubigny, Saint-Quentin, Thyson, le Crotet, comte de Beaumont-le-Roger, 2⁰ fils de Jean Stuart de Lennox et d'Elisabeth de Montgommery-Eglinton, ép. Anne Stuart d'Aubigny, sa cousine-germaine, puis Jacqueline de la Guesle. Né avant 1488, mort en mars 1544, il fut à l'expéd. de Naples (1494), gouv. de Romagne (1495), battit les Espagnols à Seminara, prit Seminara, Sainte-Agathe (1495), Cosenza (1496), capitula glorieusement à Venouse, fit la camp. de Milanais (1499), fut à la défense de Novare (1500), commanda l'armée française en Milanais (1501), battu à Seminara (21 avril 1503), il capitula à Antigola (28 avril 1503). Cap. de gend. (11 oct. 1504-25 mars 1530), chambellan (11 oct. 1504-15 déc. 1526), chev. de l'Ordre (22 juill. 1523) et cons. d'Etat. En 1506, il défendit Vérone contre les Vénitiens, fut au siège de Bologne (1506), Gênes (1507), suivit la campagne de Gaston de Foix (1512), fut gouv. de Brescia (19 févr. 1512), cap. des gardes écossaises et des gend. écossais (4 déc. 1512-mars 1544), mar. de France (avril 1514), il fut à la prise de Villafranca, à la bat. de Marignan, fait pris. à Pavie (1525), chev. de l'Ordre (1530). Il servit contre Charles-Quint, en Provence (1536).

2) Notice à la comp. Montgommery.

(3) Gratien Carr, sieur de Saint-Quentin, Perrigny, le Verger, fils de Cuthbert Carr et de Martine Stuart d'Aubigny, mariés le 13 août 1485, mineur (21 juin 1505), vivant 7 juin 1519, ép. Charlotte Jouvenel des Ursins.

(4) Notice à la comp. d'Arran.

Compagnie LENNOX

(1) Mathieu Stuart, comte de Lennox, neveu du maréchal d'Aubigny, père de Henri Darnley, beau-père de Marie Stuart, commanda, en 1543, l'expéd. française d'Ecosse. Fils de Jean Stuart et d'Elisabeth d'Athol, il naquit avant 1527, fut régent d'Ecosse (févr. 1570), tué à Stirling, le 3 sept. 1571, par les Ecossais révoltés. Il ép. Marguerite Douglas.

(2) Notice à la comp. d'Arran.

(3) René le Simple, sieur de la Cour-Berruyer, fils de Georges le Simple et de Philippe de Berruyer, mariés le 9 janv. 1498, ens. à la comp. Lennox (janv.-5 juill. 1543), maître des eaux et forêts de Touraine, comm. extraord. des guerres (10 févr. 1559), mort avant le 16 juin 1578, ép. (21 nov. 1539) Françoise le Roy de l'Islette, veuve de René de Maillé, puis (29 mai 1550) Lucrèce Doré.

(4) Jean de Braque du Luat, co-seigneur de la Motte et du Luat, Garches, Beaudéduit, 3ᵉ fils de Philippe de Braque et de Guyonne Stuart, mariés le 5 juill. 1504, ép. (27 avril 1544) Suzanne de Damas-Digoine, veuve de Jean de la Menue, puis (28 mai 1557) Madeleine de la Gache.

Compagnie TERLATINO TERLATINI

Il était cap. gend. (1ᵉʳ janv.-1ᵉʳ juill. 1514).

Compagnie DE TAIX

(1) Notice à la comp. Saint-Pol.
(2) *Item.*
(3) *Item.*

(4) Léon de l'Estang, sieur du Breuil, fils de François de l'Estang et de Perrette de Marans, mar. log. comp. de Taix (21 mars 1547), ép. Marguerite de Taix, sœur du capitaine.

Compagnie THEVALLE

(1) Jean de Thevalle, fils de Jean de Thevalle et de Françoise de Scépeaux-Vieilleville, sœur du maréchal, sieur de Thevalle, Bouillé, Sauges, Créances, Aviré, Saint-Sauveur, la Tuzière, Nouray, guid. (avril-25 août 1557), ens. (7 déc. 1558-10 mars 1563), lieut. (25 janv. 1564-oct. 1567) à la comp. de Vieilleville, comte de Créance, gent. de la Ch. (2 juin 1567), chev. de l'Ordre (6 déc. 1568), lieut. gén. à Metz (6 déc. 1564-2 mai 1584), cons. d'Etat (23 juin 1574-14 juill. 1588), cap. de gend. (avril 1571-27 sept. 1588), ép. Radegonde Freaneau. Il fut chev. du Saint-Esprit (31 déc. 1581).

(2) Baudouin du Bouchet, sieur de Truigné et des Roches, 2e fils de Baudoin du Bouchet et de Marguerite de Bellanger, mariés le 16 févr. 1518, lieut. comp. Thevalle (4 nov. 1573-16 déc. 1578), ép. Madeleine de Coulonges (vivante 7 juill. 1572.

(3) Robert Vachereau, sieur des Chenais, chev. de l'Ordre, ens. à la comp. de Thevalle, ép. (12 nov. 1559) Françoise de la Chapelle-Rainsouain (morte le 13 nov. 1575), veuve d'Emery de Martigné. Il vivait le 5 avril 1574.

(4) Jacques de Dillou, sieur de la Bécherelle et Brumetz (1583), fils de N. de Dillon et de N. de Chailly, maître d'hôtel du roi, lieut. au gouv. de Saint-Quentin (30 mai 1617), guid. (13 janv. 1577) à la comp. de Thevalle, ép. Marthe de Hamelin.

(5) Charles de Cervon, sieur des Arcis, Assé le Béranger, la Corbière, la Campoulière, 2e fils de Simon de Cervon et de Françoise de Bouillé, mariés le 18 août 1534, gent. de la maison du roi (3 févr. 1547), chev. de l'Ordre (9 mai 1587),

gouv. de Fougères, vivant le 13 févr. 1612, ép. (5 avril 1574) Cristophlette de la Chapelle-Rainsouain.

Compagnie THOREL

(1) Francesco Thorel, cap. de gend. (6 août 1518), cons. d'État.

* Francesco Torelli, fils de Marsilio Torelli et de Paola Secchi, comte de Montechiarugolo, se distingua au siège de Milan (1500) et à la bat. de Marignan. Il avait ép. la fille du maréchal J.-J. Trivulzi, Damigella Trivulzi (née vers 1479, morte le 2 mars 1528). Il mourut le 6 sept. 1518. Il fut au siège de Brescia dans les rangs impériaux, puis revint au parti français et fut gouv. de Parme pour la France.

* Francesco Torelli, sieur de Tignane, fils d'Alfonso Torelli et d'Ippolita Caldora, ép. Brianc Cautelmo de Popoli.

Compagnie BAYART

(1) Notice à la comp. du duc de Lorraine.

(2) Notice à la comp. d'Amboise-Bussy.

(3) Notice à la comp. du duc de Lorraine.

Compagnie THÉLIGNY

(1) Notice à la comp. du duc de Gueldre.

Compagnie BROSSE-TIERCELIN

(1) Notice à la comp. du mar. de Montmorency.

(2) Notice à la comp. d'Aumale.

(3) Notice à la comp. de Rentigny.

(4) Jacques de Dampont, fils aîné de Perceval de Dampont et de Louise de Trossy-Mousy, sieur d'Us et les Aubins, Sagy, Bruyères (20 mars 1579), ens. (oct. 1568-4 mai 1569), puis lieut. à la comp. Brosse-Tiercelin, chev. de l'Ordre (2 avril 1572), ép. (21 nov. 1565) Rose de Morais-Jodrais (décédée entre 19 juin 1588 et 4 avril 1594) et mourut en févr. 1582.

(5) Notice à la comp. la Rochedumayne.

(6) Notice à la comp. Bonnivet.

(7) Louis de Launoy, sieur de Maigneux, Wagnon, Freury, Bignon, Puiseux, Sorbon, Rochefort, gent. de la Ch., gouv. de Rocroy, mineur le 18 nov. 1568, fils de Jean de Launoy, fut ens. à la comp. Joinville et mourut entre 25 mars et 18 juill. 1587.

(8) Claude de la Grezille, 2e fils de Jacques de la Grezille et de Louise Turpin de Crissé, sieur de Maurepart, Hais, Paigneuf, Bourgdavant, gouv. de Saumur, guid. à la comp. de Brosse (avril 1563), ép. Joachime le Clerc. Il fut (30 juill. 1571) ens. à la comp. la Trémouille.

(9) Louis de Canonville, sieur de Criquetot, Ectot, Gromesnil, Beaucamp, Oudalle, le Breuil, Mesnil-au-Viconte, Burey, Louversey, fils de Nicolas de Canonville et de Louise de Serviat-Criquetot, mariés le 20 avril 1543, gent. de la maison du roi, gent. de la Ch. du duc d'Anjou, chev. de l'Ordre, guid. (5 oct. 1572) à la comp. Tiercelin, ép. (27 août 1577) Barbe de Chambray, veuve de René le Mutel de Franville.

(10) Christophe de Chezelles, sieur de la Lautière, Nueil, le Coudray, fils de Jean de Chezelles et de Jeanne de Marans, mariés le 22 janv. 1523, né en 1530, mort en 1591, mar. des log. à la comp. la Rochedumayne (juill. 1559-10 janv. 1560), puis à la comp. Brosse (janv. 1566), gouv. de Sedan (17 févr.

1575-2 oct. 1581), qu'il défend (1588), prit Donzy (12 avril 1588), ép. (22 sept. 1566) Marie de Monthéon (vivante le 10 mai 1616).

(11) Charles d'Offai, sieur de Beaurepaire, Gretz, Rieux (27 juin 1553), né après le 14 nov. 1528, 2e fils de Philippe d'Offai et de Françoise de Monsures, mar. des log. à la comp. Brosse-Tiercelin (17 juill. 1568).

Compagnie LA ROCHEDUMAYNE

(1) Jacques-Charles de Tiercelin, sieur de la Rochedumayne, gent. de la Ch. (8 déc. 1562), chev. de l'Ordre (1er nov. 1561), cons. d'Etat, cap. de gend. (oct.-8 déc. 1562), fils de Jacques de Tiercelin et de Anne de la Chapelle-Rainsouain, né à la fin de mars 1482, mort à Chitré le 2 juin 1567, sieur de Chitré et la Chataigneraye, Tiercé, la Renaudière, Chastel sur Vienne, Modurier, Clément, Comont, Puychevrier, archer, guid., lieut. à la comp. du duc d'Alençon, mar. de camp, gouv. de Fossano, qu'il défendit brillamment contre Charles-Quint, gouv. de Beaumont et Beaumont en Argonne (25 juill. 1555-1er nov. 1561), fait pris. à Pavie (1525), à Saint-Quentin (1557), ép. (20 mai 1514) Anne Turpin de Crissé (vivante 12 juin 1567). Il fut à la défense de Thérouanne, en 1513, maître enquêteur des eaux et forêts (26 déc. 1525), bailli de Rouen (3 févr. 1531), gouv. de Mouzon (11 août 1543-3 mars 1567).

(2) Antoine Groignet de Vassé, sieur de Vassé, Courtalieroue, baron de la Roche-Mabille, chev. de l'Ordre (20 mars 1551), gent. de la Ch. (16 nov. 1545), gouv. de Pignerol, gouv. d'Ardres (16 nov. 1545), cap. de gend. (29 mars 1547-28 janv. 1564), fils de Jean de Vassé et de Jacqueline d'Alligny, mariés le 19 mars 1492, gouv. de Saluzzo (20 mars 1551-22 févr. 1553), ép. (20 août 1529) Marguerite Hatry d'Alligny. Il fut gouv. du marquisat de Saluzzo (21 août 1548-15 févr. 1555), gouv. de Guise (28 juin 1557), Angers

(25 oct. 1537), fut pris. à la bat. de Saint-Quentin (1557). Il fut lieut. à la comp. Châteaubriant (janv. 31 juill. 1535), puis à la comp. de Montejan (1ᵉʳ mai 1536-16 avril 1539). Il vivait encore, le 28 juill. 1569.

(3) Cf. not. à la comp. Martin du Bellay.

(4) Charles de Morais, sieur de Jodrais, Lorry, Garencières, Louvilliers, fils de Jean de Morais et de Roberte d'Oinville (28 déc. 1521), ens. à la comp. de la Rochedumayne (10 juill. 1537-13 sept. 1540), puis lieut. (20 mai 1541), à cette comp., mort avant le 21 nov. 1565, ép. (25 oct. 1530) Anne de Harcourt (vivante 21 nov. 1565).

(5) François d'Appelvoisin, sieur de Thiors, la Jobertière, Bonvoux, Rocherau, Saint-André des Combes, Langefougereuse, chev. de l'Ordre, lieut. à la comp. de la Rochedumayne (oct. 1547-16 juin 1557), 2ᵉ fils de Hardy d'Appelvoisin et d'Hélène d'Appelvoisin, mariés le 5 juin 1497, étudiant à Poitiers (20 oct. 1534-16 août 1539), ép. (24 avril 1512) Françoise Tiercelin (morte entre le 9 juin 1589 et le 21 mars 1594), mort entre le 4 janv. 1583 et le 12 juin 1584.

(6) Charles Tiercelin, sieur de la Rochedumayne, Chitré, Tiercelin, la Châtaigneraye, 5ᵉ fils de Jacques-Charles Tiercelin et d'Anne Turpin de Crissé, mariés le 20 mai 1514. Né après 1535, page de Henri II, il fut au siège de Metz (1552), au ravitaillement de Mariembourg (1555), h. d'a. (22 juill. 1551), puis lieut. à la comp. de son père (juill. 1555), tué sans post. à la bat. de Saint-Quentin (1557).

(7) Jacques de la Chastaigneraye, sieur de Chevrières, ens. à la comp. de la Rochedumayne, lieut. à la comp. de Brissac (juill-20 août 1543), vivant le 4 juin 1544.

(8) Jacques de Tais, sieur de Painperdu, ens. (janv. 1543) à la comp. de la Rochedumayne.

(9) René de Garguesalle, sieur de Coullaines, fils de Jean de Garguesalle et de N. de Champagne, ép. Claude Buirel et fut ens. à la comp. de la Rochedumayne (oct. 1550-26 avril 1557). Il fut tué à la bat. de Saint-Quentin (10 août 1557).

(10) Cf. notice à la comp. de Saint-Pol.

(11) Guy de Marsay, sieur du Breul, guid. (20 mai 1538) à la comp. la Rochedumayne.

(12) François de Marsay, fils de Bernardin de Marsay et de Charlotte du Puy-la Barbotinière, mariés le 18 oct. 1517, sieur de la Godinière, la Poquetière, la Chastière (21 juill. 1567), décédé au 26 mai 1586, guid. (oct. 1550-12 juin 1557), ens. (8 juill. 1559-11 juin 1567) comp. la Rochedumayne, ép. (15 oct. 1556) Françoise de Châteauchalon (décédée entre 15 juin 1567 et 26 mai 1586).

(13) Thomas de Chargé, mar. des log. dès le 10 mai 1537).

Compagnie LA TOUR-SAINT-VIDAL

(1) Antoine de la Tour, baron de Saint-Vidal et Goudet, sieur de Cenaret, Culture, Montferrand, Recollettes, Tal, Laval de Saint-Chaly, fils ainé d'Antoine de la Tour-Saint-Vidal et de Françoise d'Albon, mariés le 7 nov. 1533, fut à la reprise de la Chaise-Dieu (1562), de Saint-Etienne-en-Forez (1562), Tence (1574), Saint-Pal-de-Monts, gouv. de Velay (30 sept. 1574), échoua sur Espaly, où il fut blessé, prit Adiac, Saint-Quentin, Chapteuil, Bessamorel, Bellecombe (1574), perdit un œil au siège de Saint-Agrève (1580), fut au second siège de Saint-Agrève (1588). En 1562, il avait pris part à l'expédition de d'Acier sur Florac ; en 1577, il chassa Pierregourde de Gévaudan, prit Saint-Paul-de-Tartas, Cros, Langogne, fut gouv. de Gévaudan (19 mars 1577), fit, en 1586, campagne sous Joyeuse. Excellent officier d'artillerie, Mayenne le nomma grand-maitre de l'artillerie de France pour la Ligue. Il fut tué en duel par Pierre de la Rodde, le 25 janv. 1591. Il ép. (2 juill. 1563) Claire de Saint-Point.

(2) Charles de Clermont-Chaste, 3e fils de François de Clermont-Chaste et de Paule de Joyeuse, mar. 3 févr. 1545, né avant 4 août 1554, chev. de Lyon (14 déc. 1564) testa 10 mars 1577, tué, sans postérité, au siège d'Ambert.

(3) François de Clermont-Chaste, sieur de Vernoux, la

Brosse, la Faye, 2e fils de François de Clermont-Chaste et de Paule de Joyeuse, mar. 3 févr. 1545, né avant 4 févr. 1554, chev. de l'Ordre, cap. de gend., sén. du Puy (1er mars 1587), fut tué, en 1591, au siège du Puy. ép. (20 janv. 1588) Françoise de Montmorin-Saint-Hérem (vivante 22 déc. 1598).

(1) Aimar de Clermont-Chaste, 4e fils de François de Clermont-Chaste et de Paule de Joyeuse, mar. 3 févr. 1545, né avant 4 août 1554, chev. de Malte (25 juin 1566), command. de Limoges (5 janv. 1578), l'Ormeteau, Saint-Paul-de-Romans, vice-amiral du Ponant (1582), gent. de la Ch. (6 nov. 1582), gouv. de Valence (17 nov. 1583), Dieppe (17 janv. 1587-31 déc. 1597), Arques (12 janv. 1587-10 sept. 1592), lieut. gén. en Caux (10 sept. 1592-3 août 1600), mar. de Malte (5 déc. 1602), abbé de Fécamp, amb. en Angleterre, décédé 1603. Il commanda (août 1583) la 2e expéd. de Terceire, qui échoua, et qu'il a racontée (Cf. THEVENOT : *Recueil de Voyages*).

Compagnie TURENNE

(1) Notice à la comp. Connétable de Montmorency.

(2) Henri de la Tour, vicomte de Turenne, Castillon, Lanquais, comte de Montfort et Negrepelisse, baron de Montgascon, Oliergues, Limeuil, Fay, Servissac, Saint-Bonnet, Novatelle, le Croc, Ferrières, duc de Bouillon, prince de Sedan, Jametz, Raucourt, fils de François de Turenne et d'Eléonore de Montmorency, né à Joze en Auvergne, le 28 sept. 1555, mort à Sedan, le 25 mars 1623. Il ép. (15 oct. 1591) Charlotte de la Marck (née le 5 nov. 1574, morte à Sedan le 15 mai 1594), puis (16 avril 1595) Elisabeth de Nassau (morte le 3 sept. 1642, à Sedan). Il débuta au siège de la Rochelle (1573), se fit calviniste, servit (1575) sous le duc d'Alençon, défendit (1577) Montpellier contre son oncle Damville, fut lieut. gén. du roi de Navarre en Albigeois, Lauraguais, Haut-Languedoc (10 avril 1580), battit (19 juin 1580) deux fois les catholiques,

prit le Faget, Castillon, Candiac, Toutens, Maurens, Moussens, Cambiac, Beauville, Bosquillon (juin-juillet), Gaujac (26 août), Montpinier, Montfa, Leugary, le Camp, Bernas, Aragon, la Martinie, Ferreyroles, Brametourte, Puechaffaut (30 août), Aiguesoude (1er sept.). Il voulut secourir Cambrai (1581). Blessé, fait prisonnier, il méditait (1585) une république calviniste en France. En 1586, il prit Castillon ; en 1587, il battit Mercœur au Lude, lut à Coutras, échoua sur Sarlat. Lieut. gén. en Haut-Languedoc (6 févr. 1588-1591), il prit (mai 1588) Sainte-Anastasie, Colias, Remoulins, Saint-Alary, Tresques, Doursan, Marguerittes : en août 1588, il fit campagne en Rouergue. En 1589, il prit la Garnache et Niort. Lieut. gén. en Guyenne (avril 1589), premier gent. de la Ch. (2 août 1589), amb. en Angleterre, Allemagne, Hollande (1590), il prit Stenay (15 oct. 1591), fut au siège de Rouen (1592). Mar. de France (9 mars 1592), il battit (1592) le mar. de Lorraine à Beaumont (1592) où il fut blessé. Il prit Dun-sur-Meuse (1592), fit camp. en Luxembourg (1594-1595), battit l'ennemi à Virton. Il prit Ham (20 juin 1595), fut au combat de Doullens (13 juill. 1595). Amb. en Angleterre (1596) et Hollande, il fut (1597) au siège de Mende. Compromis dans l'affaire Biron, il s'exila en Suisse (1602) et en Palatinat. Rentré en grâce (1606), amb. en Angleterre (1612), chef de l'armée des princes (1616), il prit Château-Thierry, Epernay, Méry. Généralissime des protestants (1621), il refusa le titre et la fonction. Il fut père du célèbre Turenne.

(3) Notice à la comp. Laval-Châteaubriant.

(4) François de Rochefort-Salvert, fils de François de Rochefort-Salvert et de Françoise de la Roche-Châteauneuf, mariés le 18 juill. 1518, sieur de Chars, Valleron, Salvert, Saint-Gervais, gouv. d'Usson, comm. des guerres (4 juin 1567), lieut. à la comp. de Turenne (oct. 1567-28 mai 1570), chev. de l'Ordre (28 mai 1570), mort avant le 15 janv. 1580, ép. avant 1547, Jeanne de Courtenay (vivante le 5 mai 1585).

(5) Philippe de Preichac, sieur de Gavarret, lieut. à la comp. Turenne (23 févr. 1574-10 mars 1575), fils d'Arnaud de Preichac et de Jeanne de Véze, mariés en 1527, ép. (10 avril 1554) Brandelise de Saint-Julien.

(6) Notice à la comp. Bourbon-Condé.

(7) Jean de Roffignac, sieur de Saint-Germain, chev. de l'Ordre (6 juin 1569), ens. à la comp. Turenne (9 nov. 1567-28 mai 1570), fils de Gilbert de Roffignac et de Renée de la Marthonye, mariés le 19 août 1527, ép. (10 févr. 1572) Madeleine de Roffignac.

(9) Guidon (30 juill. 1554).

(10) Louis d'Aubusson, sieur de Banson, fils ainé de Jacques d'Aubusson et d'Antoinette de Langeac, mariés le 16 févr. 1527, mort sans alliance, guid. à la comp. Turenne (24 nov. 1567-28 mai 1570). Il fut (24 mai 1567) h. d'a. à la comp. du connét. de Montmorency, et mourut, au retour d'une ambassade en Allemagne, assassiné, en son château de Banson, par son page et son domestique.

(11) Notice à la comp. Bourbon-Condé.

(12) Maximilien d'Aureille, sieur d'Alleret, mar. log. (oct. 1573) comp. Turenne.

Compagnie Vicomte DE TURENNE

(1) Antoine de la Tour, vicomte de Turenne, sieur d'Oliergues, 5ᵉ fils d'Anne de la Tour et d'Anne de Beaufort, mariés le 4 mai 1444, né avant 1479, chamb. (1496), ép. (17 avril 1494) Antoinette de Pons et mourut, le 14 févr. 1527.

(2) François de la Tour, vicomte de Turenne, baron de Montgascon, Oliergues, Croc, Boujols, Fay, Servissac, chev. de l'Ordre, cons. d'Etat, chamb., cap. des gent. de la maison du roi (1527), gouv. d'Ile-de-France, fils ainé d'Antoine de la Tour et d'Antoinette de Pons, né à Limeuil le 5 juin 1497, fit camp. en Flandre (1521-1522-1523), fut lieut. gén. en Italie (1524), cap. de gend. (1524), amb. en Angleterre (1525), à Florence (1528), gouv. de Gênes (1528), amb. en Espagne (1529), gén. de l'armée de Picardie (1531), il mourut le

12 juill. 1532, à Villocher. Il ép. (19 avril 1516) Catherine d'Amboise, puis (21 juin 1518) Anne de la Tour-Montgascon (testa le 8 mars 1531 et mourut à Paris), veuve de Charles de Bourbon et de Jean de Montmorency.

(3) Aimé de Gimel, fils de Gabriel de Gimel et de Marguerite de Lastic, mariés le 6 sept. 1478, ép. (7 juill. 1497) Barbe de Livron.

(4) Jacques de la Roche-Aymon. Peut-être, est-ce Jacques de la Roche-Aymon, fils d'Antoine de la Roche-Aymon et de Jeanne de Salagnac, mariés le 13 août 1499. Il ép. après 1514 Sébastienne de la Chapelle-Rainsouain, veuve de Jean de la Roche-Aymon et mourut avant 1536.

Compagnie LA TOUR-LIMEUIL

(1) Galiot de la Tour, vicomte de Limeuil, sieur de Lanquais, fils ainé de Gilles de la Tour et de Marguerite de la Cropte, mariés le 21 nov. 1531, mourut le 19 nov. 1591.

(2) Hélie de Saint-Chamans, comte de Peschier, sieur de Payazat et Branseilhes, Merchadou, fils de Hughes de Saint-Chamans et de Marguerite de Cornil, mariés en 1520, fut aux sièges de Metz (1552), Thérouanne (1553), se signala aux bat. de Ver et de Dreux (1562), fut gouv. de Thérouanne et de Mariembourg (1555). Il ép. (9 sept. 1549) Jeanne de Hautefort (vivante le 2 oct. 1555), fut chev. de l'Ordre (18 mai 1568), cap. de chevau-légers (1562), ens. à la comp. de Losse (avril 1563-28 janv. 1564), lieut. à la comp. de Limeuil (janv.-31 déc. 1568), et mourut avant le 13 avril 1576.

(3) Pierre de Lansac, sieur de Roquetaillade, archer (1549-14 nov. 1553), puis h. d'a. à la comp. Saint-André (14 nov. 1553-11 avril 1562), puis à la comp. Vieilleville (24 mai 1562-10 mars 1564), fils de Michel de Lansac et de Louise de la Mothe-Montferrand, premier baron de Bazadais, sénéchal d'Albret (22 sept. 1572) et des Landes, grand chamb. du duc

d'Anjou (9 déc. 1583), 1ᵉʳ écuyer du duc d'Anjou (24 juin 1567), chev. de l'Ordre, gent. de la Ch., gouv. de Saint-Macaire en Guyenne (1ᵉʳ août 1570), cap. des Suisses du roi de Navarre (26 juill. 1574), vivait encore le 21 mai 1575, ép. Jacquette de Carlier, puis (21 oct. 1572) Jeanne de Bouillé-Créance (morte le 19 déc. 1589), veuve de Jacques de Chivré du Plessis.

(4) Jean de Badefol, sieur de Peiraux, Martel, la Cour, guid. à la comp. de la Tour-Limeuil (janv.-31 déc. 1568), fils de Jean de Badefol et de Louise de Saint-Chamans, ép. (1ᵉʳ mars 1588) Isabeau de Pierrebuffière. Il vivait encore le 8 août 1600.

(5) Nicolas, sieur de Landrodie en Poitou, h. d'a. à la comp. du mar. de Saint-André (1549-11 avril 1562), mar. des log. à la comp. de Losses (avril 1563-28 janv. 1564), né en 1517, guid. (26 mars 1582) à la comp. de Limeuil, fut aux bat. de Ver et de Dreux (1562). Mar. des log. comp. Limeuil (31 déc. 1568).

Compagnie LA HUNAUDAYE

(1) René de Tournemine, baron de la Hunaudaye, sieur de la Guerche-en-Rays, Lasson, Rouault, Malenoe, Sainte-Pazanne, Arthon, Chéméré, Mauves, le Porteric, Montaflant, Plancoët, vicomte de Pléhérel, fils de Raoul de Tournemine et de Marguerite Caillou de Bellejoye, page du roi, panetier du Dauphin, puis du roi (23 janv. 1550), chev. de l'Ordre (12 juin 1569), cap. de gend. (6 janv.-12 juin 1569), décédé 6 juill. 1572, à Pontivy, ép. Françoise Hingant, puis, avant le 1ᵉʳ juill. 1559, Jacquemine le Hidoux, veuve de François de Maure.

(2) René de Tournemine, sieur de la Guerche en Rays, Hac, baron de la Hunaudaye, fils aîné de René de Tournemine et de Françoise Hingant, lieut. gén. en Bretagne (25 août 1581-21 juin 1591), cap. de gend. (2 juill. 1574-25 août 1581), fut au siège de Saint-Lô (1574), à celui de Domfront, chassé de

Rennes par les Ligueurs (1589), y rentra et mourut sur la route de Rennes à Rouen, entre le 21 juin 1591 et le 1ᵉʳ févr. 1592. Il ép. (23 avril 1583) Françoise de Coetlogon, veuve de François du Gué, Chev. de l'Ordre (18 févr. 1569).

(2) Mathieu de Bompart, guid. comp. la Guerche (oct. 1567-6 janv. 1568), lieut. comp. la Hunaudaye (21 janv. 1574-2 mars 1576).

(3) Georges Thomas, fils de Pierre Thomas et de Françoise du Quellenec, sieur de la Caulnelaye, baptisé le 8 mars 1542, ép. (27 juill. 1554) Mathurine de Vaumoise, fut (20 févr. 1571) cap. francs-archers Saint-Malo, gent. de la Ch. (15 mars 1578), chev. de l'Ordre (25 avril 1580), ens. comp. la Hunaudaye (avril-25 août 1581), pens. du roi en Bretagne, député aux Etats Généraux (1588), aide de mar. de camp (1591), blessé au siège de Crévily, testa le 25 avril 1593, décédé au 6 févr. 1597.

(4) Guid. comp. T. la Hunaudaye (avril 1574-1ᵉʳ juin 1577).

(5) François Le Fesle, sr de Guébriant, fils de Jacques Le Fesle et de Catherine Le Voyer, ép. Claude Glé de Saint-Thomas.

(7) Alain de la Haye, sieur de Tourdelin, chev. de l'Ordre (25 avril 1580), mar. des log. (avril 1581) à la comp. de la Hunaudaye.

Compagnie TOURNON

(1) Just-Louis de Tournon, baron de Tournon et Chalençon, comte de Roussillon, sieur de Vissac, Arlanc, le Chambon, cons. d'Etat (7 déc. 1601), sén. d'Auvergne (7 déc. 1601), gouv. de Vivarais, cap. de gend., 2ᵉ fils de Just de Tournon et de Claudine de la Tour-Turenne, mariés en 1535. Il prit (16-25 sept. 1580) Desaignes et Saint-Agrève, protégea les Jésuites, ép. (4 févr. 1583) Madeleine de la Rochefoucauld. Il mourut le 5 sept. 1617.

(2) Jean de Girard, sieur de Saint-Paul d'Izeaux, la Côte Saint-André (6 juin 1564), testa 15 sept. 1589, ens. comp. Tournon, fils de Claude Girard et de Marcienne de Soliers, mariés le 10 oct. 1538, ép. (13 avril 1585) Marie de Combourcier-Monestier.

(3) Claude de Lattier, sieur de Charpey, Marches, Besayes et Vatillieu, fils aîné de Claude de Lattier et d'Honorade d'Urre, mariés le 15 juin 1550, gent. de la Ch., cap. d'infanterie, cap. de cavalerie, mestre de camp, ép. (1ᵉʳ janv. 1582) Françoise Bertrand de Vatillieu. Il vivait le 1ᵉʳ sept. 1615.

Compagnie JUST DE TOURNON

(1) Just, baron de Tournon, frère du cardinal de Tournon, fils aîné de Jacques de Tournon et de Jeanne de Polignac, mariés en 1466, cons. d'Etat, chamb. (25 mai 1511), bailli de Vivarais, Valence (25 mai 1511-18 janv. 1522), comte de Roussillon, cap. gend., lieut. gén. en Languedoc (31 juill. 1514-24 avril 1515), tué à la bat. de Pavie (24 févr. 1525), ép. (30 août 1497) Jeanne de Vissac (vivante 31 oct. 1532).

(2) Antoine, baron de Tournon, sieur de Beauchastel, fils aîné de Just de Tournon et de Jeanne de Vissac, mariés le 30 août 1497, chev. de l'Ordre, cap. de gend. (oct. 1525-20 août 1526), mourut au siège de Naples, chamb. (1ᵉʳ juin 1520). Il testa 15 juin 1527, et mourut avant le 26 janv. 1529.

Compagnie TOURNON-ROUSSILLON

(1) Just de Tournon, fils aîné de Just de Tournon et de Catherine de Turenne, mariés en 1535, baron de Tournon, comte de Roussillon, vicomte de Polignac, sieur d'Arlenc, chev. de l'Ordre (9 août 1561), cap. de gend. (10 janv. 1561),

sén'chal d'Auvergne, ambass. à Rome. Il ép. Aliénor de Chabannes (vivante 5 janv. 1571) et mourut le 16 août 15̈8, à Rome.

(2) Cf. notice à la comp. la Barge-Maimont.

(3) Fleury de Boulieu, sieur de Jarnieu, bailli et gouv. d'Annonay, fils de Méraut de Boulieu et de Jeanne de Pelet, mariés en 1518, ens. (9 nov. 1567) à la comp. de Tournon, mort entre le 5 nov. 1569 et le 24 août 1573, il ép. (1560) Claude du Peloux (qui testa le 15 oct. 1584).

(4) Cf. notice à la comp. d'O.

(5) Charles, bâtard de Gourdon, dit de Ferrières, fils naturel de Flotard de Gourdon, vivant 21 juill. 1585, mar. log. comp. Roussillon (avril 1561-11 déc. 1564) comp. Tournon (janv.-8 juin 1567).

Compagnie LOUIS DE LA TRÉMOUILLE

(1) Louis de la Trémouille, illustre cap., né le 20 sept. 1460. fils de Louis de la Trémouille et de Marguerite d'Amboise, sieur de la Trémouille, vicomte de Thouars, prince de Talmont, comte de Guines, Benson, baron de Sully, Craon, Montaigu, l'Ile-Bouchard, Mauléon, sieur de Ré, Marans, amiral de Guyenne et Bretagne, chev. de l'Ordre, 1er chamb. (1520), page de Louis XI, prit Châteaubriant (23 avril 1488), combattit brillamment à Saint-Aubin du Cormier (1488), prit Rennes, Dinan, Saint-Malo. Amb. en Allemagne, puis à Rome, il fut à la bat. de Fornoue (1495), lieut. gén. en Poitou, Saintonge, Angoumois, Aunis, Anjou. Il conquit la Lombardie (1500), échoua sur Naples (1503), fut gouv. de Bourgogne, fut à la bat. d'Agnadel (1509), à celle de Novare (1513), où il fut battu et blessé, défendit brillamment Dijon (1513), mais y conclut avec les Suisses un honteux traité, fut à la bat. de Marignan (1515), fit lever le siège de Marseille (1523) aux Impériaux, et fut tué à la bat. de Pavie, le 24 févr. 1525. Il

ép. (9 juill. 1485) Gabrielle de Bourbon (morte à Thouars, le 3 nov. 1516), puis (7 avril 1517) Louise Borgia (vivante 18 juin 1535), fille de César. On l'avait nommé le *Chevalier sans Reproche*. Jean Bouchet a écrit sa vie.

(2) Robert de Cordebœuf-Beauverger, sieur de la Mallère, Matroux, la Faye, fils d'Huges de Cordebœuf et d'Antoinette Blanc, mariés avant le 1er janv. 1477, ép. (21 juin 1499) Françoise de la Garde (vivante 20 juin 1567). Il mourut entre le 5 févr. 1542 et le 28 juin 1550.

(3) De Mazières. C'est, probablement, Louis de Mazières, dernier seigneur de la maison de Mazières, qui mourut entre 1522 et 1529 et qui combattit en Italie sous Charles VIII et Louis XII. (Renseignement dû à l'obligeance de M. Henri de Mazières, avocat à la Cour d'Appel de Paris).

Compagnie LA TRÉMOUILLE-BONNIÈRES

(1) Jacques de la Trémouille, sieur de Mauléon, Bonnières, Conflans-Sainte-Honorine, Gençay, Château-Renard, Marcy, Neuvy-Pailloux, 3e fils de Louis de la Trémouille et de Marguerite d'Amboise, mariés le 22 août 1446, fut à l'expéd. de Naples (1494-1499), au siège de Capoue, à la bat. de Marignan (1515). Il naquit en 1467, fut cap. de gend., ép. (3 sept. 1511), Avoye de Chabannes (née 1493, vivante 27 févr. 1543), veuve d'Edmond de Prie et mourut en 1515.

Compagnie LA TRÉMOUILLE-TALMONT

(1) Charles de la Trémouille, prince de Talmont et Mortagne, comte de Taillebourg, fils de Louis de la Trémouille et de Gabrielle de Bourbon, mariés le 9 juill. 1485, fut au siège de Gênes, à la bat. d'Agnadel, à la défense de Dijon, fut

gouv. de Bourgogne (9 mai 1513), ép. (7 févr. 1501) Louise de Coetivy (née en 1481, morte en 1553, à Berrie) et fut blessé à mort à Marignan (13 sept. 1515).

Compagnie FRANÇOIS DE LA TRÉMOUILLE

(1) François de la Trémouille, fils de Charles de la Trémouille et de Louise de Coetivy, né en 1502, vicomte de Thouars, prince de Talmont, comte de Benaon, Guines, Taillebourg, baron de Craon, Royan, Sully, Montaigu, sieur de l'Ile-Bouchard, Brandois, Marans, Ré, Rochefort, Sainte-Hermine, Doué, Mauléon, Mareuil, cap. de gend. (2 juin 1520-3 août 1532), lieut. gén. en Aunis, Saintonge, Poitou (4 avril 1527), chev. de l'Ordre (29 sept. 1527), fait pris. à Pavie (1525), fit campagne sous Lautrec (1527-1528), ép. (28 févr. 1522) Anne de Laval et mourut le 5 janv. 1542 à Thouars.

(2) Claude de Beauvillier, comte de Saint-Aignan, sieur de la Ferté-Hubert, la Selle les Cléry, Chéré, Thoury, Lussay, Vaux, Villefalier, le Brano, Grand-Lude, Petit-Lude, Palluau, fils ainé de Méry de Beauvillier et de Jeanne de Husson, mariés le 25 déc. 1496, gent. de la Ch. (6 juill. 1529), cap. de gend. (1536), bailli et gouv. de Blois (28 nov. 1530), lieut. à la comp. la Trémouille (22 juin 1529), ép. (1524) Charlotte de Tranchelion, puis (1537) Claude de Rohan (vivante en 1540). Il mourut, le 14 août 1539, à Saint-Aignan.

Compagnie LOUIS DE LA TRÉMOUILLE

(1) Louis de la Trémouille, fils de François de la Trémoille et d'Anne de Laval, mariés le 28 févr. 1522, sieur de la Trémouille, duc de Thouars (juill. 1563), prince de Tarente et Talmont, comte de Taillebourg, Guines, Benaon, baron de Sully et Craon, sieur de Ré, Marans, Mauléon, l'Ile-Bouchard,

Berrie, Briolay, la Chaise-Vicomte, Sainte-Hermine, Neuvy, Bommiers, Noirmoutiers, gouv. de Poitou, Saintonge, la Rochelle (18 juin 1542), né en 1523, fut au siège de Perpignan (1542), fit la camp. de Picardie (1542), fut au siège de Volpiano (1551), chev. de l'Ordre (29 sept. 1560), cap. de gend. (29 déc. 1560-31 janv. 1571), ép. (29 juin 1549) Jeanne de Montmorency (morte le 30 oct. 1596, à Sully), fille du connét. et fut tué, le 25 mars 1577, au siège de Melle.

(2) Marc de la Béraudière, 3e fils de Jean-François de la Béraudière et de Jeanne Barton de Montbas, mariés le 5 nov. 1499, sieur de Millac et Mauvoisin, chev. de l'Ordre (10 déc. 1567), gent. de la Ch. (30 mai 1576), cap. de gend., lieut. à la comp. de la Trémouille (avril 1563-10 déc. 1567) et lieut. (31 juill. 1575), testa 21 sept. 1577, vivant 31 déc. 1583, se dist. à Dreux et à Jarnac. Il est l'auteur d'un livre assez rare : *Le Combat seul à seul en champ clos.* (Paris, Abel l'Angelier, 1608). Il ép. Renée de Chiron.

(3) Gaspard de Foucault, sieur de Saint-Germain Beaupré, Ahun, Naillac, 3e fils de Louis de Foucault et de Françoise de Villelume, mariés le 19 nov. 1533, chev. de l'Ordre, cap. de gend. (9 juin 1578), chamb. du duc d'Alençon, gouv. d'Argenton (1590), gent. de la Ch., blessé à mort au siège d'Ahun, mourut à la fin d'avril 1591. Il ép. (29 août 1563) Gabrielle de Rance, puis (28 févr. 1572) Isabeau de Pompadour.

(4) René le Mastin, sieur de la Fautrière, fils aîné de Gabriel le Mastin et de Jeanne le Roux de la Roche des Aubiers, mariés le 18 mai 1535, ens. à la comp. la Trémouille (oct. 1568-11 juin 1569), mort avant le 17 oct. 1570, sans post., ép. Marguerite de Maillé.

(5) Cf. notice à la comp. Brosse-Tiercelin.

(6) François de la Trémouille, sieur de Bournezeau, Moulinflon, Jouy, chev. de l'Ordre, fils naturel de Louis de la Trémouille, gent. de la Ch. (1583), ép. (avant le 12 oct. 1581) Jeanne de Cugnac-Imonville. Il fut guid. à la comp. de son père (28 juill. 1570-2 août 1571), et fut, en 1569, à la défense de Poitiers.

(7) René de Poussart, sieur de Vaudray, mar. des log. à

la comp. la Trémouille (oct. 1567-30 juill. 1571), fils de Pierre de Poussart, ép. (4 sept. 1541), Jacqueline de Barbezières (née le 6 janv. 1521)

Compagnie CAMILLO TRIVULZI

Camillo Trivulzi, né 3 mai 1486 (Giuntini), bâtard du mar. J. J. Trivulzi, tué, le 4 mars 1523, devant Milan, ép. Cécile Maini. Il fut cap. gend. (2 juin 1515-28 juill. 1518).

Compagnie JEAN-JACQUES TRIVULZI

(1) Jean-Jacques Trivulzi, marquis de Vigeva, comte de Bellicastro, cap. de gend. (9 sept. 1495), chev. de l'Ordre (10 avril 1502), sieur de Chateauduloir, Castelarca, 3e fils d'Antoine Trivulzi et de Françoise Visconti, né, selon Giuntini, le 24 juin 1442, blessé au siège de San Germano (1476), fit une expédition contre Gênes (1476), contre les Vénitiens (1484), une autre en Aragon (1486), une pour le Pape (1487), banni de Milan comme guelfe, par Ludovic Sforza, livra Capoue (18 févr. 1495) à Charles VIII. Cap. de gend., il commanda l'avant-garde à Fornoue (1495). Comte de Pezenas, cons. d'Etat, chambellan (28 juin 1496), chev. de l'Ordre, sieur de Chateau du Loir (févr. 1496), conduisit une armée en Milanais. Mar. de France (19 juin 1499), il entra en Piémont en août 1499, prit Arrazzo, Anon, Valenza, Bisignano, Voghera, Castelnovo, Pontecurone, Tortone, Alexandrie, Pavie, Milan. Sieur de Vigevano et gouv. de Milan, il comprima le soulèvement de Milanais (févr. 1500), concourut à la prise de Novare (10 avril 1500). En 1508, il commanda 500 h. d'a. et 5.000 de pied, battit avec les Vénitiens l'Empereur à Cadore (mars 1508). Chef de l'avant-garde à Agnadel (14 mai 1509), refoula, en 1510, l'invasion suisse

en Milanais. Généralissime en 1511, il prit Concorda, surprit Bologne, battit l'armée vénéto-papale, le 2 mai 1511, prit la Mirandole, prit (fin avril 1513) Asti, Alexandrie, ravitailla Milan, fut battu à Novare avec la Trémouille (6 juin 1513). Il combattit à Marignan (1515), commanda, avec René de Savoie (oct. 1515) l'armée française de Vénétie. Il mourut à Châtres près Montlhéry, le 6 déc. 1519. Il ép. (1467) Marguerite Colleone, puis (1488) Béatrix d'Avalos-Pescaire.

(2) Jean Francesco Trivulzi, marquis de Vigeva, grand fauconnier et grand veneur de Milan, petit-fils du précédent, fils de Jean-Nicolas Trivulzi et de Paola Gouzaga, cap. de gend. (janv. 1519-27 mai 1528), mourut le 14 juill. 1573 à Mantoue, ép. Julie Trivulzi de Pizzighettone, fille du mar. Théodore Trivulzi, sa cousine au 7e degré. Il combattit pour la France jusqu'en 1528, pour les Médicis, en 1526, pour l'Empereur, en 1530.

Compagnie FRANCESCO TRIVULZI

(1) Notice à la comp. Jean-Jacques Trivulzi.

(2) Notice à la comp. Jérôme Trivulzi.

(3) Jean Trivulzi, comte de Piolet, Borgomanero et Porlezza, fils ainé de Paolo-Camillo Trivulzi et de Barbe Stauga, né en 1526, ép. Laure de Gonzague et mourut en 1549.

Compagnie TEODORO TRIVULZI

(1) Teodoro Trivulzi, comte de Cauria, Manhie, la Marasterne, Villamarina et Pizzighettone, chev. de l'Ordre (20 déc. 1512), 2e fils de Pierre Trivulzi et de Laura de Bossis, né en 1454, cousin-germain de J. J. Trivulzi, servit, en Aragon, de 1482 à 1494, cap. gend. (22 sept. 1510-7 janv. 1531), fut à Agnadel (1509), Ravenne (1512), à la levée du siège de

Parme (1521). Fait pris. lors de la surprise de Milan (nov. 1521) et blessé, il fut gén. en chef des Vénitiens (1523), gouv. de Milan (1525). Après la bat. de Pavie, il se retira derrière le Tessin avec la garnison de Milan. Maréchal de France (23 mars 1526), gouv. de Gênes (1527), il s'y défendit longtemps contre la révolte, puis capitula (oct. 1528). Gouv. de Lyon (10 août 1529-janv. 1531), il y mourut en 1531. Il ép. Bonne de Bevilaqua (morte à

(2) Paolo-Camillo Trivulzi, comte de Piolet, duc de Boyane, comte de Porlezza, chev. de l'Ordre, mestre de camp, fils de Jean Trivulzi et d'Angela Martinenga, neveu du mar. Teodoro Trivulzi, ép. (1517) Barbe Stauga et mourut au siège de Naples, en 1528.

(3) Guid. comp. Renzo Orsini de Ceri (18 août 1534-4 juill. 1535), puis comp. J. Paul Orsini de Ceri (juill. 1536-30 juin 1537).

Compagnie RENÉ TRIVULZI

(1) René Trivulzi, petit-fils de René de Trivulzi *le Suisse*, sieur de Sartirana et Formigara, fils aîné de Francesco Trivulzi et de Margarita Grassi. Il fut cap. gend. (22 mars 1525-26 févr. 1526) français. Il combattit dans le parti français de 1515 à 1529. Il ép. (1521) Isabelle Borromée et mourut en 1543.

Compagnie ALESSANDRO TRIVULZI

(1) Alessandro Trivulzi, sieur de Sartirana, comte de Melet, 5e fils de Jean-Fermo Trivulzi et de Marguerite de Valperga, chev. de l'Ordre, chamb., cons. d'Etat, cap. de gend. (27 déc. 1518-mars 1521), mourut, en 1527, à Parme, sans postérité. Il ép. Louise Galerata, veuve de Lodovico Maini. Il avait été

(1499) gouv. de Plaisance, et fait la campagne de Naples, en 1503.

Compagnie JÉROME TRIVULZI

(1) Jérôme Trivulzi, comte de Melcio, chev. de l'Ordre, sénateur milanais, cap. de gend. (14 oct. 1523), 4° fils de Jean-Ferme Trivulzi et de Marguerite de Valperga, ép. Antoinette Balbiani et mourut en 1524.

Compagnie D'URFÉ

(1) Pierre d'Urfé, fils ainé de Pierre d'Urfé et d'Isabeau de Chauvigny-Blot, né avant 1443, sieur de la Bastie, Saint-Géran, le Puy, Montagu, Rochefort, chev. de l'Ordre (21 juill. 1505), grand-écuyer (4 nov. 1483-21 juill. 1505), servit en Flandre (1485), d'abord du parti bourguignon (1461-1475), ambass. de Bretagne à Rome (4 janv. 1480), grand écuyer de Bretagne, gouv. de Bourbon (8 déc. 1483), prisonnier en Flandre (1485), bailli de Forez, gouv. de Montbrison (29 janv. 1487), sénéchal de Beaucaire (20 août 1485-1ᵉʳ mai 1489), gouv. de Nimes (20 août 1485-23 avril 1487), cap. de gend. (3 août 1494), fut à l'expédition d'Italie (1494), à la bat. de Fornoue (1495), débloqua Novare, fut cons. d'État et chambellan (15 juill. 1460-21 juill. 1505) et mourut le 20 oct. 1508. Chev. de la Toison d'Or et du Saint-Sépulcre, il ép. après 21 novembre 1484, Catherine de Polignac, veuve de Jean de la Tour-Montgascon, puis (4 oct. 1495) Antoinette de Beauvau (vivante 6 févr. 1528).

(2) François d'Urfé, baron d'Orose, ami et compagnon de Bayart, neveu de Pierre d'Urfé, fils ainé de Jean-Paillart d'Urfé et d'Isabeau de Langeac, né avant le 28 juin 1489, ép. Marguerite d'Albon-Saint-André (vivante 5 mars 1506), veuve de Louis de Rivoire et de François-Denis de Belletruche.

Compagnie LA VALETTE-CORNUSSON

(1) Notice à la comp. de Caillac.

(2) *Item*.

(3) Antoine de Lestaing, sieur de Pomeyrols (19 sept. 1567), fils de François de Lestaing et d'Anne de Valsergues, mariés le 3 avril 1540, ép. (19 juin 1581) Jeanne de Bérail-Cazillac. Il testa le 1er avril 1609.

(4) François du Cros, sieur de Planèzes, baron de Belcastel et Guitalens, fils d'Antoine du Cros et d'Anne de Bérail, ép. (20 nov. 1592) Françoise de Beaufort-Canillac (vivante le 23 nov. 1623). Il mourut avant le 23 nov. 1623.

(5) Georges de la Roquebouillac, fils de Flotard de la Roquebouillac et de Claire de Mié, mariés le 17 juill. 1555, né avant le 19 août 1561, baron de Mié, Saint-Laurens, Ferrières, ép. (23 nov. 1576) Antoinette de Beaulac et mourut le 11 mars 1605.

Compagnie FRANÇOIS Ier

(1) Le roi François Ier, cap. de gend. dès le 15 mai 1512.

(2) Guy de Laval. Cf. notice à la comp. Montfort-Laval.

(3) René de Clermont, lieut. à la comp. du duc d'Angoulême (1513), fait prisonnier à la Journée des Eperons (1513), était un Clermont d'Amboise. Etait-ce le même que René de Clermont (Cf. notice comp. Malet-Graville) ou le fils de ce René de Clermont et de Perrette d'Estouteville, René de Clermont, sieur de Saint-Georges, né avant 1500, maître d'hôtel du roi (30 avril 1518), gent. maison du roi (12 sept. 1524-21 janv. 1530), qui ép. (25 févr. 1518) Philiberte de Goux, puis (30 juill. 1525) Françoise d'Amboise (veuve en oct. 1560).

Compagnie Duc D'ALENÇON.

(1) Charles de Valois, fils de René de Valois et de Marguerite de Lorraine, né le 2 sept. 1489, à Alençon, duc d'Alençon, comte du Perche, Armagnac, Rodez, Fézensac, l'Isle-en-Jourdain, Pardiac, vicomte de Beaumont, Fézensaguet, Lomagne, Brulllois, Cressez, Auvillar, baron de Castelnau, Caussade, Montmiral, sieur de la Guerche, la Flèche, Verneuil, Domfront, Baugé, premier prince du sang (1515), lieut. gén. en Champagne et Normandie, fut à l'expédition de Gênes (1507), aux bat. d'Agnadel (1509) et Marignan (1515), à celle de Pavie (1525) et mourut à Lyon, le 11 avril 1525. Il ép. (9 oct. 1509) Marguerite de Valois (née le 11 avril 1492, à Angoulême, morte le 21 déc. 1549, à Odos en Bigorre), sœur de François Ier, et mourut sans postérité.

(2) François de Silly, sieur de Lonray, le Fay, Cerisay, Vaux, Acy-sur-Aube, 1er écuyer tranchant, cons. d'État, chambellan, gouv. et bailli de Caen (1er mai 1504-12 sept. 1510), gouv. de Chantilly (1523), fut au combat d'Ardres (1513), battit Reiffersheid en 1521, entre Assigny et Mézières, chamb. du duc d'Alençon, maitre des eaux et forêts du Perche (1512) et Alençon, lieut. à la comp. d'Alençon, fils aîné de Jacques de Silly et d'Anne de Prez-en-Pail, mourut, le 24 nov. 1524, à Pavie. Il ép. Aimée Motier de la Fayette (morte à Pau le 24 août 1556).

(3) Charles d'Alençon, fils naturel de René d'Alençon, sieur de Cany et Caniel, frère du duc, cap. de la comp., lieut. à la comp. de René de Savoie (24 mai-3 sept. 1515), ép. Germaine Baliue de Villepreux, nièce du cardinal et mourut en 1545. Il fut (23 févr. 1515), lieut. à la comp. du duc d'Alençon.

(4) René de Silly, sieur de Vaux, Fontaine-Riant, Gasprée, les Roussesterres (11 juill. 1557) bailli d'Alençon (26 déc. 1533-13 mai 1553), chamb., 2e fils de Jacques de Silly et d'Anne de Prez en Pail, ép. (18 sept. 1509) Renée le Beauvoisien (décédée 4 oct. 1541).

(5) Foulques de Courtarvel, sieur de Courtarvel, la Lucas-

sière, Saint-Germain, Boisgencif, baron de Pezé, fils ainé d'Ambroise de Courtavel et d'Anne de Pezé, mariés en 1480, chev. de l'Ordre, gouv. de Chantelle, h. d'a. à la comp. du duc d'Alençon (1512-1522), ens. (1522) dans cette comp., ép. (19 sept. 1516) Françoise d'Avaugour (encore vivante en 1570) et fut aux bat. de Marignan et de la Bicoque. Il mourut entre le 29 sept. 1533 et le 31 mai 1538.

(6) François de Silly, sieur de Dampierre et Malesherbes, fils de Nicolas de Silly et de Marie Tesart des Granges, ép. (1517) Claude de Mauny, vivant 6 févr. 1535.

Compagnie Duc CHARLES D'ORLÉANS

(1) Charles de France, duc d'Orléans, Bourbon, Angoulême, Châtellerault, comte de Clermont et la Marche, 3e fils de François Ier et de Claude de France, gouv. de Champagne et Brie (3 juin 1543), fit les deux camp. de Luxembourg (1542-1543) et celle de Champagne (1544). Né le 22 janv. 1522 à Saint-Germain-en-Laye, à 9 heures du matin, il mourut le 9 sept. 1545, à Forestmoutier, en Picardie.

(2) Cf. notice à la comp. Sancerre.

(3) Claude Bossut, baron de Bazoches, Ham, Saint-Jean-sur-Tourbe, Maffrecourt (17 oct. 1560), 4e fils de Nicolas de Bossut et de Bonne de Sains, sieur de Longueval, gouv. de Reims, ens. à la comp. du duc d'Orléans (oct. 1541-27 févr. 1542), puis lieut. à la comp. Longueval (avril 1545-18 mars 1547), ép., avant 1551, Anne de Linange (vivante 1er mai 1557).

(4) Cf. notice à la comp. du dauphin François II.

(5) Louis de Théligny, fils de François de Théligny et de Charlotte de la Haye-Louvoye, panetier du duc d'Orléans, ép. (1er févr. 1531) Aréthuse Vernon, puis Calixte de Mayetona, vivait encore le 26 mai 1547, fut sieur de Lierville, sénéchal de Rouergue et mourut à Venise.

Compagnie Duc D'ANJOU (Henri III)

(1) Edouard-Alexandre de France, fils du roi Henri II et de Catherine de Médicis, né le 19 sept. 1551, duc d'Anjou (8 févr. 1566), roi de Pologne (9 juin 1573), débuta au siège du Hàvre (1563). Lieut. gén. du royaume (12 nov. 1567), il fut aux combats de Pamprou et Jazeneuil, prit Mirebeau (11 déc. 1568), assiégea Loudun, prit Ruffec, Melle, Chateauneuf, battit l'ennemi à Jarnac, fut battu à la Roche-Abeille, secourut Poitiers. Duc d'Auvergne (17 août 1569), il assiégea Châtellerault, ravitailla Poitiers, battit l'ennemi à Moncontour (3 oct. 1569), prit Parthenay, Saint-Jean-d'Angely (2 déc. 1569), partit pour la Pologne (12 nov. 1573). Couronné (15 févr. 1574), il la quitta, le 18 juin 1574, et succéda à son frère Charles IX, sur le trône de France, sous le nom de Henri III. Il fut assassiné, en 1589, par Jacques Clément. Il ép. Louise de Lorraine-Vaudemont (née à Nomény, le 30 avril 1553, morte à Moulins, le 29 janv. 1601).

(2) François de Kernevenoy, dit *Carnavalet*, sieur de Nogent-sur-Seine, fils de Philippe de Kernevenoy et de Marie du Chastel, né en 1520, mort en 1572, âgé de 51 ans, 4 mois 15 jours, gendre du comte de Montrevel, beau-frère du mar. de Tavannes, gouv. du Dauphin Charles IX, chev. de l'Ordre (7 déc. 1561), éc. d'éc. du roi (13 juill. 1560-15 oct. 1561), gouv. du duc d'Anjou (3 sept. 1565-21 févr. 1571), lieut. à la comp. du duc d'Anjou (6 juin 1560-*25 janv. 1572*, quittance de lui signée), gent. de la Ch. (16 juill. 1567), cons. d'Etat. Grand écuyer, gouv., chef du conseil et surintendant de la maison du duc d'Anjou, il se distingua à Moncontour, fut gouv. d'Anjou, Forez, Bourbonnais. Il ép. Anne Hurault, puis (20 nov. 1566) Françoise de la Baume-Montrevel (vivante le 5 déc. 1594), veuve de François de la Baume-Saint-Sorlin.

(3) Cf. notice à la comp. Villequier-Evry.

(4) Antoine de Montesquiou, sieur de Sainte-Colombe, Gelas, le Perier, fils aîné d'Imbert de Montesquiou et de Marguerite de Sainte-Colombe, lieut. à la comp. du duc d'Anjou, ép. (9 août 1541) Anne de Mondenard (qui testa

25 juill. 1585), fut à la bat. de Jarnac (où il assassina le prince de Condé ???). Il mourut avant le 21 juill. 1581. Sous-lieut. comp. d'Anjou (12 juill. 1594).

(5) Cf. notice à la comp. Barbezières-Chemerault.

(6) René de Rochefort, sieur de Rochefort, la Croisette, Rensines, baron de Frolois, Vassy, 3ᵉ fils de Jean de Rochefort et d'Antoinette de Châteauneuf, mariés le 1ᵉʳ juill. 1518, mineur (23 mars 1536-7 nov. 1540), gent. de la Ch. (19 oct. 1563-25 oct. 1588), chev. de l'Ordre (2 oct. 1568), ens. à la comp. du duc d'Anjou (oct. 1564-2 oct. 1568), cap. de gend. (janv. 1574-20 janv. 1585), cons. d'Etat, gouv. de Blois (dern. févr. 1581), Touraine (20 janv. 1585), lieut. gén. en Artois, à Amboise et Loudun, vivant le 11 janv. 1589, ép. avant le 19 oct. 1563 Jeanne Hurault de Weil (née en 1533, morte le 29 août 1601). Il fut chev. du Saint-Esprit (31 déc. 1583).

(7) Cf. notice à la comp. de Belleville.

(8) Valérien d'Anglure, sieur d'Autricourt, Recey, Courcelles, fils de Saladin d'Anglure et de Jeanne d'Autry, guid. à la comp. du duc d'Anjou (30 mars 1565) et gent. de sa chambre (janv. 1563-24 mai 1566), ép. Guillemette d'Averhoult (vivante 13 mars 1572). Il était mort au 13 mars 1572.

(9) Philibert le Voyer, sieur de Lignerolles, guid. (janv. 1563-10 févr. 1564), ens. (janv.-29 mai 1566) à la comp. du duc de Nemours, chev. de l'Ordre (2 juin 1569), guid. à la comp. du duc d'Anjou (oct. 1567-2 juin 1569), cap. de gend. (6 févr. 1571), vivant le 10 déc. 1571, favori de Henri III, avec lequel il avait, en 1561, ainsi que le duc de Nemours, conspiré, ép. Anna Cabriana, maîtresse de Charles IX, fille du célèbre cap. italien Emilio Cabriana. On dit qu'Henri III fit tuer Lignerolles, parce qu'il lui avait rappelé son rôle à la Saint-Barthélemy.

(10) Cf. notice à la comp. Villequier-la Guerche (Georges).

(11) Cf. notice à la comp. Villequier-Evry.

(12) Charles de Thiboutot, sieur d'Elvemont, Oberville la Renaud, fils de Nicolas de Thiboutot et de Sébastienne de Radigant, mariés le 17 janv. 1532, mar. des log. à la comp. du

duc d'Anjou (4 juin 1565-6 juin 1567), gouv. de Montivilliers et Harfleur (16 août 1589), né en 1534, mort entre le 11 sept. 1596 et le 20 juill. 1597, archer à la comp. de Vendôme (21 janv. 1555), gent. de la Ch. du duc d'Alençon (15 juin 1576), ép. (25 févr. 1554) Jeanne Laillet de Cherville, puis (6 sept. 1563) Anne de Brézé du Breuil, veuve de Guillaume de Sulboys, puis Anne de Pardieu.

(13) Jacques de Crémeur, sieur du Gast, 2ᵉ fils de Gilles de Crémeur et de Nicole d'Allenois, mar. des log. à la comp. du duc d'Anjou (oct. 1568-3 juin 1569), mourut avant le 4 nov. 1569.

(14) Charles des Réaulx, sieur de Lynaud, mar. des log. comp. duc d'Anjou (8 oct. 1572-7 juin 1574), mar. des log. du camp de l'armée de Mayenne (14 mars 1576).

Compagnie DAUPHIN FRANÇOIS II

(1) François de Valois, fils aîné de Henri II et de Catherine de Médicis, né à Fontainebleau, le samedi 19 janv. 1544, entre 4 et 5 heures du soir, baptisé le 10 févr., mort le 5 déc. 1560. Il fut roi de France, sous le nom de François II (10 juill. 1559). Il ép. (24 avril 1558) Marie Stuart (née le 5 déc. 1542, à Linlithgow, décapitée le 18 avril 1587, à Fotheringay).

(2) Notice à la comp. d'Humières.

(3) Claude d'Urfé, fils aîné de Pierre d'Urfé et d'Antoinette de Beauvau, mariés le 4 oct. 1495, né en 1502, sieur de Beauvoir-sur-Arnon, Entragues, Mennetou-Salon, Saint-Just en Chevalet, Saint-Didier, Rochefort, Mirebeau, Bussy, Souternon, Grenieu, la Bastie, chev. de l'Ordre (28 avril 1551), cons. d'Etat, chamb. (20 juill. 1551), baron de Chateauneuf, gent. de la Ch. (4 avril 1549), bailli de Forez, gouv. du Dauphin (20 juill. 1551-21 avril 1553) et lieut. de sa comp. (28 avril 1551-12 nov. 1558), gouv. de Bussy et Souternon (17 janv. 1518), ambass. à Rome, au concile de Bologne (28 août 1548), éc.

d'éc. du roi, ép. (29 août 1532) Jeanne de Balsac-Entragues (qui testa en 1542).

(4) Notice à la comp. d'Humières.

(5) Charles de Théligny, fils de François de Théligny et de Charlotte de la Haye-Louvoye, sieur de la Salle et Louvoye, gent. de la Ch. (14 juin 1556), guid. (janv.-24 sept. 1543), ens. (20 mai 1548-20 juill. 1551) à la comp. du Dauphin, après avoir été (5 oct. 1542-24 sept. 1543) guid. à la comp. du duc Charles de Valois d'Orléans, frère de Henri II. Echanson du duc d'Orléans, (15 avril 1544), sous-lieut. (31 oct. 1551-14 juin 1556) à la comp. du Dauphin, tué au siège de Saint-Quentin.

(6) Charles de la Roue, fils ainé de Louis de la Roue et d'Hélène de Claveyson d'Hostun, né en 1526, gent. de la Ch., se distingua en Ecosse (1549), à Thérouanne (1553), où il fut pris, fut blessé à mort au siège de Bouvines et mourut à Mézières, le 29 juill. 1554. H. d'a. (20 juill. 1551) à la comp. du Dauphin, il fut, dès le 25 oct. 1551, guid. de cette comp. Il mourut sans alliance.

(7) Artus de Rubempré, mar. des log. à la comp. de Henri II (9 juin 1544-12 oct. 1545).

(8) Antoine de Lamet, sieur de Saint-Martin et Canteleu, 3e fils de Jacques de Lamet et de Marguerite de Flandres-Drinkan, né en 1508, mort le 10 juill. 1557, mar. des log. à la comp. du Dauphin (juill. 1551-22 janv. 1555).

Compagnie Duc D'ALENÇON

(1) **François de France**, 5e fils de Henri II et de Catherine de Médicis, né le lundi 18 mars 1554, à 9 heures 3/4 du matin, à Fontainebleau, baptisé sous les noms d'Hercule-François, duc d'Evreux (oct. 1560), Alençon (8 févr. 1566), Anjou (1576), Château-Thierry, Châtillon-sur-Marne, Epernay, comte du Perche, Gisors, Mantes, Meulan, sieur de

Vernon (8 févr. 1566), débuta au siège de la Rochelle. Comte du Maine (juin 1573), arrêté et enfermé à Vincennes (1574), élargi, soulève le Poitou (1575), fait la paix avec le roi (1576). Duc de Touraine, Anjou, Berry (mai 1576), il prend la Charité et Issoire (1577) ; en 1578, il va à Mons, où il est nommé *défenseur de la Liberté belge*, prend Binche (7 oct.) et Maubeuge. Amb. en Angleterre, il veut épouser Elisabeth (1579). Il traita, en 1580, pour Henri III, avec le roi de Navarre. Souverain des Pays-Bas (1581), il délivra Cambrai (18 août 1581), prit Arleux, l'Ecluse, Cateau-Cambrésis, repassa en Angleterre et conclut son mariage avec Elisabeth. Duc de Brabant (19 févr. 1582) et comte de Flandre, il organisa une révolte contre le prince d'Orange, révolte qui échoua à Ostende, Bruges, Nieuport. Il échoua sur Anvers, traita avec les Etats des Pays-Bas, entra en France et mourut, le 10 juin 1584, à Château-Thierry.

(2) Jean Babou, sieur de la Bourdaisière, Saillan, Seutenay, Angy, Bourchaux, Jouy, Milly, Chissey, Thuisseau, baron de Sagonne et Veilhon, échanson duroi de Navarre (1529), gouv. et bailli de Gien (1529-11 déc. 1545), maitre de la garde-robe (9 sept. 1557) du dauphin François, de Henri II, de François II, amb. à Rome (1559), gouv. du duc d'Alençon (1560) et lieut. de sa comp. (1562), gouv. d'Amboise, gouv. et bailli de Touraine, gouv. de Brest (1554), fut à la bat. de Saint-Denis (1567), chev. de l'Ordre (1568), fut à la bat. de Jarnac, cons. d'Etat (11 mai 1569), grand-maitre de l'artillerie (1567). Il mourut le 11 oct. 1569. Cons. d'Etat (11 déc. 1545), il était fils de Philibert Babou et de Marie Gaudin, mariés le 28 avril 1510, et ép. (6 déc. 1539) Françoise Robertet (vivante 16 mai 1582).

(3) Claude de Beauvillier, comte de Saint-Aignan, baron de la Ferté-Hubert, la Salle lès Cléry, Lussay, fils de René de Beauvillier et d'Anne de Clermont, né le 18 oct. 1542, enfant d'honneur du Dauphin (1553), gent. de la Ch. (1557), guid. (7 janv.-23 nov. 1564), puis lieut. (1568-6 déc. 1582) à la comp. du duc d'Alençon, chamb. et maitre de la vénerie (9 janv. 1576) de ce duc, chef et surintendant de sa maison (9 janv. 1576-9 mars 1578), chev. de l'Ordre gouv. de Caen

(6 juill. 1572), Vire, Falaise, Bayeux, la Ferté-Bernard, cons. d'Etat. gouv. de Berry, Anjou, Bourges (29 mars 1577), ép. (18 févr. 1559) Marie de Babou-la Bourdaisière (morte à Saint-Aignan en 1583), accompagna le duc d'Anjou en Angleterre et fut tué à l'affaire d'Anvers, le 4 avril 1584, par l'explosion des navires la *Fortune* et l'*Espérance*.

(4) Chrétien de Savigny, fils de Jean de Savigny et de Jeanne de Haussonville, mariés le 18 déc. 1546, mineur au 20 août 1564, sieur de Rosne, Tonnois, Essey, Saint-Evre, Turquestin, Haussonville, Vauvincourt, chamb. du duc d'Alençon, gouv. (7 juin 1576) de Château-Thierry, Meaux, Provins, Epernay, Sézanne, Montereau, lieut. à la comp. du duc d'Alençon (oct. 1579-20 mars 1580), lève (1581) 2.000 chevaux en Allemagne pour le duc d'Alençon, fut (5 oct. 1587), mestre de camp, lieut. gén. en Champagne, mar. gén. de camp (mai-8 juin 1589) pour la Ligue, mar. de France pour la Ligue (1592). Il prit Epernay, fut nommé gouv. de Paris et d'Ile de France. Chassé de la cour par Henri IV, il entra au service de l'Espagne, fut gouv. de la Fère (1594), major-gén. (1595), mar. de camp gén., prit Calais (1596) et fut tué d'un boulet au siège d'Hulst (août 1596). Il ép. (24 avril 1572) Antoinette d'Anglure-Estoges (vivante le 24 oct. 1586). Son portrait est au musée du Louvre.

(4 *bis*) François de Mauléon, chev. de l'Ordre, gent. de la Ch., sous-lieut. à la comp. du duc d'Anjou (21 mai 1566), neveu de feu Jean de Mauléon, évêque de Comminges.

(5) François d'Escoubleau-Sourdis, sieur de Jouy en Josas, Montdoubleau, marquis d'Alluye, cons. d'Etat, cap. de gend., gouv. de Chartres, 1er éc. d'éc. du roi, mort en 1602, frère du cardinal de Sourdis, ép. Isabeau Babou de la Bourdaisière (vivante 10 déc. 1608). Il était fils de Jean d'Escoubleau et d'Antoinette de Brives, mariés en 1528. Il fut chev. du Saint-Esprit (31 déc. 1585).

(7) Jean de Voisines, sieur de Beauregard, chev. de l'Ordre (30 août 1568), mar. des log. (avril 1563-7 janv. 1564) comp. d'Anjou, ens. comp. d'Anjou (oct. 1564-1er juin 1565) puis comp. d'Alençon (avril 1568-28 mai 1569), décédé au 4 mai

1573, probablement fils de Pierre de Voisines et de Jeanne de Rouy, mariés le 28 nov. 1521.

(8) Louis Taveau de Mortemer, chev. de l'Ordre, gent. de la Ch. du duc d'Alençon (28 janv. 1569), ens. comp. d'Alençon (juill. 1571-4 mars 1576), gent. de la Ch. (18 déc. 1575), se distingua, en Basse-Normandie, contre Montgommery, 4e fils de René Taveau et de Marguerite de Beauvillier, mariés le 28 déc. 1517.

(9) Cf. notice à la comp. Rochechouart-Mortemart.

(10) Georges Babou, sieur de la Bourdaisière, Thuisseau, Chissay, comte de Sagonne, fils aîné de Jean Babou et de Françoise Robertet, mariés le 6 déc. 1539, enfant d'honneur du duc d'Alençon, suivit Mayenne en Hongrie. Né en 1551, fut aux sièges de la Rochelle, Lusignan (blessé), Issoire, Pontoise blessé), Chartres, la Capelle, Laon (blessé), gent. de la Ch. du duc d'Alençon (1569), premier gent. du duc d'Alençon (1575), cap. de gend. (1586), cons. d'Etat (1594), archer (2 juin 1567), puis guid. à la comp. d'Alençon (19 mai 1574-27 juin 1577), mourut en 1607. Il ép. (30 nov. 1582) Madeleine du Bellay (née 25 juill. 1562). Il fut chev. du Saint-Esprit (31 déc. 1594). Archer comp. duc d'Alençon (2 juin 1567).

(11) René de Montalais, sieur d'Ourne, fils de Pierre de Montalais et de Renée Chéreau de Gastines, mariés en 1542, mort sans alliance. Il fut gent. de la Ch. du roi (20 mai 1576) et de celle du duc d'Alençon (23 juin 1576), guid. (janv. 1578-25 avril 1580) à la comp. de ce duc.

(12) Cf. notice à la comp. du mar. de Tavannes.

(13) Jacques de Constant, sieur de la Motte-Fontpertuis, 3e fils de Louis de Constant et d'Anne de Barbançois, mariés le 16 juill. 1529, mar. des log. à la comp. du duc d'Alençon (juill. 1571-10 avril 1573).

Compagnie GRAND PRIEUR DE FRANCE

(1) Henri d'Angoulême, fils naturel du roi Henri II et de lady Fleming de Lewiston, chev. d'Angoulême, protecteur de

Malherbe, abbé de la Chaise-Dieu (1562), abbé de Saint-Pierre de Clérac (1568), cap. de gend., fut au siège de la Rochelle (1573), grand-prieur de France, gouv. de Provence (1578-1586), amiral des mers du Levant, tué par le baron Philippe Altoviti de Castellane, qu'il tua aussi (2 juill. 1586).

(2) Cf. notice comp. Halwin-Piennes.

(3) Louis, comte de Montafié, fils de Georges de Montafié et de Bianca Orsini, mariés en 1539, chev. de l'Ordre, lieut. comp. Grand-Prieur (janv. 1575-11 juill. 1577), décédé en janv. 1582, ép. Jeanne de Coesme-Lucé (décédée 26 déc. 1601 à Saint-Arnoul).

(4) Claude de Thézan, sieur de Saint-Maximin, 3º fils d'Antoine de Thézan et de Marquise de Combret, mariés le 15 mai 1523, ép. (5 avril 1562) Jeanne de Giraud-Pouzols.

(5) Gaspard de Simiane, sieur d'Evenes, Gordes, Saint-Nazaire, Ollioules, Moncha, ens. comp. Grand-Prieur de France (15 juill. 1571), chev. de l'Ordre, gent. de la Ch. (23 avril 1580), 8º fils de Bertrand-Raimbaud de Simiane et de Péronne de Pontevez, né le 2 oct. 1530, vivant 9 mai 1604, mort en 1606, blessé à Moncontour, ép. (8 oct. 1576), Catherine Mitte de Miolans-Chevrières, veuve de Jean de Saint-Priest.

(6) François d'Aubusson, sieur de la Feuillade, la Grange-Bléneau, Vouhet, ie Souliers, Paletanges, gent. de la Ch. (19 avril 1572) chev. de l'Ordre, chamb. du duc d'Alençon (1580), fils aîné de Jean d'Aubusson et de Jacqueline de Dienne, mariés le 11 août 1538, ép. (30 juill. 1554) Louise Pot de Rhodes (vivante 21 déc. 1613) et mourut le 21 mai 1611. Il était (19 déc. 1569-19 avril 1572), guid. comp. du Grand-Prieur.

(7) Jean Duglas, sieur de Longueval et Marquest, gent. de la Ch. (12 avril 1577), ens. à la comp. du Grand Prieur (11 juill. 1577), 3º fils d'Olivier Duglas et d'Isabelle de Wignacourt, mariés le 23 sept. 1530, chev. de l'Ordre, gent. de la Ch., gouv. de Soissons, amb. à Venise, où il mourut le 3 nov. 1586. Il avait ép. après 20 juill. 1568 Claude des Hayes-Fontenailles, veuve de René de Monceler,

(8) Claude de Jarente, baron de Senas, sieur de Bras, Aigalade, Saint-Esteve, Brue-Auriac, Varage, Tholonet, viguier de Tarascon, 3ᵉ fils de Balthazar de Jarente et d'Isabeau d'Agoult, mar. le 28 sept. 1546, testa le 17 août 1586, fut ens. à la comp. du Grand-Prieur de France (avril 1581), ép. (8 sept. 1578) Madeleine de Bermond-Bouzène et fut tué dans une émeute, le 22 août 1588.

(9) Antoine de Brichanteau, baron de Charenton, Beauvais-Nangis, Gurcy, la Croix en Brie, Bailly, Fontaines, Vienne, Charmoy, Chalastre, Amilly, Pagny, le Buisson, le Closeau, Aigny, le Corbier, Encœur, Ville-sur-Tourbe, la Chapelle d'Arrablay, le Marchais, Malnoue, Closfontaine, les Grands Clos, Montrimble, le Corroy, Oreinville, Serville, Germainville, le Blanc en Berry, Rezé, Thevé, Meillant, Linières, marquis de Nangis (déc. 1552), fils de Nicolas de Brichanteau et de Jeanne d'Aguerre, né le 7 août 1552, à 10 h. du matin, le 18 oct., à Gurcy, gent. de la Ch. du duc d'Anjou, guid. à la comp. Grand-Prieur (11 mars 1569), gent. de la Ch. (22 juill. 1575), chev. de l'Ordre (9 déc. 1580), cap. gend. (3 oct. 1592-14 nov. 1616), fut au siège de Mussidan, à la bat. de Jarnac, à celle de Moncontour, au siège de Saint-Jean-d'Angely. Il servit, sous Mayenne contre les Turcs (1570), accompagna Henri III en Pologne (1573). Mestre de camp (30 juin 1575-11 oct. 1579), cons. d'Etat (14 juill. 1579-14 nov. 1616), il fut aux combats de Bois-Commun (1575), Dormans (1576), prit Melle (1577), fut aux sièges de Tonnay-Charente et de Brouage, amb. en Portugal (1579). Député aux Etats-Généraux de 1588 et de 1614, amiral (20 févr. 1589), il fut aux sièges de Paris, Chartres, Rouen (1590-1592), Laon, Epernay, la Fère. Il avait été (1580) à ce dernier siège, étant (1576-1581) cap. aux gardes. Il ép. (19 févr. 1577) Antoinette de la Rochefoucauld-Barbezieux (décédée à Nangis 5 mai 1627), et mourut, à Nangis, le 4 août 1617. Il fut chev. du Saint-Esprit (7 janv. 1595).

(10) François des Essars, chev. de l'Ordre, guid. à la comp. du Grand-Prieur (11 juill. 1577), est probablement François des Essars, sieur de Hamelet, 4ᵉ fils de François des Essars-Meigneux et de Charlotte du Hamel-Bellenglise, mariés le

19 sept. 1559, cap. au régiment d'Aumerville, qui fut à la défense d'Ostende, se distingua à la bat. de Nieuport et fut blessé à mort au siège de Rimberghe.

(11) Joachim de Wignaucourt, fils de Jean de Wignaucourt et de Marie de la Porte-Antreville, mariés le 13 juin 1538, sieur du Lis, Chailly, la Rue Saint-Pierre, Balloy, Montigny, Graton, guid. comp. Grand-Prieur (18 août 1581), gent. de la Ch., vivant 17 nov. 1595, décédé à Malte, ép. (30 déc. 1578) Marguerite de Villiers-Chailly, puis Claude de Challemaison (vivante 17 nov. 1595), veuve de René de Villiers-Livry.

(12) Mar. log. (oct. 1567-11 juill. 1577).

(13) Renaud de Bezannes, sieur de Courcy, Estrepy, Norrois, 2ᵉ fils de Renaud de Bezannes et de Marguerite de Rouy, mariés en 1564, ép. Catherine Lalemant, vivait encore le 12 mars 1598 et mourut sans postérité.

Compagnie des DAUPHINS FRANÇOIS et HENRI DE FRANCE

(1) François de France, dauphin de Viennois, duc de Bretagne, fils aîné de François Iᵉʳ et de Claude de France, né à Amboise, le 28 févr. 1517, otage en Espagne avec son frère Henri (mars 1526-juin 1530), gouv. de Normandie (8 août 1521), mourut le 10 août 1536, à Tournon, peut-être empoisonné par Montecuculli.

(2) Henri de France, 2ᵉ fils de François Iᵉʳ et de Claude de France, né à Saint-Germain-en-Laye, le 31 mars 1519, à sept heures du soir, dauphin de France (10 août 1536), fut au camp d'Avignon (1536), gouv. de Normandie (10 nov. 1536), fut à la prise de Thérouanne (1537), à la camp. d'Italie (1537), combat de Suze, prises d'Avigliana et Moncalieri), gouv. de Bresse, Dauphiné, Lyonnais, Provence (10 juill. 1542). Il assiégea Perpignan (1542), prit Aimeries et Maubeuge (1543), commanda (1544) l'armée autour de Boulogne et devint roi

en 1547, sous le nom de Henri II. Il ép. (27 oct. 1533) Catherine de Médécis (née à Florence le 13 avril 1519, morte le 5 janv. 1589, à Blois), et mourut le 10 juill. 1559.

(3) Notice à la comp. François II.

(4) Item.

(5) Notice à la comp. d'Humières.

(6) Item.

(7) Robert de Brouilly, sieur de Chevrières, Estaumesnil, fils d'Antoine de Brouilly et d'Isabeau d'Aumale, mariés le 4 mars 1486, né en 1486, mort le 29 déc. 1553, chev. de l'Ordre, comm. extraord. des guerres (12 juin 1550), ens. à la comp. du Dauphin, ép. Jeanne Le Fèvre, fut mar. log. comp. Dauphin (janv. 1536-13 oct. 1545).

(8) Notice à la comp. d'Humières.

(9) Notice à la comp. Clermont-Dampierre.

(10) François de Vivonne, sieur d'Ardelay et la Chataigneraye, bailli et gouv. de Montdidier, fils d'André de Vivonne et de Louise de Daillon, tué, le 10 juill. 1547, dans un duel extrêmement célèbre, par Guy Chabot de Jarnac. Il ép. (1542) Philippe de Beaupoil et mourut sans postérité.

(11) Notice à la comp. François II.

Compagnie GROIGNET DE VASSÉ

(1) Notice à la comp. La Rochedumayne.

(2) Jéan de Biars, sieur de Saint-Georges-le-Gautier, lieut. à la comp. Vassé (avril 1546-10 janv. 1548).

(3) Notice à la comp. Vassé.

(4) Charles de Sorbiers, sieur de Masson, Varennes, fourrier des lansquenets de Piémont (21 déc. 1542), ens. comp. Vassé (mai 1546-8 août 1554), décédé sans post. au 28 avril

1555, fils aîné de René de Sorbiers et de Marie Le Clerc de Varennes, mariés 30 déc. 1508.

(5) Jacques de Courtaudet. Mauvaise lecture pour Jacques de Courtarvel, fils de Fouques de Courtarvel et de Françoise d'Avangour, mariés le 17 sept. 1516, sieur de la Lucassière, Pezé, Saint-Remy, Saint-Germain, Boursay, chev. de l'Ordre (1570), gent. de la Ch., servit pendant 8 ans dans les comp. du comte du Lude et du mar. de Saint-André, blessé à la bat. de Saint-Quentin (1557), pris. à celle de Gravelines (1558), mineur (31 mai 1538), ens. à la comp. de Vassé (16 juin 1558-15 janv. 1559), lieut. à la comp. Illiers-Chantemesle (13 juill. 1563), ép. (23 juin 1544) Suzanne de Thoisnon (vivante 9 févr. 1575). Il mourut entre le 9 févr. 1575 et le 26 juill. 1581.

(8) Jean de Coisnon, sieur de la Roche, chev. de l'Ordre (1er févr. 1573), fils aîné de Pierre de Coisnon et de Suzanne de Vassé, mariés le 27 sept. 1518. Il vivait le 24 avril 1541.

(9) Notice à la comp. Jean de Vassé.

(10) Jean du Liège, sieur de Charrault de Fley en Poitou, mar. log. comp. Vassé (oct. 1564-30 juin 1570).

Compagnie JEAN DE VASSÉ

(1) Jean Groignet de Vassé, sieur de Vassé et Classé, Rouessé, Courtalieroue, Chauffour, Aiguilly, baron de la Roche-Mabille, 2e fils d'Antoine Groigné de Vassé et de Marguerite Hatry d'Alligny, mariés le 20 août 1529, fut à Jazeneuil, Pamprou, Moncontour, au siège de la Rochelle, chev. de l'Ordre (13 juin 1574), cons. d'Etat, lieut. à la comp. Vassé (avril-1er nov. 1561), cap. de gend. sur la démission de d'Esguilly (28 déc. 1571-9 août 1575), ép. (26 sept 1566) Jeanne le Vavasseur d'Esguilly (morte entre 1604 et 14 nov. 1609). Il fut gouv. de Chartres et mourut entre le 16 mai 1582 et le 17 déc. 1586. Il fut (31 déc. 1585) chev. du Saint-Esprit.

(2) François Thoreau de Molitart, fils de René Thoreau de

Molitart et d'Anne de Courcillon-Dangeau, vivant le 30 mai 1553, guid. à la comp. d'Esguilly (avril 1563), lieut. à la comp. d'Esguilly, lieut. à la comp. Jean de Vassé (25 nov. 1572-9 août 1575), chev. de l'Ordre (17 août 1569), gent. de la Ch. (19 déc. 1581), mort entre le 2 déc. 1611 et le 23 juin 1615, ép. (14 mai 1563) Claude Le Beauvoisien, puis (23 avril 1570) Andromaque du Plessis-Savonnières, puis (8 juin 1578) Catherine de Chamblay, veuve de Jacques de Sabrevois.

(3) Antoine de Vassé, sieur de Saint-Georges-Foulletorte, fils de Charles de Vassé, chev. de l'Ordre (7 nov. 1583), ens. (21 juill. 1568) à la comp. Vassé, ép. Esther Paynel.

(4) Jean de Mauger, sieur du Fay, Beaumont, Abondant, Goussainville, la Forest, vivant le 22 janv. 1523, fils de Nicolas de Mauger et de Jeanne de Beaumont, ens. à la comp. d'Esguilly (avril 1563), ens. à la comp. Vassé (22 oct. 1572-9 août 1575), chev. de l'Ordre (22 oct. 1572), gouv. de Dreux (19 août 1562-9 mai 1563), vivant le 9 mai 1581, ép. Catherine de Guiry.

(5) Louis de Couesnon, sieur de la Roche, la Jagassière, Hébert, chev. de l'Ordre (1er janv. 1572), guid. à la comp. Vassé (févr. 1554-15 juin 1569), lieut. à la comp. Matignon (1er avril 1570-1er janv. 1572), mort avant le 24 juin 1578, 2e fils de Pierre de Couesnon et de Suzanne de Vassé, mariés le 27 sept. 1518, ép. Françoise du Bouchet.

(6) Jean le Sesne, sieur de Ménylle, la Hennière, la Champagne, Clermont (26 mai 1580), mort avant 1603, guid. à la comp. Vassé (25 nov. 1572-9 août 1574), fils aîné de Guy le Sesne et de Marie de Courcillon-Dangeau, mariés le 26 janv. 1539, ép. (30 avril 1578) Madeleine de Prunelé-Herbaut (vivante en 1611).

(7) Notice à la comp. J. de Vassé.

(8) Jean de Tilly, sieur de Meygnanville, mar. log. comp. Vassé (janv. 1572-13 juill. 1574), probablement fils de Nicolas de Tilly-Vendehain et de Marie de Landes-Meygnanville, mariés le 15 avril 1526.

Compagnie D'ESGUILLY

(1) Notice à la comp. duc de Gueldre.

Compagnie PIERRE D'ESGUILLY

(1) Notice à la comp. Villabon.

(2) Claude Gruel, sieur de la Frette (27 déc. 1563), la Ventrouse, le Feuillet, fils de Claude Gruel et de Charlotte Moinet, chev. de l'Ordre (6 juill. 1555), lieut. à la comp. d'Esguilly, ép. Marguerite Auvé de la Ventrouse.

(3) Notice à la comp. Jean de Vassé.

(4) *Item.*

(6) *Item.*

(7) Mar. des log. dès avril 1563.

(8) Notice à la comp. J. de Vassé.

Compagnie VEILHAN-GIRY

(1) Notice à la comp. Fr. de Clèves-Nevers.

(2) Adrien de la Rivière, 2ᵉ fils de François de la Rivière et de Madeleine de Savoisy, mariés le 11 avril 1499, sieur de Champlemy, Anthiol, Soussin, Chouy, Bassou, Thoues, Ars, Embouy, Saint-Bonnet, Neuville, Rozay, chev. de l'Ordre (29 août 1565), vivant 12 mars 1567, mort en 1569, ép. (1538) Louise de Raguier-Thionville.

(3) François de la Rivière, sieur de la Grange, Michaugues, Boray, Dugny, Ars, Embouy, Rozay, Vacy, Chaulme, Neuville, Anthiol, Thouez, Reugny, Beaulieu, Champlemy, Boulon, chev. de l'Ordre (14 oct. 1576), gent. de la Ch. (27 sept.

1581-10 nov. 1591), fils aîné d'Adrien de la Rivière et de Louise de Raguier-Thionville, lieut. gén. en Nivernais et Donziois (15 juin 1586-10 nov. 1591), né le 2 janv. 1544, mort entre le 4 févr. 1613 et le 16 janv. 1616, ép. (1573) Anne de Veilhan-Giry (morte en 1626). Il fut lieut. comp. Veilhan-Giry (avril 1577-27 sept. 1581) et cap. de gend. (1586-4 févr. 1613).

(4) Jean de Damas (Cf. notice à la comp. Saulx-Vantoux).

Compagnie LOUIS, vidame de Chartres

(1) Louis de Vendôme, prince de Chabannais, vidame de Chartres, baron de Tiffauges, Pouzauges, Milly, baron de Brion, sieur de Confolent, Coubert, Châteaumorant, Beaussart, la Ferté, Millay, Imbernes, le Boullay-Thierry, Marolles, Mignières, Nuisement, Damparre, cons. d'Etat, chamb., chev. de l'Ordre, cap. des gent. de la maison du roi, grand veneur (18 janv. 1519-8 août 1521), cap. de gend. (17 juill. 1523), fit trois campagnes en Italie, fut fait pris. à Pavie. Né en 1501, il mourut le 22 août 1526, à Tiffauges. Il était fils de Jacques de Vendôme et de Louise Malet de Graville, fille de l'amiral, et ép. (10 août 1517) Hélène Gouffier de Boisy, fille du grand maître.

Compagnie FRANÇOIS, vidame de Chartres

(1) François de Vendôme, vidame de Chartres, prince de Chabannais, sieur de la Ferté-Arnaud, Lassay, la Chartre, Milly, Pouzauges, Tiffauges, Confolent, fils de Louis de Vendôme et d'Hélène Gouffier, né en 1522, guid. à la comp. Boisy (1543-14 sept. 1544), fut à la prise de Carmagnola, au siège de Carignan, à la bat. de Cérisoles, à la prise d'Alba (1544), au combat naval du 16 août 1545, contre les Anglais, cap. de gend. (29 avril 1547), fit la camp. de Bou-

lonnais (1549), fut otage de la paix anglo-française de 1550, fit camp. avec le roi (1552), fut aux sièges de Metz (1552), Santhia, Volpiano, Moncalvo (1555), col. gén. de l'infant. de Piémont (14 nov. 1556-17 août 1558), fut aux sièges de Valferena, Cherasco, Coni (1557), Calais, Guines, Thionville, Dunkerque, Bergues (1558), à la bat. de Gravelines (1558). Lieut. gén. à Calais (17 août 1558), il échoua sur Saint-Omer. Embastillé (27 août 1559), il tomba malade, fut élargi (7 déc. 1560) et mourut en son hôtel de Graville, à Paris, le 16 déc. 1560. Il avait ép. Jeanne de Madaillan-Estissac (morte le 15 juin 1562). Il fut réhabilité, le 13 juin 1561.

(2) Jean d'O, sieur d'O, Avrecher, Sainte-Mesme, Chappes, Beaufort, Maillebois, Fresnes, Guillemot, Bléney, fils de Charles d'O et de Louise le Gentil, mariés en 1507, échans. du roi (20 août 1547), ép. (6 juin 1534) Hélène d'Illiers-Menou (vivante 26 nov. 1597), fut gent. de la Ch., chev. de l'Ordre, cap. de la garde écossaise (20 mars 1560-1564), sén. du comté d'Eu, grand mar. de Normandie, lieut. (janv. 1547) à la comp. du vidame de Chartres. Il fut pris. au ravitaillement de Thérouanne (1537) et au combat de la Croix-au-Moustier (6 nov. 1552). Il mourut avant le 24 juill. 1571.

(3) Jacques de Ferrières, sieur de Maligny, lieut. à la comp. du vidame de Chartres (oct. 1554-dern. févr. 1558), fils de François-Jean de Ferrières et de Louise de Vendôme, mariés en 1525, prince de Chabannais, baron de Confolens, Tiffauges, Tréon, Meslay, Beaussart, la Ferté-Arnoul, vidame de Chartres (26 sept. 1566-5 juill. 1577), célèbre cap. protestant, échoua, en 1560, sur Lyon, se distingua (1572-1573) à la Rochelle, ép. Françoise Joubert d'Andilly, veuve de Charles Chabot de Sainte-Foy, et mourut sans post. avant le 8 juin 1587.

(4) Joachim de Lasseran-Montesquiou-Masencomme-Montluc, 3ᵉ fils de François de Montesquiou et de Françoise d'Estillac, mariés en 1500, sieur de Lioux et Longueville, prince de Chabannais, chev. de l'Ordre (1561), gent. de la Ch. (26 août 1562-20 mai 1563), ens. comp. vidame Chartres (19 oct. 1548-18 mai 1553), panetier du roi, gouv. d'Alba, cap. de gend., lieut. gén. en Piémont, frère du mar. de Mont-

uc, ép. (18 mai 1553) Anne de Fages, dite la *Grande*, et mourut en 1567.

(5) Julio de Galgiardi, guid. (16 août 1553), ens. (23 avril 1554), à la comp. vidame de Chartres.

(7) Notice comp. Grammont.

(8) Jacques d'Estampes, sieur de Valençay, la Brosse et la Ferté, 2° fils de Louis d'Estampes et de Marie Hurault, né le 8 juill. 1518, à Valençay, au point du jour, ép. (26 mai 1540) Jeanne Bernard d'Estiau, fut guid. à la comp. du vidame de Chartres (oct. 1553-déc. 1559), député aux Etats-Généraux (1560), testa le 24 avril 1574.

(9) François de la Jugie, sieur de Puydeval, baron d'Alzonne, comte d'Azille, la Livinière, baron de Rieux, gouv. de Narbonne (1567-6 juin 1583), cons. d'Etat (16 févr. 1592), mort, le 10 déc. 1592, au combat d'Orcet, fils de Jacques-Germain de la Jugie et d'Antoinette d'Oraison, mariés le 3 juin 1533, se distingua au siège de Rouen (1562), à la bat. de Dreux (1562), au siège du Havre (1563), fut mestre de camp (14 août 1562), chev. de l'Ordre (1567), cap. de gend., mar. de camp (26 avril 1589), ép. (1556) Anne d'Ornesan-Saint-Blancard, et fut chev. du Saint-Esprit (31 déc. 1585).

(10) René du Rivau, sieur de Villiers et Montbrun (13 juin 1556), h. d'a. à la comp. Boissy, lieut. au gouvernement de Loudun, mar. des log. à la comp. du vidame de Chartres (avril 1553-1er févr. 1556). Né avant le 23 avril 1521, il était le filleul et probablement le fils bâtard et adultérin de René du Rivau, gouv. de Loudun. Sa mère se nommait Véronique de Calis et son père suivant la loi, Cyprien de Cassaloés, gent. italien. Il vint en France, à l'âge de 22 ou 23 ans, auprès de son parrain, qui l'adopta et lui permit de prendre les noms de *du Rivau* et de *de Villiers*. Le fils légitime de René du Rivau, René du Rivau, protesta contre ce qu'il disait être une usurpation de nom. Du Rivau-Cassaloés se maria en France et eut un fils, qui consentit à rendre leur nom aux du Rivau légitimes.

(11) Probablement le même que celui de la comp. Tournon-Roussillon.

Compagnie CARROUGES

(1) Tanneguy le Veneur, comte de Tillières, baron du Bourg, sieur de Carrouges et du Hommet, bailli et gouv. d'Evreux (4 oct. 1576), lieut. général en Normandie (25 juill. 1567-1ᵉʳ juin 1584), bailli de Rouen (4 mai 1576), chev. de l'Ordre (20 déc. 1563), gent. de la Ch. (15 avril 1560), cap. de gend. (20 déc. 1563-1ᵉʳ juin 1584), fils aîné de Jean Le Veneur et de Gilonne de Montejan, mar. le 3 sept. 1516, neveu du mar. de Montejan, gouv. d'Avranches (15 avril 1559) et de Rouen (6 févr. 1576), cap. de gend., mort en 1592, ép. (3 août 1550) Madeleine de Pompadour. Il fut chev. du Saint-Esprit (31 déc. 1581).

(2) Louis le Pellerin, fils de Jean Le Pellerin et d'Hélène de There, mariés avant le 28 janv. 1524, sieur de Gauville, le Creux, la Mothe, Mortemer, le Chesne, le Val, Plessis, h. d'a. comp. Brissac (26 mars 1554), lieut. chevau-légers Briquemault (1ᵉʳ oct. 1558), cap. arrière-ban d'Evreux, cap. gens de pied (18 juill. 1562), gent. de la Ch. (2 mai 1575), chev. de l'Ordre (12 avril 1569), gouv. de Harfleur (1ᵉʳ mai 1562), ens. (juill. 1564-5 juin 1567), puis lieut. (21 oct. 1568-13 juill. 1590) à la comp. Carrouges, il mourut, assassiné, entre le 29 mars 1592 et le 4 juill. 1594, par François de Vattetot. Il ép. (18 avril 1555) Françoise Le Portier (née 1543, vivante 13 janv. 1590).

(3) Nicolas de Pommereul, sieur de Moulin-Chapelle, fils de Jacques de Pommereul et de Françoise de Hautemer, mariés vers 1520, h. d'a. à la comp. du mar. de Saint-André (1554), chev. de l'Ordre, ens. à la comp. Carrouges (juill. 1569-4 mars 1576), ép. (1560) Marie de Mailloc, fut gent. de la Ch. (1568), gouv. de Rouen (1575), cap. de gend.

(5) Jacques de Warigniez, sieur de Blainville, la Poterie, chev. de l'Ordre (6 sept. 1579), gent. de la Ch. du duc d'Alençon, gouv. de Touques (18 oct. 1573), Lisieux (12 juin 1576), Pont-Audemer (14 avril 1587), décédé 10 nov. 1589, ép. (1ᵉʳ févr. 1573), Adrienne Martel de Racqueville. Il était fils de Jean de Warigniez et d'Anne de Villetain, mariés le 25 mai 1535.

(6) François de la Vigne, baron de Tubœuf, guid. comp. Carrouges (8 juin 1567).

(8) Robert de Launoy, sieur de Criqueville, fils de Charles de Launoy et de Jeanne de Betheville, ép. Marguerite Richard d'Hérouville, h. d'a. (26 avril 1572), à la comp. Carrouges.

(9) Claude Bonneuil, sieur du Perron, mar. des log. comp. Carrouges.(1er juin 1584).

Compagnie VIENNE-LISTENOIS

(1) François de Vienne, sieur de Listenois, Clervaut, Montagu, Chateloudon (19 avril 1517), Arc en Barrois, sén. et mar. de Bourbonnais (25 mai 1513), fils aîné de Jean de Vienne et d'Anne de Vienne-Listenois, mariés le 11 mai 1462, ép. (1513) Bénigne de Grançon.

Compagnie VIENNE-RUFFEY

(1) Jean de Vienne, baron de Ruffey, cons. d'Etat, né le 13 oct. 1547 à Comarin, gouv. de Bourbonnais (27 août 1581), cap. gend. (27 août-20 nov. 1581), chev. de l'Ordre (27 août 1581), décédé sans post., 4e fils de François de Vienne et de Gillette de Luxembourg-Brienne. Il ép. Catherine de Montgasson. Il fut (31 déc. 1584) chev. du Saint-Esprit.

(2) Notice à la comp. Ferry de Choiseul.

(4) François de Clugny, sieur du Brouillart, Saint-Aubin, l'Espervière, Villargeot, Maignen, Joursanvaux, 2e fils de Jean de Clugny et de Melchionne de Rouvray, né avant le 26 avril 1561, h. d'a. à la comp. de Listenois, mineur au 31 mars 1562, mort entre le 11 déc. 1581 et le 21 août 1604, ép. (25 juin 1573) Françoise de Ferrières (vivante le 21 août 1604).

(5) Claude de Longueville, sieur de Bessey, Ville-sur-Arce, h. d'a. à la comp. de Nemours (15 déc. 1572), mar. des log. à la comp. Vienne-Ru'ley (12 juin 1578-7 nov. 1581), fils de Pierre de Longueville et de Marguerite de Bessay, mariés en 1520, ép. (14 janv. 1553) Marcienne de Maisonneuve.

Compagnie LA VIEUVILLE (Robert de)

(1) Notice à la comp. Lyons d'Espaulx.

(2) Philibert de Villelongue, sieur de Wuasigny et Villiers (5 août 1626), fils ainé d'Hubert de Villelongue et d'Anne Dannois, ép. (11 août 1595) Nicole de Tige.

Compagnie PIERRE DE LA VIEUVILLE

(1) Notice à la comp. A. de Bourbon-Vendôme-Navarre.

(2) Michel de Poisieu, chev. de l'Ordre, gent. de la Ch., baron d'Anglure, Sornouer, Semuy, Rugles, sieur de Pavan, Wartigny, Condé-sur-Aisne, Prouilly, Rouvroy, fils de Jacques de Poisieu et d'Antoinette de Contes, mariés le 25 janv. 1517, lieut. à la comp. de la Vieuville (25 déc. 1567), chev. de l'Ordre, gent. de la Ch., mourut entre le 2 déc. 1576 et le 13 avril 1580. Il ép. Anne de Baudoche, puis Catherine d'O (vivante 2 mai 1601).

(3) Claude du Fay, sieur de Puisieux, fils de Charles du Fay et d'Antoinette d'Avrigny, cap. chevau-légers (1567), chev. de l'Ordre (28 août 1572), gouv. de Sainte-Menehould (20 janv. 1571), ens. à la comp. la Vieuville (oct. 1567-18 janv. 1570), vivant 19 janv. 1574, ép. avant 1560, Guillemette de la Bove.

(4) Louis d'Estourmel, 5e fils de Jean d'Estourmel et de Marie de Habarc, mariés en 1539, sieur de Plessis-Cacheleu,

Candor, Flavy (12 juin 1592), le Hamel, Fretoy, Manencourt, né avant le 17 janv. 1554, guid. à la comp. de la Vieuville (janv. 1568-18 janv. 1570), ép. (21 juill. 1557) Jeanne du Treppe (morte le 13 mai 1581) et mourut, à Péronne, le 14 avril 1593.

(5) Charles de Mengin, sieur de la Bardolle, mar. log. comp. la Vieuville (25 déc. 1567-8 mai 1569).

Compagnie VIEUXPONT-NEUFBOURG

(1) Louis de Vieuxpont, fils de Laurent de Vieuxpont et de Jacqueline Clérembault, mariés le 18 févr. 1507, né le 6 mai 1523, mort à Niort entre le 2 oct. 1569 et le 2 juill. 1570, baron de Neufbourg et Laigle, sieur de Hacqueville, Roveville, la Motte, la Lande, chev. de l'Ordre, cap. de gend., ép. (15 août 1543) Hardouine de Champagne, puis (13 mai 1559) Catherine Daubray de la Provenchère.

(2) Geoffroy de Grimouville, lieut. à la comp. Neufbourg (8 août 1569), tué à Ivry (1590), 5e fils de François de Grimouville-Larchant et d'Anne d'Estanson, mariés en 1529, ép. N. de Villemor.

(4) Notice à la comp. Silly-Rochefort

(5) Notice à la comp. d'O.

Compagnie VILLEQUIER-EVRY-ESTABLEAU

(1) René de Villequier, dit *le Jeune* ou *le Gros*, baron de Clairvaux, Aubigny, Evry, Mons, Brie, Comte-Robert, maître de la garde-robe du duc d'Orléans et chambellan (13 juin 1563-1er janv. 1571), chev. de l'Ordre (8 juin 1569), 1er gent. de la Ch. (8 janv. 1571-11 avril 1589), sieur d'Estableau, Chan-

ceaux, Charleval, Rommeuil, Faverolles, Dunières, Faye, cap. de gend. (1ᵉʳ janv. 1571-11 avril 1589), gouv. de Paris et Ile-de-France (9 nov. 1579-11 avril 1589), lieut. à la comp. du duc d'Anjou (avril 1572-20 août 1573), ép. (25 janv. 1559) Françoise de la Marck, qu'il tua, dans un accès de jalousie, puis (8 juill. 1586) Louise de Savonnières (née en 1563, morte le 20 déc. 1625, à Giseux), et mourut, le 27 sept. 1590, à Evry. Il était fils ainé de Jean-Baptiste de Villequier et d'Anne de Rochechouart, mariés le 28 mai 1519. Il fut chevalier du Saint-Esprit (31 déc. 1578).

(2) Notice à la comp. Linières-Bridiers.

(3) François de Montesquiou, 3ᵉ fils de Jean de Montesquiou et de Gabrielle de Villemur, mariés le 5 juill. 1528, ép. (13 juin 1569) Catherine d'Ornesan (testa 27 oct. 1601) et mourut avant le 6 déc. 1569. I' fut gent. de la maison du duc d'Anjou et cap. de sa garde Suisse. Peut-être aussi est-ce François de Montesquiou, sieur de Salles, 2ᵉ fils de Jean de Montesquiou et de Miramonde d'Ornesan, mariés le 22 avril 1507, vivant le 18 avril 1573, qui ép. (9 mai 1557) Anne de Sadirac, veuve de Pierre de Montesquiou.

(4) Antoine de Nepveu, baron de Charnay, l'Aulnay-Péan, la Perrière (21 juill. 1568), fils de Jacques de Nepveu et de Françoise le Porc, tué, au premier siège de la Rochelle, avant le 1ᵉʳ avril 1573, d'un coup de canon, le jour même où il était nommé grand-prévôt de l'hôtel du roi. Il fut chev. de l'Ordre, guid. (8 janv. 1571), puis (1ᵉʳ janv. 1572) lieut. à la comp. Villequier-Estableau-Evry.

(5) Cf. notice à la comp. la Châtre-Besigny.

(7) Méry de Barbezières-Chemerault, 5ᵉ fils de Geoffroy de Barbezières et de Catherine de Vivonne, mariés le 14 févr. 1534, sieur de la Roche-Chemerault, Bois-le-Vicomte, grand mar. des log. de la maison du roi (13 avril 1580-28 déc. 1606), chev. de l'Ordre (31 déc. 1578), gent. de la Ch. (7 avril 1575-22 juin 1583), lieut. à la comp. François de Balsac-Entragues, cons. d'Etat (28 mars 1583-28 déc. 1606), comte de Civray, mort, sans postérité, à Paris, le 5 mai 1609. Il ép., avant le 31 janv. 1577, Claude de Laubespine (vivante le 6 juin 1606) et fut chev. du Saint-Esprit (31 déc. 1585).

(8) Antoine de Rochedragon, sieur de la Vilatte et la Vaureilhe, fils de Jean de Rochedragon et de Marguerite Barthon, mineur (10 mai 1543), éc. d'éc. du roi (4 avril 1551), mort entre le 9 nov. 1566 et le 29 janv. 1576, ép. (19 déc. 1547) Jacquette du Ligondès (vivante le 7 avril 1600).

(9) René du Cher, sieur de la Forest-Launay sur Forche, le Roger, chev. de l'Ordre, maitre d'hôtel du roi (15 avril 1586-5 juin 1589), sén. de la Marche (9 oct. 1582), fils ainé de Pierre du Cher et de Madeleine de Gebert, mariés le 6 août 1535, ens. à la comp. de Villequier, ép. (24 janv. 1566) Avoye Savary de Lancosme (vivante le 21 mai 1570), puis, avant le 9 oct. 1582, Marie-Marguerite de la Roque, veuve d'Antoine de Périon-la Grange. Il vivait encore le 11 mai 1611.

(10) Philippe le Bouteiller de Senlis, sieur de Moucy-le-Vieil, Moucy-le-Neuf, Vineuil (5 mars 1626), fils ainé de Jean Le Bouteiller et d'Antoinette Piédefer, né en 1551, ens. (7 juin 1581-27 janv. 1582), puis lieut. à la comp. de Villequier, ép. (20 juin 1581) Marie Briçonnet (morte le 2 févr. 1585), puis (7 juill. 1587) Anne Dauvet (vivante 27 avril 1619), fut gent. de la Ch. (7 juin 1581-28 déc. 1606), cap. de gend. (8 oct. 1603), et mourut en 1627.

(11) Gilbert Le Borgne, sieur du Vernay et du Lac, fils de François le Borgne et de Martine Hughet, mariés le 26 oct. 1521, h. d'a. comp. Ouchy (1564-1570), mar. des log. (juill. 1569-8 janv. 1571), guid. (oct. 1570-1ᵉʳ janv. 1572) comp. Villequier-Estableau, décédé avant 1601, ép. (23 mars 1561) Jeanne Emery, puis (25 nov. 1570) Charlotte de Noblet.

(12) Bastien du Ligondès, sieur de Chateaubodeau, guid. à la comp. Villequier (janv. 1577), fils de François de Ligondès et de Jeanne de Chateaubodeau, mariés le 11 mars 1524, ép. (2 avril 1570) Gabrielle de Jonat-Chateaubodeau (vivante le 12 juin 1593). Il mourut en déc. 1580.

(13) Charles de Brouilly, sieur de Baligny, Noe-Saint-Martin, Villiers, le Hellou, baron de Bazoches, 2ᵉ fils d'Antoine de Brouilly et de Charlotte d'Aumale, mariés le 6 sept. 1539, né en 1557, grand bailli de Soissons (1599), guid. à la comp. de Villequier, gent. de la Ch., chamb. du prince de Condé (9 nov. 1608), mort avant le 29 juill. 1623, ép. (24 avril 1583)

Jeanne de la Fontaine-Oignon (née le 1er nov. 1562, vivante le 12 févr. 1626). Il avait été page du roi.

(14) Notice à la comp. Linières-Bridiers.

(15) Jean de Malesset, sieur de Chastellux, Roche, la Villate, vicomte de la Motte au Groing, fils de Pierre de Malesset et de Marguerite de Saint-Georges, mar. des log. à la comp. de Villequier (oct. 1570-1er janv. 1572), ép. Gabrielle Ajasson.

(16) François Chardon, sieur du Breuil et Charnay, mar. des log., dès janv. 1575, à la comp. Villequier, mort avant le 3 mars 1585, ép. Catherine du Croiset.

(17) Antoine de Nieul, mar. des log. à la comp. de Villequier (juill.-2 déc. 1581).

Compagnie CLAUDE DE VILLEQUIER

(1) Claude de Villequier, baron de Villequier, sieur de Sainte-Néomaye, la Roche, Gençay, vicomte de la Guerche, cap. de gend. (juill. 1569-1er août 1579), fils aîné de Jean-Baptiste de Villequier et d'Anne de Rochechouart-Mortemart, mariés le 28 mai 1519, fut sieur de la Roche-Gençay, chev. de l'Ordre (3 mars 1571), gent. de la Ch. (3 juill. 1571), cons. d'Etat (1er août 1579-10 févr. 1583), lieut. gén. en Marche (7 janv. 1576), ép. (8 sept. 1539) Renée d'Appelvoisin, testa le 24 avril 1595 et fut (31 déc. 1578) chev. du Saint-Esprit.

(2) René Ysoré, dit la *Jambe de Bois*, baron d'Oirvault, Pleumartin, Forges-Wiron, Coiron, Baussay, la Ronde, Seuray, chev. de l'Ordre, perdit une jambe à Moncontour, vice-amiral de Guyenne, fils de Jean Ysoré et de Louise de Linières-Ervault, mariés le 21 avril 1525, gent. de la Ch. (12 juill. 1577), cap. de gend. (1er juin 1582), ép. (19 déc. 1554) Jeanne de Sorbiers (morte entre le 20 nov. 1573 et 12 juin 1552), mourut entre le 11 févr. 1578 et le 12 juin 1582.

(3) Anne de Châteauchâlon, sieur de la Chattière et des Effes, chev. de l'Ordre (21 sept. 1575), gent. de la Ch.

(10 déc. 1575), mar. des log., ens. (29 avril-17 oct. 1572), lieut. (oct. 1573-26 août 1577) à la comp. de Villequier, fils d'Antoine de Chateauchâlon et de Renée de Bidoux, mariés le 24 mai 1513, mourut entre le 9 août 1591 et le 17 juin 1596. Il ép. (15 oct. 1556) Guillemette de Marçay, puis (13 déc. 1578) Avoye de Menou (morte en 1584), veuve de Gaucher de Meslay.

(4) René de Coutances, sieur de la Selle et Baillon, la Richardière, la Rénaudière, Orme-Guignard, Saint-Antoine, les Pastis, chev. de l'Ordre (16 avril 1570), fils ainé de Guillaume de Coutances et de Renée d'Azay, mariés le 3 sept. 1537, gent. de la Ch. (5 août 1577), chev. de l'Ordre (10 févr. 1572), vivant le 4 nov. 1577, mort avant le 3 déc. 1693, ép. (29 mai 1570) Bénigne des Croix (vivante le 8 juin 1622), veuve de François de Bueil. Il fut ens., puis (29 avril-17 oct.-1572), lieut. à la comp. Claude de Villequier.

(5) René d'Alloue, sieur de Chastelluz (19 avril 1606), gent. de la Ch. 21 sept. 1575), guid. (avril 1572-20 févr. 1573), ens. (oct. 1573-1er août 1579) à la comp. Villequier-la Guerche, fils de Jean d'Alloue et d'Anne de Villeneuve, ép. Florence de Barbezières-Chemerault (vivante le 19 avril 1606).

(6) François de la Béraudière-Ursay, sieur de Villechèze, fils de René de la Béraudière et de Jeanne de Singarreau, guid. comp. Villequier (janv.-29 mai 1577).

(7) Pierre du Mouchet, sieur de Saint-Quentin-Beaulieu, mar. des log. dès 17 oct. 1572, puis guid. (18 août 1574-1er août 1579), vivant encore le 13 juill. 1590, vivant déjà le 16 août 1558, était fils de Pierre du Mouchet et d'Anne de Barville.

(8) Jean Chabot, sieur de Chazeaux, 2e fils de Pierre Chabot et de Claude Chevredance, né avant le 13 juill. 1532, vivant le 5 sept. 1550, mar. des log. comp. Villequier (dès oct. 1573), h. d'a. comp. Jarnac (8 mai 1572).

Compagnie GEORGES DE VILLEQUIER

(1) Georges de Villequier, vicomte de la Guerche, fils de Claude de Villequier et de Renée d'Appelvoisin, mariés le 8 sept. 1539, guid. à la comp. du duc d'Anjou (juill. 1569-11 mai 1573), chev. de l'Ordre (16 déc. 1572), maître de la garde-robe du duc d'Anjou (16 déc. 1572), cap. de gend. (janv. 1577), gouv. de Marche et de Poitou, mort en 1591. Il ép. (26 déc. 1563) Louise Jay de Boisseguin et fut (31 déc. 1586) chev. du Saint-Esprit.

(2) Mathieu de la Haye-Fougères, sieur de Villiers, Rouveneul, la Pillenière (20 mars 1543), né en 1518, fils de Joachim de la Haye-Fougères, fut gent. de la maison du roi (4 juill. 1564), maître d'hôtel du duc d'Alençon (14 oct. 1576), lieut. à la comp. la Guerche (janv. 1577), chev. de l'Ordre (18 juill. 1570), gouv. de Châtellerault (18 janv. 1570), Loudun (6 août 1577), mourut avant le 18 juill. 1588. Il ép. Anne de Conflans, puis, avant 18 janv. 1570, Anne Fretard (vivante 18 juill. 1588).

(3) François d'Aloigny, sieur de la Groye, Ingrande, Aloigny, Chesne, Dercé, la Chevrière, le Boullay, fils de Louis d'Aloigny et de Jeanne de Savary-Lancôme, mariés le 15 nov. 1540, col. de chevau-légers et lieut. de la comp. de la Guerche à la bat. de Coutras, gent. de la Ch. (31 mars 1586), cap. de gens de pied, chev. de l'Ordre, col. de 12 cornettes de cavalerie, ép. (6 févr. 1571) Jacquette du Plessis (vivante le 14 avril 1573), puis (13 janv. 1600) Marie-Diane de Marconnay, veuve de Pierre Grignon de la Pelissonnière. Il mourut entre le 22 oct. 1605 et le 2 mai 1624.

(4) François de la Béraudière, sieur de Villecheze, fils de René de la Béraudière et de Jeanne de Singarreau, guid. comp. la Guerche (1572).

Compagnie VILLIERS-LA RIVIÈRE

(1) Notice comp. mar. Brissac.

(2) Charles de Marconnay, sieur de Tillon, Muzeuil, Bellieu, fils de Philippe de Marconnay et de Catherine d'Aubigné,

mariés le 28 mai 1526, chev. de l'Ordre (19 mars 1572), gent. de la Ch. (3 juill. 1576), ép. (26 juill. 1556) Françoise de Choisy, fut lieut. à la comp. la Rivière (oct.-2 déc. 1567), puis à celle de Chemerault (28 oct. 1575-29 mai 1577). Il vivait le 11 janv. 1594.

(3) René de Lestang, sieur du Breuil en Mirebalais et Andesigny, chev. de l'Ordre, fils de Léon de Lestang et de Marguerite de Thais, ép. Hilaire Girault d'Andesigny, chev. de l'Ordre (15 juill. 1593), commiss. des guerres (15 juill. 1593-20 24 sept. 1594), ens. (2 déc. 1567) à la comp. la Rivière, h. d'a. à la comp. Brosse-Tiercelin (26 mai 1566-2 juin 1567), gent. de la maison du roi.

Compagnie BARNABO VISCONTI

(1) Barnabo Visconti, marquis de Brignani, sieur de Varese et Bosco, 2ᵉ fils de Francesco-Bernardino Visconti et de Madeleine Pallavicini, chev. de l'Ordre, chamb., gent. de la Ch., cons. d'Etat, cap. de gend., ép. Marguerite Visconti. Il fut à l'expéd. de Bonnivet en Italie (1524) pris à Pavie (1525), de l'expéd. de Fregoso contre Gênes (1536). Il mourut, en 1552, en Dauphiné.

(2) Jean Albert, dit *Merveille*, éc. d'éc. du roi (8 août 1515-15 avril 1517).

Compagnie GALEAZZO VISCONTI, Comte DE BEUST

Galeazzo Visconti, fils de Guido Visconti et d'Eléonora Rotario d'Ast, ép. Antonia Mauruzi. Il fut sieur de Busto, Castelnoceto, Valle, Piovera, amb. de Milan en France (1493), Suisse (1498), passe au parti français (1499), devient cons. d'Etat, gent. de la Ch., chev. de l'Ordre, gouv. de Côme (1511), passe à Maximilien, qui lui laisse espérer qu'il le fera duc de Milan, réconcilie la France et les Suisses, est amb. de France à Venise, en 1528, et vivait encore en 1530.

Compagnie LA CHATAIGNERAYE

(1) Charles de Vivonne, baron de la Chataigneraye, baron d'Auville, Ardelay, la Béraudière, fils de Charles de Vivonne et d'Isabeau Chabot d'Aspremont, panetier (7 mars 1558-2 août 1568), chev. de l'Ordre (26 juill. 1566), cons. d'Etat (15 juill. 1575-4 déc. 1585), cap. de gend. (4 févr. 1568), sén. de Saintonge, chamb. du duc d'Alençon, défendit Angoulême et ép., entre le 10 août 1557 et le 1er mars 1558, Renée de Vivonne, veuve de Ponthus de Saint-Gelais. Il fut (31 déc. 1580) chev. du Saint-Esprit.

(2) Gaston de la Touche, sieur de la Faye, baron de Boistiran, Chabreville, Saint-Manc, cons. d'Etat, maire de Bordeaux (1565), gouv. d'Angoulême (1er mai 1577), chev. de l'Ordre, lieut. à la comp. la Chataigneraye (4 févr.-26 juill. 1569) testa le 7 nov. 1582 et ép. Catherine d'Ages.

(3) Jean Chesnel, sieur de Meux, fils de Charles Chesnel et de Jacqueline de Rostaing-Gayat, ép. Marie de Vivonne-Saint-Gouard.

(4) Vivien de Polignac, sieur d'Escoyeux, fils aîné de Christophe de Polignac et de Renée Gillier de Salles, mariés entre le 16 janv. et le 3 mars 1545, guid. (1567) à la comp. de la Chataigneraye, mourut, sans post. au siège de la Rochelle, entre le 18 févr. 1573 et le 5 févr. 1574.

(5) Madelon de Villedon, sieur de Perrefons, Mailleberches, fils de François de Villedon et de Perrette Duchesne, min. (20 juin 1529), h. d'a. à la comp. de Gonnort (15 janv. 1550), mar. des log. (oct. 1567-26 juill. 1569) à la comp. de la Chataigneraye, ép. Françoise de Listeuil.

Compagnie RUFFEC

(1) Philippe de Volvire, marquis de Ruffec (1584), sieur de Saint-Brice, vicomte du Bois de la Roche, cap. de gend. (juill. 1552-17 déc. 1581), gouv. d'Angoulême, 2ᵉ fils de René de Volvire et de Catherine de Rohan-Montauban, né en 1534, (mort le 6 janv. 1585, à Paris, vicomte de Saint-Cyr, Assie, la Grange, Sens, Queneville, Grenoville, Brou, Ampuré, Charnies, les Estres, Champinel, cons. d'Etat (12 nov. 1567-29 juin 1582), lieut. gén. en Bretagne (15 janv. 1572), gent. de la Ch. (6 avril 1563), chev. de l'Ordre (25 déc. 1559), fut au siège de Poitiers (1569). Gouv. d'Angoumois, de Saintonge, d'Aunis, de la Rochelle (14 juill. 1570-23 juill. 1583), gouv. de Guyenne (23 juill. 1583), ambass. en Allemagne (12 nov. 1577). Il ép. Anne de Daillon (morte, le 2 nov. 1618, à Bois-de-la-Roche). Il fut chev. du Saint-Esprit (31 déc. 1582).

(2) Urbain de Tillon, sieur de Sacé et la Bertière, maître d'hôtel de Marguerite de France (19 déc. 1545), lieut. comp. Ruffec (oct. 1567-13 avril 1569), fils de Louis du Tillon et d'Anne de Carion, ép. Catherine-Jacquette de Chateaubriant, puis Charlotte de Villeblanche, veuve de Jean d'Orvaux.

(3) Claude Le Poulcre, sieur de Seurime, ens. (juill. 1569) comp. Ruffec.

(4) Notice à la comp. Sansac.

(5) Perceval de Volvire, sieur de l'Abergement, guid. à la comp. de Ruffec, dès oct. 1567.

(6) Georges de Moussy, sieur du Peyroux, fils d'André de Moussy et de Jeanne Levesque de Marconnay, mar. des log. à la comp. Ruffec, mar. des log. (8 avril 1573-17 oct. 1573) à la comp. de Rochechouart-Mortemart, guid. à la comp. Rochechouart-Mortemart (8 juin 1574-29 nov. 1577), gent. de la vénerie et éc. d'éc. du roi (1570), vivant le 6 juill. 1585, ép. (27 févr. 1575) Françoise du Teil.

SUPPLÉMENT

Compagnie JACQUES D'ALBON

(1) Jacques d'Albon, fils de Jean d'Albon et de Catherine de la Roche, né le 3 mars 1513 (Giuntini), marquis de Fronsac, comte de Vallery, baron d'Aubeterre, Hermant, Courcy aux Loges, sieur de Saint-André, Ouches, Saint-Maurice-sur-Loire, Renaison, la Chambre, le Verdier, le Vernay, Villerest, Saint-Haon, Crozet, Cervières, Montregnard, Montbellet, Mably, Crespin en Casseaux, Serezat, Saint-Christophe, Quinssac, Saint-Germain-des-Fossés, Charmeilly, Saulhet, Tournoël, Miremont, Sallezart, Las, Cresmyères, Nyvillier, Saint-Aubin du Cormier, Saint-Seine-sur-Vingeanne, Paulhon, Cahuzac, Gavaudun, Gondorville, la Cour-Terrasson, la Bastide, Anglure, Brannay, Villethierry, Selles en Berry, débuta en 1527, sous Lautrec, fut éc. tranch. des Fils de France (10 sept. 1532), gent. de la maison du Dauphin (1539), fut au siège de Thérouanne (1536), fit la campagne de Piémont (1537), fut au siège de Perpignan (1542), se distingua, en 1543, en divers combats près de Hesdin et de Landrecies, puis, en 1544, à la bat. de Cérisoles, fit une tentative infructueuse sur Boulogne (1544). Maréchal de France (20 avril 1547), il fit la campagne de 1549, en Boulonnais, fut amb. en Angleterre (juill. 1551), fit le *voyage d'Austrasie* (1552), gouv. de Verdun (1552), bat les Impériaux à Doullens-Beauquesne (13 août 1553), fait la campagne de Picardie de 1553, brûla Saint-Pol (oct. 1553), emporta Perne, Avesnes le Comte (22 oct. 1553), Beaufort, fait une expéd. vers Ardres (mars 1554). Lieut. gén. en Picardie (25 sept. 1553), il investit Mariembourg (23-28 juin 1554), fait la campagne de 1554 en Picardie, sauve habilement l'arrière-garde de l'armée à Solesmes (24 juill. 1554), fut à la bat. de Renty (13 août 1554), fit une expéd. contre Mesnil-Hesdin (févr.

1555), emporta Cateau-Cambrésis (2 avril 1555), battit, avec Nevers, l'ennemi à Germigny (14 juill. 1555) et Givet (16 juill. 1555), fut pris, à la bat. de Saint-Quentin (10 août 1557), plénipotentiaire à Lille, Cercamp, Cateau-Cambrésis (1558-1559), gouv. du Lyonnais, Forez, Beaujolais, Marche, Combraille, Auvergne (1550-1562), il forma un triumvirat catholique avec Guise et Montmorency, au début de 1562, fut à la prise de Blois, emporta Poitiers, fut au siège de Bourges, sauva Corbeil, qu'il défendit brillamment contre Condé, fut au siège de Paris et à la bat. de Dreux, à la fin de laquelle il fut assassiné par Jean le Perdriel de Bobigny (19 déc. 1562). Il avait ép. (27 mai 1544) Marguerite de Lustrac (née en 1527, testa le 17 juin 1597).

(2) Cf. notice à la comp. Vieilleville.

(3) Cf. notice à la comp. la Roche-sur-Yon.

(4) Jean de Hautemer, sieur de Fervacques, le Fournet, Estampes, la Croupte, le Bois-Droulin, fils de Guillaume de Hautemer et de Colette de Montlandrin, né avant 1519, ép. (1537) Anne de la Baume, veuve de Pierre d'Aumont, puis Guillemette de Martainville. Il testa en 1554.

(5) Cf. notice à la comp. Chazeron.

(6) Notice à la comp. Montsallés.

(8) Charles de Rabeau, fils de Gabriel de Rabeau et de Marguerite Duval, mariés le 8 juill. 1518, sieur de Launay, Beauregard, Chabris (5 janv. 1532), archer à la comp. Jean d'Albon (27 oct. 1538), h. d'a. à cette comp. 26 sept. 1541-13 oct. 1548), puis à celle du maréchal de Saint-André (1550-1554), mar. des log. (29 juill. 1554-7 déc. 1562), gouv. d'Issoudun (14 oct. 1567), mar. des log. à la comp. du duc d'Orléans (avril-1er oct. 1569), vivant le 30 oct. 1571, ép. avant 17 août 1554, Barbe de Chamborant, puis (4 août 1567) Claude de Voisines (vivante 23 juill. 1601). Il remporta, près d'Abbeville, le 4 sept. 1557, un brillant succès sur l'ennemi. Il était mort au 23 juill. 1601.

ADDENDA ET CORRIGENDA

VOLUME ATLAS

Page 7. — Après : Compagnie Alleman-Laval, lire : 8 mars 1526-22 mai 1528 ; après : Clair, 218.1005, lire : N. a. fr. 8618.15 ; après : Laval, lire : Lieut : de Criées.

Page 86. — Au lieu de : Hector de Morens, lire : Hector de Moreul.

Page 91. — Au lieu de : Charles, lire : Théode de Marzé ; au lieu de : Guillaume d'Amauzé, lire : Guillaume d'Amanzé.

Page 94. — Compagnie Dinteville, au lieu de : Jacques de Chastellet, lire : Jacques de Chastillon ; au lieu de : Jacques de Chastillon, lire : lt.

Page 97. — Comp. Fr. d'Escars, au lieu de : Mérigou, lire : Mérigon.

Page 105. — Comp. Lescun, au lieu de : Carhon, lire : Carbon.

Page 109. — Comp. Gadagne, au lieu de : Gaspard d'Evrieu, lire : Gaspard de Cuzieu.

Page 112. — Au lieu de René le Temple, lire : René le Simple.

Page 137. — Supprimer la compagnie Laval.

Page 154. — Au lieu de : Nicolas de Roux, lire : Nicolas de Rony.

Page 157. — Comp. Saint-Vallier, au lieu de : Gaspard de Canton, lire : Gaspard de Canjon.

Page 185. — Lisez : Compagnie, au lieu de Compagine.

Page 220. — Comp. G. de Saulx-Tavannes, au lieu de Guillaume de Drié, lire : Guillaume de Drée.

Page 222. — Au lieu de : César de Rirague, lire : César de Birague.

Page 228. — Au lieu de : Gilbert de Montgangier, lire : Gilbert de Montgaugier.

Page 243. — Comp. la Hunaudaye, au lieu de : sieur de Doucelin, lire : sieur de Tourdelin.
Page 258. — Au lieu de : Veilhan-Girey, lire : Veilhan-Giry.
Page 261. — Au lieu de : Robert de Vieuville, lire : Robert de la Vieuville.
Page 267. — Au lieu de Blasac, lire : Balsac.

VOLUME-TEXTE

Page 2, ligne 12. — Après : d'Anglure, lire : (née en 1519, vivante en 1567); ligne 21, après : Granchamps, lire : (morte avant le 1ᵉʳ déc. 1577).

Page 3, ligne 21. — Au lieu de : 3 janv. 1585, lire : 26 mars 1588 ; ligne 29, après : Ligny, lire : (vivante 30 mars 1585).

Page 4, ligne 3. — Après : Eschenetz, lire : (vivante 29 août 1609).

Page 5, ligne 24. — Au lieu de : janv. 1596, lire : janv. 1576.

Page 8, ligne 2, au lieu de : avant 1453, lire : en 1441 ; ligne 3, au lieu de 1470, lire : 1471 ; ligne 4, au lieu de Bois, lire : Blois ; après Bretagne, lire : (morte en 1481) ; après Casteljaloux, lire : Il fut battu, en 1487, par le roi de France, à Saint-Aubin du Cormier ; ligne 5, après : 1489, lire : Cf. sur lui : Luchaire : *Alain le Grand*, Paris, 1879. Sa vie fut presque entièrement occupée par des procès et revendications féodales ; ligne 12, après : Angevin, lire : morte avant le 4 nov. 1502, après : Foix, lire : testa en 1522 ; ligne 14, lire : Donzy ; ligne 20, lire : 15 avril 1486 ; ligne 23, au lieu de : Foix, lire : Blois, au lieu de : 1470, lire : 1471.

Page 9, ligne 3. — Lire : 1484, au lieu de : 1494 ; ligne 11, après : Angoulême, lire : née le 11 avril 1492, à Angoulême ; ligne 20, lire : Estouteville, et non Estouville ; ligne 27, au lieu de : vivante, etc., lire : testa 3 août 1583.

Page 10, ligne 7. — Après : Antin, lire : (vivante 3 déc. 1504).

Page 11, ligne 22. — Après : Saint-Marc, lire : (née le 1ᵉʳ févr. 1530).

Page 12, ligne 20. — Après Taulignan, lire : (vivante 5 juin 1544).

Page 13, ligne 12. — Au lieu de : du sieur, lire : de Jean.
Page 14, ligne 23. — Au lieu de : vivante, etc., lire : émancipée le 28 juin 1485, morte à Marcoussis, le 18 sept. 1540.
Page 15, ligne 5. — Au lieu de : 1579, lire 1573.
Page 17, ligne 10. — Supprimer : 23 juill. 1578 ; ligne 19, après : 1571, ajouter : à la comp. Montaré ; ligne 31, lire : Ligne et non Ligny.
Page 18, ligne 8. — Après : 1535, lire : 1er mars 1538 ; ligne 9, après légionnaires, lire : (17 sept. 1536-20 oct. 1543); ligne 14, après : Foissy, lire : (vivante 24 févr. 1539) ; ligne 19, après : la Gilberte, lire : Quesne, Nangy, le Saulsoy ; ligne 20, après Auxerre, lire : (16 juin 1561) ; ligne 24, après : Piedefer, lire : (vivante 10 févr. 1564).
Page 19, ligne 13. — Au lieu de : (vivante le 10 déc. 1591), lire : (vivante le 5 août 1605). Il vivait le 5 août 1605 ; ligne 17, après : Laveron, lire : Perruze, Lavau, Faverolles, vicomte de Roussillon.
Page 20, ligne 28. — Après : Saint-Civran, lire : Sainte-Héraye.
Page 21, ligne 15. — Après : Montrevel, morte le 4 sept. 1552 ; ligne 28, après : Ch., lire : (20 août 1547) ; ligne 9, après : Evreux, lire : (20 août 1547) ; ligne 30, après : Clermont, lire : (née 1513, morte à Paris, en févr. 1603).
Page 22, ligne 15. — Lire : 1567, et non : 1167; ligne 21, au lieu de : Castelatz, lire : Castellaro et Morra, né le 30 sept. 1512 ; ligne 24, après : la Mante, lire : ép. Cassandre de Saluces-Montemale et mourut en 1581 ; ligne 31, au lieu de : 16 nov. 1587, lire : 14 déc. 1592.
Page 23, ligne 5. — Après : Bristol, ajoutez : Saint-Pierre, Hubecourt, Appeville, Garguesalle, baron de Hommet ; ligne 28, après : Tournemine, lire : (vivante 9 nov. 1510).
Page 24, ligne 3. — Après : Montchenu, lire : vivante le 29 janv. 1556 ; ligne 4, après : Leureville, lire Yerville ; ligne 6, après : 1547, lire : fait prisonnier à Landriano (1529); ligne 15, après : Lenoncourt, lire : (morte le 21 nov. 1581, à Rennes).
Page 25, ligne 14. — Après : huguenots, lire : entre le 2 mars 1574 et le 9 avril 1579.

Page 26, ligne 1. — Après : la Noele, lire : (vivante 1571), veuve d'Antoine-François du Saix ; ligne 3, après : Epinac, lire : (née en 1551) ; ligne 21, après : 1555, lire : avant juill. ; ligne 27, au lieu de : 1549, lire : (oct. 1550).

Page 28, ligne 10. — Après : Coesme, lire : (vivante 12 mai 1575) ; ligne 27, après : 1576, lire : il mourut avant le 25 mars 1598.

Page 29, ligne 4. — Après Palleteau, ajouter : le Parc, Vannes, Nolay, Chappes, Clerey, Chesne, Nanton, Neuvy-Saint-Sépulcre, Villars, Germigny ; ligne 12, après : 1579, lire : cons. d'Etat (10 juill. 1588), lieut. gén. en Bourgogne (1580) ; ligne 20, après : Chabot, lire (vivante 27 oct. 1557), après : Robertet, lire : morte en 1592.

Page 30, ligne 3. — Après : Giffard, lire : (morte entre le 6 juin 1583 et le 24 janv. 1599) ; ligne 18, après : d'Antin, lire : (vivante 18 févr. 1593).

Page 31, ligne 3. — Après : 1523, lire : il vivait le 29 juill. 1508 ; ligne 5, au lieu d'écuyer, lire : gruyer, au lieu de : 7 mars 1510, lire : 9 janv. 1520 ; ligne 11, après : Ordre, lire : (12 sept. 1564), pris. à la bat. de Saint-Quentin ; ligne 12, au lieu de : mai 1561, lire 8 oct. 1563.

Page 33, ligne 4. — Après Blansat, lire : il mourut avant le 16 sept. 1586 ; ligne 22, après : Roman, lire : morte en mai 1578, même ligne : au lieu de : vivante, etc., lire : née en 1549, morte le 28 mars 1638 ; ligne 25, au lieu de : Courcelles, lire : Courcelles-le-Roi.

Page 34, ligne 4. — Après : Méricourt, lire : la Motte, Saint-Marcq ; ligne 5, après Ollehain, lire : né après 1514.

Page 35, ligne 15. — Au lieu de Louis Cugnac, lire : Louis de Cugnac ; ligne 19, après : Prie, lire : vivante 24 déc. 1586 ; ligne 20, au lieu de : Jacques Perreau, lire : Jacques du Perreau ; ligne 21, après : Boistaillé, lire : née 1567.

Page 36, ligne 11. — Après d'Anjou, lire : cap. des chasses de Poitou (28 avril 1584) ; ligne 15, après : Baillon, lire : (min. 4 nov. 1577) ; ligne 17, après : Tillon, lire : Mazeuil, Bellion, chev. de l'Ordre (10 mars 1572) ; ligne 21, après : Choisy, lire : il vivait encore le 11 janv. 1594.

Page 37, ligne 19. — Au lieu de : la Barge, lire : la comp. de la Barge ; ligne 28, après : la Barge, lire : mariés le

7 oct. 1538 ; ligne 33, au lieu de : la Barge, lire : Rivoire.

Page 38, ligne 15. — Au lieu de : guerroya, lire : y guerroya; ligne 16, au lieu de : 1555, lire : 1556 ; ligne 23, après : Saluces, lire : (vivante 30 mai 1589) ; ligne 31, au lieu de : Puycelfi, lire : Puycelsi.

Page 39, ligne 7. — Au lieu de : 1524, lire : 1523 ; ligne 12, après : Saluces, lire : (vivante 30 mai 1589) ; ligne 16, après : 1562, lire : il fut au siège de Malte (1565) ; ligne 19, après : 1574, lire : cap. de gend. (4 mars 1570-18 nov. 1579) ; ligne 27, après : 1579, lire : à Saluces.

Page 40, ligne 2. — Au lieu de Gastonne, lire : de Gaste, né vers 1438 ; ligne 6, au lieu de : habelles, lire : gabelles ; ligne 11, au lieu de : 1461, lire : 25 avril 1462 ; ligne 12, après : Montchenu, lire : morte à Blois, le 2 août 1511 ; ligne 13, après : Montrésor, lire : Cf. sur lui : B. de Mandrot : *Imbert de Batarnay*, Paris, 1886 ; ligne 21, lire : Montchenu, au lieu de : Montcheny ; ligne 22, après : ép., lire : 24 janv. 1507, même ligne, après : Maillé, lire : vivante en 1517, morte au 9 janv. 1528 ; ligne 25, au lieu de : Bois-Doré, lire : Bridoré.

Page 41, ligne 1. — Au lieu de : 19 mai 1502, lire : 24 janv. 1507 ; ligne 2, au lieu de : 1527, lire : 9 janv. 1528.

Page 42, ligne 21. — Au lieu de : Rozzolo, lire : Bozzolo ; même ligne, après : Gozzolo, lire : Rivarole, Viadama, San Martino, Isola Dovarese. Il fut à Agnadel, blessé à Ravenne, dans les rangs français, servit Florence, puis le duc d'Urbin, fut ambassadeur de France à Venise (1522), défendit brillamment Lodi (1524), prit part à la camp. de Provence contre Bourbon (1524), fut gén. Florentin, en 1527, et mourut à Todi, en 1527.

Page 44, ligne 30. — Après : Châteauvillain, lire : (vivante 2 janv. 1535).

Page 45, ligne 12. — Après : Alègre, lire : (qui testa 30 sept. 1534) ; ligne 24, après : Rochefort, lire : (vivante 3 mars 1536) ; ligne 35, après : 1557, lire : veuve de Jean de Rupt.

Page 46, ligne 21. — Après : la Fontaine, lire : il accompagna Béatrix de Portugal à Barcelone.

Page 47, ligne 4. — Après : de, lire : Bayencourt ; ligne 7, après : ép., lire : 16 janv. 1578 ; ligne 8, après : Morvil-

liers, lire : mineure 24 oct. 1574 ; ligne 15, au lieu de :
Bouringault, lire : Bourbingault ; ligne 28, après : Béarn,
lire : (4 août-7 sept. 1512).

Page 48, ligne 10. — Après : Varax, lire morte le 24 mars
1564.

Page 49, ligne 5. — Après : 1546, lire : gouv. de Turin
(18 mai 1544) ; ligne 15, après : Marville, lire : Saulnières,
la Touche, SAINT-SAUVEUR ; ligne 18, après 1567, lire : veuve
de Louis de Havart-Senantes ; ligne 32, après : Lezay, lire :
(vivante 1572).

Page 50, ligne 9. — Au lieu de : 10 mars 1574, lire : 23 févr.
1576 ; ligne 10, après : 1551, lire : panetier (31 déc. 1552) ;
ligne 16, après : Bertrandi, lire : (vivante 18 mars 1574) et
mourut avant sept. 1595 ; ligne 23, au lieu de : mort entre, etc., lire : le 5 janv. 1637 ; ligne 30, après : Savonnières, lire : née en 1563, morte à Giseux, le 20 déc. 1625.

Page 51, ligne 18. — Après : 1568, lire : gent. de la Ch.
(11 févr. 1569).

Page 52, ligne 5. — Après : 1579, lire : le 26, selon l'épita-
phier de Paris.

Page 53, ligne 25. — Après : la Besace, lire : Sauvenes ;
ligne 32, après : du Biez, lire : testa 30 sept. 1543.

Page 54, ligne 23. — Après : du Biez, lire : tué au siège de
Boulogne (1544), même ligne, après : du Biez, lire : vivante
2 avril 1541 ; ligne 28, au lieu de : 1547, lire : 1546.

Page 55, ligne 4. — Après : 1567, lire : fut à Moncontour ;
ligne 9, au lieu de : Turriana, lire : della Torre ; ligne 24,
au lieu de : Turriana, lire : della Torre ; ligne 27, au lieu
de : 1556), lire : (1556) ; ligne 23, après : Saluces, lire : le
3 sept. ; même ligne, après : 1572, lire : il avait été écuyer
de François I*r, fut à la prise de Carmagnola (1543), occupa
Crescentino (1544), fut à la bat. de Cérisoles, gent. de la
Ch. (12 nov. 1545).

Page 56, ligne 14. — Après : Saint-Aignan du Pin, lire : Méry,
Mareil, Faucour, Serrée, la Bonneville, Monthiers, Fours,
Faillons, baron de Mailly, Tilly.

Page 57, ligne 2. — Après : Moustiers, lire : morte le 12 janv.
1578 ; ligne 6, après : Eaulne, lire : Mesnil-Bagnard ;
ligne 15, au lieu de : 1580, lire : 23 avril 1580 ; ligne 17,

— 521 —

au lieu de : Mayen, lire : Moyen, et, après, lire : (morte entre le 28 déc. 1573 et le 27 févr. 1582) ; ligne 19, après : Ardenay, lire : vivante 5 déc. 1598 ; ligne 28, après : Inonville, lire : (vivante 4 juill. 1588) ; ligne 31, au lieu de : Oriville, lire : Oinville :

Page 58, ligne 2. — Au lieu de : Aspect, lire : Aspet ; ligne 8, après : Varye, lire : (vivante 23 avril 1548) ; ligne 15, après : 1559, lire : veuve de François de Crussol ; ligne 20, après : Brosses, lire : et Fredaignes, chev. de l'Ordre ; ligne 23, après : Saint-Chamans, lire : morte en 1549 ; ligne 31, après : Terrières, lire : la Bastide.

Page 59, ligne 9. — Après : Giuntini, lire : en avril 1476, selon Ch. Yriarte *(César Borgia,* 1889, 2 vol.) ; ligne 13, au lieu de : 10 mai, lire : 12 mai ; ligne 14, après : d'Albret, lire : morte le 11 mars 1514 ; ligne 27, après : Mézières, lire : vivante 9 oct. 1538.

Page 60, ligne 3. — Après : Thérouanne, lire : Il se distingua (1521) au ravitaillement de Thérouanne et au combat de Bond ; ligne 9, au lieu de : 17 févr. 1573, lire : 10 juin 1586) ; ligne 22, après : Longpré, lire : morte avant 6 juin 1546 ; ligne 30, au lieu de : fut à la comp., lire : fit la camp.

Page 61, ligne 14. — Au lieu de : 1538, lire : août 1538 ; ligne 15, après : Longwy, lire : morte à Paris, le 28 août 1561 ; ligne 16, après : Lorraine, lire : née en 1552, morte le 6 mai 1596.

Page 62, ligne 16. — Après : Liancourt, lire : née le 5 mai 1528, à Liancourt ; ligne 22, après : 1560, lire : Marie ; ligne 23, après : Méjusseaume, lire : vivante 27 avril 1583 ; ligne 35, après : Marguerite, lire : Marie.

Page 63, ligne 21. — Après : 1597, lire : au siège d'Amiens. Il venait d'être nommé grand-maître de l'artillerie ; ligne 31, au lieu de : Buchedot, lire : Buchepot.

Page 64, ligne 2. — Après : ép., lire : 1538 ; même ligne. après : Albon, lire : née avant 14 mai 1525, vivante en 1560 ; ligne 18, après : la Fresnaye, lire : 26 févr. 1547.

Page 65, ligne 17. — Après : puis, lire : après juill. 1577 ; ligne 22, au lieu de : 1508, lire : 1507 ; ligne 23, après : 25 juill., lire : 25 août.

Page 66, ligne 19. — Au lieu de : 1615, lire : le 16 janv. 1632.

Page 67, ligne 22. — Après : Negrepelisse, lire : veuve d'Henri d'Ebrard-Saint-Sulpice.

Page 68, ligne 17. — Après : Clèves, lire : morte le 30 oct. 1574, à Paris ; ligne 18, après : la Trémouille, lire : née le 18 mai 1568, morte à Paris, le 29 août 1629 ; ligne 31, après : Proisy, lire : veuve de Nicolas de Bohan-Nanteuil.

Page 69, ligne 2. — Au lieu de : 1574, lire : 1572 ; ligne 4, après : Rostrenen, lire : vicomte du Fou, Quelleneu, Coatmeur, Carnouet, Vaugrillart, Bourgneuf ; ligne 6, après : ép., lire : (1568) ; ligne 7, après : Parthenay, lire : (née en 1554, morte le 26 oct. 1631) ; ligne 24, après : Condé, lire : (25 avril 1594) ; ligne 27, après : Longjumeau, lire : (vivante 5 mai 1598).

Page 70, ligne 8. — Après : Albret, lire : (née 7 janv. 1529, morte le 9 juin 1572, à Paris) ; ligne 17, après : ép., lire : après 20 déc. 1512 ; ligne 18, au lieu de : Casset, lire : Cusset ; même ligne, après : la Tour, lire : il se distingua (1521) au ravitaillement de Thérouanne.

Page 71, ligne 20. — Au lieu de Brunay, lire : Brunoy.

Page 72, ligne 21. — Après : 1580, lire : Il fut pris. en 1524, au combat de Rond ; ligne 23, au lieu de : né après 1525, lire : marié le 17 sept. 1526 ; ligne 31, après : Corbie, lire : (4 févr. 1569).

Page 73, ligne 14, après : Alençon, lire : (née vers 1490, morte le 3 sept. 1550, à la Flèche), veuve de François d'Orléans-Longueville.

Page 74, ligne 16. — Après : Bourbon, lire : (née le 10 mai 1491, morte à Châtellerault, le 28 avril 1521).

Page 75, ligne 21. — Après : 1592, lire : 19 sept. 1605.

Page 77, ligne 12. — Après : Estouteville, lire : née 20 oct. 1512, morte à Trie, entre le 15 et le 31 déc. 1560 ; ligne 19, après : 1528, lire : 18 juill. 1531 ; ligne 23, au lieu de : 1545, lire : 1543 ; ligne 35, après : 1543, lire : 15 oct. 1546.

Page 78. — Au lieu de : fut col. etc., lire : grand-maître de l'artillerie (21 janv. 1547) ; ligne 5, après : Mailly, lire : mineure en févr. 1542, vivante 30 mars 1550 ; ligne 21, après :

Picardie, lire : (1557) ; ligne 32, après : Saint-Pol, lire : chev. de l'Ordre ; ligne 34, après : 1544, lire : morte au 28 mai 1557.

Page 79, ligne 29. — Après : Mézières, lire : née 21 oct. 1550, à Mézières.

Page 81, ligne 15. — Après : Montespedon, lire : morte 12 avril 1578 ; ligne 24, après : ép., lire : avant 1556 ; ligne 25, après : Lhospital, lire : vivante 1564.

Page 82, ligne 7. — Après : Bonneval, lire : morte entre 1538 et 1544 ; ligne 14, après : Borgia, lire : vivante 7 avril 1517 et 18 juin 1535 ; ligne 23, après : bat. de, lire : Saint-Quentin.

Page 83, ligne 11. — Après Senlis, lire : 25 nov. 1551 ; ligne 15, au lieu de Magnac, lire : Magnane, Meuil ; ligne 18, après : Panantais, lire : vivante 20 août 1583 ; ligne 19, après : Sanson, lire : morte au 27 juin 1618 ; même ligne, après : 1565, lire : 10 déc. 1576 ; ligne 28, au lieu de : vivait encore, etc., lire : mourut entre le 5 mai 1600 et le 27 juin 1618.

Page 84, ligne 26. — Après : Joyeuse, lire (née le 8 janv. 1585, morte, le 25 févr. 1656, à Paris.

Page 86, ligne 1. — Après : Coesme, lire : (vivante le 23 janv. 1573, morte le 26 déc. 1601, à Saint-Arnoul), veuve de Louis de Montaflé ; ligne 2, après : Lorraine, lire : morte à Eu, le 30 avril 1631 ; ligne 16, au lieu de : Nautouillet, lire : Nantouillet (vivante 1584).

Page 87, ligne 4. — Au lieu de : vivante 17 mars 1615, lire : (née en 1577, morte le 17 juin 1541, à Paris) ; ligne 19, après : Pellevé, lire : (née à Fragilieu, le 5 juill. 1560) ; ligne 28, après : Denonscourt, lire : (mineure le 9 juin 1571, vivante 1588).

Page 88, ligne 25. — Après Roye, lire : née 24 févr. 1536, morte à Condé en Brie, le 23 juill. 1564 ; ligne 26, après : Orléans, lire : (née entre 25 oct. 1548 et 25 mai 1549, morte à Paris, le 11 juin 1601).

Page 89, ligne 19. — Après : croit-on, lire : il vivait le 13 août 1572.

Page 90, ligne 3. — Après : Saint-Pol, lire : (née à la Fère, le 30 mai 1539, morte à Pontoise, le 7 avril 1601).

Page 92, ligne 3. — Après : la Ferté, lire : vivante 1er janv. 1550 ; même ligne, après : mort au, lire : 1er janv. 1550.

Page 94, ligne 2. — Au lieu de : 1553, lire : 1554 ; ligne 3, au lieu de : Sernapont, lire : Senarpont.

Page 95, ligne 8. — Au lieu de : Trémignon, lire : Trémignon ; ligne 19, après : le Houx, lire : vivante 17 avril 1599.

Page 96, ligne 30. — Au lieu de : 1514, lire : 1515 ; même ligne, après : née, lire : le 31 déc., après : morte, lire : le 26 avril.

Page 98, ligne 7. — Après : Chabannes, lire : née 1493 ; ligne 12, après : Brizay, lire : mariés le 17 févr. 1506 ; ligne 8, au lieu de : Hottet, lire : Hottot ; ligne 16, supprimer : gent. de la Ch. du duc d'Alençon (1576-1538) ; ligne 19, après : Launay, lire : (vivante 16 nov. 1570). Il mourut avant le 16 nov. 1570 ; ligne 31, au lieu de : cons. d'Etat, lire : et Auneau (1587).

Page 100, ligne 5. — Après : mourut, lire : entre le 10 juill. 1574 et le 10 nov. 1578 ; ligne 20, après : ép., lire : (19 juin 1532) ; ligne 21, après : Pisseleu, lire : morte entre 2 sept. 1577 et 3 mai 1581, et supprimer : vivante 21 juin 1571.

Page 101, ligne 15. — Après : la Gehère, lire : mariés le 18 mars 1525 ; ligne 16, après : ép., lire : (1er déc. 1568) ; ligne 17, après : Chateauvieux, lire : et fut gouv. de la citadelle de Bourg ; ligne 23, après : d'Apchier, lire : née le 20 mai 1516 ; ligne 24, après : Mornay, lire : testa 4 sept. 1571.

Page 102, ligne 14. — Au lieu de : 1510, lire : 1505 ; ligne 22 après : Ordre, lire : 10 févr. 1549 ; ligne 23, après : roi, lire : (21 juill. 1550-26 mai 1562), ligne 25, après : (1515), lire : mineur (1517), lieut. à la comp. du duc d'Orléans (janv. 1540-1545).

Page 103, ligne 1. — Après : 1533, lire : 1563 ; même ligne, après : 1544, lire : dont il fut gouv. (1549) ; ligne 2, après : la Trémouille, lire : morte en 1599 ; ligne 8, après : d'Humières, lire : née avant 1547.

Page 104, ligne 9. — Après Polignac, lire : vivante 4 sept. 1514 ; ligne 15, après : Savone, lire : chev. de l'Ordre, amb. à Florence ; ligne 25, après : Launay, lire : (morte en 1585).

Page 106, ligne 10. — Après : Kermelec, lire : il vivait encore, le 14 déc. 1588 ; ligne 11, après : Fontaines, lire : Valleynes, la Motte, Sougé, Bouillé, Vauvray, Vieil-Baugé, le Bois, Brion, la Roche-Abilan, la Roche-au-Majeur, Savigney, Clefs ; ligne 13, après : Bretagne, lire : (27 janv. 1578-30 août 1581), gent. de la Ch. (7 juill. 1567-12 mars 1573), chev. de l'Ordre (12 mars 1573), chamb., 1er éc. d'éc. (1574), né avant le 6 juin 1544, tué le 11 mars 1590, à Saint-Malo, par les Ligueurs ; ligne 15, après : Sancerre, lire : née 1552, morte en 1626 ; ligne 28, après : Bueil, lire : vivante 31 janv. 1595.

Page 107, ligne 20. — Après : Soria, lire : comte de Capaccia, Pransula, Marcono, Forance, Rippe, Candide, Avellino, baron du Prat, Cisterna, le Grando, le Scado, l'Armeterio.

Page 108, ligne 7. — Après : 1519, lire : il était le 2e fils de François de Braida et de Béatrix Zurla ; ligne 15, après : 1001, lire : il se distingua aux sièges de Calais et Thionville.

Page 109, ligne 17. — Après : cap., lire : veuve de Charles de Mauluc-Palais ; ligne 21, au lieu de : 1519, lire : 1518.

Page 110, ligne 5. — Après : Saint-Sulpice, lire : (vivante 20 mai 1563) ; ligne 11, au lieu de : 1519, lire : 1518.

Page 111, ligne 27 : au lieu de : 1580, lire : 1590.

Page 112, ligne 7. — Après : 1530, lire : fils de Louis de Castiglione et d'Elisabeth Maletti, naquit avant 1509 et mourut en 1568, à Bayonne. Il fut à la Bicocca, Pavie, Landriano, où il se distingua et fut pris. Il fut chev. de l'Ordre et lieut. à la comp. Teodoro Trivulzi ; ligne 28, après : d'Estissac, lire : testa 20 juin 1588.

Page 113, ligne 32. — Après : Pérusse, lire : (vivante 22 avril 1583) ; ligne 36, après : Ch., lire : (2 avril 1586).

Page 114, ligne 1. — Après : 1602, lire : chev. de l'Ordre (6 sept. 1611) ; ligne 2, après : Saluces, lire : vivante 6 sept. 1611, morte au 23 mars 1623 ; ligne 18, après : Ventadour, lire : veuve d'André de Crussol-Beaudiné ; ligne 21, après : Vienne, lire : veuve de Jacques de Beaufort-Montboissier ; ligne 31, après du Fou, lire : (morte entre 10 mai et 12 déc. 1510) ; ligne 33, après 1566, lire : année de sa mort.

Page 115, ligne 15. — Après : Montagu, lire : morte avant 1554 ; ligne 30, après : de l'Isle, lire : sieur de la Rivière.
Page 116, ligne 1. — Après : Canillac, lire : (morte le 1ᵉʳ août 1607) ; ligne 22, au lieu de : Monsalice, lire : Monselice.
Page 117, ligne 3. — Après : Montberon, lire : vivante 1504 ; même ligne, après Melun, lire : (morte le 10 oct. 1553), veuve de Jean de Bruges ; ligne 26, au lieu de : Loup, lire : le Loup.
Page 122, ligne 1. — Après : Gouffier, lire : (testa 4 févr. 1566) ; ligne 24, après Clermont, lire : (vivante 2 août 1588).
Page 124, ligne 5. — Au lieu de : oct., lire : 16 nov.; ligne 6, au lieu de 1564, lire : 1567.
Page 125, ligne 9. — Après : la Palu, lire : (morte 24 mars 1564), veuve de Jean de Beaufort-Rolle ; ligne 10, après : Sermoyé, lire : veuve de Claude de Toulongeon ; ligne 21, après : Brienne, lire : (vivante 17 sept. 1538).
Page 126, ligne 1. — Après : Melun, lire : (vivante 1587).
Page 127, ligne 19. — Après : Laval, lire : (mineure au 27 juill. 1555, vivante 24 févr. 1584).
Page 129, ligne 24. — au lieu de : Rolland, lire : Rollat.
Page 130, lignes 21-22. — Après : d'Argy et, lire : de Renée ; ligne 26, après : Saint-Bonnet, lire : morte en mars 1515.
Page 131, ligne 25. — Au lieu de : Reuilly, lire : Francières ; ligne 27, après : la Châtre, lire : il signa la capitulation de Sancerre. Il ép. (juin 1583) Marie Brunet.
Page 132, ligne 17. — Après : Brichanteau, lire : (née 3 janv. 1560, morte en janv. 1640).
Page 137, ligne 15. — Après : Béthune, au lieu de : vivante 16 juill. 1573, lire : (née en 1543, vivante en 1607).
Page 139, ligne 3. — Après : 1594, lire : il ép. Gillette de Cartier.
Page 143, lignes 7 et 9. — Au lieu de : Ponville, lire : Pontville ; ligne 14, après : Grossove, lire : (mineure 8 févr. 1544).
Page 144, ligne 10. — Au lieu de : (ép., lire : ép. (   ) ; ligne 20, au lieu de : 1553, lire : (1553) ; ligne 24, au lieu de : Bernadin, lire : Bernardin.

Page 145, ligne 6. — Après : la Marck, lire : (vivante 7 déc. 1579).

Page 148, ligne 1. — Après : Jeanne, lire : Diane ; même ligne, après : Vivonne, lire : née 1515 ; ligne 6, après : Grouches, lire : (morte entre 24 juill. 1550 et 7 janv. 1577).

Page 149, ligne 3. — après : Vendôme, lire : née en 1471 ; au début de la ligne 15, lire : née 25 mars 1492.

Page 151, ligne 10. — Après : Beaulieu, lire : Priez, Reugny, Champlemy, Champlain, Migé, Blannay, le Perchin, Mofli, Chevroche, le Saussoi, Vaucoupeau ; ligne 16, après cons. d'État, lire : bailli et, même ligne, après : Donziois, lire : (3 mars 1574) ; ligne 18, après : Raguier, lire : (vivante 20 janv. 1581) ; ligne 21, après : 1547, lire : sieur de Roches, Unflun, Siseli, mort le 18 juin 1549.

Page 152, ligne 16. — Après : la Forest, lire : (vivante 6 févr. 1564) ; ligne 18, après : ambassadeur, lire : (31 janv. 1557-14 mars 1558) ; ligne 19, après : Nevers, lire : (27 déc. 1551), commiss. des g. (16 août 1537-25 sept. 1549) ; même ligne, après : 1538, lire : -13 nov. 1543) ; ligne 21, après : Isles, lire : C'est probablement lui qui fut aussi sieur d'Etrixy, Boucherot, Mesrechard (13 févr. 1537), mourut avant le 30 déc. 1568, et ép. Anne de Chalon (vivante 30 déc. 1568).

Page 153, ligne 15. — Après : Montpensier, lire : (morte en 1572 ; ligne 19, après : la Marck, lire : (vivante 7 déc. 1579).

Page 154, ligne 13. — Après : Montrot, lire : Saint-Hilaire ; ligne 14, après : Gasparde, lire : Barbe ; même ligne, après : Courtenay, lire : veuve de Philippe de Saint-Fal.

Page 155, ligne 9. — Après : 1632, lire : à Nanteuil ; ligne 18, après : 1563, lire : probablement fils de Jean d'Aulenay et d'Anne de Chalon, ép. Blanche de Chastellux.

Page 156, ligne 22. — Après : Chabannes, lire : (née en 1486, morte en 1501).

Page 157, ligne 14. — Après : Montmorency, lire : morte à Paris, le 11 juin 1541.

Page 159, ligne 1. — Après : 1569, lire : à Orléans ; même ligne, après : puis, lire : mars 1571 ; ligne 2, après : Giuntini, lire : (vivante 19 déc. 1588), veuve de Claude de Batarnay.

Page 160, ligne 8. — Après : 1610, lire : comte de Secondigny, chev. de l'Ordre (23 juin 1563), cap. de gend. (23 juin 1563), cons. d'Etat (13 juin 1568-28 oct. 1591), trésorier des guerres (31 déc. 1574-6 sept. 1581) ; ligne 12, au lieu de : janv. 1564, lire : 9 juin 1567 ; ligne 18, après : 1595, lire : 1er juin 1606 ; ligne 21, après : Gonnort, lire : (morte le 21 oct. 1622).

Page 161, à la fin. — lire : (1) René de Savoie, baron de Cipières, fils de Claude de Savoie et de Françoise de Foix, mariés le 19 août 1539, défendit Sisteron (oct. 1567-janv. 1663) contre son demi-frère le comte de Sommariva, et mourut, assassiné, à Fréjus, le 2 juill. 1568.

Page 162, ligne 24. — Après : Baronnat, lire : (vivante 21 janv. 1617).

Page 165, ligne 11. — Au lieu de : Machevainville, Herbant, lire : Machenainville, Herbaut ; ligne 26, après : la Rochefoucauld, lire : (morte entre 2 janv. 1572 et 1577).

Page 167, ligne 19. — Après : Saint-Blancard, lire : (vivante 1593).

Page 169, ligne 1. — Après : d'Acigné, lire : morte le 11 janv. 1598 ; ligne 2, après : Chaulnes, lire : (morte le 3 mai 1627) ; ligne 23, au lieu de : 8 oct. 1589, lire : 23 juill. 1586.

Page 170, ligne 26. — Au lieu de : Odurt, lire : Odart.

Page 173, ligne 8. — Au lieu de : Vichiers, lire : Vihiers.

Page 176, lignes 18-19. — Au lieu de : Puyguy, lire : Puyguyon.

Page 178, ligne 3. — Après : d'Acigné, lire : (morte 1558).

Page 180, ligne 2. — Au lieu de : Jean de Neufville, lire : Jean d'Occoch-Neufville ; ligne 16, après : Bellebrune, lire : morte au 12 juin 1579.

Page 182, lignes 18-19. — Après : d'Assier, lire : (testa 1566).

Page 185, ligne 9. — Au lieu de : Ambroise, lire : Amboise.

Page 186, ligne 13. — Après : Batarnay, lire : (née 2 août 1512).

Page 188, ligne 17. — Au lieu de : vivante 9 mai 1581, lire : (morte le 18 févr. 1599) ; lignes 20 et 23, au lieu de : Menou, lire : Menon.

Page 191, ligne 25. — Après : Biron, lire : (morte le 1ᵉʳ janv. 1587).

Page 192, ligne 9. — Après : Negrepelisse, lire : (vivante 27 déc. 1578).

Page 195, ligne 10. — après : Escars, lire : (morte en 1595).

Page 198, ligne 4. — Après : Foix, lire : (morte en 1617).

Page 199. — Supprimer les lignes 15 à 21, jusqu'à : Cf. notice, etc.

Page 200, ligne 24. — Après : naquit, lire : le 1ᵉʳ nov. 1516. Il fit, avec Charles-Quint, les expéditions contre Gand et Alger ; supprimer : entre le 24 avril 1510 et 1520 ; ligne 28, après 1575, lire : à Ferrare ; même ligne, après : Cardona, lire : (morte en 1561) ; ligne 29, après : Fregoso, lire : et de Lucrezia Vitelli ; ligne 33, après : 1575, lire : Il ép. Virginia di Ranieri.

Page 201, ligne 7. — Au lieu de : 21 déc. 1558), lire : (21 déc. 1558) ; ligne 9, au lieu de : Jeacomo Poiani, né en 1539, lire : Giacomo Poiani, né en 1529.

Page 205, ligne 28. — Après : la Bourdaisière, lire : tuée à Issoire, le 31 déc. 1593.

Page 207, ligne 8. — Après : Crevecœur, lire : (morte avant 29 janv. 1490).

Page 210, ligne 24. — Après : Poix, lire : Faillouel, Ferrières, Coudran, Cerbonne.

Page 211, ligne 4. — Au lieu de : Cardilla, lire : Cardillac.

Page 213, ligne 3. — Après : la Fond, lire : Saint-Magerand ; ligne 4, après : la Grange, lire : baron de Crevecœur ; ligne 6, après : ép., lire : (11 févr. 1584) ; même ligne, après : Viverols, lire : et mourut subitement en 1623.

Page 219, ligne 32. — Au lieu de : Guinel, lire : Gimel.

Page 220, ligne 2. — Après : Fiesque, lire : marié en 1497, entra, en 1518, au service de la France, combattit dans la guerre de Parme (1521), fut général Florentin (1527), mourut en 1539. Il fut surnommé *il Cagnino*. Lignes 2-3, après : Pallavicini, lire : (morte en 1552) ; ligne 11, après : Gonzague, lire : Il fut fait prisonnier à Pavie, dans les rangs français ; ligne 26, après : d'Este, lire : (née en 1474, morte le 13 févr. 1539).

Page 221, ligne 5. — Au lieu de : décédée 1565, lire : morte le 28 déc. 1566 ; ligne 7, après : 1540, lire : à Marmirolo.
Page 222, ligne 4. — Après : Sabionnetta, lire : né le 7 déc. 1540.
Page 223, ligne 5. — Supprimer, après : 1580, le reste de la ligne 5, et les lignes 6 à 15, inclusivement.
Page 225, ligne 26. — Après : Crevecœur, lire : née le 23 juillet 1548.
Page 226, ligne 23, après : Gouffier, lire : née 6 août 1565 ; ligne 24, après : Estrées, lire : morte le Samedi Saint 1599.
Page 227, ligne 21. — Après : 1558, lire : à Oiron ; ligne 23, après : Beaune, lire : veuve de Louis Burgensis, morte avant 1570.
Page 229, ligne 4. — Après : Crevecœur, lire : (mineure 30 oct. 1514, morte le 7 févr. 1583) ; ligne 9, au lieu de : Chaupteil, lire : Chapteuil.
Page 230, ligne 5. — Au lieu de : Melzar, lire : Melziar.
Page 231, ligne 12. — Après du Gué, lire : née avant 19 sept. 1547.
Page 234, ligne 18. — Après : Goyon, lire : morte 20 déc. 1611.
Page 235, ligne 28. — Au lieu de : 1618, lire : 1613 ; ligne 33, au lieu de : Rollant, lire : Rollat.
Page 240, ligne 17. — Au lieu de : Beauraines, lire : Beauraines ; ligne 31, après : Ecosse, lire : Il ép. Marguerite Douglas.
Page 242, ligne 6. — Après : vivante, lire : 18 sept.
Page 251, ligne 28. — Après : Laval, lire : née 1554.
Page 255, ligne 16. — Après : Saligny, lire : née avant 14 sept. 1550.
Page 256, ligne 29. — Au lieu de : Sprozzi, lire : Strozzi.
Page 260, ligne 19. — Après : Coligny, lire : née avant 23 janvier 1503.
Page 262, ligne 23. — Au lieu de : Françoise, lire : Françoise.
Page 263, ligne 19. — Au lieu de : Pilippe, lire : Philippes.
Page 265, ligne 2. — Au lieu de : la Loué, lire : Loué ; ligne 6, au lieu de : Trianges, lire : Thianges.
Page 267, ligne 17. — Au lieu de : Annne, lire : Anne.
Page 273, ligne 19. — Au lieu de : Vivante, lire : vivant.

Page 274, ligne 14, au lieu de : Balthasar, lire : Balthazarde ; ligne 15, après : après, lire : le 13 mars.

Page 280, ligne 17. — Après : Vienne, lire : morte le 21 oct. 1635.

Page 282, ligne 18. — Après : d'Este, lire : 1531 ; ligne 19, après : 1607, lire : à Paris.

Page 284, ligne 21. — Après : Brézé, lire : (vivante 29 déc. 1576).

Page 286, ligne 16. — Après : Rambouillet, lire : (mineure (2 sept. 1561), morte entre le 20 mars 1595 et le 2 juill. 1600).

Page 288, ligne 6. — Après : Montpensier, lire : (née en 1494, morte le 26 mai 1539).

Page 290, ligne 25. — Après : Roye, lire : (née à Muret, en 1537, morte avant le 15 nov. 1572).

Page 292, ligne 8. — Après : Geresme, lire : née avant 18 mars 1564.

Page 294, ligne 25. — Après : Egmont, lire : morte 10 mars 1555 ; même ligne, au lieu de : 1555, lire : 1556.

Page 303, ligne 23. — Au lieu de : Malaine, lire : Malain.

Page 304, ligne 32. — Au lieu de : 1518, lire : 1618.

Page 307, ligne 13. — Après : Chevry, lire : mineure 20 août 1550.

Page 308, ligne 31. — Après : Savoie, lire : (vivante 1559).

Page 312, ligne 11. — Après : Montcorveil, lire : Montcorneil.

Page 316, ligne 15. — Après : ép., lire : avant 1488 : même ligne, après : Fay, lire : (morte entre 4 nov. 1526 et 9 oct. 1528).

Pages 317, ligne 21. — Après : 1581, lire : fils de Nicolas de Locatelli, gentilhomme bergamasque, fut h. d'a. à la comp. de Nemours (20 août 1563), ép. (1 mars 1566), Jacqueline de Michaille et mourut entre le 25 févr. 1584 et le 19 oct. 1587.

Page 327, ligne 27. — Au lieu de : 1572, lire : 1572).

Page 329, ligne 19. — Après : 1593, lire : et le 1er juin 1606, chev. de l'Ordre, cap. de gend.

Page 330, ligne 31. — Après : pied, lire : gouv. de Moirans : ligne 32, lire : Lucrèce, au lieu : de Laurence.

Page 333, ligne 6. — Après : Vaudenesse, lire : (vivante 13 fév. 1517).

Page 336, ligne 17. — Au lieu de : des Boubers, lire : de Boubers.

Page 338, ligne 32. — Après : Lude, lire : morte en 1540.

Page 346, ligne 13. — Après : Saint-Simon, lire : morte en 1582 ; ligne 30, après : Entremonts, lire : née 8 juill. 1543.

Page 347, ligne 8, après : Avaugour, lire : vivante en 1563.

Page 353, ligne 3. — Après d'Humières, lire : (mineure 21 juillet 1558); ligne 29, après : Jars, lire : (vivante 13 déc. 1571).

Page 354, lignes 30-31. — Après : Chantelou, lire : (vivante 1539).

Page 356, ligne 39. — Après : Clermont, lire : veuve de Jean de Disimieu, née en 1571, morte le 24 sept. 1654.

Page 395, ligne 27. — Après : Drumare, lire : Mesnil-Châtillon.

Page 367, ligne 2. — Après : la Viefville, lire : (mineure 25 mai 1542-16 avril 1543, vivante 23 juin 1559).

Page 372, ligne 36. — Au lieu de : Viaux, lire : Vaux.

Page 375, ligne 31. — Au lieu de : 28 oct. 1565, lire : 15 janv. 1567 ; ligne 32, au lieu de : Jeanne, lire : Claude ; même ligne, après : Coudray, lire : née au Coudray, le 16 juin 1540, morte à Dissay, le 30 oct. 1632.

Page 377, ligne 4. — Au lieu de : Rochebrune, lire : Rochebonne.

Page 379, ligne 23. — Après : Hangest, lire : née avant le 22 janv. 1530.

Page 383, ligne 21. — Au lieu de : Galanzzo, lire : Galeazzo.

Page 384, ligne 17. — Après : Antoine, lire : vivante 18 févr. 1593, morte en 1610.

Page 388, ligne 24. — Au lieu de : Pompéroul, lire : Pompérant.

Page 397, ligne 19. — Au lieu de : Il a ép., lire : Il ép.

Page 405, ligne 21. — Au lieu de : Rieux ép., lire : Rieux, ép.

Page 425, ligne 3. — Au lieu de : en, lire : le 23 mars ; ligne 7, au lieu de : 1593, lire : 1493 ; même ligne, au lieu de : avant 1490, lire : en août 1481 ; même ligne, après : Montferrat, lire : (morte le 31 mai 1490) ; même ligne, au lieu de : avant 1593, lire : en 1492 ; ligne 8, après : Candale, lire : morte le 9 dé. 1536.

Page 433, ligne 12. — Après : Pots, lire : veuve de Claude de Lallemand et de Claude de Beaujeu.

Page 436, ligne 21. — Après : d'Anglure, lire : (vivante 2 mars 1599).

Page 437, ligne 23. — Après : Raconis, lire : vivante 16 sept. 1527.

Page 442, ligne 8, après : Este, lire : née 1531 ; même ligne, après : 1607, lire : à Paris.

Page 451, ligne 25. — Au lieu de : Longneau, lire : Longueau.

Page 461, ligne 13, au lieu de : Cautelmo, lire : Cantelmo.

Page 469, ligne 2. — Après : Montgascon, lire : née avant 1506 ; ligne 6, au lieu de : 1497, lire : 1499.

Page 471, ligne 3. — Après : Coetlogon, lire : née avant 20 août 1560.

Page 475, ligne 13. — Après : Laval, lire : morte vers 1554, à Craon ; ligne 21, au lieu de : en 1540, lire : 13 juill. 1579.

Page 478, ligne 11. — Au lieu de : Gouzaga, lire : Gonzaga.

Page 479, ligne 8. — Après : à, lire : Vérone, morte le 21 mars 1531.

Page 483, ligne 23. — Au lieu de : Claude Bossut, lire : Claude de Bossut.

Page 491, ligne 36. — Au lieu de : Monceler, lire : Montecler.

Page 498, ligne 20. — Après : maitre, lire : vivante 16 sept. 1527.

Page 503, ligne 1. — Au lieu de : Montgasson, lire : Montgascon ; ligne 11, après : 1572, lire : 25 févr. 1574.

Page 508, ligne 7. — Au lieu de : 1552, lire : 1582.

TABLE DES MATIÈRES

Nota. — Les chiffres en caractères gras renvoient au volume de tableaux ; les autres, au volume de texte.

A

Aage (Age, Aige), l'Aage (l'Age, l'Aige), **208, 217**.
Aages (Ages, Aiges) (des), **100**.
Aboval, **103**, 206.
Acarie, **152**.
Aché, **137**, 263.
Achy (Dachy), 233.
Aco (Daco), **132**.
Admiral, **227**.
Agatico (Gattico), **29**, 56.
Agnel, **27**.
Aguerre, 1, 1.
Aigrefeuille, **155**.
Aigueperse, **55**.
Ailly, 2, **102**, 4, 203, 204.
Aix, **143**.
Alagonia, **199**, 380.
Alauzon, 11, **22**.
Albarade, **62**.
Albert, 2, **58**, 176, 227, 5, 113, 342, 510.
Albin, **208**, 408.
Albon, **3**, 223, **269**, 5, 7, 439, 513.
Albret, 4, **5**, **34**, 7, 8, 9, 66.
Alègre (Allègre), **6**, 7, **60**, **81**, 10, 11, 117, 159.
Alendhuy (Allendhuy), **166**, 324.
Alliday (Alliday), **64**, 124.

Allichamp, **158**, 308.
Allemagne (Alamanni), **13**, 26.
Alleman, 7, 11, 12, **22**.
Allonville, **73**, **109**, 141, 213.
Alloue (Aloue), **87**, **263**, 170, 508.
Allyoud, **169**.
Aloigny, **10**, **63**, **264**, **20**, 123, 509.
Amanzé, **82**, **91**, 161, 182.
Amblard, **104**, **207**.
Ambleville, **6**, **120**.
Ambly, **144**, **276**.
Amboise, **7**, **8**, 142, 12, 13, 14.
Ambroys, **26**.
Amerval, **39**, **102**, 117, **119**, **135**, **160**, 213, 76, 205, **226**, 352.
Amoncourt, 74, 75, **91**, **152**, 143, 146.
Ancezune, **28**, 43.
Ancienville, **212**, **416**.
André, **179**.
Angennes, **8**, **9**, **49**, **82**, **146**, **178**, 11, 15, 16, 97, 163, 278.
Angely, **54**.
Anglure, **9**, **10**, **150**, **167**, **220**, **224**, **252**, 18, 19, **292**, **325**, 433, **485**.
Anjou, **10**, 11, 19, **20**.
Anlezy, **70**, **78**, 135, 151.

— 536 —

Annebault, 11, 12, 49, 21, 23.
Anneville, 189, 374.
Anrecourt, 159.
Anticamareta, 134, 233, 256, 455.
Antin, 55, 109.
Anthon (Anton), 64, 101, 228.
Antragues (Antraigues), 119, 133.
Apchier, 186, 231, 364, 454.
Apchon, 3, 13, 6, 25.
Appelvoisin, 240, 464.
Applaincourt, (Happlaincourt). 156, 285.
Apremont (Aspremont), 35, 165, 321.
Apron, 165.
Aquaviva, 13, 26.
Arces, 11, 123, 169, 21, 237, 328, 330.
Arconnat, 111, 120, 217.
Arconques, 59.
Ardenay, 26, 61.
Arduca, 125.
Arguilles, 151.
Argy, 68, 228, 130.
Armagnac, 13, 27.
Armoises (des), 90, 181.
Arné, 37, 259.
Arquenvillé, 119, 230.
Ars, 14, 157, 27.
Arsac (Arzac), 5, 188, 199, 218, 10, 369.
Artron, 240.
Arvilliers, 72, 139.
Asse, 108.
Assigny, 10, 74, 112, 20, 143.
Assy, 33, 187, 63, 367.
Astarac, 138, 265.
Aubeterre (Cl. Bouchard).
Aubineau, 15, 28.
Aubry, 93, 188.
Aubusson, 145, 241, 254, 278, 468, 491.
Aubigné, 84, 170, 171.
Audenfort, 124, 239.

Audier, 221, 253, 495.
Augères, 90, 181.
Augustin, 68, 130.
Aulenay (Aullenay), 78, 80, 152, 155.
Aulnon, 165.
Aumale, 36, 81, 156, 69, 160, 286.
Aumont, 15, 31, 29.
Auradet (Cf. Ornesan).
Aure, 16, 260, 30.
Aureille, 241, 468.
Aussy, 18, 126, 34, 242.
Autresche, 102.
Auvers, 154.
Auxes, 173, 336.
Auxy, 52, 187, 102.
Avaines (Avesnes), 1, 9, 2.
Avantigny, 82, 164.
Avaugour, 15, 28.
Averhoult, 164, 166, 318, 319, 323.
Averton, 84, 93, 170, 186.
Avrilly, 109.

B

Babou, 253, 488, 490.
Badefol, 242, 470.
Badet, 155, 228, 443.
Baglione (Baillon), 111, 217.
Baillet, 66, 126.
Bailleul, 11, 21.
Baissey, 16, 30, 31.
Bajordan, 160.
Balaguier, 17, 269, 31.
Balantano, 225, 226, 442.
Balathier, 95, 190.
Balbiani, 17, 331.
Balsac, 18, 19, 36, 85, 147, 156, 191, 33, 34, 35, 36, 172, 282, 285.
Banastre, 47, 94.
Bar, 183, 216, 359, 421.
Barbançois, 15, 33, 85, 242, 29, 62, 173.
Barbançon, 42, 83.
Barbezières, 19, 252, 36, 505.

Bardachin, 215, 422.
Barge (la), 20, 244, 37.
Barlier, 9, 18.
Baronnat, 169, 330.
Barosso, 29.
Barotes, 41.
Barre (la), 8.
Barthe (la), 21, 27, 97, 98, 160, 214, 215, 38, 51, 195, 312, 422.
Basse, 137.
Bastide (la), 97, 186, 211.
Batarnay, 21, 22, 178, 40, 346.
Baudripont, 165.
Baufremont, 152, 268, 41, 297.
Baugé (Bozzolo), 23 (Cf. Gonzague).
Baume (la), 23, 24, 41, 220, 43, 44, 45, 80, 431.
Baumes, 99.
Bauves (Cf. Boves).
Bayart (Cf. Terrail).
Bayencourt, 24, 44, 130, 255, 46, 47, 248.
Bazillac, 104, 208.
Bazille, 138.
Bazone, 131.
Bazot, 155.
Béarn, 25, 27, 104, 150, 168, 177, 178, 182, 47, 326, 342.
Beaucaire, 153, 160, 301, 312.
Beaufort, 18, 25, 59, 142, 161, 182, 34, 48, 116, 272.
Beaujeu, 207.
Beaulac, 201, 394.
Beaumaître, 227, 444.
Beaumanoir, 34, 66.
Beaumerie, 282.
Beaumont, 149, 159, 202.
Beaune, 20, 231, 37.
Beaupuy, 138.
Beauregard (Cf. Gadagne), 285.
Beaurepaire, 18.
Beausson (Cf. Cézard).
Beauvais, 18.
Beauvau, 43, 102, 204.

Beauverger, 143, 166, 245, 275, 301, 471.
Beauvillier, 246, 253, 475, 488.
Beauvoir, 163, 197, 317, 385.
Beauvoisin, 15, 220, 221, 227, 29, 433.
Beauxoncles, 213, 420.
Bec (du), 233, 455.
Bedegni, 122, 183.
Begon (Cf. La Rouzière).
Bel (Le), 50, 82, 100.
Belcastel, 91, 182.
Bellay (du), 26, 27, 161, 178, 49, 50, 313.
Bellein, 169.
Bellefourrière, 155, 304.
Bellenave (Jean), 9, 166, 211, 17, 328, 413.
Bellenger, 187.
Belleval, 39, 76.
Belleville, 151.
Belleville (Cf. Harpedanne).
Benant, 25, 194, 48.
Béon, 27, 57, 97, 51, 52, 111.
Benque, 27, 209, 51, 408.
Bérait (Cazillac), 90, 152, 180.
Béraut, 107.
Béraudière, 14, 93, 202, 246, 263, 27, 187, 395, 476, 508, 509.
Bercy, 109, 213.
Bermondes, 153, 301.
Bernier, 137, 174, 175, 241, 263.
Berrac, 176, 177, 339.
Berry, 124, 239.
Bertin, 88, 129.
Besse (La Richardie), 7, 59, 100, 208, 11, 201.
Beusson, 27.
Bexannes, 254, 495.
Bexaudun, 2.
Bexolles (Vexolles), 177.
Biars, 494.
Bidonnet, 27, 145, 52.
Biez (du), 26, 89, 178, 52, 54.
Bigars, 102, 204.
Bigny, 132, 253, 254.

Billy, **2, 84, 178**, 3, 345.
Bimont, **145**, 278.
Birague, **29, 222**, 55, 437.
Bize (Cf. Vize).
Bizecelles, **86**.
Blacas, **199**, 390.
Blaisel, **28**, 54.
Blanchefort, **114, 216**, 219, 424.
Blansat, **3, 7**.
Blauf (Gilbertez), **141**, 270.
Blondeau, **210**, 412.
Blosset, **30, 56, 57**.
Blot (Chauvigny), **70**, 434.
Blottelière, **2, 4**.
Bodinière (La), **74**.
Boffles Bosfles), **88, 135, 200**, 178, 260.
Bois (du), **2, 58**, 153, 214, 215, 4, 114, 300.
Boislinards (Cf. Vergnaud).
Boisse, **214**, 420.
Boissière (la), **256**.
Boissière, **73, 123**.
Boissimon, **120**.
Boisvilliers, **186**, 364.
Bompart, **243**, 471.
Bonnail, **114**, 219.
Bonan, **142**.
Boncé (Cf. Boncé).
Bonnault, **69**, 434.
Bonne (la), **81**.
Bonne, **210**.
Bennefons, **91**.
Bonnelle, **93**, 187.
Bonnerie, **227**.
Bonneuil, **259**, 502.
Bonneval, **31, 211**, 264, 58.
Bontez, **211**.
Boran (Cf. Escorailles).
Bordeaux, **120**, 233.
Borgia, **32**, 59.
Borgne (le), **262**, 506.
Borie (la), **241**.
Borne, **134**, 256.
Bossut, **251**, 483.
Boulers, **173**, 336.
Boucé, **112**, 217.

Boucart, **234**, 456.
Bouchard (Aubeterre), **87**, 177.
Bouchault, **59**, 458.
Bouchet, **33, 52, 85, 237**, 62, 172, 460.
Bouchon, **112**, 216.
Bouillé, **72**, 130.
Boulainvilliers, **32, 88, 132, 173, 200**, 59, 60, 178, 254, 335, 392.
Boulart (Boullehart), **82, 191, 193**, 162, 377, 379.
Boulaye (la), **162**.
Boulieu, **244**, 473.
Boullanger (le), **181**, 354.
Boulogne, **90, 138**, 181.
Bourbon, **5, 33, 34, 35, 36, 37, 38, 39, 40, 41, 42, 43, 44, 45, 46, 51, 98, 103, 190, 211**, 10, 60, 64, 68, 70, 73, 75, 76, 79, 81, 82, 84, 85, 86, 88, 89, 90, 91, 196, 371.
Bourdeille, **47, 92**.
Bournonville, **80**, 180.
Bourg (du), **11, 51**, 22.
Bousanval, **33**, 64.
Bousquet, **87**.
Boutet, **225**, 447.
Bouthière (la), **220**, 433.
Bouteiller (le), **262**, 506.
Boutillac, **186**, 324.
Bouzie, **10**.
Boves, **149, 155, 158**, 294, 304, 307.
Bovier, **23, 44**.
Bracques, **187**.
Braïda (Brayta), **54**.
Brancas, **198**, 390.
Brandyn, **246**.
Braque, **174, 236**, 459.
Brazart, **227**.
Bréauté, **47**, 93.
Breil (du), **48, 85, 206**, 94, 95, 96, 404.
Brême, **10**.
Breschard, **122**,

Brescia, 85.
Bressieux, 226, 443.
Bressoles (Brezolles), 15, 95, 156, 188, 29, 190, 287.
Breton (le), 40, 237, 79.
Bretonnière (la), 45, 103, 90.
Brettes, 98, 198.
Breuil, 95, 126, 188, 253, 190, 213.
Breuille (la), 184.
Brézé, 49, 96.
Brezons (Bresons), 85, 186, 363.
Brichanteau, 2, 36, 254, 3, 492.
Brimeu, 47, 97.
Brion, 65, 68, 229, 450.
Brisquedieu, 49.
Brizay, 50, 192, 98.
Brochard, 241.
Brochet, 211.
Brosse (la), 50, 82, 147, 181, 246, 98, 162.
Brusse, 51, 100.
Brossin, 40, 237, 240, 78.
Brouillart, 178, 345.
Brouilly, 126, 255, 262, 212, 494, 506.
Broux, 181.
Bruges, 52, 102.
Brunot, 88.
Brunfay, 204, 398.
Bruyères, 134, 257.
Buard, 206.
Buardon, 264.
Bucy (Bussy), 50, 180, 142, 349, 354.
Budos, 134, 257.
Bueil, 33, 52, 53, 54, 181, 226, 251, 61, 63, 102, 104, 106, 107, 375, 443.
Buigny, 213, 416.
Buissol, 133.
Buisson, 30, 35, 184, 187, 57, 360.
Busca, 222.
Bussière, 30.
Busseul, 67, 127.

Buttet, 223.
Buz, 204, 399.
Byards, 256.

C

Cajarc, 201, 394.
Calandre, 185.
Calonne, 24, 130, 255, 46, 47, 247.
Camboust, 53, 105.
Campaigne, 122, 175.
Campanes, 51.
Campignac, 34, 68.
Canjon, 157, 306.
Canonville, 239, 462.
Capponi, 109, 213.
Cappoulo, 265.
Caracciolo, 54, 107, 108.
Carbonnières, 114, 178, 219, 344.
Cardé, 217.
Cardillac, 55, 108.
Carmain, 56, 109, 110.
Carnaset (Karnazet).
Carné, 206, 404.
Carondelet, 21, 222, 39.
Carr, 234, 458.
Casale, 248.
Casaux, 106.
Cassart, 234.
Castelbajac, 214.
Castellanne, 199, 390.
Castelnau, 47, 101, 92, 202.
Castelnau-Clermont, 57, 110, 111.
Castelpers, 201, 394.
Castillon, 58, 112.
Castro, 88.
Caubios, 130.
Caulx, 27, 51.
Caumont, 58, 112, 113.
Caupène, 187.
Caurroy (du), 178.
Caux, 218.
Cavalli, 86.
Cavoye, 180, 351.
Caylar (du), 183, 358.

Caylus, 134, 257, 258.
Caxela, 63.
Cazenove, 196, 385.
Cazillac (voyez Bérail).
Cenesme, 81, 159.
Cépoy (Sepoix, Despoix), 36, 117, 72, 225.
Cernay, 213.
Céron, 62.
Certain, 170, 349.
Certieux, 187.
Cervon, 287, 460.
Cézard, 126, 242.
Chabans, 200, 391, 393.
Chabannes, 59, 60, 100, 114, 115, 116.
Chabot, 44, 61, 62, 63, 64, 156, 283, 88, 118, 120, 1.-1, 121, 508.
Chaboude, 171.
Chainet, 143.
Chaise (la), 200.
Chalabre (Cf. Bruyères).
Chalençon, 65, 124.
Chalon, 66, 125.
Chalus (Chaslus), 100, 201.
Challant, 65, 125.
Chamarie, 152.
Chambes, 73, 122, 156, 140, 236, 286.
Chamborant, 14, 27.
Chambort, 45.
Chambray, 12, 49, 23.
Chambre (la), 223, 439.
Chambret, 214, 419.
Chainigny, 201, 396.
Champagne, 26, 66, 49, 125.
Champeaux, 46, 237, 78.
Champgirault, 136, 200.
Champrond, 106, 261.
Champs, 102, 200, 205, 394.
Chandée, 66, 126.
Chanderas, 241.
Changy, 221, 228, 430, 447.
Chantelou, 117, 159, 212, 225, 309, 417.
Chantemerle, 38, 67, 77, 141, 74, 127, 269.

Chantemesle, 196.
Chapelle (la), 24, 61, 62, 196, 118.
Chapt, 127, 244.
Chardon, 39, 262, 75, 507.
Chargé, 240, 465.
Chartogne, 90, 138, 182.
Chassaigne, 72.
Chaste (Cf. Clermont).
Chat (Le), 68, 230.
Chateau, 263, 392.
Chateaubodeau, 143, 262, 275.
Chateaubriant, 68, 243, 128.
Chateauchalon, 263, 507.
Chateauneuf, 67, 88, 129.
Chateigner (Chasteigner), 67, 98, 124, 191, 127, 192, 239, 375, 376.
Chateigneraye (la), 64, 240, 124, 464.
Chatelard (Chastelard), 171.
Chatelet, 150, 151, 166, 201, 292.
Chatellux (Chastellux), Cf. Beauvoir.
Chatenier, 216.
Chatillon, 90, 94, 189.
Châtenay (Chastenay), 24, 210, 46, 411.
Châtre (la), 17, 30, 68, 69, 181, 31, 50, 353.
Chaulx, 19, 36.
Chaumeil, 70, 132.
Chaumont, 117, 179, 226, 348.
Chaussée (la), 153, 158, 300, 307.
Chauvet, 31, 87, 217, 58, 175.
Chauvigny (Cf. Blot).
Chazay, 39, 76.
Chazeron, 70, 134.
Chemin (du), 73, 251.
Chenevelles, 182.
Chenay (Chesnay), 197, 216, 386.
Chenu, 68, 71, 91, 155, 128, 135, 145.

Cher (du), 282, 506.
Chesnel, 87, 266, 177, 511.
Chessé, 266.
Chevalier (le), 120, 234.
Chevrières (Cf. Mitte).
Chevry, 159, 311.
Chexelles, 239, 462.
Chissé, 11, 123, 169, 21, 238, 330.
Chiusa (la), 131.
Chivré, 73, 141.
Chodogno, 81, 83, 160, 167.
Choiseul, 71, 77, 95, 146, 147, 151, 152, 137, 280, 281, 283, 293, 295.
Chourses, 63, 72, 1.2, 139.
Claret, 23, 43.
Clavel, 73, 83, 179, 130.
Clédie, 44, 87.
Clérembault, 53, 105.
Clerc (Le), 44, 87.
Clères, 173, 335.
Clermetz, 117, 226.
Clermont, 23, 73, 74, 75, 76, 78, 162, 169, 187, 232, 233, 234, 241, 249, 255, 41, 140, 142, 144, 145, 147, 151, 316, 329, 454, 456, 465, 466.
Clèves, 77, 78, 79, 148, 149, 150, 153.
Clinchamp, 51, 66, 101, 126.
Clugny, 260, 502.
Clutin, 89, 154.
Cluys, 50, 82, 100, 102.
Coagne, 10, 20.
Coch, 189.
Cochefilet, 34, 67.
Coesmes, 52, 103.
Coesquen, 79, 155.
Coetlogon, 79, 155.
Coignon, 495, 496.
Coligny, 80, 81, 82, 156, 157, 158, 161.
Colombier, 183, 317.
Combourcier, 225, 226, 412.
Commargon, 102, 203.
Commenge, 16, 30.

Compeys, 171, 333.
Conan, 115, 222.
Conflanville, 187, 366.
Condamine (la) (Cf. Harenc).
Condé, 216, 423.
Conflans, 50, 82, 147, 158, 99, 162, 309.
Constant, 84, 263, 169, 490.
Conte (le), 73.
Contes (Coutes), 1, 83, 156, 1, 291.
Conty, 151, 295.
Corbattières, 52, 91, 209.
Corbière, 7.
Corguilleray, 216, 424.
Cornillon, 245.
Cormont, 126, 242.
Corsant, 24, 46.
Corse 188.
Corso, 82, 86, 171, 163, 174, 175.
Cos (du), 67, 188, 128.
Cosne, 12.
Cossé, 83, 84, 85, 147, 164, 167, 168, 171.
Costa, 86, 174.
Cottin, 82.
Coucy, 26, 28, 53.
Coucy (Concys), 87, 175.
Couesnon, 72, 129, 139, 147, 256, 257, 232, 266, 284.
Couppe, 2.
Courcy, 156, 187, 261, 36'.
Courret (du), 87, 97, 176.
Courseulles, 12, 78, 189, 24, 146, 370.
Courtarvel, 191, 250, 256, 252, 482, 495.
Courtes, 121, 231.
Cousin, 87.
Coussay, 80.
Coustin, 99, 221, 197, 134.
Coutances, 263, 508.
Couvel, 158.
Crawford, 125, 541.
Crémeur, 252, 486.
Crémone, 15.
Créneau, 175.

Créquy, 39, 88, 89, 117, 129,
147, 151, 153, 178, 179,
181, 200, 76, 177, 178,
179, 180, 226, 251, 283,
294, 346, 347.
Crevant, 36, 44, 71, 89.
Crevecœur, 74, 155, 156, 144,
287.
Crochet, 159, 310.
Croix (la), 89, 198.
Cros (du), 250, 481.
Croze (Cf. Mistral).
Crugi, 111, 145, 279.
Crussol, 90, 91, 180, 181,
182, 183.
Crux, 127, 154, 245, 303.
Cublèze, 212.
Cugnac, 18, 81, 129, 152, 202,
35, 160, 250, 298.
Culant, 51, 118, 101, 228.
Curieu, 109, 212.
Custon, 92.
Cuvillier, 92, 94, 181.

D

Daillon, 34, 92, 93, 94, 192,
66, 185, 186, 188.
Damas, 71, 116, 141, 153,
168, 224, 258, 137, 223,
269, 270, 300, 436.
Damour, 141.
Dampierre, 63, 71, 91, 136.
Dampont, 101, 239, 202, 462.
Dauvet, 109, 213.
David, 74.
Defliez, 30, 57.
Devezeau, 19, 20.
Digoine, 152, 229, 298.
Dillon, 237, 460.
Dinteville, 94, 95, 146, 189,
281.
Dorgeoise, 232.
Douhet, 185, 361.
Doullin, 31, 59.
Douville, 2, 48, 215, 4.
Doyen (le), 187, 367.
Drée, 220, 221, 432.

Drot (Dort), 67.
Dunlansel, 9.
Duppelle (van), 165.
Durat, 133, 210, 255, 411.
Durfort, 4, 45, 95, 114, 8, 219.
Dyo, 112, 220, 221, 432.

E

Ebrard, 96, 191, 192.
Ecrières, 157.
Egmont, 95, 192.
Egreville, 80, 99, 156.
Ellouf, 13, 26.
Epinay, Espinay, Lespinay,
117, 146, 147, 187, 229,
226, 269, 283, 366, 449,
450.
Escajeul, 213, 415.
Escandillac, 201.
Escars, 34, 97, 98, 65, 193,
195, 197.
Eschelles, 136, 260.
Escorailles, 52, 57, 209, 103,
440.
Escotz, 124, 187, 231, 367.
Escoubleau, 253, 489.
Escrienne, 183.
Esguille, 31, 59.
Espagne, 66, 126.
Espaulx, 35.
Esperon, 42, 83.
Esperonnière (l'), 68, 129.
Essars (des), 75, 99, 119, 152,
193, 204, 239, 254, 145,
230, 296, 379, 399, 492.
Estampes, 82, 101, 153, 211,
260, 199, 300, 409, 500.
Estang (l'), 75, 170, 226, 232,
237, 259, 264, 146, 442,
460, 510.
Estavayé, 38, 45, 72, 90.
Este, 100, 101, 200, 201.
Esternay, 181.
Esterno, 265.
Estoille (l'), 200, 393.
Estourmel, 130, 229, 261,
248, 503.

— 548 —

Estouteville, 5, 102, 9, 202.
Estrées, 37, 51, 103, 151, 70, 205.
Estuer, 61, 119.
Eurre, 22, 160, 169, 227, 11, 311, 329.
Eyres, 170.

F

Faby, 54.
Fages, 32.
Fallavel, 171.
Falti, 115.
Faulac, 54.
Faulquier, 20.
Fausse, 161.
Favas, 201.
Favelle (la), 207.
Favier, 182, 254.
Fay, 7, 83, 113, 119, 148, 150, 232, 11, 123, 229, 454, 503.
Faye (la), 76.
Fayette (la), (Cf. Motier).
Feillens, 223, 439.
Fenoillet, 193, 379.
Ferbois, 236.
Ferrari, 86.
Ferrier, 218, 428.
Ferrière (la), 26, 49.
Ferrières, 3, 38, 44, 187, 260, 89, 499.
Ferté (la), 42, 74, 136, 81, 82, 144, 261.
Fesle (le), 243, 471.
Fesques, 27, 51.
Feulx, 161, 230, 354.
Fiennes, 104, 207.
Fieret, 264.
Fin (la), 168, 328.
Fitte (la), 175, 339.
Flamarant (Cf. Grossoles).
Fleschin, 137, 262.
Florainville, 150, 291.
Flotte, 75, 91, 104, 145, 184.
Foissy, 101, 153, 202, 300.
Foix, 31, 57, 104, 105, 106, 107, 111, 208, 209, 210.

Folch, 107, 211.
Fontaine (la), 8, 81, 190, 233, 262, 16, 160, 372, 153.
Fontaine, 212.
Fontaines, 141.
Fontenailles, 5.
Fontenay, 120, 128, 159, 309.
Forceville, 129, 135, 251.
Forges, 156, 287.
Forest (la), 0, 33, 213, 15, 414.
Fossez, 44, 89.
Fou (du), 168, 326.
Foucault, 246, 176.
Foudras, 182, 354.
Fougères, 141, 264, 228, 270, 509.
Fouquesolles, 28, 35, 54, 69.
Foulons, 99.
Foulleuse, 155, 304.
Fourmanoir, 108, 211.
Fournier (le), 189, 371.
Fournoulx, 69, 131.
Framezelles, 108, 211.
Franc (Le), 134, 258.
Francières, 187.
Franchière (la), 241.
Franget, 80, 108, 157.
Fregoso, 100, 108, 200, 211.
Frelan, 67.
Frenelz, 164, 318.
Fresnières, 144.
Fresnoy, 10, 18, 80, 139, 178, 230, 18, 34, 346, 451.
Fretard, 42, 83.
Fretaizes, 143, 262, 275.
Fretel, 69, 131.
Frette (la), 5, 10.
Frézeau, 93, 187.
Frogeard, 146, 279.
Froissy, 207.
Frotier, 87, 200, 208, 266, 176, 392, 407.
Fuillière, 253.
Fumechon, 184, 359.
Fumel, 114, 218.
Fussey, 220, 221, 430.

— 544 —

G

Gabia, 203.
Gadagne, 109, 188, 179, 226, 212, 328.
Galgiardi, 260, 500.
Galléano, 218.
Gallian, 93, 187.
Gallot, 83, 84, 102, 109, 166.
Galvagna, 115, 222.
Gambe, 110.
Ganabres, 110.
Gantier (Le), 54, 107.
Garadeul, 163, 317.
Garde (la), 152, 231, 296.
Gareau (du), 160.
Garges, 181, 353.
Garrigue (la), 111, 145.
Garrigues, 165.
Gars, 241.
Gastaldo, 222, 137.
Gastebois, 58, 114.
Gastineau, 202, 397.
Gatimesnil (Goustimesnil), 187, 366.
Gattico, 29, 56.
Gaudeau, 118, 228.
Gaudin, 131, 252.
Gaulnes, 233, 451.
Gauteron, 79, 234, 151.
Gazier, 188.
Geliant, 230, 451.
Genouillac (Cf. Ricard).
Genton, 169, 330.
Geoffroy, 19.
Gerbais, 223, 439.
Gérente, 254, 492.
Geresme, 154, 303.
Gestas, 27, 52.
Giffart, 52, 81, 105, 159.
Giguet, 243.
Gilbertez (Cf. Blauf).
Gillain, 189, 371.
Gimel, 97, 242, 194, 469.
Girard, 93, 111, 243, 188, 211, 172.
Girolamy, 172, 334.
Gironde, 13, 26, 26, 49.

Giroux, 114, 218.
Glas (du), 254, 491.
Glenesse, 62.
Gobé, 120, 233.
Gobert (Goubert), 28, 89.
Godefroy, 47, 91.
Gohas, 111, 214.
Gondi, 111, 112, 213, 215.
Gotte, 28.
Gonnelieu, 103, 206.
Gontaut, 34, 42, 97, 114, 67, 81, 166, 219.
Gonzague, 23, 113, 114, 115, 118, 12, 220, 221, 223, 224.
Gorgias, 144, 276.
Goubert (Cf. Gobert).
Gouenne, 68.
Gouffier, 116, 117, 118, 119, 224, 227, 228, 2_9.
Goullaine (Goulaine), 53, 121, 105, 230.
Goulard (Goullard), 15, 28.
Goulx, 101.
Gourdièges (Gordièges), 58, 205, 113, 303.
Gourdon, 205, 244, 260, 301, 473.
Gournay, 132, 201, 255.
Gout, 145, 278.
Gouy, 117, 158, 226.
Gouzolles, 235.
Goyon, 120, 174, 175, 231, 337, 338.
Graffard, 184, 300.
Grange (la), 79, 158, 234, 153.
Grant, 125, 174, 211.
Greco, 54, 123, 108.
Green, 96, 197.
Grez (Gretz), 50, 192, 98.
Grezille (la), 239, 246, 362.
Grillet, 111, 112, 216.
Grimouville, 16, 47, 79, 158, 262, 94, 154, 307, 501.
Gris (Le), 206, 400.
Grisay, 39.
Griveau, 30.
Grivel, 101, 199.
Groing (Le), 229, 430, 431.

…dé, 169, 170, 232, 330, 331, 454.
Grossolles, 77, 150.
Grossove (Cf. Grivel).
Grouches, 200, 392.
Gruel, 162, 227, 257, 315, 497.
Gubin, 174.
Gué (du), 33, 51, 70, 160, 62, 134.
Guébriac, 120, 243.
Guémadeuc, 121.
Guérin, 63, 73, 178, 123, 343.
Guerres (des), 156.
Guers, 183, 358.
Guesdon, 121, 234.
Guévant, 228, 447.
Guiche (la), 122, 159, 178, 183, 235, 236.
Guiffrey, 123, 237.
Guiscars (Giscars), 21, 177, 39.
Guitart, 227, 444, 445.
Gumin, 170, 331.
Guy, 200, 303.

H

Hallot, 115, 222.
Hallwin, 36, 74, 89, 117, 123, 124, 157, 220, 221, 32, 143, 180, 225, 238, 305, 433.
Hamel, 156, 286.
Hamelet, 131, 252.
Hamelin, 26, 51.
Hames, 173, 336.
Hamilton, 125, 240.
Han, 93, 188.
Hane (la), 44.
Hangest, 125, 126, 241, 242.
Haraucourt, 154, 302.
Harcourt, 12, 119, 120, 24, 229, 233.
Harenc, 126, 216, 233, 243, 423, 487.
Harlay, 132, 354.

Dist. Et.-Maj.

Harpedanne, 87, 126, 252, 176, 243.
Haules (des), 162, 315.
Hautcastels (Cf. Chateigner).
Hautefort, 59, 97, 127, 114, 115, 195, 244.
Hautemer, 84, 127, 169, 514.
Haye (la), 8, 174, 190, 214, 243, 16, 337, 471.
Hayes (les), 33, 62.
Hayette (la), 102, 204.
Hébrail, 250.
Hédouville, 128, 246.
Hémard, 193, 379.
Henencourt, 160.
Hennequin, 231, 453.
Henry, 222, 437.
Héricourt, 190.
Hériot, 125, 241.
Hermant, 8, 15.
Hérouville, 161.
Herpin, 89, 132.
Hochberg, 128, 216.
Hospital (l'), 69, 132.
Horry, 61, 119.
Houdenc, 39, 76.
Houdetot, 128, 246.
Hucqueliers, 36, 151.
Hume, 125, 174, 241.
Humières, 129, 130, 135, 251, 255, 217, 249, 250.
Hurault, 139, 306.

I

Icardo, 82.
Ille, 54.
Illiers, 26, 64, 62, 131, 173, 50, 123, 336.
Imbault (Cf. Rivoire).
Isalguier, 27, 52.
Isans, 200, 393.
Isle (l'), 59, 155, 179, 182, 304, 348, 354.
Isnard, 131, 252.
Isque, 124, 195, 240, 362.
Ivory, 150, 293.

35

— 546 —

Izarn, 145, 205, 225, 226, 278, 443.

J

Jaille (la), 43, 174, 85, 337.
Jalingues, 129, 202, 251.
Jarente (Cf. Gerente), 492.
Jarrie, 51, 101.
Jaulnay, 41, 8.
Jauvyn (Jovin), 212, 417.
Jay, 85, 178, 171.
Jeune (le), 195, 383.
Jimet, 247.
Jourdain, 61, 118.
Jousseaume, 260.
Jousserant, 42, 85.
Jouvenel, 132, 133, 253, 255.
Joyeuse, 95, 116, 133, 134, 135, 165, 190, 223, 255, 258, 259, 322.
Juch, 206, 404.
Jugie (la), 260, 500.
Jumeau, 265.

K

Karnazet, 30, 56.
Karquelevant, 77, 135, 149.
Kernevenoy, 252, 484.

L

Lage (Laige, Laage) (Cf. l'Age).
Labat, 177.
Lac (du), 136, 260.
Lachenal, 51.
Laidet, 111, 218.
Laire, 123, 237.
Lallier, 72, 138.
Lambès, 225, 381.
Lamboul, 33, 64.
Lamesan, 27, 100, 52.
Lamet, 24, 251, 47, 487.
Lamy, 18, 35.
Lancry, 117, 227.
Landelle (la), 226, 443.
Landi, 109, 212.

Lande (la), 136.
Landrodye, 242, 470.
Lanes, 61, 119.
Langlois, 8.
Lanne (la), 165.
Lannoy (Launoy), 36, 76, 99, 137, 158, 239, 251, 259, 71, 199, 261, 307, 311, 502.
Lansac, 98, 242, 197, 469.
Lanvaulx, 79, 121, 258, 159.
Lanvin, 76, 126, 148, 242.
Larra, 8.
Lasne, 203, 398.
Lassegan (Cf. la Barthe).
Lasseran (Cf. Montluc).
Lastours, 47, 93.
Lattier, 169, 243, 330, 472.
Latude (Cf. Vissec).
Lau (du), 196, 384.
Laubespin, 122, 236.
Laubigeois (Lobligeois), 40. 79.
Laubier, 59, 102, 204.
Laugères, 33, 64.
Launay (Cf. Launoy).
Launoy (Cf. Lannoy).
Laupie, 82.
Lautel (Lostel), 90, 94, 182.
Lauthouye, 142, 273.
Lauvères, 227.
Lauvin (Cf. Lanvin).
Lauzières, 114, 218.
Lauzun, 183, 357.
Laval (Cf. Albert).
Laval (Montfort), 137, 175, 249, 262, 338.
Laval, 93, 138, 183, 186, 264.
Lay, 65, 66, 138, 189, 285.
Lazare, 59.
Léaumont, 139, 265.
Lebas, 213.
Lecoy, 149.
Lefébure, 157.
Lenfernat, 101, 200.
Lenoncourt, 2, 71, 95, 124, 139, 140, 148, 150, 154, 254, 3, 136, 190, 230, 260, 268, 292, 303.

Léon, 145.
Lers, 57, 111.
Lesme, 138, 265.
Lespinay (Cf. Espinay).
Lestaing, 250, 481.
Lestrange, 58, 127, 113, 234.
Lettes (Cf. Prez).
Levezou (Luzanson, Vesins), 228, 447.
Lévis, 59, 122, 141, 142, 202, 115, 237, 271, 272, 274.
Levrault, 129, 202, 251.
Leyre, 219, 429.
Lezay, 188, 368.
Liège (du), 257, 495.
Lieuray, 102, 204.
Lignac, 105, 143, 275.
Ligny, 140, 204, 268, 398.
Ligondès, 235, 262, 457, 506.
Ligonnay, 253.
Lille, 46.
Linières, 143, 275.
Lions (Lihons, Lyons), 44, 140, 144, 148, 89, 268.
Lissac, 141, 271.
Livron, 147, 178, 282, 283.
Liz (Lys), 186, 197, 387.
Locatel, 163, 317.
Loddan, 186, 363.
Loges (des), 120, 144, 192, 380.
Lomagne, 145, 277, 278.
Longaunay, 120, 232.
Longpérier, 184, 359.
Longuemare, 12, 101, 25.
Longueville, 260, 503.
Loridel, 102.
Lorraine, 50, 146, 147, 148, 149, 150, 151, 152, 153, 154, 155, 156, 157, 99, 279, 280, 282, 286, 288, 289, 293, 294, 295, 296, 298, 299, 301, 303, 305.
Losse, 84, 97, 191, 65, 377.
Lostanges, 200, 391.
Louaire (la), 201.
Louan, 9.
Loubbe (Loubes), 93, 157, 187, 305.

Loup (Le), 17, 185, 186, 32, 363.
Loupiac, 7, 44, 142, 175, 186, 241, 13, 88, 89.
Lourdat, 27.
Louvain, 157, 306.
Louviers, 118, 228.
Louvilliers, 71.
Loys, 64.
Loy, 169.
Loz, 53, 106.
Lucas, 18, 179, 33.
Lugolly, 75, 91, 146, 185.
Lur, 58, 97, 113, 194.
Lusignan (Saint-Gelais), 215, 121.
Lustrac, 95, 191.
Luxembourg, 51, 132, 157, 158, 159, 160, 100, 253, 306, 307, 308, 310, 311.

M

Macédoine, 13, 27.
Madaillan, 185, 321.
Maffei, 172, 334.
Magdeleine (la), 63, 168, 327.
Maillard, 47, 94.
Maillé, 54, 63, 139, 156, 106, 122, 206, 285.
Mailly, 24, 160, 161, 178, 190, 204, 45, 312, 313, 314, 372, 400.
Mainemares, 61, 162, 159.
Maizeville, 141.
Malain, 64, 210, 221, 121, 411, 434.
Malaspina, 29, 55.
Malanson, 179.
Malaussène, 214, 422.
Malberg, 154, 302.
Malende, 205.
Malesset, 146, 262, 268, 507.
Malestable, 203.
Malet, 162, 189, 262, 315, 371, 374.
Malherbe, 53, 163, 186, 105, 316.

Malicorne, 14.
Mallavicini, 29.
Mandelot, 163, 228, 316.
Mangin, 261.
Manerbe, 85.
Maniban, 126.
Manneville, 187, 367.
Marafin, 81, 159.
Marans, 119, 230.
Marcassat, 168, 172.
Marçay, 239, 465.
Marche (la), 42, 83.
Marck (la), 164, 165, 166, 167, 168, 318, 320, 321, 323, 324, 326.
Marcial, 127.
Marcilles, 144.
Marconnay, 19, 33, 168, 284, 36, 63, 509.
Mare (la), 63, 67, 121.
Mareschal (Le), 162, 314.
Mareuil, 211, 309.
Maretz, 124, 240.
Margival, 206, 399.
Mariano, 285.
Maricourt, 212, 417.
Marin, 91, 126, 183, 244.
Marins (des), 164, 319.
Mars, 3, 7.
Marsa, 114.
Marsay Cf. Marçay).
Marsilly, 67, 168, 127, 290.
Martainville, 43.
Martel, 15, 61, 64, 112, 141, 119, 124, 216.
Marthonye (la), 200, 393.
Martignac, 127.
Martrès, 193, 381.
Marzé, 91.
Marzellière (la) (Cf. Giffart).
Mascarel, 30, 57.
Masencomme (Cf. Montluc). lassay, 203.
Mastin (Le), 246, 476.
Mathefelon, 69, 132.
Matignon (Cf. Govon).
Maucourt, 103, 124, 230.
Maudet, 139, 266.

Mauger, 257, 496.
Maugiron, 40, 83, 115, 154, 169, 170, 171, 77, 145, 222, 303, 331, 332.
Mauléon, 59, 191, 214, 253, 421, 480.
Mauny, 232.
Mazancourt, 124, 240.
Mazère (la), 57, 112.
Mazeville (Cf. Maizeville).
Mazières (Cf. Gourdièges).
Mazières, 245, 374.
Mazinguehem, 190.
Mexes, 16.
Mélignan, 67, 188, 127.
Menchy, 230, 452.
Méues, 198.
Menglu, 261, 504.
Mennau, 259.
Menon, 94, 188.
Meneu, 69, 191, 131, 377.
Menthon, 51, 101.
Menue (la), 40, 78.
Merclessart, 38, 72.
Merle (du), 206, 400.
Mesnil (du), 181, 190, 353.
Meung-la Ferté, 42, 81, 83.
Mex (du), 146, 281.
Millars, 31, 58.
Milly, 18, 133, 34.
Miolons (Myolans), 171, 333.
Mirandole (Pic), 115, 172, 238, 222, 333.
Miremont, 148, 165, 289, 321.
Mistral, 2, 5.
Mitte, 91, 171, 183, 484.
Molhezac, 25, 194.
Molitard, 257, 495.
Molles, 6.
Mollet, 2, 3.
Monceaux, 57, 139, 111, 267.
Monchy, 39, 44, 88, 89, 137, 161, 172, 173, 182, 187, 251, 75, 87, 89, 178, 179, 262, 314, 334, 355.
Monconys, 220, 221, 430.
Moncoquier, 228.

— 549 —

Mondion, 187, 365.
Monestay, 221, 434.
Monnet, 211.
Mons, 176, 177, 214, 229, 339, 421, 450.
Monssures, 123, 173, 335.
Mont (du), 68.
Montallé, 254, 491.
Montagnac, 97, 195.
Montainard, 23, 178, 43, 343.
Montal, 75, 133, 134.
Montalais, 53, 54, 253, 105, 106, 490.
Montalembert, 33, 173, 205, 61, 403.
Montardit, 47, 93.
Montault (Moutaut), 67, 95, 188, 128.
Montbazin, 83, 183, 165.
Montbel, 173.
Montberon, 167, 192, 200, 325, 391.
Montclar, 145, 277.
Montdragon, 198.
Montdragon (Cf. Albert.
Montecler, 213, 420.
Monteil, 211.
Montégu, 31, 59.
Montejan, 137, 174, 263.
Montenay, 102, 231, 205, 453.
Monterud, 42, 82.
Montesquiou (Montluc), 97, 176, 177, 252, 269, 194, 339, 340, 341, 342, 359, 484, 199, 505.
Montferrand, 56, 97, 98, 143, 194, 198.
Montferrat (Cf. Paléologue).
Montfort (Cf. Laval).
Montgommery, 174, 238, 302.
Monthunac, 189.
Montigny, 74, 186, 144.
Montireau, 8, 15.
Montluc (Cf. Montesquiou).
Montmorency, 81, 110, 178, 179, 180, 181, 182, 183, 184, 160, 342, 347, 349, 352, 354, 355, 356, 359, 360.

Montmorillon, 102, 203.
Montmorin, 159, 178, 185, 186, 218, 310, 345, 361, 363, 427.
Montpezat (Prez), 5, 77, 201, 202, 226, 9, 149.
Montrond, 241.
Montrosat, 25, 194, 48.
Montsalles, 91, 205.
Montwagnard, 25, 194, 48.
Morais, 9, 156, 157, 17, 286, 464.
Morant, 150, 203.
Moreau, 53.
Morel, 193, 358.
Moreul, 36, 37, 104, 195, 72, 207.
Moriac, 235.
Morienne, 133.
Morissière (la), 63, 120, 122, 233.
Morlhon, 17, 32.
Mornais, 185.
Mornay, 112, 179, 180, 251, 216, 347, 351.
Morra, 79, 234, 154.
Morterne, 187, 366.
Morthemer (Cf. Taveau).
Mosnard, 33, 64.
Mothe (la), 24, 49, 75, 91, 120, 144, 173, 206, 215, 116, 336, 404.
Motier, 162, 186, 235, 315, 362, 364, 457.
Motte (la) (Cf. la Mothe).
Mouchet (du), 263, 508.
Moulin (du), 185, 361.
Mousserie, 260.
Moussy, 186, 208, 286, 408, 512.
Moustier, 81, 159.
Moval, 215.
Moy (Mouy), 37, 184, 187, 73, 360, 364, 365.
Mullet, 258.
Mun, 55, 108.
Murinais, 21, 40.
Mussart, 226.

N

Nadal, 183, 357.
Nagu, 86, 109 175.
Naillac, 42, 112, 82, 217.
Narbonne, 196.
Navailles, 226, 442.
Nepveu, 262, 505.
Nestier, 214, 422.
Nettancourt, 158, 220, 308, 431.
Neuchèse (Cf. Nuchèze).
Neufville, 80, 193, 180.
Neyrolles, 170, 332.
Nicey, 152, 230, 297, 451.
Nicul (Nyeul), 262, 507.
Nocé, 66.
Noé, 209, 405.
Nogaret, 188, 189, 369.
Noirefontaine, 73, 166, 141, 142, 323.
Noizac, 186.
Nollent, 120, 233.
Normant (Le), 84, 153, 187, 169.
Noue (La), 193, 358.
Novate, 248.
Nuchèze, 50, 183, 188, 208, 98, 357, 408.
Nuysement, 212.

O

O, 165, 189, 260, 322, 370, 499.
Occoch, 28.
Ode, 171, 333.
Offai, 239, 463.
Oger (Cf. Cavoye).
O'Gilvy, 174.
Ognies (Oignies), (Cf. Ongnies).
Oinville, 30, 57.
Ongnies, 190, 371, 372.
Oradour, 7, 242, 12.
Oraison, 180, 183, 227, 350.
Orbessan, 57, 134, 111.
Oreille, 148, 468.

Orenche, 133, 255.
Orgemont, 107, 210.
Orléans, 69, 189, 191, 192, 193, 131, 373, 374, 375, 378, 379, 380.
Ornano (Cf. Corso).
Ornesan, 157, 193, 225, 306, 381.
Orsini, 194, 382.
Orsonvillier (Cf. Plainville).
Orvaux, 226, 449.
Ossun, 194, 382.
Oultreleau, 103, 185, 196, 206, 362.

P

Pagano, 183, 218, 222, 357.
Paigné, 45, 90.
Paillart, 190, 372.
Paléologue, 195, 383.
Palmyer, 73, 139.
Palmyères, 102.
Pallavicini, 195, 383, 384.
Pallu (la), 55.
Parc (du), 74, 79, 143, 156.
Pardaillan, 5, 170, 175, 196, 226, 9, 10, 331, 384.
Paris, 62.
Parisis, 76, 158.
Paroissaye (la), 51, 156.
Parpaille, 91, 185.
Pas, 130, 255, 248.
Pascal, 225.
Passay, 10.
Patay, 230, 451.
Patras, 72, 139.
Paucaire, 199.
Paucques, 161, 313.
Paulat, 172, 334.
Payant, 153, 301.
Péage (du), 185.
Peiroux (Cf. Péroux).
Pelet, 135, 199, 227, 259, 389.
Pelons (du), 227, 446.
Pellerin (le), 259, 501.
Pellevé, 190, 372.

— 551 —

Pencrot, 84.
Pepoli, 195.
Péricart (Cf. Raffin).
Périgny (Cf. la Menüe).
Pernant, 211.
Péroux, 121, 231.
Perrin, 161.
Perron, 117, 225.
Perrot, 53.
Perroy, 251, 452.
Personne (la), 35, 68.
Pertuis, 2, 197, 210.
Peschart, 188.
Peschin (Le), 38, 74.
Pestels, 142, 274.
Piate, 87, 177.
Pic (Cf. la Mirandole).
Picqueneau, 27.
Piedefer, 126, 212.
Piguelaye (la), 48, 95.
Pignan, 45, 134.
Pignon, 3, 7.
Pilliers, 8, 9, 11, 12, 49, 15, 22, 24.
Pins, 58, 96, 109.
Pisqueloup, 212.
Pisseleu, 196, 385.
Plaignes, 142.
Plainville, 12, 101, 25.
Plaine, 141.
Plaisir, 257.
Planche (la), 7, 13.
Planes, 178, 209, 406.
Platière(la), 78, 197, 152, 386.
Plessis (du), 41, 43, 207, 80, 407.
Plessier (du), 184, 360.
Plusuc, 53, 106.
Plouer, 243.
Pocaire (Pocquières) (Cf. Paucaire).
Poictevin, 112, 216.
Poisieu, 169, 198, 245, 261, 329, 330, 387, 501.
Poisson, 9.
Poix, 35, 88, 199, 373.
Polastron, 145, 205, 215, 277, 421.

Polignac, 187, 198, 266, 387, 511.
Pommereul, 193, 259, 378, 388, 501.
Pompadour, 84, 169.
Pompérant, 199, 388.
Pons, 87.
Pont (du), 210.
Pontailler, 216, 423.
Pontault, 225, 441.
Pontevez, 199, 389.
Pontlevain, 31.
Pontot, 79, 154.
Pontville, 74, 210, 143, 412.
Porcellets, 133, 146, 259, 281.
Porporati, 222, 437.
Porte (la), 171, 180, 332, 351.
Portepain, 55, 197, 199.
Pot, 268, 42.
Poulcre (le), 266, 512.
Poussart, 246, 477.
Poyenne, 100, 101, 201.
Poype (la), 169, 329.
Pozzo (del, 29, 55.
Pradines (Cf. Eltoun).
Pravieux (Cf. Sacouin).
Preichac, 241, 407.
Prevoranges, 100.
Préville, 201, 396.
Prévost, 43, 200, 86, 390, 392, 393.
Prez (des), 179, 348, 395.
Prie, 24, 201, 202, 228, 45, 696.
Proisy, 104, 318.
Prunelé, 46, 83, 103, 179, 92, 105, 200, 347.
Puy (du), 82, 152, 209, 103.
Puydorfila, 169, 370.
Puydufou, 83, 165.
Puyguyon, 293, 397.

Q

Quebriac, 120, 243.
Queille (la), 32, 98, 60, 196.
Quellenec, 35, 69.

— 552 —

Quincampoix, 72, 80, 118, 228.
Quinquet, 82.
Quiqueran, 199, 390.
Quiry (Quizy), 237.

R

Babeau, 3, 231, 7, 450, 514.
Balodanges, 8, 120, 15.
Rabutin, 138, 264.
Racaspé, 42, 83.
Raffin, 145, 203, 205, 277, 397.
Ragouze, 51, 101.
Raillard, 26, 49.
Rambert, 26.
Rampont, 17, 32.
Rance, 68, 130.
Ranet, 195.
Rangone, 203, 394.
Rapin, 145.
Ravel, 243.
Ravenel, 9, 180, 204, 17, 350.
Réaulx (des), 99, 252, 486.
Rechignevoisin, 19, 42, 36, 83.
Reclaine, 128, 191, 243, 378.
Redigin, 115.
Reffuge (du), 204, 399.
Reges, 188, 368.
Regnault, 108, 214.
Régnier, 46, 101, 91, 200.
Reihac, 72, 139.
Rena, 86.
Renaud, 23, 11.
Renty, 36, 120, 132, 151, 164, 187, 206, 71, 233, 253, 254, 320, 365.
Rhingrave (Salm), 48, 204, 96, 400.
Ricard, 98, 205, 197.
Ricault, 8.
Richardie (la) (Cf. Besse).
Richebourg, 201, 396.
Biencourt, 172, 334.
Rieux, 35, 148, 172, 206, 207, 69, 294, 403, 404, 405, 407.
Rillac, 43, 164, 208, 86, 320, 409.
Rime, 115.

Rival, 178.
Rivau du', 260, 500.
Rivery, 88, 161, 178, 311.
Rivière, 18, 73, 169, 221, 258, 440, 329, 415, 433, 497.
Rivoire, 20, 53, 217, 37, 101, 426.
Robertet, 29, 56.
Robin, 214, 118.
Roche (la), 20, 85, 121, 138, 173, 176, 209, 242, 37, 172, 231, 344, 406, 469.
Rochebaron, 102, 148, 182, 185, 203, 279, 355.
Rochechallais (la) (Cf. Lanes).
Rochechouart, 33, 52, 61, 152, 159, 200, 207, 208, 209, 63, 103, 118, 297, 309, 373, 405, 407, 410.
Rochedragon, 42, 251, 262, 83, 506.
Rochejoubert (la), 41, 79.
Rochefort, 4, 34, 64, 86, 114, 123, 138, 139, 148, 186, 197, 205, 211, 225, 238, 241, 252, 66, 171, 218, 237, 267, 249, 363, 386, 467, 485.
Rochefoucauld (la), 33, 150, 186, 209, 210, 211, 61, 290, 364, 410, 411, 412, 413.
Rochette (la), 10.
Rocque (la), (Cf. la Roque).
Rocquan (la), 96, 114, 492.
Rocthun, 173.
Roffignac, 71, 241, 136, 468.
Rogemont, 26, 194, 18.
Rohan, 175, 211, 338, 413.
Rolat, 172.
Rolet, 207.
Romencourt, 155, 304.
Roméze, 9.
Roncherolles, 44, 213, 87, 414, 415.
Ronsart, 54, 106.
Roque (la), 166, 167, 325.
Roquebouillac (la), 70, 205, 250, 133, 401, 481.

Roquefeuil, 134, 228, 257, 417.
Roquemorel, 30, 36, 72.
Roquette (la), 207.
Rossard, 8, 131, 15.
Rostaing, 212, 416, 417.
Rouault, 26, 178, 196, 214, 53, 418.
Roucy (Roussy), 164, 319.
Rougé, 213, 419.
Rousset, 232.
Roussière (la), 142, 273.
Roussy (Cf. Roucy).
Rouvenay, 66.
Rouville, 213, 419.
Rouvray, 144, 167, 266, 42, 275, 325, 379, 381.
Roux, 64, 134, 170.
Rouxel, 127, 245.
Rouy, 154, 303.
Roy (Le), 26, 30, 74, 118, 119, 213, 50, 143, 227, 419.
Rubempré, 88, 251, 255, 178, 487.
Rudessur, 174.
Ruffy, 202.
Rune, 137, 173, 261, 262.
Ruty, 133.
Rye (la), 208, 253, 408.

S

Saconin, 141, 270.
Sagies, 124.
Saige (Le), 229, 450.
Saillant (du), 31, 58.
Sailly, 167, 325.
Saint-Aignan, 192.
Saint-Agnet, 193, 225.
Saint-Astier, 34, 65.
Saint-Aubin, 38, 122, 201, 217, 225, 228, 236.
Saint-Baussant, 151.
Saint-Belin, 73, 210, 141.
Saint-Blimont, 26, 39, 73, 212, 54, 76, 417.
Saint-Bonnet (Cf. Gastineau).
Saint-Chamans, 242, 469.
Saint-Cier, 192, 355.
Saint-Colomé, 191, 377.

Saint-Félix, 58, 227, 109, 145.
Saint-Gelais, 40, 61, 87, 215, 233, 119, 176, 421.
Saint-Georges, 122, 236.
Saint-Gérant (Cf. Sorel).
Saint-Habit, 53.
Saint-Jean, 101, 134, 141, 258, 271.
Saint-Jeurre, 86.
Saint-Julien, 87, 123, 217, 224, 175, 238, 436.
Saint-Lary, 21, 41, 112, 214, 215, 38, 39, 80, 4:2.
Saint-Laurent, 34.
Saint-Léger, 7, 150.
Saint-Martin, 18, 97, 180, 201, 352, 394.
Saint-Mathieu (Cf. Vigier).
Saint-Mauris, 47, 208.
Saint-Nectaire, 3, 197, 229, 231, 6, 386, 448.
Saint-Prest, 6, 215, 423.
Saint-Priest, 38, 216, 233, 74, 286, 423, 455.
Saint-Projet, 17, 186.
Saint-Quentin, 99, 199.
Saint-Rémy, 150, 227.
Saint-Salvadour, 142, 274.
Saint-Simon, 78, 150, 176, 152, 348, 360.
Saint-Vincent, 1, 2.
Saint-Yon, 149, 150, 268.
Sainte-Agathe (Cf. Mars).
Sainte-Colombe, 196.
Sainte-Maure, 126, 210, 244, 423.
Salazar, 78, 217, 152, 424.
Saline, 71, 137.
Salle (la), 217.
Sallemard, 166, 327.
Salles, 52, 209, 104.
Salm (Cf. Rhingrave).
Salornay, 182, 317.
Saluces, 11, 43, 217, 22, 425, 436.
Salvert (Cf. Rochefort).
Sanseverino, 218, 219, 265, 426, 427, 428.

— 554 —

Sarrebruche, 1, 219, 2, 325, 429.
Sarrête (la), 56, 110.
Sart (du), 213, 414.
Sassenaye, 82, 120.
Sathonat, 112, 213, 216.
Sation, 79.
Saugrain, 283.
Saulx, 220, 221, 224, 402, 429, 431, 432, 435, 436.
Sauvagnac, 5.
Sauve, 18.
Savary, 50, 63, 88, 101, 262, 122, 130.
Savas, 201.
Savignat (Savignac), 61, 228, 225, 119.
Savigny, 146, 150, 204, 253, 280, 291, 489.
Savoie, 131, 222, 223, 224, 225, 226, 227, 228, 253, 436, 437, 438, 440, 411, 443, 414, 446.
Savoisy, 153.
Savonnières, 15, 93, 28.
Sayac, 5.
Sazilly, 43.
Scalingue, 222.
Scépeaux, 228, 448.
Scot, 113.
Seiches, 21.
Seissel, 221, 434, 438.
Sellier (Le), 200.
Semur, 152, 224, 298, 435.
Senecterre (Cf. Saint-Nectaire).
Senicourt, 40, 185, 78.
Senil, 111.
Senlis, 28, 53, 54.
Sepoix (Cf. Cépoy).
Sera, 21, 39.
Sercey, 268.
Séricourt, 189, 267.
Sérocourt, 146, 204, 281.
Serpens (des), 87, 122, 129, 235.
Serre, 189, 369.
Serrurier, 193, 206.

Sesne (Le), 257, 496.
Seurre, 230, 451.
Seurronnier (Le), 259.
Severoux, 259.
Signane, 113.
Sillans, 179, 187, 348, 367.
Silly, 52, 101, 232, 233, 250, 103, 201, 452, 482, 483.
Simiane, 82, 178, 232, 182, 344, 491.
Simple (Le), 112, 236, 217, 459.
Sinibaldo, 109, 213.
Sirocque, 172, 334.
Soleilhac (Cf. Chanderas).
Solero, 222, 437.
Solier, 86, 169, 222, 437.
Solles, 265.
Sommièvre, 82, 162.
Sorbiers, 256, 494.
Sordunois (Le), 84.
Sorel, 31, 58.
Sorin, 87.
Soulières, 169, 329.
Soyecourt, 196, 218. 13
Stainville, 63, 210, 122.
Stansaint, 245.
Stuart, 233, 234, 235, 236, 456, 457, 458, 459.
Straton, 126, 174, 236, 241.
Stroxxi, 283, 455.
Sugny, 165, 322.
Surgères, 178, 230, 346, 452.

T

Taix, 40, 178, 237, 240, 77, 464.
Taize, 211.
Talaru, 67, 129.
Tallon, 140.
Tarlatini, 238.
Taurines, 227 (Cf. Guitart).
Taveau, 208, 263, 409, 490.
Tellon, 243.
Terrail, 148, 238, 288.
Tersac, 214, 421.
Thauvyn, 191, 377.

— 555 —

Théligny, 96, 239, 251, 1931, 483, 487.
Théronneau, 31.
Thésan, 91, 101, 254, 184, 191.
Thesart, 79, 234, 153.
Thevalle, 229, 237, 460.
Thianges, 79, 154.
Thibaud, 209.
Thiboulot, 49 252, 84, 485.
Thomas, 243, 435, 471.
Thomassin, 221.
Thory, 96, 173.
Thouars, 86, 155.
Tiercelin, 156, 180, 239, 240, 285, 287, 351, 463, 464.
Tigeoire, 138, 264.
Tilly, 257, 498.
Tillon, 68, 266, 129, 512.
Tison, 10, 19.
Torcy, 37, 60, 213, 70, 415.
Torelli, 237, 401.
Torres, 48.
Tosinghi, 111, 218, 217.
Touche (la), 188, 266, 308, 511.
Tour (la), 3, 95, 178, 188, 241, 242, 7, 344, 405, 466, 468, 469.
Tournelle (la), 197, 268, 386.
Tournemine, 243, 470.
Tournon, 243, 244, 471, 472.
Tourrette (la), 129, 262.
Trapt, 61.
Traves, 59, 74, 98.
Tremblaye (la), 141.
Trémereul, 175.
Trémigon, 48, 95.
Tresbuquet, 50, 192, 198.
Trémouille (la), 245, 246, 473, 474, 475, 476.
Trestondans, 221, 434.
Trion, 95, 178, 179.
Tripier (Cf. Monterud).
Trivulsi, 147, 248, 249, 477, 478, 479, 480.
Tronchet (du), 83, 84, 166.
Trot, 172.
Turin, 132, 254.

Turpin, 33, 85, 208, 64, 173, 109.

U

Urfé, 227, 248, 445, 480, 488.
Urre (Eurre).
Uzanne, 2.

V

Vacauvère, 55.
Vachereau, 237.
Val (du), 52, 103.
Valette (la), 79, 250, 262, 133.
Valin, 104, 207.
Vallée (la), 136, 261.
Vallène, 8.
Valliquerville, 179, 180, 348, 350.
Valois, 159, 249, 250, 251, 252, 253, 254, 255, 310, 481, 482, 483, 484, 485, 487, 490, 493.
Valperga, 190, 373.
Valsergues (Cf. Albin).
Vambaix, 85, 172.
Vanderhart, 165.
Varagnes, 141, 271.
Varenne (la), 89.
Varmaise (Warmaise), 129, 150, 251, 287.
Varnier (Warnier), 283.
Varigniez (Warigniez), 259, 501.
Vasconcellos, 127, 245.
Vassadel, 2, 5.
Vassal, 129, 202, 251.
Vassé, 174, 246, 256, 257, 463, 495, 496.
Vasseur (Le), 209, 410.
Vaucelles, 36.
Vaucouleurs, 115.
Vaudetar, 39, 42, 132, 86, 254.
Vaudray, 78, 79, 147, 151, 283.
Vaugines, 2.
Vaulx, 47, 171, 332.

Vausèche, 142, 172, 273, 334.
Vavasseur (Le), 98, 102, 257, 258, 193, 203.
Vayer (Le), 72, 139.
Veilhan, 78, 142, 191, 234, 258, 151, 272, 273, 378.
Vendôme, 118, 258, 260, 497.
Vendômois, 126, 243.
Veneur (Le), 153, 259, 301, 501.
Venois, 231, 453.
Verduzan, 176, 341.
Verger (du), 254.
Vergnaud, 31, 58.
Verghesac, 241.
Vernade (la), 40, 45, 103, 90.
Vernet (du), 24, 70, 46, 135.
Vernon, 118, 228.
Verrières, 154, 303.
Verune (la) (Cf. Pelet).
Vert, 256, 257.
Vesins (Cf. Levesou).
Vessay, 258.
Vèze (Cf. Carmain).
Vèze, 243.
Vezolles, 177.
Vezolle (la), 101.
Viart, 28, 54.
Vicarii, 218.
Vienne, 41, 260, 261, 268, 502.
Viennois, 109, 213.
Vieuville (la), 38, 144, 164, 207, 261, 71, 276.
Vieuxpont, 12, 39, 43, 262, 24, 75, 85, 504.
Vièvre, 115, 116, 222.
Vigier, 64, 98, 196.
Vignaucourt, 254, 493.
Vigne (la), 259, 502.
Vigousset, 141, 270.
Villars, 60, 231.
Villedon, 85, 173, 209, 268, 174, 511.
Villefavart (Cf. Mosnard).

Villelongue, 164, 166, 167, 261, 319, 324, 326, 503.
Villeneuve, 14, 56, 137, 148, 199, 389.
Villequier, 252, 262, 263, 264, 504, 507, 509.
Vilette (la), 104, 208.
Villiers, 8, 35, 63, 84, 112, 129, 130, 135, 213, 220, 221, 229, 260, 264, 10, 60, 165, 167, 216, 249, 251, 297, 431.
Vimercati, 217, 263.
Vinos, 189, 369.
Vipart, 156, 285.
Visconti, 265, 511.
Vismara, 29, 55.
Vissec, 138, 259.
Vivonne, 255, 266, 491, 511.
Vize, 188, 368.
Voisines, 253, 189.
Voisins, 7, 90, 91, 111, 13, 181, 185.
Voix (la), 121.
Volle (la), 229.
Volvire, 87, 95, 188, 268, 177, 190, 512.
Vornay, 146, 280.
Voulgray, 158, 308.
Vove (La), 189, 370.
Voyer (Le), 11, 191, 226, 252, 22, 377, 485.
Warluzel, 36, 129, 151, 250, 251.
Warmaise (Cf. Varmaise).
Warnier (Cf. Varnier).
Warty, 180, 351.
Wault, 40, 78.
Wissel, 210, 412.

Y

Ysoré, 263, 507.

Z

Zibelli, 54.

BERGERAC
IMPRIMERIE GÉNÉRALE DU SUD-OUEST (J. CASTANET)

www.ingramcontent.com/pod-product-compliance
Lightning Source LLC
Chambersburg PA
CBHW050420240426
43661CB00055B/2216